Carolyne Larrington (Hg.)

DIE MYTHISCHE FRAU

Originally published in English by Pandora Press,
an Imprint of HarperCollinsPublishers Ltd under the title:
THE FEMINIST COMPANION TO MYTHOLOGY

Die Deutsche Bibliothek – CIP-Einheitsaufnahme
Die mythische Frau :
ein kritischer Leitfaden durch die Überlieferungen / Carolyne Larrington (Hg.). [Hrsg. u. übers. von Charlotte Zwiauer und Niteen Gupte.] – Wien : Promedia, 1997. – 512 S. : Ill.
Einheitssacht.: The feminist companion to mythology <dt.>
NE: [Hrsg.]
ISBN 3-900478-84-8

Umschlaggestaltung: Gisela Scheubmayr & Johannes Berthold
Lektorat: Gabriele Habinger, Erhard Waldner
Druck: Ueberreuter, Korneuburg
Printed in Austria
ISBN 3-900478-84-8

Carolyne Larrington Hg.

Die mythische Frau

Ein kritischer Leitfaden durch die Überlieferungen

Herausgeberin der deutschsprachigen Ausgabe:
Charlotte Zwiauer

Aus dem Englischen übersetzt
von Niteen Gupte

Weitere Übersetzerinnen:
Brigitte Fuchs
Gabriele Habinger
Charlotte Zwiauer

PROMEDIA

Inhaltsverzeichnis

Ozeanien

Amerika

Vorwort zur deutschen Ausgabe

Das Anliegen der Autorinnen dieses Bandes ist es, von einem feministischen Standpunkt aus Mythen von Frauen neu zu erzählen und zu interpretieren. Die Verfasserinnen fragen nach dem aus den gängigen Mythenversionen Verdrängten, nach der Überlieferungsgeschichte der Mythen, ihrer Verbindung zu Ritualen und nach der Relevanz von Frauen-Ritualen für die Gesellschaft insgesamt. Dieses Unterfangen, das weitgehend von der angelsächsischen Frauenforschung geprägt ist, gewinnt seine Aktualität aus einer andro- und ethnozentrischen Wahrnehmung, die lange Zeit in den mit Mythen befaßten Wissenschaften vorherrschte.

Immer wieder wird auf das Verhältnis von Mythos und gesellschaftlicher Wirklichkeit reflektiert. Daß dieses nicht spiegelbildlich zu verstehen ist, sondern sich als äußerst komplex erweist, kann aus den Beiträgen des vorliegenden Bandes immer wieder herausgelesen werden. Die Annahme eines Abbildungsverhältnisses zwischen Mythos und Realität hat im deutschsprachigen Raum eine bis ins 19. Jahrhundert zurückreichende Tradition, und die damit einmal beschrittenen Wege werden auch von Vertreterinnen der neuen Frauenbewegung nicht verlassen. Der mächtigen Göttinnen-Religion habe die Gesellschaftsform des Matriarchats entsprochen, und Elemente des einstigen Göttinnen-Glaubens sollen revitalisiert werden, um so das Selbstbewußtsein der einzelnen Frau zu stärken. In die Göttinnen und ihre Kulturen wird ein Umkehrbild zu unserer heutigen als patriarchal erfahrenen Gesellschaft projiziert, ein Vorgehen, das von Carolyne Larrington, der Herausgeberin der englischen Ausgabe dieses Buches, kritisiert wird.

1861 veröffentlichte Johann Jakob Bachofen sein folgenreiches Werk „Das Mutterrecht". Der projektive Umgang mit Mythen findet sich in dieser Schrift in beispielhafter Weise vorgezeichnet: Anstatt eines realen Mutterrechts, das Bachofen in den antiken Mythen zu finden glaubte, vermittelt sich den heutigen kritischen LeserInnen vielmehr Bachofens eigene gesellschaftliche Identität, die in seine Mythen-Interpretation Eingang fand. Die mutterrechtliche Gesellschaftsform diente ihm gleichsam als Gegenentwurf zu der von ihm als defizitär erfahrenen Moderne, denn nur in der mutterrechtlich organisierten Gesellschaft, die der klassischen Antike vorausging, bewahrten sich ihm die Werte von Emotionalität und Moralität (Wagner-Hasel 1992). Der Preis für das weibliche Geschlecht war allerdings hoch, denn nach Bachofen verharrte es in einem Zustand der Geistlosigkeit. Erst das apollinische, männlich dominierte Zeitalter habe in der Unterwerfung des mit Stofflichkeit assoziierten Weiblichen diesen Zustand beendet, eine Entwicklung, die Bachofen affirmativ schildert. Dessen ungeachtet beruht Bachofens heutige Attraktivität auf der Beschreibung einer von machtvollen Müttern bestimmten Gesellschaft. Übernommen wird dabei auch die von ihm gewählte Vorgangsweise, vom Mythos auf die gesellschaftliche Realität zu schließen: Nach Bachofen übertrug sich das Prinzipat der göttlichen Urmutter, die er in Demeter verkörpert sah, direkt auf ihre irdischen Stellvertreterinnen, die Mütter.

Bachofens Bild vom Mutterrecht kann als Einspruchsfigur im Sinne einer Aufklärungskritik verstanden werden, wobei es ihm nicht darum ging, die ursprüngliche mutterrechtliche Form der Gesellschaft wiedereinzusetzen. Anfang dieses Jahrhunderts verwandelte sich den apokalyptisch gestimmten WiederentdeckerInnen Bachofens der Einspruch in eine rückwärtsgewandte Suche nach dem Ursprung (Zinser 1985). Etwa zur Zeit der beginnenden Bachofen-Rezeption befaßten sich auch Vertreterinnen der ersten Frauenbewegung mit Bachofens Vision einer mutterrechtlich organisierten Gesellschaft. Ernst Bloch ortet diese Stimmen aus der Frauenbewegung in einem „Geschlecht ganz unbeendeter Art, eines, das nicht-kapitalistisch erinnert und sozialutopisch weiter bestimmt sein wollte"; nach ihm war die Frauenbewegung „voll unversachlichter, in den bisherigen Sachlichkeiten nicht mehr und noch nicht laut gewordener Erwartung. Die Frau hatte, nach so langer Unmündigkeit, die feine Anmaßung, eine vergangene wie nie gewordene Insel der Großen Mutter ins Patriarchat einsetzen zu wollen" (Bloch 1973, S. 694). Die von feministischer Seite erst in jüngerer Zeit aufgearbeitete Verflechtung der Mutterrechts- mit nationalsozialistischer Ideologie weist allerdings auf die antirationalistischen, restaurativen und mehr oder weniger deutlich hervortretenden elitär-rassistischen Züge einiger dieser Visionen hin (Kliewer 1992). Unbestritten bleibt aber die von Bloch angesprochene Uneingelöstheit der Bedürfnisse matriarchal bewegter Frauen erster Generation, wenngleich diese Bedürfnisse nur verzerrt und in ihren politischen Verwicklungen einen äußerst fragwürdigen Ausdruck finden.

Vielen der neuen feministischen, in der Tradition Bachofens stehenden Matriarchatsentwürfe ist die Annahme eines einstigen und jetzt wiederzufindenden organischen, sich selbst regulierenden Zusammenlebens von Frauen unter der schützenden Hand einer gütigen Muttergöttin gemeinsam. Nicht wenige Frauen möchten in der Wiederbelebung alter Göttinnen-Kulte eine vergangene, bessere, von Mütterlichkeit bestimmte Welt heraufbeschwören. Dabei versuchen sie, hinter den Erscheinungen des vielfältigen göttlichen Weiblichen die „Eine Göttin" aufzuspüren. Die Mythen, aus denen das Bild der Göttin wiedererschaffen werden sollte – vor allem sind es altorientalische, griechische, ägyptische, indische und nordeuropäische Geschichten –, werden dabei, so scheint es, immer willkürlicher interpretiert. Eine Überprüfung des erschaffenen Göttinnenbildes und der daraus abgeleiteten Gesellschaftsform mit neueren kritischen feministischen Arbeiten wird nicht gesucht. In Ablehnung des als zerstörerisch erfahrenen Patriarchats und seiner Kultur – aus der Frauen sich ohnehin ausgeschlossen sehen – kommt wiederum eine antiintellektualistische und ursprungsmythische Haltung zum Ausdruck.[1] Gleichsam als Gegenbewegung eines an Attraktivität gewinnenden Mutterkults und dennoch demselben Denkmuster verhaftet kann Camille Paglias in der Begrifflichkeit Bachofens vorgebrachte zweifelhafte Empfehlung einer Flucht in die apollinische Welt des männlichen Geistes angesehen werden (Paglia 1992).

Bei aller Kritik am Vorgehen Bachofens kann es als sein Verdienst angesehen werden, durch seine Untersuchungen den Blick dafür freigegeben zu haben, daß in den (griechischen) Mythen der Geschlechterkonflikt ein zentrales Thema ist. Die griechische Mythologie, wie sie von den Dichtern in Kunstwerken überliefert ist, legt die Versuche offen, das mit Natur assoziierte Weibliche zu domestizieren. Im Beitrag über die griechische Mythologie zeigt sich, daß geschlechtsspezifische Natur-/Kulturzuordnungen zunächst bestätigt werden. Dabei wird aber die Abwertung der Naturhaftigkeit der Frau in Frage gestellt, wenn diese mit dem göttlichen Weiblichen assoziiert wird. Zudem wird bei genauem Hinsehen die vielfache Teilhabe des mythischen Weiblichen an der Kultur sichtbar, der die Partizipation von Frauen an der Sphäre der Kultur entspricht, die uns in Ritualen vermittelt wird. Die Autorin geht den in Abhängigkeit zu den biosozialen Lebensphasen der Frau stehenden Transformationsprozessen des Weiblichen nach. Dabei zeigt sich, daß die Jungfrau mit ihren „männlichen" Freiheiten der Natur zugeordnet wird, während die Ehefrau als Mutter der Kultur angehört. Ähnliche Phänomene der Teilhabe der Frau an der Kultur gerade in ihrer von Bachofen mit Natur assoziierten Mütterlichkeit werden auch in den Mythen und Ritualen anderer Kulturen sichtbar.

Weibliche mythische Figuren haben manchmal nur wenige Spuren hinterlassen; ihre Qualitäten und Beziehungen zu männlichen Figuren, ihr Verhältnis zur sozialen Wirklichkeit ist oft erst durch eine feministische Perspektive, durch den Vergleich verschiedener Quellen und durch die Interpretation in einem weiteren Kontext verstehbar. Mit einer solchen Vorgangsweise können im Beitrag über die hebräische Mythologie die Versuche der Bibelautoren rekonstruiert werden, die für die alten HebräerInnen allzu faszinierenden Göttinnenkulte zu unterbinden. Im zusätzlichen Rückgriff auf archäologische Funde gelingt es der Verfasserin, die verdrängte weibliche Gefährtin des Gott-Vaters Yhwh sichtbar zu machen. Am Beispiel der keltischen Mythologie wird wiederum die historisch und kulturell bedingte Vielschichtigkeit keltischer Göttinnen verdeutlicht, womit die Autorin diese – anders als die AnhängerInnen der Großen Göttin – nicht nur als die verschiedenen Aspekte ein und derselben Figur interpretiert. Trotz der Tendenz der indischen Mythologie, hinter den vielgestaltigen Göttinnen die Eine zu sehen, werden auch hier lokale Unterschiedlichkeiten und verschiedene Überlieferungsstränge mit jeweils unterschiedlichen Göttinnenbildern sichtbar. Auffällig ist die Beiläufigkeit von mütterlichen Qualitäten, im Vordergrund stehen, wie auch in manchen anderen Mythologien, zerstörerische und kriegerische Eigenschaften der weiblichen Gottheiten. Im Beitrag über die indische Mythologie wird weiters versucht, das Verhältnis zwischen männlichen und weiblichen Gottheiten näher zu bestimmen: zwar wird dem Gott Śiva in Abbildungen eine übergeordnete Stellung zugeschrieben, doch verkörpert in der schriftlichen Überlieferung die mit ihm assoziierte Göttin Pārvatī das Wesen des Handelns und der Differenzierung, Śiva steht für die undifferenzierte und untätige Existenz. Zusammen stellen die beiden Gottheiten die zwei untrennbaren Aspekte der Wirklichkeit dar. Auch in der Mythologie der südamerikanischen Andenvölker steht im Falle von Pachamama nicht eine Essentialisierung der weiblichen Gottheit im Mittelpunkt, die Bedeutung der Göttin liegt eher in einem dialektischen Gegensatz zwischen männlichen und weiblichen Zuständigkeiten. Die Verteilung von Funktionen an männliche und weibliche Gottheiten kann auf einen Geschlechterparallelismus ohne Über- und Unterordnung hindeuten, wie sich weiters an der Mythologie der Inka zeigt. Gerade hier wird aber auch deutlich, daß unter bestimmten Umständen die Rede über weibliche Gottheiten auch metaphorische Bedeutung haben kann. In verändertem historischen Kontext setzten die Inka männliche und weibliche Gottheiten ein, um ein imperiales Verhältnis von Eroberern und feminisierten Eroberten zu verfestigen. Mit dieser Instrumentalisierung weiblicher Gottheiten wird die Fragwürdigkeit eines Vorgehens, von mächtigen Göttinnen-Figuren direkt auf die Stellung der Frau zu schließen, besonders offensichtlich.

In vielen Kapiteln eröffnen sich durch die Erzählung der Mythen mit ihren machtvollen Göttinnen, weiblichen Ahnen, Kulturheroinnen und durch die Klärung der Frage, inwiefern Frauen über diese Mythen und entsprechende Rituale verfügen, überraschende Einsichten. Indem die Autorinnen das Augenmerk auf die rituellen Kompetenzen der Frauen lenken – die oft als wesentlich für den Fortbestand der gesamten Gesellschaft angesehen werden –, ergeben sich neue Aufschlüsse über den Status von Frauen. Ein Beispiel dafür ist der Beitrag über die australischen Aborigines mit ihrer strengen Geschlechtertrennung und entsprechend geschlechtsspezifischen Mythen und Ritualen. Lange Zeit wurden die Mythen und Rituale der Aborigines-Frauen von den meist männlichen Forschern kaum wahrgenommen, ihre Aufmerksamkeit galt vor allem dem Ausschluß von Frauen aus bestimmten Männer-Ritualen. Durch den Besitz von eigenen Mythen und Ritualen gewinnen die Aborigines-Frauen, so zeigt sich, Prestige und Verfügungsrecht über Ressourcen und damit nicht nur informelle Macht. Eskimo-Frauen, deren Stellung ebenfalls oft als untergeordnet eingeschätzt wurde, haben in einer durch Mythen begründeten geschlechtlichen Arbeitsteilung wesentlichen Anteil an der Versorgung der Gesellschaft. Ihnen kommt die Rolle der Vermittlerin bei der Zirkulation von Nahrungsmitteln zu, und nur indem die Eskimo-Frauen bestimmte Riten einhalten, kann die Beziehung zwischen Menschen und Tieren in einer lebensnotwendigen Balance gehalten werden. Zwar legitimieren Eskimo-Mythen den Ausschluß von Frauen aus der den Männern vorbehaltenen Jagd, am Beispiel der Eskimo-Gesellschaften wird aber auch der in anderen Kulturen vorkommende institutionalisierte und mythisch begründete Geschlechtsrollenwechsel veranschaulicht, der Mädchen und Frauen wiederum die Möglichkeit gibt, die strikte geschlechtliche Arbeitsteilung zu durchbrechen.

Die Nutzanwendung der Mythen-Lesart dieses Bandes kann darin gesehen werden, daß es den Autorinnen gelingt, die Vielschichtigkeit von Mythen und die Vielfalt weiblicher mythischer Figuren jenseits vereinfachender Interpretationsweisen zu veranschaulichen. An vielen Stellen können sie die Spuren weiblicher Subjekthaftigkeit freilegen, manchmal auch für Kulturen, die wiederholt als patriarchal eingestuft wurden. Dabei wird die Übertragbarkeit geschlechtsspezifischer Zuschreibungen an Natur und Kultur relativiert, wie sie im abendländischen Diskurs formuliert wurden und wie sie auch die Anhängerinnen der Muttergöttin in umgekehrter Bewertung übernehmen. Zwar wirken diese Zuordnungen nach wie vor auf unser Selbstverständnis, und es bleibt der Schmerz über die real erfahrene Abwertung von Weiblichkeit mit all ihren Konsequenzen. Anstatt aber einen trügerischen Ausweg in einer matriarchalen Gegenwelt zu suchen, schlagen die Autorinnen dieses Bandes neue Wege ein. Anders als in der von Bachofen vorgegebenen und von seinen Apologetinnen wiederaufgenommenen Vorgangsweise werden Mythen hier als Traditionen verstanden, die unsere geläufigen Denkmuster über die Geschlechter sehr wohl in Frage stellen können, anstatt sie immer wieder von neuem zu bestätigen.

Wien, im Februar 1997
Charlotte Zwiauer

Anmerkung

1 Zum Göttinnen-Kult vgl. etwa Göttner-Abendroth 1980, Pahnke/Sommer 1995; kritische Arbeiten dazu: Heine 1987, Distler 1989.

Anmerkung der Herausgeberin

Eine Schwierigkeit stellten bei der Übersetzung Substantive dar, die im Englischen das männliche oder beide Geschlechter meinen können. Sofern aus dem Kontext zu schließen war, daß beide Geschlechter gemeint sind, wurde im Deutschen versucht, geschlechtsneutrale Begriffe zu finden, oder es wurde die *Innen*-Schreibweise gewählt.

Als Zugeständnis an unsere Lesegewohnheiten wurde jedoch *gods*, selbst wenn es beide Geschlechter umfaßt, nicht immer mit Gottheiten übersetzt, insbesondere in bestimmten Wendungen (z. B. *ein Opfer an die Götter*).

In den Literaturlisten wurden deutsche Übersetzungen der angeführten Literatur sowie von den ÜbersetzerInnen zusätzlich hinzugefügte Titel mit * gekennzeichnet.

Literatur

Bachofen, J. J.: *Das Mutterrecht. Eine Untersuchung über die Gynaikokratie der alten Welt nach ihrer religiösen und rechtlichen Natur*, Auswahl, hrsg. v. H.-J. Heinrichs, Frankfurt a. M. 1975.

Bloch, E.: *Das Prinzip Hoffnung*, Bd. 2, Frankfurt a. M. 1973.

Distler, S.: *Mütter, Amazonen & dreifaltige Göttinnen*, Wien 1989.

Göttner-Abendroth, H.: *Die Göttin und ihr Heros*, München 1980.

Heine, S.: *Wiederbelebung der Göttinnen?* Göttingen 1987.

Kliewer, A.: *Zur Flucht in den „gestaltlosen Urgrund“: Matriarchat als „patriarchales Gepäck“ der feministischen Theologie?* In: Fundamentalismen, Beiträge zur feministischen Theorie und Praxis, Bd. 32, 1992.

Paglia, C.: *Die Masken der Sexualität*, übers. v. M. Bergner, U. Enderwitz, M. Noll, München 1992.

Pahnke, D./Sommer, R. (Hrsg.): *Göttinnen und Priesterinnen. Facetten feministischer Spiritualität*, Gütersloh 1995.

Wagner-Hasel, B.: *Rationalitätskritik und Weiblichkeitskonzeptionen. Anmerkungen zur Matriarchatsdiskussion in der Altertumswissenschaft*. In: *Matriarchatstheorien in der Altertumswissenschaft*, hrsg. v. B. Wagner-Hasel, Darmstadt 1992.

Zinser, H.: *Der Mythos des Mutterrechts. Verhandlungen von drei aktuellen Theorien des Geschlechterkampfes*, Frankfurt a. M. 1985.

Einleitung

Mythen liefern uns mehr als nur ein Repertoire an Geschichten und literarischen Themen. Die Mythologie, das Studium der Mythen, macht uns mit neuen Sichtweisen von sozialen Strukturen bekannt, sodaß wir Konstanten und Variablen in der Organisation der menschlichen Gesellschaft und natürlich auch – und das ist das ausdrückliche Ziel dieses Buches – in den Rollen von Frauen verschiedener Kulturen und historischer Perioden erforschen können. Die Interpretation unseres mythologischen Erbes prägt die Art und Weise, wie wir über uns selbst denken. Mythen wurden von PolitikerInnen, PsychoanalytikerInnen und KünstlerInnen herangezogen, um uns unter anderem zu erzählen, wer wir sind und wo wir ihrer Meinung nach herkommen. So wurde die germanische Mythologie vom Nationalsozialismus mißbraucht, wie ich in meinem Beitrag über skandinavische Mythologie zu zeigen versuche; die griechische Mythologie wurde für freudianische PsychoanalytikerInnen zum Modell, auf dem ihre Interpretation menschlichen Verhaltens beruht. MalerInnen, BildhauerInnen, KomponistInnen und SchriftstellerInnen wiederholen – bewußt oder unbewußt – die mythologischen Grundmuster der Vergangenheit.

In den Mythen-Interpretationen wurden weibliche Figuren allzu oft reduziert auf ihre sexuellen Funktionen wahrgenommen, beschränkt auf eine alles umfassende Kategorie der Fruchtbarkeit. In ihrem Beitrag über sumerische Mythen führt Iris Furlong aus, wie in der bisherigen wissenschaftlichen Literatur die weiblichen Figuren des Gilgamesch-Epos durch anachronistische Geschlechtsstereotypen ungenau dargestellt wurden. Frauen sollten die Mythen kennen, die ihre Selbst-Wahrnehmung bestimmen und auch, wie sie von der Gesellschaft gesehen werden. Feministische Anthropologinnen und Literaturwissenschaftlerinnen haben in den letzten Jahren neue Belege dafür gefunden, wie Frauen wahrgenommen wurden: Sie haben die mythischen Präfigurationen ans Licht gebracht und die historischen Traditionen aus einer feministischen Perspektive erneut untersucht. Diese Diskussionen blieben in der Hauptsache beschränkt auf (oft nicht-englischsprachige) wissenschaftliche Zeitschriften und Bücher. Dieses Buch stellt eine Sammlung von bisher unveröffentlichten Essays dar, die von Expertinnen verfaßt wurden, die die Sprachen und Texte, die sie behandeln, alle aus erster Hand kennen. Der Band, der neue Einsichten in die Mythologie vermittelt, richtet sich an ein allgemeines Lesepublikum und an WissenschaftlerInnen benachbarter Disziplinen.

Die untersuchten Mythen entstammen zum Teil räumlich und zeitlich weit auseinanderliegenden Kulturen, von denen einige längst untergegangen sind, manche Mythen sind jedoch Produkte noch bestehender traditioneller Gesellschaften. Es konnte aber nur eine begrenzte Zahl von Mythologien in diesen Band aufgenommen werden. Bedauerlicherweise fehlen die Mythen Afrikas; aus der reichen Tradition amerikanischer Mythen konnten nur drei mythologische Komplexe behandelt werden. Die Hoffnung der Herausgeberin und der Autorinnen ist es, daß dieses Buch vielleicht nur ein erstes sein wird, das die Mythen der Frauen auf regionaler Basis behandelt.

Unterschiedliche Mythen müssen jeweils mit angemessenen Methoden analysiert werden. Eine einheitliche Zugangsweise würde jene Unterschiede, die es zu erhellen gilt, einebnen. Es geht hier nicht um einen Einheitsschlüssel, der für alle Mythen in gleicher Weise passend ist. Strukturalistische und nicht-strukturalistische, historische, narratologische und anthropologische Ansätze werden jeweils angewendet, wenn sie sich als brauchbar erweisen. Ich versuchte anfangs, ein Modell zu entwerfen, an dem sich jeder Beitrag orientieren sollte, aber die Tatsache, daß mein Klassifikationssystem aus meinem eigenen Verständnis der skandinavischen Mythen entstanden ist, bedeutete, daß der Versuch, eine rigide Ordnung auf Mythen zu übertragen, die nicht dem indoeuropäischen Bereich entstammen, scheitern mußte. So wurde jeder Verfasserin der Spielraum eingeräumt, ihren Beitrag so zu gestalten, wie es ihrem Thema und ihren Interessen entsprach: Veronica Seton-Williams untersucht die Freiheit und Autonomie, die den amtierenden Königinnen des alten Ägypten gewährt wurde, indem sie der Frage nachgeht, ob die in den Mythen geschilderte Gleichheit zwischen den Geschlechtern eine historische Entsprechung hat; Elisabeth Diab untersucht im Detail den hawaiianischen Mythos der Pele, einer Göttin von marginaler Bedeutung in den traditionellen Analysen, aber zentral für jene InselbewohnerInnen, die in der Nähe ihres Vulkans leben. Barbara Smith bringt die griechischen Mythen – die den westlichen LeserInnen besonders vertraut sind – in Zusammenhang mit den Ritualpraktiken von Frauen und zeigt dabei einen Weg auf, wie die Bedeutung der Mythen für die Kultur, die sie hervorbrachte, wiederentdeckt werden kann.

Obwohl die thematische Organisation des Index die LeserInnen dabei unterstützt, Parallelen in weit auseinanderliegenden Mythologien aufzuspüren, ist es die Absicht der Autorinnen, auf Differenzen hinzuweisen, auf die Verschiedenheit und Einzigartigkeit der Frauen, die in den Erzählungen auftauchen. Damit steht dieses Buch im Widerspruch zu vielen neueren Arbeiten über „die Göttin“, die oft wichtige Unterschiede verwischen und meist verallgemeinernde Aussagen über Göttinnen verschiedener Kulturen treffen, um sie – oft von einem eurozentrischen Blickwinkel aus – in einer einzigen höheren Figur aufgehen zu lassen. Juliette Wood zeigt auf, wie insbesondere keltische Göttinnen Gegenstand dieser Art von Fehlinterpretation waren, während Emily Kearns der problematischen Frage von Göttinnen versus Göttin in der Hindu-Mythologie nachgeht.

Diesem Band liegt die Arbeitsdefinition zugrunde, daß eine Mythologie eine Sammlung von Geschichten umfaßt, die einer einzigen kulturellen Gruppe (meist, aber nicht immer identisch mit einer Sprachgruppe) angehören, Geschichten, die sich oft mit anthropomorphen oder theriomorphen göttlichen Figuren – wie etwa mit der altamerikanischen Spinnenfrau in Marta Weigles Beitrag –, Heroinnen und Heroen oder Tieren beschäftigen. Manchmal kann es sinnvoll sein, eine subtextuelle Bedeutung der Erzählung anzunehmen – sie liegt für die Kultur, die die Geschichte hervorbrachte, klar auf der Hand, auch wenn sie nicht direkt ausgesprochen wird. Tendenziell wird angenommen, daß dies „die wahre Bedeutung" des Mythos ist; die meisten Mythen jedoch, die in diesem Band behandelt werden, stehen im Zentrum eines Gewebes von Bedeutungen, einzelne Geschichten werden von den verschiedenen Interpretinnen zu unterschiedlichen Zwecken aus dem Fundus an Mythen herausgegriffen. So gibt Birgitte Sonne eine Schilderung, wie die Eskimo den bedeutenden Mythos der Meerfrau in ihrem politischen Kampf gegen die Oberherrschaft Dänemarks re-interpretiert haben. Margaret Orbell beschreibt, wie die Māori-Frauen ihre eigenen Interpretationen zu ihrem Erbe haben, bislang eine Domäne der europäischen ForscherInnen. Indem Penny Harvey aufzeigt, wie die Inka die Ursprungsmythen der lokalen Bevölkerung für ihre imperialen Absichten umformten, gibt sie zu bedenken, daß unser Verständnis der Geschlechterbeziehungen zutiefst geprägt ist vom westlichen Diskurs um Geschlecht und Patriarchat, sodaß für uns vermutlich Probleme auftauchen, wenn wir die Mythen einer nichtwestlichen Gesellschaft erforschen, es sei denn, wir ziehen die unterschiedlichen Bedingungen in Betracht, unter denen die Erzählungen entstanden sind, und die vielen Möglichkeiten, sie zu interpretieren.

Historisch gesehen tendierten westliche WissenschaftlerInnen dazu, Mythologie in erster Linie als griechische Mythologie zu verstehen; die mythologische Qualität eines mythischen Systems wurde durch seine Ähnlichkeit mit dem griechischen Mythenkomplex bestimmt. Aber die Art und Weise, wie westliche WissenschaftlerInnen die griechische Mythologie bewußt einsetzen – als frei zugängliche „Mythen-Börse" –, ist gänzlich anders geartet als das Verhältnis anderer Kulturen zu ihren Mythologien. Der Beitrag von Isobel White and Helen Payne über die Mythologie der australischen Aborigines demonstriert deutlich die Komplexität der Einstellungen gegenüber Mythen und deren notwendige Beziehung zu der gesamten wahrgenommenen Welt, wie sie charakteristisch ist für das australische Mythensystem.

Viele Beiträge behandeln zusätzlich zu den „eigentlichen" Mythen Legenden und Volkserzählungen. Die Grenze zwischen Mythen und Volkserzählungen kann in keinem Fall klar und eindeutig gezogen werden, denn viele Mythen enthalten Motive dieser Erzählungen, und diese Geschichten wiederum haben häufig einfach eine Gottheit als Protagonisten. Aufgrund dieses Umstandes werden in diesem Band Volkserzählungen als Teil eines breiten Bereichs von reinen Mythen, Heroenlegenden und Märchen angesehen.[1]

Angesichts der Unmöglichkeit, eine einheitliche Theorie des Mythos zu formulieren, die alle Kulturen und jegliches Erzählen von Geschichten umfassen würde, ist die Flexibilität der Definition von wesentlicher Bedeutung. In diesem Sinne umfaßt Tao Tao Lius Beitrag über chinesische Mythen Legenden von menschlichen Frauen;

Julia Vytkovskaya beruft sich in ihrer Untersuchung auf volkstümliche Rituale, um die Fortdauer von mythologischen Elementen lange nach der Christianisierung der SlawInnen zu belegen.

Probleme der Überlieferung müssen ebenfalls angesprochen werden, denn die Mythen *über* Frauen sind nicht notwendigerweise Mythen *von* Frauen. So zeigt Susanna Rostas auf, wie das christliche Denken über Frauen und Sünde mit seinen Vorstellungen von Jungfräulichkeit, Unreinheit und Strafe in den Mythos von Xochiquetzal – symbolisch für die aztekische Verbindung von Blumen mit dem Weiblichen – einging. Historisch gesehen waren Frauen die Mittel verwehrt, mit deren Hilfe sie ihre Mythen in literarischer Form hätten fixieren können, um ihnen damit eine ausdrücklich weibliche Perspektive zu verleihen, obwohl einige schriftlose Kulturen Geschichtenerzähler-Kasten haben, in denen Frauen sehr wohl vertreten sind und ihre Rolle positiv bewertet wird. Während die autoritative und monolithische Auffassung von Frauen in vielen indoeuropäischen Texten durch Generationen von männlichen Autoren und Interpreten verfestigt wurde, geht dieser Band davon aus, daß sich Auffassungen und Bedeutungen ändern können, daß sie wieder aufgegriffen und re-interpretiert werden können; darüber hinaus ist der „ursprüngliche" Sinn eines Mythos einer unter mehreren. Innerhalb der praktizierten Religionen kontrastiert Emily Kearns die im Laufe der Jahrhunderte schwindende Popularität der Hindu-Göttin Rādhā mit dem Auftauchen einer neuen Göttin seit der Unabhängigkeit, Santosī Mā(tā) (Mutter Zufriedenheit), während Athalya Brenner aufzeigt, daß die monolithische maskuline Figur des Alten Testaments, Yhwh, weibliche Begleiterinnen hat, die in der Überlieferung lange unterdrückt wurden.

Dieser Band kann nur eine kleine Anzahl von Beispielen aus der Mythologie von vernachlässigten, übersehenen oder in starren und misogynen Interpretationen verzerrten Mythen aufzeigen. Doch überall auf der Welt haben Frauen lesend und schreibend mit der Wiederentdeckung, der Rehabilitation und der Re-Interpration von Mythen begonnen.

Carolyne Larrington
(Übersetzung: Charlotte Zwiauer)

Anmerkung

1 Vgl. Kirk, J. S.: *Myth: Its Meaning and Function in Ancient and Other Cultures*, Cambridge 1970, S. 41.

Iris Furlong

Die Mythologie des alten Mesopotamien

Einleitung

Die Mythologie des alten Mesopotamien wurde relativ spät bekannt. Es geschah erst, nachdem überall im Nahen Osten in den Ausgrabungsstätten Tontafeln mit Keilschrift, die schließlich gegen Mitte des vorigen Jahrhunderts entziffert werden konnte, entdeckt wurden. Die auf diesen Tafeln überlieferten Hymnen, Gesänge und literarischen Gestaltungen offenbaren den im prähistorischen Zeitalter formulierten kosmologischen Glauben der Sumerer, der – umgearbeitet und abgewandelt – mehr als zweitausend Jahre überlebt hat.

Das alte Sumer entsprach dem flachen Schwemmland des unteren Tigris und Euphrat, dem südlichen Teil des heutigen Irak. Hier vollzog sich gegen Ende des vierten vorchristlichen Jahrtausends eine Umstrukturierung der bisherigen Siedlungsform. Bis dahin lebten die Menschen mehr oder minder gleichmäßig verteilt in kleinen Niederlassungen und Dörfern. Sie betrieben mittels künstlicher Bewässerung erfolgreich Ackerbau. Dann aber begann die Bevölkerung zu großen, weit voneinander entfernt liegenden Einheiten zu verschmelzen, zwischen denen sich leere Steppe ausbreitete. Was auch immer diese Veränderung ausgelöst haben mag, sie stellt das erste Modell einer städtischen Zivilisation dar. Monumentale Tempel, die geräumige öffentliche und Verwaltungsgebäude beherbergten, belegen dies archäologisch.

Der Entstehung der Städte folgte die Entdeckung der Schrift. Mit einem Griffel wurden Zeichen auf die Oberfläche vorbereiteter Tontafeln geritzt, die dann wie Ziegel oder Keramik gebrannt werden konnten. Anfangs wurde Schrift wohl hauptsächlich verwendet, um Unterlagen für die Verwaltung der Tempelgüter und -betriebe zu erstellen. Mit der Fortentwicklung der Keilschrift erweiterte sich ihr Anwendungsbereich, zu dem dann auch die Verbreitung der Rechtsprechung und die Abfassung literarischer Werke gehörten. Welche Sprache die ersten StadtbewohnerInnen sprachen, läßt sich nicht zurückverfolgen, denn die frühesten Dokumente bestehen aus Piktogrammen, die in jeder Sprache „lesbar" sind. Es fehlen Hinweise zu Grammatik und Phonetik der Sprache, in der sie ursprünglich „geschrieben" wurden. Fest steht nur, daß die erste identifizierbare geschriebene Sprache das Sumerische ist.

Die alten SumererInnen waren sich ihrer gemeinsamen kulturellen Tradition bewußt und bezeichneten sich als Gemeinschaft der „Schwarzköpfe". Dennoch blieb jede Stadt eine getrennte Einheit und wurde als selbständiger Stadtstaat geführt. Rivalitäten zwischen den Städten konnten durchaus zum offenen Krieg führen. Im Laufe der Zeit brachte das Aufblühen des Handels den sumerischen Städten Reichtum und Wohlstand. Auf dem flachen Schwemmland gelegen, waren sie aber vor Angriffen von außen ungeschützt; diese erfolgten von den Bergen des heutigen Iran im Osten und aus dem Norden und Nordwesten flußabwärts, wo heute Syrien und die Türkei liegen. Die Geschichte des alten Mesopotamien ist eine Abfolge von Invasionen. Die eindringenden Eroberer blieben im Land, übernahmen jeweils die sumerische Kulturtradition und wandelten sie ab, um sie den eigenen Bedürfnissen und Zwecken anzupassen.

Gegen Anfang des zweiten Jahrtausends v. Chr. wurde das Sumerische als Umgangssprache vom Semitisch-Akkadischen abgelöst. Sumerisch blieb jedoch als die Sprache der gelehrten Schreiber im Dienste des Tempels oder Palastes erhalten. Daher sind die in Keilschrift festgehaltenen Texte, aus denen wir unsere Kenntnis der Mythologie des Nahen Ostens beziehen, sowohl in Sumerisch als auch in Akkadisch abgefaßt.

Die SumererInnen waren polytheistisch, sie stellten sich vor, der Kosmos werde von zahlreichen göttlichen Wesen auf gemeinschaftliche Weise verwaltet und erhalten. Naturphänomene wie der Himmel, Süßwasser, die Sonne, der Mond und die Sterne waren jeweils einer Gottheit untergeordnet, die dafür verantwortlich war, daß sie den für sie erlassenen Gesetzen gehorchten. Kulturelle sowie technische Errungenschaften standen gleichfalls unter göttlicher Aufsicht. Gottheiten waren zuständig für Werkzeuge wie Spitzhacke und Hohlformen für Ziegel, für Verfahren wie Brauen und Kulturtechniken wie Schreiben und Rechnen – die beiden letzteren fielen in den Bereich von Göttinnen.

Abgesehen davon, daß diese Gottheiten unsterblich waren, unterschieden sie sich in der sumerischen Vorstellung recht wenig von den Menschen, zumal die göttliche Welt ähnlich organisiert war wie ein sumerischer Stadtstaat. Die göttliche Bevölkerung hielt Versammlungen ab, um über alle wichtigen Angelegenheiten zu befinden. In dieser Götterversammlung wurden Sachfragen diskutiert, und es wurden Entscheidungen getroffen, basierend auf allgemeiner Übereinkunft, die für alle Gottheiten verbindlich waren. Das Pantheon war hierarchisch aufgebaut. Im Plenum waren die älteren und mächtigsten Gottheiten die Wortführer und hatten die Vollzugsgewalt, wobei eine von ihnen den Vorsitz hatte.

Die älteren Mitglieder des ursprünglichen sumerischen Pantheons waren in der Regel Schutzgottheiten einzelner Städte und wurden zum Teil als deren Inhaber angesehen. Folglich spiegelten sich die irdischen Ereignisse in den Handlungen der göttlichen Stadtbesitzer im Jenseits wider. Wichtige politische Veränderungen nach einem militärischen Staatsstreich oder einer Invasion lösten wahrscheinlich eine vergleichbare Wende in der Machtkonstellation des Pantheons aus (vgl. *Das Schöpfungsgedicht*).

Diese Verbindung zwischen der schriftlich überlieferten sumerisch-akkadischen Mythologie und zeitgenössischer politisch-militärischer Geschichte wird weitgehend anerkannt und allgemein diskutiert. Die folgende Darstellung der sumerisch-akkadischen Mythologie berücksichtigt im besonderen die Rolle der Göttinnen.

In verschiedenen Zeitaltern der mesopotamischen Geschichte wurden unterschiedliche Gottheiten als Oberhäupter des Pantheons angesehen: Enlil und An übten diese Funktion bei den SumererInnen aus, während Marduk, der nationale Gott Babyloniens, und Aschur, der Hauptgott der AssyrerInnen, das Pantheon zu späteren Zeitperioden abwechselnd anführten. Ein vor kurzem übersetzter sumerischer Text aus dem späten dritten bzw. frühen zweiten vorchristlichen Jahrtausend beschreibt, wie Inanna auf Ans Befehl Krone und Zepter erhielt, inthronisiert wurde und im gesamten Gebiet Recht sprach. Das legt nahe, daß zu dieser Zeit, zumindest in einem Zentrum Sumers, Inanna das Pantheon leitete. Allerdings liegt momentan kein weiterer Beleg vor, der dies bestätigt.

Das Schöpfungsgedicht

Dieses lange epische Gedicht, geschrieben auf Akkadisch, wurde am vierten Tag der kultischen Neujahrsfeierlichkeiten in Babylonien vorgetragen bzw. aufgeführt. Es ist als literarischer Text auf sieben Tontafeln aufgezeichnet und erstreckt sich mit je 140 bis 170 Zeilen pro Tafel über tausend Zeilen. Einzelne Tafeln bzw. Tafelfragmente, die Teile des Gedichtes enthalten, sind an vielen Fundstätten in Babylonien und Assyrien sichergestellt worden. Dadurch ist es heute möglich, das Epos nahezu in seiner Gesamtheit zu rekonstruieren.

Alle erhaltenen Exemplare des Epos wurden im ersten Jahrtausend v. Chr. angefertigt. Es besteht jedoch kaum ein Zweifel darüber, daß das Gedicht früher, während des zweiten vorchristlichen Jahrtausends, verfaßt wurde. Sein mythologischer Gehalt stammt aus noch älteren Zeiten, denn er bezieht sich auf Rivalitäten und Konflikte zwischen Gottheiten, von denen viele sumerische Namen tragen und als Schutzgottheiten der Städte dem frühen sumerischen Pantheon angehörten.

Die ursprüngliche Version wollte vor allem erklären, wie Marduk, der nationale Gott der BabylonierInnen, zum Oberhaupt des Pantheons erhoben wurde, und ihn als Schöpfer aller Dinge präsentieren. Die assyrischen Fassungen des Epos unterscheiden sich vom Original im wesentlichen darin, daß sie den Namen Marduk durch den des nationalen Gottes der AssyrerInnen, Aschur, ersetzen und ihm eine andere, aber ebenso alte und ehrwürdige Abstammung zuweisen. Der folgende Abriß der Handlung orientiert sich an der babylonischen Fassung, die Marduk als den Schöpfergott darstellt.

Bevor Himmel und Erde entstanden, heißt es in den ersten Zeilen des Gedichtes, gab es nichts als Wasser: das Süßwasser, personifiziert durch den Gott Abzu, und das ozeanische Salzwasser, personifiziert durch die Göttin Tiamat. Aus der Vermischung ihrer Gewässer erschufen diese zwei Urwesen alle Götter: Abzu zeugte sie und Tiamat trug sie aus. Die genaue Anzahl der erschaffenen Gottheiten ist nicht angegeben. Jedenfalls waren es viele, und man stellte sich vermutlich vor, daß sie in Tiamats Schoß lebten.

An einer Stelle in der Einleitung werden sechs Gottheiten namentlich genannt. Als erstes entstand das göttliche Paar, Lahmu und Lahamu. Andere Quellen liefern nur wenige Hinweise zu diesem Paar. (Die AssyrerInnen konnten dies ausnutzen, indem sie in ihrer Fassung des Epos diese Gottheiten zu den Eltern ihres nationalen Gottes, Aschur, machten.) Dem ersten Paar folgte das zweite, Anschar und Kischar, über das uns ebensowenig bekannt ist, obwohl ihre Namen sumerische Wörter, nämlich Himmel *(an)* und Erde *(ki)* enthalten. Der erste Sohn von Anschar hieß Anu, der wiederum einen Sohn, Ea, hatte. Beide, Anu und Ea, konkurrierten jeweils mit den eigenen Vätern um Macht und Stärke. Marduk kommt an dieser Stelle noch nicht vor, wird aber später als Sohn von Ea eingeführt.

Das erste Ereignis im Urschoß war, daß eine Reihe junger Götter ohne ersichtlichen Grund Streit anfing. Ihr übles Benehmen ärgerte Tiamat und brachte Abzu außer Fassung. Er beschwerte sich, der Krach mache es unmöglich, am Tag zu ruhen oder nachts zu schlafen. Schließlich verlor er die Geduld und eröffnete Tiamat, er wolle die ganze Gesellschaft loswerden. Tiamat, erschrocken und entsetzt, plädierte für Duldsamkeit. Zur Verteidigung führte sie die Jugend der Unruhestifter an und widersetzte sich entschieden Abzus Vorhaben, sie zu vernichten. Abzus Premierminister, der Wesir Mummu, war jedoch nicht bereit, diese Entscheidung Tiamats gelten zu lassen. Er drängte Abzu, seinen Zerstörungsplan auszuführen. Erfreut über seine Zustimmung, klopfte Abzu Mummu auf die Schulter, und die beiden setzten sich zusammen, um ihren Schlachtplan zu entwerfen.

Die Nachricht, daß Abzu und Mummu ein Komplott schmiedeten, um sie zu vernichten, schüchterte die jungen Götter ein; zu Tode verängstigt, wurden sie ruhig. Ea brachte dann einen Rettungsplan vor. Mit einem Zauber schläferte er Abzu und Mummu ein. Als die beiden eingeschlafen und ihm ausgeliefert waren, nahm er Abzu die Krone vom Kopf, krönte sich selbst zum König und übertrug auf diese Weise die Autorität des alten Gottes auf sich. Er nahm Mummu gefangen und tötete Abzu. Ea schlug seinen Wohnsitz über Abzu auf und verkündete, daß dieser von ihm geschaffene sowie alle künftigen Kultschreine *Abzu* heißen sollten. Es läßt sich historisch belegen, daß die wichtigste dem Ea gewidmete Kultstätte in der alten Stadt Eridu und ihm gewidmete kultische Einrichtungen andernorts *Abzu* hießen.

Daraufhin folgte eine ruhige Zeit: Ea lebte im *Abzu* mit seiner Frau Damkina, und ihr Sohn Marduk wurde geboren. Dieses friedliche Zwischenspiel beendete Anu. Er zauberte vier Wirbelwinde herbei und ließ sie im Schoß von Tiamat derart blasen, daß es den hier hausenden Göttern äußerst unbehaglich wurde. Das Gedicht legt den Angriff Anus auf Tiamat lakonisch dar, ohne auf seine Motivation einzugehen (Tafel I, 11.105-11.108). Anus Sturm wirkte sich jedoch so aus, daß mehrere Götter Tiamat zu Hilfe eilten. Eine Delegation ihrer Anhänger suchte sie auf, um an die große Göttin direkt zu appellieren. Sie sei ihre Mutter, aber sie scheine sie, ihre Nachkommen, nicht mehr wie früher zu lieben, beschwerten sie sich, denn sie habe Abzus Tod nicht gerächt, Mummu nicht vor der Gefangennahme bewahrt und Anus Wirbelwinden nicht Einhalt geboten.

Die Argumente der Bittsteller spornten Tiamats Tatkraft an, sie erklärte den Krieg. Das löste große Erregung und Begeisterung aus, viele Gottheiten stellten sich auf ihre Seite. Sie bildete einen Kriegsrat und erschuf sieben (oder elf?) giftige, furchterregende Ungeheuer, um ihre Truppen zu verstärken. Aus den ranghöheren Gottheiten wählte sie Kingu zum obersten Befehlshaber. Sie bestätigte seine Ernennung, indem sie der Götterversammlung verkündete, ihn habe sie zu ihrem Gemahl erwählt und mit der Vollmacht ausgestattet, in ihrem Namen zu handeln.

Die göttliche Bevölkerung war nun in zwei gegnerische Fraktionen gespalten: Tiamat und ihre Anhänger auf der einen Seite und auf der anderen die Anti-Tiamat-Fraktion, zu der vermutlich die ursprüngliche Gruppe der aufrührerischen jungen Götter, geführt von Anschar, Anu und Ea, gehörte.

Als erster erfuhr Ea, daß sich Tiamat auf den Krieg vorbereitete, und er gab Anschar Bescheid. Anschar, beunruhigt über die Nachricht, schlug Ea vor, er solle seine Zauberkraft, mit der er einst Abzu besiegt hatte, anwenden, um Kingu zu überwältigen. An dieser Stelle ist die Tafel abgebrochen, die darauffolgenden Zeilen des Gedichtes sind verloren gegangen, sodaß sich Eas Reaktion auf Anschars Vorschlag nicht mehr rekonstruieren läßt. Allerdings scheint Ea einen überzeugenden Grund für die Ablehnung von Anschars Vorschlag angegeben zu haben, denn die Fortsetzung des Textes berichtet, daß Anschar sich für ein diplomatisches Vorgehen entschied.

Anu wurde beauftragt, mit Tiamat zu verhandeln und sie zu beruhigen. Er konnte jedoch seine Mission nicht erfüllen, weil er sich davor fürchtete, Tiamat unter die Augen zu kommen. Er kehrte zurück und berichtete, ein einziger Blick der Göttin könne jeden Gott erschlagen. Die Kampfmoral der Aufrührer sank. Sie waren überzeugt, daß sie einen Kampf gegen Tiamat nicht lebendig überstehen würden. Ihre einzige Rettung, erklärte Anschar, wäre der junge Götterheld Marduk.

Ea holte Marduk zu sich und schickte ihn zu Anschar, nachdem er ihn väterlich beraten hatte, wie er bei dieser Unterredung auftreten solle. Der junge Marduk beeindruckte Anschar, und dieser ließ sich überzeugen, daß er es nicht mit einem männlichen, sondern mit einem weiblichen Feind zu tun habe (Tab. II, 11.109-11.110). Er, Marduk, würde Tiamat schlagen, sodaß Anschar triumphierend seinen Fuß auf ihren

Nacken setzen könne. Dann legte Marduk seine Bedingungen fest: Als Lohn für seine Dienste verlangte er, daß ihm die höchste Macht über alle Götter übertragen werden sollte.

Anschar durfte solch ein Abkommen nur im Einvernehmen mit seinen Anhängern treffen. Sein Wesir, Gaga, lud daher in seinem Namen die Anhängerschaft zu einem Bankett ein, das ein außergewöhnlicher Erfolg wurde. Mit vollem Bauch und betrunken vom Schnaps wählten die Götter Marduk zu ihrem König und ließen ihn als ihren Meister und Rächer hochleben.

Marduk rüstete sich zum bevorstehenden Kampf mit Tiamat. Pfeil und Bogen, eine Keule, sieben Wirbelwinde und ein Netz, das ihm Anu geschenkt hatte, waren seine Waffen. Begleitet von vielen Hilfskräften kundschaftete Marduk das Innere der Tiamat aus. Die doppelte Sichtweise von Tiamat als umfassendes Territorium einerseits und andererseits als anthropomorphe Gottheit mit ausdrücklich weiblichen Zügen ist in diesem Teil des Epos am deutlichsten sichtbar.

Der Zusammenprall der beiden Hauptfiguren, der alten Göttin und des jungen Gottes, blendete Marduks Mitstreiter dermaßen, daß sie nicht sehen konnten, was passierte. Der Kampf fing damit an, daß die beiden einander Beschuldigungen entgegenschleuderten. Tiamats Schmähung ist nicht einfach zu deuten, aber sie scheint Marduk vorzuwerfen, er überschreite seine Grenzen. Marduk seinerseits warf ihr Überheblichkeit vor und daß sie Unruhe gestiftet sowie die Söhne gegen ihre eigenen Väter aufgehetzt habe (das bedeutet, sie habe Bürgerkrieg verursacht). Außerdem liebe sie ihre Nachkommen nicht mehr und habe Kingu in den gleichen hohen Rang wie Anu erhoben. Daraufhin forderte er sie zum Zweikampf auf, was Tiamat erboste. Ein schrecklicher Kampf folgte, bis Tiamat ihren Mund öffnete, um Marduk zu verschlingen. Dies erwies sich als fataler Fehler, denn dadurch erhielt Marduk Gelegenheit, die Wirbelwinde erfolgreich einzusetzen. Er blies sie in Tiamats Bauch, bis dieser in obszöner Weise angeschwollen war. Dann schoß er einen Pfeil ab, der ihr die Eingeweide zerfetzte, das Herz spaltete und das Leben nahm.

Die Gefangennahme aller Anhänger der verstorbenen Göttin gehörte zur anschließenden Säuberungsaktion Marduks. Außerdem verwandelte er die sieben bzw. elf Ungeheuer, die Tiamats Truppen unterstützt hatten, zu Stein und enthob Kingu seines Amtes mit der Begründung, Tiamat sei ohnehin nicht ermächtigt gewesen, ihm eine solche Position zu verleihen.

Von seinen Götterkollegen als Sieger anerkannt, machte Marduk sich nun daran, aus Tiamats Körper den Kosmos zu erschaffen. Er schnitt ihren Leichnam wie ein Schalentier entzwei. Aus der oberen Hälfte errichtete er den Himmel und stellte Wachen auf, damit ihre Gewässer nicht abfließen konnten. Er befahl dem Mond, die Tage der Woche und die Monate des Jahres seinen Phasen entsprechend zu zählen, und vertraute die Tageszeit dem Sonnengott Schamasch an. Dann erschuf er die Erde. Tiamats Körperteile bildeten die geographischen Merkmale, die den MesopotamierInnen jener Zeit am engsten vertraut waren: Die zwei Ströme, die ihren Augen entflossen, waren Tigris und Euphrat; ihr Kopf trug Berge, deren Ausläufer aus ihrem „Euter" entstanden.

Marduks Vorschlag, die Stadt Babylon als eine Zwischenstation zu errichten, wo die Götter auf ihrem Weg zwischen *Abzu* und Himmel übernachten konnten, fand Zustimmung. Zur Vollendung dieses Vorhabens meldeten sich die Götter freiwillig. Marduk hatte jedoch eine bessere Idee: die Erschaffung von Wesen aus Fleisch und Knochen, die den Göttern die schwere Arbeit abnähmen, damit diese ruhen könnten. Ea führte diesen Vorschlag weiter aus, daß nämlich diese Wesen aus Fleisch und Knochen aus dem Blut eines der Rebellengötter erschaffen werden sollten. Nicht Tiamat, sondern Kingu wurde nun zum Hauptschuldigen erklärt, denn er habe, hieß es, die alte Göttin aufgehetzt. Dieser höchst dubiose Rechtsfall wurde der Götterversammlung vorgetragen, und zwar mit dem deutlichen Hinweis, daß die Verurteilung Kingus zum Tode und die Verwendung seines Körpers zur Erschaffung menschlicher Arbeitskräfte durchaus im Interesse der Götter liege. Kingu wurde für schuldig befunden und erschlagen, aus seinem Blut wurde das Menschengeschlecht erschaffen.

Die Fertigstellung der Stadt Babylon mit ihren prächtigen Tempeln und Sakralbauten feierten die Götter mit einem großen Bankett. In festlicher Stimmung begrüßten sie Marduk als ihren souveränen Herrscher ohne seinesgleichen und sangen Loblieder auf ihn. Die letzten rund sechzig Zeilen der VI. Tafel und die gesamte letzte, die VII. Tafel verzeichnen fünfzig Namen von Marduk, die jeden Aspekt seiner Allmacht über menschliche wie göttliche Wesen einzeln dartun.

Die Handlung des akkadischen *Schöpfungsgedichtes* ist, abgesehen von den verwickelten Details, die Rebellion der Götterwelt gegen die göttliche Urmutter Tiamat. Anfangs wird Tiamat als die höchste Autorität über die gesamten Gottheiten, einschließlich ihres Gatten, dargestellt. Es ist auffällig, daß ihr Charakter erst dann monströse Züge annimmt – sie gebiert Drachen und Vipern –, als sie ihre Absicht erklärt, an den jungen Rebellengöttern Vergeltung zu üben. Vorher erscheint sie als mitfühlende, duldsame Herrscherin, die die Liebe und Treue ihrer Untertanen genießt. Als eine Götterfraktion gegen sie aufstand, scharten sich andere zu ihrer Unterstützung um sie. Offenbar begrüßten nicht alle eine neue, andersartige Machtstruktur unter der Herrschaft der Rebellengötter, und es gab viele, die den Status quo verteidigen wollten. In diesem Sinn ist Marduks Anschuldigung zu verstehen, sie habe den Bürgerkrieg verursacht.

Das akkadische Epos verwendet zweifellos sumerische Vorlagen, denn viele Götter, die sich gegen Tiamat wenden, sind sumerisch. Es läßt sich nicht feststellen, welcher sumerische Gott als erster die Autorität der alten Göttin herausforderte. Es kann davon ausgegangen werden, daß es einer der drei größten Götter des sumerischen Pantheons aus dem dritten Jahrtausend v. Chr. war: An, Enki (im akkadischen Epos Anu bzw. Ea genannt) oder Enlil, der aber in dem Epos nur schattenhaft auftaucht. Enlil war der sumerische Gott der Atmosphäre. *Nach* der Erschaffung des Universums aus den zwei Hälften des Körpers von Tiamat hätte er als solcher Himmel und Erde auseinander halten und den Zwischenraum einnehmen können. Möglicherweise lagen dem Verfasser des akkadischen Gedichtes mehrere sumerische Quellen vor, die jeweils verschiedene Götter zum Rebellen, Helden und zum Schöpfergott gemacht hatten, welche alle in die uns vorliegende Version eingegangen sind.

Anhand der vorliegenden babylonischen und assyrischen Fassungen des *Schöpfungsgedichtes* kann allerdings festgestellt werden, daß die SumererInnen, BabylonierInnen sowie die AssyrerInnen sich ein Gebilde vor dem Schöpfungsstaat vorstellten, in dem die Gottheiten unter der matriarchalen Ordnung Tiamats lebten.

Das Gilgamesch-Epos

Das *Gilgamesch-Epos* wurde zwischen 1800 und 1600 v. Chr. in akkadischer Sprache verfaßt. Als ein Best- und Longseller des Altertums, der zumindest anderthalbtausend Jahre Anklang fand, wurde das Epos mehrfach kopiert und überarbeitet, wobei einige Stellen gekürzt, andere ergänzt wurden. Es wurde ins Hethitische und Hurritische übersetzt. Fragmente seiner Fassungen unterschiedlichen Datums sind überall im Nahen Osten aufgetaucht: in südlichen, nördlichen und zentralen Regionen des Irak, in Palästina, in der Türkei und sogar in Armenien.

Der Held des Epos ist ein früher König von Uruk, nach der sumerischen Liste der Könige der fünfte Herrscher der Stadt nach der „Flut". Es wird angenommen, daß er eine historische Persönlichkeit ist, obwohl sich dies nicht durch zusätzliche Belege bestätigen läßt. Die Taten vieler der frühen Könige von Uruk und Kisch waren nacherzählt worden, aber Gilgamesch, charismatisch, wie er war, inspirierte die meisten Legenden. Das *Gilgamesch-Epos* stützt sich zwanglos auf die reichhaltigen sumerischen Überlieferungen; was jedoch die redaktionelle Auswahl und die Entwicklung der Handlung betrifft, so wird das akkadische Gedicht als ein einmaliges literarisches Meisterwerk eingeschätzt. Die folgende eher knappe Zusammenfassung des Inhalts kann der poetischen Einsicht in das Dilemma des Menschen, wie es in dem Gedicht zum Ausdruck kommt, kaum Genüge tun.

Der wesentliche Teil einer späten Fassung des Epos ist auf in Ninive entdeckten Tafeln aus dem siebten vorchristlichen Jahrhundert erhalten. Diese sogenannte *Standardfassung* wurde auf zwölf Tafeln aufgezeichnet. Die Tafeln I bis XI beinhalten das eigentliche Epos. Die XII. Tafel gibt eine akkadische Übersetzung des letzten Teiles einer sumerischen Erzählung wieder. Die Bedeutung dieser Ergänzung sowie die der Unterschiede zwischen dieser Spätfassung und dem Original sind später zu erörtern (vgl. S. 30f.).

Eine Lobrede auf Weisheit, Erfahrung und die Leistungen des Helden eröffnet das *Gilgamesch-Epos*. Zu zwei Dritteln sei er Gott und zu einem Drittel Mensch, und er habe zur Gründung der Stadt Uruk beigetragen. Dies läßt sich mit den archäologischen Belegen vereinbaren, denn die wuchtigen Schutzmauern von Uruk wurden irgendwann im zweiten Viertel des dritten vorchristlichen Jahrtausends errichtet, zu welcher Zeit Gilgamesch vermutlich lebte.

Wegen seines energischen Führungsstils war Gilgamesch unter den BürgerInnen von Uruk nicht beliebt. Alle männlichen Jugendlichen, die bürgerlichen wie die adeligen, mußten sich von ihren Familien trennen, um für ihn zu kämpfen. Die BürgerInnen bedrückte die Situation derart, daß sie den Gott Anu zu Hilfe riefen. Anu erwog ihre mißliche Lage und rief die Göttin Aruru auf, Enkidu zu erschaffen. Durch Enkidu, dem Gilgamesch gleichgestellt, sollte in der Stadt Ruhe einkehren

Enkidu wurde nicht direkt in Uruk, sondern außerhalb der Stadt in der Steppe angesiedelt. Er war ein eigenartiger und wilder Mann. Primitiv bekleidet, lebte der langhaarige Enkidu mit Gazellen und anderen wilden Tieren. Er trank aus denselben Wasserlöchern wie sie. Er war der Schrecken der Jäger, weil er die aufgestellten Fallen zerstörte und ihre Schlingen zerriß.

Ein Jäger brachte Gilgamesch die Nachricht von der Ankunft des seltsamen Mannes in der Steppe. Er beschwerte sich über ihn, bat um Hilfe und schlug Enkidus Gefangennahme vor. Da die Jäger seiner nicht habhaft werden konnten, gaben sie zu bedenken, daß eine Frau aus dem Tempel vielleicht mehr Erfolg haben würde. Gilgamesch war einverstanden, und die Jäger kehrten in Begleitung einer *harimtu* in die Steppe zurück. (Der Begriff *harimtu* wird als ‚Prostituierte', ‚Dirne' oder ‚Hetäre' übersetzt – mit Wörtern, die heute herabsetzende Bedeutungen haben. Sie sind für das Zeitalter des ursprünglichen Epos ungeeignet, denn die damalige religiöse Wertung von Sexualität und Fruchtbarkeit läßt sich heute nicht mehr nachvollziehen. Der Begriff *harimtu* wird daher hier beibehalten.)

In der Steppe wartete die *harimtu* zwei Tage lang an der Wasserstelle, wo Enkidu zu trinken pflegte, bis er endlich erschien. Ihre offenen sexuellen Annäherungsversuche erwiderte er spontan und ohne Vorbehalt. Sie liebten sich die nächsten sechs Tage und sieben Nächte. Nach dieser seiner ersten Erfahrung mit einer zivilisierten Frau verlor Enkidu, wie er entsetzt feststellte, seine Nähe zu den wilden Tieren. Sie flohen nun, wenn sie ihm an der Wasserstelle begegneten. Jedoch hatte er an Weisheit und Verstand gewonnen. Mit diesem neuerworbenen Selbstverständnis kehrte er zur *harimtu* zurück und bat sie um Rat. Sie meinte, Enkidu vergeude seine Zeit in der Steppe; er solle in die Stadt ziehen, wo sie ihn Gilgamesch vorstellen könne. Zuerst aber müsse er die höfischen Umgangsformen beherrschen. Enkidu akzeptierte ihre Ratschläge und ihr Angebot, ihm gesellschaftlichen Schliff beizubringen.

Die *harimtu* hielt Enkidu wahrscheinlich für einen verirrten Angehörigen eines der nomadischen Stämme, die damals mit ihren Viehherden durch die Wüste zogen.

Kulturell galten sie bei den alten MesopotamierInnen als minderwertig, da sie keinen Ackerbau betrieben und weder Brot buken noch in Häusern lebten. Das Epos berichtet, daß die *harimtu* Enkidu „wie ein Kind" in die Behausung eines Schäfers führte, damit er in Gesellschaft äße. Der Anblick der Speisen und Getränke versetzte Enkidu in Erstaunen. Die *harimtu* ermutigte ihn und führte ihm die Sitten der feinen Gesellschaft vor, woraufhin er das Essen genoß und sich sieben Krüge Bier zu Gemüte führte. In gehobener Stimmung war er bereit, ihr nach Uruk zu folgen.

Die ursprüngliche altbabylonische Fassung des Epos beschreibt diese Episode ausführlich. Die einige Jahrtausende später entstandene *Standardfassung* ist bedeutend kürzer und unterscheidet sich vom Original in bestimmten Einzelheiten. Auf die Bedeutung dieser Unterschiede wird später eingegangen (vgl. S. 30f.).

Gilgamesch war durch einen Traum, den ihm seine Mutter, Ninsun, deutete, vorgewarnt, er werde einem Rivalen begegnen. Aber das, was kommen sollte, traf ihn unvorbereitet. In der Stadt Uruk waren ein Brautgemach und ein Hochzeitsbett für eine gewisse Ischchara fertiggestellt worden. (Unter diesem Namen war die akkadische Liebesgöttin Ischtar bekannt; daher liegt nahe, daß es sich hier um die Heilige Hochzeit handelte; vgl. S. 36f.) Als Gilgamesch auf dem Weg zum Brautgemach war, traf Enkidu ein. Er stellte sich in den Eingang und versperrte Gilgamesch den Zutritt, worüber dieser in Wut entbrannte. Es begann ein brutaler Kampf. Sie zertrümmerten die Türpfosten, und die Wände zitterten. Als Gilgameschs Zorn abflaute, verflüchtigte sich seine Kampfeslust; auch Enkidu zeigte sich versöhnlich, und die beiden schworen einander Freundschaft.

Gilgamesch bat Enkidu um Hilfe bei der Beseitigung des Ungeheuers Humbaba (auch Huwawa nach anderen Textvarianten), das im abgelegenen Zedernwald lebte. Die Idee entsetzte Enkidu, und er erklärte Gilgamesch, der große Gott Enlil habe Humbaba zur Abschreckung aller Sterblichen als Beschützer der Wälder eingesetzt. Auch die Alten der Stadt teilten Enkidus Bedenken. Gilgamesch aber setzte sich darüber hinweg und gab Befehl, sich zu rüsten. Nachdem alle Vorbereitungen getroffen waren, konnte er seine Mutter Ninsun dazu bewegen, das Unternehmen zu segnen. Bewaffnet mit Schwertern und Äxten, zog er mit Enkidu in die Zedernwälder.

Nachdem sie ihr Ziel in sechs Tagen erreicht und begonnen hatten, die Zedernbäume zu fällen, erschien Humbaba, verärgert darüber, daß sie seine Wälder verwüsteten. Im darauffolgenden Kampf hätte er sie beinahe besiegt, wäre ihnen nicht der Sonnengott Schamasch zu Hilfe geeilt. Humbaba gab sich geschlagen und flehte um Gnade. Auf Enkidus Rat hin wurde er durch einen Schwerthieb in den Nacken umgebracht. Die Helden kehrten im Triumph nach Uruk zurück, blind gegenüber dem Schicksalsrad, das sie selbst in Bewegung gesetzt hatten.

Gilgameschs Rückkehr nach Uruk war die eines siegreichen Helden. Er legte die abgetragene Reisekleidung ab, badete, frisierte sich und legte sein königliches Festgewand samt den königlichen Insignien an. So geschmückt bot er einen derart prachtvollen Anblick von Männlichkeit, daß die Liebesgöttin Ischtar sich in ihn verliebte. „Komm, Gilgamesch", machte sie ihm den Hof, „sei mein Gemahl, und ich werde deine Gemahlin." Dazu versprach sie ihm einen Triumphwagen aus Lapislazuli mit Goldrädern, die Hochachtung der Könige, Prinzen und Herrscher, die reichliche Vermehrung seiner Schaf- und Ziegenherde und Zugochsen von unübertrefflicher Kraft.

Gilgameschs ausführliche Antwort auf diesen aufdringlichen Antrag war eine Schmähung. Zunächst stellte er fest, der Göttin Geschmack sei zu kostspielig, als daß die Ehe mit ihr profitabel sein könnte. Dann fuhr er fort, ihre Person zu beleidigen. Ischtar sei unter anderem wie eine zugige Hintertür, wie ein undichter Wasserschlauch, der seinen Träger durchnässe, oder ein Schuh, der den Fuß drücke. Er warf ihr Untreue vor und listete eine lange Reihe ihrer früheren Liebhaber und ihr ergebener Ehemänner auf sowie die furchtbaren Schicksale, die sie ihnen an den Hals gewünscht hatte. Er erwähnte im besonderen auch Dumuzi, dessen Tod Ischtar alljährlich mit Wehklagen begehen ließ (vgl. S. 36f.).

Wütend über diese Zurückweisung, eilte Ischtar zum großen Gott Anu und protestierte. Sie war nicht nur die Liebesgöttin, sondern hatte auch enge Beziehungen zum Reich der Toten. Sie setzte ihre Schattenseite ein, um sich an Gilgamesch zu rächen. Sie verlangte von Anu die Entsendung eines Stiers, der Gilgamesch töten solle. Ansonsten, so drohte sie ihm, würde sie das Tor der Unterwelt zerschmettern und die Toten freilassen. Nach kurzem Zögern und Verhandeln gab Anu ihrem Wunsch nach.

Gilgamesch und Enkidu erwiderten diese Herausforderung der Götter mit der ihnen eigenen Tapferkeit. Als sie von der Raserei des vom Himmel gesandten Stiers hörten, der hunderte Menschen mit einem einzigen Schnauben niederwarf, suchten sie ihn zu erlegen. Sie überwältigten und töteten ihn mit einem Schwertstoß zwischen Hals und Hörner. Als zusätzliche Erniedrigung riß Enkidu dem Stier das rechte Bein aus und warf es Ischtar vor die Füße. Wenn er sie in die Finger bekäme, drohte er, würde er sie mit den Gedärmen des Stiers fesseln. Während Ischtar, die *harimtu* und andere Priesterinnen des Ortes zusammenkamen, um den Tod des Stiers zu betrauern, prahlte Gilgamesch in den Straßen von Uruk mit seiner Heldentat.

Diesmal aber waren die beiden zu weit gegangen, sogar in den Augen ihres Beschützers, des Sonnengottes Schamasch. Unter den Göttern entbrannte eine hitzige Debatte, und sie kamen zu dem Schluß, einer der beiden müsse sterben. Trotz Schamaschs Einspruch wurde entschieden, daß Enkidu für beide Sühne zu leisten habe.

Im Kampf zu sterben, wäre für Enkidu eine Gnade gewesen. Er haderte mit seinem Schicksal, weil ihm kein heldenhafter Tod vergönnt war. Er lag lange im Sterben. Gepflegt von dem trauernden Gilgamesch, siechte er qualvoll dahin. Als Enkidu starb, wollte Gilgamesch den Tod seines Freundes nicht wahrhaben und machte sich vor, dieser schliefe, bis Enkidus Leichnam zu verwesen begann. Aufgelöst vor Kummer und überwältigt vom menschlichen Los der Sterblichkeit, floh Gilgamesch aus der Stadt und streifte in der Wildnis umher.

In seiner Verzweiflung erschien ihm Utnapischtim, der Held der Geschichte der „Flut", als der einzige, der über Leben und Tod Bescheid wußte. Nach der „Flut" hatten die Götter Utnapischtim und seiner Frau Unsterblichkeit verliehen und sie zu einem entlegenen Land jenseits der Wasser des Todes geführt. Gilgamesch beschloß, dieses Land zu besuchen, obwohl er wußte, daß bisher kein/e Sterbliche/r diese gefährliche Reise gewagt hatte.

Die Skorpionmenschen, Torwächter der Sonnenauf- und -untergänge, wiesen ihm den Weg, auf dem er sich bis an die Ufer eines tiefen Meeres durchschlug. Hier begegnete er Siduri – meist irrtümlich als ‚Schankfrau' oder noch abschätziger als ‚Bardame' bezeichnet. Siduri war keines von beiden, sondern eine *sabitu*: eine der professionellen Posthalterinnen, die die Poststationen führten. Sie spielten als Unternehmerinnen eine Schlüsselrolle im internationalen Netzwerk des frühsumerischen Handels und genossen daher quasi konsularischen Status. Kein Zufall, daß Siduri gerade hier stationiert war – am Rand der Welt, um den weitgereisten Kaufleuten die erforderlichen Finanz-, Informations- oder sonstigen Dienste zu bieten. Gilgamesch erzählte ihr von seinem Kummer und dem Anliegen, Utnapischtim aufzusuchen. Sie wies ihn darauf hin, daß Utnapischtim jenseits der Wasser des Todes lebte und sein Bootsführer Urschanabi als einziger in der Lage wäre, ihn, Gilgamesch, überzusetzen. Falls es ihm nicht gelänge, Urschanabi anzusprechen, solle er sich lieber auf den Rückweg begeben, riet sie. Diese Art von Ratschlägen und Informationen gab vermutlich eine *sabitu* üblicherweise an vorbeiziehende Handelsreisende weiter.

Gilgamesch konnte Urschanabi für sich gewinnen und durfte auf seinem Boot mitfahren. Allerdings mußte er auf des Bootsführers Anweisung achten, nämlich daß kein Tropfen vom Wasser des Todes seine Hände berühre. Hierzu wurde beim Staken für jeden Stoß eine neue Stange benötigt, insgesamt einhundertzwanzig Stangen. Sie erreichten endlich ihr Ziel. Gilgamesch ließ erneut seinem Schmerz über den Tod seines Freundes und das Schicksal der Menschheit freien Lauf, aber Utnapischtim konnte ihn nicht trösten: Nur Götter bestimmten über Leben und Tod, ihr geheimes Wissen darüber behielten sie für sich, sagte er.

Anhand der Geschichte der „Flut" illustriert er den Sachverhalt. Sein Bericht bewegt sich fast auf denselben Bahnen wie der biblische; Utnapischtim ist der Prototyp von Noah. Neben geringfügigen Einzelheiten unterscheiden sich die zwei Darstellungen im wesentlichen darin, daß sie verschiedenen Gottheiten die tragende Rolle zuschreiben. Nach der biblischen Geschichte schickte Gott die Sintflut und warnte Noah vor der bevorstehenden Katastrophe. Nachdem die Wasser gewichen waren, setzte er den Regenbogen als Zeichen seines Versprechens, hinfort keine Sintflut mehr kommen zu lassen. Nach Utnapischtims Bericht war der Gott Enlil hauptverantwortlich für die Entscheidung der Götter, die „Flut" zu schicken. Die Vorwarnung an Utnapischtim kam von dem Gott Ea, der ihm gleichfalls riet, ein Schiff zu bauen. Und es war Ischtar, die in einem Anfall von göttlicher Reue schwor, ihre Halskette aus Lapislazuli solle sie daran erinnern, daß sie einem solchen Unglück für die Menschheit nie wieder zustimmen werde.

So sei ihm und seiner Frau Unsterblichkeit verliehen worden, schloß Utnapischtim seine Geschichte. Aber sein, Gilgameschs Fall, sei ein anderer. Die einzige Chance, seine Sterblichkeit zu überwinden, bestünde darin, eine ganze Woche lang ohne Schlaf auszukommen. Gilgamesch schlief aber, ganz im Gegenteil, sieben Tage. Jeden Tag buk Utnapischtims Frau Brot und stellte einen frischen Laib an seine Seite. Als Gilgamesch aufwachte und zu leugnen versuchte, daß er so lange geschlafen hatte, lagen da als Beweis sieben unterschiedlich stark verschimmelte Brote. Äußerst entmutigt entschied er sich zur Rückkehr.

Utnapischtims Frau aber hatte Mitleid mit Gilgamesch, und Utnapischtim rief ihn zurück. Er verriet ihm ein Geheimnis der Götter und erzählte von einer Pflanze, die auf dem Meeresboden wuchs. Wer sie verzehre, werde zwar nicht unsterblich, da das ein Privileg der Götter sei, aber sie habe die Kraft der Verjüngung. Gilgamesch tauchte mit Hilfe einer herkömmlichen Perlenfischerausrüstung bis zum Meeresboden und holte die Pflanze. Er zeigte sie Urschanabi voller Stolz, nannte sie „Der alte Mann wird ein Junge“ und wollte sie erst nach seiner Rückkehr in Uruk verspeisen.

Der lange, schwere Rückweg machte Gilgamesch staubig und reisemüde. An einem Teich konnte er der Verlockung, sich zu erfrischen, nicht widerstehen. Während er badete, zog der süße Geruch der Wunderpflanze eine Schlange an. Diese nahm die Pflanze und häutete sich, als sie zurück ins Wasser glitt. Die Begebenheit mag erklären, warum Schlangen ihre Haut abwerfen, für Gilgamesch aber war sie der Höhepunkt der Ironie des Schicksals. Wie am Anfang des Epos steht auch an seinem Ende eine Lobpreisung der Stadt Uruk, verbunden mit dem deutlichen Hinweis, daß Menschen Unsterblichkeit nur durch Taten während ihres Lebens erlangen können.

Seit seiner Wiederentdeckung ist das *Gilgamesch-Epos* gründlich erforscht und kommentiert worden. Im folgenden soll auf zwei besonders interessante Aspekte eingegangen werden. Zum einen bestand ein Zwist zwischen Gilgamesch, dem König von Uruk, und Ischtar, die als sumerische Inanna Schutzgöttin der Stadt war. Zweitens klingen die verschleierten Verweise auf die Heilige Hochzeit im Epos spöttisch und abwertend.

Der Bericht über die erste Begegnung zwischen Gilgamesch und Enkidu deutet indirekt auf die Zeremonie der Heiligen Hochzeit hin. Als Enkidu in Uruk ankam, war Gilgamesch unterwegs zum Brautgemach der Ischchara – einer der Namen, unter denen Ischtar bekannt war. Gilgamesch mußte sich aufgemacht haben, die Heilige Hochzeit zu vollziehen, obwohl der Verfasser dies nicht ausdrücklich angibt. Indem Enkidu ihm den Weg versperrte, stellte er nach königlichem Ritual Gilgameschs Anspruch auf den Thron in Frage. Überdies läßt sich die Ansicht vertreten, daß Enkidu gleichfalls ein Recht auf das Königtum hatte. Seine tagelange „Hochzeit“ mit der Priesterin aus Uruk, der *harimtu* – die den Eindruck einer Parodie auf die Heilige

Hochzeit vermittelt –, hatte bereits in der Steppe stattgefunden. Mit dem Titel dieser Priesterin, *harimtu*, wurde manchmal die Göttin Ischtar selbst bezeichnet.

Der Streit zwischen Gilgamesch und Ischtar, berichtet in der *Standardfassung*, könnte eine Beifügung zum altbabylonischen Original sein, die erst zwei- bis dreihundert Jahre später von einem anderen Autor eingearbeitet wurde. In dieser Episode lockte Ischtar Gilgamesch mit der Vermehrung seiner Herden und der Huldigung seitens fremder Machthaber, um ihrer Werbung zusätzlichen Anreiz zu verschaffen. Es sind genau die Gaben, die die Göttin bei der Hochzeitszeremonie dem von ihr auserkorenen königlichen Gemahl verlieh. Gilgameschs ausführliche und beleidigende Abweisung ihres Antrages ist also ein wohldurchdachtes Argument gegen das Prinzip der Heiligen Hochzeit: gegen die Tatsache, daß eine gedeihliche Herrschaft des Königs von der Gunst der Fruchtbarkeitsgöttin Ischtar abhängt. Ischtar hingegen überantwortet als Strafe den König Dumuzi der Unterwelt, anstatt seinen Wohlstand zu fördern (vgl. S. 36).

Die Heilige Hochzeit war im Wesentlichen eine sumerische königliche Zeremonie. Bis die Amoriten an die Macht gelangten und das altbabylonische Reich unter Hammurabi gegründet wurde, wurde sie von allen aufeinanderfolgenden Königen der Städte Ur und Isin begangen. Aus der Tatsache, daß das *Gilgamesch-Epos* nicht in sumerischer, sondern in akkadischer Sprache vorliegt, läßt sich folgern, daß sein Verfasser unter der Ägide eines der neu gegründeten Machtzentren der Amoriten gearbeitet hat. Es ist bekanntlich schwer, Humor in alten oder fremden Kulturen als solchen zu erkennen, aber es ist denkbar, daß die indirekten Verweise auf die Heilige Hochzeit so etwas wie politische Satire intendierten, die sich gegen ein überholtes und in Verruf geratenes Konzept von Königtum richtete.

Die im akkadischen Epos dargestellte Feindschaft zwischen Gilgamesch und der Liebesgöttin ist unvereinbar mit der Beziehung, wie sie in dem sumerischen Mythos namens *Gilgamesch, Enkidu und die Unterwelt* beschrieben wird. In diesem Text pflegt Gilgamesch einen „brüderlichen" Umgang mit der Göttin: Als sie die beiden um Hilfe rief, kamen Gilgamesch und Enkidu ihr bereitwillig entgegen. Sie belohnte Gilgamesch mit zwei wertvollen Gegenständen, die ihm in der Unterwelt verloren gingen. Da Gilgamesch sie nicht wiedererlangen konnte, machte Enkidu einen mutigen Versuch, persönlich hinabzusteigen, um sie sicherzustellen. Nach seiner Rückkehr erzählte er Gilgamesch, was er in der Unterwelt gesehen hatte.

Dem assyrischen Hofschreiber in Ninive, der im siebten vorchristlichen Jahrhundert das *Gilgamesch-Epos* kopierte, war die alte sumerische Geschichte offensichtlich bekannt, deren letzten Teil er in der akkadischen Übertragung am Ende des Epos als ein Finale hinzufügte (Tafel XII). Den ersten Teil des Mythos mit der freundschaftlichen Beziehung zwischen Gilgamesch, Enkidu und der Göttin überspringt er.

Ein weiterer Unterschied zwischen dem babylonischen Original und der einige tausend Jahre später entstandenen *Standardfassung* des Epos liegt im unterschiedlichen Umgang mit der Episode, in der die *harimtu* Enkidu unterweist (vgl. S. 26). Der Bericht in der späteren Fassung ist wesentlich kürzer. Das Bild der *harimtu*, die Enkidu „wie ein Kind" an der Hand nimmt, hat sich verändert, als wäre die Darstellung der *harimtu* als Erzieherin nicht mehr annehmbar.

Es sind ausreichende Schriftquellen vorhanden, die belegen, daß es in den spätsumerischen und altbabylonischen Epochen viele kultivierte und gebildete Frauen unter der weiblichen Priesterschaft gab. Viele überlieferte Hymnen, Gesänge, Balladen und Gedichte, darunter einige von beträchtlichem poetischen Wert, werden einzelnen Priesterinnen bzw. anhand stilistischer Kriterien einzelnen Dichterinnen zugeschrieben. Nach so langer Zeit läßt sich die Urheberschaft der literarischen Werke selbstverständlich nicht eindeutig bestimmen. Jedoch liegt unwiderlegbares Beweismaterial aus den Archiven der *Naditu*-Priesterinnen, sichergestellt in Sippar, als Bestätigung vor, daß einige Mitglieder der weiblichen Priesterschaft geschult und gebildet waren und sich als Schreiberinnen betätigten. Nichts spricht also gegen die Annahme, daß die *harimtu*, die Enkidu auf seine Einführung an Gilgameschs Hof in Uruk vorbereitete und auf diese Weise entsprechend der göttlichen Bestimmung die zwei Männer zusammenbrachte, sowohl eine Frau von starkem sexuellen Reiz als auch so gebildet und kultiviert war, daß sie die Rolle der Lehrmeisterin ausüben konnte.

Inanna und Dumuzi

Die Mythen von der sumerischen Fruchtbarkeitsgöttin Inanna und einem sterblichen Mann namens Dumuzi gehen zurück bis in prähistorische Zeiten. Ihr Ursprung ist unbekannt und vielschichtig. Schon gegen 3000 v. Chr. wurden in Uruk Feste zu Ehren Inannas gefeiert, wie den dort entdeckten zeitgenössischen Bilderschriftquellen zu entnehmen ist. Die Zeichen für „Fest", „Stern", „Inanna" und „Untergehen" bilden ein Quadrat, das, zu einem „Satz" zusammengefaßt, folgendermaßen gelesen werden kann: „Ein Fest an dem Tage, an dem der Stern der Inanna untergeht." In historischer Zeit war die Venus der Stern der Inanna, das heißt, daß im Nahen Osten zumindest seit 5.000 Jahren der Planet Venus mit der Liebesgöttin assoziiert wurde. Wie die Sumerer sich die Göttin vorstellten, bezeugt ihr Bildnis auf einer großen kultischen Vase, der berühmten Warka-Vase, entdeckt in Uruk und datiert auf etwa 3000 v. Chr. (vgl. Abb. 1 und 2).

Dumuzi, im Mythos der sterbliche Geliebte und Gatte der Göttin, wird für einen der frühen Könige einer sumerischen Stadt gehalten; welcher jedoch gemeint ist, darin ist die Überlieferung geteilter Meinung. Die sumerische Königsliste führt einen Schäfer namens Dumuzi an, der vor der „Flut" über die Stadt Badtibira herrschte. Uruk hingegen hielt daran fest, daß Dumuzi, ein ursprünglich aus Eridu oder Kuara stammender Fischer, nach der „Flut" über Uruk herrschte, und zwar eine Generation vor Gilgamesch.

Die Fassungen des Inanna-Dumuzi-Mythos, verbreitet im ersten Viertel des zweiten vorchristlichen Jahrtausends, sind in zwei sumerischen Texten, beide datiert um 1765 v. Chr., erhalten geblieben. Die Geschichten in den zwei Quellen ergänzen einander. Die eine, heute als *Inannas Gang in die Unterwelt* bekannt, erzählt den Mythos aus der Sicht der Göttin, während die zweite, bekannt als *Dumuzis Traum*, dessen Standpunkt wiedergibt.

In *Inannas Gang in die Unterwelt* wird zuallererst angekündigt, die Göttin habe entschieden, den Himmel und alle ihre Tempel aufzugeben, um in die Unterwelt hinabzusteigen. Es werden keine Gründe für diese Entscheidung angegeben. Nachdem sie ihre Festtracht und die Insignien ihrer königlichen Würde angelegt hatte, wies sie den Wesir Ninschubur an, falls sie nicht zurückkehre, solle er den großen Gott Enlil ansprechen und sie mit dessen Hilfe vor dem Tod in der Unterwelt retten. Verweigere Enlil seine Unterstützung, solle Ninschubur ihren Vater, den Mondgott Nanna, aufsuchen. Verweigere auch Nanna Hilfe, solle er sich an Enki wenden, den Gott der Weisheit und des Süßwassers.

Inanna kam am Tor der Unterwelt an, trat entschieden und aggressiv auf und verlangte von der Torwache, sie einzulassen. Sie ließ der Königin, ihrer älteren Schwester Ereschkigal, ausrichten, daß sie gekommen sei, um dem Begräbnis von Ereschkigals vor kurzem getöteten Mann Gugalanna beizuwohnen. Der Mythos benennt nur diesen einen Grund für Inannas Wagnis, in die Unterwelt hinabzusteigen; dessen Bedeutung in mythologischer Hinsicht ist jedoch nicht bekannt.

Ereschkigal gestattete Inanna den Eintritt unter der Bedingung, daß sie die in der Unterwelt geläufigen Regeln einhalte. Diesen entsprechend wurde Inanna an den sieben Toren der Unterwelt – trotz ihrer Wut und ihrer Proteste – Stück für Stück bis auf die Haut entkleidet. Zunächst verlor sie Krone und Zepter, dann Juwelen und Gewänder. Als sie bei Ereschkigal ankam, war sie nackt. Sieben furchterweckende Richter der Unterwelt starrten sie mit den Augen des Todes an. Sie starb, und ihr Leichnam wurde an einem Pfahl aufgehängt.

Nach drei Tagen und drei Nächten, als noch immer jegliches Zeichen für Inannas Rückkehr fehlte, begab sich Ninschubur ihrer Anweisung entsprechend zu Enlil. Wie Inanna geahnt hatte, wollten sich weder Enlil noch der Mondgott Nanna für sie einsetzen, nur Enki hatte Mitgefühl. Er schuf zwei geschlechtslose Wesen, die er mit dem „Wasser des Lebens" und der „Nahrung des Lebens" ausstattete; damit sollten sie Inannas Leichnam jeweils sechzigmal besprengen, um sie ins Leben zurückzuholen.

Inanna kehrte in Begleitung einer Dämonenschar aus der Unterwelt zurück. Welche Funktion diese gespenstische Bande eigentlich hatte, wird nicht ausdrücklich

Abb. 1: Gesamtansicht der Kultvase aus Uruk. Sie wird mit etwa 3000 v. Chr. datiert und wurde in der Nähe des Tempels von Eanna in Uruk gefunden. Die Vase ist etwa einen Meter groß und besteht aus Alabaster. Die auf dem Relief dargestellte Szene zeigt eine Prozession von Tieren und Menschen mit Opfergaben, angeführt vom „Mann mit dem Netz-Kilt", von dem angenommen wird, daß es sich um einen König handelt. Dem König, dessen Darstellung großteils zerstört ist, folgt ein Schärpenträger, eine Person mit Opfergaben geht ihm voran (vgl. Detailansicht in Abb. 2).

Hirmer Verlag, München

erwähnt. Wie dem weiteren Verlauf der Geschichte zu entnehmen ist, sollten die Dämonen alle Personen ins Jenseits befördern, die Inanna ins Reich der Toten verbannt hatten. Als erstes suchten sie zusammen mit Inanna Ninschubur auf, den sie in Sack und Asche trauernd vorfanden. Als er Inanna erblickte, warf er sich ihr zu Füßen. Die Dämonen stürzten sich gierig auf ihn, er aber genoß Inannas Schutz, da er sie vom Tod errettet und um sie getrauert hatte.

Daraufhin zogen Inanna und die Dämonenschar weiter nach Umma, wo sie auch den Schutzgott dieser Stadt in Sack und Asche trauernd antrafen. Die Dämonen wollten ihn fassen. Er warf sich Inanna zu Füßen und demütigte sich, woraufhin Inanna ihn begnadigte. In Badtibira ereignete sich dasselbe. Danach gelangten sie nach Kullab, einem Areal in der Stadt Uruk von besonderer kultischer Bedeutung, wo sie den König Dumuzi trafen. Ohne einen Schimmer von Trauer saß er in königlichem Gewand auf seinem Thron; er war weder unterwürfig noch zeigte er Buße, als Inanna ankam. Diesmal intervenierte sie nicht und übergab ihn den Dämonen. Dumuzi, in Todesangst, flehte den Sonnengott Utu um Hilfe an. Da an dieser Stelle die Tafel abgebrochen ist, bleibt der Fortgang der Geschichte unbekannt. Einem anderen Werk dieser Zeit, *Dumuzis Traum*, ist jedoch zu entnehmen, daß Dumuzis Versuche, seinem ihm von Inanna zugedachten Schicksal zu entrinnen, fehlschlugen.

Dumuzis Traum ist eine Dichtung, die als Totenklage für ihn gesungen wurde, wie im Kolophon geschrieben steht. Es ist nicht bekannt, wie sumerische Musik klang. Anhand von Abbildungen von Musikern mit Blas-, Schlag- und Saiteninstrumenten läßt sich auf einen Stil schließen, der wohl dem heute im Nahen Osten verbreiteten Gesangsstil entsprechen mag. Am Anfang des Liedes beschreibt der Kehrreim, wie Dumuzi als Junge bedrückt und verzweifelt in die Ebene hinauswanderte. Erschöpft schlief er ein und hatte einen Traum, den er seine Schwester Geschtinanna zu deuten bat. Der Traum war ungünstig und sagte voraus, Dumuzi werde von Dämonen getötet und sie, Geschtinanna, werde am Leben bleiben, um ihn zu betrauern. Um seinem Schicksal zu entgehen, bat Dumuzi seine Schwester, sie möge, während er sich verstecke, nach den Dämonen Ausschau halten.

Auf der Suche nach Dumuzi begegneten die Dämonen Geschtinanna. Sie boten ihr einen Fluß voll Wasser und ein Getreidefeld als Bestechung an; sie aber lehnte ab, Dumuzis Versteck preiszugeben. Sie verließen sie mit den Worten: „Hat je eine Schwester ihren Bruder verraten?“ Dann trafen die Dämonen einen Freund von Dumuzi, den sie mit denselben Geschenken zu bestechen versuchten. Der Freund nahm die Bestechung an, verzögerte aber die Suche, indem er nur sagte, Dumuzi habe sich irgendwo in den kurzen oder langen Gräsern oder in den Gräben von Arali versteckt, Genaueres wisse er nicht. Doch diese Information reichte den Dämonen, und sie faßten Dumuzi endlich in den Gräben von Arali.

Vor der Bruchstelle auf der Tafel, am Schluß von *Inannas Gang in die Unterwelt*, wird von Dumuzi berichtet, daß er in großer Angst vor seiner Gefangennahme den

Abb. 2: Das Detail des oberen Abschnitts der Vase zeigt eine weibliche Figur, die darauf wartet, die Prozession zu empfangen. Die beiden Schilfbündel hinter ihr identifizieren sie als Inanna oder als eine Priesterin, die die Rolle der Göttin während der Zeremonie übernimmt. Die Vase war zerbrochen und wurde im Altertum mit einem vernieteten Einsatz aus Stein repariert.

Hirmer Verlag, München

Sonnengott Utu um Hilfe bat. Sein Appell an Utu ist in *Dumuzis Traum* weitgehend erhalten. Er wandte sich an Utu als seinen Schwager und erinnerte ihn daran, daß er, Dumuzi, der Ehemann von Utus Schwester, Inanna, war und derjenige, der der Göttin in Uruk Hochzeitsgeschenke mitgebracht, ihre heiligen Lippen geküßt und auf ihren heiligen Knien getanzt hatte. Utu kam ihm entgegen und verwandelte Dumuzis Hände und Füße in die einer Gazelle, damit er flüchten konnte. Er wurde nochmals von den Dämonen gefangen, konnte jedoch abermals entfliehen und suchte Zuflucht in Geschtinannas Schafhürde. Da trieben ihn die Dämonen in die Enge: Sie betraten nacheinander den Stall, zündeten ihn an und kippten die Milchfässer um. Als der letzte Dämon eintrat, war Dumuzi tot.

Inanna, Dumuzi und die Heilige Hochzeit

Der Mythos *Inannas Gang in die Unterwelt* drückt deutlich aus, daß die sumerische Fruchtbarkeitsgöttin Inanna verantwortlich dafür war, daß Dumuzi, der König von Uruk, in das Reich der Toten befördert wurde. Aus *Dumuzis Traum* geht hervor, daß Dumuzi von seinem bevorstehenden Verhängnis wußte. Die Inanna-Dumuzi-Legende mag sich also auf Erinnerungen aus prähistorischen Zeiten stützen, in denen der König jährlich oder periodisch geopfert wurde, um die pflanzliche, tierische oder menschliche Fruchtbarkeit der Gemeinschaft, der er diente, zu sichern. Ob solch ein Brauch aus alten Zeiten dem Mythos tatsächlich zugrunde liegt, kann nicht bewiesen werden. Allerdings läßt sich feststellen, daß in historischer Zeit, seit Aufzeichnungen verfügbar sind, der Inanna-Dumuzi-Mythos mit dem Königtum eng verknüpft ist, für das das kultische Ritual der Heiligen Hochzeit eine zentrale Rolle spielt.

Die Heilige Hochzeit hat drei theologische Voraussetzungen. Erstens war der Herrscher für die landwirtschaftlichen Erträge der unter seiner Herrschaft stehenden Gebiete verantwortlich. Zweitens wurde angenommen, daß die gesamte geschlechtliche Fortpflanzung auf Erden – pflanzliche, tierische sowie menschliche – vom Geschlechtsakt der Fruchtbarkeitsgöttin abhing. Und drittens konnten menschliche StellvertreterInnen die Vereinigung der Fruchtbarkeitsgöttin mit ihrem auserkorenen Gatten in einem rituellen und liturgischen Spiel darstellen.

Falls die Inschrift auf einem königlichen Siegel in Ur richtig gedeutet wird, hat vor der Mitte des dritten vorchristlichen Jahrtausends in Sumer eine rituelle Hochzeit zwischen dem König und einer Priesterin mit dem Status der *Nu-gig* stattgefunden. Das Siegel selbst ist nicht entdeckt worden, aber unter den Trümmern auf den königlichen Grabstätten in Ur befand sich der Tonabdruck eines Siegels, das Mesannepadda gehörte. Nach der sumerischen Königsliste war Mesannepadda der erste König nach der „Flut". Die zeitgenössische mesopotamische Archäologie datiert seine Herrschaft um die Mitte des dritten Jahrtausends v. Chr. Die Inschrift auf dem Siegel lautet: „Mesannepadda, Gemahl der *Nu-gig*". Dies ist ein Hinweis darauf, daß zu dieser Zeit in Uruk eine rituelle Heirat zwischen dem König und einer Priesterin im Range der *Nu-gig* bekannt war.

Der erste Beleg für die Heilige Hochzeit stammt aus der Zeit um das Ende des zweiten Jahrtausends. Als königliches Ritual wurde die Heilige Hochzeit von den nachfolgenden Königen von Ur und Isin bis in das 20. Jahrhundert v Chr. gefeiert. Während der Zeremonie identifizierte sich der König mit Dumuzi, dem Ehemann von Inanna, und eine Priesterin aus Uruk mit dem Rang einer *Lukur*-Priesterin personifizierte die Göttin. Ein sumerisches Werk, heute bekannt als *Inanna, Dumuzi und das Wohlbefinden des Palastes*, eine Art Vorlage für ein allegorisches Maskenspiel, läßt erahnen, welch grandioses kultisches Schauspiel die Zeremonie der Heiligen Hochzeit gewesen sein mag. Darin haben Inanna, die Göttin Ninlil und ein Chor Sprechrollen; wahrscheinlich wurde es unter musikalischer Begleitung aufgeführt.

Inannas Reden und die Antworten des Chors in dem Mythos *Wohlbefinden des Palastes* beziehen sich unmittelbar auf den Geschlechtsakt und die Geschlechtsorgane. Sie können heute nur mit Hilfe medizinischer Fachsprache oder in einem obszönen Vokabular wiedergegeben werden. Sie sind reich an poetischen Euphemismen und Anspielungen – stilistische Elemente, die die sumerische erotische Dichtung besonders geschickt handhabt, die aber in moderner Übersetzung ihren eigentümlichen Reiz verlieren. So drückt Inanna ihre Vorfreude auf den Geschlechtsakt mit dem König, der Dumuzi verkörpert, aus und verspricht ihm, seinen Palast und die Lagerhäuser zu schützen. In einer Abschlußrede wiederholt Inannas Mutter, die Göttin Ninlil, die mit der Heiligen Hochzeit einhergehenden Grundsätze. Die kultische Vereinigung sei das Unterpfand für Inannas beständige Liebe zu dem König, wodurch ihm eine lange, erfolgreiche und gedeihliche Herrschaft gesichert werde.

Der Kult des Tammuz

Um das erste vorchristliche Jahrtausend hatte sich der ursprünglich sumerische Mythos von Inanna und Dumuzi in zwei getrennte Überlieferungen aufgespalten. In den Kernländern der assyrischen und babylonischen Reiche behielt die Göttin namens Ischtar ihre Macht über die Fruchtbarkeit, wie dies in *Ischtars Unterweltsfahrt*, einer akkadischen Variante des ursprünglich sumerischen, gegen Ende des zweiten vorchristlichen Jahrtausends verfaßten Mythos ausdrücklich festgehalten worden ist. Als Ischtar in die Unterwelt hinabstieg, heißt es hier, hörte jede Zeugung auf: Der Stier bestieg die Kuh nicht, der Esel deckte die Eselin nicht, und Männer schwängerten ihre Frauen nicht mehr.

Im Westen aber, in Syrien, Palästina und in den Ländern entlang des Mittelmeeres, wurde das Element der Fruchtbarkeit in mythologischer Hinsicht vom Weiblichen auf das Männliche hin verlagert. Es ist nicht festzustellen, inwieweit diese Rollenumkehr zwischen der Göttin und ihrem Geliebten auf den Einfluß der aus dem Norden vorgestoßenen Eindringlinge zurückgeht, die sich zu Beginn des zweiten vorchristlichen Jahrtausends hier in beträchtlicher Zahl niederließen. Zweifellos macht sich im Westen der kulturelle Einfluß der Neuankömmlinge, von denen einige eine indoeuropäische Sprache, nämlich Hethitisch, sprachen, weitaus stärker bemerkbar als in Assyrien und Babylonien. Wie dem auch sei, der Kult des Tammuz – eine lokale Variante des Namens Dumuzi –, wie er in Palästina, im Libanon und in den phönizischen Städten begangen wurde, war der eines abwechselnd sterbenden und auferstehenden Gottes, der mit dem Wiedererwachen der schlafenden Natur im Frühling in Verbindung gebracht wurde.

Der Mythos von Tammuz ist uns durch die griechische Adonissage vertraut. Als seefahrende Händler mochten die Griechen diesem Kult im phönizischen Hafen von Byblos und anderswo in der Levante begegnet sein, wo seine Anhänger Tammuz als „Adon", ein semitisches Wort für „Herr", verehrten. Die Legende erzählt von einem Knaben, der so schön war, daß die Liebesgöttin Astarte sich in ihn verliebte. Er wurde in den libanesischen Bergen von einem Eber getötet. Aus Mitleid mit der vor Kummer gebrochenen Astarte erlaubten die Götter Tammuz jedes Jahr für einige Zeit die Rückkehr auf die Erde. Der alljährliche Tod von Tammuz wurde mit Flötenmusik und Wehklagen betrauert. Obwohl der akkadische Mythos *Ischtars Unterweltsfahrt* auf wehklagende Frauen und Männer hinweist, übte der Kult eine besondere Anziehungskraft auf Frauen aus. In der Bibel berichtet Hesekiel von Frauen, die am Nordtor des Tempels Tammuz beklagten (Hesekiel 8.14). Im Nahen Osten erhielt sich der Tammuz-Kult noch sehr lange: In Harran fand das jährliche „Fest der weinenden Frauen" zu Ehren von Tammuz noch im 10. Jahrhundert n. Chr. statt.

Bibliographie

Zum historischen Hintergrund:

Bottéro, J./Cassin, E./Vercoutter, J. (Hrsg.): *The Near East: The Early Civilization*, London 1967.

Bottéro, J./Cassin, E./Vercoutter, J. (Hrsg.): *Die altorientalischen Reiche*, Bd. 1-3, Frankfurt a. M. 1965-1967 (= Fischer Weltgeschichte Bd. 2-4). *

Langer, B.: *Gott als Frau. Altorientalische Quellen der Göttinnenverehrung.* In: Specht, E. (Hrsg.): *Nachrichten aus der Zeit. Ein Streifzug durch die Frauengeschichte des Altertums* Wien 1992. *

Saggs, H. W. F.: *The Might that was Assyria*, London 1984.

Saggs, H. W. F.: *Mesopotamien. Assyrer, Babylonier, Sumerer*, übers. v. W. Wagmuth, Zürich 1966. *

Zu den altbabylonischen *naditu*-Priesterinnen:

Jeyes, U.: *The Naditu Women of Sippar.* In: Cameron, A./Kurht, A. (Hrsg.): *Images of Women in Antiquity*, London/Sidney 1983, S. 260-72.

Für Übersetzungen der sumerischen und akkadischen Mythen:

Heidel, A.: *The Babylonian Genesis*, Chicago 1951.

Enuma Elisch. In: Hecker, K./Lambert, W. G./Müller, G. W./Soden, W. v./Ünal, A.: *Texte aus der Umwelt des Alten Testaments*, Bd. III, Lieferung 4, Gütersloh 1994. *

Das Gilgamesch-Epos, übers. v. A. Schott, neu hrsg. v. W. v. Soden, Stuttgart 1994. *

Kovacs, M. G.: *The Epic of Gilgamesh*, Stanford (Calif.) 1989.

Kramer, S. N.: *The Sumerians: Their History, Culture and Character*, Chicago 1963.

Pritchard, J. B. (Hrsg.): *Ancient Near Eastern Texts Relating to the Old Testament*, Princeton 1955.

Pritchard, J. B. (Hrsg.): *The Ancient Near East: Supplementary Texts and Pictures*, Princeton 1969.

Sumerische und akkadische Hymnen und Gebete, eingeleitet u. übertragen v. A. Falkenstein u. W. v. Soden, Zürich/Stuttgart 1953. *

M. V. Seton-Williams

Ägypten: Mythos und Wirklichkeit

I.

Wird der Feminismus als das Eintreten für die Ansprüche der Frauen auf politische, wirtschaftliche und soziale Gleichberechtigung definiert, wie dies im *Chambers Dictionary* geschieht, so war im alten Ägypten dieses Ziel bereits erreicht.

In der ägyptischen Mythologie spielen Göttinnen eine wichtige Rolle. Die urzeitlichen Gottheiten, die bis in die vorgeschichtlichen Ursprünge Ägyptens zurückgehen, waren weibliche Muttergestalten. Sie hatten immer ihre eigenen Tempel. Ägyptische Göttinnen waren Schöpfungsgottheiten; in Gestalt von Kobra, Geier oder Löwin schützten sie den König und hatten auch menschliche, weibliche Züge. Neben den eigenen Tempeln wurden allen Göttinnen auch getrennte Altäre in den Haupttempeln zuteil. Die Tempel der Göttinnen wurden von Priesterinnen betreut, und in den Tempeln mit männlichen Gottheiten sangen Frauenchöre, wie etwa die „Sängerinnen des Amun".

Rechtlich waren Frauen und Männer gleichgestellt. Das Eigentum ging auf die Frauen einer Familie über, die Vererbung erfolgte matrilinear: Bis zum Ende des Mittleren Reiches (1786 v. Chr.) scheinen die Namen der Frauen und der Männer auswechselbar gewesen zu sein. Da Eigentum auch Macht bedeutet, war es nicht mehr notwendig, Unabhängigkeit, die ohnehin genossen wurde, zusätzlich zu beanspruchen. Es war erst im ptolemäischen Zeitalter, nach Alexanders Einzug in Ägypten im 4. Jahrhundert v. Chr., daß das griechische Recht eingeführt und die Stellung der Frau schlechter wurde.

Der Anfang der Geschichte Ägyptens ist durch eine wichtige dynastische Heirat markiert, zwischen einem der frühen Könige namens Hor Aha (Menes) und der Prinzessin Neith-hotep, einer königlichen Erbin, die aus dem unterägyptischen Delta, wahrscheinlich aus Sais, stammte. Die Heirat, die ca. 3100 v. Chr. stattfand, kennzeichnet die Vereinigung von Ober- und Unterägypten. Hiermit gewann Ägypten an Bedeutung und begann seine lange Geschichte als der älteste geeinte Staat der Welt. Es gab viele ägyptische Königinnen, die Alleinherrscherinnen waren, meist am Anfang oder am Ende einer Dynastie. Königinnen waren auch das Bindeglied zwischen zwei Dynastien, denn die Königreiche, wie auch das private Eigentum, wurden entlang der weiblichen Linie vererbt (vgl. Abschnitt V.).

Die erste Königin, die allein und selbständig regiert zu haben scheint, war die Große Königliche Erbin Mer-Neith. Sie wurde Königin in der 1. Dynastie, 2800 v. Chr., wahrscheinlich nach dem Tod ihres Mannes. Sie hatte zwei Grabstätten, in

Saqqara und in Abydos, beide genauso prächtig wie jene der Könige. Nach Manetho (Aegyptiaca 1956, S. 37) waren Frauen formell berechtigt, über Ägypten zu herrschen. Diodorus Siculus erwähnt fünf Königinnen von Ägypten, die selbständig regierten, ohne sie jedoch namentlich zu benennen.

Die letzte unabhängige Königin Ägyptens war Kleopatra VII. Philopater. Sie regierte zwischen den Jahren 51 und 30 v. Chr., als Ägypten von den Römern annektiert wurde. Man kann in ihr nicht nur die willfährige Geliebte von Cäsar und Antonius sehen, sondern vielmehr auch eine ehrgeizige Frau, die nach der Rückgewinnung der einstigen Größe Ägyptens strebte und zu diesem Zweck ihre römischen Liebhaber, beide Generäle, auszunutzen vermochte. Ihr Mißgeschick lag darin, daß Octavian (Augustus) ein besserer Feldherr als Antonius war. Infolgedessen verlor sie Ägypten, ihren Sohn und das eigene Leben. Das schottische Sprichwort, das nach der Schlacht von Culloden in Verwendung kam, kann auf Ägypten umgemünzt werden: „Die Krone von Ägypten kam mit einer jungen Frau und verschwand mit einer jungen Frau."

Die Mythen

Bei der Beschäftigung mit Mythen und Legenden eines so alten Landes wie Ägypten sind Probleme vorgezeichnet. Die große Anzahl der Mythen macht es notwendig, eine Auswahl zu treffen. Aus den zahlreichen Mythen können nur einige exemplarisch wiedergegeben werden. Dazu kommt, daß viele von ihnen unvollständig oder nur über andere Mythen überliefert sind, da die vollständigen Fassungen nicht entdeckt wurden.

Ägypten soll aus der Wasserwüste des Nun erschaffen worden sein, eines Gottes, der eine Art Chaos war, aus dem alles hervorging. Die tagtäglich ausgeführten Tempelrituale sollten die geordnete ägyptische Gesellschaft davor bewahren, in den Abgrund des Chaos zurückzustürzen. Gefährdet wären nicht nur Recht und Ordnung gewesen – worauf die ÄgypterInnen viel Wert legten –, sondern auch das natürliche System selbst wurde für instabil gehalten: Seine einzelnen Elemente konnten nur durch ständiges Gebet und Ritual zusammengehalten werden. Aus diesem Grund wurde Tutanchamun, wie viele seiner Vorgänger, mit vier Holzstützen begraben, die den Himmel stützen sollten. In allen Haupttempeln fand jährlich ein Gottesdienst statt, um sicherzustellen, daß der Himmel in der richtigen Lage blieb; dieser Brauch wurde bis zum Anfang des römischen Zeitalters praktiziert.

Die Göttin Maat war für Recht und Ordnung und für eine ausgewogene Lebensführung verantwortlich, ihre Macht befähigte die Könige zum Herrschen. Sie trug die Feder der Wahrheit, eine Straußenfeder, auf der Stirn und wurde immer in Menschengestalt dargestellt. Sie vertrat die Kosmische Harmonie. Ihr Kult reicht zumindest bis in das Alte Reich, vielleicht auch bis in die Anfänge der ägyptischen Geschichte zurück. Obwohl innerhalb der Temenosmauer des Montutempels, südlich von Karnak, nur ein kleiner Schrein zu Ehren der Maat steht, wurde sie im ganzen Land in allen Haupttempeln verehrt. Die Könige bezeichneten sich als „geliebt von Maat"; eine kniende Figur der Göttin war eine beliebte Opfergabe.

Ursprünglich waren die beiden Hauptgottheiten Ägyptens weiblich: Nechbet, die Geiergöttin aus Oberägypten, und Wadjit, die Kobragöttin aus Unterägypten. Sie waren Schutzgottheiten der Könige und daher auch ihrer Reiche – dies wurde in dem zweiten der fünf Königstitel (dem sogenannten *nbtj*-Titel) ausgedrückt, der soviel wie „die beiden Herrinnen" bedeutet. Der Titel deutete auf die besondere Stellung des Königs in bezug auf die zwei Urgottheiten hin, die seit dem Beginn der ägyptischen Geschichte als die Hauptgöttinnen galten. Auf der Stirn des Königs wurden manchmal beide Göttinnen – immer jedenfalls die Kobra – als der königliche *uräus* dargestellt.

Die alten ÄgypterInnen wählten Geier und Kobra aus, zwei Kreaturen, die kaum zusammenzugehören scheinen, weil diese als sich selbst erschaffende Wesen und daher als göttlich angesehen wurden. Die Tempel der zwei Göttinnen wurden jeweils in Zwillingsstädten errichtet: In Oberägypten stand einer in Necheb und der andere in Nechen, das am anderen Ufer des Flusses lag, während sie sich in Unterägypten in Dep und in der nahegelegenen Stadt des Horus, Pe, befanden. Die beiden Städte lagen an den Landesgrenzen Ägyptens: Die Stadt Necheb lag – vor ihrer Verlegung nach Syene (dem heutigen Assuan) – nahe der Südgrenze und Dep am äußersten Rand der Sümpfe, die sich bis in das Mittelmeer ausweiteten.

Die Stadt Necheb befand sich am Eingang eines langen Tales, das sich bis zum Roten Meer schlängelte. Das Tal war seit frühen Zeiten besiedelt und trug auf seinen Felswänden prähistorische Zeichnungen und frühe Inschriften. Hier, in den Felsen des Wadi Hellal, nisteten sich die großen Vögel, die Geier, ein. Die verstreuten Tempel, in Felsen gehauen oder freistehend, bekunden, wie beliebt diese Lage seit prähistorischen Zeiten gewesen ist. Die ägyptischen Königinnen stellten frühzeitig ihre Verwandtschaft mit der Geiergöttin her, indem sie sich den Geierkopf als Insignum aneigneten. Im Laufe des persischen Zeitalters, ca. 332 v. Chr., wurde der Tempel der Nechbet zerstört, was für Ägypten verheerende Folgen hatte, denn damals waren Religion und Nationalbewußtsein eng miteinander verknüpft.

Die nördliche Stadt Dep wurde ursprünglich auf den flachen Inseln in den Sümpfen erbaut. Eine davon war die schwimmende Insel Chemmis (Chembis), die Horus unter Obhut der Kobragöttin beschützen sollte, während seine Mutter Isis auf der Suche nach dem Körper ihres Mannes Osiris war; Osiris war während eines zu seinen Ehren veranstalteten Festes von seinem eigenen Bruder Seth erschlagen worden (vgl. S. 50). Als die Sümpfe wichen, erbauten die Saiten (664-525 v. Chr.) einen großen Tempel aus Kalkstein zu Ehren der Göttin Wadjit; nach seiner Zerstörung durch die Perser wurde er von den Ptolemäern wieder aufgebaut.

Die Schöpfungsmythen

Die Vereinigung Ägyptens, die Errichtung einer zentralisierten Regierung im Jahre 3100 v. Chr. und die Herrschaft eines Einzelherrschers lösten die Zwillingsstädte als Hauptstädte des Nordens und des Südens ab; hiermit änderte sich das religiöse System Ägyptens. Die zwei Urgöttinnen wurden durch in verschiedenen Städten verehrte Gruppen von Gottheiten ersetzt. In Heliopolis (damals On genannt, heute ein Vorort von Kairo) entstand die älteste Gruppe mit der größten Autorität. Im Mittelpunkt stand die Verehrung der neun Gottheiten, der „Neunheit", die Atum leitete. Dieser alte Sonnengott soll aus der Wasserwüste des Nun (Urchaos), aus der alles entstand, selbständig hervorgegangen sein. Atum zeugte Schu, den Gott der Luft, und die Göttin der Feuchtigkeit, Tefnut. Dieses Paar schuf Geb, den Gott der Erde, und Nut, die Göttin des Himmels. Die Kinder von Geb und Nut waren Osiris, der Fruchtbarkeitsgott, später der König der Toten, und seine Schwestergemahlin Isis, Herrin der Zauberkraft, sowie Seth und seine Schwestergemahlin Nephthys, eine der Göttinnen der Toten, und Horus der Ältere, oft in männlicher Gestalt mit einer Falkenmaske dargestellt. Diese Gottheiten wurden überall in Ägypten verehrt und in Menschengestalt dargestellt.

Die Schöpfungslehre von Heliopolis

Der Tradition nach ist dieser Schöpfungsmythos einer der ältesten, er entstand in der 6. Dynastie (2345-2181 v. Chr.). Er wurde unter den *Pyramidentexten* in den Pyramiden der letzten zwei Könige der Dynastie, Merienre und Pepi II., entdeckt. Auch spätere Versionen aus dem 13. vorchristlichen Jahrhundert sind überliefert:

> O Atum-Chepri, du warst hoch als Hügel. Du warst erschienen als Benben im Benbenhaus in Heliopolis. Du spiest aus als Schu und warfst Speichel als Tefnut. Du legtest deine Arme um sie mit dem Ka, damit dein Ka in ihnen sei.
>
> (Pyr. § 1652; Klein 1977, S. 66-67)

Der Text benennt dann die heliopolitanische Neunheit:

> ... O (Götter-)Neunheit in On (Heliopolis), nämlich Atum, Schu, Tefnut, Geb, Nut, Osiris, Isis, Seth und Nephthys, ihr Kinder des Atum ...
>
> (Anet, S. 4)

Die Theologie von Memphis

Nach Gründung der 1. Dynastie mit ihrer Hauptstadt in Memphis südlich von Kairo wurde versucht, die Entstehung der Stadt sowie ihre Bedeutsamkeit zu legitimieren: Der Tempel des Ptah in Memphis sollte als die „Waage der beiden Länder" (Ober-

und Unterägypten) fungieren; es wurde auch behauptet, daß Ptah allen anderen Schöpfergöttern vorstehe und daß er wie Atum das zuallererst erschaffene Urwesen sei. Der folgende Text steht auf dem Schabaka-Stein (heute im *British Museum*, Nr. 797) und stammt aus dem Jahr 700 v. Chr. Es handelt sich offensichtlich um die Kopie eines viel früher verfaßten Textes, dessen Ursprung etwa zwei Jahrtausende zurückliegen mag. Er lautet folgendermaßen:

> Es sind Binse und Papyrus auf dem Doppeltor des „Hauses des Ptah" angebracht: Das bedeutet Horus und Seth, die sich vertrugen und verbündeten – sie verbrüderten sich, auf daß sie nicht mehr stritten an irgendeinem Ort, zu dem sie gelangten –, vereinigt im Hause des Ptah, der „Waage der beiden Länder", in der das oberägyptische und unterägyptische Land gewogen sind ...
>
> Die Götter in Ptah Gestalt haben:
> Ptah der auf dem großen Thron, – ...;
> Ptah Nun – der Vater, der den Atum [erzeugte];
> Ptah Naunet – die Mutter, die den Atum gebar;
> Ptah der „Große" – der das Herz und die Zunge der Götterneunheit ist;
> Ptah [...] – [der ...] die Götter bildete ...
>
> (Junker 1941, S. 74 u. 76)

Alle Kultzentren erhoben den Anspruch, als erste gegründet worden zu sein, und alle hatten ihre eigenen Schöpfungslegenden. Als Theben zur Hauptstadt von Ägypten wurde, behauptete es, die Neunheit sei hier entstanden. Viele in Theben entdeckte Hymnen stellen Amun als den Schöpfergott dar; sie stammen vorwiegend aus der 19. Dynastie:

> Der zuerst im Uranfang Entstandene, Amun der Erstentstandene, dessen Gestalt man nicht kennt. Kein Gott entstand vor ihm, kein anderer Gott war mit ihm zusammen, der seine Gestalt gekannt hätte. Er hatte keine Mutter, nach der sein Name genannt werden konnte, er hatte keinen Vater, der ihn erzeugte und sagen konnte: „Das bin ich ... der göttliche Gott, der von selbst entstand!"
>
> (Klein 1977, S. 89-90)

In der Hymne an Aton, entdeckt in der Grabkapelle von Eje in el-Armana, wurde das gleiche für Aton beansprucht (de Garis Davies 1903-1908, VI, S. 34).

Zusätzlich zu den bereits erwähnten hatte jede einzelne Stadt ihr eigenes Pantheon. Dieses bestand üblicherweise aus einer Triade, einem männlichen Gott, seiner Ehefrau und einem Kind, meistens männlich. Ursprünglich waren diese Götter und Göttinnen selbständig, sie wurden der Einfachheit halber zu Gruppen zusammengefaßt. Die Gottheiten des ersten Kataraktes waren eine Ausnahme: Hier wurde Chnum, der Schöpfergott mit Widderhaupt, als der Allerhöchste verehrt. Zwei Göttinnen standen ihm bei: Satet und Anuket, die die Fluten des Nils darstellten und also als Frucht-

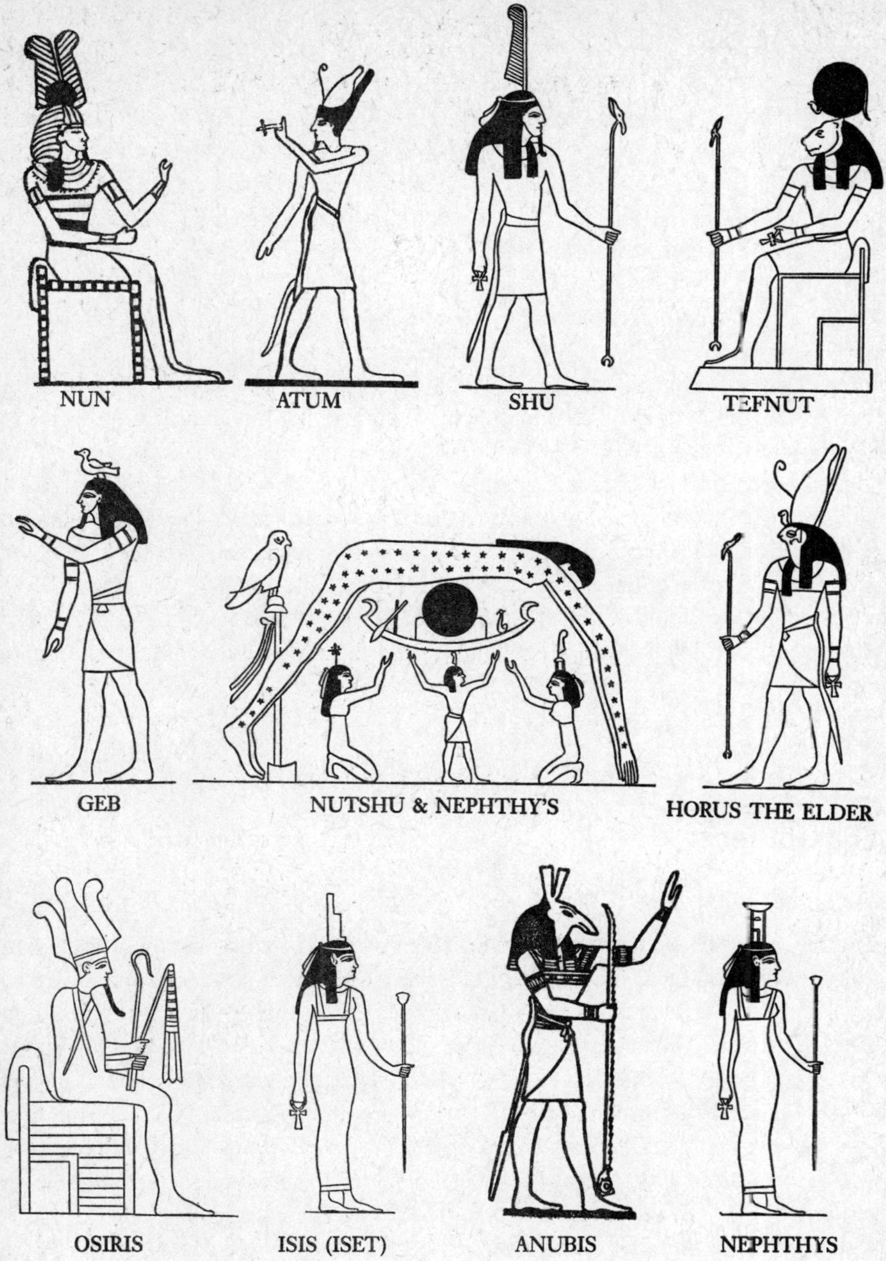

Abb. 3: Die Neunheit von Heliopolis

barkeitsgöttinnen galten. Chnum stellte, hieß es, die Menschheit auf seiner Töpferscheibe her.

Eine andere Version der Triade war die „Achtheit" von Schmun, der „Stadt der Acht" in Mittelägypten, wo acht Gottheiten verehrt wurden. Es waren die Urgötter des Chaos: Nun und Naunet stellten den Urabgrund dar, während Huh und Hauhet die Unendlichkeit, Kuk und Kauket die Dunkelheit, und schließlich Amun und Amaunet die unbekannten Gottheiten darstellten. Sie bezeichneten auch das Männliche und das Weibliche im kosmischen System, wie etwa in der „Schöpfunglehre von Hermopolis".

Neben Heliopolis entstand in Hermopolis das zweite große religiöse Lehrgebäude in Ägypten. Die acht Götter der Stadt wurden mit Thoth (ägyptisch: Dehuti, der dem griechischen Hermes entsprach) in Verbindung gebracht. Er war ein Mondgott und berechnete die Zeit. In seiner Menschengestalt wurde er mit einer Ibismaske dargestellt, er war auch der Schreiber der Götter. Hier, wie auch in Edfu, hieß es, das Leben habe auf dem Urberg begonnen. Da stand Re, und das Leben begann. Die Schöpfungslegende von Hermopolis war im Unterschied zu der von Heliopolis keine zusammenhängende Erzählung. Vielleicht gab es zwischen den zwei religiösen Zentren Kontroversen, es ist jedoch darüber nichts überliefert. Allmählich gewannen die Priester von Heliopolis die Oberhand, und Gottesdienste, die in ganz Ägypten ausgeführt wurden, folgten dem heliopolitanischen System.

II.

Die Göttinnen

Sachmet

Göttinnen der Triade führten oft – wie in Memphis – ein vollkommen selbständiges Leben. Sachmet, die Gemahlin des Ptah, soll eine Tochter des Sonnengottes Re gewesen sein. Von ihr werden viele Geschichten erzählt, beispielsweise, wie sie das Boot des Sonnengottes beschützte, als es die zwölf Zonen des Jenseits durchquerte. Am bekanntesten ist die Geschichte von der „Vernichtung der Menschheit".

Als Re mit der Menschheit unzufrieden wurde, weil sie aufhörte, ihm zu huldigen und die notwendigen Opfergaben zu bringen, befahl er Sachmet, in ihrer Löwinnengestalt die Menschen zu vernichten. Nachdem viele Menschen getötet worden waren, hatte Re Mitleid mit ihnen und befahl Sachmet, das Töten einzustellen. Sie lehnte aber ab. Daraufhin ließ Re auf Anraten der Götter eine große Menge Bier brauen. Das Bier wurde mit einer in der Gegend von Assuan wachsenden Frucht rot gefärbt und über die Felder gegossen, sodaß es wie Blut erschien. Nach einem langen Arbeitstag erwachte Sachmet aus dem Schlaf und verwechselte, noch schlaftrunken, das Bier mit Blut, trank es und wurde unfähig, weiteren Schaden anzurichten. Manchmal wird diese Geschichte Hathor zugeschrieben, aber sie scheint eher zu Sachmet zu passen, denn diese stellte die brennenden Strahlen der Mittagssonne dar.

Neith

Andere Göttinnen, wie Neith von Sais und Hathor von Dendera, waren noch selbständiger. Sie hatten ihre eigenen Tempel. Neith, die Nationalgöttin Unterägyptens, war eine große Jägerin, deren Zeichen Bogen und Pfeile waren. Von Beginn der ägyptischen Geschichte an wurde sie verehrt. Ihr Tempel aus Schilfrohr, in dessen Innenhof ihre Wahrzeichen auf einem Pfeiler standen, ist die früheste Darstellung eines ägyptischen Sakralbaus, die wir kennen. Der Tempel der Neith in Sais im westlichen Delta ist heute vollkommen zerstört. Sie hatte eine völlig eigenständige Existenz und wurde niemals mit einer männlichen Gottheit in Verbindung gebracht.

Viele frühe Königinnen führten Namen, die mit dem der Neith zusammengesetzt waren, etwa die oben angeführte Neith-hotep, was bedeutet: „eine Opfergabe an Neith". Die Namen der frühen Königinnen wurden, wie die der Könige, auf dem *serech* aufgeschrieben; ihre Grabmäler waren ebenso eindrucksvoll wie die der Könige. Die Grabstätte von Neith-hotep in Naqada in Oberägypten war sogar größer und wichtiger als die ihres Mannes, des Hor Aha. Die Verehrung der Neith spielte in Esna eine wichtige Rolle; hier erscheint sie als Schöpfergöttin, die alles erschaffen hat.

Die Schöpfungslehre nach Neith

Es ist anzunehmen, daß diese Theologie in Sais entstand; da die Stadt jedoch zerstört wurde, ist es unwahrscheinlich, daß die ursprüngliche Version je entdeckt wird. Der vorliegende Text, aufgezeichnet im zweiten vorchristlichen Jahrhundert, stammt aus Esna und ist die Kopie eines viel früher verfaßten Textes. Es handelt sich hier, wie auch in der Theologie von Memphis, im Grunde um eine Schöpfung aus dem Gedanken.

> Der Vater der Väter, die Mutter der Mütter war ein göttliches Wesen, das zu Anbeginn geformt wurde. Sie befand sich in der Wasserwüste des Nun, sie formte sich, als die Welt noch im Schatten lag, als die Erde, worauf zu ruhen möglich war, nicht existierte, als keine Pflanze wuchs. Sie erschien zunächst als eine heilige Kuh, aber verwandelte sich, sich der wässrigen Umgebung anpassend, in einen Nilbarsch und lebte weiter.
>
> Zunächst erschuf sie aus ihren Augen das Licht. Dann sagte sie, der Ort, an dem sie sich befinde, solle eine Terrasse aus Erde über dem Urgewässer werden, auf der sie ruhen könne. Und so war es. Es war Esna sowie Sais. Von hier aus zog Neith zur Wohnstätte der Götter, nach Buto/Dep, zur Stätte der Göttin

Abb. 4: Verschiedene Göttinnen

Wadjit. Alles, was sie bisher gedacht hatte, wurde ohne weiteres verwirklicht, und sie dachte nach, was demnächst zu geschehen hatte. Als nächstes entstand das Land Ägypten, und dies geschah in Freude. Dann erschuf sie dreißig Götter, indem sie ihre Namen aussprach ...

Der Name dieser Götter war Schmun aus der Stadt der Acht. Dann rief die göttliche Kuh (Neith) alle, die sie erschaffen hatte, laut zu sich, und sie kamen mit offenen

Armen und lächelnd; aber Re, der sie nicht sehen konnte, weinte, und Menschen gingen aus den Tränen in seinen Augen hervor. Und die Götter ruhten in ihren Schreinen und boten Re in seiner Stätte, in seiner Kajüte auf der Sonnenbarke, Schutz. Zur gleichen Zeit, als Re geboren wurde, entstand Apophis, eine 120 Ellen lange Schlange, denn das Gute muß immer im Gleichgewicht mit dem Bösen sein, und Apophis war die Ursache des Aufruhrs gegen Re.

(Sauneron 1962, S. 253-65)

Die Geburt des Re kennzeichnete den Anfang des neuen Jahres.

Hathor

Hathor, „die Goldene“, war ebenfalls eine mächtige Göttin. Sie war die „Herrin von Dendera“, wo ihr Tempel bis zum heutigen Tag erhalten ist. Als Himmels- und Kuhgöttin wurde sie in ganz Ägypten verehrt. In früheren Darstellungen trug sie oft Antilopen- statt Kuhhörner; daher wird vermutet, daß sie sehr alten Ursprungs ist. Sie war die Pflegerin des Königs. Nach der Ankunft der GriechInnen wurde sie mit Aphrodite gleichgesetzt, obwohl sie nicht ihr, sondern eher einer Muttergöttin des Nahen Ostens ähnlich ist. Sie wurde dem Horus zur Seite gestellt, der einen eigenen Tempel in Edfu hatte. Ihr Kind war der Gott der Musik, der kleine Horus in Edfu; in Dendera hieß er Ihi.

Hathor hatte viele Eigenschaften; unter anderem war sie insbesondere in Westtheben die Göttin der Toten. Hier hebt sie sich in Kuhgestalt von den Bergen über die Grabstätten empor. Größtenteils wird sie aber als eine Frau mit Kuhhörnern auf dem Haupt, zwischen denen eine goldene Scheibe steckt, dargestellt. Rituelle Musik gehörte zu ihrer Anbetung, was sich in ihrem Symbol, dem Sistrum, einer Handrassel aus Metall, widerspiegelt. In der christlichen Kirche Äthiopiens werden die bösen Geister immer noch mit einem Sistrum vertrieben. Hathor war die bekannteste Gottheit des Lebens nach dem Tode und wurde in allen königlichen Grabstätten abgebildet. In ihrer Eigenschaft als Schicksalsgöttin konnte sie die Zukunft eines Kindes bei seiner Geburt voraussagen. Es gab sieben Gestalten der Hathor, die unter ihren besonderen Namen bekannt waren, etwa „Du aus dem Lande des Schweigens“.

Hathor war außerdem eine mächtige Fruchtbarkeitsgöttin. Noch heute pilgern unfruchtbare Ägypter und Ägypterinnen von weit her zu ihrem Tempel; hier springen sie über bestimmte Statuen, wie über die von Bes, der Schutzgottheit der Kinder, und betasten in den Grüften die geschnitzten Figuren der Hathor und des Horus.

Isis

Isis, die Gemahlin des Osiris und Mutter des jungen Horus, ist wohl die wichtigste Göttin Ägyptens. Sie ist bekannt als „Herrin der Magie“ und „Verkünderin von Zaubersprüchen“; diese Eigenschaften werden in der Geschichte „Wie Isis den Geheimnamen des Re erfuhr“ deutlich: Sie ließ einen Skorpion (Schlange), den sie aus Erde und dem Speichel des Gottes Re erschaffen hatte, den Gott beißen. Da der Skorpion aus göttlicher Substanz bestand, war eine Entgiftung nicht möglich, und Re litt heftigen Schmerz, bis er der Göttin seinen Geheimnamen verriet; danach konnte die Göttin auch über ihn herrschen.

Isis erscheint als die vollkommene Ehefrau und Mutter. Ihr Mann wurde von seinem Bruder Seth, der ihn wegen seiner guten Taten beneidete, ermordet. Isis reiste kreuz und quer durch ganz Ägypten, um seinen Leichnam zu suchen. Sie fragte ihre Kinder, ob sie den Sarg des Osiris gesehen hätten, da sie vermutete, daß Kinder so etwas bemerken würden. Die Suche brachte sie nach Byblos an der phönikischen Küste. Hier lag der Sarg ans Ufer geschwemmt. Eine Tamariske umschlang ihn mit ihrem Stamm und bot ihm so Schutz, denn sie wußte, daß der Sarg den Leichnam eines Gottes barg.

Der Baum mit dem Fruchtbarkeitsgott Osiris in seinem Stamm wuchs zu gigantischer Größe heran, und der König von Byblos wurde auf ihn aufmerksam. Er ließ den Baum fällen und in seinem Wohnraum aufstellen, um damit seinen Palast zu stützen. Isis, noch immer auf der Suche, verkleidete sich als Frau mittleren Alters, wurde Krankenpflegerin des erkrankten Prinzen von Byblos und entdeckte so die Tamariskensäule, in der der Sarg des Osiris verborgen war. Ihre Versuche, den Prinzen zu heilen, vereitelte die Königin, worauf Isis ihre eigentliche Gestalt als Göttin annahm. Der König und die Königin, darüber bestürzt, versprachen ihr alles, was sie wollte. Sie verlangte die Säule und brachte den Sarg nach Ägypten zurück. Nach ihrer Rückkehr stellte sie den Sarg unter ein Gebüsch und suchte ihren Sohn auf, den jungen Horus, den sie unter der Obhut der Göttin Wadjit zurückgelassen hatte. Seth, auf der Jagd im Mondschein, stolperte über den Sarg und erkannte ihn sofort. Er zerhackte den Körper des Osiris in sechzehn Stücke und verstreute sie über das ganze Land. Er habe das Unmögliche vollbracht, pries er sich dabei, er habe einen Gott vernichtet. Isis mußte ihre Suche fortsetzen; sie errichtete einen Tempel über jedem Körperteil, den sie fand. Inzwischen wurde der junge Horus von einem Skorpion des Seth gebissen. Thoth, der Gott der Weisheit, der Schreibkunst und des Mondes, rettete ihm aber das Leben.

Isis setzte sich auch dafür ein, daß ihrem Sohn Horus sein gerechtes Erbe zukam. Seth und Horus führten viele Kämpfe miteinander, um zu entscheiden, wer nach dem Tod des Osiris auf den Thron Ägyptens folgen sollte. Diese Kämpfe waren bekannt als „Die Streitigkeiten zwischen Horus und Seth“ (Seton-Williams 1988). Der Streit kam vor ein Gericht, das aus den neun Göttern von Heliopolis bestand. Der Gerichtsvorsitzende Re-Harachte war Seth günstig gesinnt, während der Schreiber des Gerichts, der Gott Thoth, Horus unterstützte.

Die neun Götter konnten weder für den einen noch für den anderen entscheiden, nach jeder neuen Zeugenaussage schwankte ihre Meinung. Nach einem Papyrus (Chester Beatty Papyrus Nr. I) dauerte der Prozeß über achtzig Jahre. Isis mischte sich in Notfällen ein, bis Seth sich schließlich weigerte, sich in ihrer Gegenwart zu verteidigen. Re-Harachte verlegte darauf die Gerichtssitzung auf eine Insel mitten im Fluß Nil und gab dem Fährmann Anweisung, Isis nicht überzusetzen. Isis verkleidete sich als alte Frau und bestach den Fährmann mit Brot und einem Goldring. Sie machte ihm vor, daß sie ihrem Sohn, der auf der Insel Vieh hüte, Mehl mitbringe. So ließ sie sich auf die Insel übersetzen, und sie verwandelte sich, zur Beseitigung des Seth fest entschlossen, in eine schöne junge Frau. Seth verliebte sich sofort in sie. Sie gab sich als Witwe eines Viehzüchters aus und bat ihn um Hilfe unter dem Vorwand, daß ein Fremder versuche, ihren Sohn der von seinem Vater ererbten Herde zu berauben. Seth räumte ein, daß dies ungerecht sei und daß ihrem Sohn sein Erbe zukommen müsse. Daraufhin meinte Isis, Seth habe sich selbst schuldig gesprochen. Dennoch blieb das Gericht unentschieden. Der Fall wurde schließlich von Osiris selbst gelöst: Er drohte, seine hundeköpfigen Todesboten aus dem Jenseits zur Vernichtung der neun Götter zu schicken. In der Folge erhielt Horus den Thron Ägyptens, und Seth weinte, als er seine Niederlage erfuhr.

Als Mutter des Horus war Isis die symbolische „Mutter des ägyptischen Königs", der als „lebendiger Horus" galt. Die Verehrung der Isis und des Kindes Horus stellte sich als das größte Hindernis bei der Verbreitung des Christentums dar, wobei der Glaube an die Wiedererstehung ihres ermordeten Mannes und die Anziehungskraft des kleinen Jungen eine wichtige Rolle spielten. Ihre Schreine fanden sich überall in Ägypten; während der römischen Zeit verbreitete sich ihr Kult bis nach Europa, sie hatte einen Tempel in der Nähe von London Bridge. Ihre Verehrung wurde erst im vierten Jahrhundert verdrängt, als ihr Tempel auf der Insel Philä zerstört wurde und ihre Priester ermordet wurden.

Bastet

Bastet, die Katzengöttin, war eine wichtige Göttin der Spätperiode, also im letzten vorchristlichen Jahrtausend. Ihre heilige Stätte lag in Bubastis im Ostdelta. Ursprünglich war sie eine Löwengöttin, von denen es in Ägypten viele gab. Bis zum sechsten Jahrhundert v. Chr. wurde sie gänzlich katzengestaltig. Viele Katzen aus Bronze, die sich in Museen befinden, sind ihr gewidmet.

Löwengöttinnen

Es gab viele Löwengöttinnen in verschiedenen Teilen Ägyptens. Tefnut und Sachmet sind in dieser Gestalt dargestellt. Diese Kulte entstanden, als in den ägyptischen Bergen und Wüsten Löwen frei umherliefen. Sachmet, die auch in den *Pyramidentexten* erwähnt wird, war die Löwengöttin aus Mittelägypten, sie jagte in der Westwüste. In Beni Hassan wurde sie als „die Nachtjägerin mit spitzen Krallen" verehrt. Mehit, eine andere Löwengöttin, wurde dem Onuris, einem Jagd- und Kriegsgott, zur Seite gestellt. Mafdet war eine Panthergöttin, die besonders gegen Schlangen und Skorpione wirkte.

Mut, die Gefährtin des Amun in Theben, wo sie seine ursprüngliche Frau Amaunet ersetzte, war eine Löwen- sowie Kriegsgöttin. Sie hatte ihren eigenen Tempel in Ischeru, einem Vorort von Theben. Wenn nicht mit einer Löwenmaske dargestellt, was öfters der Fall ist, erscheint sie als Frau mit der Geier-Kopfbedeckung der Königinnen, mit dem Lilienzepter des Südens und in einem grellen Leinenkleid.

Schlangengöttinnen

Es gab so viele weibliche Gottheiten in Ägypten, daß es tatsächlich unmöglich ist, sie alle zu benennen. Neben Wadjit (s.o., Abschnitt I.) existierten viele weitere Schlangengottheiten; eine von ihnen war Mereseger, die Kobragöttin der Bergspitze, die auf das Tal der Königsgräber hinuntersah. Ihr Name bedeutete „Sie, die das Schweigen liebt". Sie wurde insbesondere von den Arbeitern aus dem Dorf Deir el-Medineh verehrt; diese bauten die königlichen Grabstätten. Mereseger bestrafte diejenigen, die sie verärgert hatten, mit Blindheit oder einem ähnlichen Mißgeschick. In den Inschriften aus der 19. und 20. Dynastie wurden zahlreiche Gnadengesuche an sie entdeckt. Während der 21. Dynastie, als der königliche Begräbnisplatz zu Theben außer Gebrauch kam, nahm ihre Beliebtheit ab.

Eine andere Schlangengöttin war Renenutet, die Beschützerin des Königs und der Ernte. Ihr Kult kam im Pyramidenzeitalter auf: Zusammen mit Wadjit bot sie dem König auf seinem Weg in den Himmel Schutz. In der 18. Dynastie war sie als Göttin der Ernte beliebt. Zu jener Zeit erscheint sie an den Beamtengrabmälern am Westufer von Theben, wie etwa an der Grabstätte des Kah'emhet (Grabkapelle Nr. 57), des königlichen Schreibers und Aufsehers der Getreidekammer von Ober- und Unterägypten zur Zeit des Amenophis III. Hier wird die Göttin mit dem König dargestellt, den sie in Gestalt eines Kindes nährt. Später wird sie auch mit dem menschlichen Schicksal in Verbindung gebracht. In der ptolemäischen Periode wurde Renenutet mit einer Göttin namens Thermuthis verschmolzen und schließlich mit Isis assimiliert. Sie wurde häufig als eine Frau mit einer Kobra auf dem Haupt dargestellt. Eine ihrer vielen Aufgaben war es, die Fruchtbarkeit des ägyptischen Bodens aufrechtzuerhalten. In vielen Abbildungen bringt ihr der König die erste Frucht der neuen Ernte dar.

Gegen Ende der pharaonischen Periode, als sich die Entwicklung zum Monotheismus vollzog, wurden die Göttinnen miteinander verschmolzen. So wurden Isis und Hathor vereint, und alle anderen weiblichen Gottheiten wurden zu verschiedenen Aspekten einer einzigen göttlichen Frau – der vollkommenen Ehefrau, der Beschützerin und der Fürsprecherin!

III.

Göttinnen der Geburt

Geburtsgöttinnen und für den Tod verantwortliche Göttinnen bildeten zwei Gruppen beliebter Gottheiten. Die Göttinnen der Geburt wurden insbesondere vom einfachen Volk beachtet und verehrt. Mes(e)chenet war eine solche; ihr Zeichen war eine Kachel, worauf in Altägypten Frauen beim Gebären saßen. Sie wurde als eine Frau dargestellt, die auf dem Kopf zwei Schleifen über einem senkrechten Strich trug, was die zweihörnige Gebärmutter einer Färse wiedergeben sollte. Als die heilige Hebamme versprach sie eine sichere Geburt, zusätzlich bestimmte sie über das Schicksal des Kindes. Wie Hathor kommt sie manchmal in mehrfacher Gestalt vor, wie etwa in Esna, wo sie zusammen mit Chnum das Schicksal der Kinder bestimmt und ihnen Schutz bietet. Sie spielt auch in der „Halle der Gerechtigkeit" eine Rolle, wo das Herz eines Verstorbenen gegen die Feder der Maat (Wahrheit) abgewogen wird.

Theoris ist ein Sammelbegriff für Göttinnen in Nilpferdgestalt; auch sie waren für die Geburt verantwortlich. Die Gestalt dieser Schutzgöttinnen setzte sich aus dem Haupt des Nilpferdes, Löwenbeinen und -armen, einem Krokodilschwanz und herabhängenden Menschenbrüsten zusammen. Sie waren unter den ägyptischen Bauern sehr beliebt. Die Fayence-Amulette der Theoris, die eine schützende Funktion hatten, sind in großen Mengen entdeckt worden; sie waren besonders unter den Schwangeren sehr begehrt. Gefäße wurden in Form der Theoris getöpfert und mit Milch gefüllt, die aus ihren Brustwarzen gegossen werden konnte; dadurch erhielt die Milch eine magische Eigenschaft. Der Theoris-Kult ist sehr alt, er existierte bereits im Alten Reich und blieb genauso beliebt in den späteren Perioden, bis in die römische Zeit. Wie der Name, „Herrin des Horizonts", besagt, verfügte sie auch über einen kosmischen Aspekt, dem auf der Darstellung der Himmelsdecke in der Grabstätte des Sethos I. (1318-1304 v. Chr.) gehuldigt wurde.

Neben Mes(e)chenet und Theoris war auch Bes ein Schutzgott der Kinder. Er wurde häufig abgebildet als ein Zwerg – nackt, in einem kurzen Faltenrock oder im Pantherfell. Er sorgte sich nicht nur um die einfachen Frauen beim Gebären, sondern auch um die Geburten in der königlichen Familie; seine Abbildung ist am Fuß des Bettes von Tutanchamun zu finden. Bis zum Ende der ägyptischen Geschichte verbreitete sich sein Kult in großen Teilen des Römischen Reiches; nun wurde er im Gewand eines römischen Legionärs dargestellt.

Alle diese Gottheiten sowie Isis werden auf dem Papyrus Westcar aus der 12. Dynastie erwähnt; sie sollen der Frau des Priesters des Re bei der Geburt ihrer männlichen Drillinge, der zukünftigen Könige der 5. Dynastie, geholfen haben. Für diese Hilfe erhielten sie Getreide aus dem Lager des Priesters. In den Getreidesäcken bargen die Gottheiten ihre Musikinstrumente, die von selbst spielten und dadurch die göttliche Einmischung in den Geburtsvorgang zu erkennen gaben. Ein Dienstmädchen, das dieses Wunder dem König mitzuteilen beabsichtigte, stürzte wie zufällig in einen Kanal, wo es von einem Krokodil verschlungen wurde. Die Neugeborenen wurden so vor der Vernichtung durch den König geschützt, der zu befürchten hatte, daß seine eigenen Kinder von der Thronnachfolge abgesetzt würden. Dies ist einer der frühesten Hinweise auf die göttliche Elternschaft.

In Ägypten wurde – und wird noch immer – die Nachgeburt sehr beachtet. Als ein Zeichen des Königs wurde auf Umzügen dessen Plazenta in einem Lederbeutel auf einem Pfahl hängend umhergetragen und an Tempelwänden zur Schau gestellt.

Göttinnen des Lebens nach dem Tode

Göttinnen wie Isis, Nephthys und Neith waren verantwortlich für den Tod und das Begräbnis. Sie sorgten sich um die Gefäße, die die Eingeweide nach deren Einbalsamierung beinhalteten. Diese Gefäße standen unter direkter Betreuung der vier Söhne des Horus. Auch die große Göttin Nut kümmerte sich um die Toten, obwohl sie als Himmelsgöttin, wie in der heliopolitanischen Schöpfungslegende erwähnt, in erster Linie eine andere Funktion zu erfüllen hatte. Sie hielt die Mächte des Chaos im Himmel zurück, sodaß diese nicht ausbrechen und die Welt verschlingen konnten. In einigen Mythen schluckte sie zu Sonnenuntergang den Sonnengott Re mit seiner Barke, der dann durch ihren Körper hindurchging, um bei Tagesanbruch wieder erscheinen zu können. In ihrer Eigenschaft als Zuständige für Begräbnisse erscheint sie als göttliche Kuh, übersät mit Sternen, als nächtlicher Himmel oder als Frau, dargestellt auf Sargdeckeln, um die Verstorbenen zu schützen. In dieser Gestalt ist sie im allgemeinen eine Schutzgöttin: So wird sie im inneren Schrein des Tutanchamun dargestellt. Sie war eine der beliebtesten Figuren auf den Särgen aus den späteren Dynastien. Sie sagt Tutanchamun:

> Mein Sohn Osiris, König, Herr der Länder, Neb-Keperu-Re, du bist glücklich, du bist stark, du bist siegreich, kein Unheil haftet an deinen Gliedern, du lebst ewig.
>
> (Piankoff 1955, S. 142)

IV.

Altägyptische Geschichten

Mit den altägyptischen Geschichten verlassen wir das Gebiet der reinen Mythologie und nähern uns der geschichtlichen Wirklichkeit. Sie sind trotzdem nicht frei von Spuren des Magischen: Die Götter mischen sich stets ein – nicht immer auf der Seite der Gerechtigkeit; aber eine Tendenz zur Normalität ist hier deutlich zu spüren. Die Geschichte *Von den Zwei Brüdern* aus der 19. Dynastie erzählt zum Beispiel von einer schönen Frau. Sie wurde von den Göttern erschaffen und sollte einem ihrer Brüder, Bata, Gesellschaft leisten – eine ägyptische Version der griechischen Pandora. Die Erschaffung einer schönen Frau mit Seele und Gewissen gelang den ägyptischen Göttern genausowenig wie den griechischen: Sie gehorchte Bata nicht; sie badete im Fluß und lockte so den Nilgott Hapi an; nach dem Tod des Bata versuchte sie ununterbrochen, seine Seele zu zerstören. Es ist nicht überraschend, daß sie an einem „spitzen Tod" starb, wie die Sieben Hathoren bei ihrer Erschaffung prophezeit hatten.

Die Geschichte *Skorpione der Isis* (eigentlich ein Spruch, um Skorpionbisse zu heilen) huldigt der Macht der Isis und erzählt, wie Isis die Bisse ihrer sieben Skorpione unwirksam machte. Die Skorpione hatten in Per-Swi das Kind einer Frau gebissen, die der Göttin Essen und Obdach verweigert hatte.

In *Die besessene Prinzessin* kommt der Prinzessin von Bachtan selbst eine eher passive Rolle zu – sie wird von einem bösen Geist heimgesucht, dessen Vertreibung den eigentlichen Sinn der Geschichte ausmacht. Die Geschichte stammt wahrscheinlich aus der ptolemäischen Periode und steht auf einer im Tempel des Chons in Theben gefundenen Grabsäule geschrieben. Die Grabsäule aber mochte anderswo herstammen.

Die wohl seltsamste der ägyptischen Geschichten ist die der *Helena in Ägypten*, erzählt von Herodot im Buch II. Auf der Reise nach Troja wurden Paris und Helena von ungünstigen Winden in die Kanoposmündung des Nil gelenkt. Helena, deren Begeisterung für Paris bereits nachgelassen zu haben scheint, fand Zuflucht im Tempel der Aphrodite (der „Fremden Hathor"), und die ägyptischen Götter schickten an ihrer Stelle ihre Doppelgängerin, *ka*, nach Troja. Die Geschichte ist in der modernen griechischen Literatur bekannt; so nimmt etwa George Seferis in seinem Gedicht *Helena* darauf Bezug.

Nach vielen Jahren, nach der Zerstörung der Stadt Troja, wurde Menelaos auf seiner Rückreise gleichfalls von ungünstigen Winden vom rechten Kurs abgetrieben und strandete schiffbrüchig in Ägypten. Er suchte in einem Tempel Zuflucht, wo er erfuhr, daß Helena in der Nähe im Tempel der „Fremden Hathor" hauste. Sie trafen sich heimlich und planten ihre Flucht. Der alte König Ägyptens, der Helena freundlich gesinnt war, war inzwischen gestorben, und sein Nachfolger wollte Helena, bekanntlich die schönste Frau der Welt, heiraten. Sie hatte ihn immer wieder abgewiesen, und zwar unter dem Vorwand, daß sie nicht wisse, ob ihr Mann noch am Leben sei. Nach ihrem Fluchtplan sollte Menelaos vorgeben, daß er die Nachricht über seinen (eigenen) Tod aus Troja bringe, worauf Helena dem König ihre Zusage vorzutäuschen hatte.

Zunächst mußten bestimmte Begräbnisrituale vorgenommen werden, wozu Helena Wein und einen Stier als Opfergaben brauchte und auch ein Schiff, um sich selbst und Menelaos aus den ägyptischen Gewässern und ins offene Meer zu bringen, wo die Opferrituale ausgeführt werden konnten. Der König war mit allem einverstanden; ein Schiff wurde für Helena, Menelaos und ihre griechische Besatzung bereitgestellt. Sie segelten hinaus, und als sie außer Sichtweite der Ägypter waren, warfen sie die ägyptischen Offiziere über Bord und segelten nach Griechenland weiter. Helena ist zweifellos die Heldin dieser Geschichte (Seton-Williams 1988, S. 100-102).

In der Geschichte *Der verwunschene Prinz* wird eine Frau besonders positiv dargestellt. Dieser Prinz heiratete eine syrische Prinzessin, die selbständig und sehr entschlossen handelte. Als ihr Vater sie statt dem ägyptischen Prinzen ihrer Wahl einem anderen zur Frau geben wollte, weigerte sie sich, ihm zu gehorchen. Später, auf ihrer nächtlichen Rückreise nach Ägypten, tötete sie eine Schlange, die ihren Mann im Zelt beißen wollte. Dies war eines der Verhängnisse ihres Mannes. Nach ihrer Ankunft in Ägypten rettete sie den Prinzen vor einem Krokodil, seinem zweiten Verhängnis, wobei ihre Kenntnisse der Heilkräuter sich als hilfreich erwiesen. Sie und der Prinz wurden jedoch auf ihrem Weg nach Theben von Räubern getötet, das Bellen ihres Hundes verriet den Räubern ihre Ruhestätte. Die Moral der Geschichte: Dem eigenen Verhängnis kann keiner entrinnen, besonders wenn es, wie im beschriebenen Fall, von den Sieben Hathoren prophezeit wurde (Seton-Williams 1988, S. 70-73).

In vielen ägyptischen Geschichten scheinen die Frauen vernünftiger zu handeln als die Männer; sie sind sich der Gefahren bewußter, die auf dem Weg lauern können. Die *Erzählung von Seton-Chaemwêse und von Ni-noferka Ptah und Ahwêre, seiner Frau, und Merib, ihrem Sohn und den Mumien* ist ein Beispiel hierfür. Diese Geschichte ptolemäischen Ursprungs ist in vielen Versionen überliefert worden; die Papyri befinden sich im Museum von Kairo. Seton-Chaemwêse suchte nach dem *Buch des Thoth*, das die gesamte Weisheit der Welt beinhalten sollte. Er erfuhr, daß das Buch in der Grabstätte des Ni-noferka Ptah in einem Friedhof in Saqqara aufliege. Dort erzählte ihm Ahwêre, die Frau des Ni-noferka Ptah, von all dem Unglück, das sie und ihren Mann heimgesucht habe, seit das Buch in ihrem Besitz sei. Leider achtete er nicht auf ihre Ratschläge und erlitt infolgedessen ähnliches Unglück, was vermeidbar gewesen wäre (Seton-Williams 1988, S. 82-88).

V.

Wirklichkeit: Die Geschichte

In Altägypten war die Stellung der Frau in vielerlei Hinsicht einmalig. Sie genoß einen besonderen Status, indem der Landbesitz matrilinear, von der Mutter an die Tochter, vererbt wurde – ein Brauch, der besonders in königlichen Familien streng eingehalten wurde. Demzufolge verfügte ein Mann nur über das Eigentum, solange seine Frau am Leben war; nach ihrem Tod ging der Besitz auf die Tochter und deren Mann über. Starb die Haupterbin des königlichen Throns, so heiratete der König, um seine Macht aufrechterhalten zu können, jede andere Frau, die als Thronnachfolgerin in Frage kam. Hierbei spielte das Alter keine Rolle. So kam es manchmal vor, wie im Fall von Ramses II., daß die Könige ihre eigenen Töchter heirateten. Dieses Modell scheint aber unter der gewöhnlichen Bevölkerung nicht verbreitet gewesen zu sein. Die „Große Königliche Erbin", die väterlicherseits sowie mütterlicherseits königliche VorfahrInnen hatte, war die Hauptgemahlin des Königs, zusätzlich hatte er Nebenfrauen und Konkubinen.

Die Stellung dieser Frauen war klar definiert. Während die Hauptkönigin eine geierförmige Kopfbedeckung und manchmal die Uräusschlange trug, setzten die untergeordneten Königinnen Gazellen-Insignien, befestigt an einer kreisförmigen goldenen Krone, auf ihr Haupt. Manchmal war es ein Gazellenkopf, manchmal waren es zwei; eine trug sogar vier Stück. Cyril Aldred hat darauf hingewiesen, daß in Ugarit, in Nordsyrien, das Wort „Gazelle" junge Prinzen und Prinzessinnen bedeutete (Aldred 1971, S. 204-206). Diese Symbole mochten zunächst durch den fremdländischen Schmuck, den die Nebenköniginnen aus dem Ausland mitbrachten, eingeführt worden sein. Einige Kronen waren mit Hirschen statt mit Gazellen geschmückt; und Hirsche, keine in Ägypten einheimischen Tiere, gehörten zum syrischen Tribut, wie dies in den Listen der 18. Dynastie aufgezeichnet ist. Es ist bemerkenswert, daß die Königinnen aus dem Alten Reich weder Kopfbedeckung noch Kronen trugen. Die Grabstätte des Meresanch in Giseh bezeugt dies. Erst im Mittleren Reich, so scheint es, kamen die königlichen Insignien auf: z.B. wurde in el Lahun der Schmuck der Sihathor, eine runde, goldene Krone mit der Uräusschlange, gefunden.

Abgesehen davon, daß die Besitztümer matrilinear vererbt wurden, erbten die Frauen auch den Thron, falls es keinen männlichen Nachfolger gab. Dies legte der dritte König der 2. Dynastie fest, es war aber die Bestätigung eines bereits existierenden Brauches: In der 1. Dynastie herrschte zumindest eine Frau, Meretneith, als Königin. Die seit der 1. Dynastie etablierte Thronfolge wurde offenbar über die Hauptkönigin übertragen, daher trug sie den Titel „Sie, die die zwei Länder vereinigt". Das Modell einer matrilinearen Thronfolge sowie die Verbindung verschiedener Dynastien miteinander durch die königliche Erbin sind erstmals in der 3. Dynastie am Beispiel der Königin Nimaathap deutlich erkennbar; sie war die Ehefrau des Chasechem(ui), des letzten Königs der 2. Dynastie, und die Mutter des Djoser, des zweiten Königs der 3. Dynastie. Selbstverständlich wurde sie hoch verehrt, ihr Kult in Saqqara überdauerte ihren Tod.

Die Gründe für die Einteilung der ägyptischen Herrscher in Dynastien sind nicht bekannt; jedenfalls war es so, wie der Priester Manetho in seiner geschichtlichen Aufzeichnung schreibt. Das verbindende Element zwischen den Dynastien scheint die königliche Erbin gewesen zu sein, die das königliche Blut von einer Dynastie zur anderen weitergab. Da die vorhandenen Quellen zu den frühen Dynastien viel zu dürftig sind, lassen sich die Titel der Königinnen erst aus der 18. Dynastie zufriedenstellend entziffern. Die Altägypter versuchten nicht, die Wandlungen der Dynastien zu erklären. Königin Chentkaus, vermutlich die Tochter des Mykerinos, war z.B. das Verbindungsglied zwischen der 4. und der 5. Dynastie. Der letzte König der 4. Dynastie, Schepseskaf, der nur vier Jahre regierte, starb 2494 v. Chr. ohne einen Thronerben. Seine Bestattung führte seine Frau aus, Königin Bunefer, wie aus den in ihrer Grabstätte gefundenen Inschriften hervorgeht. Nach Schepseskaf scheint Chentkaus sein Amt angetreten zu haben, denn ihr Titel lautete „Herrscherin von Ober- und Unterägypten“. Sie hatte diese Stellung vielleicht nur kurz inne und heiratete daraufhin Userkaf, den ersten König der 5. Dynastie. Ihr Grabmal in der Nähe des Aufgangs zur Mykerinos-Pyramide in Giseh ist außergewöhnlich: Manchmal die „Unfertige Pyramide“ genannt, ist es eher ein sarkophagähnlicher Bau als eine Pyramide.

Unser nächstes Beispiel einer Königin, die allein herrschte, stammt aus der 12. Dynastie: Sobeknofru, Schwester des Amenemhet IV. Vermutlich kam sie auf den Thron, weil es keinen männlichen Erben gab, sie regierte als die letzte Herrscherin der Dynastie drei Jahre lang (1789-1786 v. Chr.). Im Labyrinth von Hawara wird ihr Name fast so oft erwähnt wie der ihres Vaters (vgl. Petrie 1911). Sie war ohne Zweifel die königliche Erbin, und ihre Titel weisen eindeutig darauf hin, daß sie Ägypten regierte: So hieß sie „Die Horus-Geliebte des Re“, „Die lebende Geliebte des Sobek“, „Die Königstochter“, „Herrin beider Länder“ und „Der König des Südens und des Nordens“. Sie führte auch den Goldhorusnamen, was einen festen Bestandteil der königlichen Titulatur ausmachte. Außer den von ihr errichteten Bauten in Fajjum ist über ihre Herrschaft wenig bekannt.

Seit dem Mittleren Reich nahmen die Königinnen den Titel der „Gottesgemahlin“ an, den sie in ihrem Namen führten. Das implizierte ihren Status als Hauptpriesterin des Amun.

In keiner Periode der ägyptischen Geschichte hatten Frauen eine so führende Position inne wie in der 18. Dynastie, als nämlich die Titulatur der Königinnen endgültig festgelegt wurde. Die königliche Erbin und die als Königin Geborene waren berechtigt, alle königlichen Titel zu führen: die Königstochter, die Königsschwester, die Große Gemahlin des Königs, die Herrin der zwei Länder und die Erbprinzessin. Sie trugen auch den Titel „Gottesgemahlin", der in der frühen 18. Dynastie in „Gottesgemahlin des Amun" verändert wurde. Der Titel „Herrin oder Dame der Zwei Länder" war ursprünglich kein königlicher Titel, denn er wurde in der 11. und 12. Dynastie von einigen Ehefrauen der Nomarchen getragen. Aber auch in diesem Fall könnte der Titel die königliche Würde beinhaltet haben, da es sich um die Töchter eines „Ha"-Prinzen handelte; dies kann allerdings nicht mit Sicherheit behauptet werden. Dieser Titel wurde in der Grabkapelle Nr. 2, in der des Amenemhet, gefunden; seine Frau Hotep war eine Priesterin der Hathor und der Pachet.

Zu Beginn der 18. Dynastie, die manchmal auch als das Neue Reich bezeichnet wird, spielten drei Königinnen eine besondere Rolle: Tetischeri, Ahhotep I. und Ahmose Nofretere (Nefrertary, Nofretare). Diese drei Frauen waren in der 18. Dynastie tonangebend und beeinflußten zweifelsohne den Ehrgeiz und das Verhalten der Hatschepsut (s.u.). Tetischeri war vermutlich nicht von königlicher Abstammung, trotzdem galt sie, die Ehefrau des Seqenenre Tao I. und Mutter des Seqenenre II. und seiner Frau Ahhotep I., als die Begründerin der 18. Dynastie und wurde als solche besonders in den Gründungsjahren dieses siegreichen Hauses geschätzt. Sie hatte ein langes Leben und überlebte ihren Mann, ihren Sohn sowie einen ihrer Enkel, Kamose; während der Herrschaft ihres anderen Enkels Ahmose I. starb sie hoch verehrt. Eine Stele, entdeckt in ihrer Kapelle in Abydos, erzählt, wie ehrerbietig Ahmose I. sie behandelte: Neben einer Grabstätte und einem Zenotaph errichtete er zu ihren Ehren auch eine Pyramide und eine ausgestaltete Kapelle in Abydos. Auch in der nördlichen Hauptstadt Memphis wurde ihr ein Denkmal gewidmet.

Die Mutter des Ahmose I., Ahhotep I., war ebenfalls eine bemerkenswerte Frau. Als die Hauptkönigin Ägyptens scheint sie der Tetischeri gefolgt zu sein; ihr folgte Ahmose Nofretere. Ahmose I. widmete ihr ein aufwendiges Begräbnis, und es ist möglich, daß sie mit ihm als Mitregentin regierte. In dieser Funktion scheint sie zumindest einmal eine Rebellion erfolgreich niedergeschlagen und zur Verteidigung der ägyptischen Grenzen beigetragen zu haben.

Ahmose Nofretere war die letzte unter den drei mächtigen Königinnen. Sie war die Große Königliche Erbin und väterlicher- sowie mütterlicherseits königlicher Abstammung. Vermutlich war sie die Tochter des Kamose und Halbschwester des Ahmose I., den sie heiratete. Die Inschriften an den ägyptischen Grenzen zu Nubien und Sinai beinhalten oft ihren Namen. In einer Inschrift in Karnak wird erwähnt, daß sie zusammen mit ihrem Mann Ahmose I. und ihrem Sohn an einem Opferritual des Amun-Re teilnahm. Auf dieser Stele wird sie genauso groß abgebildet wie der König selbst, was auf ihre Bedeutsamkeit hinweist. Die Monumente aus ihrer Zeit bezeichnen sie als „Königstochter, Königsschwester, Königsmutter, Gottesgemahlin des Amun, Herrin der Zwei Länder, Große Herrscherin, die sich mit der ‚Weißen Krone' vereinigt", was wahrscheinlich bedeutet, daß sie die Erbin des Südens war. Nach dem Tod ihres Mannes, 1546 v. Chr., scheint Ahmose Nofretere mit ihrem Sohn Amenophis I. zusammen regiert zu haben und teilte mit ihm später die Begräbnisstätte. Ihr Sarg wurde in Deir el-Bahari entdeckt, allerdings entging ihre Mumie einer wissenschaftlichen Untersuchung. In Deir el-Medineh wurde sie zu einer Kultfigur der ArbeiterInnen in der königlichen Nekropolis. In vielen Totentempeln findet sie Platz neben den Göttern und Göttinnen der Toten, wie Osiris und Hathor.

Aahotepe II., die Tochter der Ahmose Nofretere und also die Große Königliche Erbin, heiratete Amenophis II.; ihre Tochter Aahmes, ebenfalls die Große Königliche Erbin, heiratete Thutmosis I., der kein direkter Thronnachfolger war und so seine Thronbesteigung seiner Frau zu verdanken hatte. Thutmosis hatte von Aahmes eine Tochter, Hatschepsut, und von seiner zweiten Frau Mut-Nefert einen Sohn, Thutmosis II. Wer die Mutter der Mut-Nefert war, läßt sich nicht eindeutig feststellen; wahrscheinlich war sie eine der Nebenfrauen von Amenophis I. und nicht königlicher Abstammung. Thutmosis II. starb sechs Jahre nach seiner Heirat mit Hatschepsut. Er scheint von Kindheit an kränklich gewesen zu sein, sodaß Thutmosis I. sich entschloß, mit Hatschepsut als Mitregentin zu regieren und sie zur Thronerbin zu machen. Bevor er starb, führte er die Zeremonie ihrer Krönung durch, wie den Inschriften in Deir el-Bahari und Karnak zu entnehmen ist.

Wenn ein Zweifel betreffend die Rechtmäßigkeit des Herrschers bestand oder wenn die Mutter keine königliche Erbin war, wurde in einigen Fällen das Problem folgendermaßen gelöst: Der Vater sei, wurde behauptet, Amun selbst, der zur Königin in Gestalt ihres Mannes „gekommen" sei. Hatschepsut behauptete dies in ihrem Tempel in Deir el-Bahari, wo Amun auf Besuch bei ihrer Mutter Aahmes dargestellt wurde. Beide sitzen auf einem Sofa, das zwei Göttinnen hochhalten, damit die Begegnung zwischen dem Himmel und der Erde stattfinden kann. Es kam mehrmals vor, daß ein Herrscher auf göttliche Abstammung Anspruch erhob; wie etwa Amenophis III., dessen Mutter, Königin Mutemwia, eine mitannische Prinzessin war, oder Nektanebos in der 30. Dynastie.

Thutmosis I. starb sechs Monate nach der Krönungszeremonie von Hatschepsut. Sie mag während der gesamten Regierungszeit ihres Mannes, Thutmosis II., tonangebend gewesen sein und trug alle herkömmlichen Titel einer Prinzessin und Königin. Thutmosis I. hinterließ einen zweiten Sohn, Thutmosis III., der aber weniger Anspruch auf den Thron hatte als Hatschepsut, weil seine Mutter, Königin Isis, eine Nebenfrau war. Trotzdem wurde Thutmosis III. nach dem Tod seines Vaters zum König ausgerufen, mit Hatschepsut als seiner Regentin. Im zweiten Jahr seiner Herrschaft, hieß es, begegnete Gott Amun Hatschepsut öffentlich, als sie seinen Tempel in Theben besuchte. Er krönte sie in der Kapelle der Maat in Karnak zum „König der Zwei Länder". Dies belegt eine unveröffentlichte Stele der Königin in Karnak.

Da Hatschepsuts älteste Tochter gegen 1493 v. Chr. starb, heiratete Thutmosis III. ihre jüngere Tochter Hatschepsut II. (Meri-re). Hatschepsut führte folgende Titel:

Weiblicher Horus Worstkare (= reich an Ka), der König von Ober- und Unterägypten Makare Hatschepsut, die Tochter des Re und Chnum-et-Amun Hatschepsut. Obwohl ein späteres Denkmal Hatschepsut formell als König bezeichnet, wurde sie oft auch Königin genannt.

Viele HistorikerInnen halten die Herrschaft der Hatschepsut für friedlich, worauf Redford hingewiesen hat (Redford 1967, S. 57). Aber aus einem 1957 von Habachi veröffentlichten Text geht hervor, daß Hatschepsut einen Feldzug nach Nubien führte. Der Text stammt von der Insel Sehel und wurde von einem gewissen Teje verfaßt, der an dem Feldzug teilgenommen hatte:

> Ich folgte dem gütigen Gott, dem König von Ober- und Unterägypten Makare (Hatschepsut), lebe sie wohl, als er die nubischen Schützen besiegte und als deren Anführer vor ihn als Gefangene gebracht wurden ...
>
> (Habachi 1957, S. 99f.)

Dies belegt, daß die gefangengenommenen Anführer der Nubier zu Hatschepsut persönlich gebracht wurden. Sie mußte also die Schlacht miterlebt haben, denn die Siegesbeute wurde unmittelbar nach dem Krieg aufgeteilt. Habachi folgert, daß zu Beginn der Herrschaft Hatschepsuts im Süden ein Krieg stattgefunden habe, und die Königin sei bei der Schlacht anwesend gewesen. Redford bemerkt, daß im Tempel des nubischen Gottes Dedun in Deir el-Bahari eine Darstellung existiert, in der gefangene Nubier zu der Königin geführt werden (Naville 1908, VI, Taf. 152). Auch in einer Inschrift in der Unteren Kolonnade in Deir el-Bahari gibt es einen Hinweis auf den nubischen Feldzug der Hatschepsut; er wird mit dem ihres Vaters verglichen. Ein nubischer Anschlag (wahrscheinlich auf eine ägyptische Grenzfestung) mag der Anlaß zu ihrem Feldzug gewesen sein.

Es gibt nur wenige Belege für die Behauptung, sie habe einen Feldzug nach Asien unternommen. In einem von Thutmosis III. verstümmelten Text in Deir el-Bahari wird erzählt, daß ihr Pfeil die Nordländer (Syrer) durchdrang (Naville 1908, VI, Taf. 167). Eine andere Inschrift lautet: „Du wirst die Anführer des Reten-nu mit Gewalt erobern ... und du wirst tausende Männer für Arbeit in deinen Tempeln gefangennehmen" (Urk, S. 248).

Aus diesem Beweismaterial geht deutlich hervor, daß Hatschepsut zumindest zwei Feldzüge, einen im Norden und den anderen im Süden, geführt hat; in beiden Fällen führte sie das Heer persönlich an und war auch auf dem Kampffeld anwesend. Im allgemeinen heißt es jedoch, daß Hatschepsut während ihrer Herrschaft friedliche Ziele verfolgte, Ziele wie etwa den Bau ihres beachtlichen Totentempels in Deir el-Bahari und die Expedition nach Punt auf der Suche nach Duftstoffen und Sandelholz. Die Verbreitung dieser Meinung ist auf die Arbeiten amerikanischer Ägyptologen wie Wilson und Hayes zurückzuführen – diese sind zwei besonders bemerkenswerte Hatschepsut-Gegner. (Wilson 1951, S. 174ff.). Hayes schreibt ausdrücklich:

„Durch das Fehlen jeglicher militärischer Unternehmungen treten Hatschepsuts Expedition nach Punt und die Anfertigung von zwei Obelisken sowie deren Transport nach Karnak als die wichtigsten Errungenschaften ihrer Herrschaft hervor" (Hayes 1973, S. 19).

Das erwähnte Bauunternehmen war nicht Hatschepsuts einziger Beitrag zur Architektur. Unter ihr entstand zum erstenmal eine Schule der königlichen Architektur, und sie ließ zwei etwa dreißig Meter hohe Obelisken von Assuan nach Karnak schleppen, erschloß die Türkisminen am Sinai wieder, errichtete ihren eigenen Tempel und baute den Tempel in Serabit el-Chadim, Sinai, sowie das Speos Artemidos in Beni Hassan wieder auf. Während ihrer einundzwanzig Jahre währenden Herrschaft wirkte ihr berühmter Architekt Senenmut nicht nur als Verwalter ihres Landes, sondern auch als Erzieher ihrer Kinder. Er war vermutlich Anführer eines mächtigen Beamtenkreises, der bei der Aufrechterhaltung ihrer Herrschaft behilflich war. Senenmut starb vor der Königin; nach dem sechzehnten Jahr ihrer Herrschaft wird er nirgends mehr erwähnt, und nachdem die Königin gestorben war, wurden seine beiden Grabmäler geplündert. Am zwanzigsten Tag des sechsten Monats im zweiundzwanzigsten Jahr ihrer Herrschaft starb die Königin. Es gibt keinerlei Hinweise darauf, daß sie ermordet wurde oder daß ihr Verscheiden kein friedliches Ereignis war.

Thutmosis III. scheint nicht zu Beginn seiner Herrschaft, sondern erst später die Denkmäler der Königin verunstaltet zu haben. Er baute seinen zweiten Totentempel hinter dem der Hatschepsut in Deir el-Bahari und raubte ihrem Tempel einen Großteil des Gesteins für seinen eigenen Bau. Redford hält dies eher für Zweckdienlichkeit als einen Beweis für den Haß des Königs gegen seine Vorgängerin. Hatschepsut scheint Thutmosis bei seiner militärischen Laufbahn, woran ihm sehr lag, freie Hand gelassen zu haben. Redford hält Hatschepsuts Herrschaft für den Versuch einer willensstarken Frau, der Wahl der Herrscher in der 18. Dynastie ein matriarchales System aufzuerlegen, was aber durch den vorzeitigen Tod ihrer Töchter und durch das Fehlen anderer entschlossener weiblicher Nachfolgerinnen vereitelt wurde.

Indes gab es gegen Ende der 18. Dynastie viele bemerkenswerte Königinnen: zuallererst Königin Teje, die Amenophis III. kurz vor oder kurz nach seiner Thronbesteigung heiratete. Sie war eine starke Persönlichkeit und beeinflußte Amenophis in vielerlei Hinsicht, denn sie war nicht nur seine Ehefrau, sondern auch seine enge Beraterin. Sie war nicht von königlicher Abstammung, aber eine Tochter des Juja, eines ägyptischen Priesters des Min in Panopolis. Seine Frau Tuja war eine königliche Krankenpflegerin und Geheimrätin des königlichen Ankleidezimmers sowie eine „Sängerin des Amun".

Sie hatten ein Grabmal im Königsgräbertal (Nr. 46), was ein ungewöhnliches Privileg für das gemeine Volk bedeutete. Teje übte zweifellos großen Einfluß auf ihren Mann aus: Auf seinen Grabmälern und seinen Skarabäen steht sie in enger Verbindung mit dem König. In Sedeinga wurde für sie ein Tempel errichtet. Während der

Minderjährigkeit ihres Sohnes wirkte sie als seine Regentin. Die Briefe des mitannischen Königs Tuschratta an sie zeugen davon, daß sie als die Macht hinter dem Thron bekannt war. Sie wurde zusammen mit ihrem Mann Amenophis im Westtal in Theben begraben, aber ihr Leichnam wurde entfernt; Teile ihrer Grabausstattung wurden zusammen mit der Mumie der Semenchkare in Theben gefunden (und es scheint möglich, die bisher anonyme Mumie CG 61070 als Teje zu identifizieren).

Zur Rechtfertigung seiner eigenen Herrschaft behauptete Amenophis, daß seine Mutter Mutemwia sich mit Amun in der Gestalt des Thutmosis IV. vereinigt habe. Dieses Ereignis ist sowohl im Tempel in Luxor als auch in dem von ihm errichteten Muttempel in Ascheru, einem Vorort von Karnak, dargestellt. Um seine eigene Position zu festigen, heiratete er Satamun, die, oft als seine Tochter mit Königin Teje angeführt, sehr wahrscheinlich seine Halbschwester war, eine Tochter des Thutmosis IV. und der Königin Iaret, einer Großen Königlichen Erbin. Es besteht kein Zweifel, daß sie Amenophis heiratete und den Titel der Großen Gemahlin des Königs annahm, was ihren Status bezeichnete. Sie mochte jung gestorben sein, denn es sind nur Darstellungen von ihr als Kind bekannt.

Die Abstammung der Königin Nofretete, Frau des Amenophis IV./Echnaton ist ungewiß. Es wird gesagt, daß sie zur Familie der Königin Teje gehörte, was unwahrscheinlich klingt, denn ihre Physiognomie sowie ihr Knochenbau sehen vollkommen anders aus. Es ist möglich, daß sie eine königliche Erbin war, weil sie in den Tempelreliefen von Karnak sehr selbständig dargestellt wird. Auf dem Großteil dieser Darstellungen, entstanden in den frühen Jahren der Mitregentschaftszeit des Akhenaton mit seinem Vater, wird Nofretete bei Tempelzeremonien allein – ohne ihren Mann – gezeigt. Manchmal erscheint ihr Name mit zwei Kartuschen, was darauf hinzuweisen vermag, daß sie an der Opferzeremonie als König teilgenommen hat. Der König ist selten anwesend, was sehr ungewöhnlich ist. Manchmal, wenn sie die „Neun Bögen" Ägyptens schlachtet, nimmt sie die Rolle des Königs an.

Auf den Darstellungen an den Tempelwänden trägt sie verschiedene Kopfbedekkungen – am häufigsten einen Kreis aus Hörnern, gekrönt mit Federn –, dabei hat sie immer eine Uräusschlange auf der Stirn. Die Zusammensetzung des königlichen Namens mit dem der Gottheit auf den Tafeln sagt aus, welche Gottheit verehrt wurde und von wem. Redford hat gefolgert (Redford 1976, S. 82), daß der Großteil der Bauten in Karnak von Echnaton für die Königin errichtet wurde; dort konnte sie verschiedene kultische Rituale ausführen. „Herrin von Ober- und Unterägypten", „Große Gemahlin des Königs" und „Seine geliebte Herrin der zwei Länder" sind die Titel der Nofretete, nirgends aber heißt sie die „Große Königliche Erbin".

In Akhetaten (el-Amarna) erscheint Nofretete in einer ungewöhnlichen Gestalt. Sie hat einen Kahn, auf dessen Bug und Heck ihr Kopf dargestellt ist. Dieser Beleg stammt aus Hermopolis (el-Ashmunein) und ist auf die Spätperiode der siebenjährigen Herrschaft Echnatons zurückzuführen. Die Königin ist gelegentlich in männlicher Gestalt zu sehen, als Sphinx, die die Feinde Ägyptens niedertritt, oder als siegreicher Herrscher, der seine Feinde erschlägt – eine Rolle, die in der Regel dem König vorbehalten war. Die neuerdings aufgestellte Theorie, daß Nofretete und Semenchkare, Tutanchamuns älterer Bruder, ein und dieselbe Person waren, kann ich persönlich nicht billigen.

Tutanchamun, der letzte legitime König der 18. Dynastie, heiratete in jungen Jahren seine Kusine Anchesenpaaton, später Anchesenamun genannt, die Tochter des Echnaton und der Nofretete. Nach dem Tod des Tutanchamun schrieb Anchesenamun an den hethitischen König Shuppililiumas und bat ihn, einen seiner Söhne als ihren Bräutigam nach Ägypten zu schicken, denn sie konnte es nicht ertragen, einen Nichtadeligen zu heiraten. Ein hethitischer Prinz wurde geschickt; aber kurz nachdem er die ägyptische Grenze überquert hatte, wurde er ermordet. Anchesenamun wurde dann mit „dem Gottesvater Eje", dem Bruder der Königin Teje, verheiratet. Er war bereits alt, alt genug, um Anchesenamuns Vater zu sein, er herrschte zwei bis drei Jahre. Ihm folgte General Haremheb. Haremhebs Hauptkönigin war eine Königin Teje, wie in seinem Totentempel im Westtal von Theben zu sehen ist, aber er scheint auch Nedjemet, wahrscheinlich eine Schwester der Nofretete, geheiratet zu haben, durch die er Anspruch auf den Thron stellen konnte. Er war der letzte König der 18. Dynastie – hiermit wird deutlich, daß bis zum Ende der Dynastie die Königinnen eine wichtige Rolle bei der Thronfolge spielten.

Es ist seltsam, daß es keine Königin gab, die als die königliche Erbin Vermittlungsfunktion ausübte, um den Status der 19. Dynastie zu legalisieren. Es mag eine Verbindung gegeben haben durch Tuja (Mut-tuja), die Frau des Sethos I., deren Sohn Ramses II. ihr ergeben war. Sie wird gewissermaßen als die Ahnfrau der Dynastie angesehen. Tuja (Mut-tuja) war besonders wichtig für etwa die ersten zwanzig Jahre der Herrschaft von Ramses. Sie führte Briefverkehr mit der hethitischen Königsfamilie, und als sie starb, wurde sie in einer prächtigen Grabstätte im Königinnengräbertal bestattet.

Ramses II. heiratete eine seiner jüngeren Schwestern, Henutmire, die als die Königliche Erbin angesehen werden kann. Seine Hauptfrau während der früheren Jahre seiner Herrschaft war aber Nofretere. Sie wird oft neben dem König dargestellt, und zu ihren sowie zu Hathors Ehren wurde ein Tempel in Abu Simbel in Nubien gebaut, neben dem des Ramses. Sie starb vermutlich zu der Zeit, als Ramses die Tempel in Abu Simbel einsegnete, denn er wird zu diesem Anlaß in Begleitung seiner ältesten Tochter, Prinzessin Meritamun, gezeigt. Nach Nofreteres Tod scheint ihr Königin Isisnefret als Hauptkönigin gefolgt zu sein. Bis zum vierunddreißigsten Jahr der Herrschaft von Ramses starb auch sie, und ihr folgte ihre Tochter, Prinzessin bzw. Königin Bintanat; Königin Meritamun wurde die zweite Frau. Nofretere hatte zwar einen Sohn, der aber das lange Leben Ramses' nicht überlebte, daher ging die Thronfolge auf einen Sohn der Isisnefret, Merenptah, über.

Tausret ist als die nächste Königin anzuführen, die vermutlich die Königliche Erbin war und, wie Hatschepsut, zusammen mit ihrem Vater Sethos II. regierte. Nachdem er gestorben war, herrschte sie etwa acht Jahre zusammen mit ihrem jüngeren Bruder Siptah. Ihre Grabstätte sowie ihr Tempel blieben unvollendet, was darauf schließen läßt, daß ihr Leben ein gewaltsames Ende nahm.

Göttliche Bräute des Amun zu sein, war das bemerkenswerteste Amt für die königlichen Prinzessinnen. 1085 v. Chr., in der 21. Dynastie, ging der Thron vom letzten der Ramessiden-Prinzen an den Hohen Priester des Amun über; das Amt bekleidete damals Herihor. Die Hohen Priesterinnen wurden die Göttlichen Bräute und übernahmen sowohl die weltliche als auch die geistliche Macht in Theben. Von nun an ging die Erbfolge nicht mehr von der Mutter an die Tochter, sondern von der Tante an die Nichte über, wobei die Tante in jedem Fall die Nichte adoptierte. Das System bestand ununterbrochen zwischen 870 v. Chr. und 525 v. Chr. und wurde mit der persischen Invasion beendet. Während dieser Zeit genossen die Göttlichen Bräute uneingeschränkte Herrschaft über Theben. Ein Schrein ihnen zu Ehren steht im Vorhof des Tempels von Ramses III. am Westufer in Theben.

Die letzte Königin Ägyptens, Kleopatra VII. Philopater, war zweifelsohne eine der großartigsten. Es ist wohl kein Zufall, daß am Ende der Geschichte des unabhängigen Ägypten eine Königin steht – 30 v. Chr. wurde Ägypten dem Römischen Reich einverleibt. Es ist schwierig, sich ein wahrhaftes Bild von Kleopatra zu machen. Sie sei schön gewesen, heißt es, obwohl es an Bildnissen fehlt. Den Großteil unseres Wissens verdanken wir Plutarch, der ihr nicht günstig gesinnt war. Sie war eine sehr fähige, strebsame und gebildete Frau: die einzige Ptolemäerin, die das Ägyptische in Wort und Schrift beherrschte. Es ist wahrscheinlich, daß Kleopatra weder Cäsar noch Antonius liebte; sie brauchte vielmehr einen fähigen General, dessen Hilfe es ihr ermöglichen sollte, die einstige Größe Ägyptens zurückzugewinnen. Siebzehn- oder achtzehnjährig kam sie auf den Thron und übernahm die Herrschaft zusammen mit ihrem jüngeren Bruder Ptolemaios. Die beiden verstanden sich jedoch nicht gut; kurz darauf ertrank Ptolemaios im Mareotis-See. Es war zu der Zeit, als Cäsar das Heer Achillas', der die Alleinherrschaft des Ptolemaios angestrebt hatte, niederschlug.

Kleopatra heiratete Cäsar nie; er war bereits verheiratet, und das römische Recht ließ nur die monogame Ehe zu. Kleopatra war seine Geliebte, sie gebar ihm einen Sohn, den sie Ptolemaios-Cäsar nannte; er ist aber als Cäsarion bekannt. Daraufhin reiste sie nach Rom, um Cäsar einzureden, er solle ein großägyptisches Reich gründen. Sie blieb erfolglos.

Cäsar wurde ermordet, als sie sich mit ihrem zweiten Bruder, auch Ptolemaios genannt, noch in Rom aufhielt. Kurz nachdem sie nach Ägypten zurückgekehrt war, starb ihr zweiter Bruder in Alexandrien bzw. wurde dort ermordet. Inzwischen war der ägyptische Staat deutlich verarmt. Aber sie war, wie alle PtolemäerInnen, eine gute Verwalterin und baute in Kürze das Land wieder auf. Sie ernannte ihren Sohn

Cäsarion, der aber noch ein Baby war, zum König, was praktisch bedeutete, daß sie Alleinherrscherin wurde.

Das Römische Reich war inzwischen gespalten. Das Triumvirat, geführt von Octavian (Augustus), besiegte und erschlug die Hauptverschwörer, die Cäsar in Philippi, Nordgriechenland, ermordet hatten. Octavian und Antonius teilten das Römische Reich unter sich; der östliche Teil fiel an Antonius. Kleopatra verpaßte es, Antonius zu seinem Sieg zu gratulieren, obgleich sie ihn unterstützt hatte; im Kampf gegen Cassius hatte sie zwei Legionen zur Unterstützung seines Kommandanten, Dolabella, nach Syrien geschickt. Daher lud Antonius sie nach Tarsos ein, wo sie sich 41 v. Chr. begegneten. Sie bezauberte ihn ebenso wie dereinst Cäsar; 37 v. Chr. heirateten sie in Antiochia. Antonius, obwohl ein hervorragender General, war leider faul und ein Genußmensch; der Lebenswandel in Alexandrien sprach ihn mehr an als der Kriegsalltag. Kleopatra aber sehnte sich nach der Rückeroberung der einst dem Ägyptischen Reich zugehörigen Gebiete in Syrien.

Als Kleopatra bei der Besichtigung ihrer neu erworbenen Gebiete in Jordanien war, erlitt der übereilte Feldzug des Antonius nach Parthien Rückschläge. Sein verstreutes Heer, das sich auf dem Rückzug befand, wurde zum Teil von Kleopatra wiederhergestellt. Von Athen brachten Octavian und seine Schwester Octavia (die Antonius auf seinem vorherigen Besuch in Rom geheiratet hatte) Nachschub an Proviant und Soldaten. Antonius hatte also Bigamie begangen, und seine Ehe mit Kleopatra war somit ungültig. Wir wissen nicht, ob Octavian darüber informiert war; Antonius befahl der Schwester Octavians, nach Rom zurückzukehren, was seine Beziehung mit Rom zerriß und zu einem Bruch mit Octavian führte. Octavian erklärte Kleopatra den Krieg, um sie von Antonius zu trennen. Dies gelang ihm nicht, und es folgte die schreckliche Schlacht von Actium. Kleopatra beharrte darauf, Antonius im Kampf zu begleiten, zog aber ihre Schiffe frühzeitig zurück, kurz nach dem ersten Schützengefecht, wodurch Antonius' Heer reduziert wurde und dem des Octavian unterlag.

Nach dem Gefecht leisteten Kleopatra und Antonius keinen Widerstand mehr und flohen nach Ägypten. 30 v. Chr. landete Octavian in Alexandrien, woraufhin Antonius Selbstmord beging, Kleopatra folgte ihm in den Tod. Ägypten wurde dem Römischen Reich als Provinz angegliedert. So fand die Geschichte des unabhängigen Ägypten mit dem Leben der Kleopatra ihr Ende.

Bibliographie

Aldred, C.: *The Juwels of the Pharaohs*, London 1971.

Backmann, A. M.: *The Position of Women in the Egyptian Hierarchy.* In: Journal of Egyptian Archaeology, VII, 1921, S. 8f.

Brunner, H.: *Grundzüge einer Geschichte der altägyptischen Literatur*, Darmstadt 1966. *

Brunner-Traut, E. (Übers.): *Altägyptische Märchen. Mythen und andere volkstümliche Erzählungen*, eingeleit., übers. u. erläut. v. E. Brunner-Traut, München 1990. *

Erman, A.: *The Literature of Ancient Egyptians*, London 1927.

de Garis Davies, N.: *The Rock-Tombs of el Amarna*, (Archaeological Survey of Egypt 13-18), London 1903-1908.

Hart, G.: *A Dictionary of Egyptian Gods and Goddesses*, London 1986.

Hayes, W. C.: *Cambridge Ancient History*, Cambridge 1973.

Helck, W./Otto, E. (Hrsg.): *Lexikon der Ägyptologie*, begründ. u. hrsg. v. W. Helck u. E. Otto (u.a.), Wiesbaden 1975-1992. *

Hornung, E.: *Conception of God in Ancient Egypt*, London 1903.

Junker, H.: *Die politische Lehre von Memphis*, Berlin 1941. *

Kaster, J.: *The Literature and Mythology of Ancient Egypt*, Harmondsworth 1960.

Klein, E. (Übers.): *Die Schöpfungsmythen: Ägypter, Sumerer, Hurriter, Hethiter, Kanaaniter und Israeliten*, berechtigte Übers. aus d. Franz. unter Zugrundelegung d. dt. Textausg. v. E. Klein unter Mitarb. v. W. Schenkel und O. Roessler, Darmstadt 1977. *

Lefebvre, G.: *Romans et Contes Egyptiens de l'Époque Pharaonique*, Paris 1949.

Lichteim, M.: *Ancient Egyptian Literature*, 3 Bde., Berkeley 1973-1980.

Lurker, M.: *The Gods and Symbols of Ancient Egypt*, London 1980.

Manetho: *Aegyptiaca*, (hrsg. v. Loeb), London 1956.

Maspero, G.: *Popular Stories of Ancient Egypt*, London 1915.

Naville, E.: *The Temple of Deir el Bahari*, 6 vols., London 1908.

Petrie, W. M. F.: *Egyptian Tales*, 2 Bde., London 1911.

Piankoff, A.: *The Shrines of Tutankhamun*, New York 1955.

Pritchard, J.: *Ancient Near East Texts*, Princeton 1950.

Redford, D. B.: *History and Chronology of the Eighteenth Dynasty*, Toronto 1967.

Redford, D. B.: *The Akhenaten Temple Project*, London 1976.

Roeder, G.: *Die ägyptische Götterwelt* (= Die ägyptische Religion in Texten und Bildern I), Zürich/Stuttgart 1959. *

Roeder, G.: *Mythen und Legenden um ägyptische Gottheiten und Pharaonen* (= Die ägyptische Religion in Texten und Bildern II), Zürich/Stuttgart 1960. *

Rundle Clark, R. J.: *Myth and Symbol in Ancient Egypt*, London 1959.

Sauneron, S.: *Les Fêtes Religieuses d'Esna aux Derniers Siècles du Paganisme*, Kairo 1962.

Schulze, P. H.: *Frauen im Alten Ägypten – Selbstverständnis und Gleichberechtigung im häuslichen und öffentlichen Leben*, Bergisch Gladbach 1987. *

Seton-Williams, M. V.: *Egyptian Legends and Stories*, London 1988.

Wilson, J.: *The Burden of Egypt*, Chicago 1951.

Athalya Brenner

Der hebräische Gott und seine weibliche Ergänzung

Das Geschlecht des hebräischen Gottes

Zu Anbeginn religiösen Denkens war Gott eine Frau, schreibt Merlin Stone (Stone 1976, S. 17). Dies stimmt jedoch nicht im Falle des hebräischen Gottes. Er war von Anfang an männlich (Maskulinum/M), wie der hebräischen Bibel, bekannt als das Alte Testament, zu entnehmen ist.

Diese geschlechtliche Bestimmung des hebräischen göttlichen Wesens auf die einschränkenden Möglichkeiten der hebräischen Sprache zurückzuführen, wäre falsch. Das Hebräische kennt kein grammatikalisches Neutrum (N), kein Äquivalent für „es". So müssen grammatikalisch alle lebendigen wie leblosen Einheiten, abstrakte Vorstellungen wie konkrete Phänomene das Geschlecht M oder F (Femininum/weiblich) haben. Diese Sprachgewohnheit, das Göttliche als männlich zu bezeichnen, scheint kein Zufall zu sein, sondern die Folge einer bestimmten Weltanschauung. Yhwh[1] ist nicht einfach männlich. Angesichts des Mangels an Hinweisen auf seine physischen Eigenschaften, die über die Metapher hinausgehen, ist dies etwas schwierig zu begreifen. Dieser Mangel wird noch verstärkt durch das strenge Gebot, ihn nicht bildlich darzustellen (vgl. das erste Gebot, 2 Mose 20.2-4), obgleich es auch manchmal verletzt wird. Nichtsdestoweniger ist er männlich, und zwar auf besondere Art und Weise. Er ist rational und intellektuell; daher erschafft er den Kosmos und dessen Inhalte vermittels der Sprache (1 Mose 1.1-2.4a). Er ist, zumindest nach dem vorherrschenden biblischen Kanon, allwissend, allmächtig und allgegenwärtig. Was seine Moral und seine Gerechtigkeit, die sogenannte „Theodizee", betrifft, so ist eine eindeutige Einschätzung nicht leicht (Crenshaw 1983): Manchmal, wie im Buch Hiob oder bei dem Prediger Salomo, scheint seine moralische Veranlagung fragwürdig. Ohne Zweifel hat er sowohl eine dunkle als auch eine wohlwollende und gütige Seite (2 Mose 20.5-6, 34.6-7; Jona 4.2). Aber in erster Linie ist er eine väterliche Figur.

Der hebräische Gott wird als alleiniger M-Elternteil dargestellt, er figuriert gleich von Anfang an als der Große Vater. In der Geschichte des Garten Eden (1 Mose 2.4b-3.24) kommt er vor als Vater, der seine aufrührerischen Kinder, Adam und Eva, aus der ursprünglichen Heimstätte vertreibt, nachdem sie von dem verbotenen Baum der Erkenntnis gegessen haben. Er gibt seiner Angst Ausdruck, daß sie, wenn er sie nicht

Abb. 5: Lucas Cranach, *Das Paradis* (1530). Der hebräische Gott als Vater. Gott ist eindeutig als autoritärer, wenn auch wohlwollender Patriarch dargestellt, gekleidet in königlichen Purpur, und er erhebt warnend den Finger vor seinen nackten Kindern, dem Mann und der Frau.

Kunsthistorisches Museum, Wien

vertriebe, ihm in seiner Göttlichkeit ähneln könnten (3.22); Göttlichkeit bedeutet Erkenntnis und ewiges Leben. Durch die ganze Paradies-Geschichte hindurch behauptet er sich in einer autoritären, wenn auch wohlwollend gütigen Stellung; so sind auch seine Gebote – keiner Erklärung bedürftig, aber zu befolgen. Die gesamte Menschheit, im besonderen jedoch die HebräerInnen (Amos 9.7; Hosea 11.2) und später König David und seine Dynastie, sind seine „Söhne".

Die Menschheit, M sowie F, wurde als Abbild Gottes (1 Mose 1.26-3) geschaffen. Bedeutet dies, daß der hebräische Gott sowohl das Männliche als auch das Weibliche verkörpert? Daß er geschlechtslos oder beiderlei Geschlechts ist? Wie man sehen wird, ist dies an einigen Stellen – aber nicht sehr oft – der Fall. Jedenfalls wird das Schicksal der Menschheit gleich bei ihrer Erschaffung festgelegt: Sie hat über die Welt zu herrschen, ebenso wie Männer über Frauen (1 Mose 3.16) und Väter über ihre Untergebenen (Frauen, Minderjährige, SklavInnen – über jede/n) zu herrschen haben. Das Muster für dieses Gesellschaftsbild ist augenscheinlich. In der vormonarchischen biblischen Periode war ein Patriarch wie ein Gott – er hatte das Privileg, Recht zu sprechen, sogar jemanden zum Tode zu verurteilen (vgl. die Geschichte von Juda und Thamar, 1 Mose 38): Der Mann also schafft sich Gott nach dem Abbild seines Vaters, entsprechend der biblischen Feststellung, daß Gott den Mann nach seinem göttlichen Vorbild erschaffen habe.

Aus psychologischer Perspektive entspricht die Vorstellung von Gott als Vater der Freudschen Theorie, wonach die Anfänge der Religion in der Vergöttlichung der Ahnengeister (vorwiegend M) zu finden sind. Das stimmt auch mit der Feststellung von Rudolf Otto überein, der die religiöse Empfindung vor allem auf die Furcht vor dem Heiligen zurückführt. Der biblische Text setzt den Begriff des „Vaters" mit Intellekt, rationalem Verhalten und Herrschaft gleich, was auch die orthodoxen theologischen und religiösen Systeme sowie die M-Psychologie und M-Psychotherapie des zwanzigsten Jahrhunderts für selbstverständlich halten.

Eine soziologische Perspektive ist ebenfalls zu berücksichtigen. Die Literatur spiegelt oft gesellschaftliche Einstellungen, Sitten und Normen wider. Es liegt nahe, daß im Entwurf der biblischen Konstruktion, bekannt als der hebräische Gott, die gesellschaftliche Wirklichkeit einer patriarchalen Ordnung ihren Niederschlag findet. Entgegen den Versuchen revisionistischer Feministinnen, den hebräischen Gott im Dienste ihres eigenen Glaubens, sei es des Christentums oder Judentums, umzuinterpretieren (vgl. u.a. Trible 1973), muß ausdrücklich betont werden, daß der hebräische Gott niemals eine Frau war, nicht einmal metaphorisch wurde er zu einer vollständigen Frauengestalt entwickelt (vgl. aber auch unten S. 81f.). Noch war er in seinen Grundzügen je ein weiblicher Mann. Daher ist es schwer, sich ihn – auf Englisch ausgedrückt – als S/HE vorzustellen, was die Feministinnen im allgemeinen tun.

Inwiefern läßt sich aus der Tatsache, daß einem Gemeinschaftsgott männliches Geschlecht zugeschrieben wird, auf die minderwertige Stellung der Frau in der Gesellschaft schließen? Eine ausführliche Auseinandersetzung mit dieser Frage fällt aus dem Rahmen der vorliegenden Arbeit; später wird darauf kurz eingegangen.

Yhwh ist der Höchste (Einzige) Vater, dies verbirgt aber nicht einen Mangel

Eine legitime Art, die Beziehung zwischen dem M-Elternteil, als welcher Yhwh figuriert, und seinen Kindern grundsätzlich in Frage zu stellen, ist, sie als eine mythische und geschichtliche Fehlentwicklung zu entlarven (Clines 1990).

Schon im Schöpfungsmythos (1 Mose 1-11) verschlechtert sich die Beziehung zwischen den beiden schnell und unentwegt. Auf Initiative der Frau ißt das menschliche Paar von der verbotenen Frucht und muß den Garten Eden, das Paradies, verlassen. Schon bald, nach der Geburt von Kain und Abel, folgt der erste Mord, ein Brudermord. Eine kurze erotische Begegnung zwischen den Gottessöhnen (wer ist damit gemeint?) und den Töchtern der Menschen (6) droht, Himmel und Erde, die Gott selbst getrennt hat (1), wieder zu verschmelzen. Die Moral der Menschen entpuppt sich als so abgründig, daß Gott sich zur Vernichtung seiner Kinder durch eine Sintflut entschließt (6-8). Was geschieht mit der zum Überleben auserkorenen Familie? Kaum wird Noah gerettet, baut er unverzüglich Wein an und betrinkt sich; seine beiden Söhne zeigen ihre Respektlosigkeit ihm gegenüber, indem sie ihn in seiner Nacktheit beschauen oder, wie einige jüdische Weise die Stelle deuten, ihn kastrieren (9). Dann versuchen die Menschen sich zusammenzuschließen: Sie bauen eine Stadt und einen Turm, um zusammenzuleben und eine gemeinsame Sprache zu sprechen. Dies ist wiederum eine Bedrohung für das göttliche Projekt. Der Gott des Alten Testamentes vereitelt die Pläne seiner Kinder (11) und verstreut sie in alle Winde.

Gott konzentriert sich nun auf die Familie des Abraham (12ff.). Er befiehlt ihm, seine Heimstätte zu verlassen und sich in ein neues, von ihm vorgesehenes Land zu begeben: offensichtlich eine Umkehrung der Vertreibung aus dem Paradies. Setzt nun dieser Neubeginn (anfangs vielversprechend, weil Abraham ohne Zögern gehorcht) der Abfolge von Enttäuschungen ein Ende? Nein. Bald nach Abrahams Ankunft in diesem Land muß er es wegen einer Hungersnot verlassen. Seine Frau schwebt in Gefahr, von einem fremdländischen König geschändet zu werden (12; vgl. auch zwei andere Versionen der Geschichte, 20 und 26). Er hat keinen Sohn, dem er die reichlich verheißenen göttlichen Gaben einmal vererben könnte. Nach der Geburt seiner zwei Söhne Isaak und Ismael muß er auf Verlangen Saras seinen Erstgeborenen vertreiben (21). Jakob raubt dem älteren Bruder Esau die Erbrechte und muß für viele Jahre das Land verlassen (25ff.). Später wird Joseph nach Ägypten verkauft (37ff.), seine Brüder folgen ihm. Wegen Streit, Betrügerei und Unehrlichkeit wird den möglichen Erben das ihnen versprochene Land viele Jahre entzogen.

Nach dem langen Aufenthalt der HebräerInnen in Ägypten beruft Yhwh Moses, sie in ihr Land zurückzuführen. Er rettet sie vor der Knechtschaft der Ägypter, indem er diese mit Plagen schlägt und die Kinder Israels durch das Schilfmeer führt (2 Mose 1-15). Er offenbart sich in Sinai und gibt ihnen die Zehn Gebote und das Gesetz, formuliert wie ein politischer Vertrag, als ein Bündnis zwischen Gott und seinem Volk (19-24). Er schützt, ernährt und leitet „seine Kinder". Was bekommt Yhwh dafür? Krisen. Klagen. Ein goldenes Kalb (32). Rebellionen. Vorfälle, die von Furcht, Mangel an Vertrauen und Ungehorsam zeugen, kommen im 4. Buch Moses sowie im Deuteronomium durchgängig vor. Das notwendige Korrektiv besteht noch immer, wie im Fall der Urflut, in der Vernichtung. Zur Strafe werden die Menschen für eine formelhafte Periode von vierzig Jahren in die Wüste geschickt. Die Generation in der Wüste muß sterben, bevor ein Neuanfang gemacht werden kann (nochmals!).

Die gleichen Visionen von Versagen und Enttäuschung prägen die übrigen Bücher zur Geschichte Israels und Judas bis zur Vernichtung des Ersten Tempels und Jerusalems, 586 v. u. Z. (Josua, Richter, Samuel und Könige). Die IsraelitInnen wenden sich immer wieder von ihrem Gott ab, mit dem sie orthogenetisch sowie nach ihrem Vertrag verbündet sein sollten. Er versucht, sie vor ihrer eigenen Lasterhaftigkeit zu retten; zu diesem Zweck schickt er seine Vermittler: Richter, Anführer, Propheten, Könige – das alles nützt aber nichts. Schließlich muß er sie gegen seinen Willen bestrafen, er nimmt seinen Kindern sowohl die politische Organisation als auch die Territorien ab. Sie müssen ins Exil.

Der zweite historiographische Kreis (die Bücher der Chronik, Esra und Nehemia) erzählt vom Wiederaufbau Jerusalems und des Tempels im fünften Jahrhundert v. u. Z. Darin sowie in den zeitgenössischen prophetischen Texten (z.B. Jesaja 40-66) herrscht im allgemeinen ein optimistischer Ton; sie sehen das Exil als eine Zeit der Umerziehung der irrenden Kinder an. Nichtsdestoweniger: Verspricht der Umerziehungsvorgang einen nachhaltigen Erfolg? Nein, eher nur einen Teilerfolg, wie die Verletzungen des Gesetzes Moses', angeführt in den Büchern Esra und Nehemia, aufzeigen. Das Buch Daniel, dessen letzte und später entstandene Kapitel sich auf die allerletzten Jahre vor dem hasmonäischen Aufstand gegen den hellenisierenden syrischen König Antiochus Epiphanes (zu Beginn des zweiten Jahrhunderts v. u. Z.) beziehen, endet mit einer Botschaft, die den vorangegangenen gleicht: Nur wenige, die Auserwählten, werden die bevorstehenden politischen und religiösen Unruhen überleben. Also schließt die biblische Geschichte mit einer Botschaft der Hoffnung, aber nochmals einer Hoffnung verbunden mit menschlicher Angst vor göttlicher Enttäuschung.

Es hat den Anschein, daß das im Schöpfungsmythos vorgeführte M-Elternteil-Kind-Muster im Verlauf der Geschichte wirksam bleibt. Dieses ist im wesentlichen das Beziehungsschema, das den biblischen Geschichten ihre Prägung verleiht. Einzelne Passagen mögen eine andere Botschaft verkünden, aber der ideologische Rahmen der biblischen Geschichte insgesamt ist bedingt durch den dringlichen Wunsch, Yhwh vom Vorwurf freizusprechen, seine Kinder immer wieder zu verlassen. Anstatt das Vaterbild zu demontieren, wie dies die Söhne in vielen heidnischen Mythen metaphorisch oder symbolisch tun, entschieden sich die Verfasser und Herausgeber der Bibel für ein Ethos der menschlichen Verantwortung: Die Söhne werden für ihr eigenes unglückliches Schicksal verantwortlich gemacht, während die Theodizee des väterlichen Hauptes unangetastet bleibt.

Seine Kinder sehen die psychologische und kulturelle Konstruktion „Vater" als das höchste Phallussymbol an, um die Terminologie von Lacan zu verwenden. Es ist wohl einfacher, periodisch wiederkehrende Fälle von gemeinschaftlicher Unvollkommenheit anzuführen, als ein Ideal zu demontieren. Wie es auch sein mag, an dieser Stelle sind die folgenden drei Bemerkungen angebracht:

1. Es ist schwer, wenn nicht unmöglich, im Erziehungs- und Sozialisationsvorgang klar das Verfehlen des Kindes von demjenigen der Eltern zu scheiden oder eine Trennlinie zwischen dem jeweiligen Anteil an Verantwortung zu ziehen. Der Vorgang sowie dessen Auswirkungen beruhen auf Gegenseitigkeit.

2. Es liegt nahe zu fragen, ob die einseitige Elternschaft des väterlichen Gottes und das Beharren auf seinen M-Eigenschaften im Verhalten gegenüber den Kindern nicht zumindest ein Grund für das ständige Versagen der beiden Partner im Mythos und in der Geschichte sind. Jedoch sind Gerechtigkeit und Moral, für welche der hebräische Gott ja einsteht, Vorbedingungen für Liebe.
3. Andere Interpretationen stellen den Gott der hebräischen Bibel anders als einen letztlich wohlwollenden Vater mit irrenden Söhnen dar. Dabei können zwei Hauptstränge ausgemacht werden: Entweder wird er mit verschiedenen Gefährtinnen versehen, oder er wird selbst mit weiblichen Eigenschaften ausgestattet. Inwiefern diese Sichtweisen es ermöglichen, Yhwh von seiner Schuld freizusprechen, wird zu hinterfragen sein. Beide Variationen nehmen Bezug auf die Problematik, daß es dem biblischen Gott an einem ausgesprochenen F-Element mangelt bzw. daß eine Ergänzung dieses göttlichen Mangels notwendig ist.

Menschliche Sexualität und göttliche Sexualität: Fruchtbarkeit und F-Prinzip

Es steht außer Zweifel, daß den IsraelitInnen verschiedene zu ihrer Zeit verbreitete Kulte anderer Religionen bekannt waren, die sie im Laufe der Zeit selbst ausübten. Andererseits assimilierten sie Elemente dieser Kulte in ihre eigenen. Dem Deuteronomium und dem ihm verwandten Buch der Könige läßt sich – anhand der reichlich vorhandenen und emphatisch geführten Polemiken – entnehmen, daß auf die IsraelitInnen und JudäerInnen die Fruchtbarkeitsaspekte der sogenannten „kanaanitischen“ Riten viel zu große Anziehung ausübten, als daß sie diese ignoriert hätten. Zumindest in einer Periode (nämlich der der Jezabel und der Athalja in der ersten Hälfte des neunten Jahrhunderts v. u. Z.; vgl. auch 1 Könige 17 bis 2 Könige 10) entwickelte sich der Kult des Baal und seiner weiblichen Ergänzung, Aschera genannt, zum offiziellen Staatskult neben dem von Yhwh, und zwar sowohl in den nördlichen als auch in den südlichen Königtümern. Zu Beginn des sechsten Jahrhunderts v. u. Z., kurz vor der Zerstörung Jerusalems, heißt es im Buch Jeremia (7.17-18):

> Siehst du nicht, was sie tun in den Städten Judas und auf den Gassen Jerusalems? Die Kinder lesen Holz, die Väter zünden das Feuer an, und die Frauen kneten den Teig, daß sie der Himmelskönigin Kuchen backen, und fremden Göttern spenden sie Trankopfer mir zum Verdruß.
>
> (Zit. nach der „Neuen Jerusalemer Bibel“, 1985)

Jeremia (oder ein Verfasser, der in seinem Namen schrieb) ist also Augenzeuge der Verehrung der Himmelskönigin. Er weiß, daß es sich um einen weit verbreiteten Familienkult handelt, in dem Frauen die dominante Rolle spielen (vgl. auch Jeremia 44.15-30), und daß der Kult den Zorn des Yhwh herausfordert. Wie Carroll schreibt:

> Ein idyllisches Bild einer gleichmacherischen Religion mit besonderer Betonung darauf, daß die ganze Familie zusammen betet! Auf die Kuchen ist das

Bild der Himmelskönigin, der Muttergöttin der alten Welt, geprägt (wie Jeremia 44.19 mitteilt), oder es sind sternförmige Kuchen ...

(Caroll 1986, S. 212-213; vgl. auch S. 734-743)

Wer ist diese „Himmelskönigin"? Carroll hat recht, daß ihrem richtigen Namen – sei sie die babylonische Ischtar, die kanaanitische Anat oder Astarte oder die ägyptische Isis – nur geringe Bedeutung zukommt. Alle diese Namen deuten auf die gleiche mächtige Muttergöttin hin. Wesentlich ist, daß ihre Anbetung als eine Bedingung für Frieden und wirtschaftlichen Wohlstand galt (44.16-19). Jeremia ist selbstverständlich entrüstet: Der Kult verärgert Yhwh. Jeremias Ansicht nach – der eines unverheirateten Gottesboten – werde der Göttinnenkult letzten Endes zur Vernichtung des Tempels, der Stadt und des Landes führen.

Einiges ist hier bemerkenswert. Bis in das sechste Jahrhundert v. u. Z. war anscheinend die Verehrung der Göttin verbreitet, sogar in Jerusalem, einer Hochburg des Yhwh-Kultes, wo angeblich er alleine verehrt wurde. Auch wenn die Anbetung der Göttin sich für den Verfasser der biblischen Schrift als eine unerwünschte „Subkultur" darstellte, ist es legitim, heute eine andere Einschätzung vorzunehmen. Ferner scheint es, daß der Kult – wohlgemerkt als Familienkult – gerade in politischen und wirtschaftlichen Krisenzeiten gedieh. In solchen Zeiten kehrten die Menschen, vor allem die Frauen, dem offiziellen Kult des göttlichen hebräischen Vaters den Rücken und wandten sich der göttlichen Mutter in der Suche nach mütterlicher Liebe und Hilfe zu. Die Anschuldigungen des Verfassers „Jeremia" sind im damaligen Alltag fest verankert. Die Enttäuschung des Vaters scheint sich in der Enttäuschung seiner „Töchter" widerzuspiegeln. Es ist Ironie, daß die Auskünfte über die verstummten Anschauungen der „Töchter" (einer Minderheit?) gerade von deren Gegenpartei, den treuen Anhängern Yhwhs, verewigt worden sind.

Die Erzähler der hebräischen Bibel, meistens Männer, die ein M-Publikum ansprachen, beschuldigen oft Frauen, daß sie sich den heidnischen religiösen Bräuchen zuwenden. Im Falle von Frauen fremder Abstammung entsprechen die Anschuldigungen dem gleichen Muster. Nach diesem ideologischen Kunstgriff werden Frauen zu den Hauptschuldigen im Drama der göttlichen Enttäuschung. Zum Beispiel wird die Teilung des Vereinigten Israelitischen Königreiches unmittelbar nach dem Tod des Salomon auf den religiösen Einfluß seiner vielen ausländischen Frauen zurückgeführt (1 Könige 11.1-13). Fast ein halbes Jahrtausend danach, im Zeitalter des Esra und des Nehemia (Mitte des fünften Jahrhunderts v. u. Z.), werden ausländische Ehefrauen und Mütter wegen ihres kulturellen und religiösen Einflusses auf die neu organisierte jüdische Gemeinschaft zur Scheidung gezwungen. Anders ausgedrückt: Die gesellschaftliche, politische und wirtschaftliche Grundlage für Exogamie/Endogamie (vgl. Levi-Strauss 1966 sowie den Überblick über seine Stellungnahmen 1985) wird der Ideologie des „Vaters" untergeordnet, welche vor der F-Religiosität und der Verbreitung alternativer Kultpraktiken beschützt werden muß.

Der Kult der großen Göttin hatte vermutlich überall im Nahen Osten Anhänger. Sein Kennzeichen war die Vorherrschaft der F-Göttlichkeit, deren Symbol die Erde war. Die weibliche Gottheit stand sowohl für Fruchtbarkeit als auch für Sexualität: Sie war Mutter und Liebhaberin zugleich, und die Stellung der Tochter war nicht von Unterordnung gekennzeichnet. Ihr Sohn, gleichfalls Ehemann und Liebhaber in einer Person, war ihr M-Gefährte. Er starb periodisch, manchmal infolge ihres göttlichen Zornes, während sie unentwegt herrschte. Später (niemand weiß, wann) wurde der Spieß umgedreht: Der M-Gefährte wurde durch seine wiederkehrende Auferstehung das Hauptsymbol für Fruchtbarkeit/Sexualität, vielleicht eine Nachbildung des jahreszeitlichen Fruchtbarkeitskreislaufes; und die Göttin wurde zu seiner Gefährtin degradiert (Neumann 1955).

Es ist darauf aufmerksam zu machen, daß die sogenannten heidnischen* Götterfamilien seit dem dritten Jahrtausend v. u. Z. in F/M-Paare gegliedert waren, wobei offen ist, welches Geschlecht im jeweiligen Paar die tonangebende Stellung hatte. Die Fruchtbarkeitsriten in der Art des *Hieros Gamos* (der Heiligen Hochzeit) – eine dramatisch aufgeführte „Hochzeit" zwischen einer Priesterin und einem Priester, einem König und einer Priesterin der Göttin, einem Bürgerlichen und einer Priesterin, einer F-Bürgerlichen und einem Priester (siehe den Beitrag von Iris Furlong in diesem Buch) – waren ein wesentlicher Bestandteil der Mittelmeerkultur und als solche den HebräerInnen, die sich dann IsraelitInnen und JudäerInnen nannten, bekannt. Der Geschlechtsverkehr, vollzogen in der heiligen Stätte unter religiösen Vorzeichen, wurde zumindest zum Teil als eine magische Verrichtung angesehen, mit der sich die Fruchtbarkeit des biologischen und menschlichen Kosmos steigern ließ. Praktiken wie diese können kaum unattraktiv gewesen sein. Mit ihrer Entrüstung anerkennen die Propheten seit Hosea (Mitte des achten Jahrhunderts v. u. Z.) die Anziehungskraft dieser Kulte und degradieren sie zugleich als Prostitution, Unzucht und Unkeuschheit. Jedoch beleben sie selbst diese heidnische Wirklichkeit – die nach ihren eigenen Aussagen von ihren MitbürgerInnen praktiziert wird – erstaunlicherweise neu: Sie wird in ihre eigene metaphorische Welt integriert, indem Yhwh seines Mangels enthoben und durch eine F-Gefährtin ergänzt wird.

Gott als Ehemann: Liebe, Ehe und Verheißung in den prophetischen Schriften

Am Beginn des Buches Hosea (Kap. 1-3) wird diese neue Metapher erstmals erwähnt. Die Beziehung zwischen Yhwh und seinem Volk, als ein verbindliches Bündnis in der Tora (Pentateuch) festgelegt, wird wie eine eheliches Verhältnis dargestellt: Gott als standhafter, unterstützender, verantwortungsvoller und liebender Ehemann und die IsraelitInnen als seine unkeusche, kindliche Ehefrau, die wahllos Geschlechtsbeziehungen pflegt. Der Ausgangspunkt dieser Vorstellung ist zweifellos der Fruchtbarkeitsritus: Die „unrechtmäßigen ‚Liebhaber' der Frau" (in der Mehrzahl!) sind nach Baal, dem kanaanitischen männlichen Gott des Sturmes und Regens (= der Befruchter der Erde), *ba'alim* benannt; aus einem Beispiel, das der Prophet für die Ehe gibt, geht hervor, daß er selbst „eine Frau aus der Prostitution", das heißt, eine Frau, die an den Fruchtbarkeitsriten teilgenommen hat, geehelicht hat (1); die Frauen werden der uneingeschränkten Teilnahme an dem Kultus beschuldigt, und zwar unter dem Mitwissen ihrer männlichen Stammesgenossen (4.13).

In den Kapiteln 2 und 3 erfahren wir, wie eine Veränderung möglich ist. Der Frauenstaat hat offensichtlich eine Umerziehung vonnöten. Erstens erfolgt die Scheidung von dem göttlichen Ehemann (nach der hebräischen Bibel kann nur der Ehemann eine Scheidung einleiten beziehungsweise eine Frau wegen Ehebruches vor Gericht anklagen); dann, nach einer Isolierungs- und Umerziehungsperiode, und erst dann, wird der Frauenstaat der ehrlichen Absichten des göttlichen Ehemannes würdig, der den Frauenstaat dann wieder heiraten wird.

Im Buch Jeremia, das eine über ein Jahrhundert später liegende Periode betrifft, kommt die gleiche Metapher vor. Die Rollen haben sich nicht verändert, sondern wurden im Gegenteil weiter polarisiert durch das überzeichnete Bild der „Ehefrau". Der Frauenstaat (eigentlich Juda, denn das Nördliche Königreich wurde 722 v. u. Z. von den Assyrern zerstört), nochmals von Scheidung bedroht (3), ähnelt sogar einer Eselin in der Brunst (2). Später will Hesekiel eine Synthese herstellen. Yhwh ist beides, Pflegevater sowie Ehemann der Frau Jerusalem; die Ehefrau ist um nichts besser als eine gemeine Hure, die religiösen und politischen Ehebruch begeht (16). Diese Beschreibung sowie die von den Zwillingsschwestern Jerusalem und Samaria im Kapitel 23 sind pornographisch überladen (vgl. van Dijk 1993).

Erst nach der Zerstörung Jerusalems und nach dem Exil kommen verschiedene Versionen der Metapher vor. Erst nachdem die Bestrafung vollzogen ist, verspricht Yhwh seiner „Ehefrau", sie in ihrer Stellung als Mutter und Gattin in ihrem Land wiedereinzusetzen (Jesaja 49.14-23, 50.1-3 und 17-23, 54, 62.4-5, 66.7-13; bei Jesaja, 49-66, kommt der Gott genauso oft als Vater wie als Ehemann vor).

Was läßt sich aus den vielen literarischen Hinweisen auf die Zusammenkunft zwischen dem göttlichen Ehemann und seiner menschlichen Gattin entnehmen? Eine (metaphorische) Ehe mag Yhwh nicht nur wegen seiner Exklusivität, sondern auch wegen seiner betonten Männlichkeit zugeschrieben worden sein (was einen Mangel und den Bedarf einer F-Ergänzung impliziert). Die Neigung, Yhwh als gerecht und gütig darzustellen, wie sie hier deutlich wird, entspricht auch der Metapher des göttlichen Vaters. Und nicht zuletzt spiegeln sich in dieser Zusammenkunft Gesellschaften wider, in denen Ethos, Weltanschauung und Vorstellungsvermögen androzentrisch geprägt sind. Die negativen F-Vorstellungen, durchwegs mit dem „irrenden" Volk verknüpft, werden zunehmend übertriebener, bis die Frauenfeindlichkeit bei Hesekiel ein übertriebenes Ausmaß erreicht, mit dem Zweck, zu demütigen und einzuschüchtern. Sie zeigen die Wirklichkeit der Geschlechterbeziehungen in einer M-

Welt auf, in der die F-Sexualität das „andere" ist – mit einer unwiderstehlichen Anziehungskraft auf Männer. Daher wurde sie entwürdigt; und es wurde für notwendig erachtet, sie unter männliche Kontrolle zu stellen (Setel 1985).

Das theologische Streben nach einer weiblichen Gefährtin: Das Hohelied

In der hebräischen Bibel hat das Hohelied eine einzigartige Stellung inne. Es ist eine Sammlung profaner (nicht-ehelicher) Liebeslyrik, erotisch und freimütig. Obwohl sein Stoff mannigfaltig ist und es an einer Handlung fehlt (trotz der Versuche vieler LeserInnen, eine zu finden), ist es wohlstrukturiert (Exum 1973), was vermutlich (wie einige andere Aspekte in dem Buch) auf die redaktionelle Bearbeitung zurückzuführen ist. Es ist außergewöhnlich, daß in dieser Sammlung die Frauenstimme tonangebend ist. Der Großteil der Lyrik ist in Monolog- oder Dialogform verfaßt, meistens mit einem weiblichen Ich. Ferner schneiden die F-Stimmen besser als ihr M-Gegenstück ab. Sie sind direkt, freimütig, lieblich, standhaft, erfindungsreich und unternehmungslustig, während die M-Liebhaber vergleichsweise schwach sind. Keine Eifersucht, keine Untreue oder Anschuldigungen kommen im Garten der Liebenden vor. Weder ein „Vater-Haus" noch eine Vaterfigur, sondern ein „Mutter-Haus" und Mütter finden hier Erwähnung. Die Vorstellungswelt der M-Stimmen ist in bezug auf ihre F-Liebesobjekte reich, positiv und schön. Kurz gesagt ist die literarische Perspektive durch egalitäre Gegenseitigkeit und geschlechtliche Gleichheit – mit einem Vorurteil zugunsten der (F-)Partnerinnen – bestimmt.

Die Gründe für eine so ungewöhnliche Rollenverteilung in Sachen Liebe und Sexualität mögen vielfältig sein. Die plausibelste Erklärung ist, daß das Hohelied von Frauen verfaßt bzw. redigiert wurde (Brenner 1989). Das ist nicht so weit hergeholt, wie es auf den ersten Blick erscheinen mag, denn auch in patriarchalen Gesellschaften wird Liebeslyrik als Angelegenheit von Frauen geduldet. In unserem gegenwärtigen Kontext ist nicht das Hohelied als solches von Interesse, sondern seine theologisch-allegorische Auslegung nach der jüdischen und christlichen Tradition.

Die nachbiblische jüdische Interpretation nahm den einzigartig profanen Charakter des Hoheliedes und seine augenscheinliche Unvereinbarkeit mit dem übrigen hebräischen Kanon hin, indem sie es allegorisch auslegte und dies als die einzig legitime Lesart gelten ließ. In der Allegorie, worauf zuerst in einem Text aus dem ersten Jahrhundert unserer Zeitrechnung hingewiesen wurde, steht der M-Liebhaber nochmals für den hebräischen Gott und die F-Liebhaberin für seine Nation. Im Gegensatz zu den früheren Liebesgeschichten und Enttäuschungen stellt sich diese „Geschichte" als eine fröhliche Begebenheit dar, und in dieser Stimmung werden das traditionelle Rollenverhalten und seine Folgen umgekehrt. Die Nation-Frau begehrt nun lebhaft und ergeben ihren Herrn; andere Partner sind ausgeschlossen. Auch die christliche Kirche übernahm diese Allegorie. Hier sind die PartnerInnen Jesus und die Gemeinde (Christusverehrung) oder Maria und die Gemeinde (Marienverehrung). Solche traditionellen Interpretationen des Hoheliedes, die seine ursprüngliche Bedeutung durch die Negierung seines profanen, erotischen Gehaltes zu erschließen beanspruchen, bestehen noch heute weiter.

Das religiöse und theologische Verdienst einer solchen allegorischen Auffassung liegt auf der Hand. Zum ersten zähmt sie einen außergewöhnlichen Text, er wird so in den Kanon vereinnahmt. Und schließlich wird Gott mit einer würdigen, liebenden Partnerin versorgt. Ihr therapeutischer Wert hebt fast die rauhen Tiraden der (früheren) hebräischen Propheten auf.

Nebenbei möchte ich bemerken, daß die moderne feministische Kritik diese Annahme einer therapeutischen Wirkung des Hoheliedes teilt. So deutet zum Beispiel Trible (1978) dies als Gegendarstellung zur Geschichte vom Garten Eden, als eine Berichtigung der Geschlechterbeziehungen und der gesellschaftlichen Minderwertigkeit der Frauen. Dies aber fällt aus dem Rahmen unserer Diskussion.

Yhwh und seine Gefährtin: Zeitgenössische außerbiblische Zeugnisse

Anfang des 20. Jahrhunderts wurden in Elephantine, einer Siedlung auf einer kleinen, Assuan gegenüberliegenden Insel im Nil, aramäische[2] Papyri gefunden. Diese Dokumente literarischer, gesetzlicher und religiöser Art verraten die Existenz einer organisierten Siedlung jüdischer Soldaten, die hier vom Anfang der persischen Herrschaft in Ägypten (525 v. u. Z.) bis zum Beginn unserer Zeitrechnung hausten. Die jüdischen Siedler hatten einen Ortstempel; sie waren sich ihrer religiösen Identität bewußt, und ihre Priester versuchten mit den Priestern in Jerusalem über religiöse und kultische Angelegenheiten zu korrespondieren (Cowley 1923; Kraeling 1953).

Wen verehrten die Juden in Elephantine? Selbstverständlich den hebräischen Gott, den sie Yhw (eine Abkürzung des Yhwh) nannten; und neben ihm, im selben Tempel, auch zwei Göttinnen: Ascham (möglicherweise die Aschmat von Samaria, erwähnt in Amos 8.14) und Anat (eine wohlbekannte semitische Göttin der Liebe und des Krieges), beide in Beth'el, einer wichtigen Stadt im nördlichen israelitischen Königtum, beheimatet.

Es ließ sich verhältnismäßig leicht feststellen, daß Yhw von Elephantine der Yhwh aus der hebräischen Bibel ist, obwohl er zwei (!) Gefährtinnen hatte. Die religiösen Praktiken an diesem Ort wurden, obgleich sie nicht der Norm entsprechen, als jüdisch angesehen; verschiedene Gründe sind zur Rechtfertigung dieser Auffassung angeführt worden, zum Beispiel der einer volkstümlichen Kultur:

> Die elephantinischen Juden brachten die populäre Religion, die die frühen Propheten und Jeremia kurz vor der Zerstörung des Ersten Tempels bekämpft hatten, nach Ägypten mit. Es ist richtig, daß diese Religion den Gott von Juda, Yahu ... in das Zentrum des Glaubens und der Verehrung stellte ...
>
> (Schalit 1972, S. 608)

Andere Gelehrte führen die geographische Entfernung und den Kommunikationsmangel mit dem verordnenden, normativen Judentum des Zweiten Tempels Jerusalems und/oder die Assimilation in der fremden (heidnischen) Umgebung als Gründe an. Die neueren Funde aus dem Land Israel selbst setzen jedoch solche Rechtfertigungen außer Kraft.

Eine hebräische Inschrift auf einer zerbrochenen Vase, die in Kuntillet 'Ajrud im Nordosten des Sinai entdeckt wurde und zu Beginn des achten Jahrhunderts v. u. Z. entstanden ist, zeigt drei primitive Figuren: eine männliche Gestalt im Vordergrund, direkt daneben eine weibliche Gestalt und einen sitzenden Musiker im Hintergrund. Die hebräische Inschrift über der Zeichnung lautet: „Yhwh von Samaria und seine Aschera mögen dich segnen" (Dever 1984; King 1989). Ferner endet auch eine Inschrift auf einem Grabmal von el-Qom in Judäa aus dem achten Jahrhundert v. u. Z. mit den folgenden Worten: „dem Yhwh und seiner Aschera" (Magalit 1989; 1990; weitere Hinweise ebd.).

Aschera ist, wie Anat, eine dokumentarisch gut belegte Göttin des nordwestlichen semitischen Pantheons. In der Bibel selbst finden wir Hinweise, daß Aschera im neunten Jahrhundert v. u. Z. in Israel offiziell verehrt wurde. Ihren Kult unterstützte Jezabel, die ihn aus ihrer phönikischen Heimat einführte. An weiteren Stellen wird ihre Verehrung als Göttin verärgert anerkannt (z.B. 2 Könige 14.13; hier war eine adelige Frau daran beteiligt), oder sie wird degradiert zu einem heiligen Baum oder einer Säule, die neben dem Altar steht (2 Könige 13.6, 17.16; Deuteronomium 16, 21 u.v.a.). Das offenkundige Bedürfnis nach gewalttätiger und weit verbreiteter Polemik gegen ihre Verehrung beweist ihre anhaltende Beliebtheit. Wörtlich bedeutet „Aschera" jene, „die nachgeht", und stellt den Prototyp der göttlichen Haltung dar, die sich für eine Ehefrau schickt (wie dies auch die Zeichnung aus Kuntillet 'Ajrud wiedergibt). Sowohl die teilweise vertuschten und verzerrten biblischen Belege als auch die archäologischen Zeugnisse legen gemeinsam eine Schlußfolgerung nahe: Der Kult einer Göttin, die als die Gattin des Yhwh galt, war im Zeitalter des Ersten Tempels im ganzen Land verbreitet; nach dieser Periode und über die Landesgrenzen hinweg hatte er AnhängerInnen unter der jüdischen Bevölkerung in Elephantine.

LeserInnen und KritikerInnen der hebräischen Bibel neigen dazu, ungeachtet der Spuren der kanonischen Zeugnisse, zu übersehen, daß Yhwh in den biblischen Zeiten sowie später im Zeitalter des Zweiten Tempels tatsächlich eine göttliche Gefährtin hatte. Sie legen die Ehemann-Ehefrau-Beziehung als „bloße Metapher" aus, als ob eine Metapher „nichts als trockene Vernunft" sei (Lakoff und Turner 1989). Das stimmt jedoch nicht. Der Polemik der Propheten lag anscheinend ihr eigenes unmittelbares Wissen über die religiösen Praktiken ihrer Zeit zugrunde. Sie und andere haben sich zwar sehr bemüht, den reinen (M-)Monotheismus zu verbreiten, doch gedieh der F-Kult weiterhin. In dem Kult wurde die unnatürliche Unvollkommenheit des Gott-Vaters ergänzt, indem ihm eine entliehene Göttinnengestalt zur Seite ge-

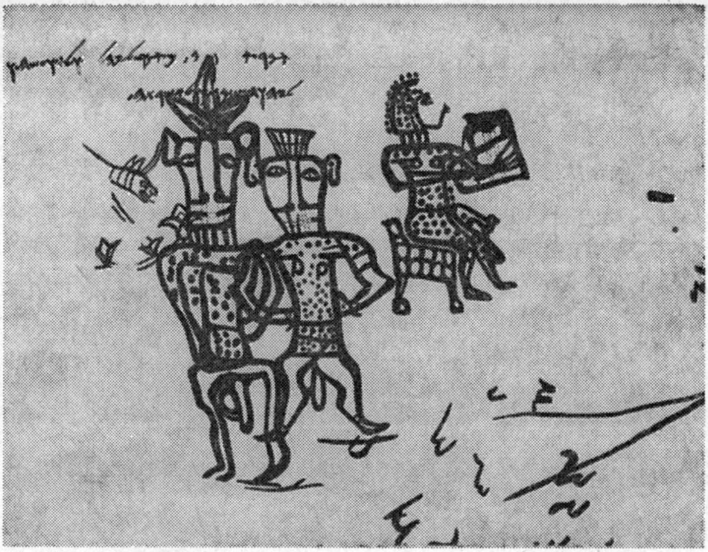

Abb. 6: Zeichnung und Inschrift von Kuntillet 'Ajrud, ca. 800 v. u. Z. Der hebräische Gott als Ehemann. Die gekrönte Figur an der rechten Seite der Figur im Vordergrund, von der sie teilweise verdeckt wird, scheint die weibliche Gefährtin zu sein: Die Arme der beiden sind – wie bei Eheleuten üblich – verschränkt, die F-Figur ist kleiner. Die Inschrift identifiziert sie als Yhwh und seine Aschera.

Institut für Archäologie, Universität von Tel Aviv

stellt wurde. Die archäologischen Funde liefern hierfür die wichtigsten Zeugnisse – denn im Unterschied zu den biblischen Texten sind sie nicht tendenziös.

Schließlich haben Margalit (1990) und andere die akademischen Versuche überzeugend zurückgewiesen, den Gattin-Status der Aschera in den Kuntillet 'Ajrud- und el-Qom-Inschriften zu leugnen; es sind Versuche, die der gleichen puristischen Ideologie wie der der Bibel entspringen. Der Bedarf für eine F-Ergänzung entstand und wurde zufriedengestellt. Traditionalistische Einwände können die göttliche Gefährtin des Yhwh in der Geschichte der biblischen Religion nicht mehr in Frage stellen, auch wenn die Bibel selbst ihren Ausschluß mit verräterischem Nachdruck propagiert. Es sollte daher eine Neubewertung des vielkritisierten Buches von R. Patai, *The Hebrew Goddess* (1967), erfolgen.

Es gibt möglicherweise weitere Spuren einer göttlichen Gefährtin[3] in der hebräischen Bibel. Wir werden aber nun zur biblischen Exegese anderer Art zurückkehren.

Über die hebräische Bibel hinaus: Das Weibliche in Schekinah und Sabbat

Die jüdische Mystik bezieht sich natürlich auf die hebräische Bibel als einen Kanon und einen Grundtext. Jüdische mystische Texte entstanden seit dem ersten Jahrhundert unserer Zeitrechnung und stellen eine andere Art von Zeugnissen der Bibelinterpretation dar. Obwohl die Mystik esoterisch ist, so muß darauf hingewiesen werden, daß sie darüber hinaus auch theosophische Züge aufweist. Auf jeden Fall hat sie das Leben und Brauchtum der Juden mit der Zeit zunehmend durchdrungen.

Die Sprache der jüdischen Mystik ist eine erotische. Die Bemühungen der MystikerInnen, dem Göttlichen über die *Sefirot* („Stufen") näherzukommen, werden in erotischen Bildern ausgedrückt (aber auch in einer Sprache der Buchstaben, Zahlen und von Licht/Dunkelheit). Es ist daher nicht erstaunlich, in der vielfältigen Literatur der *Kabbala* (Mystik) eine neue Behandlung der Ergänzung Yhwhs zu finden. Diese Schriften greifen auf die biblische Begrifflichkeit zurück und entwickeln sie mit einem neuen Impetus weiter. Im folgenden soll dies anhand von zwei Beispielen illustriert werden.

Nach der Bibel „haust" *(schakan)* die Immanenz *(kabod)* Gottes auf bestimmten Erdteilen und unter seinem Volk. Das nachbiblische Judentum entwickelte den Begriff der „Immanenz" und der „Behausung" *(Schekinah)* Gottes. In der Kabbala ist *Schekinah* das weibliche Element der *Sefirot*, die erste von zehn „Stufen". Das höchste Ziel der MystikerInnen ist es, die durch die Sünden Israels und durch andere Umstände beschädigte Einheit Gottes durch die Vereinigung des Männlichen mit dem Weiblichen zurückzugewinnen.

Eine andere göttliche Gefährtin ist Sabbat. Im Safed des sechzehnten Jahrhunderts, einem wichtigen Zentrum kabbalistischer Praktiken, wurde der Sabbat als „Die Königin" begrüßt (eine der Benennungen des hebräischen Gottes läßt sich als „Der König der Könige" übersetzen!). Der Brauch, das Hohelied zum Sabbat vorzutragen, verbreitete sich zunehmend. „Das Lob der tüchtigen Frau" (eigentlich Ehefrau) ist eine andere biblische Stelle (Sprüche Salomos 31.10-22), die zu diesem Anlaß vorgelesen wurde. Mit der Zeit wurde der eheliche Status des Sabbat über die mystischen Kreise hinaus anerkannt.

Yhwh als Mutter

Gott als Vater ist die Norm in der hebräischen Bibel. Die folgenden ausgewählten Stellen weisen auf seine elterlichen Eigenschaften hin: Deuteronomium 32.6, 2 Samuel 7.14, Jesaja 63.16 und 64.7, Jeremia 3.4, 19 und 31.8, Maleachi 1.6, Psalter 103.13 und drei Stellen in den Chroniken (Gruber 1983; 1985). In einigen Fällen ähnelt er jedoch einer Frau, insbesondere einer Frau-als-Mutter. Obwohl die weibliche Darstellung Yhwhs nur selten vorkommt, sind solche Stellen überall in der hebräischen Bibel zu finden, z.B. in der Tora (11.12; vgl. dazu Trible 1973, S. 32; zur Kritik ihrer Interpretation: Gruber 1985, S. 77), in Psalter (123.2) und bei den Propheten (Hosea 11; vgl. Schuengel-Straumann 1986), vor allem bei Jesaja (40-66; vgl. Gruber 1983; 1985).

Die relevanten Kapitel des Buches Jesaja wurden, wie wissenschaftlich festgestellt worden ist, nicht vor der zweiten Hälfte des sechsten Jahrhunderts v. u. Z. verfaßt. Zu dieser Zeit erfolgte die Rückkehr aus dem babylonischen Exil.[4] In Stellen wie 42.13-14, 45.9-10, 49.14-15 und 66.13 wird Yhwh mit einer Mutter und einer Frau in den Wehen verglichen (Trible, Gruber). Gruber deutet darauf hin, daß in den gleichen Stellen aber die charakteristischen Züge des Gott-als-Vater ebenfalls nicht zu kurz kommen (42.13, 63.16, 64.7). Das plötzliche Aufscheinen einer positiven F-Vorstellung in bezug auf Gott als Zusatz zur traditionellen M-Vorstellung erklärt Gruber folgendermaßen:

> Vielleicht ... begriff der anonyme Prophet, daß ... die Religion Israels nach Mitteilungen seiner Nachfolger, wie Jeremia und Hesekiel, das Männliche positiv bewertet, womit das Göttliche sich zu identifizieren pflegt, während das Weibliche negativ bewertet wird, womit das Göttliche sich nicht identifizieren läßt. Vielleicht versah der Prophet infolge dieser Erkenntnis das Bild Gottes absichtlich sowohl mit männlichen als auch mit weiblichen Gleichnissen.
>
> (Gruber 1983, S. 358)

Vielleicht. Aber die literarischen Hinweise sind im großen und ganzen eindeutig: Die Hinweise auf die Mütterlichkeit Gottes sind selten, obgleich sie in Jesaja 40-66 häufiger als anderswo in der hebräischen Bibel zu finden sind. Ihr Vorkommen ist nicht abzustreiten, aber andererseits ist ihnen keine übertriebene Bedeutung beizumessen. Die Zuschreibung einer Mutterschaft an Yhwh ist ein weiterer Kunstgriff zur Aufhebung des erwähnten Mangels.

Eine traditionellere Formulierung der Problematik, das Göttliche als eingeschlechtlich darzustellen, liefert Gruber. Er schließt seine Analyse der Mütterlichkeit Gottes folgendermaßen ab:

> ... eine Religion, welche die Lehre Gottes, der jenseits der beiden Geschlechter und über ihnen steht, zu vermitteln sucht, kann keinen Erfolg erzielen, wenn das Positiv-Göttliche nur einem der beiden Geschlechter zugeschrieben wird.
>
> (Gruber 1983, S. 359)

Ein persönliches Nachwort

Ich gebe bereitwillig zu, daß meine Lesart der hebräischen Bibel von meiner Person geprägt ist: Ich bin Jüdin, Israelin, Akademikerin, Frau, Mutter, gehöre der Mittelschicht an und bin nicht religiös oder politisch – in dieser oder jeder anderen Reihenfolge. Das Spektrum meiner Wahrnehmung und Kritik ist durch meine sinnliche und intellektuelle Sensibilität bestimmt. Meiner Ansicht nach scheint die Geschlechterproblematik in der hebräischen Bibel dem feministischen Anspruch kaum entsprechen zu können. Bestimmte Textstellen hier und dort lassen freilich Raum für einen schwachen Trost, aber die gute alte Bibel ist vorwiegend ein M-Dokument, das die fest verwurzelte Überzeugung von der Andersartigkeit und der Minderwertigkeit von Frauen offenlegt. Ihr M-Gott hat fast durchgängig und trotz Mängeln vorzugeben, daß er eigentlich keiner F-Begleitung oder F-Eigenschaften bedarf. Paradoxerweise legen diese Bemühungen selbst Zeugnis ab von ihrer Sinnlosigkeit. Trotz des Gefühls eines kleinen Sieges hinterläßt die Nachlese einen bitteren Geschmack. Dies ist meine Erbschaft, ich kann sie nicht abschütteln. Und es tut weh.

Anmerkung der ÜbersetzerInnen

Die Autorin vermeidet die gängigen Bezeichnungen für unsere Zeitrechnung wie *vor Christus*, auf Englisch *BC* (Before Christ), damit der Geburt Christi vor anderen historischen Gegebenheiten keine privilegierte Stellung eingeräumt wird. Sie bedient sich der folgenden Bezeichnungen: *BCE = Before Common Era* (statt BC), übersetzt mit v. u. Z., und *CE = Common Era* (statt AD). Ebenso verwendet sie Kleinschreibung für den Begriff „Gott“, also „god“ anstatt wie üblich „God“, um ihm keine privilegierte Schreibweise zukommen zu lassen.

Anmerkungen

1 Die alte jüdische Tradition verbietet, den Namen der Gottheit auszusprechen. Statt dessen wird man in der hebräischen Bibel unterwiesen, die Bezeichnung *Adonai* zu verwenden, die sich etwa als „der Herr" übersetzen läßt. Da die genaue Aussprache von Yhwh umstritten ist, habe ich die Konsonanten ohne Zusatz der Vokale transkribiert.

* „Heide", ein germanisches Wort, das schon in den ältesten Bibelübersetzungen Nicht-Juden bezeichnet, ist ursprünglich aufgeladen mit jüdisch-christlicher Polemik gegen Andersgläubige. In diesem Sinn wird auch der englische Begriff *pagan* von der Autorin nur mit Vorbehalt gebraucht. Aus dem Fortleben des Heidentums auch nach Einführung des Christentums etwa in Kunst, Sprache, Märchen, Brauchtum und verschiedenen Revitalisierungsbewegungen wird die Selbstbezeichung als „Heide" sowie die unpolemische Fremdbezeichnung verständlich (s. spätere Beiträge), vgl. dazu H. Cancik: Heidentum, in: Handbuch religionswissenschaftlicher Grundbegriffe, Bd. III (Anm. der Herausgeberin).

2 Das Aramäische ist eine dem Hebräischen verwandte semitische Sprache. Während der persischen Ära (Mitte des sechsten Jahrhunderts v. u. Z. bis zur Eroberung des Imperiums von Alexander dem Großen 332 v. u. Z.) war es die internationale Sprache der jüdischen Gelehrsamkeit nicht nur in Palästina und verdrängte so das Hebräische.

3 In der ersten Sammlung des Buches der Psalter, 1-9, erscheint die personifizierte Gestalt einer „Frau Weisheit" immer wieder. Sie wird – in einer erotischen Sprache – als die richtige „Gemahlin" des Mannes beschrieben. In Kap. 8 wird sie als Tochter des Yhwh dargestellt und in Kap. 9 als eine Frau mit eigenem Haushalt. Es konnte festgestellt werden, daß es sich in beiden Fällen um die Gestalt einer Göttin handelt. Daher stellt sich die Frage, ob diese Stellen nicht auf ihren Status als die göttliche Gemahlin des Yhwh hindeuten. Meiner Meinung nach ist die Hauptquelle, die diese Beschreibung beinhaltet (Psalm 9), zu vereinzelt, um sie als einen schlagkräftigen Beweis gelten zu lassen. Die Vorstellungswelt bezieht sich weniger auf einen göttlichen als auf einen menschlichen Kontext (vgl. auch Camp 1985, S. 23-147).

4 Die meisten WissenschaftlerInnen nehmen sogar an, daß die Kapitel 49-55 und 56-66 jeweils eigenständige literarische und chronologische Einheiten sind.

Bibliographie

Brenner, A.: *The Song of Songs* (Old Testament Guides Series), Sheffield 1989.

Camp, C. V.: *Wisdom and the Feminine in the Book of Proverbs*, Sheffield 1985.

Carroll, R. P.: *Jeremiah. A Commentary* (Old Testament Library), London 1986.

Clines, D. J. A.: *What Does Eve Do to Help and Other Readerly Questions to the Old Testament*, Sheffield 1990, S. 49-66, 85-105.

Cowley, A.: *Aramaic Papyri of the Fifth Century BC*, Oxford 1923.

Crenshaw, J. L.: *Theodicy in the Old Testament*, London 1983.

Dever, W. G.: *Asherah, Consort of Yahweh? New Evidence from Kuntillet 'Ajrud*. In: Bulletin of the American Schools of Oriental Research, 255, 1984, S. 385-408.

van Dijk-Hemmes, F.: *The Metaphorization of Woman in Prophetic Speech: An Analysis of Ezekiel 23*. In: Vetus Testamentum, Vol. 43, N. 2, 1993, S. 162-170.

Exum, J. C.: *A Literary and Structural Analysis of the Song of Songs*. In: Zeitschrift für die alttestamentliche Wissenschaft, 85, 1973, S. 47-79.

Gruber, M. I.: *The Motherhood of God in Second Isaiah*. In: Revue Biblique, 90, 1983, S. 351-359.

Gruber, M. I.: *Female Imagery Relating to God in Second Isaiah.* In: Beer Sheva, 2, 1985, S. 75-84 (Hebr.).

Heschel, S.: *Konfigurationen des Patriarchats des Judentums und des Nazismus im deutschen feministischen Denken*, übers. v. Ch. Zwiauer. In: Kohn-Ley, Ch./Korotin, I. (Hrsg.): *Der feministische „Sündenfall"? Antisemitische Vorurteile in der Frauenbewegung*, Wien 1994. *

Das Hohelied und das Buch Ruth, aus dem Hebräischen v. A. Stadler, Salzburg/Wien 1990. *

King, P. J.: *The Great Eighth Century.* In: Bible Review, 5/4, 1989, S. 23-33, 44.

Kraeling, E. G.: *The Brooklyn Museum Aramaic Papyri: New Documents of the Fifth Century from the Jewish Colony at Elephantine*, New Haven 1953.

Lakoff, G./Turner, M.: *More than Cool Reason: A Field Guide to Poetic Metaphor*, Chicago/London 1989.

Levi-Strauss, C.: *The Savage Mind*, Chicago 1966.

Levi-Strauss, C.: *Das wilde Denken*, übers. aus d. Französ. v. H. Naumann, Frankfurt a. M. 1968. *

Levi-Strauss, C.: *The View from Afar*, New York 1985.

Levi-Strauss, C.: *Der Blick aus der Ferne*, übers. v. H. H. Henschen u. J. Vogl, mit e. Bildtl. v. A. Albus, München 1985. *

Margalit, B.: *Some Observations on the Inscription and Drawing from Khirbet el Qom'.* In: Vetus Testamentum, 39, 1989, S. 371-378.

Margalit, B.: *The Meaning and Significance of Asherah. In*: Vetus Testamentum, 40, 1990, S. 264-297.

Meyers, C.: *Discovering Eve*, Oxford/New York 1988.

Neue Jerusalemer Bibel, Freiburg 1985. *

Neumann, E.: *The Great Mother*, New York 1955.

Neumann, E.: *Die große Mutter. Eine Phänomenologie der weiblichen Gestaltungen des Unbewußten*, Olten 1988. *

Patai, R.: *The Hebrew Goddess*, New York 1967.

Schalit, A.: *„Elephantine"*. In: Encyclopaedia Judaica, Vol. 6, 1972, S. 604-610.

Schottroff, L./Schroer, S./Wacker, M.-T.: *Feministische Exegese. Forschungserträge zur Bibel aus Perspektive von Frauen*, Darmstadt 1995. *

Schuengel-Straumann, H.: *Gott als Mutter in Hosea 11*. In: Tübinger Theologische Quartalschrift, 166, 1986, S. 119-134.

Setel, M.: *Prophets und Pornography: Female Sexual Imagery in Hosea.* In: Russel, L. M. (Hrsg.): *Feminist Interpretations of the Bible*, Oxford 1985, S. 86-95.

Stone, M.: *The Paradise Papers*, London 1977.

Trible, P.: *Depatriarchalizing in Biblical Interpretation.* In: Journal of the American Academy of Religion, 41, 1973, S. 30-48.

Trible, P.: *God and the Rhetoric of Sexuality*, Philadelphia 1978.

Barbara Smith

Griechenland

I. Kosmogonie, Theogonie und Pantheon

Kosmogonie und Theogonie

Die Mythologie des alten Griechenland kennt mehr als einen Schöpfungsmythos, was den synkretistischen Charakter des altgriechischen religiösen Denkens widerspiegelt. Die allgemein anerkannte Fassung ist in der *Theogonie* (den Geburtsmythen der Götter) des böotischen Dichters Hesiod zu finden. Das Werk ist ein Versuch, die verschiedenen mythischen Überlieferungen zu ordnen und als eine kohärente Schöpfungsgeschichte zu formulieren.

Am Anfang war das Chaos (Leere), dann trennten sich die Erde (Gaia) und der Himmel (Uranos). Uranos schlief mit Gaia und zeugte zahlreiche Kinder. Aus Angst davor, daß diese ihn stürzen würden, verbot er Gaia, sie auszutragen. Er schlief weiterhin mit ihr und schwängerte sie nach wie vor – bis ihr Körper so voll wurde, daß sie stöhnen mußte. Schließlich gab sie ihrem Sohn Kronos (Zeit) eine Sichel aus Adamant, mit der er die eindringenden Genitalien des Uranos abschnitt, und auf diese Weise befreite er sich selbst sowie alle anderen in Gaias Bauch lebenden Götter. Dann schleuderte er die zerschnittenen Genitalien des Uranos ins Meer. Einige Tropfen seines Blutes fielen auf die Erde, woraus die Furien hervorgingen; aus den Genitalien selbst entstand Aphrodite, die Göttin der geschlechtlichen Liebe.

Daraufhin nahm Kronos seine Schwester Rhea zur Frau, die ihm viele Kinder gebar. Da er fürchtete, daß sie ihn stürzen würden, wie er selbst seinerzeit seinen eigenen Vater gestürzt hatte, verschlang er sie nach ihrer Geburt. Rhea konnte jedoch ihren Sohn Zeus verstecken; statt seiner gab sie Kronos einen Stein, den er schluckte. Sie ließ ihm durch Zeus ein Brechmittel verabreichen, sodaß er die verschlungenen Kinder ausspeien mußte. Kronos wurde verbannt. Zeus übernahm die Macht und heiratete seine eigene Schwester Hera.

Zeus war kein Tyrann wie sein Vater und sein Großvater; er teilte den einzelnen Göttinnen und Göttern ihre „Anteile" *(Moirai)* gerecht zu. Er wies beispielsweise seinen Brüdern Poseidon und Hades die Herrschaft über das Meer bzw. über die Unterwelt zu; er selbst herrschte über den Himmel. So konnten sie gemeinsam die Erde regieren. Aber die Titanen gaben sich mit ihren Anteilen nicht zufrieden. Es kam zu einer Rebellion gegen Zeus und die Olympier, so benannt nach ihrer Heimstätte, dem Berg Olymp. Die Schlacht zwischen den Göttern und den Giganten, bekannt als die *Gigantomachie*, wurde von den Olympiern gewonnen. Diese Vorgänge sind im allgemeinen bekannt als die Errichtung der *Dike* (Gerechtigkeit) durch Zeus, wodurch der vorangegangenen Unordnung eine Rechtsordnung auferlegt wurde. Dies beendete die Zeiten der Vergeltung, der „ausgleichenden Gerechtigkeit", und alle Götter, Menschen sowie sonstigen Lebewesen fanden ihren Platz im Kosmos.

Das Pantheon

Die alten GriechInnen waren PolytheistInnen und hatten ein Pantheon; sie nannten es die Zwölf Götter, die vorwiegend auf dem Berg Olymp wohnten. Es gab auch viele kleinere Gottheiten und solche, die nicht auf dem Olymp zu Hause waren. Gottheiten, die mit der Erde statt mit dem Himmel in Verbindung standen, hießen chthonisch, wortwörtlich: „aus der Erde entspringend".

Die Götter

Zeus

Benannt als „der Vater von Göttern und Menschen", war Zeus verheiratet mit seiner Schwester Hera. Sein Name wird zurückgeführt auf indoeuropäische Wurzeln und steht in Verbindung mit dem Himmel: *dyaus div* (Himmel, sansk.) Ursprünglich war er der Gott der Berghöhen und des Wetters; im allgemeinen wurde er mit dem Wetter, im besonderen mit Blitz und Donner assoziiert; der Donnerkeil war seine Hauptwaffe. Der Stier war sein Opfertier. Zeus wird als eine bärtige, kräftige, patriarchale Figur dargestellt, gewöhnlich mit seinem Donnerkeil. Ihm entspricht der römische Jupiter.

Poseidon

Poseidon war ein Bruder von Zeus und der Gott des Meeres und der Flüsse; er hieß auch „Erd-Erschütterer", denn er wurde mit Erdbeben und Flutwellen in Verbindung gebracht. Auch ihm wurde der Stier geopfert, aber umfangreiche Belege deuten darauf hin, daß es ebenso einen Pferdekult zu seinen Ehren gab. Abgesehen von dem Symbol seiner Macht, dem Dreizack, ähnelt seine ikonographische Darstellung der des Zeus. Ihm entspricht der römische Neptun.

Hades

Auch er war ein Bruder von Zeus; er herrschte über die Unterwelt. Seine Entführung der Persephone, der Tochter der Demeter und des Zeus, ist der wichtigste ihn betreffende Mythos. Ihm entspricht der römische Pluto.

Ares

Ares, der Sohn des Zeus und der Hera, war der Kriegsgott. Bei den Sterblichen wie bei den Unsterblichen war er wegen seiner Streitsucht gefürchtet und unbeliebt. Ihm entspricht der römische Mars.

Hephaistos

Hephaistos, der Gott der Vulkane und des Feuers, war der göttliche Handwerker und Schmied. Hera erzeugte ihn ohne Geschlechtspartner: Entsetzt über die Untreue des Zeus und seine zahlreichen unehelichen Vaterschaften entschloß sich Hera, ein Kind ohne männliche Beteiligung hervorzubringen. Daher wurde Hephaistos auch *Amphigu(n)eis*, „mit Frauen rundum oder auf beiden Seiten", genannt. Seinen Beinamen, „der Lahme Gott", hat er seinem Geburtsvorgang zu verdanken: Das von Hera geborene Kind war so häßlich, daß sie es entsetzt aus dem Olymp hinauswarf. Es flog sehr weit und landete schließlich auf der Insel Lemnos. Der Aufprall war so gewaltig, daß Hephaistos davon lahm wurde. Ihm entspricht der römische Vulkanus.

Apollon

Er war der Sohn des Zeus und der Leto, einer Sterblichen. Apollon war der Sonnengott und der Gott des Bogenschießens, dessen Pfeile den Menschen Seuchen bringen konnten; aber er war kein Jagdgott. Apollon kann als der Hauptgott der prophetischen Weissagung angesehen werden. Sein Orakelschrein in Delphi war die bekannteste Weissagungsstätte in der Alten Welt. Apollon war der göttliche Musiker, er führte die Musen und spielte die Leier. Seine Darstellung ist oft der Inbegriff jugendlicher Schönheit. Ein Lamm, seltener ein männliches Kind, waren seine Opfergaben. In der römischen Mythologie kommt er mit dem selben Namen vor.

Dionysos

Er war der Sohn des Zeus und der Semele, einer Sterblichen. Der Gott des Weines (bzw. der Weinrebe) und der Tragödie. Seine Anhänger waren Satyrn (halb Männer, halb Ziegenböcke) und Mänaden oder Bacchantinnen, so genannt nach einer seiner Bezeichnungen, Bacchus (rasen). Unter diesem Namen kannten ihn auch die Römer. Als einziger unter den Göttern war Dionysos sterblich, jedoch um wiedergeboren zu werden; ursprünglich mag er ein Vegetationsdämon oder ein „Jahresgeist" gewesen sein. Er kann auch als der Gott des Paradoxons angesehen werden. Gewöhnlich wurde Dionysos mit weiblichen Attributen, bi- oder homosexuell dargestellt. Seltsamerweise wurde er als der einzige nicht-griechische Gott innerhalb des Pantheons vorgestellt; daher beschreiben viele Mythen seine Bemühungen, in Griechenland eine Anhängerschaft zu etablieren. Die Ikonographie zeigt ihn als einen schönen Jüngling mit Bart, aber nicht als väterlichen Gott. Sein Symbol war der *Thyrsos*, ein mit Weinlaub umwundener Fenchelstengel *(Narthex)*, an dessen Spitze ein Pinienzapfen steckte. Durch seine wunderbare Geburt steht er in Verbindung mit dem Donner (s.u. S. 100).

Hermes

Der Sohn des Zeus und der Maia war Hermes, der Götterbote und „Seelengeleiter" *(Psychopompos)*, der die widerstrebenden Seelen der Toten bis in die Unterwelt geleitete. Er war der Schutzpatron aller Reisenden und Kaufleute und des *Gymnasion*. Sein römisches Gegenstück war Merkur. Seine Symbole waren ein breitrandiger Reisehut, ein Paar Flügelschuhe und ein *Kerykeion*, ein mit zwei sich paarenden Schlangen umschlungener Heroldsstab.

Die Göttinnen

Die Götter lassen sich, was ihre Ikonographie und ihre Einflußbereiche betrifft, eindeutiger voneinander differenzieren, als es im Falle der Göttinnen möglich ist. Die Mythen versuchen, wie zu sehen sein wird, die Herrschaftsbereiche der Göttinnen rationalisierend zu ordnen; im Ritual jedoch vermengen sich ihre Sphären und biosozialen Rollen.

Hera

Sie war die Tochter der Rhea und des Kronos und die Schwester-Gemahlin des Zeus. Ihr Name mag die weibliche Form von *Heros* gewesen sein und bedeutete „Herrin"; er kann aber auch auf *Hora* (Jahreszeit) zurückgeführt werden. Den Verführungsversuch von Zeus wies sie zurück, worauf er sich in einen Kuckuck verwandelte, sich in ihrem Busen einnistete und sie verführte. Das römische Gegenstück von Hera war Juno.

Artemis

Eine „jungfräuliche" Göttin *(Parthenos)*, deren Name von *Artamos* (Schlächter) abstammen mag. Sie war die Tochter des Zeus und der Leto und die Zwillingsschwester des Apollon. Nach einigen Quellen soll sie älter gewesen sein und bei Apollons Geburt Hebammendienste geleistet haben. Daher wurde sie trotz ihrer Jungfräulichkeit von Frauen bei der Entbindung angerufen. Sie ist die Naturgöttin, die Göttin der Jagd, der Wiesen, Wälder, Felder und des außerhalb der Zivilisation gelegenen Landes im allgemeinen; deswegen wurde sie Artemis *Agrotera* („von der ländlichen Gegend") genannt. Viele wilde und halbwilde Tiere, wie der Bär, der Hirsch und die Ziege, galten als ihr heilig und wurden ihr geopfert. Ihr römisches Gegenstück war Diana.

Athene

Athene war ebenfalls eine jungfräuliche Göttin und wurde in Athen als *Parthenos Athenaia,* als die „Jungfrau von Athen", angesprochen, oft einfach als *Parthenos*. Athene war die Tochter des Zeus und der Metis (die Klugheit, kluger Rat), einer Titanin. Da Zeus prophezeit wurde, daß sein von Metis ausgetragener Sohn versuchen würde, ihn zu stürzen, verschlang er Metis, als sie mit Athene schwanger wurde. Zeus ging gerade am See Triton spazieren, als das Kind geboren werden sollte; er empfand unerträgliche Kopfschmerzen. Hephaistos spaltete sein Haupt mit einer Axt, worauf Athene völlig erwachsen und in kompletter Rüstung schreiend aus ihm hervorsprang. Ihr römisches Gegenstück war Minerva.

Athene war die Göttin der Gerechtigkeit, der Weisheit und des Krieges und zeigte betont männliche Züge. Als furchtlose Kriegerin tötete sie in der *Gigantomachie* den Giganten Enkelados, und als unbarmherzige Schützerin der Gerechtigkeit verwandelte sie Medusa in ein häßliches altes Weib – als Vergeltung für einen Mißbrauch ihres Tempels (s.u. S. 93). Aber Athene als *Ergane*, Werkerin, war auch die Schutzgöttin des Spinnens und Webens und trug zur Erschaffung der *parthenos* Pandora bei. Eine kleine Legende erzählt von einem jungen Mädchen namens Arachne, einer berühmten Spinnerin, die vorgab, in ihrem Geschick die Göttin zu übertreffen. Als Vergeltung für ihre Überheblichkeit verwandelte Athene sie in eine Spinne.

Aphrodite

Aphrodite war die Göttin der geschlechtlichen Liebe, angeblich geboren aus den ins Meer geworfenen Genitalien des kastrierten Uranos. Sowohl Paphos auf der Insel Kypros (Zypern) als auch die Insel Kythera stellten Anspruch auf die Geburtsstätte der Göttin, daher wurde sie manchmal Kypris bzw. Kythereia genannt.

Für die Römer war Aphrodite die einzige olympische Göttin, die mit einem Sterblichen geschlafen hatte, mit Anchises, dem sie den trojanischen Helden Aeneas gebar. Bekanntlich schleppte Aeneas, als einer der wenigen Überlebenden des Trojanischen Krieges, seinen alten Vater auf dem Rücken aus der brennenden Stadt hinaus. Die darauffolgenden Abenteuer von Aeneas und die Gründung der Stadt Rom besingt der römische Dichter Vergil in seiner *Aeneis*, die dem homerischen Epos *Odyssee* nachempfunden ist. Dies bedeutet, daß Venus, wie die Römer Aphrodite nannten, die Stadt Rom und also das römische Imperium gründete; und von ihr leiteten die römischen Kaiser ihren Anspruch auf göttliche Abstammung ab – eine Tatsache, die Cäsars Verehrung der Venus als *Genetrix*, als „Gründungsmutter“, bestätigt.

II. Die Mythen

Die Mädchen

Die Entführung der Kore-Persephone

Hades verliebte sich in Persephone, die Tochter von Demeter und Zeus. Demeters Ablehnung dieser Vereinigung ahnend, bat er Zeus um Vermittlung. Aber nicht einmal Zeus konnte Demeter umstimmen. So befahl Hades Gaia, ihm eine schöne Narzisse mit hundert Blüten und berauschendem Duft zu senden. Dies war eine List *(dolon)*, um das Mädchen *(Kore)* zu verführen und Hades mit einer Braut zu versorgen.

Eines Tages spielte Kore-Persephone auf der Wiese mit den jungen Töchtern *(korai)* des Okeanos. In das Blumenpflücken vertieft, sonderte sie sich unbemerkt von den anderen ab und kam alleine zu der ungewöhnlichen Blume der Gaia. Die Blume faszinierte sie. Als sie ihre Hand ausstreckte und den Stengel ergriff, öffnete sich plötzlich der Boden unter ihren Füßen. Aus der Erdspalte tauchte die gräßliche Gestalt des Hades auf; er zerrte das schreiende Mädchen auf seinen prachtvollen goldenen Wagen, den zwei feurige schwarze Pferde zogen, und schleppte es in sein Reich.

Als Demeter das Schreien ihrer Tochter hörte, eilte sie zu der Wiese, wo Persephone gespielt hatte, aber die Erdspalte hatte sich bereits wieder geschlossen. Neun Tage und neun Nächte wanderte sie auf der Suche nach ihrer Tochter in ganz Griechenland umher. Schließlich erfuhr sie, daß Hekate selbst den Hilfeschrei der Persephone gehört hatte und der Sonnengott Helios die Entführung bezeugen konnte. Alles in allem wanderte Demeter ein ganzes Jahr umher; während dieser Zeit kehrte sie den Olympiern den Rücken und vernachlässigte ihre Pflichten als „Mutter Erde". In der Folge wurden Land und Boden unfruchtbar, Tiere und Menschen vermehrten sich nicht mehr, und die Erde lag im Sterben. Auch hörten die Sterblichen auf, den Göttern Opfer zu bringen.

Dann schickte Zeus Iris, die Göttin des Regenbogens, zu Demeters Versteck, um sie zur Rückkehr zu überreden. Aber Demeter war nicht dazu zu bewegen. Daraufhin schickte Zeus den Boten Hermes in die Unterwelt, um mit Hades über die Freilassung der Persephone zu verhandeln. Hades gab zögernd nach, aber bevor Persephone seinen Machtbereich verließ, überredete er sie, Granatapfelkerne zu essen – noch eine List *(dolon)* von ihm. Mutter und Tochter kamen endlich zusammen, aber Persephone mußte künftig ein Drittel jedes Jahres in der Unterwelt verbringen, weil sie die Frucht des Todes zu sich genommen hatte.

Kallisto und die Bärin

Kallisto war eine Gefährtin der Göttin Artemis, deren Keuschheitsgelübde für ihre Anhängerinnen verbindlich war. Zeus nahm die Gestalt von Artemis an, verführte Kallisto und schwängerte sie. Als Artemis dies erfuhr, verwandelte sie Kallisto in eine Bärin und hetzte ihre Hunde auf sie. Zeus verwandelte sie darauf in das Sternbild des Großen Bären, um zu verhindern, daß sie zerfleischt würde. Andere Quellen erzählen, Zeus habe sie in eine Bärin verwandelt, und die eifersüchtige Hera habe veranlaßt, daß Artemis die Bärin verfolge. Kallisto gebar Arkas (den Bären).

Atalante

Als Atalante geboren wurde, setzte ihr Vater sie aus, denn er hatte sich einen Sohn gewünscht. Sie wurde von einer Bärin entdeckt und aufgezogen. Als Erwachsene spürte Atalante ihre Eltern auf, die sie wieder aufnahmen. Ihr Vater wollte sie gleich verheiraten, was sie ablehnte, denn sie war an das Waldleben gewöhnt und auch daran, sich selbst zu versorgen. Doch sie ließ sich überreden, und zwar unter der Bedingung, zunächst mit jedem der Freier um die Wette zu laufen; den Gewinner werde sie heiraten, der Verlierer aber werde getötet. Viele Männer traten zum Wettlauf an, aber keiner konnte die schnellfüßige Atalante besiegen. Hippomenes, ein Günstling der Aphrodite, fragte die Göttin um Rat und borgte sich darauf die drei Äpfel der Hesperiden aus. Jedesmal, wenn Atalante ihn überholte – riet ihm die Göttin –, sollte er einen Apfel fallen lassen; während Atalante den Apfel aufhob, konnte Hippomenes sie einholen und den Wettkampf gewinnen.

Für das Gemeinwohl: Das Opfer der Iphigenie

Als Agamemnon, König von Mykene, eines Tages im heiligen Hain der Artemis jagte, zielte er mit seinem Pfeil auf einen prächtigen Hirsch und traf ihn tödlich. Er verkündete überheblich, er sei ein besserer Jäger als Artemis selbst, was die Göttin erboste. Um sie zu besänftigen, mußte Agamemnon ihr die erste „Frucht" seiner Ernte als Opfer versprechen. Diese erste „Frucht" seiner Ernte bedeutete jedoch kein einfaches pflanzliches Opfer, wie er sich vorgestellt hatte, sondern seine eigene Tochter Iphigenie.

Als Agamemnon die griechischen Truppen in Aulis zusammenzog, um in den berühmten Trojanischen Krieg zu ziehen, wurde er an sein Versprechen erinnert. Ungünstige Winde verhinderten das Auslaufen der Griechen, was Kalchas, ein Seher Apollons, auf den noch nicht besänftigten Zorn der Artemis zurückführte. Unter dem Vorwand, sie mit Achilleus verheiraten zu wollen, ließ Agamemnon Iphigenie zu sich bringen. Die Tochter erschien im safrangelb gefärbten Tuch des Todes anstatt im Brautgewand. Sie wurde zum Opferaltar geführt, wo Agamemnon selbst ihr den Hals aufschlitzte. Nach der Fassung von Euripides ließ sich Artemis im letzten Augenblick erweichen; sie ersetzte das Mädchen durch eine Hirschkuh und brachte es nach Tauris. Hier wurde Iphigenie zur Hohen Priesterin der Göttin, von den Taurern als Artemis selbst verehrt. Es gehörte zu ihren Pflichten, Gestrandete, vor allem griechische Seefahrer, zu opfern. Sie, das frühere Opfer, wurde nun zur Vollstreckerin des Opferrituals. Vor diesem Hintergrund läßt Euripides ihren Bruder Orestes als einen zur Opferung bestimmten Fremden auftreten; die Identität des Bruders wird Iphigenie erst im letzten Moment aufgedeckt. Orestes befreit Iphigenie. Sie fliehen mit einer Holzstatue der Artemis nach Halai in Griechenland.

Der Sprung der Aglauros

Aglauros war die Tochter des Erechtheus, eines legendären Königs von Athen. Als Athen Krieg mit einer Nachbarstadt drohte, verkündete ein Orakel, die Stadt werde gerettet, wenn sich ein Mädchen freiwillig opfere. Aglauros stürzte sich vom Fels der Akropolis, und die Stadt gewann die Schlacht. Von der Tochter des Embaros wird eine ähnliche Legende erzählt. Auch hier verlangte ein Orakel ein Mädchenopfer, um die Stadt Athen zu schützen. Ein Mann namens Embaros bot seine eigene Tochter als Opfer an, dafür verlangte er die Priesterwürde. Er führte sie in die heilige Stätte der Artemis, aber im letzten Moment ersetzte er sie durch eine weibliche Ziege, die er in die Kleider seiner Tochter gesteckt hatte.

Medusa: Schönheit und Bestie

Medusa, eine libysche Prinzessin, war die Tochter der Meeresgottheiten Phorkys (Phorkos) und Keto. Nach dem Tod ihres Vaters wurde sie Königin, worauf ihr Name wortwörtlich hinweist. Sie ging auf die Jagd und führte ihre Untertanen in den Krieg. Die folgende Begebenheit ist wohlbekannt: Ein Mann namens Perseus führte vom Peloponnes aus eine Armee gegen sie. Medusa wurde nachts meuchlings ermordet. Perseus, entzückt von ihrer Schönheit, schlug ihr den Kopf ab, um ihn in Griechenland vorzeigen zu können. Er brachte ihn nach Argos zurück und begrub ihn – zum Schutz der Stadt – auf dem Marktplatz.

Eine andere Fassung erzählt, daß Medusa eine schöne Frau war. Der Gott Poseidon verfolgte sie und entehrte sie im Tempel der Athene, was die Göttin in Wut versetzte; sie verwandelte Medusa in eine häßliche alte Frau, deren Blick Männer versteinerte.

Eine dritte Fassung erzählt von Akrisios, dem König von Argos, dem durch ein Orakel vorausgesagt wurde, sein Enkelkind werde ihn töten. So kam es, daß er seine jungfräuliche Tochter Danaë in eine unterirdische bronzene Kammer einsperrte. Zeus verwandelte sich in einen Goldregen und fiel in ihren „Schoß", sodaß sie schwanger wurde. Als Akrisios entdeckte, daß Danaë einen Sohn, Perseus, geboren hatte, setzte er die beiden in einer Truhe auf dem Meer aus. Die Truhe landete auf der Insel Seriphos, wo ein bescheidener Fischer namens Diktys (Netz) sie rettete. Er zog Perseus auf wie seinen eigenen Sohn. Der Bruder des Diktys, der König Polydektes, verliebte sich in Danaë; er wünschte sich, sie zu heiraten, und ersann einen Plan, um Perseus loszuwerden. Er verlangte von Perseus, ihm das Haupt der Gorgo Medusa herbeizuschaffen, um seine Mutter zu befreien.

Mit Hilfe der Athene und des Hermes tötete Perseus die Gorgone und enthauptete sie; aus ihrem Rumpf entsprangen der Krieger Chrysaor und das magische geflügelte Roß Pegasos. Auf seinem Rückweg erspähte Perseus ein nacktes Mädchen *(parthenos)*, an der Meeresküste an einen Felsen gefesselt. Angezogen von dessen Schönheit erkundigte er sich und erfuhr, daß es Andromeda sei, die Tochter der äthiopischen Königin Kassiopeia. Kassiopeia, selbst eine Schönheit, habe geprahlt, hieß es, sie sei schöner als die Nereïden. Daraufhin baten die verärgerten Nereïden Poseidon, zur Strafe ein Meeresungeheuer zu schicken. Ein Orakel verkündete, daß Andromeda geopfert werden müsse, um den Meeresgott zu versöhnen. Perseus kündigte an, das Meeresungeheuer zu töten und sich mit Andromeda zu vermählen. So enthauptete er das Ungeheuer.

Er kehrte auf die Insel Seriphos zurück, legte das Haupt der Medusa Polydektes und seinem Hof vor und befreite seine Mutter. Später traf er in Argos ein und tötete unabsichtlich Akrisios, wie der Orakelspruch vorausgesagt hatte. Das Haupt der Medusa schenkte er Athene, die es fortan inmitten ihrer *aigis* – ihres Kleides – trug.

Pallas

Pallas war einer der vielen Beinamen der Athene. In der *Gigantomachie* erschlägt sie den Giganten Enkelados oder Pallas. Dieser Pallas, ein geflügelter, ziegenartiger Gigant, war laut Apollonios Rhodios der Vater der Athene, der versucht hatte, sie zu entehren. Nach der Schlacht zog sie ihm die Haut ab und verwendete sie als *aigis*.

Apollodoros behauptete hingegen, daß Pallas eigentlich eine mädchenhafte Spielkameradin der jungen Göttin gewesen war, die sie in einem freundschaftlichen Lanzengefecht unabsichtlich aufspießte. Als Pallas mit dem Speer nach Athene schlug, stellte Zeus seine eigene *aigis* dazwischen; deren Anblick stachelte die Kampfeslust der Pallas derart an, daß sie dann am Vergeltungsschlag der Göttin starb. Aus Reue schuf Athene ein hölzernes Bildnis der Pallas *(xoanon)*, mit der *aigis* auf der Brust. Sie stellte das Bildnis neben das des Zeus und verehrte es; als weiteres Zeichen ihrer Verehrung stellte sie den Namen der Pallas ihrem eigenen voran.

Die Töchter des Kekrops

Eines Tages, als Athene an einem Kampf teilnehmen wollte und eine Rüstung benötigte, wurde ihr geraten, diese von Hephaistos fertigen zu lassen. Poseidon spielte ihr einen Streich und erzählte Hephaistos, Athene werde in äußerst erregtem Zustand seine Schmiede aufsuchen, in Erwartung, von ihm leidenschaftlich geliebt zu werden. Als Athene eintraf, versuchte Hephaistos, selber in erregtem Zustand, sie zu entehren. Die Göttin konnte sich wehren, aber erst nachdem er auf ihren Schenkel ejakuliert hatte. Die entsetzte Athene wischte seinen Samen mit einer Wollschleife ab und warf diese auf den Erdboden (Gaia), wo der Samen aufkeimte. Daraus entstand das Monsterkind Erichthonios, das statt der Füße einen Schlangenschwanz hatte. Gaia erhob dagegen Einspruch, solch ein häßliches Kind aufzuziehen; so nahm Athene es zu sich, und es nistete sich an ihrem Busen ein. Später legte sie es in einen Korb und übergab es den Töchtern des Kekrops mit dem ausdrücklichen Verbot, in den Korb hineinzuschauen.

Kekrops, der legendäre König von Athen, stammte angeblich aus Ägypten und hatte, wie sein Name besagt, ein „Schlangengesicht". Aglauros, Pandrosos und Herse waren seine Töchter. Einmal, als die drei von ihrer Arbeit auf der Akropolis heimkehrten, machte sich der Gott Hermes an sie heran. Er wollte Aglauros bestechen, ihm bei seinen Annäherungsversuchen an Herse behilflich zu sein. Aglauros ging auf die Bestechung ein, hielt dann aber ihr Versprechen nicht. Hermes verwandelte sie in eine Säule und verführte Herse ohne ihre Hilfe. Später konnten Pandrosos und ihre

Abb. 7: Perseus enthauptet Medusa. Olpe, Amasis Maler, Vulci.
Trustees of the British Museum, London

Schwester Aglauros der Versuchung nicht widerstehen, in den Korb hineinzuschauen. Was sie darin erblickten, erschreckte sie dermaßen, daß sie sich vom Fels der Akropolis in den Tod stürzten.

Die Erschaffung der Frau: Pandora

Zu Beginn der Herrschaft des Zeus gab es ein goldenes Zeitalter: Es gab keine Frauen, und die Männer durften am Tisch der Götter sitzen und mit ihnen speisen. Aber eines Tages spielte ein Titan namens Prometheus (der Vorauswissende) Zeus einen Streich *(dolon)*. Als der Moment sich näherte, in dem das Ochsenfleisch in einzelnen Portionen *(Moirai)* jedem Menschen und jedem Gott zugeteilt werden sollte, stopfte Prometheus alle eßbaren Stücke in den gräßlich aussehenden Ochsenbauch *(gaster)*; alle ungenießbaren Teile wickelte er in die delikate Fetthaut ein. Dann bat er Zeus, seine Wahl zu treffen.

Zeus, der Vater der Götter und der Menschen, war selbstverständlich allwissend. Er entschloß sich aber, Unwissenheit vorzutäuschen, wählte den im verlockenden Fett verhüllten, jedoch ungenießbaren Anteil und zeigte sich überrascht. Er reagierte auf den Streich mit einem Wutanfall und drohte den Menschen, ihnen zur Strafe das ewige Feuer zu entziehen. Prometheus hatte Mitleid mit den Menschen; er bestieg den Berg Olymp, stahl einen Samen *(sperma)* des ewigen Feuers, versteckte ihn in einem Fenchelstiel und reichte ihn den Menschen weiter. Zeus durchschaute den Betrug *(dolon)* auch diesmal, wütete aber erst, nachdem das Feuer gestohlen war.

Prometheus wurde an einen Felsen gekettet, und täglich kam ein Adler, die Vogelerscheinung des Zeus, um an seiner Leber zu fressen. Jede Nacht wuchs Prometheus, dem Unsterblichen, die Leber wieder nach, und so litt er unter stetigen Qualen. Allerdings konnte Prometheus den Zeus nochmals überlisten. Durch einen Orakelspruch war Zeus bekannt, daß einer seiner sterblichen Söhne mächtiger sein und ihn stürzen werde. Prometheus wußte, wer dieser Mensch war. Das war eine gute Verhandlungsbasis, und Zeus mußte schließlich nachgeben. Er willigte ein, daß Herakles, sein von Alkmene geborener Sohn, den Adler abschießen sollte. Damit traf die Voraussage ein: Herakles vernichtete Zeus tatsächlich – jedoch in seiner Gestalt als Adler.

Prometheus kehrte auf die Erde zurück und warnte seinen Bruder Epimetheus (der nachträglich Erkennende) davor, ein Geschenk von Zeus anzunehmen, weil es ein Betrug *(dolon)* sein könnte. Zeus befahl Hephaistos, eine Handvoll Erde (Gaia) mit Wasser zu vermischen und eine Frauengestalt zu erschaffen. Andere Gottheiten verliehen dem Mädchen *(parthenos)* bestimmte Eigenschaften; es wurde Pandora, das „Geschenk aller Götter“, genannt. Als Epimetheus Pandora anblickte, war er von ihrer Schönheit so entzückt, daß er die Warnung seines Bruders vergaß und sie ins Haus führte. Pandora hatte ein Tongefäß *(pithos)* mit; als sie es aufmachte, flogen alle Leiden *(Keres)*, wie Streit *(eris)*, Krankheit, Alter, in die Welt hinaus. Erschrokken machte Pandora das Gefäß wieder zu, und die Hoffnung blieb eingeschlossen. Sie wurde aber überredet, die Hoffnung freizulassen, woraufhin diese in die Welt kam, um den lästigen Geistern entgegenzuwirken.

Ehefrauen

Die treu ergebene Gattin: Penelope

Der Inbegriff der guten und treuen Gattin war Penelope, Frau des griechischen Helden Odysseus aus Ithaka, dem sie einen Sohn namens Telemachos gebar. Als Odysseus in den Trojanischen Krieg zog, war Telemachos ein Baby und der Vater des Odysseus, Laërtes, bereits alt, sodaß Penelope den Palast des Odysseus zu erhalten und seine Dienerschaft zu führen hatte – keine leichte Aufgabe, denn Odysseus besaß ein großes Vermögen. Nach dem Krieg, der zehn Jahre gedauert hatte, wurde Odysseus zehn weitere Jahre lang durch ungünstige Winde verschlagen. Während seiner Abwesenheit machten sich zahlreiche Werber an Penelope heran, denn sie nahmen an, Odysseus habe sich hoffnungslos verirrt; durch die Ehe mit Penelope hätten sie das Vermögen des Odysseus übernehmen können. Jedoch glaubte Penelope fest an die Rückkehr ihres Gatten, sie wartete treu und geduldig. Ihre Verehrer gaben nicht auf, und so erklärte Penelope erbittert, sie werde ihre Wahl erst treffen, nachdem sie die Leinwand, an der sie webte, fertiggestellt habe. Sie trennte in der Nacht auf, was sie am Tag gewebt hatte, und hielt sich so die Verehrer fern. Eines Tages wurde ihre List entdeckt, aber Odysseus traf in diesem Augenblick ein, erschlug alle Freier, und die beiden lebten glücklich weiter.

Die schlechte Gattin

„Schlechte" Frauen finde ich viel interessanter als die angepaßten. Die griechische Mythologie ist wahrhaft überreich an Beispielen für schlechte Frauen; im folgenden möchte ich mehrere davon zu Ihrem Vergnügen anführen. Mythen mögen mit einer didaktischen Absicht darauf hinweisen, was nicht getan werden sollte; die in den Mythen vorgestellten Möglichkeiten schlechten Benehmens müssen aber für eine durchschnittliche Griechin durchaus verlockend gewesen sein und als Quelle für „gute" Ideen gedient haben. Diese Mythen vermögen es, die schlechte Meinung der Männer über Frauen wiederzugeben, sie können aber auch als eine Bestandsaufnahme der möglichen Alpträume gelesen werden, die den Mann in seinem ansonsten ruhigen Schlaf störten. Wie ein chinesisches Sprichwort sagt: Ein Mann sollte eine Frau nicht ärgern, denn er muß manchmal schlafen – mit geschlossenen Augen!

Helena und die Trojanische Hure

Auf einem seiner vielen sexuellen Abenteuer machte sich Zeus an die junge Leda heran. Er verwandelte sich in einen schönen Schwan, stürzte auf sie herab, schleppte sie mit sich fort und entehrte sie. Zu der Zeit war Leda bereits von ihrem Mann Tyndareos schwanger; sie trug also zwei Zwillingspaare aus: die sterblichen Zwillinge Klytämnestra und Kastor und die unsterblichen Helena und Polydeukes, die aus dem Schwanenei hervorgingen. Helena wuchs zur schönsten Frau Griechenlands heran, und bald warben viele Männer um sie. Tyndareos setzte die Freier einer Prüfung aus; doch schließlich heiratete Helena einen Mann ihrer Wahl, Menelaos. Sein Bruder Agamemnon vemählte sich mit ihrer Schwester Klytämnestra.

Zu jener Zeit fand die Hochzeit zwischen der Meeresgöttin Thetis und dem sterblichen Peleus statt. Alle Götter und Göttinnen versammelten sich auf dem Olymp, um die Hochzeit zu feiern – außer Eris (Streit), die aus offensichtlichen Gründen nicht eingeladen war. Streit tauchte ohnehin auf, eingeladen oder nicht; Eris warf einen Goldenen Apfel mit der Aufschrift „der Schönsten", *kallisto*, zwischen sie, woraufhin ein Streit zwischen den Göttinnen entstand, vor allem zwischen Hera, Athene und Aphrodite. Sie baten Zeus zu entscheiden, wem der Apfel zustand. Aber Zeus wußte sich aus der Sache herauszuhalten, denn seine Entscheidung mußte zwangsläufig zwei der drei Göttinnen verletzen.

Er wählte Alexandros, den adoptierten Sohn eines bescheidenen Schäfers, zum Schiedsrichter. Alle drei Göttinnen versuchten den jungen Mann mit Geschenken zu bestechen, die jeweils ihrem Machtbereich entsprachen. So bot ihm Hera die Weltherrschaft, Athene Weisheit und Erfolg im Kampf an. Die listige Aphrodite zog seine Unerfahrenheit in Betracht, lockerte ihren Gürtel und versprach ihm die schönste Frau der Erde. Ohne Zögern wählte Alexandros Aphrodite und stellte Anspruch auf Helena aus Sparta, die bereits mit Menelaos verheiratet war.

Eigentlich war Alexandros gar kein Schäfersohn, sondern der jüngste Sohn der trojanischen Königin Hekabe und des Königs Priamos und hieß Paris. Er wurde als Kleinkind in den Bergen zum Sterben ausgesetzt, weil man Hekabe während ihrer Schwangerschaft vorausgesagt hatte, daß ihr zukünftiger Sohn die Vernichtung der Stadt Troja herbeiführen werde. Paris kehrte nach Troja zurück und wurde, trotz der Einwände der Seherin Kassandra, von Priamos aufgenommen. Paris besuchte Sparta und verführte als Gast des Menelaos dessen Frau Helena. Er entführte sie nach Troja. Dieser Raub bewog die Griechen, einen Krieg gegen Troja zu beginnen. Das Orakel bewahrheitete sich, als Troja dem Erdboden gleichgemacht wurde.

Am Ende des Krieges, sagen einige, erblickte Menelaos Helenas Gesicht – das tausend Schiffe in den Krieg geführt hatte – und verliebte sich trotz seines Ärgers über ihre Untreue noch einmal in sie; er brachte Helena nach Sparta zurück. Einige sagen, Helena sei niemals nach Troja gereist. Sie wurde, wie auch ihre Nichte Iphigenie, nach Ägypten fortgeschafft. Was Paris nach Troja brachte, war ein *daidalon*, bloß ein Bildnis von Helena (vgl. auch den Beitrag von Seton-Williams, Abschnitt IV., in diesem Buch).

Ebenso war Klytämnestra, die Schwester der Helena, alles andere als eine gute Ehefrau. Während der Abwesenheit ihres Mannes nahm sie Aigisthos zum Liebhaber. Die beiden hatten – aus unterschiedlichen Gründen – den Untergang Agamemnons beschworen. Klytämnestra wollte vor allem den Tod der Iphigenie rächen. Das Töten von Blutsverwandten war ein Verbrechen, für das Agamemnon bestraft werden mußte, denn es war gegen das Gebot der Götter. Jedoch durften nur männliche Verwandte Blutrache üben. Klytämnestra schickte ihren jungen Sohn Orestes fort, damit er nicht später seinen Vater rächen würde. Sie kerkerte ihre Tochter Elektra ein, damit sie nicht heiraten und einen Sprößling in die Welt setzen konnte, der ebenfalls einmal auf Rache sinnen würde. Agamemnon kehrte siegreich aus Troja zurück, begleitet von Kassandra, die er sich zur Konkubine genommen hatte. Beide wurden von Klytämnestra in den Palast gelockt und dort hingeschlachtet.

Elektra brütete Rachepläne aus und wuchs zu einer verbitterten *parthenos* heran, ohne Aussicht, je verehelicht zu werden. Sie entwickelte einen krankhaften Haß auf ihre Mutter. Ihr ekelte vor ihrer Tante Helena, deren Begierde nach geschlechtlicher Liebe diese Situation heraufbeschworen hatte; denn Elektra glaubte wie viele andere, daß Helena Paris freiwillig nach Troja gefolgt sei. Sie sehnte sich leidenschaftlich nach der Rückkehr ihres Bruders, um zusammen mit ihm die Ermordung ihres Vaters rächen zu können. Orestes kam tatsächlich zurück und betrat mittels Täuschung den Palast, wo er seine Mutter und ihren Liebhaber erschlug – eine grausige Wiederholung der Ermordung des Agamemnon.

Im alten Griechenland galt der Muttermord als das widerwärtigste Verbrechen überhaupt, schrecklicher als jeder andere Mord oder als Inzest. Die Strafe dafür war, durch die Furien, die Göttinnen der ausgleichenden Gerechtigkeit, die insbesondere an Muttermördern Vergeltung übten, in den Tod gehetzt oder in den Wahnsinn getrieben zu werden. In den verschiedenen Versionen endet diese Geschichte unterschiedlich. Nach einer Version erhielt Orestes einen magischen Pfeil und Bogen, womit er sich der Furien entledigen konnte. Nach einer anderen Version wurde Orestes erst nach Delphi gehetzt, wo Apollon ihn entsühnte, und dann nach Athen. Hier stellte er sich dem Tribunal des *Areopag*, einem Gerichtshof, der über Muttermord richtete; mit Unterstützung von Apollon und Athene wurde er freigesprochen. Nach einer dritten Version wurde Orestes befohlen, das heilige Bildnis der Artemis von Tauris, einer Stadt am Schwarzen Meer, nach Halai zurückzubringen und den Kult der Artemis *Tauropolos* (Göttin der Stiere) zu gründen.

Pasiphaë und der Minotauros

Minos, der König von Kreta, Sohn der Europa und des Zeus, prahlte einmal, daß die Götter alle seine Gebete erhörten. Er errichtete einen Altar zu Ehren des Meeresgottes Poseidon und bat ihn, einen weißen Stier aus dem Meer emporsteigen zu lassen, den er ihm zu opfern versprach. Der Gott schickte, wie gewünscht, das Tier hinauf. Minos war von der prachtvollen Erscheinung des Stiers so geblendet, daß er ihn für seine Herde behielt und statt dessen ein minderwertiges Tier opferte. Der ergrimmte Gott ließ die Frau des Minos, Pasiphaë, sich in den Stier verlieben. Sie gestand dem Bildhauer Daidalos ihre naturwidrige Leidenschaft ein. Er stellte eine hölzerne Kuh her, worin Pasiphaë sich verbergen konnte, um von dem Stier bestiegen zu werden.

Pasiphaë gebar ein mißgestaltetes Kind mit Menschenleib und Stierkopf, den Minotauros. Minos entdeckte das schreckliche Geheimnis der Pasiphaë und befahl Daidalos, ein Labyrinth zu bauen, um darin ihre Schande verstecken zu können.

Zu dieser Zeit war die Stadt Athen nicht besonders mächtig; sie mußte Minos jährlich einen Tribut abliefern. Minos forderte sieben Jünglinge und sieben Mädchen *(parthenoi)* ein; sie wurden zum Eingang des Labyrinths gebracht, wonach sie für immer verschwanden. Eines Tages meldete sich ein junger Athener namens Theseus freiwillig als eines der Minos-Opfer – mit der Absicht, der Tyrannei des Minos ein Ende zu setzen. Theseus segelte nach Kreta und schlich heimlich in den Palast des Minos in Knossos. Zu seinem Glück konnte er die Aufmerksamkeit der Ariadne, einer Tochter des Minos, auf sich ziehen; sie versprach, ihm behilflich zu sein, wenn er sie zur Frau nähme. Theseus willigte ein, obwohl er persönlich Ariadnes Schwester Phädra vorgezogen hätte. Ariadne gab ihm einen Knäuel, den er auf seinem Weg durch das Labyrinth abrollen sollte, um daraus wieder herauszufinden. Der Plan verlief erfolgreich: Theseus tötete den Minotauros, rettete die Opfer und konnte mit Ariadne fliehen – er nahm auch Phädra mit. Auf dem Weg nach Athen ergab es sich, zufällig oder absichtlich, daß Ariadne auf der Insel Naxos zurückblieb. Der Gott Dionysos hatte Mitleid mit ihr und heiratete sie.

Semele und das gehörnte Kind

Semele war die Tochter des thebanischen Königs Kadmos; sie gebar dem Zeus den Gott Dionysos. Als sie im sechsten Monat schwanger war, erschien die eifersüchtige Hera, als eine ältere Nachbarin verkleidet. Sie verspottete die junge Frau und behauptete, daß der Vater ihres Kindes nicht jener sei, der er zu sein vorgebe. Schließlich brachte sie Semele dazu, von Zeus zu verlangen, daß er ihr seine wahre Gestalt zeigen möge. Er erfüllte ihren Wunsch zögernd, und sie verbrannte, denn Zeus war in seiner irdischen Gestalt der Blitzstrahl. Jedoch erschien Hermes rechtzeitig, um das Baby zu retten; er entnahm es dem schwelenden Körper der Semele und nähte es in den Oberschenkel des Zeus ein. Als die Stunde der Geburt kam, trug Zeus das „gehörnte" Kind aus und nannte es Dionysos.

Plataia und das Daidalon

Nach einem Zwist mit Zeus zog Hera nach Euböa. Alalkomeneus riet Zeus, Hera eifersüchtig zu machen. So wickelte Zeus ein Holzbrett in einen Brautschleier, gab bekannt, er beabsichtige, die Tochter des Flußgottes Asopos, Plataia, zu heiraten, und stellte die Holzstatue auf einen Ochsenkarren. Als die Nachricht bei Hera ankam, kehrte sie in Begleitung der platäischen Frauen wütend zurück, zerriß der „Braut" den Schleier und brach in Lachen aus, als sie die List des Zeus erkannte. Sie söhnten sich aus, aber Hera bestand auf der Vernichtung des *daidalon.*

Die Mütter

Es ist bemerkenswert, daß die alten Griechen, der christlichen Mythe von Maria und Josef gleich, sterblichen Männern die Vaterschaft von Göttern oder von Helden nicht zutrauten. Daraus läßt sich zweierlei schließen: einerseits, daß die Sterblichen weiblichen Geschlechts als *Genetrix* (biologische Mutter) eine wichtige Rolle spielten; andererseits, daß die Rolle des *Genetors* (göttlicher Vater) bedeutender war als die der *Genetrix*.

Die Mütter der Götter

Leto war eine Titanin, die Tochter des Koios und der Phoibe; Zeus verwandelte sich selbst und Leto in Wachteln und zeugte mit ihr Apollon und Artemis. Die eifersüchtige Hera setzte die Schlange Python auf die schwangere Leto an und ließ sie über die ganze Erde verfolgen. Schließlich gebar sie in Ortygia Artemis; dann überquerte sie die Meerenge zur Insel Delos und gebar – zwischen einem Olivenbaum und einer Dattelpalme – Apollon, wobei Artemis Hebammendienste leistete.

Die Mütter als Gründerinnen der Geschlechter

Europa war die jüngere Schwester des Kadmos, des Gründers von Theben. Als sie einmal in den Feldern spielte, kam ein weißer Stier vorbei und gesellte sich zu der Herde ihres Vaters. Europa war von dem Tier entzückt; es war zahm wie ein Lamm. Der Stier ließ sich von Europa Blumen ins Maul stecken und einen Blumenkranz um die Hörner binden. Nach einiger Zeit wagte sie es, auf seinen Rücken zu steigen. Plötzlich schnaubte der Stier und trug das schreiende Mädchen, das sich an seinen Hörnern ängstlich festhielt, ins Meer. Der weiße Stier war eigentlich Zeus, der sich in Europa verliebt hatte. Er trug sie auf seinem Rücken bis zur Insel Kreta, verwandelte sich in einen Adler und vergewaltigte sie. Daraufhin gebar Europa Zeus drei Kinder, eines von ihnen war Minos, der König von Kreta und Gatte der Pasiphaë. Nach dem Mädchen Europa wurde das Geschlecht der Europäer benannt.

Ein monströses Regiment: Mütter und ihre Kinder

Demeter in Eleusis

Auf der Suche nach ihrer Tochter hielt sich die verkleidete Demeter an dem Brunnen Kallikhoros auf und wurde von den Töchtern *(parthenoi)* des Königs von Eleusis, Keleos, angesprochen. Voller Mitleid nahmen sie Demeter in ihr Haus auf, wo sie das Kleinkind Demophon, den Sohn der Metaneira, pflegte. Tagsüber sorgte sie für das Kind, und in der Nacht legte sie es auf die Glut des Herdfeuers, um seine Sterblichkeit auszubrennen – sie wollte Demophon unsterblich machen.

Eines Nachts erspähte Metaneira die alte Frau und, ihre eigentliche Identität und Absicht nicht ahnend, riß sie Demeter das Kind weg. Daraufhin zeigte sich die Göttin in ihrer wahren Gestalt und sagte vorher, daß die Söhne von Eleusis stets miteinander kämpfen würden. Dann befahl sie Keleos, einen Tempel mit einem ihr geweihten Altar zu errichten und Rituale einzuhalten, welche sie ihm vorschrieb.

Jokaste und die Sphinx

Jokaste, der Königin von Theben, wurde durch ein Orakel verboten, Kinder zu empfangen. Ansonsten, wurden sie und ihr Gatte Laios gewarnt, werde sie einen Sohn gebären, der den Vater umbringen und die eigene Mutter heiraten werde. Sie mißachteten das Orakel, aber als ein Sohn zur Welt kam, erschraken sie und setzten ihn auf dem Berg Kithairon aus, die Knöchel durchbohrt und gefesselt, damit er sich nicht in Sicherheit bringen könne. Der Säugling wurde jedoch gerettet, was Jokaste niemals erfuhr.

Jahre vergingen, und der Zorn der Götter fiel auf Theben; eine Sphinx erschien, um die Thebaner zu quälen. Die Sphinx, halb Frau, halb Löwe, saß auf der thebanischen Akropolis, an einem Abgrund, und forderte die Lösung eines anscheinend sinnlosen Rätsels. Jeder, der versuchte, das Rätsel zu lösen, scheiterte daran und wurde dann von der Sphinx verschlungen oder in den Abgrund geworfen. Schließlich kam ein hinkender Mann namens Ödipus (Schwellfuß) von Korinth nach Theben; er löste das Rätsel und befreite die Stadt. Als Dank machten die Thebaner Ödipus zu ihrem König, und Jokaste verheiratete sich – da Laios seit langer Zeit verschollen war – mit ihm. Ihnen wurden vier Kinder geboren. Aber als die Stadt wieder einmal von einer Plage heimgesucht wurde, wurde bekannt, daß Ödipus der verlorene Sohn der Jokaste war, der Laios an einer Weggabelung getötet hatte, ohne um seine Identität zu wissen. Wegen der Schande erhängte sich Jokaste, und Ödipus wurde verbannt.

Die Bacchantinnen

Kadmos und Harmonia, die Tochter des Kriegsgottes Ares, hatten vier Töchter: Semele, Ino, Autonoë und Agaue. Agaue heiratete Echion und hatte einen Sohn namens Pentheus. Semele wurde von Zeus geschwängert, aus ihrem Schoß ging der Gott Dionysos hervor. Nachdem Semele gestorben und Dionysos geboren worden war, übertrug Hera ihre Eifersucht auf ihn. Zu seinem Schutz verkleidete Zeus ihn zunächst als Kind, dann als Mädchen, aber Hera durchschaute diese Betrügereien. Wahrscheinlich war sie es, die Dionysos mit Wahnsinn schlug; so raste er durch die ganze Welt.

Danach kehrte er nach Theben zurück, um seinen eigenen Kult zu etablieren. Er erfuhr, daß während seiner Abwesenheit seine Mutter von den Tanten verstoßen worden war: Semele habe sich, behaupteten die Schwestern, in Wahrheit mit einem Sterblichen eingelassen und, um die eigene Schande zu verbergen, ihn als Zeus ausgegeben; aus diesem Grund habe Zeus sie mit seinem Blitzstrahl verbrannt. Dionysos versetzte, um Theben für diesen Betrug zu bestrafen, alle Frauen in Raserei und hetzte sie aus der Stadt auf den Berg Kithairon.

Pentheus, der zu dieser Zeit das Königtum von Theben innehatte, war geschäftlich unterwegs gewesen. Nach seiner Rückkehr fand er die Stadt in Aufruhr und alle Frauen umherschweifend. Frauen, die der Kontrolle der Männer nicht zugänglich waren, waren Pentheus verdächtig. Trotz gegenteiliger Aussagen von Augenzeugen vermutete er, daß die Frauen sich von den lüsternen Männern aus den Bergen zu diesem Verhalten hatten verleiten lassen. Auch er anerkannte die Autorität des Dionysos nicht, obwohl der Gott ihn persönlich zu überzeugen suchte. Dionysos schlug Pentheus ebenfalls mit Wahnsinn und erfuhr den eigentlichen, inneren Wunsch des Königs: Er wollte diesen Frauen und ihren Machenschaften selbst zuschauen. Unter dem Bann des Dionysos zog der König, als *Bacchantin* (wie die Anhängerinnen des Dionysos genannt wurden) verkleidet und vom Männervolk verspottet, durch die Straßen von Theben. Dionysos brachte ihn in die Berge, setzte ihn auf die höchste Kiefer (den Baum, der mit dem Gott in Verbindung gebracht wird), und mit einem schrecklichen Geschrei, einem Donnerschlag gleich, gab er den Frauen die Anwesenheit des Königs bekannt.

Einmal, als Männer versucht hatten, die *Bacchantinnen* zu stören, hatten sie sich rasend von den Bergen in die Dörfer gestürzt und das Vieh in Stücke gerissen. Nun wandten sie sich Pentheus zu; sie stürmten die Kiefer, und er erlitt das gleiche Schicksal. Endlich blieb nur sein Haupt übrig, das sie auf einen *Thyrsos*-Stab aufspießten. Sie trugen das Haupt und die Reste des Pentheus wie eine Jagdtrophäe in einem Siegeszug durch die Stadt. Agaue, die Mutter des Pentheus, leitete selbst den Zug. Die Frauen bildeten sich in ihrem Wahn ein, sie hätten ein wildes Tier, ein Stierkalb oder ein Löwenjunges, gefangen und getötet.

Auch die Stadt Argos hatte eine Mythe aus dem Themenkreis des „monströsen Regiments". Die Töchter des Proitos, hieß es, lehnten es ab, Dionysos zu verehren (einige Quellen sagen, sie hätten Hera beleidigt). Dafür wurden sie in den Wahnsinn getrieben. Sie glaubten, in Kühe verwandelt worden zu sein, denn ihre Haut wurde weiß und gefleckt. Sie rasten wie wild durch die Wälder, benahmen sich skandalös und töteten ihre Kinder. Zwei Brüder, Melampus und Bias, meldeten sich, um die Frauen zu verfolgen und sie zu heilen. Zwei Schwestern wurden durch Eintauchen in Wasser geheilt und mit den beiden Brüdern verheiratet; die dritte jedoch beging vor ihrer Heilung Selbstmord.

Phädra

Nachdem Theseus den Minotauros erschlagen hatte, zog er mit seiner neuen Braut siegreich in Athen ein; davor mußte er aber ein Jahr im Exil verbringen, als Vergeltung für eine Straftat, die er zuvor begangen hatte. Das Jahr lebte er mit seiner Braut

Phädra in der nahegelegenen Stadt Troizen, wo sie zwei Söhne gebar. Ihr Unglück war aber noch nicht zu Ende. Theseus hatte einen erwachsenen Sohn namens Hippolytos, den die Amazonenkönigin Hippolyte nach ihrer Vergewaltigung durch Theseus geboren hatte. In der Folge kam es zu dynastischen Reibereien. Ferner verweigerte Hippolytos, betrübt über die Mißhandlung seiner Mutter, die Ehe. Er opferte der jungfräulichen Göttin Artemis seine Keuschheit und lehnte den Kult der Aphrodite ab.

Diese Beleidigung hatte Aphrodite verständlicherweise verärgert, und sie schwor Rache. Dabei spielte Phädra die unschuldige Marionette: Als Theseus verreist war, verhängte Aphrodite einen Fluch über Phädra, und so verliebte sich diese in ihren Stiefsohn. Gequält von Liebeskummer und gleichzeitig von Schuldgefühlen, wozu auch die ehebrecherische Vergangenheit der weiblichen Mitglieder ihrer eigenen Familie beitrug, gestand sie Hippolytos ihre Liebessehnsucht. Der rituell zu Keuschheit verpflichtete Jüngling stieß Phädra entsetzt von sich. Sie gab jedoch nicht auf und beteuerte ihm ihre Liebe, was ihn noch rasender machte. Schließlich erhängte sie sich, reumütig, aber nicht ohne Bosheit, denn sie hinterließ ein Schreiben an Theseus, worin sie Hippolytos einen Vergewaltigungsversuch anlastete.

Der entsetzte Theseus verbannte Hippolytos und bat seinen heiligen Vater Poseidon um Rache. Als der Jüngling in seinem Wagen am Strand entlangfuhr, ließ Poseidon einen riesigen Stier aus dem Meer auftauchen. Der Stier war so groß und brüllte so furchtbar, daß die Pferde durchgingen, wobei Hippolytos in seinem Wagen zu Tode kam.

Die Amazonen

Die bekanntesten „Männerfresserinnen" der antiken Welt waren wohl die Amazonen – ein mythisches Geschlecht weiblicher Übermenschen, die angeblich aus Libyen oder Skythien (den südrussischen Steppen) stammten. Sie waren nomadische Reiterinnen und Kriegerinnen und verabscheuten Männer dermaßen, daß sie potente Männer zu Zeugungszwecken entführten, sich von ihnen schwängern ließen und sie – ähnlich den Schwarzen Witwen – dann erschlugen. Es wurde behauptet, sie töteten ihre männlichen Kinder, und auch, daß sie eine ihrer Brüste abschnitten, um den Bogen besser spannen zu können. Die Vasenmalereien widerlegen jedoch diese These, denn hier sind die Amazonen stets mit beiden Brüsten abgebildet. Auch die göttliche Bogenschützin Artemis scheint keine ihrer Brüste als überflüssig empfunden zu haben.

Viele Mythen thematisieren die Amazonen; erzählt wird vor allem von ihren kriegerischen Auseinandersetzungen – und natürlich von ihren Niederlagen im Kampf mit verschiedenen griechischen Helden. So mußte Herakles als eine seiner „zwölf Arbeiten" den Gürtel der Amazonenkönigin Hippolyte rauben; Theseus bekämpfte und vergewaltigte Hippolyte und zeugte Hippolytos; Achilleus tötete Penthesilea, allerdings betrauerte er ihren Leichnam. Sogar Dionysos, der nicht als Krieger bekannt war und meistens eher mit weiblichen Zügen dargestellt wurde, führte einen Kampf gegen die Amazonen und konnte sie – selbstverständlich – ausstechen.

Magische Frauen: Medea

Vielleicht ist es etwas überraschend, daß die griechische Mythologie nur wenige Hexen oder andere mit Zauberkraft ausgestattete Frauen kannte; die bekannteste unter ihnen war Medea. Mag sein, daß bereits die durchschnittlichen Frauen im alten Griechenland als so unwiderstehlich und mächtig galten, daß sich der Beistand geheimnisvoller oder übernatürlicher Mächte erübrigte.

Medea war die Tochter des Aietes, Sohn des Sonnengottes Helios, der über Kolchis am Schwarzen Meer herrschte. Eines Tages traf ein Grieche namens Jason, begleitet von den Argonauten, in der Stadt ein. Er war auf der Suche nach dem Goldenen Vlies. Wie das Medusenhaupt in der Perseus-Mythe, so war auch das Goldene Vlies ein magisches Zeichen, das seinem Besitzer zur Herrschaft verhalf. Zu Jasons Unglück wurde das Vlies von König Aietes in einer Höhle aufbewahrt, die ein wilder, feuerspeiender Drache bewachte. Jason und Aietes stritten um das Vlies und kamen schließlich zu einer Vereinbarung: Wenn er das Vlies erlangen wollte, sollte Jason ein großes Feld mit zwei bronzenen Ochsen beackern, die Zähne des Drachens säen und die Krieger, die aus den Samen hervorgingen, bekämpfen.

Medea war eine Zauberin und die Priesterin der Hekate, während Jason ein Günstling der Hera war. Hera bat Aphrodite, Medea sich in Jason verlieben zu lassen, damit sie mit ihrer Zauberkraft Jason beistünde. Medea stellte eine Salbe her, deren Anwendung Jason und seine Rüstung gegen Feuer unempfindlich machte Jason spannte die Ochsen ins Joch, ackerte und säte die Zähne des Drachen. Als die Krieger emporwuchsen, entledigte er sich ihrer mit einem einfachen Trick: Er warf einen Stein in ihre Mitte, woraufhin sie anfingen, gegeneinander zu kämpfen.

König Aietes vermutete, Jason habe seinen „Erfolg" den übernatürlichen Kräften Medeas zu verdanken; er plante, sich der Argonauten zu entledigen, aber Medea durchschaute seine Absicht rechtzeitig. Sie holte die Argonauten über einen geheimen Weg aus der Stadt und führte Jason zur Höhle des Drachen. Mit Hilfe von Medeas Salbe hatte Jason mit dem Drachen ein leichtes Spiel und stahl das Vlies. Medea, nun zur Verräterin geworden, mußte mit ihm flüchten.

Aietes schickte seinen Sohn Apsyrtos hinter ihnen her. Aber Medea tötete Apsyrtos, zerstückelte ihn und streute auf ihrem Fluchtweg, damit die Verfolgung sich verzögere, die Leichenteile aus. Die Verfolger mußten anhalten, um diese einzusammeln. In Dankbarkeit verspach Jason Medea, sie nach Griechenland mitzunehmen.

Pelias wollte Jason für immer aus Iolkos vertreiben, unter dem Vorwand, er solle ihm das Goldene Vlies herbeischaffen. Medea entschloß sich zur Rache, wobei sie vor einem kleinen Betrug nicht zurückscheute. Sie überzeugte die Töchter des Pelias, daß sie ihren bereits sehr alt gewordenen Vater verjüngen könne. Dies wäre durch

Abb. 8: Die Zauberin Medea verjüngt einen Widder, so wie zuvor Aison, durch Kochen in einem großen Kessel unter Zusatz von Zauberkräutern. Attische rotfigurige Hydria des Kopenhagener Malers.
Trustees of the British Museum, London

Kochen in einem großen Kessel unter Zusatz von Zauberkräutern möglich. Um ihre Zauberkraft unter Beweis zu stellen, führte sie den Vorgang zunächst an dem alten Vater des Jason, Aison, vor. Dann verwandelte sie mit der gleichen Methode einen Widder in ein Lamm. Von der Zauberkraft der Medea überzeugt, waren die Töchter begierig, den gleichen Zauber ihrem Vater zugute kommen zu lassen. Die listige Medea unterließ es diesmal, die magischen Kräuter zuzusetzen, und Pelias wurde bei lebendigem Leibe gekocht. Sein Sohn Akastos freute sich jedoch darüber keinesfalls, er verwies Medea und Jason des Landes.

Sie kamen in der griechischen Stadt Korinth an, wo sie viele Jahre zusammen lebten. Medea gebar zwei Söhne, war aber nicht glücklich: Sie liebte Jason, während er die Beziehung zu ihr aus bloßer Dankbarkeit pflegte. Er hatte Medea außerhalb der Stadt untergebracht. Dann verlobte er sich mit Glauke, der Tochter des korinthischen Königs Kreon, denn dadurch hatte er Aussicht auf die Gründung einer Dynastie, die er seinen Söhnen einmal vererben konnte. Trotz allem, was Medea für Jason getan und aufgegeben hatte, wurde sie also verstoßen. Das war zuviel für sie, und sie rächte sich voller Grimm. Sie präparierte das Brautgewand und die Krone der Glauke mit einer Zaubersalbe. Diese entflammten dadurch, und Glauke sowie ihr Vater, der zu ihrer Rettung herbeieilte, verbrannten. Medea flüchtete dann mit ihrem geflügelten Wagen, wahrscheinlich dem Sonnenwagen, den sie von ihrem Großvater Helios geerbt haben könnte. Sie nahm auch die Leichen ihrer kleinen Söhne mit, die sie in ihrem Zorn getötet hatte, um die dynastischen Absichten Jasons zu vereiteln.

III. Unbedeutendere Frauengestalten

Alkyone

Alkyone war die Tochter des Aiolos, dem Hüter des Windes. Sie und ihr Mann Keyx verglichen sich hochmütig mit Hera und Zeus. Erzürnt über diese Prahlerei, schleuderte Zeus seinen Donnerkeil nach dem Schiff, auf welchem Keyx segelte, sodaß es umschlug. Danach erschien sein Geist der Alkyone. Durch diesen Besuch verwirrt, stürzte sie sich von einem Felsen ins Meer. Daraufhin verwandelte Zeus Alkyone in einen Eisvogel und Keyx in einen Tauchervogel.

Antigone

Sie war die Tochter des Ödipus und der Jokaste. Ihre Brüder, Polyneikes und Eteokles, stritten sich um die Herrschaft von Theben und töteten einander. Da Polyneikes die Stadt angegriffen hatte, um seinen Anspruch auf den Thron geltend zu machen, erließ sein Onkel Kreon ein strenges Verbot, ihn zu begraben; dessenungeachtet nahm Antigone seine Bestattung vor. Kreon ordnete an, Antigone lebendig einzumauern. Auf Drängen des Teiresias, des Propheten des Apollon, wollte er sie freilassen. Es war aber bereits zu spät; Antigone hatte sich erhängt.

Die Chariten (Die Grazien)

Als Göttinnen, die Anmut, Grazie und Schönheit personifizierten, wiesen die Chariten offensichtlich eine Verwandtschaft mit Aphrodite auf, also mit Schöpfung und

Zeugung. Sie waren die Töchter des Zeus; Myrte und Rosen waren ihre Lieblingsblumen.

Chimäre

Ein weibliches Ungetüm, dessen dreiteiliger Leib sich aus Löwin, Ziege und Schlange zusammensetzte. Sie erlag dem Bellerophon.

Daphne

Daphne, eine Bergnymphe und Priesterin der Demeter, wurde von Apollon verfolgt. Der Gott versuchte, sie zu vergewaltigen, aber im letzten Moment rief sie Demeter zu Hilfe. Die Göttin ließ an ihrer Stelle einen Lorbeerbaum hervorsprießen und sie nach Kreta entschwinden, wo sie als Pasiphaë bekannt wurde.

Eurydike

Eurydike, eine Baumnymphe und Gattin des Orpheus, war eine berühmte Musikerin. Als sie von Aristaios verfolgt wurde, trat sie aus Versehen auf eine Schlange, deren Biß tödlich wirkte. Orpheus durfte Eurydike unter der Bedingung, daß er sich auf seinem Rückweg nicht nach ihr umblicke, aus der Unterwelt zurückholen. Er konnte jedoch diese Bedingung nicht einhalten, und Eurydike mußte in die Unterwelt zurückkehren.

Die Furien

Als Göttinnen der ausgleichenden Gerechtigkeit verfolgten die Furien Missetäter, vor allem Muttermörder. Sie entstanden, als Kronos Uranos kastrierte: Blutstropfen des Uranos keimten in der Erde; aus ihnen gingen die Furien hervor. Sie kommen im Mythos um Orestes vor, der seine Mutter Klytämnestra tötete; danach verwandelten sie sich in die Eumeniden, die „Wohlwollenden". Die Eumeniden bewohnten einen heiligen Hain direkt vor der Stadtgrenze von Athen.

Die Harpyien

Die Harpyien waren die Töchter des Thaumas und der Elektra, der Tochter des Okeanos, einer Meeresgottheit. Sie waren abwegige geflügelte Geister, die Dinge und Menschen, wie die Töchter des Pandareos, verschleppten.

Hekate

Hekate wird manchmal mit Artemis und der Mondgöttin Selene verwechselt, deren Eigenschaften sie teilte. Interessant ist, daß ihr Opfertier der Fisch war. Sie wurde mit der Geisterwelt assoziiert und bei gefährlichen Umständen um Hilfe angefleht; etwa an einer Weggabelung, wo ihr ein aus Hundefleisch bestehendes Sühneopfer dargeboten wurde.

Die Horen (Horai)

Die „Jahreszeiten"; wie ihr Name besagt, waren sie die Göttinnen der Jahreszeiten, die die Blumen und Pflanzen wachsen ließen. Sie hießen Thallo, Karpo und Auxo.

Karya

Das Mädchen Karya wurde von dem Gott Dionysos geliebt und verfolgt. Karya verstarb plötzlich in Karyai, einem Dorf in Lakonien; Dionysos verwandelte sie in einen Walnußbaum. Die Anhängerinnen der Karya, die *Karyatiden*, wurden in Statuen dargestellt, die als Säulen den Tempelaufbau stützen; das *Erechtheion*, ein Teil des Parthenon-Komplexes, ist das berühmteste Beispiel hierfür.

Kassandra

Sie war die Tochter des Priamos und der Hekabe aus Troja und die Schwester des Helenos. Apollon, der Gott der Wahrsagung, verliebte sich in sie und versprach ihr die Sehergabe, wenn sie mit ihm schliefe. Kassandra willigte ein und erhielt die Gabe, besann sich dann aber anders und behielt so ihre Jungfräulichkeit. Apollon spuckte ihr verärgert ins Gesicht und strafte sie, indem er keinen Sterblichen an ihre Prophezeiungen glauben ließ, obgleich sie zutreffend waren.

Lamia/Empusa

Lamia war die Tochter der Libye und des Belos. Hera, eifersüchtig auf ihre Beziehung mit Zeus, vernichtete ihre Kinder. Vor Kummer wurde Lamia rasend und stahl den Müttern die Kinder – das Schreckgespenst der Kinderstube sozusagen. Nach einigen Quellen tat sie sich mit den *Empusae* (*Empusa* in der Einzahl) zusammen, anderen Schreckgespenstern weiblichen Geschlechts, die junge Männer verführten und diese, wenn sie nach dem Liebesakt einschliefen, verzehrten – anders ausgedrückt: Sie waren Vampire.

Die Mänaden

Wortwörtlich die „Rasenden"; sie waren die Anhängerinnen des Gottes Dionysos; man nannte sie auch *Bacchantinnen*.

Die Moiren

Die drei Schicksalsgöttinnen, die über den Lebensfaden der Sterblichen sowie der Unsterblichen wachten. Ihr Name bedeutet „Anteile", was die Gabe verdeutlicht, den einzelnen Menschen eine bestimmte Lebensart und -weise zuteilen zu können. Sogar Zeus selbst, der Vater der Götter und der Menschen, mußte sich ihrer Macht beugen.

Die Musen

Die Töchter des Zeus und der Mnemosyne (Erinnerung), die Musen, lebten auf dem Berg Helikon. Jegliches Wissen entsprang aus ihnen; am Anfang eines öffentlichen Vortrags flehten die Dichter sie an, sie sollten die Wahrheit ihrer Aussage glaubwürdig machen. Die Anzahl der Musen schwankt zwischen drei und neun. Ursprünglich herrschte eine Triade über die verschiedenen Bereiche; während des römischen Zeitalters jedoch wurden neun Musen einzelne Kunstbereiche zugeschrieben. *Mouseia* waren die heiligen Orte, wo die Vögel sangen – diese galten als ein Zeichen der Götter –, und später nannten Philosophen wie Platon und Aristoteles ihre Schulen „Museen".

Nemesis

Eine Schwester der Eris (Streit) und die Tochter der Nyx (Nacht), war Nemesis die Hauptgöttin der ausgleichenden Gerechtigkeit, verantwortlich insbesondere für Fälle der *hybris*, also des übertriebenen Hochmutes oder eines anderen Vergehens der Überheblichkeit gegen die Götter.

Niobe

Niobe hatte so viele Kinder, daß sie behauptete, sogar eine bessere Mutter als Leto, die Mutter der heiligen Zwillinge Artemis und Apollon, zu sein. Die Zwillingsgottheiten spannten daraufhin ihre Bogen und schossen jedes einzelne Kind der Niobe zu Tode, um den Ruf ihrer Mutter aufrechtzuerhalten und der Niobe eine Lektion in Bescheidenheit zu erteilen.

Die Nymphen

Als kleinere Gottheiten, eher wie Geister oder Dämonen, wurden die Nymphen mit bestimmten Örtlichkeiten oder einzelnen Naturerscheinungen in Verbindung gebracht; sie waren die Töchter des Zeus. Die *Alseiden*, die *Napaiai* und die *Dryaden* waren die Nymphen der Wälder und Haine; die *Dryaden* waren ursprünglich, wie ihr Name aussagt, die Geister der Eichen, wurden aber später die Nymphen der Bäume im allgemeinen. Die *Hamadryaden* wurden als Baumnymphen angesehen, die mit dem jeweiligen Baum auch starben. Die *Oreaden* waren Bergnymphen, die *Leimoniaden* Wiesennymphen, und die *Najaden*, die *Potameiden*, die *Kreneiden*, die *Hydriaden* und die *Nereïden* Wassernymphen verschiedenster Art. Das Wort „Nymphe" bedeutet eigentlich junge, unverheiratete Frau, deutete aber auch ihre Bereitschaft zum Geschlechtsverkehr an, wodurch die Nymphen mit Aphrodite, der Göttin der geschlechtlichen Liebe, in Verbindung gebracht wurden.

Phoibe

Phoibe war die Tochter des Himmels und der Erde (Gaia) und die Mutter der Leto, also die Großmutter der Artemis und des Apollon; daher hieß der Gott auch *Phoibos*. Sie war, wie Selene, eine Mondgottheit.

Die Sirenen

Die Sirenen waren Vögel mit Frauenköpfen, die sich auf einer Insel nahe der Skylla und der Charybdis aufhielten. Ihr Gesang war unwiderstehlich und bezauberte die Seefahrer, deren Schiffe dann außer Kontrolle gerieten und an den Felsen zerschellten.

IV. Frauen, Mythos und Ritual

Im alten Griechenland wurden Frauen unterschiedlich bezeichnet, je nach Alter, gesellschaftlicher Stellung, Familienstand und nach biologischen Kriterien.

Ein junges Mädchen, *kore*, begann ihr Leben im Haushalt *(oikos)* ihres Vaters und gehörte dessen „Herd" (*hestia*, wie auch die Göttin des Herdes hieß) an. Mit etwa vierzehn Jahren, wenn das Mädchen das Menstruationsalter erreichte, hieß es *parthenos*, „unverheiratetes Mädchen". Nach diesem Übergang fand so schnell wie möglich ihre Verlobung und daraufhin die Hochzeit statt. Zwischen der biologischen Begebenheit der Menarche und dem gesellschaftlichen Ereignis Heirat war jedoch eine gewisse Zeitspanne unvermeidlich. Während der Hochzeitszeremonie wurde die Braut von ihren Eltern in einem Fackelzug zum Haus ihres zukünftigen Ehemannes geführt – in rituellem Sinn vom Herd des Vaters zu dem ihres Ehemannes.

Eine verheiratete Frau wurde im allgemeinen als *gyne* (wörtlich „Frau") bezeichnet; die Bezeichnung „Ehefrau", *damar*, scheint weniger in Verwendung gewesen zu sein. Die Geburt ihres ersten – insbesondere männlichen – Kindes galt als das wichtigste Ereignis im Leben einer Frau, nach diesem Zeitpunkt bekam sie den Status einer Mutter, *meter*.

Im Unterschied zu Männern wurden Frauen zunächst nach biologischen Kriterien – in bezug auf ihre Sexualität und ihre Fruchtbarkeit – klassifiziert. Die Blutung, die bei Menarche, erstem Geschlechtsakt und Geburt auftritt, spielte also bei der Bestimmung ihrer gesellschaftlichen Stellung eine entscheidende Rolle. Zweitens wurden sie nach der jeweiligen Zugehörigkeit zu einem „Herd" klassifiziert, anders ausgedrückt: nach ihrer Verwandtschaftsbeziehung zu einem Mann. Die altgriechischen Männer hielten anscheinend die Menstruation, vor allem die erste (die Menarche), für problematisch. Infolgedessen schränkten sie menstruierende Frauen durch verschiedene Regeln und Tabus ein, die in der Mythologie verschlüsselt überliefert sind.

Diese finden einen direkteren Ausdruck in den medizinischen Abhandlungen, wie etwa in *Peri Parthenon*, dem berühmten Text aus dem hippokratischen Korpus, formuliert im fünften oder vierten Jahrhundert v. Chr. Die Schrift wird üblicherweise mit „*Über die Krankheiten der jungen Mädchen*" oder mit „*Über die Krankheiten der Jungfrauen*" übersetzt. Es handelt sich jedoch um männliche Kontrolle über die Menstruation, die als pathologischer Zustand galt und am besten durch Geschlechtsverkehr, unmittelbar gefolgt von einer Schwangerschaft, zu heilen sei.

Meiner Ansicht nach verstanden die altgriechischen Männer die *parthenos* als einen ambivalenten soziopathologischen Zustand, den es zu kurieren galt; es war ein Zustand des Übergangs: erstens von der unverheirateten *(kore)* zur verheirateten *(gyne)* Frau, zweitens von der Jungfrau *(kore)* zur Mutter *(meter)*. Somit stellte die *parthenos* drittens einen physischen sowie sinnbildlichen Übergang vom Haushalt/Herd des Vaters zu dem des Ehemannes dar. Anders ausgedrückt: Die *parthenos* steht *zwischen* dem jeweiligen von Männern den Frauen zugedachten Status.

Analysiert man die griechischen Mythen entsprechend den genannten biosozialen Kriterien, stellt sich heraus, daß die meisten mythischen Figuren den *parthenoi* zuzurechnen sind. Dies deutet auf eine übermäßige Angst der altgriechischen Männer vor der Sexualität und auf ihre ambivalente Haltung gegenüber den außerhalb ihres Machtbereichs stehenden Frauen hin. In allen diesen Mythen wird die *parthenos* entweder umgewandelt oder zerstört; die *parthenos* wurde als ein befristeter Zustand mit beschränktem gesellschaftlichen Nutzen angesehen. Das Ziel war, die *parthenos* in eine *gyne/meter* umzuwandeln.

Anhand einer großen Anzahl von altgriechischen Mythen ließe sich aufzeigen, was diese zur gesellschaftlichen Stellung der Frau in der altgriechischen Gesellschaft auszusagen vermögen. Aber welchen Zugang hatte die große Mehrheit der Frauen zu diesen Mythen? In welchem Ausmaß waren Frauen tatsächlich für deren Formulierung und Weitergabe verantwortlich? Unglücklicherweise kann jeder Versuch, diese Fragen zu beantworten, nur spekulativen Charakter haben, was aber nicht heißt, daß wir es nicht dennoch versuchen sollten.

Konnten Frauen lesen und schreiben? Nun, da wir von einem Verleumdungsschreiben der Phädra an Theseus wissen, könnten wir die Behauptung riskieren, daß einige aristokratische Frauen der Schrift mächtig waren. Gab es damals Bücher zum Lesen? Während seines berühmten Prozesses erwähnt Sokrates, daß in der *Agora* die Werke einiger Philosophen zum Stückpreis von einer Drachme erhältlich waren – ein Preis, der für den Großteil der unteren Gesellschaftsschichten, Frauen wie Männer, unerschwinglich war. Die Mythen aus den homerischen Epen boten der antiken Tragödie zwar den Stoff, es läßt sich aber nicht mit Sicherheit feststellen, ob Frauen das Theater besuchen durften. Die Frauenrollen wurden von Männern gespielt, sodaß auch diese Möglichkeit der Auseinandersetzung mit den Mythen eher auszuschließen ist. Es gab andere Gelegenheiten, die Epen des Homer zu hören, etwa durch die *Rhapso-*

den; wir wissen gleichfalls nicht, ob Frauen ihre Darbietungen erlebten, ihnen zuhörten oder gar selbst vortrugen, auch wenn es an Dichterinnen nicht fehlte.

Die meisten dieser Gelegenheiten waren eng verknüpft mit Ritualen, zu denen meiner Ansicht nach (worauf ich hier aus Platzgründen nicht eingehen kann) Frauen nicht zugelassen waren, denn es waren Initiationsriten, vollzogen nur unter Männern. Allerdings gab es auch Rituale ausschließlich für Frauen, die weiter unten noch auszuführen sind.

Im allgemeinen vollzog sich die Kulturvermittlung, zumindest im Athen des fünften Jahrhunderts v. Chr., der Hochblüte des klassischen Zeitalters, über das gesprochene Wort. Einiges, wie das Gesetz und die Ritualkalender, wurde systematisch aufgezeichnet und in monumentalen Inschriften öffentlich aufgestellt. Aber fast alles andere wurde mündlich weitergegeben, nicht schriftlich. Sogar der Unterricht in den Schulen, die nur Knaben besuchten, beruhte ausschließlich auf dem gesprochenen Wort.

In der Tragödie *Ion* von Euripides begleitet der Chor der Athenerinnen Krëusa nach Delphi; es ist offensichtlich ihre erste Reise. Wie naive Touristinnen besichtigen sie die Stadt, suchen Sehenswürdigkeiten auf, betrachten die Giebelverzierungen am Tempel des Apollon, entziffern die darin dargestellten Mythen und überlegen, ob diese mit ihren beim Spinnen erzählten Geschichten übereinstimmen. Das Spinnen und Weben war offensichtlich eine Gelegenheit für Frauen, zusammenzukommen und einander Geschichten zu erzählen. Das Weben mag eine Heimarbeit gewesen sein, könnte aber zugleich eine rituelle Funktion gehabt haben: Beim Weben erhielten Frauen Unterweisung in Mythologie. Leider bleiben Textilien nicht über lange Zeitspannen erhalten, und wenn, dann verbleichen oft die zur Ausschmükkung verwendeten Farbstoffe.

Die Töpferei war ein weiteres nichtschriftliches Medium, das den Frauen Zugang zur Mythologie bot, und die gebrannten Gefäße sind Artefakte, die erhalten blieben. Seit dem siebenten Jahrhundert v. Chr. wurden griechische Vasen mit Szenen aus der Mythologie verziert. Die meisten Töpferarbeiten dienten rituellen Zwecken; die dargestellten Szenen bezogen sich auf das jeweilige Ritual. Und gerade hier, in der Beziehung des Mythos zum Ritual, fanden Frauen am ehesten Zugang zum Mythos. Jede der unten angeführten Mythen ist entweder ein *aition* – eine Mythe, die den Ursprung eines bestimmten Rituals „erklärt" –, oder sie steht in einer mittelbaren Beziehung mit einer Mythe ätiologischen Charakters. Im allgemeinen waren Frauen nicht als Töpferinnen tätig, aber die Herstellung der Textilien lag allein in ihren Händen. Daher ist ohne Zweifel anzunehmen, daß Frauen die Mythe, die ein rituelles Gewand verzierte, diskutierten und somit zu deren Formulierung sowie Übermittlung entscheidend beitrugen.

Anschließend werden Mythen angeführt, die Frauen und den weiblichen rituellen Kreislauf thematisieren, und zwar mit der Absicht, die Bedeutung der Frauen im altgriechischen religiösen Leben herauszuarbeiten. Die Mehrzahl der Beispiele stammt aus Athen, da diese Stadt umfangreiches und weniger lückenhaftes Quellenmaterial hinterlassen hat.

Der Mythos von Kore-Persephone diente in der Antike als ein *aition* für das Ritual der *Thesmophoria*, das ausschließlich Frauen zu Ehren der „Zwei Göttinnen" (im allgemeinen Demeter und Persephone) feierten. Das im Herbstmonat *Pyanepsion* (Oktober/November) begangene Ritual mag sich auf das Säen bezogen haben und eine Danksagung an Demeter gewesen sein. Das Fest erstreckte sich über drei Tage. Männer waren nicht nur von dem Fest ausgeschlossen, sondern sie sollten nicht einmal darüber sprechen, vermutlich wurden sie während dieses Zeitraums in den Häusern eingesperrt. Die Frauen schlugen ihr Lager auf der Akropolis auf. Am ersten Tag (genannt *Kathodos*, Abstieg, oder *Anodos*, Aufstieg) gruben die Frauen, die drei Tage gefastet hatten, die Reste der zuvor geopferten Schweine aus. Diese Reste wurden mit den für die Saat bestimmten Samen vermischt und sollten als magischer Zusatz eine gute Ernte sichern. Am dritten Tag, *Kalligeneia* (schön geboren, die schöne Geburt oder die Geburt der Schönen), wurden die Samen ausgesät. Am zweiten Tag, *Nesteia*, saßen die Frauen auf dem Boden zusammen, fasteten und stellten einander Rätsel, vermutlich um den Kummer der Demeter über den Verlust der Persephone nachzuinszenieren. Die Quellen erwähnen ein weiteres geheimnisvolles Ritual, die *Chalkidische Verfolgung*, das uns in Einzelheiten nicht bekannt ist.

In vielen Kulturen existiert der Mythos von der Göttin der Erde bzw. der Fruchtbarkeit, die einen Teil des Jahres in einem Versteck zubringt – offensichtlich eine Erklärung für die Jahreszeiten. Nach dem griechischen Mythos verschwinden zwei Göttinnen, aber nur eine von ihnen, Demeter, ist die eigentliche Göttin der Erde. Wie läßt sich dann das Verschwinden der Persephone erklären? Die Antwort liegt im Granatapfel, einer Frucht mit blutrotem Saft, die mit Persephone und der Unterwelt in Verbindung steht. Meiner Interpretation nach stellt die Mythe dar, daß Persephone die Menarche erreicht hat; der Granatapfel symbolisiert ihre Menstruation, und ihr Verschwinden gibt die Abgeschlossenheit wieder, in der Frauen die Zeit ihrer Menstruation verbrachten. Die Geschichte kann unmöglich mit der Erntezeit in Zusammenhang stehen, denn Persephones Verschwinden wird durch die Narzisse, eine Frühlingsblume, verursacht.

Anthropologen unterscheiden Initiations- von Pubertätsriten; erstere basieren auf einer gesellschaftlichen Grundlage, initiiert wird eine Gruppe, während letztere an einem Individuum ausgeführt werden, und zwar als Antwort auf eine biologische Veränderung, im Fall der Persephone auf die Menarche. Dieses Pubertätsritual stellt die Verwandlung der Persephone von einer „blutlosen" *kore* in eine „Braut des Todes" dar, wie Persephone als Braut des Hades genannt wird; sie wird eine *parthenos*. Die Narzisse mag eine phallische Konnotation aufweisen, aber von größerer Bedeutung ist hier wahrscheinlich ihre Verwandtschaft mit dem Krokus, aus dem die Griechen Safran gewannen; damit färbten sie die Gewänder der Mädchen, die zum Zeitpunkt des Rituals als symbolisch gestorben galten. Ferner läßt sich der Name Narzisse von *narkhe* ableiten, was „Zahl“ und „narkotisch“ bedeutet. Hierbei liegt die Vermutung nahe, daß Verschwinden und Gefangenschaft der Persephone mit einem lang anhaltenden Schlaf infolge einer Betäubung, vielleicht auch mit dem Winterschlaf in Verbindung gebracht wird. Diese Überwinterung könnte für eine unfruchtbare Zeitspanne im biologischen Zyklus der Frau – hier die Menstruation – stehen.

Der Winterschlaf führt uns zu Mythen und Ritualen um den Bären und andere Tiere, die Winterschlaf halten und die in den Mythologien vieler Kulturen den Menschen am nächsten stehen. Zugleich stellt die Überwinterung symbolisch einen Zustand des Totseins dar, den der Frühling mit der ersten Blüte beendet. In der Komödie *Lysistrata* von Aristophanes hören wir von *arkteuein*, *aletris*, *arrephoros* und *kanephoros*, den vier rituellen Rollen, die junge Mädchen vorführen, anscheinend Verkörperungen des weiblichen rituellen Kreislaufs. Wir wissen wenig über *aletris*, die „Getreide-Müllerin“, vielleicht eine noch nicht nachgewiesene Verbindung zu Kore-Persephone und Demeter. Die *kanephoros* spielte in vielen Ritualen eine eher bescheidene Rolle.

Zum attischen Fest der *Brauronia* huldigten junge, fünf- bis zehnjährige Athenerinnen, gekleidet in safrangelbe Gewänder, Artemis mit einem Tanz. Der Tanz hieß *arkteuein*, wörtlich „den Bären spielen“. Das Ritual wurde durch folgende Mythe begründet: Eines Tages betrat ein Bär, das heilige Tier der Artemis, die Stätte der Göttin. Ein junges Mädchen hänselte das Tier so lange, bis dieses ihm ein Auge ausriß (das heißt, das Mädchen blutete), woraufhin ihre Brüder das Tier erschlugen. Zur Strafe ließ Artemis Athen von einer Seuche heimsuchen, die, wie ein Orakel verhieß, ein Ende fände, wenn die jungen Athenerinnen hinfort in Reue „den Bären spielten“.

Der Name Kallisto bedeutet „die Schönste“ und könnte mit dem letzten Tag des Rituals der *Thesmophoria* in Verbindung stehen; *Kalligeneia* heißt so viel wie die „Geburt der Kallisto“. Daraus können wir folgern, daß diese jungen Athenerinnen wohl kleine Bären (Arkas) sind, die nach der *Kalligeneia* „geboren“ werden. Bemerkenswert ist, daß die Mädchen als Gruppe initiiert werden; sie müssen also – trotz der in unseren Quellen vorgegebenen strengen Altersgrenze – ihre Menarche nicht unbedingt erreicht haben. In diesem Sinne können wir „den Bären spielen“ der „Braut des Todes“ gleichsetzen. In beiden Fällen findet eine Verwandlung von der *kore* zur *parthenos* statt, die nicht auf einem biologischen, sondern auf einem gesellschaftlichen Hintergrund basiert.

Die *Chalkidische Verfolgung*, vollzogen im Rahmen der *Thesmophoria*, könnte ein ritueller Nachvollzug der Verfolgung der Atalante durch Hippomenes, die zur Ehe führte, gewesen sein; dies ist jedoch nur eine Vermutung. Wir wissen allerdings, daß eine rituelle Verfolgung von Frauen durch Männer oft zur Ehe geführt hat. Zu

Beginn der Mythe wird Atalante durch ihre Aussetzung in den Bergen mit Artemis in Verbindung gebracht, mit der Bärin und ihrer Fertigkeit im Jagen. Aphrodite führte dann ihren „Untergang" herbei, der zur Umwandlung der jungfräulichen Atalante in eine Braut führte.

In den Mythen um Iphigenie, Aglauros und die unbenannte Tochter des Embaros gibt es bestimmte Gemeinsamkeiten. Stets äußert Artemis ihren Zorn kurz vor dem Kriegsausbruch. Ein Vater „opfert" seine Tochter, die anscheinend bereitwillig in den Tod geht. In zwei Versionen des Mythos wird die Tochter durch ein der Göttin heiliges Tier ersetzt; in zwei anderen wird die Tochter selbst „geheiligt" und zur Hohen Priesterin gemacht. Wie dem auch sei – vergleichen wir Kore-Persephone mit Iphigenie, so finden wir jeweils einen Vater vor, der zugunsten der familiären Interessen seines Bruders die eigene Tochter als „Braut des Todes" opfert: Zeus gibt Hades Persephone in die Ehe; Agamemnon täuscht eine Hochzeit der Iphigenie mit Achilleus vor. In Wahrheit opfert er sie, damit sein Bruder Menelaos seine Gattin Helena zurückerobern kann.

Ferner hat Zeus durch die „Übergabe" seiner Tochter an Hades den Himmel (Zeus), die Erde (Demeter) und die Unterwelt (Hades) symbolisch vereinigt, wobei Persephone als Medium fungiert. Ebenso vertritt der Körper der Iphigenie in seiner unbescholtenen Jungfräulichkeit die Integrität der griechischen Gemeinschaft zu einer Zeit, als der Krieg auszubrechen, also der „Gemeinschaft" die Auflösung droht. Der „physische Körper" der Frau ist demnach eine Metapher für die „politische Körperschaft" (der Männer): Bleibt Iphigenie bis zu ihrem Tod unbescholten, so gilt dies auch für die Gemeinschaft, die sie verkörpert. Wenn die Herrschergestalt der Gemeinschaft (Zeus/Agamemnon), die über die höchste patriarchale Macht verfügt, über den Zeitpunkt und die Art und Weise des Todes bestimmen kann, dann kann sie auch über das Schicksal der Gemeinschaft walten. Hinter dem jungfräulichen Opfer in Kriegssituationen steht zweifellos der Wunsch nach Aufrechterhaltung und Wiederherstellung der Integrität der Gemeinschaft. Hiermit wird auch ein Gegensatz zwischen weiblichen (biologischen) Interessen und männlichen (gesellschaftlichen/politischen) Interessen errichtet. Das jungfräuliche Blut wird in einem kontrollierten rituellen Rahmen vergossen, um das uneingeschränkte und wahllose Vergießen männlichen Blutes im Krieg zu verhindern. Der Wunsch, die Integrität zu erhalten, verlangt nach Maßnahmen, die die Unordnung beenden, nach Kontrolle über das Chaos, nach der Durchsetzung männlicher Interessen gegen jene der Frauen.

Im Mythos der Iphigenie treten weitere bemerkenswerte Verwandlungen und Vertauschungen zutage. An die Stelle des Hirsches, den Agamemnon getötet hat, tritt bei der Opferung der Iphigenie eine Hirschkuh: das Männliche wird durch das Weibliche ersetzt. Iphigenies „Heirat" mit Achilleus wird zu einer mit dem Tod. Achilleus ist in mythischer Hinsicht eng verwandt mit dem Gott Apollon, dem Zwillingsbruder der Artemis, mit der wiederum Iphigenie in Verbindung steht. Nach Euripides' Fassung des Mythos entkommt Orestes seinem Opfertod, den seine eigene Schwester Iphigenie vollziehen sollte, nur knapp. Hier kommt also ein Mann/Frau/Bruder/Schwester-Paar vor, dessen „Artemis“-Hälfte von einem Mann vernichtet wird. Das Thema klingt auch in zahlreichen Konflikten zwischen Zeus und Hera, selbst ein Ehe- und Geschwisterpaar, an.

Wir wissen von einem Ritual, das zu Ehren der Artemis *Agrotera*, der Göttin des „Draußen“, vor einer Schlacht stattfand. Das Ritual „erklärt“ den Mythos um die *Epheben*, junge Männer, die noch nicht initiiert worden waren und sich in militärischer Ausbildung befanden. Sie opferten in der heiligen Stätte der Aglauros eine Ziege und legten einen Treueschwur ab. Danach hängten sie das Ziegenfell (vermutlich zusammen mit dem Haupt) an einem Eichenpfahl auf dem Kampfgelände auf. (Die Eiche stand übrigens in Verbindung mit Zeus.) Wenn sie als Sieger hervorgingen, hängten sie die erbeuteten Waffen – Schild, Speer und Helm – auf diese „Trophäe“. Diese Gegenstände waren zusammen mit dem Ziegenfell *(aigis)* die Symbole der Athene in ihrer Gestalt als *Nike* (Siegerin). Anders ausgedrückt: Der Sieg im Krieg verwandelte Artemis *(Agrotera)* in Athene *(Nike)*, die Jägerin (Schlächterin der Tiere) in die Kriegerin (Menschentöterin), die Landgöttin in die Stadtgöttin, die „Natur“ in die „Kultur“.

Der Historiograph Herodot erwähnt ein alljährliches Fest zu Ehren der Athene, das die libyschen Machlyen auf folgende Weise feierten: Die Mädchen teilten sich in zwei Gruppen, die dann mit Steinen und Stöcken gegeneinander kämpften. Falls ein Mädchen im Kampf tödlich verwundet wurde, galt dies als Beweis, daß es nicht jungfräulich (also eine *pseudoparthenos*, „falsche Jungfrau“) gewesen war. In den Mythen um Medusa, Pallas, die Kekropstöchter sowie um die *Gigantomachie* kommen Kämpfe vor, die im Tod einer einzelnen Gegnerin enden. Bei all diesen Opfern handelt es sich um *parthenoi* – sofern der Begriff *gorgo* in seiner landläufigen Bedeutung als „Ungeheuer“ bzw. „ungeheuerlicher Umstand“ ausgelegt wird. Wir haben bereits dargestellt, daß die *parthenos* als ein pathologischer weiblicher Zustand galt, der durch das Bluten (anläßlich von Menarche, Hochzeit, Geburt) zu heilen war. Demzufolge können wir vielleicht die *parthenos* selbst oder einige ihrer Aspekte als *gorgo* ansehen; wir können auch den Krieg an sich als *gorgo* auslegen.

Medusa war eine unverheiratete Mutter, wie auch Athene (im Falle von Erichthonios), und als solche eine mehrdeutige Gestalt, denn sie befand sich außerhalb der „normalen“ Kategorien. Medusa war zudem eine Kriegerin, und als Königin vertrat sie ihre Gemeinschaft; Athene war eine Kriegsgöttin und die Schutzpatronin der Stadt Athen. Medusa suchte ihre Gemeinschaft vor dem Eindringling Perseus zu schützen; Athene verteidigte die Olympier vor den Giganten. Da nach der geschlechtlichen Arbeitsteilung Krieg eine Aufgabe der Männer war, sind beide, Medusa und Athene, ambivalente Figuren. Perseus tötet die *Gorgo*, wie die *Epheben* die Opferziege und Athene Pallas/Enkelados tötet. Die libyschen Mädchen spielen Athene und Pallas in einer Scheinschlacht nach und bestätigen letzten Endes, daß das tödlich verwundete Opfer keine *parthenos* sein kann, denn *Die Parthenos* ist Athene selbst. Anders ausgedrückt: In allen diesen Kämpfen wird immer wieder die Tatsache bestätigt, daß Athene die *Parthenos Athenaia* ist. Dies ist als ein Erneuerungsritual zu verstehen, in dem die siegreiche Gegnerin und ihr Opfer als gegensätzliche Aspekte der Athene aufgefaßt werden. Das Erneuerungssritual konstruiert erst die beschriebene Zweideutigkeit, um sie dann aufzuheben, damit der Status quo wieder hergestellt wird.

Der Mythos von den Kekropstöchtern ist ein *aition* für das Ritual der *Arrephoria.* Wir wissen leider nicht, wann es stattfand und zu welchem Fest es gehörte; es war allerdings mit den *Thesmophoria* verknüpft. Der Name des Rituals bezieht sich auf die *Arrephoroi*, vier Mädchen im Alter von fünf bis elf Jahren; sie standen im Dienst der Athene und wurden „Trägerinnen" oder „Trägerinnen des Geheimnisses" genannt. In den Lexika werden sie uneinheitlich als *Ersephoria* oder *Hersephoria* bezeichnet, vermutlich verwandt mit dem Namen einer der drei Kekropstöchter – alle drei haben mit „Tau" zu tun, was eine Umschreibung von „Sperma" sein mag. Die *Arrephoroi* nehmen an drei Ritualen teil: den *Chalkeia*, den *Panathenaia* und den *Arrephoria.*

Alljährlich trugen alle Mädchen und Frauen von Athen zur Herstellung eines neuen *peplos* bei, eines kurzen wollenen Gewandes, das der kultischen Statue *(xoanon)* der Athene *Polias* (Beschützerin der Stadt), die im Parthenon auf der Akropolis stand, geweiht wurde. Ihr zu Ehren wurden Hunderte Kühe geopfert, und das Fleisch wurde in der ganzen Gemeinschaft verteilt. Das Ritual fand im Rahmen des *Panathenaia*-Festes statt, im ersten Monat des attischen Jahres, *Hekatombaia*, ein Name, der an „Hunderte Opfer" erinnert. Es war offensichtlich ein Erneuerungsritual. Der *peplos* selbst wurde mit einer deutlichen Fruchtbarkeitssymbolik etwa neun Monate vorher begonnen. Dies geschah anläßlich der *Chalkeia*, eines Festes, das wie die *Thesmophoria* im Monat *Pyanepsion* stattfand.

Die *Chalkeia* war ein Fest der HandwerkerInnen zu Ehren des Hephaistos und der Athene, der „Eltern" des Erichthonios, einer *gorgo*haften Gestalt. Die Priesterin der Athene und zwei der *Arrephoroi* stellten einen Webstuhl auf der Akropolis auf, worauf die *Ergastinai*, junge Mädchen im Dienste der Athene *Ergane* (der Werkerin) den *peplos* webten. Das Gewand war zweifarbig gehalten, in kräftigem Blau und Gelb, der Farbe des symbolischen Todes; darauf wurde gewöhnlich eine Szene aus der *Gigantomachie* dargestellt, vor allem Athene beim Töten der *Gorgo.*

Die gleiche Szene wurde auf einem der Giebel des Parthenon dargestellt. Ähnlich der Athene mit dem Medusenhaupt auf ihrem Gewand, hatte das der Kultstatue der Athene dargebrachte Gewand das Gorgogesicht auf der Brust, und die Pallasstatue *(xoanon)* erhielt das Gewand der Athene. Die Mythe von den Kekropstöchtern erzählt, daß Erichthonios sich am Busen der Athene versteckte – ein weiteres Gesicht auf dem Busen der Göttin. Erichthonios ist indirekt ihr Kind, aber auch das von

Hephaistos (Feuer) und Gaia (Erde). Und schließlich führt das Fragment eines verlorengegangenen Theaterstückes von Sophokles an, daß dieses Fest der Athene *Gorgopis* (mit grimmigen Augen oder mit einem Gorgogesicht) gewidmet war, und hebt dadurch den entscheidenden Augenblick des Rituals hervor, das „Töten" der *Gorgo*. Während die *Epheben* ihre *gorgo* in Form des Ziegenopfers töten, vernichten die Mädchen ihre, indem sie den Sieg der Athene nachspielen bzw. darstellen. Wie die *Epheben* nach ihrem siegreichen Kampf zu Kriegern werden, „die geblutet haben", so werden auch die Mädchen nach ihrer Darstellung zu Frauen, „die geblutet haben", sie sind also keine *korai* oder *parthenoi* mehr.

Mit dem Ritual der *Arrephoria* erfüllten junge Mädchen ihre Pflicht Athene gegenüber. Nach dem Geographen Pausanias mußten sie während der Nacht bestimmte Zeremonien ausführen. Sie trugen auf ihren Köpfen, was ihnen die Priesterin der Athene zu tragen gab, wobei weder diejenige, die gab, noch diejenige, der gegeben wurde, wußte, was es war. In der Stadt, nicht weit von der Aphrodite-im-Garten, gab es einen unter der Erde liegenden Raum mit einem natürlichen Eingang zu einem unterirdischen Abstieg. Hierher gingen die Jungfrauen, luden ab, was sie getragen hatten, und brachten etwas anderes, ebenfalls Verhülltes, zurück. Dann wurden sie weggeschickt, und statt ihnen wurden andere Jungfrauen zur *Akropolis* gebracht.

Bei dem Geographen Pausanias handelt es sich um einen Mann, der selbstherrlich über Rituale berichtete, an denen nur Frauen teilnehmen durften und von denen er selbst ausgeschlossen war. Ausgrabungen haben jedoch einen geheimen Abstieg im Inneren der athenischen *Akropolis* entdeckt, wo ein Schrein mit phallus- und vulvaförmigen „Kuchen" gefunden wurde. Der Korb der Athene enthielt offensichtlich solche kuchenartigen Gegenstände, und das „Schlangengesicht" Erichthonios war vermutlich ein Gesicht mit phallischem Schwanz. Das Gorgogesicht und die Darstellung der „Bärtigen Aphrodite" können als stilisierte weibliche Genitalien mit Schambehaarung aufgefaßt werden. Freud interpretierte die *Gorgo* als „vagina dentata", was aus seiner Sicht verständlich ist.

Das Motiv des Ab- und Aufstiegs zeigt eine Verwandtschaft des Rituals mit Kore-Persephone und dem Fest der *Thesmophoria*, und somit schließt auch das Ritual der *Arrephoria* einen symbolischen Tod und eine symbolische Wiedergeburt ein. Dies erklärt die Entlassung der Mädchen aus dem Dienst der Athene. Die „Braut des Todes" ist selbst zu Grabe getragen worden, denn sie ist nun bereit für die Ehe mit dem Leben; daher auch der Bezug zu Aphrodite. Hiermit kommt der rituelle Kreislauf der *parthenos* zu einem Ende; das Mädchen ist nun auf ihre Verwandlung in eine *gyne*, eine „Frau" und „Gemahlin", vorbereitet.

Der Mythos der Pandora kreist offenbar um das Wissen – wer es besitzt und in welchem Ausmaß und wie es verwendet wird. Männer, habe ich den Eindruck, kommen nicht gut dabei weg. Wissen ist Macht, und diese wird in dem Mythos von Männern mißbraucht, um einander zu entmachten. Nachdem Zeus und Prometheus ihren kosmischen Machtkampf ausgetragen haben, wird die Menschheit in der Gestalt des Epimetheus zum „unschuldigen" Opfer.

Obwohl der Prometheus-Mythos in vielen alten Quellen vorkommt, führt Hesiod als einziger auch Pandora an. Es sind zwei Versionen von ihm überliefert: *Werke und Tage* und die *Theogonie*; beide Werke stimmen überein, was den Beitrag Pandoras zum Sturz der bis dahin männlichen Menschheit in die Ungnade betrifft. In beiden beweint Hesiod den Verlust des Goldenen Zeitalters des Kronos, als die Mittel des Lebens *(bios)* vor den Menschen noch nicht verborgen waren und sie noch nicht in Not und Mühsal lebten. Hesiod erklärt mittels der Mythologie seine eigene Situation in Hinblick auf seinen Bruder Perses, der sich seiner Meinung nach zu Unrecht mit dem größeren Anteil des väterlichen Vermögens aus dem Staub gemacht hat. Mit der beißenden Schilderung Pandoras ähnelt Hesiod einem „Pantoffelhelden"; in der Tat war er weniger frauenfeindlich als ein Menschenfeind im allgemeinen, den offenbar alle um ihn verärgert hatten.

Trotz dieser alleinigen Erwähnung ist die Mythe von Pandora aus zweierlei Gründen bedeutend. Erstens erzählt sie als einzige, warum Frauen erschaffen wurden. Dem jüdisch-christlichen Mythos der Eva ähnlich, führt der Wissensdurst der Frauen den Sturz der Männer herbei. Während jedoch Evas Neugier einen unmittelbaren Verstoß gegen das Gottesgebot, von dem Baum der Erkenntnis nicht zu essen, darstellt und so den Sturz herbeiführt, ist Pandora selbst eine Strafe für den Ungehorsam des Prometheus, und ihre Anwesenheit auf der Erde bedeutet den Menschen eine dauernde Erinnerung an die unüberbrückbare Kluft zwischen Sterblichen und Unsterblichen.

Der französische Wissenschaftler Jean-Pierre Vernant hat sich über das Konzept des betrügerischen Geschenks *(dolon)* ausgiebig und schadenfroh geäußert. In seinem Buch *Mythos und Gesellschaft im alten Griechenland* (1982) vollführt er eine verblüffende Strukturanalyse. Mit einer Untersuchung des griechischen Originals konstruiert er ein linguistisches Strukturmodell, wobei die Wörter *gaster*, was sowohl „Bauch" als auch „Mutterleib" bedeutet, und *dolon* eine besondere Rolle spielen. Er greift die metaphorischen Beziehungen bei Hesiod auf: einerseits die Beziehung zwischen dem häßlichen Ochsenbauch, der Köstlichkeiten verbarg, und dem schmackhaft aussehenden Speck, in dem eklige Innereien versteckt waren, und andererseits zwischen Pandora, die wie helles Fett ebenfalls den Anschein von Delikatesse und Luxus erweckt und gleichzeitig Häßlichkeit in sich trägt, denn sie und das nachfolgende Frauengeschlecht bedeuten „begieriger Bauch", der die Kräfte der Männer verschlingt.

Die Aufteilung des Ochsen ist nach Hesiod die Erklärung für den Ursprung des Opfers als eine Art Kommunikation zwischen Menschen und Göttern auf gastronomischer Grundlage und für die offensichtlich unehrerbietige Handlung, den Göttern den schlechteren, ungenießbaren Anteil vorzusetzen. Durch den Verlust des ewigen

Abb. 9: Rekonstruiertes Modell der kolossalen Kultstatue der Athene, die sich ursprünglich im Parthenon befand; sie zeigt die traditionellen Symbole der Göttin: Speer, büschelartiger Helm, Schild und *aigis* oder Ziegenfellumhang (mit dem Medusenhaupt auf der Brust). Nach Pausanias soll die chryselephantine Originalstatue (aus Gold und Elfenbein) auf einer Fußleiste die Geburt der Pandora dargestellt haben.

Royal Ontario Museum, Toronto

Feuers werden die Männer ihrer Unsterblichkeit beraubt und auf die tierische Ebene herabgesetzt. Dadurch wird ihr Gleichgewicht gefährdet: Sie schweben wie das Schwert des Damokles über ihrem eigenen Absturz in die Bestialität, wozu eine Vernachlässigung ihrer Pflichten führen wird. Wie das hungrige „Sperma" des Feuers in den Herd gesteckt und genährt werden muß, so muß der „hungrige Bauch" Pandora, wie die Erde selbst, mit männlichem Samen „gefüttert" und bearbeitet werden, um Lebensmittel und Nachwuchs hervorzubringen. Solch ein „Hader" (Eris) ist für Hesiod unbedingt lebensnotwendig; im Gegensatz dazu lehnt er den in Pandoras *pithos* in Form von *Keres* enthaltenen „Hader" ab, den Geist, der Kriege auslöst, der Übel, Krankheit und Alter hervorruft. Hiermit wird Pandora zum Sinnbild der zwiespältigen Stellung des Menschen zwischen Unsterblichkeit und Bestialität: ein Sinnbild dafür, daß die Lebensmittel nicht mehr mühelos zur Verfügung stehen, sondern erarbeitet werden müssen; dafür, daß der Mensch sich, um zu überleben, durch Fortpflanzung und Ritual ständig wiedererschaffen muß, weil er nunmehr weder unsterblich noch unveränderlich ist. Pandora ist also ein schönes Übel, *kalos kakon*, denn ohne sie kann der Mensch sich nicht fortpflanzen.

Hieraus folgt der zweite Grund dafür, warum dieser Mythos wichtig ist: Er erzählt davon, wie die Frau geschaffen wurde, und von den verschiedenen Eigenschaften, die die Götter ihr schenkten, wonach das Frauengeschlecht also gebildet wurde. Daher gibt dieser Mythos in rituellem Zusammenhang Anweisungen wieder, denen ein Mädchen bei ihrer Verwandlung von einer *parthenos* in eine *gyne* folgen soll.

Aus dem ironischen Beiklang des Namens Pandora ist viel abgeleitet worden, nämlich daß dieses Verderbnis des Mannes „Geschenk aller Götter" genannt wird, auch wenn dieses Geschenk ein Betrug gewesen ist. Aber es stimmt nicht, daß alle Götter an der Schenkung teilgenommen haben; es waren lediglich Hephaistos, Athene, Hermes und zu einem kleinen Teil Aphrodite; einige Zugaben kamen von den *Horen*, den *Chariten* und von Peitho (Verführung oder Überredung):

1. Hephaistos gestaltete sie aus der Erde (Gaia); oder er schuf eine Gestalt aus Erde und Wasser und gab ihr eine Stimme und menschliche Kraft; oder er formte sie aus Ton.
2. Athene *Glaukopis* gab ihr einen Gürtel, kleidete sie ein und bedeckte ihren Kopf mit einem „fein gestickten" *(polydaidala)* Schleier; Pallas Athene setzte ihr einen Blumenkranz und eine von Hephaistos geschmiedete Goldkrone auf den Kopf; Athene brachte ihr Stricken und Weben bei *(Ergane)*.
3. Aphrodite, die Goldene, schenkte ihr Anmut *(charin)* und unbarmherzige Sehnsucht. Die *Chariten* und Peitho schmückten sie mit Halsketten. Die schönhaarigen *Horen* gaben ihr eine Blumenkrone.
4. Hermes, der Götterbote, auch Töter des Argos genannt, stattete sie mit der Schlauheit der Füchsin und einer hinterlistigen Natur aus.
5. Schließlich nannte Zeus sie Pandora.

Die beiden Versionen Hesiods beginnen damit, daß Hephaistos, der Gott des Handwerks, eine Gestalt aus Erde und Wasser formt. Obwohl hier das Wort *kelos*, das gewöhnlich Ton bezeichnet, nicht verwendet wird, sollten wir trotzdem annehmen, daß Pandora wie ein Gefäß getöpfert wird. Es ist nicht überraschend, daß im Unterschied zu den Kekropstöchtern/*Arrephoroi*, denen ein Korb *(kiste)* geschenkt wird, Pandora einen *pithos*, ein großes Gefäß bekommt, worin Olivenöl (ein Geschenk der Athene an die Athener), Wein (Dionysos) oder Getreide (Demeter) gelagert wurde. Der Bezug auf Hephaistos sowie auf Athene in ihren Eigenschaften als *Glaukopis* und Pallas und auf die Ausbildung als *Ergane* deuten zweifellos auf bestimmte rituelle Bräuche hin, ausgeübt anläßlich der *Chalkeia*, während die Schenkung des Gewandes und des Schleiers auf die *Panathenaia* hinweisen.

Die Blumenkrone *(anthes)* und das Öffnen des *pithos* durch Pandora weisen auf die *Anthesteria*, ein Blumenfest, hin. Dieses Frühlingsfest scheint eine Mischung aus einem Weinfest und einem Rite de Passage für dreijährige Kinder, die ihrer frühen Kindheit entwachsen sind, gewesen zu sein. Es war dem Gott des Weines, Dionysos, gewidmet; der erste Tag, an dem der junge Wein angezapft wurde, hieß *Pithoigia*, das Öffnen der Gefäße. Metaphorisch mag dies auch darauf hinweisen, daß Pandora ihr eigenes „Gefäß" aufmachte, d.h., daß sie bereit war für die Ehe. Ein junges Mädchen, das „reif für die Ehe" war, wurde in Rhodos *anthesteriades* benannt, berichtet der Lexikograph Hesychius. Zu den *Anthesteria* fand eine Heilige Hochzeit, *Hieros Gamos*, zwischen dem Priester des Dionysos und der *Basilinna* statt, der Königin, die mit dem *archon basileus* (oberster König) verheiratet war; Der *archon basileus* war einer der Verantwortlichen für die Organisation des Festes. Zu vermerken ist, daß der Name Medusa „Königin" bedeutete und der Name Hera auch ein Ehrentitel war. Diese Heilige Hochzeit *(Hieros Gamos)* sollte die Heirat des Dionysos mit Ariadne, nachdem sie von Theseus auf der Insel Naxos zurückgelassen worden war, nachspielen.

Der göttliche Archetypus der „Ehefrau", *gyne*, war Hera, die sich durch ihre Heirat mit dem eigenen Bruder Zeus als Beschützerin der Institution der Ehe ausgewiesen hatte. Durch diese gleichwohl inzestuöse Verbindung ist Hera dem „Vater aller Götter und Menschen" gleichgestellt. In der Antike hatte Hera zwei Hauptkultstätten, eine zwischen Argos und Lerna und die zweite, den wohl ältesten ihrer Tempel im alten Griechenland, auf der Insel Samos. Wie Athene in Athen als *Parthenos Athenaia*, das „Mädchen von Athen", bekannt war, so hieß Hera in Argos *Here Argeia*, die „Herrin/Heldin von Argos" – ein Hinweis darauf, daß auch im dortigen Mythos und Ritual biosoziale Aspekte eine Rolle spielten.

Plutarch, selbst aus Böotien, bemerkt, daß die Mythe von Plataia ein *aition* für ein seltsames Feuerritual war, das in seinem Lande stattfand. Es gab einen Städtebund unter der Leitung der Stadt Plataia, der im Rahmen eines Opferrituals in einem bestimmten heiligen Hain *daidala* herstellte. Es wurden gekochte Fleischstücke für

Raben ausgelegt. Der erste Vogel, der von dem Fleisch fraß, wurde genau beobachtet, um festzustellen, auf welchem Baum er sich niederließ. Der Baum wurde umgesägt und aus seinem Holz das *daidalon* hergestellt. Die *daidala* wurden auf dem Berg Kithairon gesammelt und alle sechzig Jahre zusammen mit Tieropfern – einem Stier für Zeus und einer Kuh für Hera – in Brand gesetzt.

Der Zorn der Hera diente auch dazu, die Treue in der Ehe zu verteidigen oder zumindest in Schutz zu nehmen. Dabei geriet sie notwendigerweise in Widerstreit mit Aphrodite, die sich mit ihrer Macht über die Grenzen der ehelichen Bindungen hinwegsetzte. Im Zusammenhang mit dem Trojanischen Krieg wird die Bedeutsamkeit dieses kosmischen Konflikts oft nicht genügend beachtet. Wie aus dem Mythos von Atalante hervorgeht, nimmt diese den Heiratsantrag des Hippomenes entgegen, indem sie sich niederbeugt, um die von ihm ausgestreuten Äpfel der Hesperiden aufzulesen. Ähnliches geschieht im Mythos des Goldenen Apfels der Eris, wo ein Apfel mitten unter die Hochzeitsgesellschaft von Peleus und Thetis geworfen wird: Hier geht es weniger um einen göttlichen Schönheitswettbewerb als vielmehr um Zeus – oder um dessen sterblichen Bevollmächtigten Paris –, der erneut Treue zu schwören und Kallisto, „die Schönste", wieder zu heiraten hatte, die in seinem Fall Hera hätte sein müssen.

Statt dessen bestimmt Paris, der Apfel stehe Aphrodite zu – in kosmischer Hinsicht fast ein *non sequitur*, denn Heiratsbelange fallen nicht in Aphrodites Bereich. Daher das Lockern ihres Gürtels, in der Regel ein Ritual der Braut in der Hochzeitsnacht; hier steht es eher für die Handlung einer „lockeren" Frau. Paris kann sich für eine „Ehe" mit Hera, Aphrodite oder mit Athene entscheiden; er lehnt sowohl Keuschheit (Athene) als auch eheliche Treue (Hera) ab zugunsten der ungebändigten und ehebrecherischen Sexualität, die Aphrodite verkörpert. Daher sind sich Athene und Hera einig in ihrem Haß gegen Troja, vertreten durch Paris, und in ihrer Unterstützung der Griechen: Während diese sich nüchtern und maßvoll benahmen, waren die Trojaner lüsterne, ungezähmte *barbaroi*. In diesem Zusammenhang verkörpert Athene nicht nur unbescholtene Jungfräulichkeit, sondern auch Keuschheit und geschlechtliche Enthaltsamkeit allgemein und steht deshalb mit Hera in Verbindung. Der Trojanische Krieg als kosmischer Wettstreit zwischen der Macht Aphrodites und der Macht Heras bzw. Athenes läuft hinaus auf einen Wettstreit zwischen dem biologisch-geschlechtlichen Trieb, hier in seiner Ungebändigtheit ein Gegenpol zur Zivilisation, und den gesellschaftlichen Konventionen, die das eheliche Bündnis schafft.

Homer erzählt in seiner *Ilias*, daß gegen Kriegsende der trojanische Held Hektor den Frauen von Troja befiehlt, der Athene als Beschützerin ihrer Stadt ein Opfer darzubringen. Es sollten zwölf Färsen geopfert werden – Färsen und Kühe waren die üblichen Opfergaben sowohl an Athene als auch an Hera –, und auch das beste Gewand aus der königlichen Garderobe war der Göttin zu weihen. Dies macht ohne Zweifel den Kern der athenischen *Panathenaia* aus, eines Rituals, das die Integrität der Stadt wiederherstellen sollte, und zwar dadurch, daß eine Lockerung der internen Bündnisse (Ehe) sowie eine Verletzung der externen Grenzen (Krieg) verhindert werden sollten.

Athene schenkt dem dringenden Gesuch der TrojanerInnen keine Beachtung, denn sie steht ja auf der Seite der Griechen. Die griechischen Soldaten dringen schließlich mit Hinterlist in Troja ein – versteckt in einem hölzernen Pferd, das dem *daidalon* nicht unähnlich ist. Daraufhin wird die Stadt in Brand gesetzt und dem Erdboden gleichgemacht – ein Vorgang, der stark an das der Hera und dem Zeus gewidmete, die *daidala* verzehrende Feuerritual in Böotien erinnert. Zu vermerken ist auch, daß die hölzerne Kuh der Pasiphaë ein Mann namens Daidalos anfertigte. Bei Homer wird Hera oft als *Boopis* bezeichnet, was üblicherweise mit „kuhäugig" übersetzt wird, aber noch genauer als „mit dem Kuhgesicht" zu übertragen ist. Das ist ein Hinweis darauf, daß das als *daidalon* bezeichnete Holzbrett eine Kuhmaske trug, um Hera/Pasiphaë darzustellen. Wie sich Hera in Euböa und Pasiphaë in der Kuh versteckten, so „versteckte" sich die eigentliche Helena in Ägypten. Das Feuerritual mochte dafür gesorgt haben, daß das *daidalon* als Ersatz brannte, und zwar anstelle des *Hieros Gamos* zwischen Zeus und Hera und der Integrität der Stadt, für die es stand.

Dieses Feuerritual kann ferner mit dem Mythos der Semele in Verbindung gebracht werden. Dem listigen Plan der Hera zufolge entflammte der Blitzstrahl von Zeus Semele; wobei symbolisch Semele und Plataia ein Ausdruck derselben Idee sind – dies nicht zuletzt deshalb, da sowohl Theben als auch Plataia in Böotien lagen. Dionysos, den Semele dem Zeus gebar, kehrte nach Theben zurück, um seinen eigenen Kult zu begründen und die eigene Mutter „in Schutz zu nehmen". Als die Stadt sich weigerte, ihn als Gott zu akzeptieren, schickte er erzürnt die Thebanerinnen „rasend" auf den Berg Kithairon. Dies war eine Verfluchung, ein Anathema zur Ordnung und Zivilisiertheit der Thebaner, vertreten durch ihren autoritären König Pentheus. Die Mythe endet mit der Zerstückelung des Pentheus, also der Zerstörung der Zivilisation und, im weiteren Sinne, mit der Zerstörung der Zukunft von Theben, verkörpert durch ihre Kinder.

Hierzu bietet der Mythos von Pasiphaë einen guten Vergleich. Nach ihrer Paarung mit dem Stier hören wir von ihr nichts mehr, was darauf hindeutet, daß sie in irgendeiner Weise vernichtet wurde. Aus dieser Vereinigung ging ein Kind hervor, obgleich ein absonderliches. Dieses Kind Minotauros und Dionysos können als Darstellung derselben Idee angesehen werden: Der Name Minotauros verweist auf seine stierhafte Natur, er ist ein Mann mit Stierkopf, ähnlich seiner Mutter Pasiphaë, einer Frau, die einen Kuhkopf besaß. Eine Verkörperung des Dionysos war der Stier, und die Mutter des Pentheus spricht von ihm als Stierkalb. Hieraus ist zu schließen, daß die Mythen um Dionysos/Pentheus, die eine Zerstörung von Mutter/Sohn betreffen, die Beseitigung des Stierhaften aus dem Jungen auf seinem Weg zu einem gesellschaftsfähigen, erwachsenen Mann thematisieren; eine Verwandlung, für die zum Teil die Frauen verantwortlich sind.

Schließlich enthält der Mythos von Medea den Großteil der bereits angeführten Themen. Die *parthenos* Medea verliebt sich unter dem Einfluß der Aphrodite in Jason. Ihrer „Entführung" aus Kolchis, einem symbolischen Tod, folgen mehrere Kämpfe: mit den aus den Drachenzähnen erstandenen Kriegern und mit dem Drachen *(gorgo)* sowie ein Kampf zwischen Jason und Medeas Vater. Medea, deren Name (wie auch Medusa) „Königin" bedeutet, beteiligt sich selbst an einem „Kampf" und vernichtet ihren eigenen Bruder Apsyrtos – wohlgemerkt ein Konflikt zwischen Bruder und Schwester: Sie zerstückelt ihn und streut auf der Flucht seine Körperteile nach und nach ins Meer, um ihre Verfolger aufzuhalten; eine deutliche Parallele zum Mythos der Äpfel der Hesperiden, in dem Hippomenes Atalante durch das Ausstreuen der Äpfel aufhält. Medea hält sich für die Ehefrau, *gyne*, des Jason und gebiert ihm zwei Söhne, wodurch sie *meter* wird, bleibt aber *parthenos*, „unverheiratet". Jason plant dann, Glauke (ein Name, der sie in die Nähe der Athene *Glaukopis* rückt) zu heiraten, was Medeas Eifersucht erregt.

Medea ist die Enkelin des Sonnengottes Helios, ihre Eifersucht ist wortwörtlich brennend. Sie salbt das Brautgewand und die Krone der Glauke, damit diese in Flammen aufgeht; ähnlich wirkt die Eifersucht der Hera: Plataia fällt dem Feuer zum Opfer, und Semele wird vom Blitzstrahl des Zeus verzehrt. Zu vermerken ist auch, daß Pandora als Strafe für die Männer erschaffen wurde, um den Diebstahl des Feuers durch Prometheus zu vergelten. Medea tötet ihre beiden Söhne und trägt sie im Sonnenwagen davon; dieser Teil der Mythe erklärt das Ritual der Hera *Akraia* („der Höhen") in Korinth, zu dessen Anlaß eine Gruppe von Mädchen und Jungen der Hera geweiht und dadurch initiiert wurde. Dies erinnert uns an den athenischen Tribut an den Stier-Menschen Minotauros, dem Theseus ein Ende setzen konnte. Kühe und Stiere haben im Mythos der Pasiphaë eine ähnliche Funktion wie im *daidala*-Ritual, das dem Zeus einen Stier und der Hera eine Kuh als Opfer vorsah, um die Integrität der Ehe wiederherzustellen. Wir haben bereits gesehen, wie das Gesuch an Athene, der Anhöhe der TrojanerInnen *(akropolis)* Schutz zu bieten, fehlschlug, was eine Massenvernichtung und das Brandopfer der Stadt zur Folge hatte, und wie alle diese Feuerrituale einen Teil des großen, der Stadt und ihrer Schutzgöttin gewidmeten Erneuerungsrituals (jeweils zu Beginn und am Ende des rituellen Jahres) ausmachten.

Das Feuer verhalf im Mythos den Menschen auch zu Unsterblichkeit. Thetis versuchte ihren Sohn Achilleus mit Hilfe des Feuers unsterblich zu machen; sie war nicht ganz erfolgreich, denn sie hielt ihn an seinen Fersen, wodurch diese seine einzigen verletzlichen Körperteile blieben. Herakles, nachdem er seine „Arbeiten" erledigt hatte, verbrannte sich auf einem Scheiterhaufen, daraufhin „adoptierte" ihn Hera, indem sie ihn „durch ihren Rock" durchließ. Er nimmt ihren Namen an und wird in den Olymp, den Berg der Götter, aufgenommen. Das hier angeführte Beispiel bezieht sich auf Demeter in Eleusis und bringt uns so zu der am Anfang zitierten Mythe zurück und macht das zyklische Wesen des rituellen Kreislaufs deutlich. Die Mythe von Demeter zu Eleusis diente als ein *aition* für das bekannteste und meistbesuchte Fest der alten Welt, die Eleusinischen Mysterien. Viele Bücher erklären diese Mysterien; hier genügt die Angabe, daß es sich um eine stufenweise Initiation durch Offenbarung handelte. Die Eingeweihten kamen der Unsterblichkeit auf Erden schrittweise näher.

Bis zu einem gewissen Ausmaß waren die Vorbehalte der griechischen Ehemänner gegenüber ihren Frauen nicht unberechtigt; denn durch ihre „biologische" Bindung an den väterlichen Herd wurde die Treue der Ehefrauen einer schweren Prüfung unterzogen. Besonders in aristokratischen und vermögenden Familien waren politische und ökonomische Erwägungen anstatt Liebe die Grundlage der Ehe. Auch sexuelle Beziehungen der Männer mit Konkubinen, den *heteirai* (gehobenen Kurtisanen), und mit Knaben sowie eine offenkundige Vorliebe für Geselligkeiten unter Männern trugen dazu bei, daß der ehelichen Liebe weniger Wertschätzung zuteil wurde. Wenn jedoch Grabinschriften als ein Richtmaß anzusehen sind, so trifft diese Feststellung für die Ehen der ärmeren und Mittelschichten nicht zu; die Männer verfaßten einige rührende Nachrufe auf ihre Ehefrauen. Es muß vermerkt werden, daß es sich in den Mythen größtenteils um adelige Familien handelt und daß sie vor allem die Gründung der einzelnen Dynastien thematisieren, nicht die große Liebe.

Zusammenfassend ist anhand des hier angedeuteten Zusammenhanges zwischen Mythos und Ritual folgendes festzustellen: Frauen spielten eine bedeutende Rolle nicht nur in den ihnen vorbehaltenen Ritualen, sondern auch in jenen, die beiden Geschlechtern zugänglich waren. Dies macht deutlich, wie wichtig die Frauen – jenseits ihrer bloßen biologischen Funktionen – für die gesellschaftliche Produktion und Reproduktion waren. Frauen mit der Natur gleichzusetzen, mag als Abwertung gelten, aber nur in einer Gesellschaft, die die Natur selbst abwertet. Die altgriechische Gesellschaft lebte mit einem Widerspruch: Sie hatte Angst vor den Kräften der Natur, die sie gleichzeitig bewunderte. Das gleiche gilt im Falle der Frauen: In den Augen der GriechInnen zerstörten sie die Zivilisation und gebaren sie zugleich. Die Macht war zweideutig, und – ob abgewertet als Ungeheuer oder gefeiert als übernatürliche Kraft – die GriechInnen verwarfen diese niemals oder schätzten sie als gering ein.

Bibliographie

Von der Autorin empfohlene Primärliteratur:

Apollodorus: *Die Bibliothek*

Herodot: *Historien*

Hesiod: *Werke und Tage; Theogonie*

Homer: *Ilias; Odyssee*

Ovid: *Metamorphosen*

Pausanias: *Beschreibung Griechenlands*

Vergil: *Aeneis*

Die Tragödien von Aischylos, Sophokles und Euripides

Sekundärliteratur:

Bernal, M.: *Black Athena*, London 1987.

Bernal, M.: *Schwarze Athene. Die afroasiatischen Wurzeln der griechischen Antike*, übers. v. I. Rehork, München 1992. *

Bruit Zaidman, L./Schmitt Pantel, P.: *Die Religion der Griechen. Kult und Mythos*, übers. v. A. Wittenburg, München 1994. *

Burkert, W.: *Homo Necans: The Anthropology of Ancient Greek Sacrificial Ritual and Myth*, Berkeley (Cal.) 1983.

Burkert, W.: *Homo Necans. Interpretationen altgriechischer Opferriten und Mythen*, Berlin/New York 1972. *

Burkert, W.: *Greek Religion*, Oxford 1985.

Burkert, W.: *Griechische Religion der archaischen und klassischen Epoche*, Stuttgart/Berlin/Köln/Mainz 1977. *

Cameron, A./Kuhrt, A. (Hrsg.): *Images of Women in Antiquity*, London 1983.

Douglas, M.: *Purity and Danger: An Analysis of the Concepts of Pollution and Taboo*, London 1966.

Douglas, M.: *Reinheit und Gefährdung*, Berlin 1985. *

Dowden, K.: *Death and the Maiden*, London 1989.

Harrison, J.: *Prolegomena to the Study of Ancient Greek Religion*, London 1962.

Hastrup, K.: *The Semantics of Biology: Virginity*. In: Ardner, S. (Hrsg.): *Defining Females: The Nature of Women in Society*, London 1978.

Lefkowitz, M. R.: *Women in Greek Myth*, London 1986.

Lefkowitz, M. R.: *Die Töchter des Zeus. Frauen im alten Griechenland*, übers. v. H. Fliessbach, München 1992. *

Lefkowitz, M. R./Fant, M. B.: *Women's Life in Greece and Rome*, London 1982.

Loraux, N.: *Die Trauer der Mütter. Weibliche Leidenschaft und die Gesetze der Politik*. Aus dem Französischen v. E. Moldenhauer, Frankfurt a. M./New York 1992. *

Napier, A. D.: *Perseus and the Gorgon Head*. In: *Masks, Transformations and Paradox*, Berkeley 1986.

Rose, H. J.: *A Handbook of Greek Mythology*, London 1964.

Rose, H. J.: *Griechische Mythologie: Ein Handbuch*, übers. v. A. E. Berve-Glauming, München 1988. *

Specht, E.: *Schön sein und gut zu sein. Mädchenbildung und Frauensozialisation im antiken Griechenland*, Wien 1989. *

Vernant, J.-P.: *The Myth of Prometheus in Hesiod*. In: *Myth and Society in Ancient Greece*, London 1982.

Vernant, J.-P.: *Der Prometheusmythos bei Hesiod*. In: *Mythos und Gesellschaft im alten Griechenland*, übers. v. K. Roßler, Frankfurt a. M. 1987. *

Julia Vytkovskaya

Slawische Mythologie

Im Verlauf des ersten Jahrtausends (unserer Zeitrechnung) löste sich die urslawische Bevölkerung als einheitliche Gruppe auf und zerstreute sich, was zu einer Teilung in West-, Süd- und OstslawInnen führte. Die altrussischen Städte Kiew und Nowgorod entstanden als Siedlungszentren der OstslawInnen; diese Städte bestehen noch heute.

Die Mythologie der urslawischen Stämme machte einen entsprechenden Wandel durch; es entstanden regional unterschiedliche Mythologien, die jedoch Züge der gemeinsamen slawischen Mythologie beibehielten. Die urslawische Mythologie selbst hat indoeuropäische Wurzeln, worauf bestimmte Gemeinsamkeiten in den Erzählungen hindeuten, besonders in einer Anzahl von archetypischen Strukturen.

Es sind keine Texte der urslawischen Mythologie erhalten geblieben. Die Hauptquellen für die ostslawische Mythologie bilden die *poučenija* (geistliche Verurteilung des Heidentums), die *Russkie Chroniki*, sprachliche und archäologische Belege sowie ethnographisches Material und folkloristische Texte wie die *byliny* (Volksepen), zahlreiche Bräuche und Legenden, Volkssagen, Sprichwörter und Redensarten.

Bis zum Ende des zehnten Jahrhunderts war in Rußland das sogenannte Heidentum als einziger Glaube verbreitet. 980 errichtete Vladimir ein Pantheon für die altrussischen heidnischen Götter auf einem Hügel in Kiew. Es wurden sieben Standbilder aus Holz aufgestellt, eines für jede Hauptgottheit des russischen Pantheons. Sechs Standbilder, nämlich für Perun, Stribog, Dažbog, Svarog, Khors und Mokoś, standen auf einem Hügel, das siebente (für Veles) an dessen Fuß.

Perun, der Gott des Donners, war der Hauptgott der OstslawInnen. Er wurde als vollbärtiger Mann in seiner Blüte dargestellt. Der Bart war sein Erkennungsmerkmal, Steine, Pfeile und Äxte waren seine Waffen. Perun wurde mit der Eiche in Verbindung gebracht, mit Eichenhainen und mit Hügeln; hier wurden seine Abbilder aufgestellt.

Als der neben Perun wichtigste Gott galt Veles (oder Volos), der Gott der Viehherde. Veles und Perun wurden als Gegensätze angesehen, auch in topographischer Hinsicht. Die Statue des Perun stand auf einem Hügel, die des Veles an dessen Fuß. Während Perun der Gott des fürstlichen Gefolges war, vertrat Veles die übrige russische Gesellschaft. Die Mythe des Donners gibt den jeweiligen topographischen Standort der Götter an: Der Donnergott Perun, der im Himmel weilt, zieht gegen seinen schlangenähnlichen Feind, einen Erdbewohner, zu Felde. Den Anlaß zum Streit gibt

Veles, der dem Perun das Vieh, die Menschen oder (in einigen Varianten) die Frau raubt. In der Schlacht sucht Veles Zuflucht unter einem Baum oder einem Felsen; manchmal verwandelt er sich in einen Mann, in ein Pferd oder in eine Kuh. Im Zweikampf spaltet Perun Felsen und Bäume entzwei und schleudert Pfeile. Regen und die darauffolgende Fruchtbarkeit signalisieren den Sieg Peruns.

Stribog ist der Windgott, Daźbog der Gott der Sonne und Svarog der Himmelsgott; Khors steht in Verbindung mit der Sonne. Mokoś, zuständig für typisch weibliche Tätigkeiten wie Spinnen, ist die einzige Frauengestalt im altrussischen Pantheon.

Die Beziehungen zwischen den Gottheiten und ihre jeweilige Stellung in der Götterhierarchie wurden wie folgt festgelegt: Perun und Veles galten als Paar, Stribog, Daźbog und Svarog bildeten eine weitere Gruppe; Mokoś blieb isoliert am Rande. Ein anderer Gott, Semargla oder Semiglava (Der Sieben-Köpfige), wurde manchmal in das Pantheon aufgenommen. Seine Funktion ist nicht deutlich abgegrenzt, aber oft wird er im Zusammenhang mit der heiligen Zahl 7 erwähnt, und er personifiziert das altrussische Pantheon mit seinen sieben Mitgliedern.

Mokoś ist also die einzige altrussische Göttin, die sich im Pantheon neben Perun und den anderen behauptet. In der ältesten russischen Chronik werden die heidnischen Gottheiten aufgelistet; Mokoś wird an letzter, Perun an erster Stelle angeführt. Auch in den späteren Listen der heidnischen Gottheiten gebührt Mokoś eine besondere Stellung. Sie war eine Frau mit großem Kopf und langen Armen, nachts saß sie in der Wohnhütte *(izba)* beim Spinnen. Dem Brauch nach war es verboten, nachts ein Werg herumliegen zu lassen, „damit Mokoś es nicht verspinne". Im ostslawischen Mythos stellte sie die Ehefrau des Donnergottes oder seine weibliche Entsprechung dar. Sie weist eine Nähe zu den griechischen Schicksalsgöttinnen auf – sie spinnt die Lebensfäden der Menschen. In der Erinnerung des ukrainischen Volkes lebte sie fort bis in die Mitte des neunzehnten Jahrhunderts.

Neben den genannten sieben verehrten die OstslawInnen viele andere Gottheiten, denen unterschiedliche Bedeutsamkeit zukam. Ihrem Rang nach folgten dem Pantheon der sieben Götter jene, die mit Arbeitsabläufen und jahreszeitlichen Ritualen assoziiert wurden, und weitere, die die Einheit der kleinen gesellschaftlichen Gemeinschaften vertraten. Sie erfüllen Funktionen, die auf einen hohen Abstraktionsgrad hinweisen, und können daher als Personifikationen elementarer Gegensätze betrachtet werden: *Rod* (Geburt/Abstammung), *Ćur* (Tabu), *Pravda/Krivda* (Wahrheit/Lüge), *Smert'* (Tod), *Sud* (Urteil) usw.

Schließlich gibt es die Ebene der Geister, Tiere und der verschiedenen nicht differenzierten Aspekte des Unreinen: u.a. *leśij* (männlicher Waldgeist), *domovoj* (männlicher Hausgeist), *kikimora* (weiblicher Hausgeist), *vodjanoj* und *rusalka* (männlicher bzw. weiblicher Wassergeist), *vil*, *mara* und *lichoradka*. Sie stehen in Verbindung mit verschiedenen Dimensionen des mythologischen Raumes, der sich vom Haus bis zum Wald erstreckt.

Das Leitbild, nach dem die SlawInnen alle oben angeführten mythologischen Gestalten miteinander in Beziehung setzten, war der Weltenbaum, gewöhnlich eine Birke, eine Eiche, eine Espe oder ein Apfelbaum. Ähnlichkeiten mit mythologischen Vorstellungen anderer Kulturen sind offensichtlich. Im urslawischen Bewußtsein wurde die Welt nach binären Oppositionspaaren beschrieben. Diese bestimmten die räumlichen, zeitlichen, gesellschaftlichen und alle anderen Elemente ihrer Weltanschauung. Das dualistische Prinzip, das besagte, was für die Gesellschaft – die Gemeinschaft oder den Stamm – vorteilhaft bzw. von Nachteil war, fand in der Mythologie seinen Ausdruck. Die folgenden Gegensatzpaare waren von zentraler Bedeutung:

Leben – Tod. Diese sind verkörpert in den Bildern des *Rod* (Geburt/Abstammung), eines männlichen Gottes, und der *Morena/mara* (Tod), einer Göttin; vgl. Wasser des Lebens/Wasser des Todes.

Gerade – ungerade. Die geraden Zahlen, verbunden mit dem Männlichen, sind vorteilhaft; die Tage mit geraden Zahlen werden männlichen Göttern gewidmet. Ungerade Zahlen sind nachteilig und weiblich. Z.B. wird der Donnerstag (der vierte Tag) mit Perun, der Freitag (der fünfte Tag) mit Mokoś verbunden.

Rechts – links. Dieser Gegensatz ist von zentraler Bedeutung für Weissagung und rituelle Feierlichkeiten sowie für das Aussprechen des Omens. Rechts wird dem Himmel und links/das Falsche der Erde zugeschrieben. In den altrussischen Ritualen stehen Frauen auf der linken Seite der Männer.

Männlich – weiblich. Dieser Gegensatz steht mit dem Gegensatzpaar rechts/links in Beziehung, wie dies die Hochzeits- und Bestattungsrituale offenbaren, bei denen der Platz der Frau links von den Männern ist. Die Unterscheidung zwischen männlichen und weiblichen Figuren nach Funktion, Bedeutsamkeit und Anzahl ist sehr wichtig. Die weiblichen Figuren sind gering an Zahl und werden gewöhnlich mit Negativem in Verbindung gebracht. Bezeichnend ist auch die Wiederholung des gleichen Symbols in einer männlichen und einer weiblichen Ausformung. So hat zum Beispiel *Div* (ein Meeresungeheuer) ein weibliches Ebenbild, die *diva*; die *rożanici* sind die weiblichen Ebenbilder von *Rod.* Die weibliche Rolle wird in diesen Gegensatzpaaren besonders betont, wenn es sich um Magie oder Zauberei handelt.

Oben – unten. Gemeint ist der Gegensatz zwischen Himmel und Erde, der sich in der Plazierung des jeweiligen Gottes widerspiegelt; die Anhöhen von Hügeln sind dem Perun, die Täler aber dem Veles heilig.

Himmel – Erde. Dieses Paar zeigt die Verbindung der Menschen mit der Erde und jene der Götter mit dem Himmel. Die Erschließung der Erde wird im Frühling festlich gefeiert. Die Erde steht auch mit einer Reihe von weiblichen Gestalten in Verbindung; den Himmel verkörpert der Mann. Viele, besonders die mit der Landwirtschaft und der Arbeit in Verbindung stehenden Rituale bedienen sich des Motivs der Befruchtung der Erde, die mit jener der Frau gleichgesetzt wird. *Mat' syra-zemlja* (Mutter Feuchte Erde) ist ein ständiger Beiname der höchsten weiblichen Gottheit.

Süd – Nord. Dieser Gegensatz ist grundlegend für die Anordnung des rituellen Verhaltens.

Trockenes Land – Meer. Auch dieser Gegensatz ist verbunden mit der Polarität zwischen dem Männlichen und dem Weiblichen. Das Meer, worin der Großteil der – meist negativ beladenen – Frauenfiguren plaziert ist, hat eine besondere Bedeutung: Es ist die Wohnstätte des Todes und der Krankheiten. Mit Zaubersprüchen werden die Krankheiten ins Meer abgeleitet. Das Meer wird personifiziert durch den Meeresgott und seine zwölf Töchter, die *lichoradki* (Fieberkrankheiten). Später wurde das erstere durch ein weiteres Gegensatzpaar, das Trockene und das Nasse, verdrängt. Diese Gottheiten sind grundlegende Polaritäten, die sich bei späteren religiösen Gestalten wiederfinden: Il'ja suchoj (der Prophet Elias Trocken) und Il'ja mokryj (Naß), Nikola (St. Nikolaus) Trocken und Nikola Naß usw.

Feuer – Feuchtigkeit. Diese Elemente bekämpfen einander.

Tag – Nacht. Die mythologischen Figuren sind hier *nočnitca* (Nacht-Frauen) und *Zor* (Morgendämmerungsgeister).

Frühling – Winter. Der Frühling hat einen größeren Stellenwert und steht in Verbindung mit mythischen Verkörperungen der Fruchtbarkeit, wie Jarila, Kostroma und Morena, und mit Ritualen zur Austreibung des Winters, des Frühlingsbeginns sowie mit verschiedenen pflanzlichen und tierischen Symbolen.

Sonne – Mond. Dieses Paar wird verkörpert durch das mythologische Motiv der Hochzeit zwischen Sonne und Mond. Das Symbol der Sonne ist ein Rad.

Weiß – Schwarz. Weiß ist positiv, Schwarz negativ; vgl. Weiße und Schwarze Magie, hell und dunkel usw.

Nah – fern. Dieser Gegensatz bezieht sich sowohl auf die räumliche als auch auf die zeitliche Struktur. In der russischen Folklore steht das Haus/Heim (das Nahe) im Widerspruch zu dem „siebenundzwanzigsten Königtum", das fremd ist und weit entfernt liegt.

Haus – Wald. Dieser Gegensatz umfaßt den gesamten mythologischen Raum.

Jugend – Alter. Dieses Paar betont die überlegene Stellung der Reife gegenüber der Greisenhaftigkeit.

Sakral – profan.

Die kurze Beschreibung der mythologischen Grundstrukturen und -figuren macht deutlich, daß die weiblichen Figuren weniger zählen als die männlichen und daß in den Gegensatzpaaren das Weibliche stets als feucht, dunkel, böse und als nachteilig für die Gemeinschaft dargestellt wird. Das Weibliche wird eher in die Nähe der heidnischen Riten gerückt, der Erde, der Magie und der Zauberei. Es soll eine unmittelbare Wirkung auf die Umgebung haben. Daher nimmt die Zahl der weiblichen Gottheiten markant zu, je tiefer wir in der Hierarchie gehen.

Die UrslawInnen, die die Naturgewalten anbeteten, versuchten in ihren religiösen Zeremonien auszudrücken, was im Himmel vorging, oder vielmehr ihre Wunschvorstellung davon. Die mythologischen Vorstellungen, verknüpft mit Gesang, Musik und Tanz, verliehen solchen Zeremonien eine sakrale Bedeutung und wurden bei heidnischen Festen und Riten unerläßlich. Verkleidung, Trunkenheit und Gesang begleiteten die ausgelassenen Feste der SlawInnen. Sie wurden gefeiert, um die Wiederkehr des Frühlingsregens, der den Dämon des Winters vertrieb, zu ehren und um in Dürrezeiten den Donnergott herbeizurufen. Die Kreistänze waren ein wichtiger Bestandteil der heidnischen Feste. Diese bestanden aus einer Mischung von Gesang und theatralischem Spektakel. Sie fanden im Frühling zur Hochzeit von Erde und Himmel statt, anläßlich derer die Menschen aufgefordert wurden, sich zu vereinigen. Dieses Ideal der Liebe und die darauffolgende „Hochzeit" machten das Hauptmotiv der heidnischen Tänze aus.

Im heidnischen Rußland waren verschiedene Hochzeitsrituale üblich: Bei den SteppenbewohnerInnen wurde die Braut in das Haus des Bräutigams gebracht, während die WaldbewohnerInnen nach einem älteren Brauch ihre Bräute entführten. Polygamie war weit verbreitet. Männer durften bis zu sieben Frauen heiraten. Die Ehe wurde als eine dauerhafte Verbindung zwischen Mann und Frau angesehen. Beide waren einander verpflichtet, aber dem männlichen Partner wurde eine Vorrangstellung eingeräumt. Die heidnischen Riten und rituellen Spiele zeigen die Einfachheit der slawischen Sitten und Bräuche bei Eheschließungen.

988 ließ sich Vladimir der Heilige, der erst acht Jahre zuvor das Pantheon errichtet hatte, zum Christentum bekehren, das nun zur offiziellen Religion des alten Rußland erklärt wurde. Die Standbilder auf dem Hügel wurden niedergeworfen und der heidnische Glaube samt Ritualen und Gebräuchen von staatlicher und kirchlicher Seite verboten.

Möglicherweise wurde angenommen, daß die Einführung des Christentums der slawischen Mythologie in deren ostslawischer Prägung ein Ende bereiten würde. Die fest etablierten Archetypen blieben aber in der Volkstradition über eine beträchtliche Zeitspanne erhalten und bestimmten die Lebensweise der Menschen und ihre Rituale. Die wichtigsten Gestalten aus der christlichen Mythologie wurden mit heidnischen Göttern gleichgesetzt. So wurde in der mythologischen Vorstellungswelt zum Beispiel Perun als Gott des Donners und des Blitzes mit Il'ja (dem Propheten Elias), Veles mit dem Hl. Vlas (Blasius), Jarila mit dem Hl. Jurÿ (Georg) in Verbindung gesetzt.

Die unbedeutenderen mythologischen Figuren blieben im Volksbewußtsein unverrückbar; um sie herum entwickelten sich phantastische und komplexe Kombinationen, die ein System bildeten, das als *dvoeverie* (Doppelglaube) bekannt ist. Dieser „Doppelglaube" entstand in der Zeit der Christianisierung und blieb bis zum heutigen Tage erhalten. Die Dämonenlehre überlebte fast unverändert: der Glaube an die *lešie*, *domovye*, *vodjanye* und *rusalki* bestand fort. Heidnische Tänze und Opferrituale wurden in die christlichen Rituale integriert, besonders in jene, die mit der

Landwirtschaft, also unmittelbar mit dem Gemeindeleben in Zusammenhang standen. Es ist wahrscheinlich, daß nur die gebildetste Bevölkerungsschicht christianisiert wurde. Die breite Masse blieb der früheren heidnischen Weltanschauung verbunden, die sich unter dem Einfluß der christlichen Lehre allmählich veränderte. Der „Doppelglaube" erzürnte die Moralapostel. Die staatlichen und geistlichen Mächte bekämpften diesen Glauben besonders vehement nach der Befreiung des „Rus" von der tatarisch-mongolischen Invasion. Die Namen der heidnischen Götter blieben aber in der Volkserinnerung erhalten, sogar bis in das achtzehnte Jahrhundert hinein, und noch im neunzehnten Jahrhundert enthielten die in vielen Dörfern gefeierten Feste heidnische Riten. Statt des Kirchenbesuches tanzten die Menschen und nahmen an rituellen Spielen teil; es wurde selten gefastet.

Die Christianisierung hatte auch Auswirkungen auf die mythischen Frauenfiguren. Der Kult der altrussischen Göttin Mokoś setzte sich in dem der Hl. Paraskeva/pjatnica unmittelbar fort. Der christliche und der heidnische Kult vereinigten sich, und die Hl. Paraskeva/pjatnica wurde die Heilige der Frauen. Sie war die Schirmherrin vieler handwerklicher Tätigkeiten von Frauen, die in der altrussischen Wirtschaft eine zentrale Rolle spielten. Das Dreschen von Flachs begann am 28. Oktober, also am Tag der Hl. Paraskeva. Bis in das neunzehnte Jahrhundert hinein wurde es vermieden, freitags zu spinnen (pjatnica = Freitag) oder den Flachs zu schlagen, Kinder zu baden oder Wäsche zu waschen. Fasten war Pflicht und Arbeiten verboten. Wahrscheinlich war es die Hauptfunktion dieser Heiligen der Frauen, ihnen eine Ruhepause von der schweren Hausarbeit zu gönnen. In einem anderen Frauenmythos, dem von Sereda oder Sreda (Mittwoch), kommt ein ähnliches Motiv vor. Sie ist, wie Paraskeva, mit dem weiblichen Prinzip der ungeraden Zahlen verbunden. Sie war für das Weben und Färben der Stoffe verantwortlich und bestrafte jene, die mittwochs arbeiteten.

Der Ritus, bei dem eine Prozession mit „pjatnica" (Freitag), einer Frau mit offenem Haar und einem Gewand voll sichtbarer Nadelstiche, um die Dörfer zog, fand noch im neunzehnten Jahrhundert statt. Die Nadelstiche erinnerten daran, daß nur Frauen ohne Ehrfurcht freitags arbeiteten. Im Bewußtsein der Frauen stellte Paraskeva/pjatnica den Archetypus der Mutter/Beschützerin dar; sie wurde angerufen, den Haushalt in Ordnung zu halten. Sie hatte Einfluß auf Gesundheit, Ernte und die Fruchtbarkeit der Herde.

Wer ihre Vorschriften nicht einhielt, konnte von Paraskeva mit Krankheit bestraft werden. Sie wurde mit Wasser, für die OstslawInnen ein weibliches Symbol, in Verbindung gebracht. So taucht folgendes Motiv in russischen Erzählungen immer wieder auf: Baba-Jaga, die bekannte, in einer Hütte mit Hühnerbeinen lebende Hexe, stellt der Heldin der Geschichte eine Aufgabe, nämlich etwas zu spinnen. Die Heldin versucht zu fliehen, was jedoch durch einen Fluß auf ihrem Fluchtweg gefährdet wird. Sie muß den Fluß zur Mithilfe überreden, was ihr gelingt. In der Volkssprache heißt pjatnica oft *Matuśka* (Mütterchen). Zum Fest des *Pokrov* (der „Beschützung der Jungfrau", einem wichtigen heiligen Tag für die russisch-orthodoxe Kirche, gefeiert am 1. Oktober) bitten die heiratslustigen Mädchen: „Matuśka, pjatnica/Paraskeva, bedecke mich schnell!" (Die russischen Begriffe – Paraskeva, Pokrov und *pokryt'* – enthalten ein Wortspiel: „bedecken" hat hier einen sexuellen Beiklang.)

Das Bild der Paraskeva kam einer irdischen Frau näher als das der heidnischen Mokoś. Mokoś war für die Ereignisse verantwortlich, die das Wohlergehen eines Stammes betrafen, während Paraskeva enger mit der einzelnen Familie und dem Haus verbunden war; jede Frau wandte sich mit ihren Problemen an sie.

Es tauchen also immer mehr unbedeutendere weibliche Gottheiten auf: Trotz der Verehrung der höheren christlichen Gottheiten und der Heiligen gaben die Menschen die Anbetung einfacher Götter und Göttinnen nicht auf; diese verkörperten das, was sich in ihrem Alltag unmittelbar ereignete. Die Himmelsmädchen oder Himmelsfrauen, wie sie auf Russisch genannt werden, kommen in vielen Mythen späteren Ursprungs vor. Im Sommer steigen sie aus den Brunnen in die Wolken hinauf – mit Wasser, das den Boden erfrischen und die Ernte sichern wird. Nach dem Baden eines Kindes wird gesungen: „Das Wasser fließt von dem Gänserücken / Von dir schwindet, was schlecht ist!" oder „Das Wasser unten soll aufsteigen / mit dir hoch nach oben!"

Zu Winterbeginn, nach dem ersten Hagel- oder Schneefall, bauten die DorfbewohnerInnen Schneefrauen; Hagel und Schnee wurden von denselben Himmelsfrauen geschickt. Stiegen diese Frauen auf die Erde herunter, so hießen sie Wasserfrauen oder *rusalki*. Die *rusalki* waren jung und langhaarig; ältere *rusalki* galten als unglückliche, ertrunkene Frauen, die dazu verdammt waren, für immer Wasserfrauen zu bleiben. Nur Hexen konnten es wagen, mit *rusalki* zusammen zu baden; wenn jemand ihren Gesang hörte, so fiel der/diejenige ins Wasser und ertrank. Wenn die Himmelsfrauen sich mit dem Donnergott vereinigten (dies geschah im Mai und Juni), war es üblich, *rusalka*-Feste zu organisieren. Gesang, Tanz, Verkleidung und Geschlechtsverkehr begleiteten die rituellen Spiele. Das Christentum verbot diese als „gotteslästerlich" und „teuflisch" verrufenen Feste; sie wurden jedoch bis ins zwanzigste Jahrhundert kontinuierlich gefeiert. In der *rusalka*-Woche warfen Mädchen Kränze ins Wasser und beteten dafür, daß ihnen vermögende Bräutigame geschickt würden.

Als Verkörperung der unreinen Mächte entstand die weibliche Figur der Morena oder Morana, die Göttin des Todes, des Winters und der Nacht. Nach der russischen Überlieferung hat sie keine familiären Beziehungen, d.h. sie hat keine Beziehung mit jenen Institutionen, die das Sittlichkeitsgefühl der Menschen unterstützten und förderten. Sie wandert ewig im Schnee umher. Lada (Harmonie) war die Liebesgöttin. Ihr Bild setzte sich aus den Vorstellungen über die Wolkenmädchen und die Sonnenmädchen zusammen. Sie war nicht nur die Göttin der Liebe, sondern auch die der Jugend, der Schönheit und der Fruchtbarkeit. Manchmal wird sie als die alles gebende Mutter angesehen:

O Mutter, Lada, Mutter!
Rufe den Frühling ...

Die Göttin Zarja (Morgendämmerung) war mutig, kriegerisch und bewaffnet. Sie erschien in der Früh, brachte die Sonne mit und vertrieb durch ihre leuchtenden Strahlen die Dunkelheit und die Nebel der Nacht. Sie wurde um Schutz angefleht: „Schütze mich mit deinem Schleier, o Mädchen, vor dem Feind, vor der Hakenbüchse und dem Pfeil ...“ Sie wurde im Kampf beschworen, um vor dem Tod zu schützen.

Riten wie das „Frühlingsbegräbnis“ sind noch immer erhalten. Im ostslawischen Mythos verkörperte Kostroma den Frühling und die Fruchtbarkeit; sie war eine junge Frau, die, in ein weißes Tuch gehüllt, einen Eichenzweig trug und den Kreistanz begleitete. Anläßlich des rituellen Begräbnisses der Kostroma wird ihr strohgefülltes Ebenbild unter Begleitung von rituellem Weinen und Lachen verbrannt oder zerrissen. Aber Kostroma ersteht wieder auf. Das Ritual sichert die Fruchtbarkeit und kennzeichnet den Übergang zum Frühling.

Die Hochzeit zwischen Erde und Himmel war die wichtigste ostslawische Hochzeitsmythe vor der Christianisierung. Nach dem mythologischen Glauben kennzeichnen Naturphänomene wie Regen und Blitz den periodischen Vollzug dieser Hochzeit; ihre Frucht war nicht das Universum in seiner Ganzheit, sondern die jährlich wiedererstehenden Gaben wie Korn und Obst. Dieser Glaube wurde in die das Geschlechtsleben betreffenden Rituale integriert. Die Hochzeit sollte die Fruchtbarkeit der jungen Männer und Frauen vorteilhaft beeinflussen. Die den Arbeitszyklus betreffenden Mythen bauen fast immer das Motiv der geschlechtlichen Vereinigung in die Rituale zur Steigerung der Fruchtbarkeit ein. Die Verknüpfung von Heidentum und Polygamie brachte es mit sich, daß die Ostslawen die Hochzeit als eine wesentliche Äußerung der sie umgebenden Naturkräfte ansahen.

Lange Zeit drang die christliche Vorstellung von der Ehe als „Sakrament“ in das öffentliche Bewußtsein nicht ein. Der Einzug in den Ehestand galt als natürlich und unumgänglich, so wie die Zeugung einer großen Anzahl von Kindern, um die Lebensfähigkeit und den Wohlstand der Stammesgesellschaft zu sichern.

Nach der Christianisierung wurden besondere Gesetzesbestimmungen festgelegt (in den Kodizes von Vladimir und Jaroslav), und damit wurden die Heiratsangelegenheiten der Kirche untergeordnet. Das gemeine Volk lebte nach wie vor ohne besondere Beachtung des Klerus. Hochzeiten wurden weiterhin nach dem heidnischen Brauchtum gefeiert: Es wurde „getanzt und verkuppelt“, geopfert und getrunken. Es wurde jung geheiratet, oft im Alter von zwölf oder 13 Jahren. Die Monogamie war für eine christliche Ehe Vorschrift, was den heidnischen SlawInnen unverständlich war. Männer heirateten weiterhin so viele Frauen, wie sie ernähren konnten. Daher war die kirchliche Autorität gezwungen, drei aufeinanderfolgende Ehen zuzulassen. Jahr für Jahr nahm der Druck der Kirche zu. Im siebzehnten Jahrhundert konnte die

„Sittenlosigkeit" (Zusammenleben ohne kirchlich gebilligte Trauung) durch Zwangseinweisung in ein Kloster bestraft werden. Aber die christliche Lehre, daß Frauen, abgesehen von Kindergebären und Sexualität, noch andere Aufgaben zu erfüllen hätten, konnte in den breiten Bevölkerungsschichten nicht Fuß fassen. Die AnhängerInnen des Heidentums und des „Doppelglaubens" machten zu Zeiten des „Rus" (einer Situation, die infolge der mongolisch-tatarischen Herrschaft entstand) einen großen Bevölkerungsanteil aus, und es hieß, daß sie den sittlichen Niedergang bewirkten. Bis in das achtzehnte Jahrhundert hinein waren in weiten Bereichen der russischen Gesellschaft Bestialität und Sodomie verbreitet.

Nach seinem Rußlandbesuch im Jahre 1588 schrieb der Engländer Giles Fletcher in seinen 1591 veröffentlichten Aufzeichnungen *Of the Russe Common-Wealth*:

> Und dennoch ist schwer festzustellen, ob die Grausamkeit oder die in jenem Land vorhandene Ausschweifung überwiegt. Ich werde davon nicht sprechen, denn es ist zu widerlich. Das ganze Land ist überflutet von Sünden jener Art. Und es ist kein Wunder, da es keine Gesetze gibt, die Hurerei, Unkeuschheit und ähnliche Unreinheiten des Lebens zu bändigen.

Domostroj, datierend aus dem sechzehnten Jahrhundert (ein Handbuch für die Haushaltsführung, dessen bekannteste Fassung der Erzpriester Sylvester zusammengestellt hat), mag als ein Versuch der Besserung gelten. Dies ist ein Ratgeber, von einem Mann für seine Zeitgenossen verfaßt, in dem Richtlinien dafür zu finden sind, was als ideales Leben eines tugendhaften Mannes galt: „Der Herr und Gebieter unterhält seine Frau, seine Kinder und die Dienerschaft gesetzmäßig, in Harmonie und mit Gottesfurcht." Dieser Herr und Gebieter leitete in der Tat alles im Haushalt; er war für beides verantwortlich, für das Verhalten der Familienmitglieder und für die Wirtschaft des Haushaltes. Alles und alle unterlagen seiner Kontrolle. Es ist offensichtlich, daß SlawInnen stets Männer an die Spitze des gesamten Lebens stellen – sei es an die der Familie oder der Gesellschaft. Der Mann ist das Haupt der Familie; Frauen wie Kinder und die Dienerschaft sind von geringerer Bedeutung.

Auch in den mythologischen Vorstellungen wird die Hervorhebung des Mannes als Haupt der Familie deutlich. Das Bild des *domovoj* (Hausgeist) illustriert dies: Er war verantwortlich für die Erhaltung des Haushaltes und für die Aufrechterhaltung von Frieden und Ordnung im Hause. Ihm wurden Opfer dargebracht, und er war ein Schreckgespenst, das die Kinder einschüchterte. Dieser Kult ist in einigen Teilen Rußlands noch heute erhalten.

Alle Höhepunkte des Heiratsrituals – die Verlobung, der *devićnik* (Abschiedsfest der Braut, das sie zusammen mit ihren Freundinnen in der Nacht unmittelbar vor der Hochzeit feiert), die Ereignisse am Hochzeitstag selbst – werden von den Klagen der Braut begleitet. Die Braut bittet darum, nicht in die Ehe gegeben zu werden, und drückt ihr Entsetzen aus, da sie in ihrem neuen Haus schwere Arbeit und Gleichgültigkeit oder Verachtung zu erwarten hat. Sie singt Klagelieder, während die übrigen Hochzeitsgäste fröhliche Lieder singen.

Eine nähere Betrachtung der Hochzeitsriten macht deutlich, daß die Heirat als solche nicht das einzige Ziel der Frau ist. Um der Fruchtbarkeit willen braucht sie einen Mann. Die Rolle der Gebärerin ist ein festes Strukturmerkmal ihres Bewußtseins. In den volkstümlichen russischen Erzählungen muß der Bräutigam viele Proben bestehen, die seine sexuelle Kraft unter Beweis stellen. Andererseits hat die Braut Angst vor der Heirat, davor, „in ein fremdes Haus zu gehen"; sie fürchtet ihre Schwiegermutter. Solche Ängste spiegeln sich in den Konflikten zwischen Stiefmutter und -tochter oder zwischen der Heldin und Baba-Jaga wider. Sie wurden in den russischen Volkserzählungen oft thematisiert.

Das Thema Inzest – durch Eheschließung – kann in seiner archaischsten Form als eine mythologische Verkörperung der Wechselwirkung zwischen polaren Gegensätzen interpretiert werden.

Eine jener Mythen, die eine inzestuöse Heirat zwischen Bruder und Schwester thematisieren, ist der Mythos von der Sommersonnenwende. Dieses Fest wurde am Abend des Ivan-Kupala-Tages (24.-25. Juni) gefeiert. Ivan Kupala ist der volkstümliche Name von Johannes dem Täufer; so wurde auch eine strohgefüllte Puppe bezeichnet, die bei diesem Fest im Wasser „ertränkt" wurde. Alle TeilnehmerInnen des Festes sprangen so hoch wie möglich über das Lagerfeuer, um eine reiche Ernte heraufzubeschwören. Anläßlich dieses Festes fanden zur Erhaltung der Fruchtbarkeit erotische Tänze und Geschlechtsverkehr statt. In den Mythen von Kupala wurden Feuer und Wasser als Bruder und Schwester betrachtet. Eine inzestuöse Bruder-Schwester-Heirat ist die Grundlage des Mythos, dessen wichtigstes Symbol die Ivan-da-Marja-Pflanze (Stiefmütterchen) war. Diese hat zweifärbige – blaue und gelbe – Blütenblätter, die Bruder und Schwester darstellen. In einer Variante des Mythos versucht der Bruder seine verführerische Schwester zu töten, und sie bittet ihn, auf ihrem Grab diese Blume zu pflanzen.

Die Verstöße gegen Heirats- und Familiennormen, etwa durch Inzest oder Ehe mit Bräuten von (räumlich) weit entfernter Abkunft, haben in den Volkssagen gesellschaftliche Folgen und keine kosmischen wie etwa im Mythos. Im Mythos bleibt das Thema Heirat eher peripher, und die Familienbeziehungen dienen manchmal als ein Mittel, um wirtschaftliche Ziele zu erreichen, während in den Volkserzählungen eine Umkehrung von Mittel und Zweck stattfindet. Alle Proben, die der Held der Volkserzählungen zu bewältigen hat, führen ihn zur Heirat oder zum Inzest. Oft steht ein Inzest-Motiv in Zusammenhang mit dem Verstoß gegen ein Tabu. Die Inzest-Motivik unterscheidet sich in den russischen Volkserzählungen nach dem Grad der Verwandtschaft, je nachdem, ob Eltern und Kinder oder Brüder und Schwestern betroffen sind. Es ist bemerkenswert, daß meist die weibliche Teilnehmerin die Übertretung der Norm initiiert: Eine Mutter verführt ihren Sohn in der Hoffnung auf Beloh-

Abb. 10: Baba-Jaga macht sich auf, um gegen das Krokodil zu kämpfen („lubki"-Holzschnitt um 1760). Der Holzschnitt ist vermutlich eine satirische Anspielung auf Peter I. (auch „Krokodil" genannt) und seine Frau Katharina I.

Saltyknow-Chtchedrine-Bibliothek, Leningrad

nung, eine Schwester ihren Bruder, eine Tochter ihren Vater usw. Der männliche Teilnehmer wird, sobald er seine Sünde entdeckt, bestraft, nicht selten mit dem Tod.

Die Übertretung der Heiratsnormen wird auch in Erzählungen wie jener von der Totem-Ehefrau thematisiert, die ihre Tierverkleidung abwirft, etwa von der Froschkönigin/-prinzessin, der Schwanenprinzessin u.v.a. Ein weiteres Motiv dieser Art ist die Entführung eines kurz vor seiner Hochzeit stehenden Mädchens durch einen Drachen, d.h. durch einen „fremden" Bräutigam von weither, der sie als seine Konkubine haben will; sie wird dann durch die wundersamen Taten des Bräutigams gerettet, was die Rückkehr zur normalen Heiratsform kennzeichnet.

In einigen russischen Erzählungen stellt der Zar und Vater die Freier auf die Probe, die sie bestehen müssen, um seine Tochter heiraten zu können. Er konzipiert die Aufgaben so, daß nur er selbst sie lösen kann: Die Prinzessin, seine Tochter, kann also nur mit ihrem Vater glücklich sein.

Für die OstslawInnen stand die Geburt im allgemeinen in Verbindung mit Fruchtbarkeit und im besonderen mit der lebenspendenden Kraft der Erde. Nach der Christianisierung wurde die physische Geburt des Menschen von der geistigen unterschieden und die Mitwirkung Gottes an letzterer propagiert. Das Leben eines Kindes war „von Gott gegeben“, seine Seele wurde „von Gott erleuchtet“. Die Geburt steht in Verbindung mit allem, was die Fruchtbarkeit kennzeichnet: mit Wasser und mit dem Ritus, der den Regen herbeiholt, zu dessen Anlaß Frauen die Himmelsgottheiten zur Vereinigung aufforderten; mit dem Glauben, daß Regen der Unfruchtbaren hilft u.a.

Die heidnischen SlawInnen glaubten, daß Göttinnen der Geburt eines Kindes beiwohnten und dessen Schicksal und Glück bestimmten. Ihr Name *rożanici* (die Gebärerinnen/weibliche Ahnen) weist auf ihre Funktion hin. Der Kult der *rożanici* kommt dem der griechischen Schicksalsgöttinnen nahe. Wenn eine Frau ein Kind geboren hatte, fand ein Festessen, *rodiny* (Geburtsfest), statt. Eine Speise aus Getreide wurde gekocht und den Gästen gereicht. Eine zweite Speise wurde für die *rożanici* bereitet. Ihre Verehrung reicht bis auf den archaischen Ahnenkult zurück, besonders auf den Kult der weiblichen Ahnen. Nach der Verbreitung des Christentums wurden die *rożanici* für teuflisch gehalten. Aber der Glaube an sie lebte weiter: Das Geburtsfest wurde in *krestiny* (Tauffest) umbenannt, und der Brauch, Gäste einzuladen und die Getreidespeise zu kochen, wurde beibehalten.

Was war der Ursprung des *rożanici*-Kultes? Daß die Nachkommen ihr Dasein den Ahnen zu verdanken haben, ist allgemein anerkannt. Es wird niemals bezweifelt, daß physische sowie moralische Eigenschaften vererbt werden. Infolgedessen genießt der Ahnenkult eine große Verbreitung. Die Ahnen werden als Beschützer des Stammes geehrt, das Schicksal ihrer Nachfahren wird von ihnen vorbestimmt. *Rod* (Geburt/Abstammung), eine männliche Gottheit, vertritt die männlichen Mitglieder des Stammes und wird den *rożanici*, den Müttern der nachkommenden Generationen, untergeordnet. In der Stammes- oder Gemeinschaftsehe ist die Beziehung eines Neugeborenen zu seinem Vater weniger offensichtlich als die zu seiner Mutter. *Rod* und *rożanici* standen in ihrer Bedeutung als BeschützerInnen/SpenderInnen des Lebens im Mittelpunkt der Ahnenverehrung; sie stellten den Großvater und die Großmütter dar – ein Verweis auf die unter den OstslawInnen übliche Polygamie.

Der Glaube an Glück und Schicksalsfügung ist noch weit verbreitet. Der Ritus des Tauffestes, das dem Kind den göttlichen Schutz versprach, hat überlebt. Der sogenannte Schicksalsglaube, die Überzeugung, daß eine höhere Macht, das Schicksal, existiert, ist ungeachtet der sozialen Unterschiede ein typischer Wesenszug der russischen Gesellschaft. Im volkstümlichen Bewußtsein ist in einigen Orten der Kult der *rożanici*, die den Anfang und das Ende des Menschenlebens bestimmten, mit dem christlichen Kult um die Seelen der Ahnen verschmolzen; die *rożanici* wurden mit den Sternen in Verbindung gebracht. In den Volksliedern sind zum Beispiel Formulierungen folgender Art zu finden: „Ein Stern fällt vom Himmel nieder, / Die leuchtende Kerze tropft, / Unser junger Prinz kann nicht mehr bleiben.“

In Rußland wurde einst, wie auch anderswo, an Empfängnis ohne männliche Beteiligung geglaubt. Die Frau allein sollte für das Fortleben des Stammes verantwortlich sein. Obwohl heute die Bedingungen für die Empfängnis eines Kindes überall bekannt sind, ist der Glaube an die Möglichkeit einer Schwangerschaft ohne Geschlechtsverkehr nicht gänzlich verdrängt worden. Er lebt im Glauben an Hexerei oder im Aberglauben weiter. Die russische Volksliteratur ist reich an wundersamen Geburten. So ist es zum Beispiel möglich, durch das Essen von Früchten oder Beeren zu empfangen: „Ich spazierte im Wald und schluckte eine Erbse.“ Bis zum heutigen Tag essen Frauen Erbsen oder Hefe, um schwanger zu werden, was offensichtlich mit der Eigenschaft dieser Lebensmittel zu tun hat, ein Anschwellen des Bauches zu bewirken: „Die Erbse ging auf, der Carica wurde übel, die Erbse schwillt mehr und mehr an, die Carica fühlt sich schwerer und dicker.“

Auch ein Orakel oder eine Beschwörung – die Macht der Worte also – konnten eine Schwangerschaft hervorrufen; desgleichen ein Schluck Wasser: „Sie blickt einen fließenden Bach an. Sie trinkt einen Schluck und fühlt sich schwanger. Später gebiert sie einen Sohn.“ Frauen trinken Wasser und baden, um ihre Fruchtbarkeit zu erhöhen.

Die Überzeugung, daß die Entstehung vollkommen neuer Individuen nicht möglich sei, war ein weiteres Motiv der wundersamen Geburt. Alle Neugeborenen sind Wiedergeburten der Verstorbenen – insbesondere der Ahnen. Die Wiedergeburt ist ein häufiges Motiv in den russischen Volkserzählungen. Es gibt auch eine Verbindung mit dem Feuerkult; Ofen oder Herd galten als Wohnstätte der verstorbenen Ahnen. Oft werden die Helden der russischen Geschichten aus dem Ofen geboren: „Alte Frau, gehe und begrabe einen Rettich, wir werden ihn essen. Wir aßen einen Rettich, einen anderen stellten wir in den Ofen ... jemand im Ofen schrie: ‚Heiß!‘, und wir fanden einen lebenden Knaben darin.“ In den russischen Erzählungen ist der jüngste Sohn, der Held, immer im Ofen zu finden. Die russischen *bogatyri* (die Helden der Volksepen) liegen stundenweise auf dem Ofen. Selbst ihre Namen verweisen oft auf eine Beziehung zum Ofen: Ivan Zapećnyj (Johann von hinter dem Ofen), Iskr Zapećnyj (Funke von hinter dem Ofen) usw.

Ein weiteres Geburtsmotiv ist die Geburt aus einem Fisch. Als Totemtier ist der Fisch verbunden mit der Welt der Toten; zugleich besitzt er verblüffende Fruchtbarkeit. Der Fisch, ein phallisches Symbol, steht für das Väterliche im Unterschied zum Mütterlichen. Beschwörungen wie die folgenden kommen in den russischen Volkserzählungen oft vor: „Der Hecht befiehlt, wie es mir gefällt“; „Habe Mitleid mit mir, gnädige Frau Fisch“. Zur Heilung anhaltender Unfruchtbarkeit wird oft Fischgenuß verschrieben.

In allen diesen Ritualen wird der Einfluß der Fruchtbarkeit der Natur auf die Menschen deutlich, aber auch die Überzeugung, daß der Mensch durch Sympathiezauber die Fruchtbarkeit der Natur auf sich übertragen kann.

In der ostslawischen Mythologie kommt Vergewaltigung fast nicht vor. In weit zurückliegenden Zeiten verkörperten die regenschwangeren Wolken Jungfrauen, die vor dem Donnergott flohen. Der Donner war das Zeichen dafür, daß er sie verfolgte, eroberte und entjungferte, wodurch der fruchtbare Regen fiel. Die sexuelle Eroberung der Frauen ohne ihre Zustimmung kam im wirklichen Leben jedoch oft vor. Vor dem Hintergrund der polygamen Ehe und der Unterwerfung der Frauen in wirtschaftlicher Hinsicht stellt die Vergewaltigung in der Tat die Norm dar. Im großen und ganzen wurden die das Frauenleben betreffenden Rituale so konstruiert, daß die Frauen von den Männern ausgesucht wurden: „Die Braut wird von ihrem zukünftigen Bräutigam auserwählt"; die Braut hat nur zu „vermuten, wen das Schicksal für sie vorgesehen hat". Sexuell waren Frauen immer passiv; sie flohen vor den Männern oder versteckten sich vor ihnen. Aktive Frauen wurden verspottet.

Motive, die die Initiation von Frauen unmittelbar betreffen, sind in der ostslawischen Mythologie recht selten. Aber eine Analyse der Sprache sowie der Texte von bestimmten Ritualen verdeutlichen Strukturen, die einen Bezug zu den physiologischen Veränderungen der Frau haben. In manchen Ortschaften werden bis zum heutigen Tag die Mädchen unterschiedlich benannt, je nach ihrer geschlechtlichen Reife bzw. ihrem physiologischen Befinden. Bis in die fünfziger Jahre war es gebräuchlich, daß verheiratete Frauen ihren Kopf bedeckten und nur Mädchen ohne Kopfbedeckung ausgehen durften.

An gewissen Ritualen durfte nur eine bestimmte Art von Mädchen teilnehmen – es waren Rituale wie die von Kupala und Maslenica („Butterwoche", Zeit vor dem Fasten), die mit jahreszeitlichen Veränderungen in Verbindung standen und in denen die Erotik eine wichtige Rolle spielte. Die Teilnahme hing von der sexuellen Reife der Mädchen ab; verheiratete Frauen wurden ausgeschlossen. Daraus geht hervor, daß ein Unterschied zwischen den erotischen und den mit dem Ehe- und Familienleben assoziierten Motiven bestand. Der Kreistanz war ein wichtiger Bestandteil solcher Rituale. Nur Mädchen, die ein bestimmtes Alter erreicht hatten, durften den Kreistanz anführen. In bestimmten Ritualen liefen die Mädchen nach dem Ende des Kreistanzes weg; ein junger Mann, der ein Mädchen einfing, durfte auf der Stelle mit ihr Geschlechtsverkehr haben und ihr Ehemann werden.

Die *byliny* (Volksepen) haben einen wichtigen Stellenwert in der russischen Folklore. Die Frauen in den *byliny* sind immer schlau und dämonisch; sie stellen irgendeine Art Unheil dar, und der Held kämpft mit ihnen (vgl. z.B. Polyk; Luka Danilović; Ivan Golinović; Dobrynja und Marinka). Während die Volksepen aufzeigen, wie das Weibliche als negatives Prinzip dem Stamm oder der Siedlung Unheil bringt, thematisieren die Volkserzählungen vor allem das Alltagsleben und die Familienbeziehungen. Die Erfüllung einer Aufgabe bringt dem Helden der Erzählung Wohlstand. Die semantische Deutung einer Volkserzählung kann nur auf Basis der mythologischen Quellen erfolgen. Das heißt, eine semantische Analyse eines Großteils der russischen Volkserzählungen erübrigt sich, sofern sie der Darstellung der Beziehungen in der Familie (Ehe, Geburt, Inzest, Vergewaltigung usw.) gilt. Diese Volkserzählungen beinhalten fast keine (eigentlichen) folkloristischen Attribute.

Der bedeutende russische Ethnologe und Sammler von Volkserzählungen, Aleksandr Afanas'ev, veröffentlichte 1855-1864 eine (dreibändige) Sammlung russischer Volkserzählungen, *russkie narodnie skazki*, die als das russische Gegenstück zu den *Märchen der Gebrüder Grimm* gilt. Die Veröffentlichung des vierten Bandes dieser Sammlung wurde 1859 verboten; er erschien einige Jahre später in Genf (in Rußland erst 1914). In diesem Band, *Geheime* (d.h. obszöne) *Erzählungen* genannt, sind Geschichten über das Alltagsleben gesammelt; es handelt sich um das Geschlechtsleben des einfachen Volkes, um das Eheleben, um Inzest, sexuellen Betrug. Gewisse Ausdrücke in den Erzählungen können als „unzensuriert" bezeichnet werden, das heißt, eigentlich nicht wert, gedruckt zu werden, obwohl sie im Volksmund üblich waren. In allen Erzählungen stellen Frauen das negative Prinzip dar: Die Frau und das Bild, das sie vertritt, sind moralisch verwerflich, betrügerisch; sie pflegt wahllos Geschlechtsbeziehungen. Für Afanas'ev machten diese Erzählungen einen genauso wesentlichen Teil der russischen Folklore aus wie die anderen seiner Sammlung.

Anmerkung des Übersetzers

Als Vorlage für die Übersetzung des Beitrags von Julia Vytkovskaya diente die englische Übersetzung des ursprünglich russischen Textes von Catriona Kelly.

Bibliographie

Zu Frauen und Mythen in Rußland:

Barker, A. M.: *The Mother Syndrome in the Russian Folk Imagination*, Columbus (Ohio) 1986.

Grossman, J. D.: *Feminine Images in Old Russian Literature and Art*. In: California Slavic Studies, 11, 1980, S. 33-70.

Hubbs, J.: *Mother Russia: The Feminine Myth in Russian Culture*, Bloomington (Indiana) 1988.

Allgemein zu Mythen und russischer Kultur:

Lotman, Y. M./Uspensky, B. A.: *The Role of Dual Models in the Dynamics of Russian Culture*. In: Shukman, A. (Hrsg.): *The Semiotics of Russian Culture*, Ann Arbor/Yale 1984, S. 3-35.

Vernadsky, G.: *Russian Paganism*. In: Vernadsky, G./Karpovich, M. (Hrsg.): *History of Russia*, Bd. 2, New Haven (Conn.) 1948, S. 48-56.

Juliette Wood

Keltische Göttinnen: Mythos und Mythologie

I. Einführung

In seiner Beschreibung gallischer Gottheiten spricht Cäsar von einer einzigen Göttin: Minerva, unter deren Macht das Handwerk und die Künste standen. Die WissenschaftlerInnen, die sich mit den KeltInnen beschäftigen, halten von dieser *interpretatio romana* nicht viel. Cäsars Äußerung weist allenfalls auf die Tatsache hin, daß alle Vermutungen über die keltischen Gottheiten eine Art *interpretatio* sind. Wer sich an eine zusammenhängende Beschreibung der keltischen Mythologie heranwagt, steht unvermeidlich vor Schwierigkeiten und kann ohne Hypothesen nicht arbeiten, soll das fragmentarische und verschiedenartige Belegmaterial bewältigt werden. Die schriftlichen Quellen stammen entweder von ausländischen Autoren (Berichte von Griechen und Römern über Aspekte der keltischen Kultur, die sie beeindruckten), oder sie bestehen aus später – im christlichen Umfeld – entstandenen einheimischen Texten, vorwiegend auf Irisch oder Walisisch verfaßt. Die archäologischen Funde, obgleich in beträchtlicher Menge vorhanden, erstrecken sich über ein großes Gebiet. Ein Großteil davon stammt aus jener Zeit, als die keltischen Gesellschaften mit der griechisch-römischen Welt in Berührung gekommen waren. Sie informieren uns ausführlich über die Gottheiten und ihre Funktionen, aber recht wenig über Mythen und Rituale, die mit ihnen in Verbindung standen.

Sogar der Ausdruck „keltisch" ist eine Hypothese, die einen bestimmten Grad von ethnischem Zusammenhalt voraussetzt: einen Zusammenhalt, der sich über einen gewissen Zeitraum und über geographische Grenzen hinaus feststellen läßt. Ein Überblick über die Terminologie und die Quellenlage ist unerläßlich, bevor wir uns den keltischen Göttinnen und deren Mythologie zuwenden können.

Der Begriff KeltInnen

Die Idee der „KeltInnen" und ihrer Eigenheiten ist zu solch einer Selbstverständlichkeit geworden, daß es überrascht, wie spät dieser Begriff in Verwendung kam. Die klassischen Quellen bezeichnen eine große Anzahl von Völkern mit dem Überbegriff *keltoi*. Die Betrachtungsweise dieser Autoren macht deutlich, daß sie damit eher kulturelle Ähnlichkeiten zwischen bestimmten Volksgruppen ansprechen und nicht etwa eine ethnische Zugehörigkeit. In der modernen Wissenschaft werden diese Ähnlichkeiten zu Recht als „keltisch" klassifiziert, was aber nicht bedeutet, daß sich diese Völker bewußt als eine Gemeinschaft ansahen. Das Bewußtsein, KeltInnen zu sein, fehlt merkwürdigerweise in den irischen pseudohistorischen Schriften aus dem Mittelalter (Byrne 1974, S. 144). Auch die frühe walisische Prophezeiung *Armes Prydein*, die die WaliserInnen ermahnt, sich mit anderen Gruppen zur Vertreibung der EngländerInnen zu verbünden, besagt nicht, daß jene irgendwelche kulturellen oder geistigen Gemeinsamkeiten geteilt hätten (Williams 1955)

Der Begriff in seiner modernen Bedeutung tauchte erst zu Beginn des 18. Jahrhunderts auf, im Zuge der Erforschung der sprachlichen Verwandtschaften zwischen den keltischen Sprachen (das Irische, das Manx, das Schottisch-Gälische, Walisische, Bretonische und das Kornische). Auf dieses Jahrhundert gehen viele unserer Vorstellungen von heroischen Gesellschaften zurück, besonders die hartnäckigen Vorstellungen von den „edlen Wilden", also vom hehren Lebensstil und der Freiheitsliebe der keltischen KriegerInnen, die der Einfluß der römischen Bürokratie nicht zerstören konnte (vgl. auch die Einstellung des Tacitus zu den germanischen Stämmen im Beitrag von Larrington in diesem Buch). Zentrale Vorstellungen, etwa daß die KeltInnen über eine Naturmystik verfügten oder daß die keltischsprachigen Kulturen geistige und moralische Eigenheiten teilten, beziehen sich nicht auf die historischen KeltInnen, sondern sind Dichtern wie Matthew Arnold und W. B. Yeats zu verdanken.

Es ist dennoch legitim, von einer keltischen Kultur zu sprechen. Sprachliche Verwandtschaften sind nicht abzustreiten, und diese lassen auf kulturelle Gemeinsamkeiten schließen. Aber Abstraktionen wie das keltische Bewußtsein, der keltische Mythos oder sogar die keltischen Göttinnen können irreführen, wenn dadurch ein zu großes Maß an Übereinstimmung zwischen den „keltischen" Völkern in der klassischen Welt oder eine Kontinuität zwischen den alten KeltInnen und ihren NachfahrInnen angenommen wird.

Die klassischen und archäologischen Quellen

Die klassischen Autoren gehen eher auf die Sitten als auf die Mythen ein, und ihre Beschreibungen gelten dem Unterschied zwischen dem Fremden des keltischen und dem Vertrauten des griechisch-römischen Verhaltens. In ihren Beschreibungen spiegeln sich zweifellos ihre kulturellen Vorurteile gegenüber den KeltInnen wider, einem Volk, das am Rande der Welt lebte und das sie idealisierten. Die Tatsache, daß sie die keltische Gesellschaft fremd fanden, deutet auf das Vorhandensein solcher fremden Elemente hin; ihren Beschreibungen liegt ein echtes, wenn auch verzerrtes Bild der keltischen Gesellschaft zugrunde.

Die folgenden zwei auf Frauen bezogenen Stellen aus den klassischen Berichten könnten tatsächlich keltische Rituale und Mythen wiedergeben. Sich auf ein früheres

Werk des griechischen Autors Poseidonius stützend, beschreibt Strabo eine Insel in der Loire in Frankreich, die von Frauen des samnitischen Stammes bewohnt war. Sie hielten sich von den Männern fern und waren von einem Gott besessen, den Strabo als Dionysos bezeichnet. Falls eine Frau während der jährlichen Dachdeckerarbeit am Tempel ihre Arbeitsmaterialien hinunterfallen ließ, wurde sie zerstückelt, und ihre Körperteile wurden um den Tempel getragen (Tierney 1959-1960, S. 269). Die Stelle, ein Hinweis auf die Abneigung der Römer gegen Menschenopfer, mag über ein Ritual berichten oder sich auf irgendeine Version einer Mythe stützen. Hier spiegeln sich Vorstellungen von jenseitigen Fraueninseln wider, die in den später verfaßten irischen Reiseerzählungen *(Immrama)* Erwähnung finden. Auf den Jenseitsinseln dieser Erzählungen herrschen aber Glückseligkeit und Wohlstand, und den Bewohnerinnen fehlt es an mänadischen Eigenschaften. Der Bericht von Strabo und die irischen Erzählungen weisen genug Gemeinsamkeiten auf, um daraus folgern zu können, daß Vorstellungen von einem Jenseits, wo nur Frauen leben, unter den keltischen Völkern seit sehr langer Zeit tradiert worden sind. Eine andere Inselgeschichte ist ein weiterer Beleg hierfür: die Geschichte von einem schlafenden Gott, in den klassischen Texten Kronos genannt, der von neun Priesterinnen bewacht wird; sie verfügen über einen magischen (Hexen-)Kessel (Rhys 1898).

Obwohl in der späteren heimischen Tradition keine direkten Parallelen zu dieser Geschichte existieren, sind einige Erzählmotive mit ihr vergleichbar: die Gefangenschaft Merlins in Avalon; die Reise des Artus nach Avalon in Begleitung von Morgane und von anderen magischen Königinnen; fast alle magischen Kessel in der walisischen und irischen Tradition; die neun Hexen, die Peredur (im gleichnamigen walisischen Roman) betreuen u.v.a. Weder der Glaube an Frauengesellschaften noch an Priesterinnenverbände ist allein der keltischen Tradition eigen. Ungeachtet dessen, ob es sich hier um landeseigene oder um geliehene Motive handelt, macht ihre dauerhafte Verbreitung sie zu einem wesentlichen Teil der keltischen Tradition.

Archäologische Belege sind verhältnismäßig reichlich vorhanden und nicht selten von Inschriften begleitet. Die meisten relevanten Quellen stammen jedoch aus der Zeit, als die KeltInnen mit der griechisch-römischen Welt bereits in Berührung gekommen waren. Die Ikonographie ist von künstlerischen Entwicklungen aus dem Mittelmeerraum deutlich beeinflußt worden, woraus zu schließen ist, daß auch die Glaubensinhalte nicht unbeeinflußt blieben (Lindgren 1978). Dem Bericht von Cäsar ist zu entnehmen, daß die Verehrung eines Götterpantheons in der gesamten gallischen Welt verbreitet war. Die archäologischen Belege deuten jedoch darauf hin, daß nur einige Gottheiten in größeren Gebieten bekannt waren, während die anderen Regionalgottheiten waren, die meist mit Naturerscheinungen wie Flüssen und Quellen in Verbindung standen. Im Vergleich überwiegen Belege zu den Regionalgottheiten, die daher als ein bedeutsameres Element der keltischen Religion angenommen werden können. Was die keltischen Gottheiten und im besonderen die Göttinnen betrifft, können wir davon ausgehen, daß sie mit den Naturphänomenen verbundene Tätigkeiten ausübten und weniger – wie etwa Cäsar im Falle der keltischen Minerva meint – eine bestimmte Funktion innehatten (Sjoestedt 1982). Die neuere Forschung vermutet, daß die Gestalt dieser mit der Natur eng verwandten Göttin vor die Entstehung der indoeuropäischen Kultur zurückreicht. Dies führt uns zurück zu der Überlegung, daß die keltische Kultur für Außeneinflüsse nicht unzugänglich war und, da sie sich in einem europäischen Kontext entwickelte, zweifellos einige Elemente davon übernahm (Gimbutas 1982).

Die sprachlichen Ähnlichkeiten zwischen den sechs existierenden keltischen Sprachen (fünf davon werden auf den britischen Inseln und eine in der Bretagne noch immer gesprochen) sind unwiderlegbar. Die Beziehung zwischen den Frühgesellschaften ist jedoch vielschichtig. Die keltischen Gesellschaften in Britannien und Irland stammen nicht von einer einzigen Gemeinschaft von kontinentalen KeltInnen ab; in der Tat ist keine kontinuierliche Beziehung zwischen der gallischen und der Inselkultur nachweisbar. Auch die InselkeltInnen selbst entwickelten niemals eine homogene Kultur. Die in Irland, Schottland und auf der Isle of Man gesprochenen keltischen Sprachen gehören der sogenannten goidelischen (oder gälischen) Sprachgruppe an, während das Walisische, das Kornische und das Bretonische die bretonische Gruppe der keltischen Sprachen ausmachen. Die neuere vergleichende Forschung betrachtet „die KeltInnen" im größeren Zusammenhang der indoeuropäischen Kultur (Dumézil 1957; Mallory 1989) und führt gewisse Aspekte der keltischen Kultur auf dieses gemeinsame Erbe zurück. Dadurch sind neue Ansätze zur Annäherung an den vielschichtigen Charakter der frühen Gesellschaften entstanden, und die Probleme der Kontinuität, des gemeinsamen Erbes und der Außeneinflüsse auf Kulturen, deren Spuren nur unvollständig erhalten sind, wurden in ein neues Licht gerückt.

Einheimische Quellen

Nun soll eine Bestimmung des Begriffes *Mythos* versucht werden, obgleich dieser noch schwerer faßbar ist als der Begriff der „KeltInnen". Mythos wird hier definiert als eine besondere Art erzählerischen Diskurses, der die grundlegenden sakralen Konzepte betrifft (Dundes 1989). Das Quellenmaterial zu den keltischen Gottheiten besteht aus bildlichen Darstellungen, Widmungen und Erwähnungen in klassischen Texten. Mythen im eigentlichen Sinn existieren nicht. Es ist keine altgallische Literatur erhalten geblieben (das Bretonische ist infolge einer späteren Einwanderung entstanden). Wir sind also auf späte, vorwiegend einheimische Quellen angewiesen, die aber als Belege für eine keltische Mythologie nur schwer angeführt werden können, seitdem festgestellt worden ist: „Wir kennen keine KeltInnen, sondern nur GallierInnen, IrInnen, WaliserInnen und BretonInnen" (Sjoestedt 1982, S. 3) – eine Feststellung, der sich die meisten populären AutorInnen beharrlich widersetzen.

Auch wenn die Schwierigkeit zu lösen wäre, daß einerseits die einheimische Literatur von den KeltInnen der Inselkulturen verfaßt wurde, während sich andererseits der Großteil der archäologischen und epigraphischen Belege auf die kontinentalen KeltInnen bezieht, bleibt die Tatsache, daß die einheimischen Erzählungen in erster Linie literarische Texte sind. Jedenfalls ist es nicht so einfach, daß wir nur die oberste Schicht zu entfernen haben, um die altkeltischen Mythen und Rituale bloßzulegen. Die Versuche vieler WissenschaftlerInnen, die einheimischen Texte unter Einbeziehung der archäologischen und epigraphischen Belege als eine „Quelle für heimische religiöse Kulte" (Ross 1967, S. 25) anzusehen, haben sich als gefährlich erwiesen. Die heimische Literatur und die archäologischen Funde mögen uns viel über die Mythen und den Glauben erzählen, sie können sich aber gegenseitig nicht beweisen, ohne das Risiko einzugehen, sich im Kreis zu bewegen.

Die Mythologie machte zwar einen wichtigen Teil der einheimischen Literatur aus, aber zu ihrer Ausformung und Entwicklung haben auch die römische Zivilisation, das Christentum und die literarische Tradition der mittelalterlichen Kulturen aus Irland, Wales, der Bretagne, Schottland und in einigen Fällen die der AnglonormannInnen aus Frankreich beigetragen. Altertümliche Strukturen wie der Mythos verlieren nur so lange nicht an Bedeutung, als sie in dem Kontext, in dem sie entstanden sind, relevant bleiben (Honko 1989). Diese Literatur tendierte zweifellos zur Konservierung dessen, was vorher schon da war, blieb aber von den Normen der jeweils vorherrschenden Gesellschaft nicht unberührt. Im Falle der später entstandenen einheimischen Literatur ist es zweckmäßig, sich eine Verbindungslinie vorzustellen, die Mythen, literarische Erzählungen, Romanzen und Volkssagen umfaßt. Diese greifen alle auf die gleichen Motive und Themenkreise zurück, welche ständig, dem zeitlichen Horizont entsprechend und im Zusammenhang mit der jeweiligen Gattung, modifiziert worden sind. Mythen, die die keltische Kultur in ihren frühen Stadien charakterisieren und zu deren eigentlichem Erbe zu rechnen sind, mögen tatsächlich die Quellen dieser Texte gewesen sein; und viele Themen könnten auf ein breiteres indoeuropäisches Kulturerbe zurückgeführt werden. Der Verfeinerungsgrad der Kultur, von der diese Literatur stammt, deutet auf einen dynamischen Vermittlungsprozeß hin. Was ursprünglich Mythos gewesen sein mag, wird zum mythischen Stoff späterer Erzählformen, der sich der jeweiligen Gattung und deren Funktion anpaßt.

II. Keltische Göttinnen

Einführung

Das folgende Bild von keltischen Göttinnen ist das verbreitetste: eine weibliche Gestalt mit einer Doppelnatur, abwechselnd schön und häßlich wie eine alte Hexe, eine Doppelnatur, die große Macht verleiht. Sie wird verschiedenartig beschrieben: in der Gestalt der *Cailleach Bhearra* als „die bekannteste alte Dame in der irischen Literatur" (Wagner 1981), als „Inbegriff der Kriegsgöttin in der heidnisch-keltischen Religion" (Ross 1973, S. 144). Ein nicht von akademischer Verbindlichkeit befangener populärwissenschaftlicher Autor interpretiert die apokryphe Geschichte von der heiligen Brigitta und dem Christuskind folgendermaßen: „Als die Göttin der alten religiösen Ordnung fördert sie den Gott des neuen Glaubens, indem sie ihm eine Stellung im Jenseitsglauben aller britischen und irischen Gläubigen einräumt" (Matthews 1989, S. 268). Die Annahme der Existenz einer „keltischen Göttin" ist fast so glaubwürdig geworden wie die der „KeltInnen" selbst. Sie ist noch mehr als letztere eine Projektion aus der Perspektive des 20. Jahrhunderts.

Cäsar berichtet nicht davon, daß im religiösen Glauben der GallierInnen das Weibliche besonders betont wurde. Aber zahlreiche Bilder keltischer Herkunft stellen weibliche Gottheiten dar; viele von diesen werden namentlich genannt, was auf eine Vielzahl von Göttinnen schließen läßt. Aber keine scheint jemals in der gesamten keltischen Welt verehrt worden zu sein. Vor der römisch-keltischen Periode sind Abbilder der Muttergöttinnen nicht häufig; jedoch ist die Muttergöttin als religiöse Vorstellung von einer solchen Eindringlichkeit, daß sie sich zum gemeinsamen Erbe der keltischen Kulturen zählen läßt. Sie mochte in einigen von KeltInnen besetzten Gebieten bereits geläufig gewesen sein. Die Muttergöttinnen sind oft in Triaden dargestellt. Verdreifachung ist zweifellos ein keltisches Element, während das Füllhorn, das ihre Fruchtbarkeitsfunktion verdeutlicht, eher auf die klassische Kunsttradition zurückzuführen ist. Das Vorkommen klassischer Gottheiten mit einheimischen Attributen, wie etwa im Falle von Minerva, mag auf eine synkretistische Tendenz infolge der Berührung mit Rom hinweisen. Dies erklärt Cäsars Versuch, die keltischen Gottheiten im Sinne eines Pantheons zu verstehen. Trotz der Vermischung sind die einheimischen Elemente deutlich erkennbar (Lindgren 1978).

Wie sieht es mit den einzelnen keltischen Gottheiten aus? Sie stehen in Verbindung mit vielfältigen Funktionen und spiegeln oft regional begrenzte Kulte wider (Green 1986, S. 72; Sjoestedt 1982, S. 37; Ross 1967, S. 265). Manchmal weist der Name selbst auf die Funktion der Göttin hin, z.B. Rosmerta (die große Versorgerin); in anderen Fällen deutet der Kontext, in den eine Gestalt eingebettet ist, den Zuständigkeitsbereich der Göttin an, z.B. die mit der Kraft des Wassers verbundene Coventina sowie Sequana. Manchmal geben die Attribute einer Göttin Hinweise auf ihre Funktion oder auf den Kreis ihrer VerehrerInnen; ein treffendes Beispiel hierfür ist Epona, mit der Pferde assoziiert werden: Sie hatte ihre Anhänger in der römischen Kavallerie. Die keltische Tradition kennt keine Göttin, die einer klassischen Liebesgöttin entspricht, obwohl die übernatürlichen Frauen in der einheimischen Literatur starke sexuelle Züge aufweisen (Sjoestedt 1982, S. 51).

Dieser offensichtliche Mangel verweist jedoch auf eine wichtige Eigentümlichkeit der keltischen Kosmologie. Während sich die Funktion der männlichen Gottheiten nach einsichtig definierten Parametern erfassen läßt (sie stehen hauptsächlich in Verbindung mit der Zivilisation), bleibt die Funktion einzelner Göttinnen schwer faßbar. Obwohl es falsch wäre, von einer typisch keltischen Göttin zu sprechen (Ross 1967, S. 291), werden die Göttinnen unter gewissen Umständen mit Fruchtbarkeit in allen ihren Aspekten und mit dem Leben, einschließlich dessen Umkehrung, dem Tod, assoziiert.

Es ist viel zu wenig bekannt über die gesellschaftlichen Organisationsformen und die religiösen Ideen, die für die kontinentalen KeltInnen charakteristisch waren. Daher kann nicht mit aller Sicherheit festgestellt werden, welcher Glaube und welche Brauchtümer die Göttinnen umgaben. Die Annahme, daß sich in den keltischen Vorstellungen von der göttlichen Welt die irdische Gesellschaft unmittelbar widerspiegelt, ist falsch (Ross 1973, S. 14). Die walisische und die irische Tradition zeichnen sich zwar durch ihre bewahrende Tendenz aus, und in der walisischen und (besonders) in der irischen Literatur sind einige sehr archaische Elemente erhalten, ihr literarischer Charakter sowie die Tatsache, daß sie später bzw. in einem christlichen Umfeld entstanden sind, machen es jedoch schwer, die Texte als mythologische Quellen anzuerkennen, durch die sich die früheren Belege vom Festland bestätigen ließen (Jackson 1961, S. 37). Es existieren wilde Vermutungen über das Wesen der keltischen Göttin sowie darüber, inwiefern ihre Stellung jener der Frau in der keltischen Gesellschaft entspricht (s.u., Abschnitt III.), wie auch über die Wirkung, die sie auf das literarische Schaffen in anderen keltischen Sprachen, auf das keltische Christentum und auf die Artussagen ausgeübt hat. Wir können selbstverständlich nicht nachprüfen, ob unsere Vorstellungen vom Weiblichen im mythologischen System der keltischen Gesellschaften stichhaltig sind, auch muß sich jede These über die keltischen Göttinnen der Begrenztheit des Belegmaterials stellen.

Es ist jedoch möglich, die Entwicklung bestimmter die weiblichen Gottheiten betreffenden Themen aufzuzeigen, die in archäologischen, klassischen und einheimischen Quellen sowie in den später entstandenen Romanzen zu finden sind. Diese Themen gehören der Sphäre des Mythos an, denn hier handelt es sich um bestimmte universell-kulturelle Angelegenheiten, die sich auf Leben, Reichtum, Tod und gesellschaftliche Stabilität beziehen. Das Überleben des Mythos in der Literatur der keltischen Kulturen ist zweifellos übermäßig betont worden; und es ist keine Spitzfindigkeit, darauf hinzuweisen, daß die Mythologie keineswegs in zusammenhängender Art und Weise erhalten geblieben ist, obwohl sie viele spätere Figuren gestaltet hat – Figuren wie Rhiannon in Wales, die Heldinnen des Artussagenkreises wie zum Beispiel Enid, zahlreiche fragwürdige Damen und sogar spätere christliche Heilige wie Brigitta.

Kriegsgöttinnen

Die klassischen Autoren waren von den keltischen Frauen beeindruckt. Diodorus Siculus schreibt, sich auf Poseidonius stützend, daß die gallischen Frauen ihren Ehemännern an Größe und Kraft in nichts nachstanden. Er wunderte sich, daß die gallischen Männer ihre schönen Ehefrauen so wenig beachteten (Tierney 1959-1960, S. 252). Ammianus Marcellinus beschreibt tobende Gallierinnen während einer Schlacht, die er erlebt (oder von denen er gehört) hatte: groß wie Männer, mit blitzenden Augen und gebleckten Zähnen wehrten sie sich mit Händen und Füßen. Größe und Grausamkeit sollen die Eigenschaften historischer keltischer Königinnen wie Boadicea und Cartimandua gewesen sein; bei solchen Beschreibungen könnten die römischen Vorurteile gegen die barbarische Frauenwelt mitgespielt haben. Andererseits spricht Strabo von der Mütterlichkeit der Gallierinnen (Tierney 1959-1960, S. 268) und Polybius von ihrer Keuschheit. Die Bemerkungen der klassischen Autoren müssen im Licht ihrer eigenen Vorstellungen von Frauen gesehen werden. Nichtsdestoweniger kommen Beschreibungen von kräftigen und moralisch starken Frauen wie auch von der kriegerischen und mütterlichen Natur der keltischen Muttergöttinnen vor.

Die archäologischen Belege deuten zwar auf Kulte von Göttinnen hin, erzählen aber wenig über Mythen und Rituale, die mit diesen in Verbindung standen, oder über die Stellung der Frau im Rahmen dieser Kulte. Lukian erzählt in seinem berühmten Bericht aus *Pharsalia* von dunklen Hainen, furchterregenden Holzstatuen und von Bäumen, getränkt mit menschlichem Blut (vgl. Green 1989, S. 8); von Frauen im besonderen spricht er aber nicht. Man hört von einer mänadenhaften Raserei auf den Fraueninseln, aber die Priesterinnen um den Kessel des Kronos sind eher friedlich. Die Darstellungen von Gottheiten in Stein folgen der Kunst aus dem Mittelmeerraum, und es sind nur wenige Holzstatuen erhalten, wie sie Lukian erwähnt. Es existiert eine einzige als Frau zu deutende Figur – ein Überbleibsel aus einer Flechthütte in Ballachulish, wo sie ursprünglich stand; sie stammt vielleicht aus dem 1. Jahrhundert v. Chr., aber es gibt keine Hinweise für ihre Identität und die mit ihr in Verbindung stehenden Riten.

Die Aktivitäten der kriegerischen Königin von Iceni, Boadicea, mögen auf rituelle Praktiken hinweisen. Vor der Schlacht suchte Boadicea Andraste auf, vermutlich die Titulargöttin von Iceni und in diesem Zusammenhang offensichtlich eine Kriegsgöttin, und setzte einen Hasen aus. Ob sie dies in ihrer Stellung als Anführerin tat oder ob dies eine priesterliche Handlung war, wissen wir nicht. Auffällig ist auch die grausame rituelle Hinrichtung ihrer Gefangenen im Hain der Andraste: Den weiblichen Gefangenen wurden die Brüste abgeschnitten, bevor sie gepfählt wurden. Ein derartiges Blutbad bestätigte die römischen Vorurteile gegen die barbarischen KeltInnen. Obwohl imperiale Machthaber über die Eroberten niemals Gutes zu sagen wissen, gibt uns ein solcher Bericht einen flüchtigen Eindruck von einer keltischen Kriegsgöttin und den Ritualen, die zu ihren Ehren stattgefunden haben könnten.

So selten derartige Hinweise auch zu finden sind, sind sie nichtsdestoweniger interessant. In vielen irischen Erzählungen beeinflussen grausame übernatürliche Frauen das Ergebnis einer Schlacht, aber nur in sehr wenigen archäologischen Belegen läßt sich ein deutlicher Zusammenhang zwischen den Göttinnen und dem Krieg herstellen. Manchmal erscheinen die keltischen Göttinnen mit dem Raben, einem chthonischen Vogel, der vermutlich wegen seiner Ernährungsgewohnheiten in Verbindung mit dem Tod und in engerem Sinn mit dem Tod in der Schlacht stand; aber unmittelbare Belege für keltische Kriegsgöttinnen sind viel seltener als solche für die keltischen Götter. Statuen von Göttinnen sind in Grabstätten gefunden worden, sie könnten eine beschützende Funktion gehabt haben; ihre Beziehung zu der Schlacht ist schwer zu rekonstruieren. Es existiert eine gallische Widmung an Cathubodva – „Krähe/Rabe der Schlacht" – sowie eine Inschrift zu den drei Lamiae in Benwell; auch Poseidonius erwähnt die goldenen Sittenregeln der Göttin Minerva, in diesem Zusammenhang offensichtlich eine Kriegsgöttin (Tierney 1959-1960, S. 249); aber all dies kann kaum die Kriegsgöttin als ein gesamtkeltisches Phänomen belegen.

Die übernatürlichen Frauen aus den irischen Heldensagen, deren bloße Anwesenheit tödliche Folgen hat, sind ein Hinweis auf mythische Inhalte, die einen Bezug zu Kriegsgöttinnen haben könnten. Sie selbst nehmen am Kampf nicht teil; möglich wäre aber, daß eine Göttin, die die Fruchtbarkeit eines Stammesgebietes personifizierte, auch mit dessen Verteidigung assoziiert wurde. Gestalten wie Morrígan (Geister-Königin), Badb (Krähe/Rabe) und Nemain (Raserei) tragen Züge einer „Göttin der Schlacht". Diese Figuren kommen isoliert vor, erscheinen aber auch als Triade, manchmal als die Drei Morrígan. Ihre Funktion bezieht sich nicht auf die eigentliche Schlacht, sondern auf deren Ergebnis, und ihre Wirkung ist nicht notwendig negativ. Der Dagda, eine Gestalt mit vielen Zügen eines väterlichen Gottes, trifft Morrígan vor der kosmologischen Schlacht von Magh Tuired. Er hat mit Morrígan, die er, ihm Bereitschaft signalisierend, an einem Fluß antrifft, Geschlechtsverkehr und bewirkt dadurch einen positiven Ausgang der Schlacht (Cross/Slover 1936, S. 28). Als die gleiche Figur sich jedoch in Gestalt einer schönen Dame dem Cúchulainn anbietet und von ihm abgewiesen wird, greift sie ihn während der Schlacht in drei verschiedenen Tiergestalten an (O'Rahilly 1967).

Es sind Ähnlichkeiten festzustellen zwischen dieser Darstellung der Morrígan und jener der Wäscherin an der Furt, einem übernatürlichen Wesen, das vor einem Ereignis oder einer Schlacht Wäsche wäscht und dadurch das bevorstehende Ergebnis voraussagt. Eine walisische Wäscherinnen-Geschichte aus dem 16. Jahrhundert erzählt von einem historisch belegten König, der dieses Wesen trifft. Sie ist dazu verurteilt, an der Furt so lange Wäsche zu waschen, bis sie von einem Sterblichen ein Kind empfängt. Eine sexuelle Beziehung zwischen diesem Wesen und dem König ist offenkundig, er scheint aber an keiner Schlacht teilgenommen zu haben (Jones 1922). Ein eher negativer Aspekt der Wäscherin an der Furt kommt in den Balladen der Clerk-Colville-Art regelmäßig vor (Child 1956): Als abgewiesene Geliebte rächt sie sich an ihrem früheren Liebhaber. In solchen später entstandenen Erzählungen und Balladen ist eine persönliche Note in der Mann-Frau-Beziehung zu erkennen, die für spätere Gattungen wie die Romanze charakteristisch, für die Mythen und Heldensagen aber untypisch ist.

Die Verbindung zwischen römisch-keltischer Ikonographie, lokaler irischer Literatur und modernen Volkserzählungen erschöpft sich nicht darin, daß in ihnen mythische Stoffe überlebt haben. Diese Beziehungen legen vielmehr die Dynamik des kulturellen Prozesses offen. Die später entstandene Literatur ist nicht nur mit der internationalen Legendentradition eng verknüpft, sondern sie thematisiert oft die persönlichen Beziehungen zwischen den Charakteren, während persönliche Emotionen in den irischen Heldensagen (und vermutlich auch in den Mythen, auf die sie sich stützen) keine bedeutende Rolle spielen.

Epona

Epona ist durch ihre Beziehung zu Rhiannon, einem Charakter aus *Pedeir Keinc Y Mabinogi*, in wissenschaftlichen Kreisen bekannt. Ihr Name steht in Verbindung mit der keltischen Bezeichnung für Pferd. Ihre Abbildungen als Göttin kommen in vielen keltischen Quellen vor; aber die Variationen und die Ausstattung mit lokalen Besonderheiten warnen uns davor, sie übereilig zu einer gesamtkeltischen Gottheit zu erklären.

Sie wird immer mit einem Pferd gezeigt, entweder reitend (üblicherweise im nördlichen Gallien, in Deutschland und Burgund) oder inmitten vieler Pferde (vorwiegend im Rheinland). In Burgund, wo Statuen dieser Göttin reichlich vorhanden sind, steht zu ihren Ehren ein Schrein. Hier wird sie von einem Fohlen begleitet, das aus einem Teller frißt oder zu Füßen der Stute der Göttin schläft. Epona ist nicht auf eine bestimmte Funktion einzuschränken, ihre Rolle war vielschichtig und hing davon ab, wo und wann sie verehrt wurde.

Ihr Status als eine von der römischen Kavallerie verehrte Stutengöttin trug zur Verbreitung ihres Kultes bei (Linduff/Oaks 1986). Dies ist ein Beispiel für den keltischen Einfluß auf die römische Zivilisation. Epona war die einzige keltische Göttin, die in Rom offiziell verehrt wurde; für sie gab es ein eigenes Fest. Einige Widmungen legen nahe, daß sie unter der Kavallerie Anhänger hatte. Obwohl mit Pferden männliche Gottheiten assoziiert wurden und die Kavallerie sicherlich dem Bereich der Männer zuzurechnen ist, waltete sie über die Gesundheit und Fruchtbarkeit dieses Tieres. Sie ritt mit einem Damensattel, sodaß sich ihr Auftreten als wohlwollend interpretieren läßt. Anders ausgedrückt: Ihre Erscheinung läßt nicht auf eine Kriegsgöttin schließen. Statt Waffen trägt sie Fruchtbarkeitssymbole mit sich: einen Teller, aus dem das Fohlen frißt, Früchte oder ein Füllhorn. Burgund, das Stammesgebiet der Aedui, wo die Göttin üblicherweise auf einem Damensattel und mit einem Fohlen erscheint, war ein Zentrum der Pferdezucht. Es ist anzunehmen, daß sie auch im Gebiet um Luxemburg beliebt war, wo zahlreiche Abbilder von ihr gefunden worden sind. Ihre Bedeutung hatte gewiß mit der wichtigen Stellung des Pferdes in der keltischen Gesellschaft zu tun. Es gibt Vermutungen, daß der Kult der Göttin infolge ihrer Beziehung zu Pferden unter der gallischen Elite verbreitet war, und allein diese Tatsache würde ihre Popularität erklären (Linduff/Oaks 1986).

Die Geschichte von Epona beschränkt sich keinesfalls auf ihre Beziehung zu Pferden. Darstellungen, in denen sie Lebensmittel, Füllhorn oder ein anderes Symbol für Reichtum trägt, entsprechen ihrer Rolle als Beschützerin der Pferde, doch diese Rolle blieb nicht auf die Tiere beschränkt. Viele Bilder lassen auf einen Zusammenhang mit Heilquellen schließen; in einem bemerkenswerten Fall erscheint sie, gestützt auf eine Stute, als Wassernymphe. Die Mediomatrici im Gebiet um Metz, in der Nähe des heutigen Straßburg, verehrten sie als Stutengöttin, und hier galt sie zugleich als Beschützerin der Toten. In einer Abbildung führt sie als Reiterin eine Person ins Jenseits.

Eine Widmung in Burgund (Ross 1967) setzt sie in Beziehung zur Muttergöttin. Hier kann es sich um eine regional beschränkte Variation handeln; zieht man aber die Dürftigkeit der Belege und die unscharfe Darstellungsweise in Betracht, so sind daraus keine weiteren Schlüsse zu ziehen. Epona könnte ursprünglich eine Stutengöttin gewesen sein, deren Funktion später erweitert wurde und die somit für den Schutz der Menschen, des Heilwassers und der Toten zuständig war. Ebensogut könnte – infolge der zunehmenden kulturellen Bedeutung der Pferde, des gestiegenen Prestiges der römischen Kavallerie und deren gesellschaftlichen Einflusses – ihre Bedeutung als Stutengöttin über ihre anderen Funktionen überhandgenommen haben. Wir kennen keine mit ihr verbundenen Mythen, und es ist zu vermerken, daß sogar im Falle einer verhältnismäßig gut belegten Figur wie Epona keine sicheren Schlußfolgerungen möglich sind.

In Britannien kommt Epona nur selten vor; die am besten erhaltene Abbildung zeigt sie zwischen zwei kleinen Pferden, die von einem Teller fressen. Diese Darstellung war sehr bekannt im Gebiet des heutigen Deutschland. Möglicherweise ist ihre Anwesenheit auf britischem Boden den römischen Legionären zu verdanken; aber auch hier ist sie zweifellos als eine keltische Göttin zu erkennen. Wir können anhand

Abb. 11: Die Göttin Epona, flankiert von zwei kleinen Pferden

Trustees of the British Museum, London

des archäologischen Materials annehmen, daß verschiedene keltische Stämme eine primär wohlwollende weibliche Gottheit verehrten; sie stand mit Pferden in Verbindung und hatte, zumindest in einigen Gebieten, Züge einer Muttergöttin, die den Menschen zugute kommen sollten. Die Frage ist nun, welche später entstandene Figur ebenfalls diesem Bild entspricht. Am augenfälligsten bietet sich hierfür die Figur der Rhiannon an, die Mutter des Pryderi aus dem *Pedeir Keinc Y Mabinogi*.

Y Pedeir Keinc enthält die ersten vier Geschichten aus der Sammlung walisischer mittelalterlicher Erzählungen, bekannt als *Mabinogion* (Jones/Jones 1989). Diese Erzählungen sind verhältnismäßig spät entstanden (Charles-Edwards 1970) – erst nachdem die britischen KeltInnen durch römische, christliche und anglo-normannische Einflüsse zu WaliserInnen geworden waren. Nichtsdestoweniger stehen die einheimischen Züge dieser Erzählungen außer Zweifel, wie auch die Tatsache, daß sie ältere kulturelle Codes und Praktiken wiedergeben.

Im ersten Teil erscheint Rhiannon, nachdem Pwyll sich auf einen Erdhügel, genannt Gorsedd Arberth, gesetzt hat; sie reitet im Schritt, keiner kann sie einholen und fangen, bis Pwyll sie persönlich anspricht. Sie sagt, sie liebe Pwyll, sei aber einem anderen Mann versprochen worden. Trotzdem heiraten die beiden. Während ihrer Hochzeitsfeier verspricht Pwyll sie jedoch unüberlegterweise dem abgewiesenen Freier, woraufhin sie Pwyll verrät, wie er sie zurückbekommen und den unerwünschten Werber abweisen kann.

Sie kehren in Pwylls Reich, Dyfed, zurück. Rhiannon bekommt keine Kinder, und Pwylls Berater empfehlen diesem, eine andere Frau zu nehmen. Als Rhiannon endlich einen Sohn gebiert, verschwindet dieser auf geheimnisvolle Weise. Die auf Pwyll wartenden Frauen behaupten, Rhiannon habe den Sohn getötet. Gegen diese Anschuldigung verteidigt sie sich nicht, und obwohl sich Pwyll für die Aufrechterhaltung ihres Status einsetzt, wird sie gezwungen, auf dem Aufsteigblock zu sitzen und die Gäste auf ihrem Rücken in den Königshof zu tragen. An einem Maitag (in der Nacht von *Beltene*) greift jedoch Teyrnon, der Herr von Gwent-ys-Coed, eine Riesenklaue an, die das Fohlen seiner besten Stute zu stehlen versucht. Er findet daraufhin einen Säugling vor dem Pferdestall. Das gerettete Fohlen wird dem Kind geschenkt. Teyrnons Frau zieht den Jungen auf, und als bekannt wird, daß es Pwylls Sohn, Pryderi, ist, kommen der Sohn und die Mutter endlich zusammen.

Im dritten Teil verheiratet Pryderi, nun der König von Dyfed, seine Mutter mit Manawydan, dem Sohn des Llyr. Eines Tages folgen sie auf der Jagd einem magischen Hirsch, der in einer Festung verschwindet. Pryderi tritt in die Festung ein, um seine Hunde zu retten. Dort berührt er eine goldene Schale und wird von dieser festgehalten. Als Rhiannon davon hört, folgt sie ihrem Sohn. Schließlich befreit Manawydan die beiden, worauf ihr Fänger Manawydan erzählt, daß diese Magie die beleidigende Abweisung des einstigen unerwünschten Freiers von Rhiannon rächen sollte und daß Rhiannon und Pryderi als Strafe in der Festung das Kummet tragen mußten.

Dies ist eine Wiedergabe von zwei komplizierten und kunstvollen Erzählsträngen, wobei jene Aspekte hervorgehoben worden sind, die mit der Mythologie in Verbindung gebracht werden können. Wie Matthew Arnold feststellt, fällt bei der sorgfältigen Lektüre des *Mabinogion* auf, daß der Erzähler aus dem Mittelalter eine alte Geschichte wie eine Antiquität, zu deren Geheimnis er offensichtlich keinen Schlüssel mehr besitzt, zerstört. Der Bearbeiter ist von dem Stoff viel zu überwältigt, und er hat kein Verständnis für den Begriff Mythos, wie er heute verstanden wird. Dessenungeachtet umhüllt die Geschichte viele mythologische Motive.

Der Name Rhiannon, abgeleitet von Rigantona, bedeutet „Große Königin", und die Endung *-ona* weist auf ein göttliches Wesen hin. Ihre Beziehung zu Pferden verdeutlichen die ihr auferlegten Strafen: Um den vermeintlichen Mord an ihrem eigenen Sohn zu büßen, muß Rhiannon die (reitenden) Gäste in den Königshof führen; weiters müssen sie und ihr Sohn als Gefangene in der Festung sich das Kummet anlegen. Auch die Verbindung des Jungen mit dem Fohlen in jener Mainacht, als Teyrnon die diebische Klaue besiegt, ist aufschlußreich. Der Name Teyrnon, eine Ableitung von Tigernonnos, „Großer oder Göttlicher Herr", könnte ebenfalls eine Gottheit bezeichnen. Manawydan vab Llyr, der Name des zweiten Mannes der Rhiannon, ist mit dem irischen Manannán mac Lir verwandt, obwohl er dessen Verbindung mit der Seefahrt nicht teilt. Dies ist einer der vielen Momente, in denen sich die irischen und die walisischen Überlieferungen voneinander unterscheiden (Mac Cana 1970, S. 69). Die enge Beziehung zwischen Mutter und Sohn kann mit Maponus, dem Sohn der großen Mutter, in Verbindung gebracht werden, dessen Kult besonders im nördlichen Britannien beliebt war (Ross 1968, S. 463). Eine andere walisische Geschichte erzählt von Mabon, dem entführten Sohn der Modron (Jones/Jones 1989, „Culhwch ag Olwen").

Diese Elemente sind vielsagend, und nach Meinung einiger WissenschaftlerInnen deuten sie auf eine Beziehung zwischen Rhiannon und Epona hin. Wie sicher können wir diese Erzählelemente mit unseren Informationen über Epona in Verbindung bringen? In der archäologisch belegten Ikonographie kommt die Göttin nicht mit einem Kind vor; es ist ihre Stute, die ein Fohlen hat. Manchmal wird sie mit einer männlichen Gottheit assoziiert, aber nicht ausdrücklich mit Maponus, und keine Mythe erzählt von dessen Entführung. Viele Elemente, die in den zwei walisischen Erzählungen mit Rhiannon zusammenhängen, haben Entsprechungen im motivischen Kanon internationaler Folklore.[1] Rhiannons Verhalten gegenüber Pwyll am Anfang der Geschichte entspricht dem einer Frau aus dem Jenseits, die in der menschlichen Welt einen Gemahl sucht. Dieser Erzähltypus ist auch außerhalb der keltischen Tradition bekannt, und viele dieser Frauen sind keine Göttinnen.

Die Episode von Rhiannon und ihrem Sohn hat noch auffallendere Parallelen in der Folklore. Ein großer Motivkomplex, in dem eine (menschliche) Frauenfigur des Mordes an ihrem eigenen Kind beschuldigt wird, ist in vielen Volkstraditionen bekannt (Wood 1988), und die Vorstellung von kongenitalen Tieren ist nicht auf göttliche Wesen beschränkt.[2] Der Stoff der Manawydan-Geschichte ist ausschweifend, auch in diesem Fall sind in anderen Erzähltraditionen Entsprechungen zu finden.[3] Sogar das Anlegen des Kummets als Strafe kommt manchmal tatsächlich als rechtmäßig verhängte Strafe vor (Roberts 1970).

Die Verwandtschaft dieser zwei Erzählungen mit dem folkloristischen Kanon schließt ihren mythischen Ursprung nicht aus, noch wird dadurch ihre literarische Qualität beeinträchtigt. Die Ikonographie zeigt Epona in einer positiven Beziehung zu Pferden, während in den walisischen Erzählungen die Pferde in negativem Kontext vorkommen: Abgesehen von dem Fohlen des Pryderi, von dem nie mehr die Rede ist, haben sie mit Bestrafung zu tun. Es ist möglich, daß der Mythos in späteren Zeiten „mißverstanden" wurde, obgleich keine zufriedenstellende Rekonstruktion vorgelegt worden ist (Gruffydd 1953). Die auf Pferde bezogene Art der Bestrafung ist den walisischen Erzählungen eigen, aber die Begebenheiten, an denen Rhiannon teilhat, stehen mit dem Erzählschatz aus vielen Kulturen in Einklang.

Es stellt sich die Frage, ob die den frühen keltischen Gesellschaften bekannten Mythen als Quellen für diese Begebenheiten anzusehen sind oder ob es sich hier um eine walisische Variante der international bekannten folkloristischen Motivkomplexe handelt. Letzten Endes können wir nur Vermutungen anstellen, inwiefern sich die Beziehung der Rhiannon mit den Pferden in ihren Einzelheiten mit dem Konzept der Stutengöttin Epona vereinbaren läßt und ob Pryderi und Rhiannon als eine Art göttliches Mutter-Sohn-Paar zu verstehen sind. Es wäre falsch, die Ähnlichkeiten zu verleugnen; andererseits besteht die Gefahr, die Vermutungen für belegt und die Erzählungen für Mythen zu halten. Das Problem besteht darin, eine genaue Bestimmung der mythischen Elemente ohne Einbeziehung der mythischen Texte, die nicht vorliegen, vorzunehmen, und im Versuch einer angemessenen Interpretationen dieser Elemente vor dem Hintergund der internationalen volkstümlichen Erzählstoffe und der Literatur aus dem Mittelalter. Die der Tradition eigene konservative Natur läßt legitimerweise derartige Spekulationen zu, und die Einsicht in die Vielschichtigkeit der walisischen mittelalterlichen Kultur hat die Auslegungsmöglichkeiten zunehmend verfeinert, sodaß Rhiannon auf ihrem weißen Roß den modernen WissenschaftlerInnen genauso unfaßbar bleibt wie einst den Männern am Hof des Pwyll.

Die Souveränitätsgestalt

Die Metapher von der Heirat zwischen dem König und dem Land hielt in der irischen Tradition zumindest bis zum 17. Jahrhundert an und fand ihren modernen Ausdruck – vielleicht den ergreifendsten Ausdruck überhaupt – in dem Theaterstück *Cathleen ni Houlihan* von W. B. Yeats. Es ist nahegelegt worden, daß in dieser Metapher ein wichtiger Mythos seinen Widerhall findet, der Mythos vom rechtschaffenen König, der die Titulargöttin des Landes symbolisch heiratet. Diese Hypothese hat sich in bezug auf das Wesen der keltischen Göttinnen als eine der weitreichendsten erwiesen, sie ist herangezogen worden, um Aspekte zahlreicher irischer Texte (Mac Cana 1955-1956; O'Rahilly 1946), der bretonischen *lai* (Bromwich 1960-1961), der walisischen Prosa (McKenna 1980) und der Artussagen (Loomis 1945; 1959) zu erläutern. Im Unterschied zu der Stutengöttin Epona hat die Souveränitätsgestalt keine unmittelbare Entsprechung in der älteren Ikonographie. Gottheiten kommen zwar oft in Paaren vor, jedoch ohne irgendeinen Hinweis auf eine weibliche Vormachtstellung. Manchmal deuten die Namen der Göttinnen auf regionale Stammütter hin, aber der Großteil des vorliegenden Materials stammt aus den frühen Königtümern und aus den späteren irischen Erzählungen.

Die Vorstellung einer symbolischen Heiligen Hochzeit des Königs mit seinem Königtum ist nicht ausschließlich keltisch (Binchy 1936; 1970), jedoch blieb eine bestimmte Art von Königtum in Irland und Schottland länger erhalten als anderswo. Hierfür ist ein relativ starker Traditionalismus mit deutlichem Einfluß auf das politische Leben verantwortlich. Einige historische und pseudohistorische Frauen in den frühen irischen Erzählungen waren euhemeristisch verstandene Göttinnen. Sie verkörperten die Souveränität des Gebietes, das mit ihnen in Verbindung stand (Ó Máille 1927-1928, S. 129).

Zum Beispiel heißt die Frau in *Baile in Scail (Raserei des Geistes)*, die jedem nachfolgenden König von Irland einen Trank verabreicht, „Flaith Érenn“, also die Souveränität von Érenn (Irland); in diesem Fall steht aber nicht fest, ob diese Einzelheit aus der ursprünglichen Version stammt oder auf eine spätere Bearbeitung zurückzuführen ist. In dem *Buch der Eroberungen* erscheinen den Söhnen des Míl drei übernatürliche Frauen, Ériu, Banba und Fotla. Anfänglich stellen sie sich den Eindringlingen entgegen, aber dann lassen sie diese, ihren eponymischen Charakter zeigend, ein, und zwar unter der Bedingung, daß das Land nach ihnen benannt werde (Cross/Slover 1936, S. 14). Eine Entstehungssage erklärt die Vorherrschaft des Ui Niall und macht sie rechtskräftig; Niall und seine Brüder treffen an einem Brunnen eine häßliche Hexe, die um einen Kuß bittet. Allein Niall küßt sie und schläft mit ihr, woraufhin sie sich in eine Schönheit verwandelt. Dieses Doppelwesen gilt als Prototyp für viele doppeldeutige Damen in späteren Romanzen und Volkserzählungen.

Es gibt mehrere Beispiele dieser Art in der irischen Literatur, wie die Königin Medb von Connaught, die über ihre Ehemänner herrscht; oder die verhältnismäßig späte und historisierte Gestalt Mór Muman (Mac Cana 1955-1956, S. 114). Viele weitere Frauenfiguren sind in spät entstandenen Texten sowie in zeitgenössischen Volkserzählungen zu finden (Mac Cana 1955-1956, S. 374, 412). Die offenkundige Bedeutsamkeit dieser Erzählungen liegt darin, daß die Erzähler mythologische Vorlagen, in denen eine Göttin in Verbindung mit Irland (oder mit einer seiner Provinzen) stand, an historische Gegebenheiten anpaßten und damit ein synkretistisches Geschichtsbild entwarfen, wobei die alten mythologischen Themen zur Erfassung der eigenen zeitgenössischen Wirklichkeit dienten.

Betrachten wir jedoch eines der interessantesten Beispiele einer souveränen alten Frau wie das der alten Frau (Cailleach) in dem irischen Gedicht aus dem neunten Jahrhundert, *Cailleach Bhearra (Die Alte von Beare)*, so ist die Lage nicht so eindeutig. Das Gedicht ist ein Monolog; die im Titel benannte alte Frau erzählt von ihrer Jugend und Schönheit, von ihren königlichen Liebhabern und von der großzügigen Welt der Helden, in der sie lebte. Im Unterschied dazu verbringt sie ihr hohes Alter vereinsamt, vermutlich als eine einsiedlerische Nonne (o'Haocha 1989). Die alte Frau von Beare verbindet heidnische und christliche Elemente durch ein Wortspiel: *cailleach* bedeutet sowohl Nonne als auch alte Frau/Hexe (Mac Cana 1981, S. 143-159) und schließt eine doppeldeutige (christliche wie heidnische) Kosmologie ein. In der irischen und schottisch-gälischen Folklore existiert *Cailleach Bhearra* nach wie vor als eine komplexe Erscheinung, die sich nur schwer auf eine einzige Quelle, sei es eine mythologische oder eine Quelle anderer Natur, zurückführen läßt. Einige Aspekte dieser Gestalt sind zweifellos sehr alt. Das göttliche Prinzip in Form einer nährenden Mutter, die geben beziehungsweise vorenthalten kann, ist im Grunde genommen in allen indoeuropäischen Gesellschaften gegenwärtig und könnte sogar auf den Einfluß der ureuropäischen Kosmologie zurückgeführt werden (Filip 1977 S. 172-179). Die einheimische irische Literatur huldigt dieser Figur als einer Titulargöttin, die das Land an sich und die Macht des Königtums darstellt.

Die Eigenart der keltischen Göttinnen besteht darin, daß sie vielfältige Funktionen hatten. Dies erklärt, warum für einen bestimmten Bereich zuständige Göttinnen nicht bekannt sind. Es ist sinnvoller, die komplexe Wesensart solcher übernatürlicher Gestalten als vielschichtig zu bezeichnen, statt sie für multifunktional zu halten, um dadurch die Gefahr zu vermeiden, das Überleben des Mythos überzubetonen. Mit dem Begriff der Vielschichtigkeit wird es möglich, von einer Entwicklung in späteren kulturellen Kontexten zu sprechen. Die älteste Schicht ist vielleicht das Mutter-/Fruchtbarkeitselement, das bis zur vorkeltischen Kultur zurückreichen mag. Eine mächtige Frau, die mit dem Krieg/Tod in Verbindung steht und betont sexuelle Züge aufweist, könnte eine spezifisch keltische Vorstellung sein. Das Bild einer souveränen Königin könnte später, im gelehrten/literarischen Kontext aufgekommen sein; die Königin ist also nicht, wie vorgebracht worden ist (Ó Crualáoich 1988, S. 161), als eine allgegenwärtige gesamtkeltische Göttinnengestalt anzusehen. In den Romanzen entwickelt sich diese Figur in eine andere Richtung und kommt der Heldin aus den Volkserzählungen näher; wie diese schreitet sie von negativen Umständen zu positiven, wobei Gegensätze wie Armut/Reichtum, Dienerin/Königin die negativen bzw. positiven Pole ausmachen. Solche Elemente kommen auch in der modernen irischen und gälischen Folklore vor, wo sie zusätzlich als Personifikation der wilden Natur dargestellt werden, oft feindselig gegenüber der menschlichen Zivilisation, ein Merkmal, das mit der Personifikation der Natur in der altnordischen Tradition zu tun haben kann (Ó Crualáoich 1988, S. 154).

Dem besprochenen Material ist deutlich zu entnehmen, daß der Frau eine besondere Macht zugeschrieben wird und daß sie verschiedene kulturelle Bedeutungen annimmt, deren geschichtliche und funktionale Zusammenhänge unbekannt sind (Ó Crualáoich 1988, S. 154, 161). Diese können aber unmöglich als verschiedene Manifestationen einer „keltischen Göttin" angenommen werden. In der irischen Gelehrtentradition entwickelt sich diese Figur von einer chthonischen zu einer mit Krieg und Tod verbundenen Göttin und nimmt sozusagen eine politische Gestalt an, indem sie die Souveränität des Königtums verkörpert. Noch in den späteren Romanzen ist diese dynastische Figur zu finden, obwohl in diesem Fall eher die Gelehrten- als die mythische Tradition die unmittelbare Quelle zu sein scheint.

III. Das Bild der Frau in Rechtsprechung und Gesellschaft

Das irische und das walisische Recht beschäftigen sich umfassend mit Frauen und geben wichtige Hinweise zur Stellung der Frau in unterschiedlichem gesellschaftlichem Kontext. Eine Heranziehung dieser Quellen bereitet jedoch Schwierigkeiten, denn das irische und das walisische Recht sind ein Produkt der Juristen. Es ist schwer zu bestimmen, inwiefern dieser Textkorpus die alltägliche Wirklichkeit widerspiegelt; und obwohl die frühen Kodizes nur einen kleinen Teil der Gesamtbevölkerung berücksichtigen, beinhalten die juristischen Traktate ausreichende Informationen zur gesellschaftlichen Stellung einzelner Gruppen von Frauen und über die ihnen auferlegten Normen.

Die irische und die walisische Gesellschaft waren in erster Linie patriarchal, sodaß eine Frau rechtlich durch ihre Beziehungen zu ihren männlichen Verwandten definiert wurde, wie dies den frühesten irischen Aufzeichnungen aus dem 6. und 7. Jahrhundert zu entnehmen ist. Allerdings hat sich in der darauffolgenden Zeit die Stellung der Frauen in ihren Beziehungen zu Männern deutlich verändert. Die Gründe dafür sind nicht genau feststellbar. Dies könnte auf den Einfluß des Christentums zurückzuführen sein (Binchi 1936). Es ist auch behauptet worden, daß die Verbesserung ihrer Stellung – wie auch ihre wachsende Bedeutung in der Literatur – vorkeltischen Einflüssen zu verdanken ist, die durch das rechtliche Netz durchgesickert seien (MacNeill 1935, S. 64-67). Diese Behauptung ist äußerst spekulativ und angesichts der Dürftigkeit der frühen Belege schwer aufrechtzuerhalten; auf jeden Fall genossen Frauen nach dem irischen Recht späterer Perioden größere Freiheit.

Diese Veränderung der Stellung der Frau ist deutlich festzustellen bezüglich der Eigentumsverhältnisse und ihrer Rechte in der Ehe. Der Transfer von Eigentum ist in den meisten Gesellschaften grundlegend für ihr Fortbestehen, und er spielt eine wichtige Rolle in jedem Rechtssystem. Nach irischem Gesetz verfügten sowohl Männer als auch Frauen über bestimmte Rechtsansprüche auf ihren Beitrag zum Eigentum in der Ehegemeinschaft. Beide durften Privateigentum besitzen, die Frauen in beschränktem Maß. Auch wo der Mann den Großteil der Besitztümer in die Ehe brachte, hatte die Frau legale Ansprüche auf bestimmte Dinge, die vor allem mit ihrer unmittelbaren Stellung als Hausfrau und Mutter in Verbindung standen; sie genoß daher eine gewisse Sicherheit innerhalb der Ehe.

Das irische Recht zog Polygamie in Erwägung, zumindest unter gewissen Umständen, und Ehefrauen hatten, je nach Art der ehelichen Vereinbarung, unterschiedliche Rechte. Auf der anderen Seite war das irische Recht, verglichen mit anderen Gesellschaften oder mit der irischen Gesellschaft früherer Perioden, Frauen gegenüber in Scheidungsangelegenheiten erstaunlich großzügig. Scheidung sowie Polygamie waren von seiten der Kirche nicht erwünscht; bereits früh, im 8. Jahrhundert (zu dieser Zeit wurde auch das Rechtssystem formuliert), mißbilligte das irische kanonische Recht solche Praktiken. Die Wirkung des kirchlichen Rechts auf die Gesellschaft im ganzen läßt sich schwer bestimmen; möglicherweise bestanden zumindest in der Aristokratie säkulare Gebräuche neben der kanonischen Ehe bis zum ausgehenden Mittelalter fort (Mac Curtain/Ó Corráin 1978, S.7).

Die Situation in Wales war nicht viel anders. In der Periode, als die walisischen Texte entstanden, war Monogamie gesetzlich vorgeschrieben, obwohl auch andersgeartete Paarbeziehungen Erwähnung finden und vielleicht tatsächlich vorkamen (Jenkins/Owen 1980, S. 15-22). Es ist schwer zu bestimmen, inwiefern dieses Bild einer Frau mit umfassenden Rechten und einem hohen Grad an persönlicher Freiheit der Wirklichkeit entsprach oder ob dies eine Idealvorstellung von Rechtsgelehrten darstellte. Die Macht und Kraft der weiblichen Gottheiten der KeltInnen schlägt sich in der rechtlichen Position der Frauen sicherlich nicht nieder.

Noch komlizierter ist die Bestimmung der Stellung der Frauen im politischen Bereich. Die Gestalt der Königin Medb in der *Geschichte vom Raub der Stiere von Cooley* („Tain bo Cuailgne") ist in der Literatur einzigartig. Es ist verlockend, die irische Gesellschaft mit starken und sexuell unabhängigen Frauen wie dieser bevölkert zu sehen. In den frühen Belegen werden Königinnen nur als Gefährtinnen erwähnt. Nachdem die Macht des Königtums als eine Institution konsolidiert worden war, wuchs die Bedeutung der Königinnen, und die späteren Berichte sprechen von der Königin eines Königtums anstatt von einer Gefährtin des Königs (Mac Curtain/Ó Corráin 1978, S. 10). Bei den rechtlichen Angelegenheiten handelt es sich um gesellschaftliche Konventionen und nicht um eine unmittelbare Verarbeitung der Mythen. Aber einige halbhistorische und historische Figuren ließen möglicherweise einen gewissen Grad an Standardisierung zu, sodaß die geschichtlichen Schriften und die überlieferten Erzählungen ähnliche kulturelle Stereotypen beinhalten, deren Ursprung sehr alt sein kann. In Wales deuten Figuren wie Gwenllian und Nest (walisische Königinnen) auf äußerst unabhängige Frauen hin; eine bevorzugt den Tod nach der Schlacht anstatt der anglo-normannischen Unterdrückung; die andere ist, was ihre Wahl der Liebespartner betrifft, ein etwas schwächeres Ebenbild von Medb.

IV. In der Dämmerung

Im eigentlichen Sinn schufen die klassischen Schriftsteller den ersten Kelten: einen Barbaren, der eine unzivilisierte Welt voll Aberglaube und unheimlichen Praktiken bewohnte und dabei eine gewisse Würde besaß. Sie legten damit die übermäßige Selbstgefälligkeit ihrer eigenen Gesellschaft bloß. Wichtig ist auch, daß Galfred von Monmouth nicht nur den Kelten schuf, sondern auch einen idealisierten Briten, einen Nachkommen von Artus, der von den Sachsen – selbstverständlich durch Betrug – besiegt wird. Der Kelte als edler Wilder erschien wieder im späten 18. Jahrhundert – als Gegenentwurf zu einem übermächtigen Rationalismus. James MacPherson erstellte zahlreiche gefälschte Übersetzungen von schottisch-gälischen Texten, wodurch er eine Diskussion über das „Primitive" auslöste (O'Halloran 1989).

Der Kelte als Visionär, eine Vorstellung aus dem 19. Jahrhundert, hat die größte Wirkung auf die moderne Gelehrsamkeit ausgeübt. Yeats glaubte, daß die irische Literatur die eigene Tradition aufnehmen müßte. In dieser für das gesunde Wachsen der irischen Literatur notwendigen Tradition haben seiner Meinung nach die Vergangenheit und ihre besten und verfeinertsten Empfindungen unmittelbar fortbestanden (Bramsback 1984). Die landeseigene Tradition – oder was Yeats darunter verstand – trug zu seiner literarischen Welt bei. Den SchriftstellerInnen ist nicht vorzuwerfen, daß sie gute Literatur geschaffen haben, aber wie viele andere hinterließ Yeats ein gewisses Vermächtnis, für das er in gelehrten Kreisen kritisiert wurde: nämlich ein Bild des Kelten, der, unbeeindruckt von Konventionen, unabhängig denkt und eine Verwandtschaft mit dem Mystischen pflegt, die über das bloß Logische hinausreicht. Das theoretische Interesse von Yeats und Arnold kreiste einerseits um Literatur und andererseits um eine vornehme und zugleich einfache Vergangenheit. Dieses doppelte Interesse teilen auch die modernen volkstümlichen LiteratInnen, die die Folklore als ein lebendiges Phänomen auffassen, das sich in der Gesellschaft offenbart. Es ist auch zu vermerken, daß Arnold, Yeats und MacPherson mit keiner der keltischen Sprachen vertraut waren, was bei den modernen SchriftstellerInnen ebenso der Fall ist.

Neuerdings haben populäre feministische Vorstellungen der keltischen Mythologie eine zusätzliche Dimension verliehen. Das Bild des edlen Wilden und die Mystik sind durch eine mächtige, aber liebende matriarchale Göttin ergänzt worden, die sich um eine harmonische soziale und physische Umwelt kümmert. All dies gehört zu einer Tradition in dem Sinn, daß damit die für eine bestimmte Kultur relevanten Bilder und Symbole erzeugt werden. Es wäre jedoch angemessener, das oben Genannte eher als Mythen über die KeltInnen denn als keltische Mythologie zu bezeichnen.

Anmerkungen

1 Die in der Handlung von verschiedenen Volkserzählungen wiederkehrenden Elemente werden Motive genannt. Die Numerierung ist Thompson (1966) entnommen, der in seinem *Motif Index of Folk Literature* (Indiana) diese thematisch klassifiziert hat. Die folgenden Motive entstammen Wood (in Druck), *The Welsh Folk-Narrative Index* (Helsinki): T55 Mädchen als Werberin; F302 Feengeliebte; F241.1.1.1 Weiße Rosse reitende Feen; K1371.1 Der Geliebte entführt die Braut bei ihrer Hochzeit mit einem unerwünschten Bräutigam.

2 B311 Kongenitales hilfreiches Tier; T589.7 Gleichzeitige Geburt von Tier und Kind.

3 B184.3.1 Magischer Eber; N774 Abenteuerliche Jagd nach verzaubertem Tier; F241.0.1 Erjagtes Zaubertier; D1136 Zauberfestung; D1413.7 Becken, an dem man haften bleibt; C542 Tabu: Berühren der Jenseitsschätze; G405 Jäger in der Macht der Menschenfresser; F171.6 Mysteriöse Strafe im Jenseits.

Bibliographie

Binchy, D. A. (Hrsg.): *Studies in Early Irish Law*, Dublin 1936.

Binchy, D. A.: *Celtic and Anglo Saxon Kingship*, The O'Donnell Lecture for 1967-1968, Oxford 1970.

Bramsback, B.: *Folklore and W. B. Yeats: The Function of Folklore Elements in Three Early Plays*, Uppsala 1984.

Bromwich, R.: *Celtic Dynastic Themes and the Breton Lays*. In: Etudes Celtiques, 9, 1960-1961, S. 439-474.

Byrne, J.: *Senchas: The Nature of Gaelic Historical Tradition*. In: Historical Studies, 9, 1974, S. 137-159.

Charles-Edwards, T. M.: *The Date of the Four Branches of Mabinogi*. In: *Transactions of the Cymmrodorion*, 1970, S. 263-298.

Child, F. J. (Hrsg.): *English and Scottish Popular Ballads*, 5 Bde., New York 1956.

Cross, T. P./Slover, C. H.: *Ancient Irish Tales*, New York 1936.

Dumézil, G.: *Les dieux des Indo-Europeans*, Paris 1952.

Dumézil, G.: *From Myth to Fiction: The Saga of Hadingus*, übers. v. D. Coltmann, Chicago 1973.

Dundes, A. (Hrsg.): *Sacred Narrative: Reading in the Theory of Myth*, Berkeley 1989.

Filip, J.: *Celtic Civilization and its Heritage*, Wellingborough/Prag 1977.

Green, M.: *The Gods of the Celts*, Gloucester/New York 1986.

Green, M.: *Symbol and Image in Celtic Religious Art*, London/New York 1989.

Gimbutas, M.: *The Godesses and Gods of Old Europe*, London 1982.

Gruffydd, W. J.: *Rhiannon*, Cardiff 1953.

Honko, L.: *Folkloristic Theories of Genre*. In: Sikala, A.-L. (Hrsg.): *Studies in Oral Narrative*, Studia Fennica, 33, Helsinki 1989.

Jackson, Kenneth: *The International Popular Tale and Early Welsh Tradition*, Cardiff 1961.

Jenkins, D./Owen, M. (Hrsg.): *The Welsh Law of Women: Studies presented to Professor Daniel A. Binchy on his Eightieth Birthday*, Cardiff 1980.

Jones, Gwenan: *The Washer at the Ford*. In: Aberystwyth Studies, 4, 1922, S. 105-111.

Jones, Gwyn/Jones, T.: *The Mabinogion*, London 1989 (1949).

Lindgren, C.: *Classical Art Forms and Celtic Mutations: Figural Art in Roman Britain*, New Jersey 1978.

Linduff, F./Oaks, L. S.: *Epona*. In: Henig, M./King, A. (Hrsg.): *Pagan Gods and Shrines of the Roman Empire*, Oxford 1986, S. 817-837.

Loomis, R. S.: *Morgan La Fée and the Celtic Goddesses*. In: Speculum, 20, 1945, S. 183-203.
Loomis, R. S.: *Morgan la Fée in Oral Tradition*. In: Romania, 53, 1959, S. 337-367.
Mac Cana, P.: *Aspects of the Theme of King and Goddess*. In: Etudes Celtiques, 1955-1956, 7, S. 76-114, S. 356-413; 8, S. 59-65.
Mac Cana, P.: *Celtic Mythology*, London 1970.
Mac Cana, P.: *Mythology in Early Irish Literature*. In: O'Driscoll, R. (Hrsg.): *The Celtic Consciousness*, Edinburgh/London 1981, S. 143-155.
Mac Curtain, M./Ó Corráin, D.: *Women in Irish Society: The Historical Dimension*, Westport (Conn.) 1978.
MacNeill, E.: *Early Irish Laws and Institutions*, Dublin 1935, S. 64-67.
Magne, R./Thevenot, E.: *Epona*, Bordeaux 1953.
Maier, B.: *Lexikon der keltischen Religion und Kultur*, Stuttgart 1994. *
Mallory, J. P.: *In Search of the Indo-Europeans: Language, Archeology and Myth*, London 1989.
Matthews, C.: *Arthur and the Sovereignty: King and Goddess in the Mabinogion*, London 1989.
McKenna, C.: *The Theme of Sovereignty of Pwyll*. In: Bulletin of the Board of Celtic Studies, 29, 1980, S. 35-52.
o'Haocha, D.: *The Lament of the Old Woman of Beare*. In: Ó Corráin, D./Breantnach, L./McCone, K. (Hrsg.): *Sages, Saints and Storytellers: Celtic Studies in Honour of Professor James Carney*, Maynooth 1989, S. 308-331.
Ó Crualáoich, G.: *Continuity and Adaption in Legends of Cailleach Bhearra*. In: Béaloideas, 1988, S. 153-178.
Ó Máille, T.: *Medb Chruachna*. In: Zeitschrift für celtische Philologie, 17, 1927-1928, S. 129-146.
O'Halloran, C.: *Irish Re-creation of the Gaelic Past: The Challenge of Macpherson's Ossian*. In: Past and Present, 124, 1989, S. 69-95.
O'Rahilly, C. (Hrsg.): *Táin Bó Cuailnge from the Book of Leinster*, Dublin 1967.
O'Rahilly, C.: *On the Origins of the Names Érainn and Ériu*. In: Ériu, 14, 1946, S. 7-28.
Roberts, B. F.: *Penyd Rhiannon*. In: Bulletin of the Board of Celtic Studies, 23, 1970, S. 325-327.
Ross, A.: *Pagan Celtic Britain*, London 1967.
Ross, A.: *The Divine Hag of the Pagan Celts*. In: Newell, V. (Hrsg.): *The Witch Figure*, London 1973, S. 139-164.
Rhys, J.: *Legends on the Origin and Growth of Religion as Illustrated by Celtic Heathendom*, London 1898.
Sims-Williams, P.: *The Visionary Celt: The Construction of an Esoteric Preoccupation*. In: Cambridge Medieval Celtic Studies, 11, 1986, S. 71-97.
Sjoestedt, M.-L.: *Gods and Heroes of the Celts*, übers. v. M. Dyllon, Berkeley 1982 (1949).
Tierney, J. J.: *The Celtic Ethnographic of Posidonius*. In: Proceedings of the Royal Irish Academy, 60, 1959-1960, S. 189-275.
Thompson, S.: *Motif Index of Folk Literature*, Indiana 1966.
Wagner, H.: *Origins of Pagan Irish Religion*. In: Zeitschrift für celtische Philologie, 38, 1981, S. 1-28.
Williams, I.: *Armes Prydein o Lyfr Taliesin*, Cardiff 1955.
Wood, J.: *The Calumniated Wife in Medieval Welsh Literature*. In: Cambridge Medieval Celtic Studies, 10, 1988, 25-38.
Wood, J.: *The Welsh Folk-Narrative Index*, Helsinki (in Druck).

Carolyne Larrington

Skandinavien

I. Einführung – Eine Synthese

Die Erschaffung der Welt

Am Anfang war nichts, weder Sand noch Meer, weder Erde noch Himmel, nichts außer dem Urchaos, Ginnungagap. Eis gefror in dieser Leere und nahm die Gestalt des kosmischen Riesen Ymir an. Als einzige weibliche Figur hat Auðhumla, die Urkuh, an der Schöpfung teil. Sie leckt am Eis, um sich davon zu nähren – in einer Version leckt sie Ymir aus dem Eis hervor. Ihre Milch ernährt ihn. Ymir erschafft die nächste Generation ohne Geschlechtsakt: RiesInnen gehen aus seinen Füßen und Achselhöhlen hervor. Von ihnen stammen mütterlicherseits die Götter ab. Die Götter zerstückeln Ymir und erschaffen das Universum aus seinen Körperteilen (*Snorra Edda: Gylfaginning*, Kap. 4-8).

Die Götter bauen Hallen und Tempel für sich, lassen sich nieder, und ein Goldenes Zeitalter beginnt. Sie spielen Dame mit goldenen Steinen auf dem Feld Iðavöllr (eine mythische Ebene). Nachdem die Welt erschaffen worden ist, gehen Óðinn und zwei andere Götter den Strand entlang und finden zwei Bretter Treibholz. Aus dem Eschenbrett formen sie den ersten Mann, Askr; aus dem zweiten Brett erschaffen sie eine Frau, Embla. Die Bedeutung ihres Namens ist nicht eindeutig. Es ist versucht worden, ihn als Weinstock oder Kletterpflanze zu verstehen, was aber etymologisch nicht belegbar ist. Es wird deutlich, daß die Frau als anhänglich, einer männlichen Stütze bedürfend vorgestellt und daß ihr Name verzerrt wird, um diese Annahme belegen zu können. Diese Spekulationen stammen aus dem 19. und dem 20. Jahrhundert; der Name hatte im Mittelalter und zur Zeit seiner Entstehung keine dieser Bedeutungen (*Gylfaginning*, Kap. 9).

Nach der Erschaffung der Welt verwickeln sich die Angehörigen des ersten Götterstammes, die Asen (altnord. *æsir*, Pl.; *áss*, Sing.), in einen Krieg mit einem zweiten Stamm, den Vanen (auch Wanen; altnord. *vanir*, Pl.). Der Krieg wird anscheinend durch die Machenschaften von Freyja, Anführerin der Vanen und Kennerin zweifelhafter magischer Praktiken, *seiðr*, herbeigeführt. Männlicher Transvestismus gehörte zu den Praktiken dieser Magie; die für Frauen vorgesehenen Rituale sind unbekannt. Freyja wird dreimal lebendig verbrannt, jedesmal ersteht sie wieder auf. Der Krieg bricht aus, jedoch ohne Konsequenzen, denn die Vanen sind unsterblich (*Poetische Edda: Völuspá*, Kap. 21-24). Schließlich kommt es zu einem Waffenstillstand und zum Austausch von Geiseln. Die Vanen übergeben den Asen Njörðr und dessen Kinder, Freyr und Freyja.

Im Mittelpunkt des altnordischen Kosmos steht die Welt-Esche Yggdrasill, auch das Kampfroß des Óðinn genannt. Ihre Äste erstrecken sich über alle Welten; ihre drei Wurzeln reichen tief in die Welten der Götter (Ásgarðr) hinein wie auch in jene der FrostriesInnen (Jötunheimar), wo einst Ginnungagap weilte, und bis Niflheim („die dunkle Welt"), das Reich der Göttin des Todes, Hel. An den Wurzeln befinden sich heilige Brunnen, die das Wissen weitergeben. Die Götter sitzen unter dem Baum zu Gericht. Zu diesem Treffpunkt reiten sie über die Brücke Bifröst, den Regenbogen (*Gylfaginning*, Kap. 15).

Götter und Göttinnen

Das altnordische Pantheon besteht grundsätzlich aus zwei Stämmen von Gottheiten, den Asen und den Vanen. Sie grenzen sich von den RiesInnen ab, den ältesten BewohnerInnen des Universums, uralten chthonischen Kräften. Die Asen sind älter als die Vanen; ihr Anführer ist Óðinn, ein einäugiger Alter, der Gott des Krieges, der Dichtung und der Weisheit. Weitere prominente Asen sind Þórr, der Töter der RiesInnen und Beschützer des Ásgarðr, des Götterreiches; weiters gehören dazu Heimdallr, der Wächter; Týr, der einhändige Gott der Gerechtigkeit; Ægir, der Meeresgott, und Bragi, der Gott der Dichtung. Óðinns Ehefrau Frigg ist die Anführerin der *ásynjur* („Asinnen"), der Asen weiblichen Geschlechts. Baldr, ihr Sohn, ist der Gott des Sonnenscheins und der Fruchtbarkeit. Gefjon, auch ein *áss*, ist ein mächtiger Beschützer der menschlichen Könige. Sif ist mit Þórr verheiratet; Iðunn verfügt über die Äpfel der Unsterblichkeit, mit deren Hilfe die Götter jung bleiben. Die Vanen, der jüngere Götterstamm, werden von Njörðr angeführt, dem Gott des Meeres und der Fruchtbarkeit. Seine Kinder Freyr und Freyja, die möglicherweise von seiner Schwester geboren wurden, stehen ebenfalls mit der Fruchtbarkeit in Verbindung. Loki ist ein Unordnung stiftender, zwielichtiger Gott; er stammt eigentlich von den RiesInnen ab, ist aber als Blutsbruder des Óðinn (dies wurde er durch einen Schwur) mit den Asen verbündet. Lokis Kinder, von einer Riesin geboren, sind folgende: der monströse Miðgarðsormr, die Weltschlange, die im äußeren Meer liegt und die Welt umschlingt; der Wolf Fenrir, der Óðinn zu den Ragnarök (altnord., Pl., „Endschicksal der Götter") töten wird; und Hel, die Göttin der Toten, deren eine Gesichtshälfte blau wie ein Leichnam und die andere lebendig rosa ist (*Gylfaginning*, Kap. 34).

Ragnarök

Zahlreiche Ereignisse kündigen die Ankunft der Ragnarök, des Weltunterganges, an. Der Tod des Baldr ist ein erstes Omen (vgl. II.5.). Nach dieser Katastrophe ist das

Herannahen der Ragnarök nur noch eine Frage der Zeit. Zunächst bricht Fimbulvetr herein, ein verheerender Winter, der drei Jahre ohne sommerliche Unterbrechung dauert. Dann sind Kämpfe unter den Menschen zu erwarten, die keinem erlassen werden:

Brüder befehden sich und fällen einander,
Geschwisterte sieht man die Sippe brechen.
Der Grund erdröhnt, üble Disen fliegen;
Der eine schont des andern nicht mehr.

Unerhörtes ereignet sich, großer Ehbruch.
Beilalter, Schwertalter, wo Schilde krachen,
Windzeit, Wolfszeit eh die Welt zerstürzt.

(*Poetische Edda: Völuspá*, 45, 46)

Der Wächter Heimdallr wird sein Horn blasen, Yggdrasill wird erzittern, und die Riesen werden vorrücken. Der Fenrir-Wolf wird sich losreißen, der Feuerriese Muspell segelt, von Süden kommend, mit Loki am Steuer seines Schiffes, und der Frostriese Hrymr dringt aus dem Osten vor. Óðinn stirbt im Zweikampf mit dem Wolf und Freyr im Kampf gegen Surtr. Viðarr, der Sohn des Óðinn, rächt den Tod seines Vaters, indem er den Kiefer des Wolfes auseinanderreißt. þórr und die Weltschlange vernichten einander. Dann wird ein Wolf die Sonne schlucken und ein anderer den Mond; die Sterne verschwinden vom Himmel, und die Welt versinkt im kochenden Wasser (*Gylfaginning*, Kap. 51; *Poetische Edda: Völuspá*, 41-57).

Die Wiederkehr

Die Erde steigt noch einmal aus dem Meer hervor; Adler fliegen über Wasserfälle und jagen Fische. Die Asen sammeln sich nochmals auf der mythischen Ebene Iðavöllr, wo sie die verschollenen goldenen Steine des Dame-Spieles auf dem Gras finden. Baldr kehrt zurück und lebt bei seinem Bruder, dem unvorsichtigen Töter Höðr. Hœnir, ein unauffälliger Gott mit der Gabe des Wahrsagens, zerhackt Holzstücke, um das Schicksal nochmals vorauszusagen, und die Götter versammeln sich in dem mit Gold ausgelegten Saal Gimlé, der heller ist als die Sonne. Auch Menschen überleben die Feuersbrunst: Líf und LífÞrasir, Leben und der nach dem Leben Strebende, sie verbergen sich im Weltenbaum. Sie sind die Vorfahren der nachkommenden Generationen. Ein neues Goldenes Zeitalter scheint anzubrechen, jedoch die Holzstücke des Schicksals und der verhängnisvolle Drache Níðhöggr, der über das Land fliegt, Leichname auf seinen Flügeln, geben bekannt, daß das Böse und der Tod zu diesem Zeitalter dazugehören (*Gylfaginning*, Kap. 52; *Poetische Edda: Völuspá*, 59-66).

Die Heroen-Legende

Am bedeutendsten ist der Legendenzyklus um Sigurðr, den Sîfrit des mittelhochdeutschen *Nibelungenliedes* und den Siegfried aus Wagners *Der Ring des Nibelungen.* Die Geschichte beginnt mit Sigmundr, dem Vater des Sigurðr. Seine Schwester Signý verführt ihn durch eine List und gebiert ihm ein Kind. Sie will ihren Ehemann töten, weil er ihren und Sigmundrs Vater ermordet hat. Aber die Kinder, die sie geboren hat, werden sie enttäuschen; Signýs Sohn aus dem Inzestakt, Sinfjötli, hilft Sigmundr dabei, ihren Mann zu töten. Er selbst wird dann von einer bösen Stiefmutter vergiftet. Sigmundrs Frau Hjördis gebiert Sigurðr nach dem Tod seines Vaters. Nach einer Kindheit am Hof seines Stiefvaters und der Erziehung durch seinen Pflegevater, den zwergenhaften Schmied Reginn, rächt Sigurðr den Tod seines Vaters; er tötet Reginn und auch den Drachen Fáfnir, wodurch er einen Schatz gewinnt. Daraufhin verwickelt sich sein Schicksal mit dem der Guðrún Gjúkadóttir, seiner späteren Frau, und der Walküre Brynhildr, die er heiraten sollte. Nach Sigurðrs Tod und dem Selbstmord der Brynhildr muß Guðrún erleben, wie ihre übrige Sippe vernichtet wird, einige durch ihre eigene Hand, einige dadurch, daß sie sie zur Rache aufhetzt, und einige trotz ihrer Rettungsversuche (vgl. II.7.).

Quellen

Unsere Kenntnisse der nordischen Mythologie beruhen auf zwei aus Island stammenden Hauptquellen. Die erste ist eine Gedichtsammlung, die *Poetische Edda.* Hier handelt es sich um die Geschichte der Götter und die Taten der menschlichen Helden, insbesonders des Sigurðr Fáfnisbani (Töter des Fáfnir). Die Gedichte können auf das 8. Jahrhundert n. Chr. zurückgeführt werden, sie wurden aber nicht vor ca. 1270 aufgeschrieben, zweieinhalb Jahrhunderte nach der Christianisierung Skandinaviens. Die *Prosa* oder *Snorra Edda* (ca. 1225) des Isländers Snorri Sturluson ist die zweite Quelle. Snorri verändert und deutet den Großteil des mythischen Materials; gelegentlich mißversteht er seine poetischen Quellen. Es ist sein erklärtes Ziel, die aus den mythologischen Quellen hervorgegangene traditionelle altnordische Dichtung zu bewahren und seinen ZeitgenossInnen zugänglich zu machen. Der Glaube an die Götter liege ihm fern, sagt er; sie werden dargestellt als Flüchtlinge aus Troja, deren verfeinerte Mittelmeerkultur die NordländerInnen blendet, sodaß sie sie als Götter verehren. Snorri war offensichtlich ein Christ; insbesondere der christliche Begriff des Jüngsten Gerichts scheint seine Beschreibung vom Ende der Welt beeinflußt zu haben. Die *Snorra Edda* hat vier Abschnitte: einen *Prolog*, der den Ursprung der Asen erklärt; *Gylfaginning,* das eine Fülle von mythischem Material vorlegt; *Skáldskaparmál* ergänzt dieses, wohingegen *Háttatal* in dieser Hinsicht weniger ergiebig ist.

Die Geschichten von Guðrún und Brynhildr sind in vielen Quellen zu finden. Die *Poetische Edda* gibt den Großteil der Lebensgeschichte des Sigurðr wieder; bedauerlicherweise gingen mit den verschollenen Seiten des einzigen Manuskripts wichtige Gedichte zur Beziehung zwischen Sigurðr, Guðrún, ihrem Bruder Gunnarr und seiner Braut Brynhildr verloren. Die *Völsunga Saga*, eine spätere Version in Prosa, stimmt nicht immer mit dem eddischen Material überein. Die *þiðreks Saga* gibt eine andere Version der Geschichte sowie eine erweiterte Legende von Völundr dem Schmied wieder, während das mittelhochdeutsche *Nibelungenlied* noch eine andere Tradition überliefert. In seiner *Snorra Edda* ergänzt Snorri den Bericht über das spätere Leben der Guðrún.

Der dänische Historiker Saxo Grammaticus erzählt (ca. 1200 n. Chr.) in seiner lateinischen *Geschichte der Dänen* (Shakespeares Quelle für seinen *Hamlet*) die Geschichte von Rindr. Aus der *Germania* des Tacitus (ca. 98 n. Chr.), einer weiteren lateinischen Quelle zu den germanischen Völkern, wurde umfassend und meist unkritisch geschöpft; das Werk diente teilweise der Propagierung des Kontrastes zwischen dekadenten Römern und edlen Germanen. Tacitus muß mit Vorsicht genossen werden, denn sein Standort liegt weit entfernt von dem des Snorri, dessen Perspektive unserer heutigen näher steht als der des Tacitus.

Aus Vereinfachungsgründen werde ich mich auf folgende Quellen stützen: auf die *Poetische Edda*, um die Mythen zu diskutieren; auf die *Völsunga Saga* und die *Poetische Edda* in bezug auf Sigurðr; und auf *Völundarkviða* aus der *Edda* in bezug auf die Geschichten von den Schwanenmädchen und Böðvildr, die durch die *þiðreks Saga* und das altenglische Gedicht *Deor* ergänzt werden. Mit dem Wort „Publikum" bezeichne ich sowohl das Lesepublikum als auch die HörerInnen der mündlich vorgetragenen Werke.

II. Mythen von Frauen

1. Die Göttinnen – Ehefrauen und Mütter

Frigg, die Ehefrau des Óðinn, kennt das Schicksal eines jeden, aber sie schweigt darüber. Obwohl sie einmal Óðinn überlistet, sodaß er seinen eigenen Schützling vernichtet, ist sie ansonsten ein Vorbild für die Ergebenheit einer Ehefrau. Als Óðinn sie fragt, ob er sich in den Saal des Riesen VafrÞrúðnir hineinwagen soll, um sich in Weisheit mit ihm zu messen, rät sie ihm ab. Er ignoriert jedoch ihren Rat und geht mit ihrem Segen fort. Wir wissen nicht, wie Frigg zu seinen Liebesabenteuern steht; im Unterschied zur griechischen Hera scheint sie von Eifersucht unberührt zu sein. Auch wenn ihr Loki im *Lokasenna* einen ehebrecherischen Inzest mit den Brüdern des Óðinn vorwirft, kommt ihr Gesamtbild einer weisen, wendigen und liebenden Ehefrau und Mutter nahe. Als Óðinn zu den Ragnarök stirbt, nennt ihn der Dichter des *Völuspá* „Friggiar angan“, den Geliebten der Frigg. Es überrascht uns, daß dieser unheimliche einäugige Alte – für die Frauen, die er zu verführen versucht, durchwegs abstoßend – tatsächlich von einer geliebt wird.

Freyja hat einige Walküreneigenschaften; sie reitet auf das Kampffeld, und ihr steht die Hälfte der Gefallenen zu. Die andere Hälfte bleibt für Óðinn. Ihren Triumphwagen ziehen Katzen, und sie besitzt einen Mantel aus Federn, der ihr das Fliegen ermöglicht. In Liebesangelegenheiten ist am besten sie anzuflehen, denn sie mag erotische Lieder. Freyja ist mit dem schattenhaften Gott Óðr verheiratet, von dem wir weiter nichts wissen. Als Óðr einmal auf einer langen Reise verschwand, suchte Freyja weinend nach ihm, wobei sie goldene Tränen vergoß – eine Parallele zu der weinenden Göttin aus dem nahöstlichen Mythos (*Gylfaginning*, Kap. 35). Die Riesen fühlen sich von Freyja angezogen; einmal versprechen die Götter Freyja – zusammen mit der Sonne und dem Mond – einem Riesenbaumeister, falls es ihm gelingt, die Wände von Ásgarðr, der Zitadelle der Götter, innerhalb eines Winters instandzusetzen. Der Baumeister kommt mit der wundersamen Hilfe seines Pferdes gefährlich nahe daran, seine Aufgabe zu erfüllen, und wenn nicht Loki in Gestalt einer Stute das Pferd weggelockt hätte, wäre Freyja verloren gewesen (*Gylfaginning*, Kap. 42). In dem eddischen Gedicht *þrymskviða* stellt der Riese þrymr eine ähnliche Forderung, als er den Hammer des þórr stiehlt. þórr, verkleidet als Freyja, gewinnt jedoch den Hammer zurück und tötet den Riesen.

Freyja wird manchmal mit Tierhaftem assoziiert. In einem Gedicht von Hjalti Skeggjason, einem der ersten isländischen Christen, wird sie Hündin genannt; für diese Blasphemie wurde er vom *AlÞingi* – dem isländischen Parlament – verurteilt (*Njáls Saga*, Kap. 102). Sie steht auch in Verbindung mit dem Schwein, worauf einer ihrer Beinamen, Sýr, hinweist. Wie einige Ortsnamen andeuten, scheint ihr Kult in Skandinavien, besonders in Norwegen, weit verbreitet gewesen zu sein.

Iðunn besitzt die Äpfel der Unsterblichkeit. Einmal wird Loki von einem Riesen in Adlergestalt gefangengenommen und nur unter der Bedingung freigelassen, daß er Iðunn und ihre Äpfel zu dem Riesen schafft. Loki lockt Iðunn aus Ásgarðr hervor, indem er ihr sagt, er habe ähnliche Äpfel gefunden, und er wolle, daß sie diese mit ihren vergleiche. þiazi, der Riese, fährt hernieder und verschleppt sie. Ohne die verjüngenden Äpfel der Iðunn werden die Götter alt und grau. Loki fliegt im Mantel der Freyja nach Jötunheimar, dem Land der RiesInnen, und als þiazi baden geht, verwandelt er Iðunn in eine Nuß und fliegt mit ihr zurück. þiazi fliegt nach, aber die Asen legen ein Feuer, sodaß seine Flügel verbrannt werden. Er wird gefangengenommen und getötet. Der Tod des þiazi bringt Skaði nach Ásgarðr (vgl. II.4.) (*Skáldskaparmál*, Kap. 1-2 u. 204-214).

Freyja und Iðunn sind für die Riesen heiß begehrte Sexualpartnerinnen. Sowohl Götter als auch Riesen versuchen außerhalb ihres Stammes zu heiraten – ähnlich den

Menschen, die eine exogame Heirat bevorzugen. Die Götter wollen zwar Riesinnen wie Gerðr zur Frau nehmen, was sie auch erfolgreich tun, halten aber ihre eigenen Frauen zurück. Es deutet nichts darauf hin, daß þiazi die Äpfel für sich begehrt – vielleicht will er die Götter bloß ihrer Vorteile berauben –, aber die Göttinnen und ihre Eigenschaften stehen vielleicht stellvertretend für eine lebenspendende Fruchtbarkeit und eine Ausstrahlung, die dem öden Wohngebiet der Riesen fremd sein mögen. Einen Hinweis darauf finden wir in der Tatsache, daß Freyja dem Riesenbaumeister zusammen mit der Sonne und dem Mond als Belohnung angeboten wird.

Óðinn schickt die Göttin Gefjon, deren Name „geben" bedeuten könnte, von der Insel Fyn aus, um Land zu suchen. Sie gebiert einem Riesen vier Söhne, die in Ochsen verwandelt werden. Gegen Liebesdienste verspricht ihr der König Gylfi soviel Land, wie vier Ochsen in einem Tag und einer Nacht pflügen können. Die vier Riesen-Söhne pflügen ein riesenhaftes Stück Land, heute die Insel Sjælland. Das Loch, das zurückbleibt, ist der Mälarsee in Schweden, ähnlich geformt wie die Küste von Sjælland (*Gylfaginning*, Kap. 1).

Loki liegt zu Füssen seiner Gattin Sigyn; er wird als Strafe für seine Rolle bei der Tötung des Baldr (vgl. II.5.) von Schlangen umwunden, die ihr Gift auf sein Gesicht speien. Seine Frau fängt das Gift in einer Schale auf, als sie diese aber ausleeren will, verschüttet sie das Gift auf sein Gesicht, worauf er sich in Schmerzen windet – so entstanden die Erdbeben (*Gylfaginning*, Kap. 50).

2. Einem widerstrebenden Mädchen den Hof machen

Gerðr und das Werben des Skírnir

Die Schönheit von Gerðr, der Tochter des Riesen Gymir, leuchtet dermaßen, daß „ihre Arme alle Meere und die Luft erhellen". Sie lebt mit ihrem Vater in einem herrlichen Palast, umgeben von bellenden Hunden und einer Wand aus Feuer. Einmal, als sie in ihrem Saal sitzt, kommt Skírnir, der Bote des Freyr. Sie heißt ihn willkommen, und er bringt seine Botschaft geschickt vor: Falls Gerðr „sagen würde, Freyr sei nicht die widerwärtigste aller lebenden Personen", bekomme sie den kostbarsten Schatz der Asen – elf goldene Äpfel, die vielleicht mit denen von Iðunn identisch sind. Gerðr durchschaut den Euphemismus und antwortet, sie werde mit Freyr nie eine Ehe führen. Sie werde den Zauberring Draupnir bekommen, der sich jede neunte Nacht achtmal vervielfältigt, schwatzt Skírnir weiter. Ihr mangle es nicht an Gold, sie besitze alles, was ihr Vater habe, erwidert Gerðr. Nun aber macht Skírnir ernst und droht, sie mit dem Schwert des Freyr zu köpfen. Unerschrocken sagt sie, ihr Vater wäre ein überlegener Gegenspieler, wenn es zu einem Zweikampf käme.

Da weder Bestechung noch die Androhung physischer Gewalt helfen, versucht es Skírnir mit Zauberkraft und droht mit einem Verhängnis, schlimmer als der Tod: Sie werde dazu verdammt, als öffentliches Schauobjekt auf einem Grashaufen am Ende der Welt zu hocken, verzehrt von unerfülltem sexuellen Verlangen und von Wahnsinn; sie werde von Monstren geplagt und dazu gezwungen, Ziegen-Urin zu trinken; einzig ein dreiköpfiger Oger werde ihr Bräutigam sein. Die Verwünschungen aller Gottheiten, der Asen und der Vanen, würden sie treffen, und die Runenmagie werde sie mit unstillbarer Nymphomanie schlagen (nicht mit Metamorphose und Frigidität, was in anderen Traditionen oft eine Bestrafung für die einen Gott abweisende Frau darstellt). Gerðr gesteht ihre Niederlage ein, bringt Honigwein, um die Vereinbarung zu besiegeln, und nennt eine Grotte, wo sie Freyr empfangen werde. Skírnir reitet siegesgewiß zurück, um Freyr bekanntzugeben, daß sein Wunsch in Erfüllung gehen werde (*Poetische Edda: Skírnismál*).

Bedauernswerterweise kennen wir den Ausgang der Geschichte nicht. Snorri erzählt, daß Freyr und Gerðr heirateten (*Gylfaginning*, Kap. 37), aber dies kann nicht mit aller Sicherheit als mythologische Tatsache angenommen werden; mag sein, daß Snorri versucht hat, die in dem früheren Text angebahnte Beziehung formell zu regeln. Die Art und Weise, in der Skírnir seine Werbung um Gerðr vorbringt, erinnert kaum an einen Heiratsantrag; es scheint sich hier eher um eine Zusammenkunft zwecks Zufriedenstellung von Freyrs sexuellen Gelüsten zu handeln.

Obwohl der Mythos verschiedenartig ausgelegt worden ist, wurde das Problem kaum berücksichtigt, daß es sich hier um einen Gott handelt, der zur Erfüllung eigener Wünsche vor Drohungen und der Ausübung von Druck nicht zurückschreckt. Es wird nicht in Frage gestellt, ob Freyr als Liebhaber erwünscht ist, denn die zweifelhaften Überzeugungsmethoden hat sein Bote Skírnir zu verantworten, der seinen Gebieter zufriedenstellen will. Der Gott, der sich aus der Konfrontation zwischen seinem Boten und Gerðr heraushält, kann weiterhin als der ideale Liebhaber gelten: Im eddischen *Lokasenna*, einer wichtigen Quelle, in der Götter oft kritisiert werden, erfahren wir, Freyr habe niemals ein Mädchen oder eine Frau zum Weinen gebracht.

Die früheren Gelehrten hielten Freyr für einen Sonnengott, Skírnir für seine befruchtenden Strahlen und Gerðr für das befruchtete Feld. Diese Interpretation im Sinne eines Fruchtbarkeitsmythos läßt Gerðrs Widerstand außer acht – warum soll ein Feld dem Sonnenschein widerstehen? Später wurde versucht, diesen Mythos unter Berücksichtigung von Kultpraktiken als Heilige Hochzeit zwischen dem Fruchtbarkeitsgott und seiner auserwählten Frau zu interpretieren (Dronke 1962). Andere lasen ihn strukturalistisch und arbeiteten eine gesellschaftliche Funktion heraus: Der Mythos spiegle die isländischen Hochzeitspraktiken wider, oder er gebe ein Beispiel für die Aussöhnung zweier streitender Gruppen (Mitchell 1983). Die letzte Interpretationsmöglichkeit ist auszuschließen, denn Gerðr bestimmt selbst, Freyr zuerst abzuweisen und sich später zu unterwerfen. Der Vater wird nur des Schutzes wegen angerufen, er erscheint jedoch nicht und mischt sich auch nicht in Gerðrs Entscheidung ein. Historisch gesehen konnten Frauen, die anläßlich eines Friedensabkommens verheiratet wurden, keine selbständigen Entscheidungen treffen.

Einige oder alle dieser Interpretationen mögen zutreffen, jedoch können wir mit kritischem Blick auch eine Bedeutung aus weiblicher Perspektive herausarbeiten. Ich habe die Mythe aus Gerðrs Sicht erzählt; *Skírnismál*, die Quelle des Mythos, legt die Geschichte so an, daß das Publikum sich mit dem Boten Skírnir identifiziert, der durch alle möglichen Gefahren – begleitet vom verstimmten, von Liebeskummer gequälten Freyr – bis in den Saal des Riesen hineinschreitet. Der Höhepunkt des Gedichtes ist die Kapitulation der Gerðr und damit der Sieg des Skírnir. Die offenkundige Autonomie der Gerðr – sie kann ohne Einmischung des Vaters entscheiden – muß für das weibliche Publikum beneidenswert gewesen sein. Heiratete eine isländische Frau zum ersten Mal, wurde sie üblicherweise gebeten, der von ihrem Vater und dem Bräutigam getroffenen Vereinbarung zuzustimmen, sie konnte jedoch den Freier kaum abweisen. Die Geschichte zeigt allerdings, daß die Freiheit der Gerðr eine Illusion ist: Im Patriarchat – dessen Praktiken, wie Bestechung und Drohung, bloßgelegt werden – mag sie entscheiden, wie sie will, sofern sie nur „ja" sagt. Der Fluch erkennt bemerkenswerterweise an, „was eine Frau will" – sexuelle Befriedigung und Nähe zu ihrem Liebhaber –, indem er diese Wünsche in ihr Gegenteil verkehrt: in die Androhung sexueller Frustration, eines scheußlichen Mannes und öffentlicher Verspottung. Der Fluch formuliert das Gegenteil einer romantischen Liebe, aber auch die Wünsche der Frauen aus einer männlichen Perspektive: Reichtümer, sexuelle Zufriedenheit und die Gunst des Gottes, was ihr auch zuteil wird, sobald sie dem patriarchalen Plan zustimmt (Larrington 1992).

Billingrs „Mær" überlistet Óðinn

Billingrs „Mær" (Mädchen – es kann Ehefrau sowie Tochter bedeuten) hat keinen anderen Namen außer dem ihres männlichen Verwandten. Eines Tages wird sie von dem alten, einäugigen allerhöchsten Gott Óðinn überrascht; betört durch ihre Schönheit, will er sich an sie heranmachen. Die Frau des Billingr ist sich bewußt, wie gefährlich es ist, die sexuellen Ambitionen des Óðinn zu vereiteln (vgl. die Geschichte der Rinda weiter unten). Sich besinnend, bittet sie den aufdringlichen Gott um Diskretion und bestellt ihn nach Einbruch der Dunkelheit zu sich, wobei sie ihn an seinen eigenen Spruch erinnert: „In der Nacht soll ein Mann eine Frau mittels seiner Worte gewinnen." Ungeduldig wartet Óðinn im Schilfgras und kehrt nach Einbruch der Nacht zurück. Das Haus ist aber noch immer wach. Im Morgengrauen begibt er sich nochmals auf Liebesabenteuer, aber Billingrs „Mær" ist nicht anwesend, statt ihrer findet er eine Hündin vor, die an ihr Bett angebunden ist. Der Gott zieht sich zurück und gibt reumütig zu, daß er, der Gott der Weisheit, von einer schlauen Frau überlistet wurde. Sein Bedauern über ein verpaßtes Liebesabenteuer wird übertönt von seiner Bewunderung für die Klugheit dieser Frau, eine Hochachtung, welche der altnordischen Wertschätzung von Frauen als unabhängig und findig entspricht (*Poetische Edda: Hávamál*, 96-102).

3. Entführung und Verrat: Rinda, Böðvildr und Gunnlöð

Die Vergewaltigung der Rinda

Rindr oder Rinda, wie sie bei Saxo genannt wird, ist die Tochter des ruthenischen Königs. Óðinn erfährt, daß sie Baldrs Rächer gebären wird, und so nimmt er sich vor, sie für sich zu gewinnen. Verkleidet als Militärstratege kommt er zum Hof ihres Vaters und verhilft diesem zu einem großen Sieg. Als Belohnung bittet er um Rindas Hand, sie aber weist ihn stets ab, da er alt und unattraktiv ist. Als er versucht, sie zu küssen, versetzt sie ihm einen so kräftigen Stoß, daß er hinfällt und sein Kinn auf den Boden prallt. Rachsüchtig berührt Óðinn sie mit einer Rinde, auf der Zaubersprüche geschrieben stehen. Das macht Rinda wahnsinnig: „Eine angemessene Bestrafung für die ständigen Beleidigungen, die er erlitten hatte", bemerkt Saxo. Schließlich verkleidet sich Óðinn als eine Medizinfrau. Rinda wird krank und begibt sich in seine Behandlung. Óðinn verschreibt ihr ein so bitteres Medikament, daß die Patientin am Bett angebunden werden muß, um es schlucken zu können. Óðinn vergewaltigt die festgebundene Rinda. Für sein heimtückisches Benehmen schicken die Götter Óðinn ins Exil. Bø (Váli in isländischen Quellen), den Rinda gebiert, tötet Hötherus (das Spiegelbild des Höor in dieser Version), er selbst stirbt am nächsten Tag an seinen Verletzungen (Saxo 1979, I, S. 76ff.).

Wenn dänische Frauen in den Wehen lagen, erzählt eine Quelle aus dem 14. Jahrhundert, stellten andere Frauen einen Strohmann her und tanzten um ihn „mit lüsternen Gesten" herum, „canta Boui, canta Boui, quid faceret" schreiend. Dies ist ein Hinweis darauf, daß Bø eine regionale Fruchtbarkeitsgottheit gewesen sein mag (Saxo 1979, II, S. 58).

Völundr, die Schwanenmädchen und Böðvildr

Diese Version stammt aus dem eddischen Gedicht *Völundarkviða*. Völundr, der Elfenprinz, lebt und jagt mit seinen zwei Brüdern im Wald. Eines Tages erscheinen drei Schwanenmädchen am See und ziehen ihre Schwanenmäntel aus, um zu spinnen. Jeder Bruder nimmt eine zur Frau, Völundr heiratet Alvítr (Allwissende). Nach neunjähriger Haushaltsführung werden die Frauen unruhig; der Wanderinstinkt der Schwäne verleitet sie dazu wegzufliegen. Die zwei Brüder machen sich auf die Suche nach den Frauen, während Völundr zu Hause bleibt. Er schmiedet Ringe und hofft auf die Rückkehr der Alvítr. König Níoúor, der gierig ist nach den Schätzen des Völundr, nimmt ihn gefangen; auf Befehl seiner bösen Königin verstümmelt er ihn an den Knien und hält ihn auf einer Insel gefangen, wo er gezwungen wird, Schmuck und Ornamente für die königliche Familie herzustellen.

Als zwei Königssöhne zu der Insel rudern, um die Schätze des Völundr zu begutachten, werden sie getötet und zu Ornamenten gegossen. Keiner weiß, wo die Prinzen geblieben sind, daher ahnt ihre Schwester Böðvildr nicht die Gefahr, als sie zu

Völundr auf Besuch kommt. Sie bringt einen Ring mit, der bei der Gefangennahme des Völundr erbeutet wurde und den sie zerbrochen hat. Sie gesteht Völundr schmeichelnd, daß sie dies niemandem außer ihm verraten habe. Völundr repariert den Ring, dabei reicht er ihr viel Bier und schläfert sie ein, dann vergewaltigt oder verführt er sie (vgl. Abb. 12). Weder das Publikum noch die betrunkene Böðvildr weiß genau, was vorgefallen ist. Völundr erscheint am Hof, um vor Níoúor von seinem gelungenen Racheakt zu prahlen, während Böðvildr den Weggang ihres „Liebhabers" beweint. Völundr verpflichtet den Vater durch einen Eid, seine entehrte Tochter, die er nun (ironisch?) „die Braut des Völundr" nennt, nicht zu töten, und verschwindet. Das Gedicht endet mit einer peinlichen Begegnung zwischen Vater und Tochter:

„Ist es wahr, was Völundr mir gesagt hat, daß du und er auf der Insel zusammen gewesen seid?"

„Es ist wahr, daß wir zusammen waren – ich habe nicht gewußt, wie ich mich gegen ihn wehren sollte, ich konnte mich nicht wehren!"

Das altenglische Gedicht *Deor* gibt die Nachwirkungen dieses Ereignisses auf Böðvildr, hier Beadohild genannt, wieder, und zwar mit erstaunlichem Einfühlungsvermögen in den Schmerz und die Hilflosigkeit der Frau, nachdem sie sich ihrer hoffnungslosen Lage bewußt wird:

Für Beadohild war der Tod ihrer Brüder
nicht so schmerzhaft wie ihre eigene Lage,
als sie sich ihrer Schwangerschaft
bewußt wurde. Niemals konnte sie entschlossen
nachdenken, was daraus werden wird,
das ist vergangen, so mag auch dieses vergehen!

(*Deor*, 2)

Nicht alles endete für Böðvildr so unglücklich. In der *þiðreks Saga* aus dem späten 13. Jahrhundert kehrt Völundr (Vélent) zurück und heiratet sie, nachdem er Níoúor hingerichtet hat. Der Großteil dieser Saga thematisiert die heldenhaften Abenteuer ihres erwachsenen Sohnes.

Im *Völundarkviða* verschmelzen zwei Arten von Erzählungen: Die Schwanenmädchen gehören dem Märchen an, während die heroische Legende der Rache in Skandinavien und England verbreitet ist. Die Episode der Schwanenmädchen ist mit dem Motiv der Rache dadurch verknüpft, daß der für das Schwanenmädchen geschmiedete Ring zum Untergang der Böðvildr führt, und auch durch die Motive der Gefangennahme und des Kampfes. Die Schwanenehefrau fühlt sich, obwohl sie offensichtlich freiwillig mit Völundr lebt, im Haushalt gefangen; sie fliegt über die dunklen Wälder südwärts davon und läßt ihren Mann in Kummer zurück. Völundr selbst flieht aus seiner Gefangenschaft und läßt seine neue „Braut" in Tränen zurück. Der verbindende Ring wurde in einer psychoanalytischen Interpretation mit Völundrs

Abb. 12: Dieses Kästchen aus Walfischknochen stammt aus dem 8. Jh. Die Schnitzerei stellt vermutlich die Geschichte von Völundr dar, der auf der linken Seite an seinem Amboß steht. Völundr reicht Böðvildr gerade das Bier, das sie betrunken macht, während unter dem Amboß, zu seinen Füßen, die Reste der beiden Brüder von Böðvildr zu sehen sind.

Trustees of the British Museum, London

Schwert in Verbindung gebracht (obwohl dieses in der Geschichte eine geringe Rolle spielt), aber es liegt näher, den Ring als Symbol für Ehe zu deuten, die zerbricht, als der Ring zerspringt, und die dann – durch die sexuelle Vereinigung von Völundr und Böðvildr – wieder hergestellt wird (Burson 1983; Grimstad 1983).

Gunnlöð und der Honigwein der Dichtung

Gunnlöð, die Tochter des Riesen Suttungr, bewacht den Honigwein der Dichtung. Wer ihn schlürft, gewinnt dichterische Kraft. Óðinn begehrt den Honigwein und denkt sich eine Strategie aus, um ihn zu besitzen. Er verkleidet sich und besucht den Saal des Riesen, wo Gunnlöð ihm den Wein anbietet. Óðinn schläft mit ihr drei Nächte lang und verschafft sich Zugang zu den Fässern, in denen der Wein gelagert wird. Er trinkt alle drei Fässer aus, entflieht, anscheinend mit Hilfe der Gunnlöð, aus dem Saal des Riesen und gelangt in Vogelgestalt nach Ásgarðr. Suttungr verfolgt ihn in Adlergestalt und erwischt ihn beinahe. Andere Götter sehen Óðinn in Gefahr und entzünden ein Feuer um die Schutzmauer, sodaß Óðinn in Sicherheit landet, aber Suttungr verbrennt.

Und was wird aus Gunnlöð? Óðinn gesteht schadenfroh, er habe sie ausgenützt und zum Weinen gebracht. Sie habe das Vertrauen ihres Vaters mißbraucht und wurde dann selbst mißbraucht. Als Archetyp eines verführten Mädchens wird sie, im Unterschied zu Rinda und Böðvildr, nicht einmal mit der Mutterschaft beglückt. Im Gegensatz zur Frau des Billingr kann sie dem Gott nicht widerstehen (*Poetische Edda: Hávamál*, 104-110; *Skáldskaparmál*, Kap. 4-6).

Vor kurzem ist die Geschichte der Gunnlöð in einem Roman verarbeitet worden: in *Gunnlaðarsaga* von der bedeutenden isländischen feministischen Dichterin und Politikerin Sváva Jakobsdóttir. Das isländische Mädchen Dís (ein bedeutungsvoller Name, vgl. III.) wird bei einem Besuch des Nationalmuseums in Kopenhagen durch einen ausgestellten Goldbecher und einen Spiegel in den Mythos aus dem Bronzezeitalter zurückversetzt (Abb. 13 zeigt die Göttin auf dem Gundestrupkessel). Dís verwandelt sich in Gunnlöð, die Priesterin, die den König weiht. Óðinn, ein Kandidat für das Königsamt, muß Honigwein aus dem heiligen Becher trinken und mit Gunnlöð schlafen, um die Allmacht über sein Reich zu erhalten. Aber Gunnlöð wacht auf und entdeckt, daß er und der Becher verschwunden sind. Der Diebstahl des Óðinn kennzeichnet das Ende des Kultes der Göttin – Mutter, Erde, Spenderin des Lebens und des Todes – und den Anfang des Óðinn-Kultes, des Krieges, der Machtgier und der neuen, widernatürlichen Technologien des Eisenzeitalters. Der Becher muß von den Frauen zurückgewonnen werden, sollen die schädlichen Wirkungen der Macht des Óðinn – gemeint ist damit die moderne Welt samt ihren Auswüchsen wie Tschernobyl – je aufgehoben werden. Dís wird verhaftet, als sie versucht, den Becher aus dem Museum zu stehlen. Ihre Mutter fliegt nach Kopenhagen, um zu erfahren, was vorgefallen ist; und als Dís ihre Geschichte erzählt, werden die Mutter wie auch die LeserInnen von der Erzählung der Erlebnisse der Dís gefesselt, von der heiligen Stätte der Göttin bis in das heutige Kopenhagen. *Gunnlaðarsaga* ist in Island ein Bestseller geworden.

4. Heirat: Skaði und Njörðr

Skaðis Heirat

Die Riesin Skaði kommt nach Ásgarðr und verlangt nach Entschädigung für den Tod ihres Vaters Þiazi (vgl. II.1.). Die Götter versprechen, daß einer von ihnen sie heira-

Abb. 13: Göttin auf dem Gundestrupkessel, mit Dienerinnen, die ihr Haar richten
Nationalmuseum Kopenhagen

ten werde. Skaði willigt sofort ein, denn sie hofft Baldr, den klügsten und schönsten unter den Göttern, für sich zu gewinnen. Aber die Götter stellen eine Bedingung: Die potentiellen Ehemänner verstecken sich hinter einem Tuch, und nur ihre Füße werden zu sehen sein. Skaði erklärt sich einverstanden und wählt die hellsten und am besten geformten Füße aus, die sie für die des Baldr hält. Tatsächlich aber sind es die Füße von Njörðr, dem Meeresgott. Skaði ist enttäuscht. Sie will sich mit den Asen nur versöhnen, wenn sie sie zum Lachen bringen. Loki bindet eine Ziege an seine Hoden; er zieht nach der einen Seite, die Ziege nach der anderen, beide laut schreiend, und Skaði findet dies unwiderstehlich lustig. Trotz des unglücklichen Anfangs findet die Hochzeit statt. Die Ehe ist aber unvermeidlich zum Scheitern verurteilt. Skaði wohnt in den Bergen, wo sie Ski fährt und jagt. Aber Njörðr kann das Wolfsgeheul nicht ertragen und Skaði nicht das Möwengeschrei im Palast des Njörðr, der am Strand liegt:

Ich konnte im Bett am Meer
nicht schlafen wegen des Lärmes
der Vögel; sie weckte mich
auf, als sie vom Meer kam
jeden Morgen: die Möwe.

Die Unverträglichkeit des Ehepaares spiegelt sich in der Feindseligkeit gegenüber den vom jeweils anderen Partner geliebten Tierstimmen wider. Skaði kehrt für immer in die Berge zurück, in das Haus des Vaters, wo sie als Himmelsgottheit verehrt wird (*Skáldskaparmál*, Kap. 3, 212-214; *Gylfaginning*, Kap. 23).

Keine Schande haftet an Skaði; die Scheidung war nach dem skandinavischen Gesetz relativ einfach – eine einfache Absichtserklärung genügte –, und die Frau hatte das Recht, ihre Mitgift zurückzuverlangen. Üblicherweise kehrte sie in ihren väterlichen Haushalt zurück, von dort aus konnte sie wieder heiraten. Eine geschiedene Frau, wie auch eine Witwe, scheint mehr Einfluß auf die Wahl ihres zukünftigen Bräutigams gehabt zu haben als eine Frau, die sich erstmals vermählte. Im *Lokasenna* behauptet Loki, ihr Liebhaber gewesen zu sein – eine schändliche Anschuldigung angesichts des Tatbestandes, daß er in die Tötung ihres Vaters verwickelt war.

In *Heimskringla* (*Ynglinga Saga*, Kap. 8) erzählt Snorri, daß Skaði von Njörðr an Óðinn weitergegeben wurde, und sie gebar ihm viele Söhne. Dies wird sonst nirgends erwähnt, aber Snorri zitiert den unbekannten Vers *skáldaspillir* von Eyvindr, einem Dichter aus dem späten 10. Jahrhundert. Er erwähnt, daß Skaði mit „dem Freund freigebiger Männer", sehr wahrscheinlich Óðinn, viele Kinder zeugte. Judith Jesch ist der Ansicht, daß Skaði wegen ihres aktiven und kriegerischen Charakters nicht in die Welt der Asen assimiliert werden konnte: „Obwohl eine kleinere Gestalt in Snorris *Edda*, sticht sie als eine der interessantesten Figuren, als eine sonderbare Frau unter den Göttinnen hervor" (Jesch 1991, S. 139). Vielleicht merkte auch Snorri diesen Unterschied und versuchte sie durch ihre Heirat mit Óðinn dem Universum der Asen einzuverleiben, mittels eines Gottes, dem ein weiteres Liebesverhältnis nicht viel ausmachen konnte.

5. Mutterschaft

Frigg und der Verlust des Baldr

Baldr, der Sohn der Frigg und des Óðinn, der schönste und gütigste unter den Göttern, erzählt eines Tages, daß er von Alpträumen und Lebensangst geplagt werde. So reitet Óðinn mit seinem achtbeinigen Pferd nach Niflheim, der Welt des Todes, zum Saal der Hel, wo er Folgendes erfährt: Im Saal der Hel ist für Baldr der Honigwein bereits ausgeschenkt worden; Höðr, der Bruder des Baldr, wird für seinen Tod verantwortlich sein; und Óðinn wird mit Rindr Váli zeugen, um den Tod des Baldr zu rächen (vgl. II.3.). Inzwischen hat Frigg einen Plan entworfen: Sie wird die ganze Schöpfung, die beseelte wie unbeseelte, aufsuchen und jedes einzelne Wesen schwören lassen, daß es Baldr keinesfalls Schaden zufügen werde: „Feuer, Wasser, Eisen und jede Art Metall, Steine, Erde, Holz, Krankheit, Tiere, Vögel, Gifte und Schlangen", alle versprechen ihr dies. Die Göttergesellschaft entdeckt ein neues Spiel – sie bewerfen Baldr mit allem möglichen, alles prallt zurück, und er bleibt unverletzt.

Frigg glaubt, der Sohn sei außer Gefahr. Loki, der trügerische Gott, besucht sie in weiblicher Gestalt und tratscht mit ihr: Er schmeichelt ihr, und sie erwähnt selbstgefällig nebenbei, nur die Mistel habe nicht geschworen, „denn sie schien zu jung, um einen Eid abzulegen".

Der Besucher verschwindet geschwind. Loki drückt einen Pfeil aus Misteln in die Hände des blinden Gottes Höðr, der das Spiel nicht hat mitmachen können. Loki hilft ihm auch dabei, zu zielen; der Mistelpfeil trifft Baldr, und er stirbt. Großer Kummer befällt die Asen. Óðinn trifft der Schlag am schlimmsten, denn er weiß, daß der Tod des Baldr das erste Zeichen für die bevorstehenden Ragnarök ist. Frigg übernimmt die Regie und will einen Boten zu Hel schicken, um herauszufinden, wie Baldr zurückzuholen sei. Hermóðr (eine unbekannte Gestalt, wenn diese nicht mit der aus dem altenglischen Gedicht *Beowulf* identisch ist) meldet sich freiwillig und bringt die Nachricht, daß Baldr zurückkehren kann, wenn die ganze Schöpfung um ihn weint. Nochmals wird jedes Wesen angesprochen – daher weinen z.B. die Metalle (d.h., Wasser kondensiert auf ihnen in Tropfenform). Die ganze Schöpfung weint um Baldr, ausgenommen eine alte Riesin namens Þökk, die in einer Höhle sitzt. Es ist Loki in Verkleidung. Sie sagt:

Þökk wird weinen
mit trockenen Tränen
Baldrs Reise zum Scheiterhaufen wegen;
lebendig oder tot,
mich erfreut kein Menschensohn:
Hel soll behalten, was sie hat.

Baldr kann erst nach den Ragnarök zurückkehren, als die neue Weltordnung in Sicht ist (*Gylfaginning*, Kap. 49).

Einzig diese Mythe thematisiert die Mutterschaft. Wir können Óðinns Reise zu Hel, seinem Streben, die Wahrheit zu erfahren – charakteristisch für den Gott des Wissens –, die praktischen Maßnahmen entgegenstellen, die Frigg für die Sicherheit ihres Sohnes ergreift. Im Glauben, er sei außer Gefahr, kann sie kaum widerstehen, vor einer harmlosen Alten zu prahlen, die ihren Plan bewundert, und die fatale Ausnahme der Mistel wird bloßgelegt. Nach dem Tod des Baldr wird der Kummer der Frigg heruntergespielt und das Entsetzen des Óðinn über die Unvermeidlichkeit der Ragnarök betont. Dem Boten, der die Reise zu Hel wagt, verspricht Frigg „ihre ganze Liebe und Gunst" – eine weitere praktische Maßnahme. Die Riesin, die das Weinen ablehnt, wird als Loki identifiziert; wie sie ihre Ablehnung formuliert, ist bemerkenswert. Die Alte kann nur trockene Tränen vergießen, denn ihr sexuelles Leben ist vorbei, sie hat keine Körperflüssigkeiten mehr. Alle lieben Baldr; Skaði will ihn, wie oben berichtet, zum Mann. Da die Alte kein sexuelles Interesse an ihm hat, liefert sie ihn Hel, der Tochter des Loki aus, die halb lebendige Frau und halb Leichnam ist.

6. Die beschuldigten Göttinnen – Das *Lokasenna*

Aus dem eddischen Gedicht *Lokasenna*, was soviel wie „Toben des Loki" bedeutet, erfahren wir vieles – größtenteils Entehrendes – über die altnordischen Göttinnen. Die Göttinnen und die Götter versammeln sich im Hause des Meeresgottes Ægir zu einem Fest. þórr fehlt; er ist nach Osten gefahren, um einen Riesen zu töten. Loki ist des Festes verwiesen, weil er einen der Bediensteten getötet hat, er kehrt jedoch zurück und beleidigt jeden Gast, indem er dessen kleine Sünden und Vergehen aufzählt. Den Göttinnen wird, wie zu erwarten ist, sexuelles Fehlverhalten vorgehalten. Iðunn wird nachgesagt, daß sie mit dem Totschläger ihres Bruders geschlafen habe; Gefjon soll sich des Schmuckes wegen prostituiert haben; Frigg habe ihren Mann mit seinen zwei Brüdern betrogen; Freyja sei eine Hexe und die Geliebte eines jeden am Fest anwesenden Gastes, ihren Bruder mit inbegriffen. Dermaßen ertappt, schämt sich Freyja so sehr, daß sie furzt. Týrs Frau (deren Name nicht genannt wird) soll Loki ein Kind geboren haben; Skaði habe Loki in ihr Bett eingeladen; er habe auch mit Sif, der Ehefrau des þórr, geschlafen. Beyla, eine kleinere Gottheit, wahrscheinlich eine Verkörperung des für das Brauen verwendeten Malzes, kommt mit einer kleineren Anschuldigung davon, nämlich daß sie schmutzig sei. Schließlich kehrt þórr zurück und bringt mit humoristischem Toben Loki zum Schweigen.

Den Göttinnen werden nicht ihre sexuellen Aktivitäten an sich vorgeworfen, sondern Geschlechtsverkehr mit ungeeigneten Männern – mit einem Bruder, einem Totschläger des Bruders, mit Schwägern oder mit Loki selbst, dem Feind der Götter. Loki bringt auch alte Geschichten zur Sprache, die die Göttinnen lieber vergessen würden: Er erinnert Frigg daran, inwiefern er den Tod ihres Sohnes Baldr zu verantworten habe, und Skaði an seine Beteiligung an der Tötung ihres Vaters.

Nicht alles, was wir im *Lokasenna* über die Göttinnen erfahren, ist so negativ. Während Loki einen Gast ausschilt, verteidigt ihn ein anderer; dabei lenkt er aber Lokis Aufmerksamkeit auf sich und wird zum nächsten Opfer seiner Verleumdungen. Die VerteidigerInnen bestreiten die Anschuldigungen des Loki nur selten; sie entlasten das Opfer eher dadurch, daß sie dessen positive Charakterzüge betonen. „Verfeinde dich mit Gefjon nicht", warnt Óðinn, „denn sie sieht wie ich eines jeden Schicksal voraus." Freyja verteidigt Frigg auf ähnliche Weise: „Sie kennt ein jedes Verhängnis, obgleich sie dies nicht offenbart."

Einige dieser Anschuldigungen sind durchaus gerechtfertigt: Gefjon habe, berichtet Snorri, mit König Gylfi geschlafen, um die Insel Seeland zu bekommen; Freyja habe die zweifelhafte weibliche Magie *seiðr* in die Götterwelt eingeführt (vgl. I.); und Frigg habe während Óðinns Abwesenheit mit dessen Brüdern, Vili und Vé, geschlafen. Loki spricht von den Göttinnen, als ob sie menschlich wären, und das Publikum wird dazu verleitet, sie nach den Kriterien der menschlichen Moral zu beurteilen. Freyja wird wahlloser Geschlechtsbeziehungen beschuldigt, obwohl sie als

Fruchtbarkeitsgöttin logischerweise berechtigt ist, mit ihrer Gunst verschwenderisch umzugehen. Inzest, zwar ein Tabu in der Menschengesellschaft, macht jedoch einen archaischen Wesenszug der Vanen aus, durch den diese sich von den Asen unterscheiden, denn Freyja und ihr Bruder selbst sind aus einer Bruder-Schwester-Vereinigung hervorgegangen. Es ist zu vermerken, daß Loki die Wahrheit verzerrt und ein Verhalten, das im Falle von Göttern und Göttinnen durchaus gerechtfertigt erscheint, als obszön hinstellt.

Hat das *Lokasenna* die Absicht, die verrufenen Praktiken des heidnischen Pantheons aus christlicher Sicht lächerlich zu machen? Oder war das Gedicht für einen heidnischen Dichter von ernstlicher Bedeutung? Es kann als eine – nicht unbedingt christliche – Anklage gegen die Entsittlichung der Götter und Göttinnen und als Bloßlegung ihrer moralischen Unglaubwürdigkeit angesehen werden, sodaß die Ragnarök, das dramatische Ende der Welt, eher als eine Reinigung und Erneuerung und nicht als totale Katastrophe aufzufassen sind. Wurde die Verspottung der Götter und Göttinnen als ein Teil ihrer Verehrung gebilligt, wie etwa die mittelalterliche Kirche das Narrenfest gebilligt hat? Oder machte ihre Unmoral den AnbeterInnen nichts aus, und strich etwa ihre Weigerung, sich der menschlichen Moral anzupassen, gerade ihre Besonderheit und Macht heraus?

7. Der Krieger, der vernichtet wird, und die Heldin, die überlebt: Brynhildr und Guðrún Gjúkadóttir

Die Geschichten von den bekanntesten germanischen Heldinnen, Brynhildr und Guðrún, liegen in zahlreichen Versionen vor: von der *Poetischen Edda* über die *Völsunga Saga*, die altnordische Prosa aus dem 13. Jahrhundert und das *Nibelungenlied* bis hin zu Wagners *Der Ring des Nibelungen*. Brynhildr ist auch als Brünhild bekannt, und Guðrún kommt in deutschen Quellen als Kriemhilt vor. Im folgenden verwende ich altnordische Namen und als Hauptquelle die *Völsunga Saga*, die durch die *Poetische Edda* ergänzt wird.

Der Held Sigurðr hat den Tod seines Vaters Sigmundr gerächt und den Drachen Fáfnir und den Zwerg Reginn, seinen Ziehvater, getötet. Bevor er aus seiner sagenumwobenen Kindheit herauswächst und in den historischen Gjúkungar-Hof eintritt, begegnet er der Walküre, Sigrdrífa. Óðinn hat sie dazu verurteilt, hinter einem Festungswall zu schlafen, weil sie dem falschen König zum Sieg verholfen hat. Sigurðr weckt Sigrdrífa aus dem Schlaf und erhält von ihr einen weisen Rat. An dieser Stelle weist das *Edda*-Manuskript eine Lücke auf; als sich der Gedichtzyklus wieder fortsetzt, befinden wir uns mitten in der Tragödie des Sigurðr und der Guðrún. Die *Völsunga Saga* erzählt von der Walküre Brynhildr, daß sie und Sigurðr sich entschließen zu heiraten. Dann reitet Sigurðr fort und erscheint bald im Hause des Ziehvaters der Brynhildr, Heimir. Brynhildr ist zurückgekehrt und wohnt in einem hohen Turm.

Sigurðr ist neugierig auf die Turmbewohnerin; es wird ihm erzählt, Brynhildr sei eine grimmige Schlachtenjungfrau und interessiere sich nicht für Männer. Er stattet ihr einen Besuch ab und wird freundlich empfangen; Brynhildr prophezeit, daß sie einander niemals heiraten werden. Unerklärlicherweise gibt der Text zu verstehen, daß sie sich an ihre Begegnung auf dem Berg nicht erinnern (*Völsunga Saga*, Kap. 13-25).

Währenddessen träumt Guðrún auf dem Hof ihres Vaters Gjúki von einem Falken, den sie auf ihrer Hand sitzen läßt. Frauen deuten ihr den Traum so, daß sie eine großartige Heirat haben werde. Sigurðr erscheint auf dem Hof des Gjúki. Grimhildr, die Mutter der Guðrún, reicht ihm ein Horn voll betäubenden Honigweins, sodaß er sich an Brynhildr nicht mehr erinnert, und er stimmt einer Heirat mit Guðrún zu. Grimhildr ermutigt Guðrúns Bruder Gunnarr, Brynhildr zu gewinnen, woraufhin er sich zusammen mit Sigurðr und seinem Bruder Högni auf den Weg macht, um sie zu umwerben. Sie sitzt in ihrem Saal, umgeben von Flammen, und hat geschworen, nur den Mann zu heiraten, der die Flammen durchqueren kann. Sigurðr und Gunnarr tauschen ihre Erscheinung und Sigurðr gelingt es, die Flammen zu durchqueren. Brynhildr ist mißtraurisch, denn sie hält nur Sigurðr für fähig, diese Tat zu vollbringen. Sie billigt jedoch den Bräutigam; sie schläft mit Sigurðr drei Nächte lang im selben Bett, mit einem gezogenen Schwert zwischen sich und ihm. Zum Hochzeitsfest von Gunnarr und Brynhildr erinnert sich Sigurðr plötzlich an sein Versprechen, Brynhildr zu heiraten, aber er spricht dies nicht aus (*Völsunga Saga*, Kap. 26-29).

Eines Tages, als Brynhildr und Guðrún im Rhein baden, streiten sie darüber, wessen Mann der überlegene ist. Guðrún legt die eigentliche Identität dessen offen, der die Flammen durchquert hat, und zeigt als Beweis den Ring, Andvaranaut, den Sigurðr von Brynhildr erhalten hat, als sie das Schlaflager teilten. Der Streit spitzt sich zu, und Gunnarr muß den Betrug zugeben. Brynhildr will ihn töten, wird aber von seinem Bruder Högni daran gehindert. Voller Wut schließt sie sich ein, weigert sich, Wein zu trinken und Gunnarr zu sehen, und schmiedet Rachepläne. Guðrún ist erschrocken über die Folgen ihrer Enthüllung, sie schickt Sigurðr zu ihr, um sie zu beschwichtigen. Brynhildr wirft ihm Verrat vor. Er erklärt die Umstände und versucht sie zur Vernunft zu bringen. Brynhildr will aber nichts einsehen; Sigurðr bietet nun an, Guðrún zu verlassen und sie zu heiraten, Brynhildr lehnt auch dies ab: „Ich will zwei Könige am gleichen Hof nicht", sagt sie, „ich will weder dich noch einen anderen Mann." Sigurðr ist so berührt, daß sein Kettenhemd birst, aber die Situation bleibt ausweglos. Brynhildr verlangt, daß Gunnarr Sigurðr und seinen Sohn tötet, ansonsten werde sie ihn verlassen. Einerseits will Gunnarr Brynhildr nicht verlieren, andererseits sind aber er und sein Bruder Högni Sigurðr eidgebunden. Ihr jüngster Bruder Guttormr ist jedoch nicht vereidigt; aufgehetzt von seinen älteren Brüdern tötet er Sigurðr in seinem Bett. Guðrun erwacht, von seinem Blut überströmt; sie heult, während Brynhildr höhnisch lacht, als sie ihr Wehklagen hört. Bald darauf beweint aber auch sie den Verlust des Sigurðr: „Und niemand kann verstehen, warum sie lachend das verlangt hat, was sie weinend beklagt." Brynhildr erdolcht sich selbst und wünscht sich, zusammen mit Sigurðr auf dem gleichen Scheiterhaufen mit einem Schwert zwischen sich und ihm (wie sie einst die drei Nächte als Mann und Frau verbrachten) verbrannt zu werden (*Völsunga Saga,* Kap. 30-33).

Die *Poetische Edda* setzt an der Stelle fort, wo Brynhildr Gunnarr gegen Sigurðr aufhetzt *(Brot af Sigurðarkviða).* In dieser Version wird Sigurðr auf der Jagd getötet, aber der Verfasser des Manuskriptes vermerkt, daß verschiedene Versionen dieser Geschichte existieren. Und in den späteren eddischen Gedichten, in denen Guðrún auf ihr Leben zurückblickt und ihr Unglück betrauert, erinnert sie sich, daß Sigurðr in ihrem Bett erschlagen worden ist.

Nach dem Tod der Brynhildr greift ihr Bruder Atli den Hof Gjúkungar an und wird erst durch die Heirat mit Guðrún beschwichtigt. Guðrún ihrerseits ist nicht zu trösten, bekommt aber einen Trunk, der Vergessenheit bringt, woraufhin sie in die Heirat einwilligt. Später schmiedet Atli ein Komplott, um den nach Sigurðrs Tod an Gunnarr und Högni vererbten Schatz des Fáfnir zu erlangen, und lädt die Brüder zu sich. Die Schwester weist sie auf den bevorstehenden Verrat hin, sie nehmen jedoch die Einladung als Herausforderung an und kommen an den Hof des Atli. Sie werden überwältigt und getötet, ohne daß sie das Versteck des Schatzes preisgeben. Guðrún rächt ihren Tod blutig: Sie schlachtet ihre zwei Söhne hin, die sie Atli geboren hat, und bereitet aus ihnen Leckerbissen, die sie den hunnischen Kriegern und Atli selbst zum Bier anbietet. Sie verrät, woher das Essen stammt, tötet Atli und zündet den Saal an *(Völsunga Saga, Kap. 34-36; Atlakviða: Atlamál).*

Daraufhin stürzt sie sich ins Meer, wird aber an den Strand des Königs Ionákr gespült; sie heiratet den König und gebiert ihm zwei Söhne. Svanhildr, ihre und Sigurðrs Tochter, wächst am Hof auf und heiratet König Iörmunrekkr. Bikki, der boshafte Berater des Iörmunrekkr, erzählt dem König, daß dessen Sohn Randvér plane, Svanhildr zu verführen. Im Zorn läßt der König den eigenen Sohn erhängen und Svanhildr von Pferden zu Tode trampeln. Guðrún spornt nun ihre zwei Söhne an, Iörmunrekkr anzugreifen und ihre Tochter zu rächen. Ihre Söhne Hamðir und Sörli sehen die Aussichtslosigkeit des Unterfangens ein, jedoch gelingt es ihnen fast, ihren einstigen Schwager zu erschlagen. Guðrún ist allein zu Hause zurückgeblieben, sie klagt um ihre drei Ehemänner, ihre verstorbenen Brüder, Söhne und um die Tochter, „den Sonnenstrahl in meinem Saal". Über den Tod der Guðrún wird nichts berichtet; sie ist erstarrt in ihrem Kummer und zählt ihre Verluste auf, als ihre letzten Söhne in den Untergang reiten *(Völsunga Saga, Kap. 41-44; Poetische Edda: Hamoismaál).*

Die Gestalten von Brynhildr und Guðrún stehen im Mittelpunkt der Völsungen/ Nibelungen. Guðrún ist das Verbindungsglied in diesem Erzählzyklus, der mit der Geschichte von Sigurðr anfängt und mit seinem letzten Nachkommen, Svanhildr, zu Ende geht. Brynhildr steht in Verbindung mit der grimmigen Walküre bzw. der Schlachtenjungfrau, die der Heirat feindselig gegenübersteht. In tiefer Selbstüberzeugung schwört sie, nur den mutigsten Mann der Welt zu heiraten, einen Mann, der die Flammen um ihren Saal durchschreiten kann. Als sie verraten wird und ihre Wünsche vereitelt sieht, fördert sie ihre Liebe und ihren Haß für Sigurðr in einem bezwingenden emotionellen Höhepunkt zutage. Sigurðr muß zerstört werden, denn der gebrochene Schwur gefährdet ihre Ehre. Möglicherweise beging sie in den frühesten altnordischen Versionen keinen Selbstmord, sondern lebte, über ihre Feinde triumphierend, weiter.

Diese Überlieferung steht in Zusammenhang mit einem Versroman, in dem Brynhildr zum zweifachen Opfer wird: Ihre Verlobung gerät in Vergessenheit, und sie wird von Sigurðr betrogen. In der Enthüllungsepisode erscheint Sigurðr zunächst als hinterlistiger, abenteuerlustiger Ehemann und dann als ein verwirrter Mann, der um Versöhnung bemüht ist. Er kann aber Brynhildrs Willen nicht brechen, der sich schließlich durch einen „Liebestod", der Verbrennung auf dem gleichen Scheiterhaufen, erfüllt. Brynhildr erscheint als „vor-patriarchale" Frau (vgl. IV.), eine Frau, die in der patriarchalen, quasihistorischen Welt des Gjúkungar-Hofes nicht überleben kann.

In ihrer kurzen Ehe verwandelt sich Guðrún von einem sorglosen Mädchen in eine spitzzüngige Xanthippe. Dieser Wandel wird in der *Völsunga Saga* darauf zurückgeführt, daß ihr Sigurðr einen Teil von Fáfnirs Herzen zu essen gibt, „und dann wurde sie viel grimmiger als zuvor, und auch weiser" (*Völsunga Saga,* Kap. 28). Im *Nibelungenlied* verwandelt sie sich in die monströse, intrigierende Kriemhilt, die Etzel (Atli) dazu benutzt, ihre Brüder zu überlisten und damit den Tod des Siegfried zu rächen. Der altnordische Text stellt die Loyalitätsverhältnisse anders dar: Guðrún opfert den Ehemann und die Söhne der brüderlichen Ehre zuliebe. Nach dem Tod der Brynhildr dominiert Guðrún die Geschichte mit ihrer Entschlossenheit und Kraft zum Überleben. Ihr Charakter hat auch die Verfasser der isländischen Sagas gefesselt. In der *Gísla Saga* verkehrt Gísli die Sachlage: Seine Schwester, die ihn des Mordes an ihrem Mann anklagt, habe weder das Temperament noch die Loyalität für ihren Klan wie Guðrún Gjúkadóttir, schreibt er. Der Stoff der *Völsunga Saga* ist offensichtlich Vorbild für das Liebesdreieck in der *Laxdœla Saga*: das Dreieck zwischen Guðrún Ósvífrsdóttir, Kjartan, ihrem Geliebten, dessen Tod sie herbeiführt, und Bolli, den sie heiratet.

III. Andere weibliche Wesen

Riesinnen

Als die ältesten Wesen haben die RiesInnen Vorrang vor den Göttern und Göttinnen. Nachdem das Universum aus dem Körper des Ymir, des Ur-Riesen, erschaffen worden ist, werden die RiesInnen nach Jötunheimar (Land der RiesInnen) versetzt, abseits des Lebensraumes der Menschen und der Götter/Göttinnen. Die FrostriesInnen leben im vereisten Norden und die FeuerriesInnen im Süden, woher sie zu den Ragnarök vordringen werden, um die Erde zu vernichten. Die RiesInnen werden mehrdeutig geschildert: Obwohl sie das von den Göttern/Göttinnen verachtete „Andere" darstellen – sie versuchen wiederholt, Freyja zu stehlen –, besitzen sie das Wissen und die Weisheit, welche die Götter/Göttinnen heiß begehren.

Die Riesinnen haben widersprüchliche Eigenschaften. Sie können Schönheit ausstrahlen, sodaß die Götter sie, wie im Falle von Gerðr, zur Mätresse oder Ehefrau gewinnen wollen; andere pflegen mit den Göttern Liebesaffären. Die andere Art von Riesinnen, wie etwa Skaði, ist mit Wölfen befreundet und bewohnt Berge; sie ist kaum zu unterscheiden von einem weiblichen Oger oder Kobold. Den Göttern gegenüber ist diese Art feindlich: Die Töchter des Riesen Geirrøðr versuchen, þórr auf seiner Reise zum Haus seines Vaters in Strömen von Urin und Menstruationsblut zu ertränken (*Skáldskaparmál*, Kap. 27).

Die weiblichen Oger

Von einem weiblichen Kobold kaum zu unterscheiden, können die weiblichen Oger einen von Schlangen umgebenen Wolf reiten, und sie erfreuen sich am Untergang der Krieger. Die weiblichen Kobolde sowie Oger stammen eher aus Volkserzählungen als aus den Heldensagen.

Die Nornen

Diese Schicksalsgöttinnen sind von den *fylgjur* zu unterscheiden, denn sie stehen nicht mit einem Individuum oder einer Familie in Verbindung: Urðr, die älteste Norne, hat einen Brunnen unter dem Baum Yggdrasill. Ihr Name wird von dem Verbum „werden" abgeleitet (verwandt mit lat. *vertere*, drehen, wenden). Dies ist ein Hinweis auf das Spinnen; in der Tat existiert im Altnordischen die Vorstellung, daß das Schicksal eines Individuums gewoben ist. Bei Snorri gibt es zwei weitere Hauptnornen, Verðandi und Skuld. Die Namen dieser drei können gleichgesetzt werden mit „Vergangenheit", „Gegenwart" und „Zukunft". Andere Nornenstämme sind bei der Geburt eines Kindes anwesend; sie stehen den Müttern während der Wehen bei und prophezeien das Schicksal des Kindes (*Gylfaginning*, Kap. 17).

dís (Pl. *dísir*)

Die *dísir* wurden für weibliche Fruchtbarkeitsgeister oder weibliche Ahnen gehalten, denen Opfer dargebracht wurden. Als die Geister der Toten werden sie assoziiert mit Hel und Freyja, die auf die Hälfte der Erschlagenen Anspruch hat – was vielleicht ihre Verbindung zur Fruchtbarkeit erklärt. Oft üben sie einen schädlichen Einfluß aus: In *Ynglingatal* (einem Gedicht bei Snorri über die frühen norwegischen Könige) spielen die *dísir* eine verdächtige Rolle im Zusammenhang mit dem Tod zahlreicher Könige des Yngling-Stammes, denn sie begehren die Könige als ihre Liebhaber. Eine häufige Vereinigung mit den weiblichen Ogern oder *fylgjur* hat tödliche Folgen. Freyja hat den Nebennamen Vanadís, Dís der Vanen, und Skaði ist bekannt als *öndurdís*, *dís* des Himmels.

fylgja (Pl. *fylgjur*)

Eine *fylgja*, manchmal als Tier und manchmal als weibliche Gestalt dargestellt, ist der Schutzgeist des Klans, obwohl ihr Erscheinen den Tod eines seiner Mitglieder bedeuten kann. In der *Víga-Glúms Saga* träumt Glúmr von einem weiblichen Monstrum, dessen Schultern die Ufer des Fjords berühren. Als er aufwacht, weiß er, daß sein norwegischer Großvater Vígfúss gestorben sein muß, denn die *fylgja* seines Klans ist zu ihm nach Island gekommen. In einer anderen Saga erscheint dem Sohn des Familienoberhauptes, als dieses im Sterben liegt, seine *fylgja* in einem Panzerhemd und bietet ihm ihre Begleitung an. Er weist sie ab, jedoch der zweite Sohn, der den Namen des Vaters trägt, empfängt sie.

Die *fylgjur* und die *dísir* können nicht immer voneinander abgegrenzt werden (s.o.); einige Sagen erwähnen übernatürliche Frauen, ohne jedoch näher auf sie einzugehen. In der *Gísla Saga* träumt die Hauptfigur von einer wohlwollenden „Traumfrau", die ihm nach dem Tod eine angenehme Existenz prophezeit, in der er mit seinen Verwandten in einem Saal speist und feiert, und sie bittet ihn dringend, den Armen und Bedürftigen gegenüber gütig zu sein. Eine böse „Traumfrau" quält Gísli mit Visionen von Blut und Zerstörung. In einer anderen Saga wird einem jungen Mann ein Zeichen gegeben, in einer bestimmten Nacht nicht fortzugehen; er wird jedoch in einen Bauernhof hineingezogen, wo neun schwarzgekleidete Reiterinnen über ihn herfallen. Eine Truppe von neun weißen Frauen kommt zu seiner Rettung, aber zu spät, und er stirbt an den Verletzungen (*þióranda þáttr ok þórhalls*, Kap. 3). Für den Wesenswandel der *fylgja* ist wahrscheinlich der christliche Einfluß verantwortlich: Die bevorstehende Bekehrung und den Verlust ihrer Macht ahnend, wird sie gefährlich und zum Sinnbild der heidnischen Gottlosigkeit. Die wohlwollenden Frauen schaffen es nicht, ihre zerstörerische Wirkung zu verhindern: Nur vollständige Ergebenheit gegenüber dem Christentum kann solche Kräfte besiegen. Die wohlwollende *fylgja* wird später dem christlichen Schutzengel angeglichen.

Walküren

Im Altenglischen werden sie gleichgesetzt mit einer Hexe, einem Raben oder, noch angemessener, mit Bellona, der römischen Kriegsgöttin. Wortwörtlich ist die Walküre eine, „die die Erschlagenen auswählt“, sie hat aber unterschiedliche Funktionen. Manchmal folgt sie den Befehlen des Óðinn, wählt den tapfersten Mann aus und schleppt ihn nach Walhall; gelegentlich darf sie selbst wählen, wer aus einer Schlacht siegreich hervorgehen wird und wer zu sterben hat. Gewisse Walküren wählen einen Menschen als ihren Günstling aus, fördern seine Geschicklichkeit im Kampf und heiraten ihn schließlich, können aber danach sein Schicksal nicht mehr bestimmen. Die Walküre, die den Befehlen des Óðinn nicht gehorcht, wie Sigrdrífa (Brynhildr), wird in Schlaf versetzt, umgeben von einem Ring magischen Feuers. Den Ring kann nur ein Held durchbrechen, und diesen muß sie auch heiraten. Die Heirat setzt der Walkürenexistenz ein Ende, daher gilt sie als Strafe für Ungehorsam. Eine Ausnahme hierzu sind die drei Schwanenmädchen aus der Geschichte des Völundr, die nach neunjähriger erzwungener Häuslichkeit ihre Freiheit wiedergewinnen und wegfliegen; dies ist möglich, denn ihre Walküreneigenschaften sind ihrer Schwanenidentität untergeordnet (vgl. II.3.).

Schlachtenjungfrauen

Mit der Walküre manchmal verschmolzen ist die Schlachtenjungfrau, eine Kriegerin, wie Brynhildr, Guðrún Gjúkadóttir in dem späten eddischen Gedicht *Atlamál* und zahlreiche Frauen bei Saxo. Alvild ist eine solche. Ihr Vater stellt sie in eine Zelle, bewacht von Giftschlangen, die ihr Werber Alf überwältigt. Alvild willigt in eine Heirat mit ihm fast ein, aber ihre Mutter tadelt sie dafür, daß sie auf seine Schönheit hereingefallen sei, ohne seinen Charakter und seine Tugend geprüft zu haben. Gedemütigt flieht Alvild mit gleichgesinnten Frauen und wird zu einer erfolgreichen Piratin. Schließlich greift ihre Flotte die von Alf an. Alvild wird besiegt, aber ihr Eroberer bevorzugt es, „sie nicht mit Waffen, sondern mit Küssen zu bekämpfen“. Alf gelingt es, ihr Frauenkleider anzuziehen, und bald gebiert sie ihm eine Tochter, woraufhin die Tage der Seefahrt für sie vorüber sind. Saxo berichtet etwas mißbilligend, solche Kriegerinnen seien einst in Dänemark nichts Ungewöhnliches gewesen, Frauen, „die lieber das Klirren der Waffen als eine Umarmung suchten, Waffen in den Händen hielten, die eher für das Weben geeignet wären, sie begehrten nicht das Bett, sondern das Schlachtopfer, und griffen diejenigen mit Lanzen an die sie mit ihren Blicken hätten besänftigen können“ (Saxo, I, S. 212f.).

IV. Frauen in der Geschichte und im Mythos: Aktuelle Fragen der Altnordistik

Die strukturelle Untersuchung der Geschichten von Brynhildr, Sigríðr in *stórráða* – einer quasihistorischen Figur aus den frühen norwegischen Geschichten – und von Guðrún Ósvífrsdóttir aus der *Laxdæla Saga*, durchgeführt von Anne Heinrichs, zeigt ein wiederkehrendes Motiv der „starken Frau" auf: Sie wird vom Bräutigam, den sie selbst als ihr gleichrangig ausgesucht hat, enttäuscht und betrogen, wird später konventionell, die Liebe mißachtend, verheiratet; sie benützt ihren Mann, um Rache an ihrem Betrüger zu verüben, der nun seinerseits betrogen wird; er wird getötet und seine Frau „psychisch ruiniert". Heinrichs argumentiert, daß die Saga von Brynhildr und Sigurðr einen Zusammenprall zwischen dem „Vor-Patriarchalen" und dem „Patriarchalen" darstellt. Das Patriarchat triumphiert und sorgt dafür, daß das Opfer seinen „gynokratischen Willen" besänftigt (Heinrichs 1988).

Dagegen könnte Einspruch erhoben werden: Die archäologischen Funde belegen zwar einen Kult der Göttinnen im Bronzezeitalter, aber aus der gleichen Periode stammen in Stein gemeißelte Darstellungen männlicher Krieger und Jagdkulte. Es ist unmöglich zu beweisen, daß diese Gesellschaft in irgendeiner Hinsicht matriarchal war. Eine altnordische vorgeschichtliche Periode vor dem voll entwickelten Patriarchat ist vorstellbar, aber die altnordische „starke Frau" kann eher als ein literarisches Konstrukt angesehen werden, ähnlich den griechischen Amazonen, die ebenfalls gezähmt oder getötet werden (Bamberger 1974). Der Widerstand gegen die patriarchale Autorität, für welchen die „starke Frau" steht, ist eine historische Konstante und stellt eher eine Reaktion auf die Unterdrückung der Frauen dar als den Versuch, zu einem früheren matriarchalen Zustand zurückzukehren. Ihre Gefährlichkeit wird, obgleich bewundert, von den männlichen Dichtern zum Zweck der Warnung übertrieben..

Die starke Frau ist von Männern unabhängig, obwohl sie nicht über sie herrscht – eine Unabhängigkeit, die ihren Ausdruck in einem „unweiblichen" militärischen Verhalten findet. Dies wird deutlich durch die Polarität zwischen Brynhildr und ihrer Schwester Bekkhildr, die das Sticken und andere weibliche Fertigkeiten dem Kampf vorzieht. Brynhildr wird in die Ehe gezwungen, zunächst auf Óðinns Befehl, damit sie ihre Walkürenexistenz nicht weiterführen kann; und dann durch ihren Vater, der ihre Verheiratung mit einem ihrer Freier beschließt, obwohl sie lieber eine militärische Fehde gegen diese geführt hätte. Sie darf Bedingungen stellen (sie will nur den Mann nehmen, der keine Furcht kennt und der die Flammen um sie durchschreiten kann), aber heiraten muß sie. Brynhildr schläft freiwillig mit Sigurðr und gebiert eine Tochter ohne die Einschränkungen einer formellen Heirat. Guðrúns Vorwürfe, daß

Sigurðr der *frumverr* der Brynhildr – ihr erster Liebhaber – gewesen sei, haben durchaus grobe und schmachvolle Untertöne, aber Brynhildr sieht keine Schande in der Beziehung, jedoch in dem darauffolgenden Betrug.

Charakteristisch ist auch ihre Isolation: Die *Völsunga Saga* versieht Brynhildr zwar mit einer Familie; dies ist aber ein späterer Zusatz, der für die Handlung eine geringe Rolle spielt. Die eigentliche Situation ist deutlich: Wie Gerðr in ihrem eigenen Saal, so lebt Brynhildr in dem Turm, wo Sigurðr sie erblickt, und ihr Saal wird von magischen Flammen bewacht, die ihr Werber zu überwinden hat. Nach der katastrophalen Enthüllung zieht sich Brynhildr in ihr Zimmer zurück, zerreißt auffälligerweise ihre Stickereien, das Sinnbild für Häuslichkeit, und liegt im Bett bzw. schläft, als wolle sie zu dem Zustand zurückkehren, als Sigurðr noch nicht in ihr Leben getreten war. Brynhildr werden auch Weisheit und prophetische Gaben zugeschrieben. Sie unterrichtet Sigurðr, und mehrmals in der Geschichte stellt sie ihre Fähigkeit zur Weissagung unter Beweis.

Ein weiterer Forschungsansatz besteht in der geschichtlichen Bestimmung der Stellung und der Rechte der Frauen anhand der Familiensagas, die im 10. Jahrhundert maßgeblich waren, auch wenn diese nicht unbedingt ein Werk der Dichtung waren. Verglichen mit *Sturlunga Saga*, fast ein Augenzeugenbericht aus dem 13. Jahrhundert, liegt der Schluß nahe – vorausgesetzt, Familiensagas vermitteln ein genaues Bild –, daß die Einführung des Christentums einen bedauerlichen moralischen Niedergang zur Folge hatte. Es herrschten illegitime Beziehungen, Polygamie und Konkubinat, und die Ehefrauen wurden verstoßen (Jochens 1986a; 1986b). Da dies unwahrscheinlich ist, wird gefolgert, daß die christlichen Autoren der Familiensagas bemüht waren, ihre Ahnen monogam und aufrichtig darzustellen und deren heidnische Sexualmoral den christlichen Idealen anzugleichen. Ein passendes Beispiel hierfür bietet die Zustimmung der Frau zu ihrer Heirat. In Island, wie auch im übrigen Westeuropa, hatte sich die Kirche dafür eingesetzt, die Zustimmung der Frau obligatorisch zu machen. Die Familiensagas zeigen nahezu ohne Ausnahme, daß die Ehe, der die Braut nicht zugestimmt hat, in einer Katastrophe endet: ein Motiv, das in den Ehen der Guðrún in der *Laxdœla Saga* und der Hallgerðr in der *Njáls Saga* verdeutlicht wird. Die üblichen Episoden aus den Sagas, in denen die Meinungen der Frauen bezüglich ihres zukünftigen Mannes angehört werden, erwecken den Eindruck, dies sei ein „natürlicher", ein alter und gesellschaftlich anerkannter Brauch gewesen – eine Art Propaganda für Vorstellungen, für die sich erst die Kirche eingesetzt hat (Frank 1973; Jochens 1986b).

Carol Clover hat neuerdings behauptet, daß die Gestalt der „starken Frau" in den Familiensagas die historischen Gegebenheiten genauer widerspiegelt, als bisher angenommen worden ist. In der frühen Periode in Island – als die Siedlungsform der einer Grenzlandgesellschaft entsprach – war der Mord an weiblichen Nachkommen weit verbreitet, sodaß ein Mangel an heiratsfähigen Frauen herrschte. Daher konnten

Frauen, obwohl sie auf der gesetzlichen Ebene benachteiligt waren, beträchtliche informelle Macht ausüben (Clover 1988).

V. Nachklassische Behandlung des Mythos

Die deutschen und skandinavischen Dichter der Romantik ebneten den Weg zur Wiederentdeckung des altnordischen Mythos. Grimms monumentale vierbändige *Deutsche Mythologie* erschien ab 1835, und im Einklang mit den nationalistischen Bewegungen des 19. Jahrhunderts verbreiteten sich die Übersetzungen der altnordischen Mythen und Sagen. Der bekannteste Ausdruck dieser kulturellen Entwicklung ist sicherlich Wagners *Der Ring des Nibelungen*. Er stützt sich auf die *Völsunga Saga* und das *Nibelungenlied* und adaptiert die *Prosa Edda* des Snorri für die Darstellung der Gottheiten und Walhalls. Die Wagnersche Behandlung des Sigurðr/Siegfried-Zyklus, eines Epos für die entstehende deutsche Nation, gab dem Mythos des Germanentums kräftigen Ausdruck.

In der Periode unmittelbar nach dem Ersten Weltkrieg arbeitete das erschütterte Deutschland in Abgrenzung zur jüdisch-christlichen Tradition einen Mythos rassischer Identität aus. Hierzu wurden Ethnologie und Mythos – von der *Germania* des Tacitus bis zu Snorris Berichten – (in einer unkritischen und ahistorischen Art) verwertet und eine Ersatzreligion aufgebaut, die sich auf Naturverehrung und Heroenkult stützte. In *Der Mythos des 20. Jahrhunderts* ergänzt Alfred Rosenberg das germanische Material durch das griechische und indische, um ein groß angelegtes „arisches" System herauszuarbeiten. Rosenberg hat, was nicht überrascht, über die Frauen wenig zu sagen, außer sie zur Monogamie zu ermahnen und dafür einzutreten, daß keiner Frau die Mutterschaft eines germanischen Kindes verweigert werde (Rosenberg 1933, S. 592-593) – Ansprüche, die zum Ungleichgewicht zwischen männlicher und weiblicher Bevölkerung nach dem Ersten Weltkrieg notwendigerweise in Widerspruch standen.

Rosenberg gibt einen Bericht über den Mythos von Freyja und dem Riesenbaumeister wieder: Freyja sei die Göttin der ewigen Jugend und Schönheit, und Loki, ein „Götterbastard", verrate die Götter an die Riesen, danach betrüge er diese. Auch der Gott der Gerechtigkeit, Óðinn, sei schuldig, denn er breche seine Schwüre: „In diesem Mythus ist tiefste, erst heute wieder erwachende Erkenntnis niedergelegt: der Bastard liefert bedenkenlos das Symbol rassischer Unsterblichkeit und der ewigen Jugend aus und stürzt auch die Edlen in Schuld." Die Erhaltung der Rasse liege in der Hand der Frau, proklamiert er: Bewahrten die Frauen die Rassenreinheit nicht und gebärten „einer Nation Neger- oder Judenbastarde", würde Deutschland unter einer „Schlammflut von ‚Niggerkunst'" und „jüdischer Bordell-Literatur" untergehen (Rosenberg 1933, S. 510-511). Die Ideen von Rosenberg, eine Pflichtlektüre in den Schulen während des Dritten Reiches, übten großen Einfluß aus.

Hitler selbst war von dem Kult der germanischen Götter, den Menschen wie Himmler wiederbeleben wollten, zugegebenermaßen nicht angetan. Aber die Sprache eines Rosenberg formte die deutsche Rhetorik und bot den Vorstellungen von deutscher Identität einen theoretischen Rahmen. Hitler als der Held, der die schlafende Walküre Deutschland erweckt, war ein beliebtes Propagandabild, das seine Wirkkraft einem alten Motiv zu verdanken hatte: das Land als die Braut des Königs, der herannahende Eroberer als Ehemann, der die Braut sexuell erregen und fruchtbar machen wird.

Andere Autoren suchten in den Sagen ein neues Modell für weibliches Verhalten, einen Gegenpart zum Heldenhaften. „Starke Frauen" – Signý, Brynhildr, Hallgerðr und BergÞóra aus der *Njáls Saga* bzw. Guðrún aus der *Laxdæla Saga* – wurden als Mütter und Ehefrauen den Helden zugeordnet, deren Heldentaten sie anstifteten. Das Bild der Schlachtenjungfrau wurde mit schrecklichen Zügen ausgestattet: In seinen *Männerphantasien* stellt Klaus Theweleit dar, wie brutal die nationalistischen Freikorpssoldaten gegen die „roten" Frauen vorgingen, die neben ihren männlichen Genossen kämpften. Die Frauen aus der Öffentlichkeit der Arbeitswelt zurück in die Häuser zu stecken, war ein erklärtes Anliegen des nationalsozialistischen Staates (Koonz 1988). Einer aktiven Beteiligung am öffentlichen Geschehen beraubt, sollte die deutsche Frau die Funktion der Frau aus den Sagen übernehmen: Sie sollte die Männer an Pflicht und Ehre erinnern und zum Heldentum anspornen (Clover 1986) – ein wesentliches Mittel der Nazipropaganda. Metaphorisch setzte sich die gute Nazi-Ehefrau und -Mutter für ihre Männer so ein wie die von Tacitus beschriebenen germanischen Frauen aus dem ersten Jahrhundert, die manche Heere, die schon wankten, wieder zum Stehen brachten „durch inständige Bitten, durch Entgegenstrecken der Brüste und durch den Hinweis auf die unmittelbar bevorstehende Gefangenschaft. Diese fürchten die Germanen als etwas Unerträgliches, wenn sie ihre Frauen betrifft ..." (Tacitus: Germania 1948, Kap. 8). Die „weiße Frau" (im Unterschied zur „roten" sozialistischen Virago), geschlechtslos und rein, die ihrer Bestimmung am besten als Mutter, Schwester oder Krankenschwester nachkam, stand, wie Theweleit schreibt, für alles, wofür der Soldat kämpfte.

Der germanische Mythos kann den Schatten des Nationalsozialismus nur schwer abschütteln. Óðinn/Wotan und Sigurðr/Siegfried sind nach wie vor Sinnbilder arischer Reinheit für jene, die von der Überlegenheit der „weißen Rasse" überzeugt sind; in Oxford stellte neulich eine Gruppe von „Óðinn-AnbeterInnen" Streikposten vor einem Theater auf, in dem die Rolle des Wotan in Wagners Oper von einem schwarzen Sänger dargestellt wurde. Die Wiederbelebung der altnordischen Mythologie wird assoziiert mit Rechtsradikalismus, mit maskulinen und rassistischen Kräften. Wagner und die nationalsozialistischen Schriftsteller haben die transvestitischen

Praktiken des Óðinn oder seine manchmal angenommenen homosexuellen Neigungen verschwiegen. „Der Gott mit der Lanze“, den Rosenberg in den Kirchen des Neuen Reiches gern gesehen hätte (Rosenberg 1933, S. 617), hat widersprüchliche Eigenschaften, die die modernen Óðinn-AnbeterInnen sicherlich in Verlegenheit bringen würden. Die „starke Frau“ – die Walküre, die Schlachtenjungfrau oder Guðrún Ósvífrsdóttir – ist jedoch eine positive Gestalt, die den Skandinavierinnen Kraft verleiht. Wiederentdeckt für die moderne Literatur (z.B. als Gunnlöð in *Gunnlaðarsaga* von Sváva Jakobsdóttir) oder bewahrt in verschiedenen kulturellen Äußerungen, bleibt Guðrún der beliebteste Mädchenname in Island, eine unausgesprochene Inspiration für die Frauen aus *Kvennalistinn*, der politischen Frauenpartei Islands, die über 10% der Sitze im Parlament *(AlÞingi)* verfügt – die Frauen der skandinavischen Mythologie bleiben eine lebendige und einflußreiche Quelle für ihre Töchter von heute.

Bibliographie

Primärliteratur:

Versdichtung:

The Poetic Edda, with Introduction and Explanatory Notes, übers. v. L. M. Hollander, Austin (Texas) [2]1962.

Die Edda: Die ältere und die jüngere Edda und die mythischen Erzählungen der Skalda, übers. v. K. Simrock, Essen [2]1987. *

Prosa:

Deor, hrsg. v. K. Malone, London [4]1966.

Gísla Saga, übers. v. G. Johnston, London 1963.

Die Saga von Gisli Sursson, übers. v. F. B. Seewald, Stuttgart 1976. *

Laxdæla Saga, übers. v. M. Magnusson and H. Pálsson, Harmondsworth 1969.

Die Geschichte von den Leuten aus dem Lachswassertal, übers. v. R. Meißner, Düsseldorf/Köln 1963 (1913). *

Njáls Saga, übers. v. M. Magnusson and H. Pálsson, Harmondsworth 1960.

Die Geschichte vom weisen Njal, übers. v. A. Heusler, Düsseldorf/Köln 1963 (1914). *

Víga-Glúms Saga, übers. v. J. McKinnell, Edinburgh 1987.

Die Viga-Glums Saga. In: *Fünf Geschichten aus dem östlichen Nordland*, übers. von W. Ranisch und W. H. Vogt, München 1964 (1921). *

The Saga of the Völsungs, übers. v. J. Byock, Berkeley (Calif.) 1990.

Volsunga saga, hrsg. v. U. Ebel, Frankfurt a. M. 1983. *

Saxo Grammaticus: *History of the Danish People*, übers. u. komm. v. P. Fisher und H. E. Davidson, 2 Bde., Cambridge 1979.

Dänische Heldensagen: Nach Saxo Grammaticus, hrsg. v. P. Hermann, Jena 1925. *

Snorri Sturluson: *Skáldskaparmál*. In: *The Prose Edda of Snorri Sturluson*, übers. v. J. I. Young, Cambridge 1973 (1954).

Snorri Sturluson: *Prosa-Edda. Altisländische Göttergeschichten*, übertr. v. A. Häny, Zürich 1991. *

Snorri Sturluson: *Heimskringla*, übers. v. L. M. Hollander, Austin (Texas) 1964.

Snorri Sturluson: *The Prose Edda: Gylfaginning*, übers. v. A. Faulkes, Oxford 1982.

Die Edda: Die ältere und jüngere Edda und die mythischen Erzählungen der Skalda, übers. v. K. Simrock, 1987. *

Die jüngere Edda mit dem sogenannten ersten grammatischen Traktat, übers. v. G. Neckel u. F. Niedner, Neuausgabe und Nachwort von S. Gutenbrunner, Düsseldorf 1966.

Tacitus: *Germania*, hrsg. v. H. Mattingly, Harmondsworth 1948.

Tacitus: *Germania*, lateinisch und deutsch v. G. Perl, Berlin 1990. *

Sekundärliteratur:

Andersson, T.: *The Legend of Brynhild*, Islandica, 43, New York 1980.

Bamberger, J.: *The Myth of Matriarchy*. In: Rosaldo, M. Z./Lamphere, L. (Hrsg.): *Women, Culture and Society*, Stanford (Calif.) 1974, S. 263-280.

Beck, H. (Hrsg.): *Heldensage und Heldendichtung im Germanischen*, Berlin/New York 1988. *

Burson, A. C.: *Swan-maidens and Smiths: A Structural Study of Völundarkviða*. In: Scandinavian Studies, 55, 1983, S. 1-19.

Clover, C.: *Hildigunnr's Lament*. In: Lindow, J./Lönnroth, L./Weber, G. W. (Hrsg.): *Structure and Meaning in Old Norse Literature*, Odense 1986, S. 141-183.

Clover, C.: *The Politics of Scarcity*. In: Damico, H./Hennessey Olsen, A. (Hrsg.): *New Readings on Women in Old English Literature*, Bloomington (Indiana) 1990. Erstmals veröffentlicht in: Scandinavian Studies, 60, 1988, S. 147-188.

Dronke, U.: *Art and Tradition in Skírnismál*. In: Davis, N./Wrenn, C. L. (Hrsg.): *English and Medieval Studies Presented to J. R. R. Tolkien on the Occasion of his Seventieth Birthday*, London 1962, S. 250-268.

Frank, R.: *Marriage in Twelfth and Thirteenth Century Iceland*. In: Viator, 4, 1973, S. 474-484.

Grimstad, K.: *The Revenge of Völundr*. In: Glendinning, R./Bessason, H. (Hrsg.): *Edda: A Collection of Essays*, University of Manitoba Icelandic Studies, 4, Winnipeg 1983.

Heinrichs, A.: *„Annat er várt eðli". The Type of the Prepartriarchal Woman in Old Norse Literature*. In: Lindow, J./Lönnroth, L./Weber, G. W. (Hrsg.): *Structure and Meaning in Old Norse Literature*, Odense 1986, S. 110-140.

Jakobsdóttir, Sváva: *Gunnlaðarsaga*, Reykjavik 1987 (Isländisch).

Jesch, J.: *Women in the Viking Age*, Woodbridge 1991.

Jochens, J.: *The Church and Sexuality in Medieval Iceland*. In: Journal of Medieval History, 6, 1980, S. 377-392.

Jochens, J.: *Consent in Marriage: Old Norse Law, Life and Literature*. In: Scandinavian Studies, 58, 1986, S. 142-176 (= 1986a).

Jochens, J.: *The Medieval Icelandic Heroine: Fact or Fiction?*. In: Viator, 17, 1986, S. 355-350 (= 1986b).

Jochens, J.: *Old Norse Sources on Women*. In: Rosethal, J. T. (Hrsg.): *Medieval Women and the Sources of Medieval History*, Athens (Georgia) 1990, S. 155-188.

Kalinke, M.: *Bridal-Quest Romance in Medieval Iceland;* Islandica, 46, New York 1990.

Koonz, C: *Mothers in the Fatherland: Women, the Family and Nazi Politics*, London 1988 (1987).

Koonz, C: *Mütter im Vaterland: Frauen im Dritten Reich*, übers. v. C. Holfelder von der Tann, Reinbek b. Hamburg 1994. *

Kress, H.: *„You will find it rather monotonous": On literary tradition and the female experience*. In: Anderson, F. E./Weinstock, J. (Hrsg.): *The Nordic Mind: Current Trends in Scandinavian Literary Criticism*, Lanham (Md.) 1986.

Larrington, C. A.: *What Does Woman Want? „Mær" and „munr" in Skírnismál*. In: Alvíssmál, Forschungen zur mittelalterlichen Kultur Skandinaviens, Bd. 1, 1992.

Mitchell, S. A.: *För Skírnis as Mythological Model: frið at kaupa*. In: Arkiv för nordisk filologi, 98, 1983, S. 108-122.

Motz, L.: *Sisters in the Cave: The Stature and the Function of the Female Figures in the Eddas*. In: Arkiv för nordisk filologi, 95, 1980, S. 168-182.

Rosenberg, A: *Der Mythos des 20. Jahrhunderts. Eine Wertung der seelisch-geistigen Gestaltenkämpfe unserer Zeit*, München [7]1933 (1930).

Simek, R./Pálsson, H.: *Lexikon der altnordischen Literatur*, Stuttgart 1981. *

Theweleit, K.: *Male Fantasies*, Bd. 1: *Women, Floods, Bodies, History*, übers. v. S. Conway, Minneapolis 1987.

Theweleit, K.: *Männerphantasien*, Bd. 1: *Frauen, Fluten, Körper, Geschichte*, Reinbek b. Hamburg 1980. *

Turville-Petre, E. O. G.: *Myth and Religion of the North*, Oxford 1964.

Birgitte Sonne

Die Mythologie der Eskimo

I. Die Ordnung des Kosmos

Die Welt der Eskimo[1] war dreigeteilt. Die irdische Ebene der Menschen wurde versinnbildlicht durch ein Fest-Haus mit seinen Ausgängen. Um die himmlische Sphäre zu erreichen, verließ der Schamane/die Schamanin die irdische Ebene, den Innenraum des Hauses, entweder durch den Rauchfang an der Decke oder durch eine seiner Ecken. Er/Sie setzte seinen/ihren Weg nicht senkrecht in die Luft fort, sondern fuhr über das Meer dem Horizont zu, wo ein Fluß oder der Regenbogen zur himmlischen Stätte führte. Hier wohnten bestimmte verstorbene Menschen, einige Arten von getöteten Tieren, die Sterne, der Mond, die Sonne und *silap inua/ellam yua*, der Geist der Luft. Am Eingang des Hauses führte ein Weg zu den unteren Wohnstätten: zunächst durch einen unterirdischen Tunnel, dann durch einen weiteren darunterliegenden, nur in Träumen oder Visionen sichtbaren Tunnel, der zu den am Meeresgrund gelegenen Wohnstätten abzweigte; hier wohnten andere Verstorbene und die Meeressäugetiere. Diese Wesen lebten wie die Menschen in Dörfern, jeweils eine Art für sich, erzählen die Eskimo aus dem Südwesten Alaskas. Im Norden Alaskas, in Kanada und in Grönland wird von einem weiblichen Meeresgeist, der Meeresfrau, erzählt. Zu ihrem Haus auf dem Meeresboden kehrten die Lebensgeister der getöteten Meeressäuger zurück, um wiedergeboren zu werden. Ihnen wuchsen fötusähnlich neue Körper, heißt es. Waren sie herangewachsen, verließen sie den Schoß (den Innenraum des Hauses der Meeresfrau) durch den Gebärkanal (den Eingangstunnel) und gelangten ins offene Meer.

In Alaska, Kanada und Grönland existierten ähnliche den Schoß betreffende Symbole auch in bezug auf die Wohnstätte der Menschen. Die regionalen Unterschiede bestanden in der Anzahl der Ebenen, in die die obere und die untere Sphäre unterteilt waren; aber alle glaubten an die Haupteinteilung, wonach sich das Land und das Meer zwischen einer oberen und einer unteren Sphäre befanden. Alle glaubten daran, daß die Seelen der toten Tiere, sofern diese unverletzt zu ihrem eigentlichen Element zurückkehren konnten, körperlich auferstanden. Entscheidend hierfür waren Jagdfeste, in geringerem Maße auch Rituale, und das Einhalten von bestimmten Tabus, die die Übergangsstadien im Lebenszyklus der Menschen von denen im Lebenszyklus der Jagdtiere auseinanderhielten.

Die Entstehung der kosmischen Ordnung

Wie entstand das kosmische Gleichgewicht? Viele unterschiedliche Geschichten werden erzählt. Ein jeder Versuch, die Schöpfungsmythen der verschiedenen Eskimo-Gesellschaften in eine lineare Abfolge von Ereignissen zusammenzuführen, wäre eine ernstliche Verfälschung.

Zum ersten wurden die Schöpfungsmythen als unabhängige Geschichten erzählt und niemals als eine Abfolge von Ereignissen, als allumfassende Geschichtskonstruktion, zusammengefaßt. Es mag vorgekommen sein, daß eine kleine regionale Gruppe von Eskimos zwei oder mehrere Geschichten, die andere regionale Gruppen als einzelne erzählten, zu einer Folge von Ereignissen zusammenfaßte. Aber niemals wurde versucht, alle Schöpfungsmythen als zusammenhängenden Geschichtsablauf zu konstruieren, der, dem westlichen Geschichtsverständnis entsprechend, eine logische Abfolge von Ursache und Wirkung bildete. Jede einzelne Schöpfungsmythe erzählt von der Entstehung irgendeines Naturphänomens, *wodurch zugleich irgendeine grundlegende Bedingung für das Leben der Menschen auf der Erde geschaffen wurde.* Unterschiedliche Mythen über die Entstehung des gleichen Phänomens existierten nebeneinander; sie unterschieden sich voneinander durch die jeweilige Betonung eines bestimmten Aspekts des Phänomens in Beziehung zu einer bestimmten kulturellen Gegebenheit.

Zum zweiten wirkten die wichtigeren Gottheiten, die infolge der schöpferischen Tätigkeit der Menschen oft paarweise (Tochter/Vater, Schwester/Bruder, Ehefrau/Ehemann) erschienen, nicht aufeinander ein. Jedes Paar führte ein abgesondertes Leben in seinem eigenen Teil der oberen oder unteren Sphäre und wirkte auf die Menschen ein und umgekehrt. Demzufolge hatten die Eskimo kein Pantheon. Die Paare waren nicht verwandt, weder durch Blutsbande noch durch Ehe- oder Partnerschaftsbündnisse, und auch nicht durch gegenseitige Feindschaft gebunden. Es unterstanden ihnen auch nicht die zahlreichen menschenähnlichen Geister, die die Welt bevölkerten, seien es einzelne Geister oder ganze Geschlechter, die in eigenen Gesellschaften lebten. Gottheiten und Geister konnten den Menschen zu Hilfe kommen. Ein solches Bündnis mit Menschen konnte durch den Ursprung einer Gottheit zustandekommen, oder ein Geist konnte einem Schamanen/einer Schamanin seine Hilfe versprechen.

Drittens schätzten die Eskimo das Wissen in jenen Geschichten, die von den spirituellen Mächten und vom Umgang mit ihnen erzählten. Die Unterscheidung, die wir zwischen Mythen (Geschichten über Gottheiten) und Geschichten über andere Geister und menschliche Helden treffen, war für sie nichtig. Sie machten nur einen Unterschied zwischen Geschichten älteren und neueren Ursprungs. Die alten Geschichten reichten bis in unvorstellbar frühe Zeiten, zu den weisen Urahnen zurück, während die neueren über Erfahrungen von Personen erzählten, die noch lebten oder zumindest in der Erinnerung weiter existierten. Keine dieser Kategorien war heiliger als die andere, und der Großteil der Geschichten war öffentliches Hab und Gut.

Und schließlich prägten drei Variable – die besonderen Umweltbedingungen einer regionalen Eskimo-Gruppe, ihre besondere Gesellschaftsstruktur und das Ausmaß fremder Einflüsse – den Ablauf ihrer Schöpfungsmythe entscheidend mit. Diese Variablen – Umwelt, Sozialstruktur und Tauschhandel mit anderen Kulturen – unterschieden sich innerhalb des riesigen Siedlungsgebietes der Eskimo beträchtlich: vom Osten Grönlands bis zum Nordosten Sibiriens, von den vereisten Meeren entlang der südlichen arktischen Küste des Pazifik im Westen bis zu den atlantischen Küsten der kanadischen Halbinsel Labrador und dem Süden Grönlands im Osten.

Die für die Entstehung der Welt und für die Entwicklung der Wesen zu einzelnen Arten notwendigen Bedingungen und Stoffe existierten bereits vor sehr, sehr langer Zeit. Bei den Eskimo aus Alaska kam oft dem Raben die Rolle des Schöpfers zu; sie erzählten sich aber auch Schöpfungsgeschichten, die unter den kanadischen und grönländischen Inuit gängig waren. In diesen Mythen waren es *Menschen*, Männer und/oder Frauen, deren widriges Verhalten oder außergewöhnliches Geschick zur Schöpfung des Universums beitrug. Zugleich entstanden das Alltagsleben der Eskimo, das Jagen, Fischen und Sammeln sowie die Lebenszyklen der Menschen und der Tiere. Diese beiden Lebenszyklen waren derart ineinander verwoben, daß die Einhaltung zahlreicher Tabus und Riten nötig war, um das unsichere Gleichgewicht der kosmischen Kräfte zu erhalten.

Die Zusammenarbeit zwischen Ehemann und Ehefrau war grundlegend für die Aufrechterhaltung dieses Gleichgewichtes. Er stellte die Werkzeuge her und ging auf die Jagd, sie fischte, sammelte, gebar Kinder, bereitete aus seiner Beute Essen zu und verfertigte daraus Bekleidung, Überzüge für die Boote und Brennstoffe für die Lampen. Die Rolle der Ehefrau (oder auch der Mutter) war im Ritual genauso wichtig wie die des Mannes.

Sila: Die Vervollkommnung der Männer und Frauen

Nur wenige Eskimo erzählten sich die Entstehungsmythe von *Sila* (*Ella* im Südwesten Alaskas). *Sila* galt als Naturkraft: als eine Quelle des Wissens, als Atem und Wetter, sie konnte jedoch auf einen Tabuverstoß mit heftigen Stürmen reagieren. Mit ihrer Fähigkeit, das Geschlecht eines Neugeborenen zu verändern, besaß *Sila* die Fähigkeiten beider Geschlechter.

Berge, Steine und Erde fielen polternd vom Himmel herab und formten den festen Erdboden. Die ersten Menschen, männliche und weibliche Säuglinge, wuchsen wie Pflanzen aus der Erde, blieben darin verwurzelt und ernährten sich von der Erde.

Die Polareskimo teilen uns nicht mit, wie ein kleiner Junge und ein Mädchen aufwuchsen, wie sie von ihrem Geburtsort loszogen und einander begegnen und heiraten konnten. Aber einmal verheiratet, machte die mythische Frau Kleidung für die Kinder, suchte nach ihnen unter Zwergweiden, zog das gefundene Kind an und brachte es nach Hause. Auf diese Weise wuchs die Zahl der Menschen, und sie benötigten Hunde. Ein Mann mit einem Hundegeschirr in seiner Hand stampfte auf die Erde und schrie *hoc-hoc*, woraufhin Hunde aus den Hügeln hervorsprangen.

Zu dieser Zeit starben die Menschen nicht. Sie wurden sehr alt, blind, unbeweglich und übervölkerten die Erde. Es gab weder die Sonne, den Mond noch die Sterne. Es herrschte Finsternis. Die Menschen verfügten nur in ihren Häusern über Licht. Sie hatten Wasserlampen – damals ließ sich das Wasser verbrennen. Dann kam eine große Flut, und die meisten Menschen ertranken. Eine alte Frau unter den Überlebenden sprach: „Laßt uns nie sterben und weiter so in der Finsternis leben." „Nein, laßt uns sowohl das Licht als auch den Tod haben", verkündete eine andere, und ihre Worte erzielten größere Wirkung. Der erste verstorbene Mensch wurde unter einem Steinhaufen begraben. Aber er wußte nicht, wie es sich richtig sterben ließe, und seine geisterhafte Gestalt versuchte durch den Steinhaufen hervorzukriechen und zu den Lebenden zurückzukehren. Eine alte Frau drängte ihn zurück und bestand darauf, daß er dort bliebe, denn sie mußten zur Jagd aufbrechen und hatten keinen Platz auf ihren kleinen, bereits überladenen Schlitten. Der Verstorbene war gezwungen, unter dem Steinhaufen zu bleiben. Das Licht, das der Tod in die Welt gebracht hatte, ermöglichte es den Menschen, auf die Jagd zu gehen, und so hatten sie es nicht mehr nötig, sich ausschließlich von Erde zu ernähren. Nachdem die Menschen gestorben waren, stiegen sie zum Himmel hinauf und wurden zu Leuchtkörpern (Rasmussen 1921-1925, III).

In diesem Mythos werden keine Gründe angegeben, warum der Stoff, aus dem die Erde geformt wurde, vom Himmel fiel. Die Ursache ist ein Naturereignis. In gleicher Weise wird die Flut, die die Erde später überschwemmt, von niemandem provoziert oder verursacht, sie hing nicht mit der Überbevölkerung der Erde zusammen. Aber der himmlische Ursprung der Erde erklärt, warum die aus der Erde entsprossenen Kinder sich im Geschlecht unterscheiden und bereits bei der Geburt über die für die geschlechtsspezifischen Tätigkeiten notwendigen Fähigkeiten verfügen. Einige Eskimo aus dem Osten glaubten, daß sich die Frauen das Nähen und die Männer das Herstellen und die Handhabung von Werkzeugen bereits vor der Geburt, im Mutterschoß, aneigneten. Nach ihrer Geburt brauchten sie dann nur etwas Übung, um diese Befähigung voll zu entwickeln (Guemple 1986). Bei der Geburt konnte die Luft, *Sila*, aus der die Neugeborenen ihren ersten lebensnotwendigen Atemzug schöpften, deren Geschlecht verändern, so glaubten die GrönländerInnen.

Die Fertigkeit im Nähen, die die erste verheiratete Frau durch *Sila* erlangte, ermöglichte ihr den ersten Schritt zu einem menschlichen Leben. Niemand brachte ihr bei, wie die Kleidung für die auf dem Boden gefundenen Kinder herzustellen und die erste Familie aufzuziehen war. Als nächstes stellte der Mann das Hundegeschirr her; er kannte die richtigen Sprüche, um Hunde aus der Erde herbeizurufen. Die Polareskimo konnten keine Kajaks bauen, sodaß sie nur mit Hundeschlitten zu ihren Jagdstätten gelangen konnten.

Der Hundeschlitten war kaum brauchbar in jenen Tagen ewiger Finsternis. Doch der Hund eines Mannes symbolisierte seinen Penis. Der Samen, den dieser Hund in den Schoß der (Ehe-)Frau ejakulierte, sollte den Embryo in ihrem „Haus" (d.h. in ihrem Schoß) ernähren. Eine weitere Metapher für den Samen war das Öl, gepreßt aus dem Speck der Meeressäugetiere, mit dem Frauen täglich die Lampen füllten. Die Lampe der Familie bot Licht, Wärme und gekochtes Essen während der langen kalten Wintermonate. Die Lampe gehörte der Frau und wurde von ihr gewartet. Als Docht verwendete sie getrocknetes Moos.

Entsprechend der mythischen Symbolik beleuchtete sie mit der Lampe ihren Schoß und erhielt damit dessen Wärme, eine weitere angeborene Voraussetzung des Wesens der Frau: Die Worte „Frau" und „Ehefrau" bedeuten in den Eskimo-Sprachen „Wärme". Sie entflammt den Mann und bringt ihn dazu, wie auch das Tier, sich in Bewegung zu setzen. Der Mann wird provoziert, sie/es „niederzulegen". Die Ehefrau, *nuliaq*, „eine kleine Frau in Hitze", gibt ihrem Ehemann nach. Der Ehemann, *ui*, „einer, der eilt", eilt von zu Hause auf die Jagd oder, sinnbildlich, in ihre Vagina (Dorais 1986). Entflammt durch die Hitze der Schoß-Lampe, verbrennt der Samen wie der Tran des Meeressäugers und verwandelt sich in Blut, das die Mutter dem Fötus hinzufügt. Das Fleisch des Fötus entstammt den Meeressäugetieren, die der Vater getötet und zusammen mit seiner Frau verspeist hat. Zu der Zeit jedoch, als das Wasser brennbar war, reichten die Erde, von der die Eltern sich ernährten, und das von *Sila* (oder aus des Vaters Penis?) besorgte Wasser aus, um den Fötus wachsen zu lassen.

Den dritten wichtigen Schritt machte die alte Frau, indem sie mit ihren Worten den Tod in die Welt setzte. Der Tod brachte das Sternenlicht, damit die Männer endlich ihre Hunde als Zugtiere auf der Jagd einsetzen konnten. Die Eskimo aus dem Norden fingen tatsächlich in den sternenklaren Winternächten Robben aus den Eislöchern, wenn sie zum Atmen auftauchten, und das Mondlicht war dafür natürlich günstig. Aber den Ursprung des Mondes thematisierte eine andere Mythe (vgl. den nächsten Abschnitt).

Als die Menschen erstmals versuchten, ihre Siedlung zu verlassen, wurden sie vom ersten Verstorbenen beinahe davon abgehalten. Wieder kam eine alte Frau zu Hilfe; ihre Worte bannten den Verstorbenen in sein Grab. Nun konnten die Männer ihren Beutezug nach Fleisch und Speck fortsetzen und so die Ernährung für Menschen, Hunde und Föten sowie Brennstoff für die Lampen sicherstellen.

Worte haben tatsächlich Macht. Ein Polareskimo erklärte: „Eine Schnittwunde, die ein Mann einem anderen zufügt, tut zwar weh, aber sie heilt bald, und danach tut es nicht mehr weh. Eine scharfe Zunge kann derart verletzen, daß die Wunden ein

Leben lang nicht geheilt werden können" (Rasmussen 1921-1925, III). Die Worte von Menschen aus alten Zeiten waren besonders wirksam. Die Eskimo verwendeten zwar die überlieferten Zaubersprüche, deren Wirkung ließ aber mit der Zeit zunehmend nach. In einer jeden Generation waren die Worte älterer Menschen macht- und wirkungsvoller. Das Alter brachte Weisheit mit sich, und alte Frauen, die meistens ihre Männer überlebten, gaben in Krankheits- und Unglücksfällen Rat.

Sonne und Mond: Heiratsregeln und Arbeitsteilung

Sonne und Mond lebten einst als gewöhnliche Menschen auf der Erde, aber nicht in einem Eheverhältnis. Der Mond war der ältere Bruder der Sonne, der sich in sie verliebte und mit ihr schlief, nachdem die Lampen verlöscht waren. In der Dunkelheit erkannte ihn die Sonne nicht, aber sie beschmierte sein Gesicht mit dem Ruß aus ihrer Lampe. Als die Lampen wieder brannten, erkannte sie ihren Bruder an der Schwärze in seinem Gesicht. Vor Scham errötete sie. Mit dem halbmondförmigen Messer der Frauen, *ulu*, schnitt sie sich ihre Brüste ab und bot sie ihrem Bruder an. „Du scheinst Geschmack für mich entwickelt zu haben, so iß auch dies!" sagte sie. Sie ging mit einem angezündeten Docht nach draußen und lief im Kreis. Sie verließ den Erdboden und stieg spiralförmig in die Luft auf. Der Mond verfolgte sie. Während des kreisförmigen Laufes stürzte er, sein Docht verlosch, glomm aber weiterhin. Aus diesem Grund strahlt der Mond auf seiner ewigen Verfolgungsjagd nach der Sonne durch das Himmelsgewölbe zwar Licht, jedoch keine Wärme aus. Er gibt das kalte Licht des Winters. Wann immer er im Winter vom Himmel verschwindet, so fährt er mit seinem Hundeschlitten über die vereisten Meere zur Jagd, damit er die verstorbenen Menschen in der himmlischen Sphäre des Todes ernähren kann. Die Sonne, deren Docht nach wie vor brennt, gibt im Sommer beides, Licht und Wärme.

Je nördlicher der/die Erzählende lebt, umso mehr betont er/sie in seiner/ihrer Variante dieser Geschichte das völlige Verschwinden der Sonne im Winter und des Mondes im Sommer. Aber jede einzelne Variante stellt einen Zusammenhang zwischen dem Wechsel der Jahreszeiten und der Abwechslung von Licht und Dunkelheit bzw. Hitze und Kälte her.

Besonders die in Kanada und Grönland verbreiteten Geschichten von Mondbesuchen durch SchamanInnen oder andere Menschen beschreiben aufschlußreich die Eigenschaften und die Macht des Mondes. Er erzeugt das Leben auf der Erde und im Meer vermittels seines Hundes/Penis, der sich in einen Polarbären verwandeln kann. Der Mond lädt eine unfruchtbare, flüchtende Frau, die von ihrem enttäuschten Mann geschlagen wurde, auf seinen Schlitten. Hier wird sie geschwängert und nach Hause geschickt. Auch die Gezeiten sind auf die Kraft des Mondes zurückzuführen, ebenso wie die Menstruation (ein von der Frau erregter Mann beschwört das Blut, aus ihrem Schoß hervorzufließen).

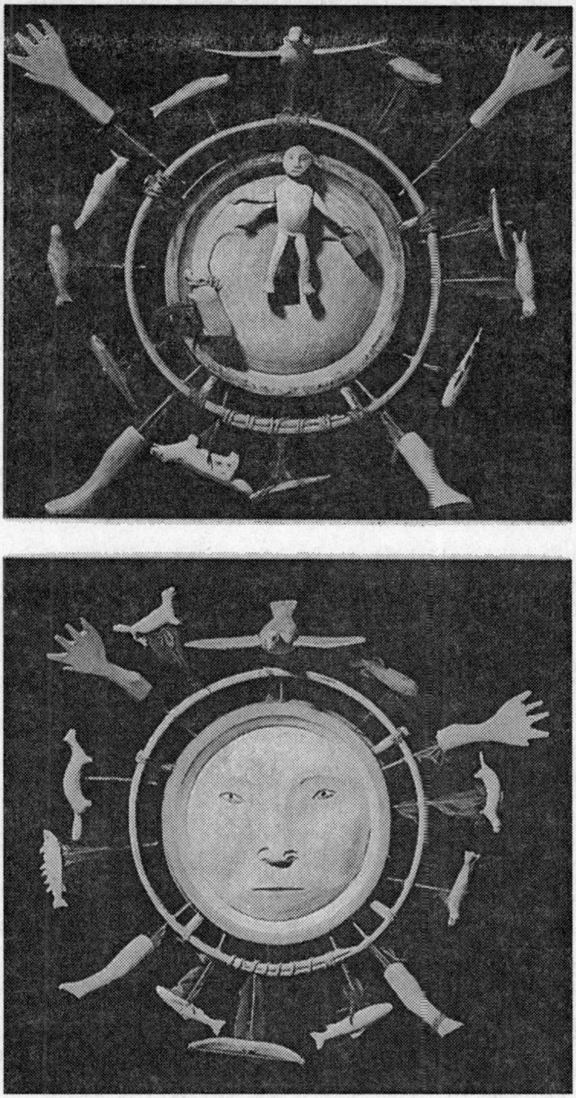

Abb. 14 und 15: Masken von Mond und Sonne
Gyldendal, Kopenhagen; Foto: Lennart Larsen

Nur seine fortdauernde Liebe zur Sonne ermöglicht es dem Mond, seine Zeugungsfähigkeit auf der Erde und im Meer zu entfalten. Im Frühling, wenn die Sonne rotglühend am Horizont erscheint und sich tagtäglich in die Höhe schraubt, geht die Eisdecke an der Küste in die Frühlingsflut des Mondes über. Der Schnee/Samen, den

– wie es in einigen Mythen heißt – der Mond im Winter schickt, schmilzt/blutet, nachdem ihn die Sonnenstrahlen erwärmen, um die Erde erneut zu beleben. Auch Robbenarten, die überwintern, gebären im Frühling; dies ist gleichfalls der Macht des Mondes zuzuschreiben, die durch die glühende Lampe der Sonne in Bewegung gesetzt wird. Nachdem das Meereseis schmilzt, erscheinen die Wandervögel und Meeressäuger. Die fortdauernde Verfolgungsjagd des Mondes nach seiner flüchtigen Schwester ähnelt dem – fruchtbaren – Eheverhältnis zwischen Mann und Frau, aus dem Kinder hervorgehen (Sonne 1990). Mond und Sonne sind jedoch weder verheiratet noch erzeugen sie eigene Kinder. Sie „verschütten" ihre fruchtbaren Kräfte über der Sphäre der Lebenden, mit denen sie blutsverwandt sind. Diese Fortpflanzungskräfte schulden sie den Nachkommen ihrer früheren Verwandten; denn nach der gesellschaftlichen Norm hatte ein Mädchen einen Mann außerhalb ihres engen Verwandtenkreises zu heiraten (Exogamie).

Die Ehe verband eine Familie mit einer anderen und vergrößerte so den zur Zusammenarbeit und gegenseitigen Unterstützung verpflichteten Verwandtenkreis. Neugeborene wurden nach verstorbenen Mitgliedern aus den Familien beider Elternteile benannt; die Namensgebung bedeutete den endgültigen Familienzusammenschluß.

Mit seinem inzestuösen Geschlechtsverkehr mit der Sonne durchbrach der Mond die exogame Norm. Der kannibalische Charakter dieses Inzests wird dadurch nahegelegt, daß die Sonne dem Bruder ihre Brüste zum Essen anbietet. Sein Benehmen wäre eher Hunden vergleichbar, die wahllos kopulieren, ohne Rücksicht auf Verwandtschaftsbeziehung, und nicht einmal davor zurückscheuen, ihre verstorbenen Verwandten aufzufressen. Sonne und Mond sind keine irdischen Menschen. Als Folge ihrer anhaltenden Liebesbeziehung strahlt jedoch auf der Erde ein helles Licht, heller als das der Sterne, das der Tod mit sich brachte. Dadurch wird zusätzlich der Kreislauf der Jahreszeiten vorangetrieben, der Übergang vom eingeschränkten Leben während des Winters zur Entfaltung des Lebens in der Sommerhitze unterstützt.

Die Wärme der Sonne macht das Leben einfacher. Es wird viel gejagt. Es ist die Zeit der Frauen; sie können draußen, im Freien *(Sila)*, arbeiten. Auch die BewohnerInnen der Nunivak-Insel im Südwesten Alaskas kannten die enge Beziehung zwischen den Frauen und dem Sommer. Ihre Männer ließen die Kajaks ruhen, und statt im Meer zu jagen, fischten sie gemeinsam mit den Frauen in den Flüssen. Dieser jahreszeitliche Wechsel in der produktiven Tätigkeit entspricht auch dem unter allen Eskimo-Kulturen verbreiteten Glauben an eine enge Verbindung zwischen der Frau und dem Land (Urschoß der Menschheit). Sonne, Sommer, Landjagd und Frauen bildeten eine symbolische Einheit.

Neben dem Schöpfungsmythos von Sonne und Mond kannten die Eskimo von Nunivak einen weiteren Ursprungsmythos, genannt *„Das Bringen der Sonne"*:

In einer fernen Ortschaft, wo nahezu vollständige Finsternis herrschte, wuchsen zwei Brüder auf. Der Sommer war dunkler als der Winter. Sie besaßen eine

Lampe, die sie das ganze Jahr hindurch brennen ließen. Sie dachten, daß sie einst eine Mutter hatten, aber sie erinnerten sich nicht an sie. Die Karibujagd, den Kajakbau und den Robbenfang hatten sie sich selbst beigebracht. Sie wurden gute Jäger, aber als Erwachsene vermißten sie das Licht und die Gemeinschaft der Menschen. Sie sichteten ein schwaches Licht am Horizont und zogen zu ihm hin. Sie trafen zwei Mädchen, die mit bangen Herzen auf ihren Besuch gewartet hatten. Es waren zwei Schwestern, die jedoch mit den zwei Brüdern nicht verwandt waren. Sie heirateten die Brüder, verboten ihnen aber die Jagd. Statt dessen gingen sie selbst auf die Jagd und jagten ausschließlich Karibus. Immer, wenn sie zur Jagd aufbrachen, öffnete die jüngere Schwester die Tür zur Sonne und schloß diese nach ihrer Rückkehr wieder. Die Brüder fühlten sich ihrer Jagdfähigkeit beraubt und wurden unglücklich. Der Ältere versuchte immer wieder, den Jüngeren zu bewegen, nach einem anderen bewohnten Ort fortzuziehen. Aber der Jüngere hatte die Vision, er sei ein künftiger Schamane; er hatte ein großes Licht gesehen und wollte bleiben. Er entschloß sich, die Sonne herzuholen. Geleitet von einer Stimme von oben, fuhr er über das vereiste Meer zur Sonne und versuchte erfolglos, sie zu fangen. Die Stimme riet ihm, er solle der Sonne ihren eigenen Lauf lassen, damit sie am Horizont aufginge. Es gelang ihm, sie in den Himmel hinauf, in ihre Umlaufbahn zu schieben. Von nun an gingen die zwei Brüder wieder zur Jagd. Die Reise zur Sonne machte den jüngeren Bruder zu einem großen Schamanen, der fähig war, günstiges Wetter für die Jagd herbeizuführen.

Der ältere Bruder schlief nur ungern mit seiner Frau, sodaß ihm keine Kinder geboren wurden. Der Jüngere hatte von seiner Frau vier Kinder, zwei Jungen und zwei Mädchen. Sie gaben dem älteren Bruder und seiner Frau je ein Kind beider Geschlechter. Die zwei eng verwandten Familien hielten zusammen und arbeiteten gemeinsam für ihr Wohlergehen.

(Lantis 1946, gekürzt)

Spricht dieser Mythos von einer Herrschaft der Frauen über die Männer in der mythischen Vergangenheit? Und war dies nur dann möglich, wenn die Frauen keine Kinder gebaren und ein einsames Leben führten, ohne Männer, die sie beherrschten? Daß die Schwestern auf die Jagd gingen, verärgerte den älteren Bruder. Der jüngere Bruder, ein zukünftiger Schamane, der auch eine geschlechtliche Beziehung mit seiner Frau pflegte, hielt ihn vom Verlassen der Frauen zurück, was ihn zugleich ermächtigte, seine Frau ihrer Macht über die Sonne zu berauben und Kinder zu zeugen.

Frauen waren, wie oben angeführt, die treibende Kraft des Lebens. Ihre leuchtende „Hitze“ setzte die Männer in Bewegung; in diesem Mythos wurden die Männer hinaus aus der Finsternis, in der sie bisher lebten, bewegt und auch dazu, Kinder zu zeugen. Solange die Lampe am Himmel der Macht der Frauen unterstand, waren die

Männer zu einer anderen Bewegung unfähig: Sie konnten nicht auf die Jagd gehen. Der Schamane verschob die Sonne in den Himmel, wodurch sich auch die Männer draußen bewegen konnten. Die kosmische Ordnung der geschlechtsspezifischen Arbeitsteilung sowie die Verhaltensregeln zwischen den verwandten Familien wurden etabliert. In Nunivak hatte ein unfruchtbares Ehepaar das Recht, Kinder von nahen Verwandten zu adoptieren. Die Adoption hielt, wie die Heirat, Familien zusammen.

Der Mythos macht auch deutlich, daß die Frauen den Verlust ihrer Macht, ihrer Jagdfähigkeit bedauerten. In den bildlichen Darstellungen des Ehepaares lächelt ein Gesicht, das zweite ist verbittert. Die Eskimo erkennen in dem lächelnden Gesicht den Mann, der in der Regel ein amüsantes und aufregendes, während seine verbitterte Frau hingegen ein arbeitsintensives Leben führte.

Die Frauen von Nunivak gingen weiterhin auf die Jagd. Abgesehen davon, daß die Jagd der Männer und das Sammeln von Pflanzen und Wurzeln durch die Frauen mit dem gleichen Wort bezeichnet wurden, half die Frau ihrem Ehemann beim Lachsfischen im Sommer und bei der Karibujagd im Winter. Die gemeinschaftliche Karibujagd im Herbst war ausschließlich Männersache. Die Teilnahme der Frauen an der Karibujagd im Winter erklärt die Position der mythischen Sonne am Himmel: Solange die Macht über die Sonne bei den Karibujägerinnen lag, stand sie über bestimmten Breitengraden, und nur im Winter reichte ihr schwaches Licht bis zu den sonst in der Finsternis lebenden Brüdern.

Konnten Frauen selbständig jagen und ohne Männer überleben? Theoretisch scheint dies möglich, wie mehreren Geschichten zu entnehmen ist, insofern sie einsam und ohne Kinder blieben.

In einer Geschichte von der Insel Nunivak lebt eine junge Frau abgeschieden mit ihrer Großmutter und wird zu einer erfolgreichen Jägerin. Sie zähmt eine Bisamratte, und diese greift Robben und Karibus an. Die Großmutter kümmert sich um den Haushalt. Sie teilen ihre Mahlzeiten mit der Bisamratte; es mangelt weder an Nahrung noch an Pelzen für die Bekleidung. Sie leben gut in ihrer Abgeschiedenheit (Lantis 1946).

Diese Frau ist den Karibujägerinnen überlegen, denn sie kann Robben fangen – auf der Insel Nunivak eine exklusiv männliche Tätigkeit. Der Erfolg beim Robbenfang wurde letztendlich auf das Amulett zurückgeführt, das der Jäger besaß; ein Tier- bzw. Vogelkopf galt als das wirksamste Amulett. Der mythischen Jägerin brachte die Bisamratte – ein „lebendiges“ Amulett – Erfolg; insofern steht das weibliche Paar mit der Nunivak-Norm einer geschlechtsspezifischen Arbeitsteilung in Einklang. Die Reichtümer des Paares sind beneidenswert, aber sie leben in Abgeschiedenheit, haben keine Kinder und keine Beziehungen zu anderen Familien.

In einer grönländischen Mythe wird das letztere besonders betont. Im Spätherbst werden eine Witwe und ihre Adoptivtochter von ihrer Familie auf einer Insel allein zurückgelassen. Nachdem das Haus steht, brauchen sie noch Essen, Brennstoff für die Hauslampe und Felle für Kleidung und Bettzeug. Die Frau bittet die Tochter, neben dem Eingang des Hauses ein Loch in die Erde zu graben und dieses mit Meerwasser zu füllen. Mit einem Spruch zaubert sie einen Seeskorpion in das Wasserloch. Dann überreicht sie dem Mädchen ein Amulett, ihren Wetzstein, sodaß sie den Fisch fangen und töten kann. Der Fischgenuß bringt ihnen etwas Wärme. Am nächsten Tag wird ein größerer und fetterer Fisch gefangen und verspeist und am Tag darauf eine Eiderente, aus der sie eine Daunendecke gewinnen können. Danach fangen sie in der gleichen Art und Weise eine kleine Robbe, damit sie Fett für ihre Lampe und Fell für Kleidung haben. Jeden folgenden Tag wird ein größeres Säugetier gefangen und mit dem Wetzstein totgeschlagen. Die Frauen leben sorglos, zur Aufbewahrung zerschneiden sie das überschüssige Fleisch und den Speck.

Eines Tages erscheint bei ihnen ein lediger entfernter Verwandter in einem Kajak. Er gehört zu den Familien, die Mutter und Tochter zurückgelassen haben, und es überrascht ihn zutiefst, daß das Frauenpaar noch immer und sogar glücklich lebt. Die Frauen heißen ihn gastfreundlich willkommen. Er ißt mehr, als er braucht, um satt zu werden, und verläßt sie, um ein Boot zu holen, damit er die Frauen heimbringen kann. Ab diesem Zeitpunkt ist jedoch kein Tier mehr, weder Vogel noch Fisch, in den künstlichen Teich herzuzaubern – *sie hätten eben*, wie der Erzähler erklärt, *ihren Fang mit niemandem teilen sollen.* Zu Hause angelangt, heiratet die ältere Frau den Mann. Danach begibt sich nichts Besonderes mehr: Die drei werden in das Gesellschaftsleben integriert und tauschen Fleisch und Speck mit anderen Familien.

Mythische Frauen konnten also mit Hilfe ihrer Amulette und Zaubersprüche auf Männer durchaus verzichten. Aber die Moral der Geschichte ist offenkundig: Sie konnten entweder jagen oder die grundlegenden gesellschaftlichen Verpflichtungen (wie Warentausch) erfüllen – beides zugleich jedoch nicht.

Im krassen Gegensatz zur Moral solcher Mythen wurden in der Realität einige Töchter wie Jungen und Söhne wie Mädchen gekleidet und erzogen. Stichproben ergaben, daß unter den Inuit aus dem zentralkanadischen Polargebiet Illulik die Zahl solcher Kinder 20% betrug (D'Anglure 1986). Eine solche Erziehung hinderte eine erwachsene Frau aber keinesfalls daran, einen Mann zu heiraten und Kinder zu gebären. Sie konnte die männlichen Tätigkeiten aufgeben und weibliche aufnehmen, oder sie konnte weiterhin mit ihrem Mann auf die Jagd gehen und ihre Kinder unter der Aufsicht einer nahen Verwandten zurücklassen.

Ein „weiblicher" Junge mußte wie ein jeder andere eine Robbe erschlagen, um heiraten zu dürfen. In der Regel gab er dann die Jagd sein Leben lang nicht mehr auf. Nur selten wurde er ein so erfolgreicher Jäger wie andere, die von Kindheit an in den Robbenfang eingewiesen worden waren, aber er konnte einer ungeschickten Frau bei ihrer Arbeit helfen. Es war also nicht vorgesehen, daß „männliche" Mädchen „weibliche" Jungen heirateten. Die andersgeschlechtliche Erziehung blieb ohne Einfluß auf ihre sexuelle Orientierung; eine Ehe zwischen männlichen und „weiblichen" Jungen bzw. zwischen „männlichen“ und weiblichen Mädchen kam nicht vor. Sie gehörten dem „dritten sozialen Geschlecht“ an, wie Saladin D'Anglure sie bezeichnet.

Aus mehreren Gründen entschieden sich die Eltern für das dritte Geschlecht: Das Geschlecht des Kindes könnte unmittelbar nach der Geburt durch den Einfluß von *Sila* verändert worden sein. Oder ein/e verstorbene/r Verwandte/r mochte gewünscht haben, daß das neugeborene Kind nach ihm/ihr benannt werde, dieses hatte aber bei der Geburt das andere Geschlecht[2]. Oder Eltern, die nur Söhne hatten, wünschten sich eine Tochter oder umgekehrt, wie es besonders in Grönland oft der Fall war. Hier finden wir viele Beispiele von Frauen, die als Jägerinnen erzogen wurden, um ihren Eltern im hohen Alter beizustehen. Von dem Schamanen Aadaarutaa wird erzählt, daß er eine solche Frau um ihre Jagdfertigkeit derart beneidete, daß er sie tötete, ihre Brüste abschnitt und mit ihrem Leichnam Geschlechtsverkehr hatte. Es soll sich dabei um eine wahre Begebenheit handeln (Vebæk 1990). Obwohl es Frauen erlaubt war, männliche Tätigkeiten auszuüben, so scheint es doch, daß die erfolgreichen unter ihnen von den weniger erfolgreichen Männern beneidet wurden.

Unterschieden sich die Frauen des „dritten Geschlechts“ von den Jägerinnen aus dem Mythos? Nein. Auch die mythische Jägerin mußte entweder außerhalb der Gesellschaft gemeinsam mit Frauen leben oder heiraten und die Jagd dem Mann überlassen. Eine dauerhafte Ehe zwischen einem Jäger und einer Jägerin bzw. einer Jägerin und einem „weiblichen“ Mann kommt im Mythos nicht vor.

Abschließend ist festzustellen, daß der Hund des Mannes und die Lampe der Frau zwar die Arbeitsteilung und die Fähigkeit des Zeugens und des Gebärens kennzeichneten, jedoch war die Arbeitsteilung nicht exklusiv geschlechtsspezifisch – die Arbeitssphäre eines Geschlechts war für das andere kein Tabu. Um den menschlichen Lebenszyklus aufrechtzuerhalten, mußte auch die Frau des „dritten Geschlechts“ heiraten und so in das soziale Netz und die Tauschbeziehungen eintreten.

Allen Frauen – gleichgültig, ob sie männliche oder weibliche Tätigkeiten ausübten – wurden bis zu ihren Wechseljahren strenge Tabus auferlegt, was wiederum auf die Bedeutsamkeit ihres Geschlechts hinweist.

Die Meeresfrau: Frauentabus

Ein Vater gerät außer Fassung, weil seine Tochter es immer wieder ablehnt zu heiraten. Er schleppt sie auf sein Boot und wirft sie ins Meer. Als sie im Versuch, sich zu retten, nach dem Dollbord greift, schneidet er ihr nacheinander die Finger ab. Aus diesen entstehen verschiedene Arten von Meeressäugern; das Mädchen sinkt zum Meeresgrund hinab und verwandelt sich in die Herrin aller aus ihren Fingern hervorgegangenen Säugetiere. Dort unten baut sie ihr Haus; in der Tropfschale unter ihrer Lampe werden die Lebenselixiere der toten Meeressäuger erneut mit Fleisch überzogen. Ihr Hund bewacht den Eingangstunnel ihres Hauses.

Eine Frau der Netsilik-Inuit aus dem kanadischen Polargebiet erzählte die folgende Variante dieses Schöpfungsmythos:

> [In fernen Zeiten] entstand alles aus dem Boden, und die Menschen selbst lebten auf dem Boden. Damals gab es keine Tiere zu jagen, und die Menschen kannten keine strengen Tabus, wie wir sie heute einhalten müssen. Es bedrohten sie keine Gefahren, aber zugleich hatten sie nach der langen Tagesarbeit keine Freude zu erwarten. Dann geschah es ... [die Schöpfungsmythe der Meeresfrau] ... seither entsteht alles aus ihr, alles, was Menschen lieben und wovor sie sich fürchten – Essen und Kleidung, Hunger und mißlungene Jagd ... Und ihretwegen mußten Menschen Tabus festlegen, was das Leben schwer macht.
> (Rasmussen 1929-52, Bd. 7, S. 212ff.)

Die meisten Tabus stehen in Zusammenhang mit der Menarche, der Geburt und mit dem Tod eines nahen Verwandten. In letzterem Fall wurden für Männer ähnliche Tabus wie für Frauen vorgeschrieben, jedoch für eine kürzere Zeitspanne. Die Tabus verboten der Frau jegliche Arbeit; sie durfte ihr Haar weder waschen noch kämmen noch in der (regional unterschiedlichen) traditionellen Art frisieren. Sie durfte sich nicht umziehen, weder ausgehen noch frisches Fleisch essen oder an gemeinsamen Familienmahlzeiten teilnehmen. Trinken durfte sie nur aus einem eigenen Becher. In Grönland verbrachte sie diese müßige Zeit mit dem Gesicht zur Wand auf einer Bodenerhöhung im Haus, während die anderen sich hinter ihrem Rücken bewegten. In Kanada und Alaska lebte sie vollkommen isoliert in einer abgetrennten Hütte. Ein Verstoß gegen diese Tabus verunreinigte die Seelen der gejagten Meeressäuger und verhinderte ihre „Wiedergeburt" im Hause der Meeresfrau. Diese selbst befand sich in einem ähnlich unglückseligen Zustand, wie wir im folgenden Mythos erfahren. Der Mythos erzählt von der Reise einer Schamanin zum Haus der Meeresfrau und von ihrem Versuch, die Säugetiere ins Meer zurückzuholen:

> Als die Schamanin namens Tuttus Gattin eine Séance abhielt, um einer drohenden Hungersnot vorzubeugen, erschienen ihr ihre Hilfsgeister, ein Eisbär und ein Walroß, als zwei Flammen. Der Eisbär und das Walroß ergriffen sie an ihren Geschlechtsteilen, und in einer Art Stafettenlauf warfen sie sie weit hinaus über das Eis und verschwanden gleich darauf. Ein wilder Sturm brach die Eisdecke um sie herum auf, aber sie stieg auf einen Eisberg und wurde von einem anderen Hilfsgeist in seinem Kajak zur Stätte der Meeresfrau gebracht. Tuttus Gattin wagte es kaum, an dem auf dem Dach des Hauses der Meeresfrau knurrenden Hund vorbeizugehen; noch schlimmer war der Anblick des riesigen Eingangstunnels. Ein breiter Fluß voller Dreck und Abfälle floß nach innen, und für sie blieb nur ein Pfad schmal wie eine Messerschneide übrig, sodaß sie sich mühsam im Gleichgewicht halten mußte. Sie erreichte das steile

Tunnelende, stieg ins Haus und wurde sogleich in einen Kampf mit der Meeresfrau verwickelt. Am Ende konnte die Meeresfrau kaum noch stehen und mußte sich Tuttus Gattin geschlagen geben. Daraufhin fing Tuttus Gattin an, die Meeresfrau zu säubern und ihr Haar zu kämmen. Es war harte Arbeit, denn die Tabuverstöße auf der Erde hatten sich in eine klebrige Masse verwandelt, die das Haar der Meeresfrau verfilzt hatte. Schließlich, nachdem das Haar gereinigt, gekämmt und nach Art einer erwachsenen Frau frisiert war, bat die Meeresfrau Tuttus Gattin in Dankbarkeit, ihre Lampe zur Seite zu schieben. Als Tuttus Gattin dies tat, bemerkte sie, daß nackte, langhaarige Menschen in den Fluß am Eingangstunnel hineinsprangen; dieser floß nun, gereinigt und frisch, auswärts. Die Menschen verwandelten sich, als sie durch den Eingangstunnel schwammen, in Sattelrobben. Tuttus Gattin hatte keine Schwierigkeiten auf ihrem Rückweg.

(Rasmussen 1921-1925, II, S. 222-227)

Eine Frau während der Tabuperiode liefert hier offensichtlich das Vorbild für die Beschreibung der Meeresfrau in hilflosem Zustand. Wie jener ist der fingerlosen Meeresfrau jede Tätigkeit untersagt, sie darf sich weder waschen noch ihr offenes, verfilztes Haar kämmen. Eine Frau auf der Erde war jedoch fähig, sich am Tag nach der Tabuperiode selbst zu waschen und zu frisieren, während die Meeresfrau auf die Hilfe der Schamanin, die sogar darum kämpfen mußte, angewiesen war. Frisch angezogen, gewaschen und stilgerecht frisiert, erschien die Frau wieder und gab so den einheimischen Jägern zu verstehen, daß sie sich wieder in einem harmlosen Zustand befand. Gleichfalls signalisierte das mythische Ideal der freundlichen und attraktiven Meeresfrau das Ende einer bedrohlichen Zeitspanne, während der die Meeressäuger in ihrem Haus eingepfercht geblieben waren.

Die Mythen von der Meeresfrau drücken deutlich aus, warum Tabus besonders Frauen auferlegt wurden. Das menschliche Leben, das sich zwischen Geburt und Tod ausbreitet, wird aus biologischen Gründen von den Frauen gefördert. Zwischen dem Moment des Todes eines nahen Verwandten und der Geburt eines Kindes, das nach dem Toten benannt werden konnte, lauerte die Gefahr, daß sich der Lebenszyklus der Meeressäuger mit dem der Menschen verstrickte. Geschah dies, konnte sich die Tauschbeziehung zwischen Menschen und Meeressäugern lösen.

Der Zusammenhang zwischen den Lebenszyklen der Menschen und der Jagdtiere

Die Meeressäuger verließen die Tropfschale der Meeresfrau, wie oben erzählt, als Menschen. Sie sprangen in den Fluß ihres „Gebärkanals" hinein, woraufhin sie sich ihrer Haarlänge entsprechend in die einzelnen Arten verwandelten. Es wurde ge-

Abb. 16: Eine Schamanin reinigt das Haar der Meeresfrau, das durch die Tabuverletzungen der Menschen verfilzt und schmutzig ist. Somit können die Meerestiere befreit werden.
Nationalmuseum Kopenhagen; Foto: Lennart Larsen

glaubt, daß das wahre Wesen eines jeden Tieres menschenähnlich sei, besonders im Falle der Meeressäuger, denn diese entsprangen den Händen eines Mädchens. Warum gerade den Händen und keinem anderen Körperteil? Mit den „Händen" wurde Fleisch geteilt. Vereinbarungen, die die Fleischverteilung betrafen, wurden durch den symbolischen Austausch von Fäustlingen oder von Vorderflossen der Robben besiegelt (Sonne 1990). Ehemann und Ehefrau waren ein fleischteilendes Paar; sie arbeiteten mit ihren elementaren Produktionsmitteln, den Händen, zusammen. Mit ihren Kindern gehörten sie zu einer breiteren fleischteilenden Gemeinschaft, einem Haushalt, der sich aus zwei oder mehreren Familien sowie aus Witwen und Waisen zusammensetzte, die alle miteinander verschwägert oder blutsverwandt waren. Schließlich wurde der Fleischtausch innerhalb einer Wintersiedlung durch feste Normen geregelt. Fleisch, das geteilt bzw. getauscht wurde, kam von Meeressäugern, deren Wiedergeburt vom rituellen Verhalten der Menschen abhängig war; sie allein waren dafür verantwortlich, den Zyklus dieser Wiedergeburt in Bewegung zu halten.

Der Schöpfungsmythos von der Meeresfrau kann folgendermaßen ausgelegt werden. Sie lehnte die Ehe ab und verweigerte damit den Eltern, ihre Hände der Norm gemäß einzusetzen. Mit diesen elementaren Produktionsmitteln hätten die Eltern das soziale Netz ausweiten können. Als ledige Tochter konnte sie ihrer Mutter aushelfen, aber sie hätte, was den Bedarf an Frischfleisch betrifft, nichts einbringen können. Sie würde im Gegenteil die Fleischvorräte verzehren – eine besondere Belastung für einen betagten Vater, der nicht mehr genügend vorsorgen kann. Eine Variante des Mythos von Eskimo aus dem Polargebiet betont diesen Aspekt: Durch die Ablehnung zu heiraten verwandelt sich das starrsinnige Mädchen in eine Kannibalin, und sie beginnt, das Fleisch aus dem Leib der lebenden Eltern zu essen (Kroeber 1899).

Wegen ihres Verzichtes auf die Ehe wird sie aus der Gesellschaft ausgeschlossen und an deren Rand gedrängt. Trotzdem bleibt sie durch ihre verletzten Finger, ein Andenken an die fleischtauschende Gemeinschaft, mit dieser verbunden. Die Mitglieder der Menschengesellschaft jagen nun die Tiere, die aus der produktiven Kraft ihrer Finger hervorgegangen sind.

In Kanada und Grönland unterlag die Aufrechterhaltung der Lebenszyklen der Menschen und der Tiere vor allem den erwachsenen Frauen. Das Leben der Tiere sicherte das Essen und festigte die sozialen Beziehungen, die auf Zusammenarbeit und Teilen beruhten. Frauen fungierten als Vermittlerinnen zwischen den Familien, die oft durch Eheschließung miteinander verwandt waren. Es ist nicht überraschend, daß eine Frau die mythische Vermittlungsrolle zwischen Menschen und Tieren in jenen Teilen der Eskimowelt einnahm, in denen zu gewissen Jahreszeiten die Hungersnot eine echte Bedrohung darstellte.

Das Monsterbaby: Einige Verpflichtungen der Mutter

> Eine Mutter ließ ihren Säugling in Sicherheit über dem Flutpegel zurück und ging am Strand fischen. Vertieft in das Fischen, hörte sie nicht, daß das Kind vor Hunger schrie. Es schrie den ganzen Tag. In der Abenddämmerung nahm sie es an die Brust und tröstete es. Sie brachte der Familie verschiedene Beeren, Fleisch und Speck, gab dem Kind aber keine feste Nahrung.
>
> In der Nacht, als alle tief schliefen, schrie die Mutter vor Schmerzen auf. Das Baby hatte ihre rechte Brust verzehrt. Die Familie schaute entsetzt zu, wie das Baby Fleisch von einem großen Teller verschlang; nun wuchsen ihm zwei riesige Oberzähne und vier Unterzähne. Während einige zum Häuptling rasten und andere zu den anderen Familien, um Alarm zu schlagen, zerbiß das Kind alle Teller mit seinen übermäßigen Zähnen, stürzte sich auf seine Mutter und aß sie auf. Die ganze Siedlung floh; sie überquerten einen Strom und warfen das Brett weg, das sie dazu benützt hatten, bevor das Monsterbaby sie einholen konnte. Es schrie zähneknirschend, da es sie nicht weiter verfolgen konnte.
>
> (Curtis 1930, S. 259ff.)

Indem die Mutter ihrem neugeborenen Kind etwas Festes zu essen gab (oder dies rituell vortäuschte), verlieh sie ihm so seine menschliche Identität und nahm es in die Familie auf. Es wurde Mitglied der Familiengemeinschaft, die das Fleisch miteinander teilte; hiermit wurde auch seine Beziehung zu den Jagdtieren bestimmt. Das Heranwachsen des Kindes zu einem reifen Menschen hing von seiner Mitgliedschaft in dieser Gemeinschaft ab; wurde ihm diese Möglichkeit verwehrt, wuchs es wild auf.

Ein Kind galt eigentlich nicht von Geburt an als menschliches Wesen. Bot eine grönländische Mutter ihrem Kind den ersten Bissen fester Nahrung an, so sprach sie es in der Sprache der Geister an. Diese Sprache hob sich nur durch den Wortschatz vom jeweiligen regionalen Dialekt ab; viele Wörter der Alltagssprache (der irdischen Menschen) wurden durch ihre archaischen Entsprechungen und Metaphern ersetzt. SchamanInnenlehrlinge sowie alle anderen, die sich mit den Geistern unterhalten wollten, mußten diese Sprache beherrschen.

Die Benennung des Neugeborenen nach einem verstorbenen Verwandten väterlicher- oder mütterlicherseits vervollständigte seine Mitgliedschaft in der Familie. Mit der Namensgebung erhielt das Kind die Persönlichkeit seines/seiner Namensgebenden sowie den engen Verwandtschaftsbezug zur Familie, den diese/r einst gehabt hatte. Der Name hob den Menschen als eine besondere Spezies mit Gesellschaftsleben von den Tieren ab. Die meisten Eskimo machten keinen Unterschied zwischen männlichen und weiblichen Namen; ein Junge konnte nach seiner Großmutter und ein Mädchen nach ihrem Großvater benannt werden. Die im Namen verankerte Persönlichkeit war also nicht wirklich geschlechtsspezifisch.

Nur selten wählte die junge Mutter den Namen für ihr Kind aus; diese Ehre kam ihrer Mutter oder Schwiegermutter oder einer anderen älteren weiblichen Verwandten zu, die in einigen Regionen auch die bei der Geburt anwesende Hebamme war.

Die Erschaffung des Narwals: Die selbstsüchtige Mutter

Eine Witwe wurde mit ihrem Sohn und ihrer Tochter zurückgelassen. Der Sohn war blind. Eines Tages nahte sich ihrem Haus ein Eisbär. Die Mutter bat den Sohn, ihn zu töten. Sie half ihm beim Zielen, und der Bär wurde getötet. Die Mutter täuschte jedoch ihrem Sohn vor, er habe ihn nicht getroffen, weil sie das Fleisch für sich behalten wollte. Seine Schwester gab ihm heimlich etwas von dem Fleisch. Er bat die Schwester, ihn zu einem See zu führen, wo er auf die Anweisung eines Seetauchers dreimal tauchte und sein Sehvermögen zurückgewann. Zu Hause erkundigte er sich bei seiner Mutter nach der Haut des Bären, die zum Trocknen auslag. Sie log nochmals und erzählte, daß einer der früheren Hausbewohner diese als Geschenk zurückgelassen habe. Später erschienen Weißwale an der Küste. Die Mutter bot dem Sohn ihre Mithilfe bei der Jagd an, um seine Anerkennung zu gewinnen. Sie gingen zum Strand. Er schoß eine Harpune, deren Leine an ihrem Körper befestigt war, auf einen riesigen Weißwal. Das verletzte Tier schwamm weg und tauchte mit der Mutter unter, die an der Leine hing. Jedesmal, wenn die Mutter auftauchte, schrie sie nach ihrem Frauenmesser – „mein *ulu*, mein *ulu*!" –, um damit die Leine durchschneiden zu können. Sie begann ihre Haare zu einem Schwert zu formen. Schließlich verwandelte sie sich in einen männlichen Wal mit einem langen Stoßzahn: in einen Narwal.

(Holted 1951, gekürzt)

Solange der Sohn ledig war, galt die Mutter als seine Mitarbeiterin, sie zerschnitt zum Beispiel seinen Fang. Wie auch im Falle des Fanges ihres Mannes verfügte sie über das Fleisch, die Haut und den Speck. Sie sorgte dafür, daß allen Mitgliedern der Gemeinschaft, in der das Fleisch verteilt wurde, ihr gerechter Anteil zukam; dann bediente sie üblicherweise die Männer aus ihrer Familie mit den besten Stücken aus dem übriggebliebenen Fleisch. In Grönland behielt sie diese Rolle bei, auch nachdem der Sohn geheiratet hatte – bis dessen Frau ein Kind gebar. Dieses Verfügungsrecht zur Erfüllung eigener übermäßiger Wünsche zu mißbrauchen, war ein Verbrechen. Die Mutter aus der zitierten Geschichte, die töricht genug war zu glauben, daß ihr Sohn für immer blind bleiben würde, beging dieses Verbrechen und zog sich die Rache des Sohnes zu.

Die Seeschwalben: Die rituelle Rolle einer Ehefrau

Ein verwaistes Mädchen lebte mit ihrer Großmutter in einem Dorf. Die Großmutter starb und wurde von der Enkelin standesgemäß bestattet. Die DorfbewohnerInnen lebten von den Fischen, die sie im Sommer fingen. Einen Sommer lang kamen keine Fische in den Fluß, und das Fischen blieb erfolglos. Der Winter war sehr stürmisch, und es gab nichts zu essen. Draußen hörten sie eine singende Stimme, deren Gesang mit der Frage endete: „Seid ihr hungrig?" Der Geist vernahm keine Antwort. Er sprach jedes Haus an. Die Waise lebte im letzten Haus. Die Menschen verhüllten sie, und der Geist hörte ihre Antwort: „Ja, wir haben Hunger!" Dann fielen zwei Fische aus dem Oberlicht herunter. Das arme Mädchen hatte, nachdem die DorfbewohnerInnen ihr Haus verlassen hatten, eine Vision: Es war heller, sonniger Tag. Sie hörte singende Stimmen und sah zwei Seeschwalben, die im Fluß fischten. Sie nahten sich ihr in menschlicher Gestalt und baten sie, eine von ihnen zum Ehemann zu wählen. Sie entschied sich für beide. Sie brachten sie in ein schönes Haus und gingen auf die Jagd. Sie rief nach ihrer Großmutter um Hilfe. Diese erschien als junge Frau in vollem Glanz und brachte ihrer Enkelin Perlenschmuck. Die Enkelin bat einen ihrer Gatten, die verjüngte Großmutter zu heiraten. Die Männer fingen viele Robben. Die Großmutter gebar einen Jungen mit einem Entenschnabel auf der Stirn. Nachdem er erwachsen war, fing er viele Robben und Fische mit seinem Schnabel. Dann gebar die Großmutter einen Sohn mit einem flachen Ohr. Er wuchs zu einem guten Karibujäger heran, der sein Ohr als Jagdwaffe einsetzte. Sie lebten dort weiterhin ohne jegliche Schwierigkeiten.

(Lantis 1946, S. 291ff., gekürzt)

Dieses Waisenmädchen scheint nach dem Tod ihrer Großmutter eine potentielle Schamanin geworden zu sein; verhüllt wie eine Schamanin, konnte sie die Stimme von oben beantworten und in das Land ihrer Visionen ziehen. Keine/r ihrer Verwandten im Dorf vermißte sie; niemand hätte sie heiraten können, da sie den nötigen Schmuck nicht besaß, um ihrem Gatten im Ritual beizustehen. Auf der Insel Nunivak, woher diese Geschichte stammt, erhielt eine Tochter im Alter von etwa acht Jahren ihren Schmuck, den sie beim Tanz in der Öffentlichkeit zur Schau trug. Der Tanz fand im Männerhaus statt, das zugleich das Kulthaus des Dorfes war. Dadurch wurde das Mädchen in die wichtigste rituelle Aufgabe während ihres zukünftigen Ehelebens – den Tanz anläßlich des Geschenkrituals – eingeführt. Das Geschenkritual war in die meisten Feste eingebettet, die im Männerhaus stattfanden. Ein Mann machte Geschenke, die er und seine Ehefrau hergestellt hatten; die Ehefrau und ihre ledigen Töchter tanzten mit dem rituellen Schmuck, während der Mann trommelte und davon sang, wie die Geschenke beschafft und hergestellt worden waren. Die Familien beschenkten einander der Reihe nach. Die Geschenke wurden aufgestapelt und später verteilt. Alle konnten sich ihr Geschenk auswählen, zunächst die älteren Männer und Frauen und dann die jüngeren; das Alter wurde berücksichtigt, nicht aber das Geschlecht (Sonne 1988).

Die regionalen Heiratsregeln bieten eine Erklärung für die frühzeitige Initiation eines Mädchens in ihre zukünftige Rolle als Tanzpartnerin des Ehemannes. Ein Mädchen wurde ein paar Jahre vor ihrer Menarche verehelicht. Ihr – viel älterer – Ehemann kam nach ihrer ersten Menstruation zu ihr in die abgeschiedene Hütte. Ein Junge durfte erst heiraten, nachdem er je eine Robbe von jeder Art gefangen hatte; üblicherweise war er dann etwa zwanzig Jahre alt. Bis er seinen letzten Robbenfang machte, waren ihm und seiner Mutter, die ihm während seiner Kindheit und Adoleszenz als Mitarbeiterin beistand, strenge Tabus vorgeschrieben. Nachdem die Tabuperiode zu Ende war, durfte er heiraten.

Kehren wir zu der Geschichte des armen Mädchens zurück. Erst im Land ihrer Visionen kann ein richtiges Nunivak-Leben anfangen. Im Unterschied zu den Menschen vom gegenüberliegenden Festland, die sich vorwiegend vom Fischen in großen Flüssen ernährten, lebten die Nunivak-Eskimo vom Robbenfang zur See und von der Karibujagd an Land. Das Fischen im Sommer, das einzelne Familien unternahmen, war weniger wichtig, aber es gab den jungen, frisch vermählten Paaren die Gelegenheit, sich zurückzuziehen. Sie zogen alleine in die Flitterwochen, fischten und amüsierten sich. Ein Fischerdorf ist also der Ausgangspunkt der Geschichte. Auch die Seeschwalben, die sich als Ehemänner anbieten, fischen, bis sie von dem

Mädchen aufgenommen werden. Danach gehen sie in Menschengestalt auf Robbenjagd wie erwachsene Männer. Die Verwandlung von Tieren in Menschen, sobald sie einen Menschen anderen Geschlechts heiraten, ist ein wiederkehrendes Thema in der Mythologie von Nunivak. Diesem entspricht ein Ritual, mit dem ein Junge seine Tabuperiode beendete: Er zog sich aus und lief nackt an den Strand, um seine endgültige Verwandlung in einen richtigen Erwachsenen, einen heiratsfähigen Robbenfänger, kundzutun.

Dadurch, daß das schlaue Mädchen ihre Großmutter ruft, bekommt sie nicht nur den Schmuck, der für ihre Initiation in die Ehe nötig ist, sondern sie gewinnt auch eine enge weibliche Verwandte, und damit wird das mythische Ideal der Nunivak von einem Haushalt mit zwei verwandten Familien, die zusammenarbeiten, erfüllt. Die Verjüngung der Großmutter ist auf die Vorstellung zurückzuführen, daß die verstorbenen Verwandten ihrem Namen nach in ihren Enkelkindern wiedergeboren werden. Wie Ann Fienup-Riordan (1990, S. 47) treffend ausgedrückt hat: „die gleichen Leute ... sind seit dem Uranfang auf der Erde, sie machen den Kreislauf des Lebens und des Todes fortwährend durch".

Um die Kooperation zwischen den beiden Familien zu gewährleisten, werden Söhne mit Tiermerkmalen geboren, die ihre Jagdtätigkeit am Land und im Meer fördern. Diese Merkmale symbolisieren das väterliche Amulett, ohne das der Mann ein schlechter Jäger bleiben würde. Und sie stellen zugleich den jährlichen Arbeitszyklus sinnbildlich dar: Robbenfang im Winter und Karibujagd im Sommer (Sonne 1988, S. 100-108). Wie im Mythos vom *„Bringen der Sonne"* ein Schamane die richtige Form der Kooperation zwischen den Geschlechtern und Familien initiiert, so setzt in dieser Geschichte eine Schamanin das richtige Leben auf Nunivak in Gang.

Tuttus Gattin: Die Schamaninnen

Angeblich hatte Tuttu geringere Schamaneneigenschaften inne als seine Ehefrau. Sie zerstritten sich, und Tuttus Gattin verließ ihren Mann. Tuttu bemühte sich, seine schamanischen Kräfte zu entwickeln.

> Eines Tages sah Tuttu, in seinem Kajak auf der Robbenjagd, eine Robbe mit einem Rotbarsch im Maul auftauchen – was darauf hinwies, daß das Meer hier sehr tief war. Er sammelte Schwanzfedern, um eine lange Fischleine zu flechten. Im Winter brachte er diese Leine zu dem Ort, wo er die Robbe mit dem Rotbarsch gesehen hatte. Er bohrte ein Loch und ließ die Leine ins Meer hinab; obwohl er damit bereits bei Sonnenaufgang begann, erreichte die Leine den Meeresboden erst zu Mittag. Er fing einen riesigen Rotbarsch. Als er mit dem Fisch auf dem Rücken einen gefrorenen See überquerte, krachte es, wodurch er bewußtlos wurde. Als er wieder zu sich kam, hatte er den sechsten Sinn der SchamanInnen erlangt. Auf dem Weg nach Hause begegnete er einem gefie-

derten Monstrum. Da er wußte, daß das Töten eines solchen Wesens ihm die Kraft für die unterirdische Reise verleihen würde, tötete er es. Schließlich konnte er zu den Stätten tief unter der Erde gelangen. Hier hatte sich, wie er mittels seines sechsten Sinnes sehen konnte, seine Gattin versteckt. Sie folgte ihm bereitwillig nach Hause.

(Rasmussen 1921-1925, II, S. 221ff., gekürzt)

Tuttu scheint seiner Gattin in seinen schamanischen Kräften nicht mehr nachzustehen. Aber später, als die Siedlung durch eine Hungersnot bedroht wurde und die großen Jäger Tuttu und seine Gattin um Hilfe riefen, bat Tuttu seine Frau, die Aufgabe zu übernehmen. Tuttus Gattin tat dies, wie berichtet, mit Erfolg. Der Eisbär und das Walroß waren ihre Hilfsgeister, was ein Hinweis darauf ist, daß sie eine der höchsten schamanischen Stufen erreicht hatte. Diese Stufe war jenen SchamanInnen vorbehalten, die über solche Kräfte verfügten, wie Tuttu sie hatte.

Dieser Mythos gibt keine Hinweise auf eine Einteilung der „kleinen" und „großen" SchamanInnen in geschlechtsspezifischer Hinsicht. Männliche Schamanen waren in der Mehrzahl, und die Mehrzahl der „großen" SchamanInnen war männlich. Die Geschichte von Tuttus Gattin ist jedoch plausibel, denn theoretisch stand nichts im Wege, daß auch Frauen den Ruf einer „großen" Schamanin genossen; in einigen Fällen traf dies auch zu. Oosten (1986) behauptet, daß es in einigen Polargebieten Kanadas den Schamaninnen nicht erlaubt war, die Aufgaben der „großen" Schamanen auszuführen, Aufgaben wie die Reise hinunter zur Meeresfrau oder hinauf zum Mond, um die Siedlung vor einer Hungersnot zu bewahren. Diese Behauptung steht im Widerspruch zu vereinzelten Quellen sowie zu der Erhebung von Saladin D'Anglure (1986), wonach Schamanen und auch Schamaninnen entsprechend ihrem Ruf in „große" bzw. „kleine" eingeteilt werden. Jedoch eignete sich die Arbeitssphäre des Mannes besser zu einer Ausbildung als Schamane, denn die Schamanen wie die Schamaninnen heirateten und bekamen Kinder. Ein/e auszubildende/r Schamane/Schamanin wurde von einem/einer älteren erzogen oder konnte ohne Beistand die erste Kommunikation mit einem Hilfsgeist in einer Vision aufnehmen. Aber die ausgedehnten Gänge in die Wildnis auf der Suche nach (zusätzlichen) Hilfsgeistern mußte der/die Auszubildende in Abgeschiedenheit unternehmen.

Auch hatte der/die Auszubildende seine/ihre Erziehung bis zum Initiationsabend geheimzuhalten, was einem Auszubildenden, der auf der Jagd frei umherzog, wesentlich leichter fiel. Falls ein Mädchen in die Wildnis zog, entstand der Eindruck, sie gehe fort, und sie wurde besonders verdächtig, wenn sie für längere Zeit fernblieb. Die Heirat und die Geburt ihrer Kinder schränkten ihre Bewegungsfreiheit noch weiter ein. In den Lebensgeschichten grönländischer Schamaninnen wird oft die Heirat als Grund für den Abbruch ihrer Ausbildung zur „großen" Schamanin angegeben. Zusätzlich scheinen die Schamanen auf die Schamaninnen nicht selten neidisch gewesen zu sein. Dies ist auch darauf zurückzuführen, daß die Stellung der Mädchen und jungen Ehefrauen niedriger war als die ihrer Brüder und Ehemänner.

Die Autoritätshierarchie, alte Frauen und „kleinere“ Schamaninnen

In der Regel gingen die Männer auf die Jagd. Frauen waren unerläßlich für die Verarbeitung der Beute zu Essen, Brennstoff, Bekleidung und Bootsüberzügen. Auch ein Mann des „dritten Geschlechts“ war auf die Frauen zum Gebären seiner Kinder angewiesen. Umgekehrt führten Frauen ohne Mann (wie einige Witwen) ein elendes Leben. Es ist eine unleugbare Tatsache, daß Männer die für die produktive Arbeit der Frauen benötigten Rohmaterialien nach Hause brachten, und dadurch wurde in den meisten Eskimo-Gesellschaften den männlichen Mitgliedern der Familie die Autorität übertragen. Was die Jagdangelegenheiten betraf, so war der Vater das Familienoberhaupt, und bei den Mahlzeiten wurde er zusammen mit den männlichen Familienmitgliedern zuerst bedient. Jüngere Brüder unterstanden den älteren, jüngere Schwestern ihren älteren; eine Schwester unterstand stets ihrem Bruder, ohne Rücksicht darauf, ob dieser älter oder jünger war als sie. In gewisser Hinsicht war eine Inuit-Ehefrau Eigentum ihres Mannes. Er konnte über den Tausch der Frau entscheiden – ein Mittel, um das Freundschaftsband zwischen zwei Männern zu festigen. Er konnte sie kratzen oder mit seinem Messer verwunden, ohne daß jemand ihm Vorwürfe machte, denn die Umgangsformen verboten fremde Einmischung in Ehesachen. Aus unbedeutendstem Grund konnte er sie verlassen. Aber dies konnte auch sie, und die Kinder blieben bei ihr, nie bei ihrem geschiedenen Vater. Je älter eine verheiratete Frau wurde und je mehr Söhne sie gebar, desto höher wurde ihre Stellung.

Die verehelichten Söhne, die ihre Frauen nach Hause brachten, ließen sich von der Mutter, die Oberhaupt in Familienangelegenheiten blieb, beraten und folgten allen ihren Entscheidungen. Sie hatte aber nicht darüber zu bestimmen, wo und wann die Söhne auf die Jagd gingen. Solch eine Mutter behielt ihre Autorität auch als Witwe. Die Schwiegertöchter litten oft unter ihrer Herrschaft und hofften auf eine Zukunft, in der sie unabhängiger sein würden. Eine junge Witwe oder eine geschiedene Frau wurde im Haushalt von Verwandten sehr kurz gehalten, bis sie wieder heiratete. Je jünger und schöner sie war und je besser sie nähen konnte, desto größer waren ihre Chancen, einen fähigen Jäger zu heiraten. Alte, von ihren engsten Verwandten zurückgelassene Frauen hatten ein schweres Leben. Ihnen wurde oft Hexerei vorgeworfen, ebenso auch alten Männern mit minderem Ruf. Dies verschaffte ihnen jedoch zugleich Respekt, solange wenigstens, als die Anschuldigungen gegen sie nicht zur Lynchjustiz führten, was in Krisenzeiten auch vorkommen konnte.

Anders ausgedrückt wurden ältere Menschen beiderlei Geschlechts – sei es aufgrund ihres Alters oder ihres Rufes – hoch angesehen, wodurch sich eine Frau über die Struktur der männlichen Autorität hinwegsetzen konnte. Thisted weist in ihrer Studie darauf hin, daß die „kleineren" Schamaninnen in den meisten Fällen bei Krankheit und Unglück als Ratgeber herangezogen wurden; die dramatischen und aufsehenerregenden spiritistischen Sitzungen blieben die Domäne der „größeren" Schamanen. Ferner waren die älteren Frauen als Kinder hütende Großmütter Hauptvermittlerinnen des Mythos. Der Ruf als ErzählerIn bestimmte das Ansehen unter den Erwachsenen, ungeachtet des Geschlechts.

Die grundlegenden Pflichten einer jeden Frau bestimmten in der Regel den Grad ihres Ansehens: ihre Rolle als Vermittlerin, die zwei Familien durch Heirat zusammenbrachte; als Mutter, die das Leben erneuerte; und schließlich als unerläßliche Mitarbeiterin des Ehemannes und der ledigen Söhne in deren Jugend. Diese Rollen werden im Mythos betont.

Der Einfluß der Akkulturation auf die Mythen

Die geläufige Vorstellung, daß bis zur jüngsten Einwirkung der westlichen Welt die Kultur der Eskimo zeitlos und statisch gewesen sei, ist falsch. Klimatische Veränderungen und Handel mit Waren und Frauen sowie der Austausch von technischem Wissen, der die Eskimo bereits vor der Ankunft der Weißen mit anderen Kulturen in Berührung brachte, bedingte maßgebliche Veränderungen während jeder Periode der vorgeschichtlichen Zeit. Die Berührung mit der westlichen Welt ist jedoch von zentraler Bedeutung für die moderne Bearbeitung der Eskimo-Mythen, daher beschränken wir uns darauf. Die Verwendung dieser Mythen durch westliche SchriftstellerInnen und FilmemacherInnen ist ein eigenes Kapitel (vgl. u.a. Fienup-Riordan 1990).

Änderungen in den Mythen von der Meeresfrau

In unserer Zusammenfassung des Mythos von der Meeresfrau haben wir dessen verschiedene Varianten nicht berücksichtigt. In einigen ist sie ein verwaistes Mädchen oder eine Witwe unter Fremden, d.h. ein Mädchen bereits am Rande der Gesellschaft und mißhandelt von deren maßgebenden Mitgliedern. Unter den Varianten, die ihren Verzicht auf die Heirat betonen, gibt es viele Geschichten der Inuit aus Kanada, die davon erzählen, daß sie einen Fulmar geheiratet hatte, und/oder sie identifizieren sie mit dem Mädchen aus der Mythe *„Hunde-Gatte"*, das einen Hund heiratete und so zur Stammutter der Indianer und der Weißen wurde.

Der Fulmar (Eissturmvogel)

Der Eissturmvogel verführt das starrsinnige Mädchen in Gestalt eines menschlichen Kajakfahrers und nimmt es als seine Ehefrau mit in sein weit entferntes Land. Ein Jahr darauf bricht die Familie des Mädchens mit einem Boot auf, um nach ihm zu suchen. Sie erreichen das Haus des Eissturmvogels und eilen mit dem Mädchen hinweg. Als der Eissturmvogel dies bemerkt, verfolgt er sie. Er holt sie ein und wünscht, ihre Hände zu sehen. Da sein Wunsch abgelehnt wird, beschwört er einen Sturm herauf, der das Boot fast umkippt. Der Vater wirft das Mädchen, um die Familie zu retten, ins Meer und schneidet dessen Finger ab.

Die Autorin des vorliegenden Beitrages vertritt die These, daß die Bewohner des südöstlichen Baffinland nach Ankunft der europäischen Walfänger in der Davis-Straße während des 17. Jahrhunderts das Fulmar-Motiv eingeführt haben (Sonne 1990). Verwundete Wale entwischten den Walfängern in beträchtlicher Zahl; früher oder später starben sie und wurden an die Küste gespült – zugunsten der Inuit. Die Eissturmvögel, die treuen Begleiter der Walfangboote, schnappten sich als erste einen Bissen aus dem Kadaver und gaben so den Inuit ein Zeichen. In Einklang mit der Vorstellung, daß die verwundeten Finger der Meeresfrau deren Beitrag zum Fleischtausch mit den Menschen waren, wurde dem Fulmar als ihrem Gatten das Recht auf ihre Hände gestattet. Er verdiente, wie ein kooperierender menschlicher Schwiegersohn, einen Anteil am Fleisch.

Der Hunde-Gatte

Die Stammutter der Weißen war einst ein Mädchen, das, nachdem es die Heirat abgelehnt hatte, mit einem Hund verheiratet wurde. Sie brachte einen Wurf Hunde zur Welt. Ihr Vater, der die junge Familie ernähren mußte, wurde seines unproduktiven Schwiegersohnes müde (die Eskimohunde bringen selbst kein Fleisch ein und müssen von ihrem Herrn gefüttert werden) und ertränkte ihn. Als Vergeltung hieß seine Tochter ihre Kinder, den Großvater zu töten. Da sie nun allein war, ohne Ernährer, schickte sie die Hunde in die weite Welt, wo sie selbst für ihren Unterhalt sorgten. Verschiedene Stämme von Menschen und Geistern entstanden auf diese Weise: die IndianerInnen auf dem Festland (oder ein Geistervolk in sonst unbewohnten Gebieten) und die Weißen in weit entfernten Ländern jenseits des Meeres. Die Mutter der Weißen hatte ihnen gesagt, daß sie reich werden und viele kleine Geschenke herstellen sollten, womit sie indirekt ihre spätere Rückkehr mit diesen Dingen als Geschenke für die Inuit-Frauen andeutete.

Der erste Beleg für die Variante, die den Mythos von der Meeresfrau und den des Hunde-Gatten kombiniert, stammt aus dem 19. Jahrhundert. Zu dieser Zeit erhielten junge Inuit-Frauen solche Geschenke gewöhnlich für ihre Dienste als Näherinnen, Tanzpartnerinnen und Mätressen weißer Walfänger auf den Walbooten. Ihre Inuit-Väter halfen beim Walfang und versorgten die Bootsbesatzung mit Frischfleisch, sie verdienten sich so wertvolle Materialien wie Eisen für die Harpune sowie andere Mittel zur Steigerung ihrer Jagdausbeute. Diese neue Rolle der Männer, die sie sowohl für die Ernährung der Weißen als auch für deren Nachkommen, die zurückgelassenen Mischlinge, verantwortlich machte, ähnelte der Rolle des Schwiegervaters des mythischen Hundes, der Weiße zeugte. Jedoch töteten diese Inuit-Väter, die durch die Kooperation mit den Walfängern profitierten, die hundegleichen Weißen nicht. Durch die gefestigten Beziehungen wurden die Weißen in das aus der Meeresfrau hervorgegangene soziale Netzwerk, das auf dem Tausch von Meeressäugern beruhte, eingegliedert. Daher wurde nach Meinung der Autorin die Meeresfrau mit dem Mädchen, das den Hund heiratete, gleichgesetzt (Sonne 1990).

Die Tatsache, daß das Haus der Meeresfrau nahe der unter dem Meer lokalisierten Sphäre des Todes lag, förderte die Entstehung neuer Varianten, in denen die Inuit erstmals der christlichen Lehre begegneten: Demnach steigt der Vater der Meeresfrau in ihre Sphäre hinab wie ein Teufel, der die Verstorbenen auf ihrem Weg zum Totenreich quält. Die Rolle des Teufels kann auch der Meeresfrau selbst zukommen. Diese Veränderungen erklären auch, warum die Bedeutung der Meeresfrau unter den meisten kanadischen Inuit größer ist als zum Beispiel unter den GrönländerInnen (Sonne 1990).

Inuit – Die Meeresfrau erneuert die Identität der Inuit

Inuit heißt ein Theaterstück von der ersten Gruppe von SchauspielschülerInnen des Tulak-Theaters in Dänemark. Im Stück wird grönländisch gesprochen, aber die Kommunikation erfolgt vorwiegend über Körpersprache und Kostüme, sodaß das Publikum das Grönländische nicht zu verstehen braucht. Für die Vermittlung der feineren Bedeutungsunterschiede bin ich Dr. Kirsten Thonsgaard zu Dank verpflichtet.

Das Stück wurde Mitte der 70er Jahre verfaßt und aufgeführt, als die GrönländerInnen gegenüber dem dänischen Staat ihr Recht auf Selbstbestimmung beanspruchten. Das Stück gibt die grönländischen Vorstellungen von ihrem Kampf um Wiedergewinnung der eigenen ethnischen Identität wieder:

Ein maskierter weißer Geist besucht eine Gruppe von Kindern, die fröhlich singen und spielen, und verdirbt ihnen ihr Spiel. Er zwingt jedes Kind, eine Maske aufzusetzen, was auf die Einführung der Gebräuche der Weißen in der jüngsten Vergangenheit hinweist. Die erste Reaktion ist naive Fröhlichkeit, die maskierten Inuit-Kinder tanzen trotz einer Sphäre der Furcht, in der Seelen leicht verlorengehen können. Ein Verlust der Seele gleicht dem Identitätsverlust, und in ihrer Verzweiflung rufen die entfremdeten Kinder um Hilfe. Einige traditionell maskierte Geister erscheinen, um eines der Kinder zur Mutter des Lebens hinunterzuführen. Diese Frau, eine Neudeutung der Meeresfrau, trägt ebenso eine Maske. Als die Besucher von oben eintreffen, zerreißt sie ihre Kleider in einem Wutanfall. Hiermit betritt sie die Ebene der irdischen Menschen. Danach läßt sie in ekstatischem Gesang und Tanz ihre Wut aus, was ihr die Kraft verleiht, die Maske zu zerreißen. Dadurch ermutigt, tun es ihr die Besucher gleich, und alle außer dem weißen Geist erhalten ihre Seelen wieder. Der weiße Geist stellt dennoch weiterhin eine Bedrohung für die Identität der Inuit dar. Er wird von einem der Schauspieler zum Ringen aufgefordert, ihm gelingt es, dem Geist die Maske herunterzureißen. Seiner weißen Identität beraubt, macht der Verstorbene eine ernsthafte Krise durch, die schließlich zu seiner Wiedergeburt als ein wahrer Mensch führt. Er wird in den Kreis der Inuit-Kinder eingeladen, die ihr fröhliches Spiel fortsetzen. Schließlich nimmt er die Einladung an.

Die Botschaft läßt sich folgendermaßen kurz zusammenfassen: Die Inuit werden zu ihrem gemeinsamen kulturellen Erbe stehen, sich vereinigen, die tödliche westliche Bedrohung bekämpfen und den Weißen die Inuit-Lebensart von einer fröhlichen Koexistenz in gegenseitiger Liebe beibringen.

Im Stück *Inuit* sind zwei Mythen verknüpft und neu interpretiert worden. Eine davon ist die oben wiedergegebene *„Reise des Schamanen zur Meeresfrau"*, die andere erzählt von einer Frau, die einen jungen Eisbären als Sohn annahm. Sie gewann ihn sehr lieb, er lernte sprechen und spielte mit anderen Kindern. Aber mit der Zeit wurde er sehr stark und und benahm sich ungestüm, sodaß sie in Angst gerieten. Von den Erwachsenen lernte er zu jagen, und er wurde ein guter Jäger und Ernährer. Seiner Bärennatur zufolge bestahl er letztlich seine Mitmenschen und wurde getötet. Diese Mythe bezieht sich auf die Grundform des Theaterstückes, auf das Spiel mit Gesang. Der Gesang dieses traditionellen Blindekuh-Spiels enthält eine Warnung: „Wenn dein Baby ein kleiner Eisbär ist, sei lieber vorsichtig." Der weiße Geist ist hier der Eisbär. Seine endgültige Verwandlung in einen wahren Menschen, eine Umkehrung des Ausgangs der Geschichte, ist eine Umstrukturierung des Mythos von der *„Reise des Schamanen zur Meeresfrau"*. Während in dem traditionellen Mythos der Meeresfrau diese außerhalb der Gesellschaft bleiben muß und für ihr Wohlergehen auf die irdischen Menschen und SchamanInnen angewiesen ist, wird die „Mutter des Lebens" in das Inuit-Leben auf der Erde einbezogen. Ihr Mitleid mit den verängstigten Inuit-Kindern führt sie dazu, selbst die Rolle der Schamanin zu übernehmen. Sie reinigt sich selbst, indem sie sich die Maske fortreißt; diese symbolisiert den „Schmutz", der durch die lockenden, von den Weißen mitgebrachten Waren verursacht worden ist. Die Kinder mit den Masken von Hilfsgeistern vernichten gleichfalls ihren „Schmutz", der ihre wahre Identität verdeckt hat. Die „Mutter des Lebens" müßte in der Rolle der Schamanin kämpfen und das eigentliche Übel, den weißen Geist, entfernen; aber während der Konzeption des Stückes erhoben die Schauspielschülerinnen Einspruch gegen diese Idee. Die Grönländerinnen, stellten sie nachdrücklich fest, seien nicht so aggressiv. Die Person, die den Geist bekämpft, müsse männlich sein.

Die Meeresfrau, traditionell die Widerspiegelung einer inaktiven Frau, die Tabus unterworfen ist, hat sich also in ihrer neuen Rolle als Mutter des Lebens nicht nur in einen richtigen Menschen verwandelt, sondern sie ist auch zum Wahrzeichen der Identität der Inuit-Frauen geworden. Nicht selten wenden sich bedrohte Völker angesichts einer politischen Gefahr erneut ihren ethnischen oder nationalen Wurzeln zu. Wir suchen eine Stütze in der Tradition und Geschichte und entdecken diese neu, um sie unseren Bedürfnissen anzupassen.

Anmerkungen

1 Die Bezeichnung *Eskimo* bezieht sich auf eine Gruppe von miteinander verwandten Sprachen, die von allen „Eskimo" gesprochen werden. Die politisch bewußten Mitglieder der Pan-„Eskimo"-Organisation, *Inuit Circumpolar Conference* (ICC), bezeichnen sich lieber als *Inuit*, was in den nördlichen Dialekten aus dem Nordwesten von Alaska, Kanada und Grönland „Menschen' bedeutet. Die Vertreter der südlichen Dialekte aus dem Südwesten Alaskas nennen sich *Yupiit*, was mit dem Wort *Inuit* in Stamm und Bedeutung verwandt ist. Jedoch lehnen die *Yupiit* die Bezeichnung *Inuit* ab, wenn es um ihre ethnische Identität geht. Auch die Eskimo-sprechenden BewohnerInnen der Pazifikküste Alaskas lehnen die Bezeichnung *Inuit* ab und nennen sich *Aleuts*.

2 Geschlechtsspezifische Namensgebung war nur unter den Illulik und einigen anderen kanadischen Inuit üblich. Die meisten Eskimo-Gesellschaften unterschieden vor der Ankunft der christlichen Missionare nicht zwischen männlichen und weiblichen Namen.

Bibliographie

Primärliteratur:

Alaska Native Language Center: *King Island Tales*, Fairbanks (Alaska) 1988, S. 167-249.

Bergsland, K. (Hrsg. u. Übers.): *Nunamiut Stories*, Bilingual edition of stories collected by H. Instad among Inland Eskimos of North Alaska 1949-1950, Fairbanks 1987 (Alaska Native Language Center, College of Liberal Arts, University of Alaska; the North Slope Borough Commission on Inupiat History, Language and Culture).

Bergsland, K./Dirks, M. L. (Hrsg. u. Übers.): *Aleut Tales and Narratives*, Bilingual publication of stories collected by W. Jochelson 1909-1910, Fairbanks 1990 (Alaska Native Language Center).

Boas, F.: *The Eskimo of Baffinland and Hudson Bay*, I-II. In: Bulletin of the American Museum of Natural History, 15, 1901-1907.

Boas, F.: *The Central Eskimo*, Nebraska 1964 (1888).

Curtis, E. S.: *The North American Indian*, 20, New York/London 1970 (1930).

Eskimo-Märchen, hrsg. u. übertr. v. H. Barüske, Düsseldorf/Köln 1969. *

Hall, Jr., E. S.: *The Eskimo Storyteller*, Knoxville (Tennessee) 1975.

Holtved, E: *The Polar Eskimos. Language and Folkore*, II, *Meddelelser om Grønland*, 152/2, Kopenhagen 1951.

Keithan, E. L.: *Alaskan Igloo Tales*, Anchorage (Alaska) 1976 (1974).

Kroeber, A. L.: *Tales of the Smith Sound Eskimos*. In: Journal of American Folklore, 12, 1899, S. 166-182.

Lantis, M.: *The Social Culture of the Nunivak Eskimo*. In: Transactions of the American Philosophical Society, N. S. 35/3, Philadelphia 1946, S. 264-313.

Métayer, M: *Tales from the Igloo*, Edmonton 1972.

Nelson, E. W.: *The Eskimo About the Bering Strait*, 18th Annual Report of the Bureau of American Ethnology, Teil 1, Washington 1899.

Ostermann, H. (Hrsg.): *Knud Rasmussen's Posthumous Notes on East Greenland. Legends and Myths*. In: Meddelelser om Grønland, 109/3, Kopenhagen 1939.

Rasmussen, K.: *Myter og Sagn fra Grønland*, I-III, Copenhagen 1921-1925 (Dänisch).

Rasmussen, K.: *Der Sängerkrieg. Eskimosagen aus Grönland*, Berlin 1991. *

Rasmussen, K.: *Die Gabe des Adlers. Eskimomythen aus Alaska*, Berlin 1988. *

Rasmussen, K.: *Report of the 5th Thule Expedition*, Vols 7/1, 8, 9, 10/2-3, 1921-1924, Kopenhagen 1929-1952.

Rasmussen, K.: *Die große Schlittenreise*, übertr. u. bearb. v. A. Schmücker, Mainz 1958. *

Rink, H. J.: *Tales and Traditions of the Eskimo*, New York 1975 (1875).

Spencer, R. F.: *The North Alaskan Eskimo*. In: Smithsonian Institution, Bureau of American Ethnology, Bulletin, 171, Washington 1959, S. 384-439.

Woodbury, A. C.: *Cev'armiut Qanemciit Qulirait-llu / Eskimo Narratives and Tales from Chevak, Alaska*, Fairbanks (Alaska) 1984.

Sekundärliteratur:

Briggs, J.: *Eskimo Women, Makers of Men*. In: Matthiasson, C. J. (Hrsg.): *Many Sisters: Women in Cross-Cultural Perspective*, New York 1974.

Dorais, J.-L.: *Agiter l'homme pour attraper la femme: La sémantique des sexes en langue Inuit*. In: Études / Inuit / Studies, 10 (1-2), 1986, S. 171-178.

Fienup-Riordan, A.: *Eskimo Essays*, New Brunswick/London 1990, S. 1-67, 123-145.

Giffen, N. M.: *The Roles of Men and Women in Eskimo Culture*, Chicago 1930.

Guemple, L.: *Men and Women, Husbands and Wives: The Role of Gender in Traditional Inuit Society*. In: Études / Inuit / Studies, 10/1-2, 1986, S. 9-24.

Kleivan, I.: *The Swan Maiden Myth among the Eskimo*. In: Acta Arctica, Fasc. XIII, Kopenhagen 1962.

Lantis, M.: *Nunivak Eskimo Personality as Revealed in Mythology*. In: Anthropological Papers of the University of Alaska, 2/1, 1953.

Oosten, J. G.: *The Incest of Sun and Moon: An Examination of the Symbolism of Time and Space in Two Iglulik Myths*. In: Études / Inuit / Studies, 7/1, 1983, S. 143-151.

Oosten, J. G.: *Male and Female in Inuit Shamanism*. In: Études / Inuit / Studies, 10/1-2, 1986, S. 115-131.

Am Nordrand der Welt, Museum für Völkerkunde, Wien 1991. *

Saladin D'Anglure, B.: *Du foetus au chamane: la construction d'un ‚troisieme sexe' inuit*. In: Études / Inuit / Studies, 10/1-2, S. 25-113.

Sonne, B.: *Agayut. Eskimo Masks from The 5th Thule Expedition*, Kopenhagen 1988.

Sonne, B.: *The Acculturative Role of Sea Woman*. In: Meddelelser om Grønland, Man & Society, 13, 1990.

Thisted, K.: *Ajugassaarukkumaartutit / Intet skal voere dig umuligt – Kvinder og shamanism (samt belagtet religos aktivitet i Grønland)*, Nuuk (in Druck).

Vebæk, M: *Navaranaaq og andre. De grønlandske historie (The History of the Greenlandic Women)*, Kopenhagen 1990 (Dänisch).

Emily Kearns

Der indische Mythos

I. Einführung: Allgemeiner Überblick

I.1. Die vedischen Götter

Die als Hinduismus bekannte Religion und Mythologie hat seit ca. 1200 v. Chr. bis auf den heutigen Tag eine schriftlich dokumentierte Geschichte. Die Tradition weist über diese Zeitspanne hinweg eine gewisse Kontinuität auf, jedoch sind wichtige Veränderungen nicht zu übersehen, etwa in der Art und Weise der Verehrung, der Wahrnehmung der Beziehung zwischen dem/der Anbetenden und der Gottheit, in der theologischen Anschauung sowie in Vorlieben für bestimmte Gottheiten. Daher ist die Beziehung zwischen dem ältesten bekannten Text, den Hymnen aus dem *Rigveda*, und dem zeitgenössischen Hinduismus eine paradoxe: Rituale stützen sich noch immer auf die Veden, und die Autorität der Veden gilt für die Orthodoxie als die Norm. In den heutigen hinduistischen Praktiken ist aber der *Rigveda* kaum zu finden.

Mythen zu erzählen ist nicht die eigentliche Funktion der Veden. (In der europäischen Wissenschaft werden bisweilen nur die metrischen, frühesten Teile als *Veden* bezeichnet.) Sie stellen Hymnen für rituelle Zwecke zur Verfügung und erläutern (in den Prosateilen, den *Brāhmaṇas* und den *Upanischaden*) deren philosophische Grundlagen. Der Mythos in seinen Einzelheiten wird kaum erzählt; ihr mythologisches Selbstverständnis hebt sich von dem späterer Zeiten deutlich ab. Der Anführer der vedischen Götter ist der mächtige Indra, der Krieger-König und Herrscher mit dem Donnerkeil. Er wird wiederholt von Dämonen und anderen aggressiven Wesen in seiner Macht bedroht, aber es gelingt ihm immer, sich diese zu erhalten oder wieder aufzubauen. Agni, dem Gott des Feuers und besonders des Opferfeuers, das zwischen den Gottheiten und ihren menschlichen VerehrerInnen vermittelt, ist neben Indra der größte Teil der Hymnen gewidmet. Wie Indra ist auch Varuṇa ein König. Er legt rituelle Verordnungen fest, besonders solche, die mit Wasser in Verbindung stehen. Soma verkörpert den mysteriösen, anscheinend psychotropen rituellen Saft *soma*. Sūrya ist die Sonne; auch Savitṛ ist eine Sonnengottheit.

Die anderen bedeutenden Figuren aus dem großen Pantheon sind Yama, „Aufseher", der Gott des Todes; die Gebrüder Marut, die mit dem Sturm in Verbindung stehen, und die Aśvin, „Reiter", Zwillingsbrüder mit wohlwollenden Eigenschaften. In nachvedischer Zeit wurden diese Gottheiten nicht vergessen; viele spätere Texte erläutern, was in den Veden angedeutet wird, jedoch setzen sie gleichzeitig deren

Gottheiten etwas herab. Andererseits steigen die zwei Gottheiten Viṣṇu und Rudra (später Śiva), die in den Veden eine unbedeutendere Rolle spielen, in späteren Zeiten zu den wichtigsten männlichen Gottheiten auf (vgl. I.2.).

Sehr auffällig ist, daß das vedische Pantheon im Unterschied zu demjenigen späterer Zeit keine wichtige Frauenfigur vorzuweisen hat. Wider Erwarten kommt z.B. der Gattin des Indra keine Bedeutung zu, ihr sind keine Hymnen gewidmet, und in der Mythologie bleibt sie eine Nebenfigur. Obwohl sie einen eigenen Namen hat (Śacī), wird sie häufig mit der weiblichen Form von Indra, Indrāṇī, bezeichnet. Sogar die wichtigsten vedischen Göttinnen haben offensichtlich eine niedrigere Stellung als (höher gestellte) männliche Gottheiten: Uṣas, die Morgendämmerung, Gattin oder manchmal die Mutter des Sūrya, ist die auffälligste unter ihnen. Es gibt auch Hymnen an Pṛtihvī, die Erde (üblicherweise gepaart mit Dyaus, dem Himmel); an Rātrī, die Nacht; an die „Wasser", eine unbestimmte Gruppe göttlicher Mütter, und an Sarasvatī, eine Flußgöttin, die erst allmählich die Gestalt der später mit diesem Namen bezeichneten Göttin annimmt (vgl. II.1.). Diese Gottheiten können als Verkörperungen angesehen werden, ihre Funktionen sind eindeutig und klar bestimmt. Falls es wichtige Mythen um sie gab, können wir diese nicht mehr rekonstruieren.

Andererseits kommen Frauenfiguren in einigen Geschichten über die prominentesten vedischen Götter vor, aber diese Erzählungen bestehen erst in späteren Texten als vollständige Fassung. Hier übernehmen Frauen als Mütter, Ehefrauen oder Schwestern, d.h. vorwiegend in enger familiärer Beziehung zu Männern, unterschiedliche Rollen.

Die Verwundbarkeit der Mutterschaft zeigt die Mythe von Diti: Indra betritt ihren Schoß, um den Embryo abzutrennen, der seine Allmacht herauszufordern droht. Der eigentliche Zweck dieser unerfreulichen Geschichte besteht darin zu erklären, warum nicht ein einziger, sondern mehrere Marut entstanden sind. Das Opfer ist hier eine Frau. Auch in der Geschichte von Saraṇyū ist diese ein Opfer: Sie kann das blendende Licht ihres Mannes Vivasvat, der Sonne, nicht aushalten. Indem sie die Quelle des Problems (die Sonne) zu dessen Lösung heranzieht, erschafft sie aus ihrem Schatten eine Doppelgängerin, die ihre Rolle übernehmen soll; sie selbst verläßt den Haushalt. Eine solche Verlagerung von einer „wirklichen" Person auf eine „unwirkliche" taucht auch in einigen Versionen um *Rāmāyaṇa* (vgl. I.3.) auf, wo nicht Sītā, die Heldin selbst, sondern ihre Doppelgängerin von ihrem Widersacher entführt wird. Hier haben wir das offenkundige Bekenntnis, daß es nicht möglich ist, eine echte strukturelle Lösung für die von den Männern verursachten Probleme der Frauen zu finden; die Problemlage kann nur verschoben, aber nicht gelöst werden. Die Doppelgängerin von Saraṇyū nimmt tatsächlich eine „wirkliche" Existenz an, indem sie ihre eigenen Kinder zärtlicher behandelt als die der Saraṇyū; die Frau, die zu Saraṇyūs Hilfe erschaffen wird, sieht sich als ihre Rivalin (vgl. III.4.), was schließlich zur Offenlegung dieser Doppelexistenz führt.

Einer der wenigen Frauencharaktere, deren Bedeutung nicht von familiären Beziehungen abhängt, ist Śaramā, eine Botin. Indra schickt sie, manchmal in Gestalt einer Hündin, zu den Dämonen, die sein Vieh gestohlen haben. Der Ausgang ist nicht eindeutig: die Hymne aus dem *Rigveda* (10.108) hinterläßt den Eindruck, daß sie Erfolg hatte, aber die späteren Texte erweitern den Mythos und erzählen, daß sie sich von den Dämonen bestechen ließ, sodaß Indra das Vieh persönlich zurückholen mußte. In beiden Fällen haben wir eine Frau, die zur Überwindung der Dämonen, sei es durch Betrug oder Überredung, eingesetzt wird, ein Motiv, das auch in der späteren Mythologie vorkommt (vgl. III.7.), obgleich Śaramā hier von ihrer Sexualität keinen Gebrauch macht.

Weist die Nachlese der Veden – im Gegensatz zum späteren Hinduismus – sich als viel zu dürftig aus, um eine Mythologie der Frauen zu konstruieren, so müssen auch die Beschränkungen des Materials in Betracht gezogen werden. Es ist zwar bezeichnend, daß so wenige Hymnen den Frauen gewidmet sind, dies kann aber auch darauf hindeuten, daß wichtige Aspekte des Glaubens und der kultischen/religiösen Praxis aus den „offiziellen" Texten ausgeschlossen waren. Auch heute weicht der „Volks-Hinduismus", ganz zu schweigen von der tribalen Religion, von der auf Sanskrittexten und der brahmanischen Priesterschaft basierenden gesamtindischen Tradition beträchtlich ab. Die vorarische Indus-Zivilisation deutet darauf hin, daß dies auch zu vedischer Zeit der Fall gewesen sein könnte. Zahlreiche Statuen und Siegel aus dem zweiten vorchristlichen Jahrtausend stellen Frauenfiguren dar; und obwohl die Schrift aus dem Indus-Tal nicht entziffert worden ist, sodaß wir die Figuren nicht in ihrem Kontext sehen können, ist anzunehmen, daß sie eine religiöse Bedeutung hatten. Es wäre jedoch zweifellos eine Vereinfachung, würden wir die männlichen Gottheiten der arischen Eroberer den weiblichen der einheimischen Völker entgegenstellen. Ebensowenig können wir mit Sicherheit behaupten, daß die Göttinnen aus dem Indus-Tal in jenen des späteren Hinduismus in irgendeiner Weise fortgelebt haben. Die Siegel verweisen auf eine enge Beziehung zwischen Göttinnen und Tieren, die eine Entsprechung in späteren Tendenzen findet, sie deuten aber auch auf die Beziehung zwischen den Göttinnen und der Fruchtbarkeit der Pflanzen hin, ein Charakteristikum, das im Hinduismus nur schwach ausgeprägt ist. Falls es eine Kontinuität gibt, könnte diese durch Veränderungen fast völlig überlagert worden sein.

I.2. Die Gottheiten des späteren Hinduismus

Götter, die in den Veden führende Rollen spielen, verschwinden in den späteren Perioden nicht; Indra, Agni und die anderen tauchen in den Mythen aus späterer Zeit oft auf, obgleich sie keine Hauptcharaktere mehr sind. Bis zur Zeit der Epen und besonders der *Purāṇa* (vgl. I.4.) sind andere Gottheiten hinzugekommen, und die göttliche

Bühne scheint überfüllt; die nach vedischer Schätzung 33 Gottheiten wachsen zu 330 Millionen an, so eine geläufige Berechnung. Solche Zahlen scheinen nur auf einer bestimmten Ebene richtig zu sein: „Indra, Mitra, Varuṇa, Agni ..., der wirkliche ist aber ein einziger, die Weisen drücken es verschiedenartig aus", steht bereits in einer späten Hymne aus dem *Rigveda* (1.164.46). Als in dem später entstandenen *Bṛhadāraṇyaka Upanischad* (3.9.1-9) der Weise Yājnavalkya aufgefordert wird, die Vielzahl der Gottheiten auf einen Nenner zu bringen, verwendet er den unpersönlichen Begriff *brahman*, der sich durchgesetzt hat. In einem formell polytheistischen System finden wir also einen Strang, der den Polytheismus relativiert bzw. als Schein hinstellt. Dies ist ein Element, das des öfteren zu einem Bestandteil der Begrifflichkeit wird und sogar im Erzählverlauf einer polytheistischen Mythe auftaucht, sodaß sich deren Bedeutung verschiebt.

Diese Tendenz, die Gottheiten der Mythologie mit dem upanischadischen Konzept des *brahman* in Einklang zu bringen, hat nicht nur zu neuer Mythenschöpfung, sondern auch zur bewußteren Schematisierung des Pantheons geführt. Einen der bekanntesten Versuche, die endgültige Wirklichkeit in einer mythischen Form zusammenzufassen, stellt der Begriff *trimūrti* (dreifache Form) dar: Die drei göttlichen Aufgaben – Erschaffung, Erhaltung und Zerstörung – werden der Reihe nach Brahmā, Viṣṇu und Śiva zugeteilt. Es wäre jedoch irreführend, diese Vorstellung als ein Dogma anzusehen und etwa zu behaupten, daß Śiva der Gott der Zerstörung sei. Die Anhänger des Śiva halten ihn für den persönlichen Ausdruck einer allerhöchsten Gottheit, die für alle diese drei Funktionen verantwortlich ist. Diese Schematisierung läßt weiters viele wichtige Themen aus den Mythologien einzelner Gottheiten außer acht. So kommt es, daß in der nachvedischen Mythologie Brahmā, oft „Großvater" genannt, immer als der unmittelbare Schöpfer dargestellt wird, obwohl die Art und Weise der Schöpfung unterschiedlich sein kann (vgl. I.3.). Danach erscheint er als archetypischer *brāhmṇa* (Brahmane) und Priester; es existieren nur wenige Mythen von ihm, obgleich er in den Mythen anderer Gottheiten oft vorkommt. Dieser Mangel an Mythen zeigt, daß die Bedeutung seines Kultes abgenommen hat. Brahmā erschien etwas später als die Veden und mochte anfänglich wichtig gewesen sein, worauf sein Name (männliche Form des Neutrums *brahman*) sowie seine Zugehörigkeit zu der *trimūrti* hinweisen, aber wenige Texte preisen seine Größe, und heute sind ihm in Indien nur zwei wichtige Tempel geweiht.

Die Mythen von Viṣṇu stehen mit seiner Funktion in der *trimūrti* in Einklang. Bereits im *Rigveda* (1.154.4) ist er die Stütze der Erde und des Himmels. Ein Großteil seiner Mythologie erzählt, wie er in Menschen- oder Tiergestalt die Erde in Krisenzeiten rettete – manchmal stützte er sie wortwörtlich, damit sie nicht versank. Diese Gestalten wurden schließlich in zehn *avatāra* (Herabkunft/gestalthafte Manifestation) normiert. Viṣṇu ist vor allem der auf dieser Erde geborene Gott – sei es, um die rechte Ordnung auf der Erde wiederherzustellen oder um seinen Anhängern die

Möglichkeit zu geben, ihn in gestalthafter Form zu erfassen, oder einfach zu seiner Freude (*līlā*, vgl. II.2.).

Der kriegerische Prinz Rāma, ein Musterbeispiel an Rechtschaffenheit, und Kṛṣṇa, ebenfalls ein kriegerischer Prinz (die bescheidenen Heldentaten, die er in seiner Kindheit und Jugend vollbrachte, werden insbesondere von Kuhhirten verherrlicht), sind die zwei auffälligsten *avatāra* in Mythos und Kult. Es existieren eigenständige Erzählungen über die beiden, aber ihre Wahrnehmung wird durch ihre Verbindung mit Viṣṇu maßgeblich bestimmt. Das zehnte, noch zu erwartende *avatāra* von Viṣṇu, Kalkī, zeigt seinen zerstörerischen Zug: Er wird dieses gegenwärtige schlechte Zeitalter zu einem gewaltvollen Ende bringen und ein neues, vollkommenes einleiten.

Zerstörung tritt in den Mythen von Śiva besonders deutlich hervor. Auflösung ist vielleicht ein passenderes Wort hierfür als Zerstörung. Denn Śiva steht in Verbindung mit einer Stufe des Ungeteiltseins, in der individuelle Einheiten als solche nicht mehr wahrnehmbar sind; insofern gleicht die Zerstörung einer „Befreiung" oder „Erlösung", dem eigentlichen Ziel einer jeden Seele, der Loslösung vom Kreislauf von Geburt und Tod sowie der Erkenntnis des eigenen wahren Wesens. Śiva ist, vielleicht mehr als Viṣṇu, der Gott der Widersprüche. Sein Kultsymbol, das *linga*, weder menschlich noch tierisch gestaltet, versinnbildlicht ein Paradoxon: Offensichtlich phallisch, deutet es gewissermaßen auf Sexualität und Fruchtbarkeit hin; in der indischen Ikonographie bedeutet jedoch ein aufgerichteter Phallus gewöhnlich nicht Bereitschaft zur Kopulation, sondern Beherrschung und Zurückhaltung des Samens. Zugleich ist *linga* nicht nur ein Phallus, sondern auch eine Säule: Die kultische Erscheinung des Śiva in seiner statischen Form der Säule findet im Verzicht auf Schöpfung und Zeugung eine Erklärung.

Die Mythen von Śiva stellen ihn *sowohl* erotisch (er ist in der Lage, ununterbrochen eintausend Jahre lang zu lieben) *als auch* asketisch dar (er unterzieht sich strenger Enthaltsamkeit, und mit der Kraft, die er dadurch ansammelt, läßt er Kāma, das personifizierte Begehren, schwinden.) Als Ehemann, Vater und Hausherr vermittelt er zwischen den extremen Polen seines Charakters.

Die *trimūrti* ist ein vollkommen männliches Konstrukt; insofern scheint es, daß in dieser Hinsicht sich seit den vedischen Zeiten wenig verändert hat. Der erste Text, in dem einer weiblichen Gottheit die Allmacht verliehen wird, ist um 500 unseres Zeitalters oder etwas später entstanden (vgl. I.4.); danach, um das 8. Jahrhundert, begegnet uns eine andersartige Gruppierung von Gottheiten. Statt einer Funktionsteilung wird von „fünf (bzw. sechs) Pfaden" gesprochen. Es kann dasselbe Ziel erreicht werden, ungeachtet dessen, welcher Gottheit als der allerhöchsten gefolgt wird. In der Gruppe von sechs Gottheiten ist Brahmā verschwunden und der vedische Sūrya zurückgekehrt (dessen Bedeutung später deutlich abnahm). Weitere drei Gottheiten sind Kārttikeya, Gaṇeśa und die „Göttin" (Devī), wobei die ersteren zwei als die Söhne des Śiva und der Pārvatī gelten (vgl. III.6.). Kārttikeya, bekannt auch als Skanda, kommt im Epos als Feldherr der Götter in ihrem wiederkehrenden Krieg gegen die Dämonen vor. In Nordindien spielt er als Gottheit keine bedeutende Rolle mehr, jedoch in Südindien ist er, bekannt als Subrahmaṇya oder Murugan, sehr beliebt. Hier erscheint er vor allem als jugendlicher Liebhaber, dem Kṛṣṇa ähnlich, und nicht als Krieger. Der Kult des Gaṇeśa, des elefantenköpfigen Gottes, ist in ganz Indien verbreitet, obwohl ihn heute nur eine relativ kleine Gruppe als die erwählte Manifestation der allerhöchsten Gottheit verehrt. Er wird, da er für den guten Beginn von Unternehmungen zuständig ist und Hindernisse beseitigt, zu Beginn eines jeden Unterfangens angebetet.

Die einzige weibliche Figur aus dieser Gruppe ist am undeutlichsten definiert. Bereits der Kult *einer* Göttin gilt als Kult *der* Göttin. Diese Gleichsetzung von vielen Kulten und zahlreichen, als unterschiedlich zu erkennenden mythologischen Figuren kennzeichnet den Kult der Göttin seit dem allerersten Text bis heute (vgl. V.2.). Eine Behauptung wie „Viṣṇu und Śiva sind gleich“ wäre zu allgemein, denn diese geht davon aus, daß die im Mythos als Personen identifizierten Götter unterschiedliche Äußerungen einer einzigen Wirklichkeit sind. Im Unterschied dazu wirkt die Gleichsetzung von Durgā, Kālī und Pārvatī genauso selbstverständlich wie die Gleichsetzung des Viṣṇu mit seinen vielen *avatāra*. Obwohl mit verschiedenen Namen auch verschiedene Mythen verknüpft sind, kommen einige Charakteristika immer wieder vor, sodaß von der Göttin als von einem mythologischen Komplex gesprochen werden kann.

Göttinnen, die gewöhnlich mit *der* Göttin, Devī, identifiziert werden, sind oft grimmig und aggressiv oder stellen eine klar bestimmte Polarität zwischen Aggressivität und Sanftmut dar. Oft sind sie einsam, meist aber stehen sie in irgendeiner Beziehung zu Śiva, selbst eine mehrdeutige Gottheit. Der früheste Text, ausschließlich verfaßt, um die Göttin zu verherrlichen, setzt sie in eine engere Beziehung zu Viṣṇu; manchmal heißt es, sie sei die Schwester des Viṣṇu (die Beziehung zwischen Bruder und Schwester war traditionell eng) und die Gattin des Śiva. Die Gattin des Viṣṇu, Lakṣmī, wird eher selten mit der Göttin gleichgesetzt; einige Gruppen stellen sich jedoch unter Devī die mythologische Lakṣmī und gewissermaßen auch die Gefährtin der dritten Gottheit aus der *trimūrti*, Brahmās Gattin Sarasvatī, vor. Dieses Thema wird in Abschnitt II.2. eingehend diskutiert.

Von den Gottheiten aus der Lehre von den „sechs Pfaden“ werden im heutigen Indien lediglich drei als die allerhöchsten verehrt: Viṣṇu, Śiva und die Göttin. Daher wird der moderne Hinduismus oft in drei Gruppierungen eingeteilt: Vaiṣṇava, Śaiva und Śākta. Śākta ist die Adjektivform von *śakti*, „Kraft“, die als weiblich vorgestellt wird (vgl. II.2.). Diese Kulte sind nicht exklusiv, besonders nicht im Falle der Göttin: Es ist möglich, daß sie einen Ehrenplatz in einem formell dem Śiva gewidmeten Tempel hat; oder die Gefährtin des Viṣṇu kann in einem Vaiṣṇava-Umfeld als die allerhöchste Gottheit verehrt werden.

I.3. Die nachvedische Mythologie – einige Merkmale

Obwohl viele Mythen selbständige Geschichten sind und sich nur in einem weiteren Sinn in eine kohärente Abfolge von Erzählungen einbeziehen lassen, strukturiert eine Zeitskala die Mythologie, ja die ganze Welt. Der indische Zeitbegriff ist zyklisch: Millionen Jahre vergehen im Laufe eines einzigen Tages des Brahmā. Ihm folgt eine ebensolange Nacht, eine Zeit der Verhüllung und des Nicht-Erschaffens. Nach einhundert Jahren auf dieser Skala stirbt Brahmā, und weitere hundert Jahre vergehen, bevor ein neuer Brahmā erscheint, sodaß der Zyklus erneut beginnen kann. Der Vorgang wiederholt sich *ad infinitum*. Innerhalb eines jeden Tages des Brahmā wiederholt sich ein Zyklus von vier sich verschlechternden Weltaltern *(yuga)* eintausend Mal: dem „vollkommenen" Weltalter folgt über drei Stufen das endgültig verdorbene Weltalter, das *kali yuga*. Alle mythologischen und historischen Begebenheiten, die wir kennen, gehören der laufenden Folge der vier Weltalter an; wir befinden uns seit 3102 v. Chr. im *kali yuga*.

Hieraus folgt, daß die Schöpfung eine sich wiederholende Begebenheit ist. Ferner handelt es sich hier nicht um eine Schöpfung *ex nihilo*, was deren Bedeutung noch weiter vermindert: Was ist, ist ewig, dessen Trennung in einzelne Teile ist Schöpfung, und deren Zusammensetzung in ein Ganzes ist Zerstörung. Dennoch gibt es wichtige Schöpfungsmythen. Die Veden kennen einen Schöpfergott, dessen Samen Lebewesen hervorbringt, wenn sein Samen während des Geschlechtsverkehrs mit der eigenen Tochter auf die Erde verschüttet wird. Dieser Gott hieß später Prajāpati („Herr der Nachkommen") und wurde noch später mit Brahmā gleichgesetzt. Anders beschreibt die wohlbekannte späte vedische Hymne (RV 10.90) die Schöpfung der Welt als die Folge des ersten Opfers: Die Götter opferten die Erste Person *(puruṣa)* dieser selbst, und der Körper wurde das Universum samt allen seinen Teilen. Purāṇische Versionen weisen darauf hin, daß eine richtige, sich selbst fortsetzende Schöpfung sexuelle Züge tragen müsse; mit dieser Erkenntnis bittet Brahmā Śiva, aus seinem androgynen Körper eine Frau zu erzeugen. Die Kräfte dieser Frau ermöglichen es, die Schöpfung fortzusetzen.

Die heute bekannteste Schöpfungsmythe erzählt von Viṣṇu. Er sitzt auf der gewundenen kosmischen Schlange im Ozean. Ein Lotus sprießt aus seinem Nabel, in dessen Blüte Brahmā erscheint (nun offensichtlich in einer untergeordneten Rolle) und die Welt erschafft.

Die beseelte Schöpfung umfaßt nicht nur Götter, Menschen und Tiere, sondern auch andere Wesen wie „Weise", oft klar unterschieden von den durchschnittlichen Menschen, und Dämonen. Üblicherweise widersetzen sich Dämonen den Göttern, aber zu Beginn des laufenden Zyklus der vier Weltalter konkurrieren sie mit den Göttern um den Nektar der Unsterblichkeit. Zunächst arbeiten sie mit den Göttern zusammen und holen den Nektar durch ein heftiges Aufwühlen des Meeres hervor.

Als der Nektar nach vielen Schicksalsschlägen endlich zutage befördert wird, sichert ihn Viṣṇu in betrügerischer Weise nur für die Götter, die Dämonen werden ausgeschlossen (vgl. III.7.). Seither wird die Macht der Gottheiten stets von einer Reihe einzelner Dämonen und Monstern *(rākṣasa)* bedroht; diese verfügen sowohl über militärische Macht als auch über übernatürliche Kräfte, die sie durch strenge Enthaltsamkeit erlangten.

Entsprechend dem Zyklus der Weltalter wird der mythischen Zeit eine weitere Struktur unterlegt; diese wird durch die Verkörperungen des Viṣṇu bestimmt. Die geläufige Abfolge von meist zehn Verkörperungen beginnt mit dem Fisch *(mtsya)*, der während der Flut den Lebewesen sichere Zuflucht bietet. Nach verschiedenen Manifestationen in menschlicher Gestalt während des Vollkommenen *(kṛta)* und des folgenden *(tretā)* Weltalters erscheint er im Dritten Weltalter *(dvāpara)* als Rāma, gefolgt von Kṛṣṇa zu Beginn unseres Weltalters *(kali)*; seine neunte Manifestation ist Buddha; die zehnte, Kalkī, ist zu Ende des gegenwärtigen Weltalters zu erwarten.

Rāma und Kṛṣṇa spielen eine wichtige Rolle in dem kohärenten Mythenkomplex, den uns die zwei großen Epen nahebringen. Rāma ist die zentrale Figur im *Rāmāyaṇa*, das die Geschichte seines Kampfes gegen den Dämon Rāvaṇa erzählt. Rāma, legitimer Thronerbe von Ayodhyā, verzichtet auf dieses sein Recht infolge von Machenschaften seiner Stiefmutter und geht zusammen mit seiner Frau Sītā und dem Bruder Lakṣmaṇa freiwillig in den Wald ins Exil. Rāvaṇa entführt Sītā und bringt sie in seinen Palast in Lanka, wo sie seinen Annäherungsversuchen widersteht (glücklicherweise rettet sie ein Fluch vor Vergewaltigung). Unterstützt durch eine von dem Affengeneral Hanuman (ebenfalls eine beliebte Gottheit) mobilisierte Tierarmee, überqueren Rāma und Lakṣmaṇa die Bucht zu der Insel Lanka, besiegen und töten Rāvaṇa. Sie kehren mit Sītā nach Ayodhyā zurück, wo Rāma gekrönt wird (vgl. III.2.-4.). Der Erzählstrang des Epos *Mahābhārata* ist vielschichtiger und verwickelter. Im Zentrum steht der Streit und Krieg zwischen den fünf Gebrüdern Pāṇḍava (Söhne des Paṇḍu, deren ältester der Thronfolger von Hastināpura ist) und ihren hundert Kusinen, den Kaurava, angeführt von Duryodhana. Kṛṣṇa mischt sich als der weise König eines freundlich gesinnten Staates ein und verbündet sich mit den Pāṇḍavas. Als der Pāṇḍava Arjuna vor dem Kriegsausbruch auf dem Schlachtfeld unter Gewissensbissen leidet, berät ihn Kṛṣṇa, was den Inhalt des wohl beliebtesten religiösen Textes, der *Bhagvad Gītā*, ausmacht. Die Pāṇḍavas gehen aus dem Kampf erfolgreich hervor, jedoch auf Kosten ihrer Söhne und der Gefolgschaft – sie werden allesamt vernichtet. Das Epos problematisiert das Wesen von Pflicht und Gerechtigkeit.

I.4. Quellen

Die Hymnen der Veden waren möglicherweise sehr lange Zeit mündlich überliefert worden, bevor sie aufgeschrieben wurden. Indische religiöse Texte auch späteren

Datums sind bekannterweise schwer zu datieren; die Schätzungen, wann die ersten schriftlichen Versionen niedergeschrieben wurden, variieren zwischen 1500 und 1000 v. Chr. Ursprünglich waren es drei Veden: *Rigveda*, *Yajurveda* und *Samaveda*; *Atharvaveda* kam später hinzu. Jeder beinhaltet eine Sammlung von Hymnen oder Gebeten. Ihnen folgen die später verfaßten theoretischen Abhandlungen, bekannt als die *Brāhmaṇas* und *Upanischaden*; sie bilden zusammen (als *śruti*) die Literatur der Offenbarung und gelten als die höchste religiöse Autorität.

Der Großteil der nachvedischen Mythologie besteht aus zwei Textarten, den Epen und den Purāṇas. Zwischen 300 v. Chr. und 300 n. Chr., in der sogenannten „epischen Periode", wurden die Epen verfaßt, wie wir sie kennen; einiges Material mag jedoch viel früher entstanden sein. Jedes Epos wird traditionell auf einen einzelnen Autor zurückgeführt (*Mahābhārata* auf Vyāsa und *Rāmāyaṇa* auf Vālmīki); es wird allgemein anerkannt, daß die überlieferten Texte in der Komposition mehrere Ebenen aufweisen. Die modernen kritischen Editionen haben die langen „populistischen" Versionen gekürzt, woraus Texte entstanden, die immer noch sehr umfangreich sind und den Fassungen aus der Zeit um 600 v. Chr. entsprechen sollten. Es handelt sich dabei um einen offensichtlich widersprüchlichen Vorgang: Im Kontext der indischen Kultur in ihrer Gesamtheit und angesichts der Tatsache, daß es sich hier zum Teil um mündliche Überlieferung handelt, sind die kritischen Texteditionen nicht als die einzigen „authentischen" Versionen der Epen anzusehen. Gerade die längeren, allgemein anerkannten Versionen haben die ununterbrochene Tradition beeinflußt und geformt und werden von allen, abgesehen von ein paar ExpertInnen, für „Vyāsas *Mahābhārata*" und „Vālmīkis *Rāmāyaṇa*" gehalten. Die Kluft zwischen dem traditionellen und dem historizistischen Ausgangspunkt weist auf einige wichtige Widersprüche hin. So gehört die Göttlichkeit des Rāma nicht zur Weltanschauung der frühesten Texte des *Rāmāyaṇa*, während die heutige „Bedeutung" des Epos eine Lesetradition voraussetzt, nach der Rāma mit Viṣṇu identifiziert wird.

Seit dem Mittelalter sind zahlreiche Nacherzählungen dieser Epen in regionalen Sprachen entstanden; sie alle stellen den Anspruch, z.B. als *Rāmāyaṇa* zu gelten, wenn auch nicht als Vālmīkis *Rāmāyaṇa*. Dies erschwert es zusätzlich – abgesehen von den verschiedenen Stilebenen in den Sanskrit-Texten selbst –, die vielgestaltige Identität der Epen zu erfassen. Diese Nacherzählungen bis hin zu den außerordentlich erfolgreichen Fernsehserien aus den späten 80er Jahren stellen keine gekürzten Versionen des Originals dar, sondern sind eher als eine fortdauernde Tradition der Bearbeitungen epischer Stoffe anzusehen, die oft große Abweichungen aufweisen.

Beide Epen erzählen beiläufig viele Mythen, die nicht zum Haupterzählstrang gehören. Viele weitere Mythen sind in den Sammlungen *Purāṇa* („alt") zu finden. Diese beinhalten neben Mythen auch Lobeshymnen, Anweisungen zum Gebet sowie kritische Bemerkungen über die Gesellschaftsordnung und ähnliches. Achtzehn Haupt- und viele Neben-Purāṇas sind offiziell anerkannt; der Großteil davon wurde in dem

Jahrtausend zwischen 500 und 1500 unserer Zeitrechnung verfaßt (eine präzisere Bestimmung ist kaum möglich). Die Purāṇas genießen in religiöser Hinsicht zwar einen niedrigeren Stellenwert als die Veden, aber die heute verbreitete Mythologie ist im wesentlichen purāṇisch. Im folgenden Kapitel wird ein purāṇischer Text, das *Devīmāhātmya* („Verherrlichung der Göttin"), ein Abschnitt aus dem *Mārkaṇḍeyapurāṇa*, besonders berücksichtigt. Dieser ist der früheste erhaltene Text (zurückzuführen auf ca. 500 n. Chr.), in dem die Göttin als die allerhöchste Gottheit verherrlicht wird. Er erzählt von ihrem Sieg über verschiedene Dämonen und beinhaltet Lobeshymnen, die bis zum heutigen Tag sehr beliebt sind.

Schriftliche sowie mündliche lokale Traditionen sind die letzte Hauptquelle der Mythologie. Texte, die einen bestimmten Tempel oder einen Wallfahrtsort, das Leben eines oder mehrerer lokaler Heiliger preisen, enthalten fast immer mythologisches Material; ähnliche Erzählungen existieren in mündlicher Form in Priester- oder weltlichen Gemeinschaften. Einige dieser Erzählungen, besonders die schriftlich verfaßten, stehen dem in Sanskrit verfaßten purāṇischen Typ nahe; Geschichten, die dem dörflichen Milieu entspringen, können einen entsprechend anderen Charakter aufweisen. IndologInnen unterscheiden zwischen einer gesamtindischen „großen Tradition", die auf brahmanischer Autorität und Verwendung der Sanskrit-Sprache beruht, und einer „kleinen Tradition" – genauer: Traditionen. Diese haben regionale Wurzeln und sind oft das Vermächtnis der unteren Kasten. Der Unterschied zwischen den religiösen Traditionen der DorfbewohnerInnen, besonders der tribalen Bevölkerung, und der in den Sanskrit-Texten vermittelten ist sehr auffällig, und diese Polarität findet im Dorfalltag einen deutlichen Ausdruck; jedoch mag zwischen den zwei Polen ein engerer Zusammenhang bestehen, als dies aus der vereinfachenden Teilung in zwei „Traditionen" hervorgeht.

II. Die „Göttin“ und Göttinnen: Wechselwirkungen zwischen Mythologie und Theologie

II.1. Die Göttinnen des Mythos

In den Veden sind die weiblichen Gottheiten relativ unbedeutend. Zu einem gewissen Zeitpunkt verwandeln sich die untergeordneten Gefährtinnen der männlichen Götter in eine eigenständige Gruppe von sieben grimmigen Göttinnen, meistens Mātṛkā genannt. Aber die Göttinnen, die später wichtig werden, sind andere: Sarasvatī, Lakṣmī, Pārvatī, Durgā und Kālī stellen einige der wichtigsten Göttinnen sowohl in den Purāṇas als auch für den zeitgenössischen Hinduismus dar. Welche Beziehung sie miteinander oder mit männlichen Göttern haben, hängt jeweils vom Kontext ab.

Am deutlichsten ist der Wirkungsbereich der Sarasvatī (vgl. Abb. 17) definiert – sie ist für die Lehre und die Künste, besonders für die Musik zuständig. Sie unter-

Abb. 17: Eine populäre Darstellung von Sarasvatī, die in ganz Indien erhältlich ist; dieses Bild stammt aus Bombay.

scheidet sich von der vedischen Sarasvatī, einer Flußgöttin, und hat viele Funktionen der Vāc (gesprochene Sprache) übernommen, denn ohne sie wäre eine jegliche Sprache unmöglich. Es existieren nur wenige Mythen über sie. Manchmal kommt sie als Tochter des Brahmā vor, der sie zu Beginn des kosmischen Weltalters zu verführen versucht – manchmal mit Erfolg; aber oft ist sie seine (nicht-inzestuöse) Gattin. Heute wird Sarasvatī viel mehr verehrt als er – vor allem bei Anlässen wie Universitätsfeierlichkeiten und Konzerten oder bei der Filmproduktion.

Lakṣmī („Glückszeichen") ist die Beschützerin der Reichtümer; damit erschöpft sich ihre Rolle keinesfalls, aber durch diese Funktion ist sie in weiten Kreisen beliebt. Händler und Geschäftsleute widmen ihr die Kontobücher. Viele Gemeinschaften feiern ihr zu Ehren das beliebte Dīvālī-Fest, in der Hoffnung, daß die sauberen und frisch geschmückten Häuser, beleuchtet mit Ketten aus irdenen Öllampen, sie herlocken und zum Bleiben bewegen mögen. Die regionalen Volkssagen erzählen, wie die Göttin das Haus eines bestimmten Herrschers verließ oder wie sie in betrügerischer Weise im Basar einer gewissen Stadt für immer festgehalten wurde. In diesem Zusammenhang ist sie kaum mehr als die Verkörperung von Reichtum. Lakṣmī erschien das erste Mal im laufenden Zyklus der Weltalter zusammen mit vielen unerwünschten Dingen aus dem aufgewühlten Meer (vgl. I.3.). Sie nahm die Gestalt einer schönen Frau an, die auf einer Lotusblüte sitzt – heute die beliebteste Art ihrer Darstellung. In Gestalt von Lakṣmī-Nārāyaṇa wird sie oft als die Gefährtin des Viṣṇu angesehen. Nach einer anderen Version, die seit alten Zeiten bis heute überlebt hat, sind Śrī (Herrlichkeit/Erhabenheit) und Bhū (Erde) die zwei Gattinnen des Viṣṇu. Lakṣmī wird oft mit Śrī gleichgesetzt. Obwohl Viṣṇu deutlicher polygame Züge aufweist als Śiva, ist auf mythologischer Ebene sein monogames Bild verbreiteter. Lakṣmī wird oft mit den verschiedenen Gattinnen und Geliebten des Viṣṇu gleichgesetzt, die dieser in seinen verschiedenen Manifestationen in Menschengestalt hat, etwa Sītā und Rādhā.

Auch werden Pārvatī („Bergfrau"; sie ist die Tochter des Himālaya), Durgā („schwer zugänglich") und Kālī („schwarz") als miteinander identisch betrachtet, obwohl jede eigene Mythen und eine eigenständige Ikonographie hat. Nehmen wir die männlichen Götter als Ausgangspunkt, so kommt Pārvatī (auch als Umā und Gaurī, „hell", bekannt) den Göttinnen Sarasvatī und Lakṣmī am nächsten, denn nach der Śaiva-Weltanschauung ist sie (anders ausgedrückt: dieser Aspekt „der Göttin") die Ehefrau von Śiva, der dritten Gottheit aus der *trimūrti* (vgl. I.2.). Die Mythologie von Śiva und Pārvatī ist reichhaltig und vielsagend; einige Mythen werden im folgenden eingehend dargestellt. Im allgemeinen ist Pārvatī eine Ehefrau, die – manchmal mit Erfolg – versucht, die wilden Exzesse von Raserei oder Askese ihres Mannes zu bändigen; sie steht für „normale" Werte und für eine verheiratete Vorsteherin des Haushalts, im Gegensatz zu einem Verhalten, das sich über die gesellschaftlichen Normen hinwegsetzt.

Der Charakter von Durgā und Kālī scheint auf den ersten Blick stark abzuweichen, sodaß ihre Identifizierung mit Pārvatī unverständlich wirkt. Pārvatī wird gewöhnlich als fügsame Ehefrau neben ihrem Mann dargestellt, kleiner als er und nur mit zwei Armen, während er vier hat. Durgā wird selten mit einem Gefährten abgebildet. Sie sitzt auf einem Löwen oder einem Tiger und hält in jedem ihrer acht oder sechzehn Arme eine Waffe. Die wichtigste sie betreffende Mythe (obwohl nicht ausschließlich mit ihrem Namen verbunden) erzählt, daß sie einen Büffeldämon vernichtet, der nur von einer Frau getötet werden konnte (vgl. III.7.). Sie erscheint grimmig und furchterregend, aber immer aus gutem Grund. Die Gestalt der Kālī ist noch vielschichtiger; sie wird als Emanation der Pārvatī oder Durgā verstanden, und als solche verkörpert sie die Wut dieser Göttinnen. Ihre Aggression ist nicht nur gegen Dämonen gerichtet, sondern wahllos gegen die ganze Welt, einschließlich der Menschheit. Sie wird nackt dargestellt, abgemagert streckt sie ihre Zunge nach Blut aus, und sie hat eine Kette aus Menschenköpfen um den Hals. Aber ihre Wut läßt nach, heißt es auch, wenn ihre mütterlichen Instinkte angesprochen werden. Besonders in Bengalen wird sie, wie auch Durgā, oft als die Göttliche Mutter verehrt.

II.2. „Śakti": Geschlecht und Kraft

Es gibt keinen Mythos, der in einer reinen Form existiert, bar jeglicher theologischen Spekulation (vgl. I.2.). Die mythologischen Traditionen der weiblichen Gottheiten formen nicht nur die Wahrnehmung des menschlichen Gegenübers – dies geschieht größtenteils auf einer unbewußten Ebene –, sondern diese Traditionen sind oft bewußt entworfen worden, um in den Reflexionen der geschlechtlichen Polarität in metaphorischer Form über das Göttliche zu sprechen. Die sich wandelnde Betonung jeweils von Śiva bzw. Pārvatī/Kālī/der Göttin ist zum Teil eine unbewußte Widerspiegelung der tief verwurzelten Anschauungen über die Geschlechterbeziehungen, zugleich aber auch eine bewußte Reflexion über das Wesen des Göttlichen. Die metaphorische Terminologie, in der dieses Denken seinen mythischen Ausdruck findet, spiegelt die Geschlechternormen wider, sei es durch deren Negierung oder Bejahung. Es ist notwendig, zunächst die theoretischen Rahmenbedingungen festzulegen, bevor wir uns den Mythen zuwenden.

Pārvatī bietet sich hier als geeignetes Beispiel an: Obwohl sie in ihren verschiedenen – abstrakten wie gestalthaften – Manifestationen dargestellt wird, wird sie auch oft mit einem Aspekt des einfach als die Göttin (Devī, vgl. I.2.) bezeichneten Wesens gleichgesetzt, ein Hinweis auf die in diesem Bereich üblichen fließenden Grenzen zwischen persönlicher und repräsentativer Darstellung. Im Śaiva-Mythos und Śaiva-Gedankengut erscheint sie unter dem Namen Pārvatī oft als eine – wenn auch wichtige – Nebenfigur. Śiva ist aus sich selbst geboren und unsterblich; Pārvatī ist der Schmach von Geburt und Tod ausgesetzt: Einst war sie Satī, die erste Gattin des

Śiva, die nach ihrem Selbstmord als die Tochter des personifizierten Berges Himālaya wiedergeboren wird. In den Purāṇas erläutert Śiva die abstrakten theologischen Prinzipien und Kultpraktiken, während Pārvatī, die ergebene Schülerin, Fragen stellt. Manchmal läßt ihre Aufmerksamkeit nach – es gibt viele Variationen dieser Geschichte –, woraufhin der verärgerte Śiva sie dazu verflucht, auf der Erde geboren zu werden; damit büßt sie ihre Konzentrationsschwäche. Sie zeigt auch andere menschliche Schwächen: plötzliche Gereiztheit, Eifersucht und Kinderwunsch, wofür Śiva, der große *yogi,* kein Verständnis hat. Sie benimmt sich, wie dies von einer (menschlichen) Frau erwartet wird (vgl. III.4.).

Jedoch ist Pārvatī keine menschliche Frau. Kennzeichnend hierfür ist eine Darstellung, in der die Hälfte ihres Körpers mit der Hälfte des Körpers von Śiva verschmolzen wird, eine als *ardhanariśvara* bekannte Gestalt, „Herr, der Halbfrau ist". Auch hier hat sie eine untergeordnete Position inne: Ihre Hälfte ist auf der linken Seite, auf der weniger geschätzten Seite der Ehefrau, und diese Gestalt wird niemals als „die Göttin, die Halbmann ist", bezeichnet. Dennoch wird ihr übermenschlicher Charakter bestätigt. Pārvatī und Śiva stellen zusammen die zwei untrennbaren Aspekte der Wirklichkeit dar, lautet die übliche Erklärung, die weit über die Bestimmung der äußeren Erscheinung hinausgeht. Śiva steht, entsprechend seinem mythischen Charakter des meditierenden *yogi*, für die undifferenzierte und untätige Existenz; Pārvatī ist, besonders in der abstrahierten Gestalt der Göttin, das Wesen des Handelns und der Differenzierung. Daher ist sie bekannt als *śakti*, „Kraft" (hergeleitet von *śak*, können). „Wenn Śiva sich mit *śakti* vereinigt, kann (*śaktaḥ*) er erschaffen; wenn nicht, ist er nicht einmal fähig, sich selbst zu bewegen", steht in den Anfangszeilen von *Saundaryalaharī* („Welle der Schönheit"), einer in Südindien zwischen ca. 800 und 1400 n. Chr. verfaßten Hymne an die Göttin, die dem Philosophen Śankara zugeschrieben wird.

Hinter der Schöpfung der Welt, wie wir sie kennen, steht also *śakti*, die Göttin. Diese Erklärung steht zwar in Widerspruch zu den männlich beherrschten Schöpfungsmythen aus den Veden, ist jedoch nicht unvereinbar mit ihnen, denn sie liegt auf einer anderen Ebene. Während Śiva einen persönlichen Gott darstellt (obwohl manchmal ein Neutrum, *śivam*, verwendet wird), ist *śakti* abstrakt; manchmal gilt sie als eine Eigenschaft oder ein Besitz des Śiva, „seine" *śakti.* Dieser Begriff wird manchmal auf andere männliche Götter erweitert, sodaß jeder seine eigene *śakti* besitzt, die auch als seine Gefährtin angesehen wird. Diese Beziehung könnte auch als gleichwertig verstanden werden: Wie *śakti* einen Aspekt des Śiva darstellt, so kann Śiva als ein Aspekt der *śakti* betrachtet werden. Jedenfalls wäre es falsch anzunehmen, daß sich die abstrakten Vorstellungen von *śakti* und ihre Personifizierung gegenseitig ausschließen. Auch wenn eine Untergliederung der *śakti* nach ihren verschiedenen abstrakten Kräften vorgenommen wird, können diese einzelnen Bereiche persönliche Erscheinungsformen aufweisen: Die zwei Ehefrauen von Murugan (die Tamil-

Form von Skanda/Kārttikeya) werden oft als die *śakti* des Wissens bzw. der Tat dargestellt.

Die Göttin als *śakti* steht mit der Göttin als *māyā* eng in Verbindung. Der Begiff *māyā* ist schwer zu definieren, er bezieht sich, wie *śakti*, auf die Wahrnehmung der Welt in ihrer Differenziertheit. Das Konzept *māyā* mag die Wahrheit verschleiern, nämlich daß die gesamte Existenz eins ist oder daß das eigentliche Selbst weder Körper noch Geist ist (und daher oft als „Illusion" bezeichnet wird). Je nach philosophischem Standort kann *māyā* auch die eigentliche Existenz in einer differenzierten Welt bedeuten. Der Begriff hat nicht immer einen weiblichen Beiklang, dieser fehlt z.B. in der *Bhagvad Gītā*, als Kṛṣṇa von seiner *māyā* spricht, die die Wahrheit durch das Böse verschleiert und das Universum in Bewegung setzt. In einigen Systemen meint der Begriff den Stoff, aus dem die materiellen Dinge bestehen; hierfür wird jedoch meistens das Wort *prakṛti*, „Materie", „Natur", verwendet. Die genaue Bedeutung des Begriffes *prakṛti* tritt hervor durch dessen Gegenüberstellung mit *puruṣa*. Wie das englische Wort „man" bedeutet *puruṣa* sowohl „Mann" als auch „Person". Das Gegensatzpaar *puruṣa/prakṛti* entspricht, abstrakter gefaßt, dem von Geist/Materie. Diese Begriffe sind mit den männlichen und weiblichen Eigenschaften der Gottheit (bzw. der Existenz) eng verbunden bzw. stellen diese metaphorisch dar und entsprechen daher Śiva und *śakti*.

Einige philosophische Systeme betrachten diese zwei Prinzipien letzten Endes als eines. Die meisten sehen sie als gleichwertig an. Dennoch ist klar, daß ein philosophisches System, das auf die Verwirklichung der Einheit großen Wert legt, den Prinzipien von *śakti* und besonders von *māyā* und *prakṛti* geringeren Stellenwert beimißt, denn diese zerspalteten die vollkommene Einheit. Sie stehen dem geistigen Fortschritt im Wege, widersetzen sich ihm symbolisch. Ihre Erscheinung in weiblicher Form ist gewissermaßen ein Hinweis darauf, daß Frauen ein Hindernis auf dem Erlösungspfad des Mannes darstellen. Aber davon ist nicht viel zu halten: Erst *śakti*, *māyā* und *prakṛti* ermöglichen ein Leben auf dieser Welt. Ein zeitgenössisches Andachtslied, das die Göttin als die „Ur-*śakti* oder Ur-*māyā*" anredet, entspricht einer alten Tradition, nach welcher die Größe und Güte der Göttin verherrlicht wird.

Diese Tradition hat zur Anerkennung des „Weiblichen", der Göttin als dem allerobersten Prinzip geführt; die endgültige Wirklichkeit wird in gewisser Hinsicht als weiblich anerkannt. Solche Positionen stellen nicht die Beziehung der Göttin zu ihrem männlichen Gefährten in den Mittelpunkt, sondern sie selbst, deren Gestalt die verschiedenen Aspekte der mythischen Göttinnen zusammenfaßt. So kann sie, nach dem Modell der männlichen *trimūrti* (vgl. I.2.) als Mahākālī (= große Kālī), Mahālakṣmī und Mahāsarasvatī vorkommen. Das Lob der Göttin betont das Aktive, wobei das „Untätige", eine männliche Eigenschaft, negativ bewertet wird. Die übliche Darstellung der Kālī, die den Körper des Śiva zertrampelt, ist ein bekanntes Beispiel hierfür:

Dein Schlacht-Tanz auf Śivas Herz -
eine Kette aus Menschenköpfen hüpft
auf Deinen schweren Hüften, abgehackte Hände
sind Dein Gurt, die Körper der Säuglinge
Dein Ohrschmuck ...
... Deine Füße
deren Schönheit das Blut nur steigert.

(Sen 1982, Nr. 58, nach d. engl. Übers.)

Die Beziehung zwischen Śiva und Pārvatī ist hier in ihr Gegenteil verkehrt: Nun hat *sie* vier Arme (ein Hinweis auf Macht und Göttlichkeit), während *er* nur zwei hat. Kālī hat offensichtlich die überlegenere Stellung inne, aber in unserer Illustration (vgl. Abb. 18) erscheint sie nicht als die dominierende Liebende (wie etwa in ihren Darstellungen während der Kopulation mit Śiva, in denen sie auf ihm liegt), sondern als die Besiegerin und vielleicht als die Zerstörerin, denn in dieser Darstellung ist der Körper des Śiva in aller Deutlichkeit ein Leichnam auf dem Scheiterhaufen. Sie hat aber auch sanftere Aspekte. Ihre rechte Hand, wenn auch mit blutigen Krallen, drückt aus, daß sie die Angst vertreibt. Ihre Füße stellen nicht nur den Sieg, sondern auch Barmherzigkeit und Schutz dar: Daß ihr rechter Fuß auf dem Herzen des Śiva steht, mag auf die vollkommene Hingabe des Anbetenden hinweisen sowie auf den Schutz, der ihm in der Folge gewiß ist. Dies ist auch eine Umkehrung der Śiva-Pārvatī-Beziehung, in der letztere für die hingebungsvolle Anbetung schlechthin steht. Und schließlich hat der Leichnam ithyphallische Züge. Ein aufgerichteter Phallus im Zusammenhang mit Śiva hat üblicherweise keine „natürliche" Erklärung, er weist nicht auf Erregtheit hin, sondern auf die asketische Beherrschung des Samens; ungeachtet dessen ist dieser Zug in Zusammenhang mit einem Leichnam eher überraschend. In einem Sprichwort heißt es, *ohne* die Göttin sei Śiva nur ein Leichnam *(śava)*, sodaß diese Darstellung vom Leichnam des Śiva in ihrer Gegenwart noch rätselhafter wirkt. Der aufgerichtete Phallus mochte darauf hinweisen, daß Kālī sowohl für die Wiederbelebung als auch für die Zerstörung verantwortlich ist. Eine ungewöhnliche Darstellung, in der Śiva aus dem verstorbenen Körper wiederaufersteht, scheint dies zu bestätigen. Unsere Abbildung enthält also zugleich die erschreckenden wie die sanfteren Elemente Kālīs, wobei diese eindeutig die Situation beherrscht.

Die AnhängerInnen der Göttin, die deren Oberherrschaft verfechten, haben Erklärungen, wieso einige Mythen die Beziehung zwischen ihr und Śiva anders darstellen, sodaß neben der dominanten Kālī die mehr oder minder unterwürfige Pārvatī steht bzw. diese oft miteinander gleichgesetzt werden. Sie führen den – auch in anderen theologischen Kontexten wichtigen – Begriff *līlā* (Spiel) an. Da eine Gottheit keiner Notwendigkeit unterliegen kann, ist die Welt der Erscheinungen am besten als ein göttliches Spiel zu erklären. Mit *līlā* läßt sich auch die Demütigung der Gottheiten,

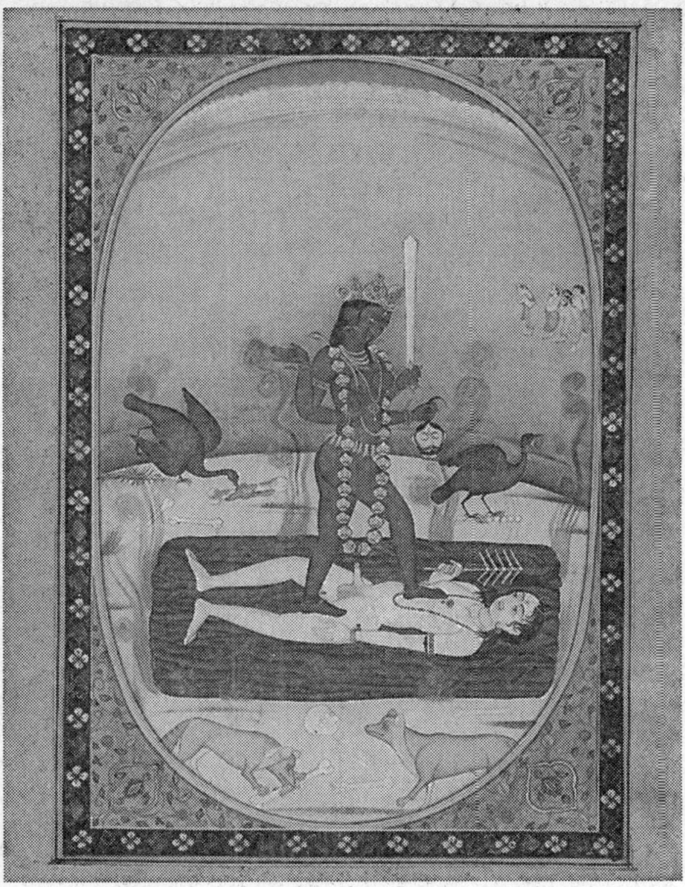

Abb. 18: Kālī steht auf dem Leichnam von Śiva, Kangra School, ca. 1800.
Sammlung von Mr. und Mrs. John Gilmore Ford

wie z.B. die Verkörperungen des Viṣṇu, erklären. Die Göttin erniedrigt sich ebenfalls im Spiel. Wie Viṣṇu-Kṛṣṇa geht sie als Satī aus dem menschlichen Schoß hervor und erscheint wie Pārvatī als eine unbedeutendere Gottheit. Ihre Kindheit, wie auch die des Kṛṣṇa, trägt Züge höchster Wirklichkeit sowie die eines durchschnittlichen frechen Kindes. Rāmprasād Sen schildert die Säugling-Pārvatī, die sich in einem Wutanfall den Mond wünscht. Sie wird dadurch beruhigt, daß ihr ihr eigenes, „einer

Million Monde überlegenes“ Gesicht im Spiegel gezeigt wird (Sen 1982, Nr. 30). Es ist ebenfalls ein Teil des Spieles, daß sie zunächst als Satī und dann als Pārvatī zur Ehefrau und damit zur untergeordneten Partnerin in der Ehe mit Śiva wird. Die Göttin selbst hat sich dies gewünscht, ohne jedoch ihre Souveränität zu opfern.

In vielen südindischen Dörfern wird für diese Anomalie eine authentisch „mythologische“, wenn auch theologisch weniger raffinierte Erklärung angeboten, und zwar im Sinne einer zeitlichen Abfolge. Zu Beginn dieses Weltalters legte die Göttin ein Ei, woraus Brahmā, Viṣṇu und Śiva hervorgingen. Die Göttin wollte mit ihnen schlafen, aber sie lehnten dies als inzestuös ab. Endlich willigte Śiva ein, unter der Bedingung, daß sie ihm ihr drittes Auge schenke. Sie ging darauf ein, verlor aber mit dem Auge ihre Macht (vgl. auch die Verbindung von Jungfräulichkeit und Keuschheit mit der Macht, III.1.-2.). Diese Mythe zeigt nicht nur die Spannung zwischen männlichen und weiblichen Gottheiten auf, zwischen männlicher und weiblicher Sexualität und Macht, sondern auch zwischen den Dorfgöttinnen mit ihren regionalen, einheimischen Namen (wie Ellamman, Māriyamman u.v.a.) und den Göttern aus der „großen Tradition“, die aus den Sanskrit-Texten stammen und überall in Indien bekannt sind. Das göttliche Weibliche wird als unbedeutender, in der Hierarchie untergeordnet betrachtet – obwohl einst als das Allerhöchste anerkannt –, zugleich wird die Unterlegenheit des dörflichen Milieus, woher es stammt, akzeptiert, denn die DorfbewohnerInnen verehren die besiegte Göttin weiterhin. Diese Unterstellung ist allerdings nicht allgemein gültig; in vielen Kontexten ist die Göttin überaus „respektabel“, auch wenn sie nicht mit einem männlichen Gott in einer moralisch anständigen Ehe verbunden ist. Nichtsdestotrotz ist dies ein interessanter Hinweis auf Probleme, die eine Verehrung der Göttin als der Allermächtigsten mit sich bringt. Die weibliche Allmacht steht den etablierten Normen entgegen: Soll das Göttliche solche Normen widerspiegeln, oder soll es als etwas wesentlich anderes verstanden werden?

III. Frauenbezogene mythische Themen

III.1. Jungfräulichkeit und Kraft

Ehe und Elternschaft bilden die Norm für Männer wie für Frauen. Ein Hinauszögern des ehelichen Status ist im Fall gewöhnlicher Frauen unerwünscht. Im Mythos der Gottheiten kann sich jedoch die Jungfräulichkeit positiv auswirken: Eine Jungfrau hat mehr und eine entschieden aggressivere Kraft als die verheiratete Frau. Die Spannung zwischen dem Wunsch nach dieser Kraft und der Erfüllung des vorherbestimmten Frauenschicksals wird in den Mythen oft thematisiert. Beispielhaft dafür ist die Geschichte der Göttin Mīnākṣī, die Hauptgottheit des großen Tempels in Madurai. Oft als eine Erscheinungsform der Pārvatī angesehen, wird sie einem einheimischen Pāṇḍya-König geboren. Eine Prophezeiung verkündet, daß ihr besonderes Merkmal, eine dritte Brust, nach der Begegnung mit ihrem zukünftigen Ehemann verschwinden werde. Sie wird zu einer unbesiegbaren Kämpferin, die alle ihre Feinde unterwirft. Als sie sich in den Norden begibt, trifft sie Śiva im Himālaya, und ihre dritte (unweibliche? überweibliche?) Brust verschwindet und damit auch ihre Angriffslust. Sie verwandelt sich in ein scheues, bescheidenes Mädchen, in den Inbegriff einer Braut.

Die herkömmlichen Werte werden so bestätigt. Obwohl Mīnākṣī zusammen mit ihrem Mann verehrt wird, bleibt sie trotzdem eine mächtige Gottheit, in kultischer Hinsicht nimmt eigentlich sie die überlegene Stellung ein.

Eine andere Möglichkeit repräsentiert die eponymische Göttin Kanyākumārī (Kap Komorin, die Südspitze des indischen Subkontinents). Ihr Name bedeutet „jungfräuliches Mädchen". Sie wird, dem weitverbreiteten Mythos der Devī ähnlich, erschaffen, um Dämonen zu vernichten. Nach der Erfüllung dieser Aufgabe möchten sie und Śiva heiraten. Die Götter und die Weisen versuchen dies zu verhindern, denn sie fürchten einen erneuten Dämonenaufstand und wollen, daß sie die Kraft der Jungfrau nicht verliert. Die Hochzeit soll zur Mitternachtsstunde stattfinden. Als sich der Bräutigam Śiva mit seiner Gefolgschaft auf dem Weg zur Hochzeit befindet, hört er einen Hahn krähen und glaubt, daß der als günstig verheißene Zeitpunkt vorüber ist, worauf er umkehrt. In Wirklichkeit hat der Weise Nārada, der immer Unruhe stiftet, das Krähen nachgeahmt. Als die Göttin erfährt, was geschehen ist, verflucht sie das Hochzeitsbuffet und verwandelt das Essen in Steine und Muscheln. Die Gottheiten erreichen allerdings, was sie wollten. Dem Mythos entsprechend wird Kanyākumārī, im Unterschied zu Mīnākṣī, allein verehrt, obwohl sie im nahegelegenen Tempel zu Sucindram zum Teil mit Śiva in Beziehung steht. Ihre Darstellung weist weder auf ihren Kampf gegen die Dämonen noch auf ihre Enttäuschung hin: Sie gleicht eher einer freundlichen, sittsamen Braut, die ewig auf ihren Bräutigam wartet.

Die in Mythos und kultischer Praxis gut belegte Beziehung zwischen der Jungfräulichkeit und der Kraft einer Frau entspricht der Vorstellung, daß die „Zurückhaltung des Samens“ die Kraft des Mannes aufrechterhält bzw. fördert. Auf den ersten Blick scheinen diese zwei Vorstellungen miteinander unvereinbar: Ein Mann muß nicht jungfräulich sein, er kann mit der Askese jederzeit beginnen, während eine Frau ihre Kraft ein für allemal verliert, wenn sie sich mit einem Mann einläßt. Betrachten wir jedoch den Begriff Jungfräulichkeit näher, so ist der Widerspruch nicht mehr so kraß. Jungfräulichkeit ist nicht nur ein biologisches, sondern eher ein gesellschaftliches Phänomen. Infolge der Entjungferung ist eine Frau „nicht mehr Mädchen“, wie ein englisches Volkslied sagt. Durch diese einmalige Erfahrung ist sie für immer in eine Ehefrau verwandelt, für die der Geschlechtsakt, das Gebären und die Sorge um den Mann zum Lebensalltag werden. Nur jene Frau, die auf dieses Frauenleben verzichtet, kann Kraft erlangen, genauso wie der Mann, der auf seine Zeugungsfähigkeit verzichtet und den Status des Hausherrn ablehnt, an Kraft und spiritueller Bedeutung gewinnen kann. Die sexuelle Enthaltsamkeit ist die Entsprechung dieses Gedankens auf der physischen Ebene.

III.2. Die keusche Ehefrau

Die verheiratete Frau verliert nicht jegliche außergewöhnliche Macht, obwohl sie diese nicht wie die Jungfrau zu aggressiven, „männlichen“ Zwecken einsetzt. Die Enthaltsamkeit der jungfäulichen Pārvatī zieht Śiva an. Nach der Heirat unterzieht sie sich nochmals der Enthaltsamkeit, als ihr Mann sie ihrer dunklen Hautfarbe wegen auslacht. Sie verschwindet, übt Askese und erreicht so ihr Ziel, nämlich eine Aufhellung ihrer Hautfarbe – ein Beispiel dafür, daß der zeitweilige Verzicht auf den Geschlechtsakt einen Bestandteil des asketischen Programms ausmacht, wodurch Frauen wie Männer an Kraft gewinnen können, sei es unmittelbar oder mittelbar in Form eines Geschenkes der Götter. Heutzutage fasten die Frauen oder üben andere Formen von Enthaltsamkeit, um *śakti* zu gewinnen.

Ehefrauen erlangen sehr oft durch ihr keusches Verhalten Kraft, was dann ihnen selbst und ihren Ehemännern zugute kommt. Als Sītā in der Gefangenschaft der Tod ihres Mannes vorgelogen wird, fragt sie sich, ob sie ihm irgendwann einmal, vielleicht in Gedanken oder in einem früheren Leben, untreu gewesen sei. Um auf diesem Weg erfolgreich zu sein, ist eine auch gedanklich unerschütterliche Keuschheit notwendig. Nach Sītās Rettung beweist sie öffentlich ihre Standhaftigkeit: Infolge ihrer tadellosen Keuschheit ist sie imstande, unversehrt durch das lodernde Feuer zu gehen. Reṇukā ist ein Gegenbeispiel zu Sītā. Sie ist die Ehefrau eines Weisen, und ihre Reinheit ermöglicht ihr Wundertaten, etwa das Tragen von Wasser ohne einen Krug. Eines Tages schweift sie in Gedanken ab und verliert ihre Kräfte. Dies hat fatale Folgen, denn der Weise verdächtigt sie und befiehlt ihrem Sohn (Paraśurāma, oft als eine Verkörperung des Viṣṇu angesehen), sie zu enthaupten, was er auch tut. In den meisten Versionen bleibt Reṇukā (oft durch Paraśurāmas Intervention) zwar am Leben, jedoch wird darauf hingedeutet, daß sich der Besitz solcher Kräfte für Frauen auch gefährlich auswirken kann.

Die folgende südindische Geschichte gibt ein in den lokalen Mythen weitverbreitetes Motiv wider: Brahmā, Viṣṇu und Śiva, verkleidet als Bettelmönche, besuchen Anasūyā, die Gattin eines Weisen. Es ist Pflicht, Bettelmönchen Nahrung anzubieten. Sie ist gastfreundlich, aber die Bettelmönche verlangen, daß sie sich auszieht, bevor sie essen. Ihre Keuschheit widersteht jeder Versuchung, sie braucht nur an ihren Ehemann zu denken, und es stehen ihr wundersame Kräfte zur Verfügung. Diese zeigen ihr einen Ausweg aus dem Dilemma: Sie wünscht sich, daß die Besucher sich erst in Säuglinge verwandeln, dann kommt sie ihrem Verlangen nach. So schützt sich die Keuschheit selbst – eine weitere potentiell gefährliche Annahme.

III.3. Die Wahl eines Ehemannes

Eine Göttin, die als unabhängig gilt, kann auf die Ehe verzichten. In einigen Versionen lehnt Devī (oder Durgā) die Annäherungsversuche des Büffeldämons ab, und eine Dorfgöttin verkündet: „Ich bin glücklich ohne Gefährten." Dies sind jedoch die Ausnahmen, die die Regel bestätigen. Eine menschliche Frau oder eine Göttin, die sich auf einige Bedingungen der menschlichen Existenz eingelassen hat, muß sich den gesellschaftlichen Regeln unterwerfen. Im modernen Indien ist die ‚arrangierte Heirat" die Norm, aber die Mythen kennen die Praxis nicht, daß zwei Familien sich zusammensetzen, um eine Ehe zu vereinbaren. Im Mythos herrschen Paare vor, die sich vorher in irgendeiner Weise Liebeserklärungen machten. Dies ist auch der Fall in der klassischen Sanskrit-Dichtung, in der volkstümlichen Lyrik sowie in den modernen Filmen. Damit wird aber die gängige soziale Praxis nicht wiedergegeben.

Ein Motiv kommt dem vertrauten „romantischen" europäischen Ehemodell nahe. Nach einer keuschen Liebesaffäre bittet der Mann den Vater der Frau (praktisch beide Eltern) um die Hand der Tochter. In einer Anfangsepisode des *Mahābhārata* verliebt sich König Śantanu in die Fährfrau Satyavatī und bittet auf ihr Verlangen hin den Vater um ihre Hand. Der Vater willigt ein, aber nur unter der Bedingung, daß ihre Söhne einmal Śantanus Thron erben. Śantanu hat von seiner früheren Ehefrau bereits einen Sohn namens Bhīṣma, der aber dem Vater entgegenkommt und freiwillig ein Keuschheitsgelübde ablegt, damit keine Gefahr besteht, daß ihm Söhne geboren werden, die Anspruch auf den Thron erheben könnten. Dies ist offensichtlich im Interesse von Satyavatī, jedoch liegt die Betonung auf der Verherrlichung des Stammbaumes ihres Vaters.

Ein primäres Ziel der Epen ist die Festlegung der Genealogien. Die Bedeutung der göttlichen Ehen ist hingegen anderswo zu suchen. Als Pārvatī Śiva heiratet, wird ausschließlich auf einer persönlichen Ebene verhandelt. Die Gottheiten mögen sich diese Einigung wünschen, damit ein mächtiger Sohn geboren wird, der einen bestimmten unberechenbaren Dämon vernichten kann. Aber Pārvatī fühlt sich von Śiva aus Gründen der Liebe bzw. Verehrung angezogen: Sie liebt ihn, wie eine Frau einen Mann und ein/e Verehrer/in die Gottheit liebt. In der Geschichte von Kanyākumārī weicht das Interesse der Götter bezüglich einer Heirat etwas ab: Hier ist nicht der Sohn, sondern die Frau für die Vernichtung des Dämons vorgesehen, und dementsprechend differiert die Haltung einer der Hauptfiguren; Śiva distanziert sich vom Geschlechtsgenuß nach dem Tod seiner ersten Frau Satī, der früheren Verkörperung der Pārvatī. Als Kāma, das personifizierte Begehren, versucht, seine Liebe zu Pārvatī zu wecken, versetzt er Kāma in Flammen. Nur mit seinen eigenen Waffen, einer strengen Enthaltsamkeit, kann seine zukünftige Braut ihn anlocken. Er prüft daraufhin ihre Entschlossenheit und gibt sich schließlich als ihr zukünftiger Mann zu erkennen. Die oft symbolisch überfrachtete Vereinigung zwischen Gott und Göttin wird ohne jeglichen Hinweis auf Verwirklichung vollzogen; die gesellschaftlichen Konventionen müssen auch eingehalten werden, selbst wenn dann vorgeführt wird, wie die Gottheiten sich darüber hinwegsetzen. Ist die Liebesgrundlage gestiftet, wird um die elterliche Erlaubnis ersucht. Pārvatīs Vater, der Berg, willigt nach Besprechung mit ihrer Mutter Menā („Frau“) in die Heirat ein. Viele Versionen betonen das Zögern der Eltern, ihre Tochter einem Mann ohne Abstammung, ohne Reichtümer, mit einer Vorliebe für Schlangen und Feuerbestattungsstätten in die Ehe zu geben. Die Hochzeit findet dennoch mit großem Prunk und den nötigen Riten statt. Ereignisse, die zur Heirat der Pārvatī führen, zeugen für ihre doppeldeutige Stellung als höchste Göttin, die sich für die Geburt in einer pseudomenschlichen Gesellschaft entschieden hat.

Nach einem anderen Typus von Heiratsgeschichten kann die Frau ihren Mann nicht nur *de facto* wählen, sondern ihr Recht darauf ist institutionalisiert. Sāvitri, bekannt als die treue Ehefrau (vgl. III.4.), wurde von ihrem Vater zusammen mit einer Gefolgschaft auf die Suche nach dem geeigneten Bräutigam geschickt. Gewöhnlich kamen die Freier massenweise zu einem Palast, in dem eine heiratsfähige Prinzessin wohnte. Hierbei, in einer Zeremonie namens *svayaṃvara* („Eigenwahl“), hängte die zukünftige Braut eine Blumenkette um den Hals des Mannes ihrer Wahl. In den Volkserzählungen wird auch eine andere Möglichkeit der Bräutigamwahl erwähnt, ein Wettstreit der Freier um die Hand der Braut. Die bekanntesten Beispiele solcher Wettbewerbe kommen in dem *svayaṃvara* von Draupadī im *Mahābhārata* sowie in dem von Sītā im *Rāmāyaṇa* vor. In beiden Fällen bilden sie folgenschwere Episoden für den Erzählverlauf. Arjuna bzw. Rāma stellen ihre Fähigkeit unter Beweis, indem sie andere Werber in männlichen Fertigkeiten besiegen, und führen die Braut nach Hause. In der Erzählung scheint dieses Vorgehen unproblematisch zu sein, eine jede fiktive Prinzessin würde selbstverständlich den hervorragendsten unter den Werbern auswählen. Jedoch ist ein solcher Ausgang nicht selbstverständlich;

die zwei Arten, eine Auswahl zu treffen, können in einer konkreten historischen Situation einander durchaus widersprechen. Wir können das *svayaṃvara* nur mit Vorsicht als einen Beleg für die „Freiheit" anführen, die die Frau im alten Indien vermutlich genoß. Doch obwohl es nicht zu den acht kanonisierten Heiratsformen gehört, mag dem mythischen Motiv des *svayaṃvara* tatsächlich ein Brauch zugrunde liegen; dies wäre aber nur im Falle von Mädchen aus Krieger-/Herrscherkasten vorstellbar. Und auch in diesen Schichten könnte dies nur eine Formalität gewesen sein angesichts des Drucks, den ein Vater auf ein Mädchen ausüben konnte, damit sie sich seinen Wünschen fügte.

III.4. Eheleben: Göttinnen und Frauen als Ehefrauen

„Falls er reich war, müßte er viele Gattinnen gehabt haben", sagt der König in Kālidāsas *Śakuntalā* nebenbei. Das Theaterstück thematisiert die Liebe zwischen dem König und Śakuntalā, einer seiner vielen Ehefrauen. Polygynie kam unter den epischen Königen und Adeligen häufig, obgleich nicht immer vor. Śantanu, einer der Könige von Hastināpura, deren Geschichte das Epos *Mahābhārata* erzählt, heiratet erst ein zweites Mal, nachdem seine erste Frau Gangā ihn verlassen und ihre Flußgestalt wieder angenommen hat. In der nächsten Generation hat Vicitravīrya drei Frauen; eine Generation darauf hat Paṇḍu zwei, während sein Bruder Dhṛtarāṣṭra nur eine Gattin hat. Im *Rāmāyaṇa* hat der König Daśaratha drei, aber sein Sohn Rāma nur eine Ehefrau, deren Entführung und Rettung die Handlung des Epos ausmacht. Die Monogamie des Rāma ist bedeutsam, denn oft gilt er (viel mehr als der polygame Kṛṣṇa, der sich mit seinem Lebenswandel über die gängigen Moralvorstellungen hinwegsetzt) als das Vorbild für das vollkommene Leben, in dem alle Verpflichtungen erfüllt werden. Die Eheform berührt aber die Erwartungen an eine Ehefrau nicht, das Ideal bleibt für sie die Verehrung ihres Mannes und ihre Unterordnung, ohne Rücksicht darauf, ob sie die einzige Ehefrau ist oder eine unter vielen; aber die Monogamie verhilft ihr zu einer etwas besseren Stellung.

Auch auf der göttlichen Ebene begegnen wir Monogamie wie Polygamie, wobei der Einfluß der Epen (und gewissermaßen der menschlichen Wirklichkeit) und der abstrakten Vorstellungen über die Geschlechterbeziehungen deutlich zu spüren ist (vgl. Abschnitt II.). Viṣṇu erscheint mit zwei Gattinnen, Śrī und Bhū, oder auch nur mit einer, (Śrī-)Lakṣmī, die später zunehmend wichtiger wird, aber die andere Form nicht ersetzt. Śiva lebt in einer monogamen Ehe, zumindest in seiner kultischen Darstellung. Es gibt aber auch eine anhaltende Tradition, die Gangā (den Ganges), die aus seinen Haaren herunterfließt, für seine rangjüngere Gattin oder Geliebte hält, auf die Pārvatī eifersüchtig ist. Diese Vorstellung bleibt außer acht, wenn Śiva und Pārvatī als Ergänzungspaar, *puruṣa* und *prakṛti*, dargestellt werden, was eine monogame Ehe voraussetzt.

Die Polyandrie kommt in der göttlichen Welt selten vor. Eine Göttin zeigt ihre Überlegenheit nicht, indem sie Männer um sich versammelt, sondern dadurch, daß sie die Männer allesamt verachtet. Ein Beispiel finden wir in den Veden: Sūrya, die Tochter der Sonne, heiratet die beiden Brüder Aśvin. Dies ist jedoch weniger ein Hinweis auf ihren überlegenen Status als auf die enge Verwandtschaft der Zwillinge, sie teilen alles miteinander. Das gleiche gilt im Falle von (der menschlichen Frau) Draupadī, der Gattin der fünf Pāṇḍava-Brüder. Die brüderliche Polyandrie entspricht der Polygynie eigentlich nicht, die ein gewisses Ausmaß an freier Wahl der Partner voraussetzt. Die Polyandrie war in einigen Gemeinschaften in Kerala und am Fuße des Himālaya üblich, was jedoch nicht dem Weltbild der Verfasser des Epos entspricht. Draupadīs Ehe entspricht nicht der gesellschaftlichen Norm und ist auch keine übliche Alternative dazu, obwohl im *Mahābhārata* weitere Beispiele dieser Art zu finden sind. Die Umstände, unter denen diese Ehe geschlossen wird, machen ihren anormalen Charakter deutlich. Im *svayaṃvara* von Draupadī gewinnt Arjuna den Wettkampf und also die Braut. Als die Gebrüder nach Hause kommen, erzählen sie der Mutter Kuntī, daß er ein „Almosen bekommen" habe, worauf sie ihm gebietet, dieses mit allen Brüdern zu teilen. Schrecken verbreitet sich, und als Kuntī die eigentliche Bewandtnis erfährt, will sie ihren Befehl zurücknehmen – aber einer Mutter Worte sind heilig. Nichtsdestoweniger wird Draupadī wegen dieser eigenartigen Ehe zum Opfer des Hohnes seitens der Feinde ihrer Ehemänner.

Wie viele Ehepartner eine Frau auch immer haben mag, ihr Ideal besteht in Hingabe und Fügsamkeit – aber die Mythen vergegenwärtigen nicht immer Ideale. Sicherlich passen sich einige mythische Charaktere an: Satī, Sāvitri und Sītā werden oft in einem Atemzug genannt, um die Hingabe der Ehefrau zu preisen – oder, öfter noch, um ihre Unterwürfigkeit zu verunglimpfen. Ihre Geschichten sind jedoch vielschichtiger, als ihre sprichwortartige Darstellung dies erahnen läßt. Satī, die erste Gattin des Śiva und die frühere Verkörperung der zweiten, verbrennt sich selbst, als ihr Vater ihren Mann beleidigt. Obwohl ihr Name einfach „gut" bedeutet, steht eine *satī*-Frau auch in Verbindung mit einer Frau, die beim Tode ihres Mannes lebendig auf den Scheiterhaufen steigt und so *satī* begeht. Im Falle von Satī folgt aber ihr Tod nicht dem ihres Gatten; er tritt eigentlich ein, weil sie Śivas Anweisungen mißachtet. Śiva versucht nämlich, sie von der Teilnahme an der Opferzeremonie abzuhalten, von der er selbst ausgeschlossen ist. Sāvitri, eindeutig eine menschliche Frau, wird wegen ihrer Ergebenheit für ihren Mann verehrt; sie erduldet seinetwegen Armut und rettet ihn vor dem Tod; sie spielt eine aktive Rolle: Ihre Ausdauer und Wendigkeit, womit sie sich dem Tod entgegenstellt und diesen manchmal austrickst, ermöglichen Satyavān die Rückkehr ins Leben.

Ihre Geschichte weist auf die wunderwirkenden Kräfte der Frauen hin, die sie ihrer Keuschheit, der Ehefrauentugend *par excellence*, zu verdanken haben (vgl. III.2.). Sītā ist die passivste unter den dreien. Aber ihre Hingabe gewinnt die Oberhand über ihre Unterwürfigkeit, als sie sich dem Wunsch des Rāma widersetzt und darauf besteht, ihm ins Exil zu folgen. Im letzten Teil des *Rāmāyaṇa* nimmt sie eine herausfordernde Haltung an. Als von ihr das zweite Mal verlangt wird, ihre Keuschheit unter Beweis zu stellen, läßt sie sich von ihrer Mutter, der Erde, verschlucken, sodaß Rāma sie für immer verliert. Alle drei Frauen, auch wenn ihr Leben eindeutig dem ihrer Ehemänner untergeordnet bleibt, sind beispielhaft für Keuschheit, Ergebenheit und Hingabe, ebenso wie für Gehorsam und Verfügbarkeit. Die ersteren beiden spielen jedoch eher eine aktive als eine passive Rolle.

Das Benehmen von Ehefrauen ist aber nicht immer lobenswert; Wunschvorstellungen und Erwartungen bringen verschiedene Stereotype hervor. Im besonderen wird erwartet, daß die Gattinnen eines Mannes, die göttlichen sowie die menschlichen, einander beneiden und miteinander streiten. Die Eifersucht der Pārvatī auf Gangā wurde bereits erwähnt; die bekannten Tamil-Quellen erzählen von Streitigkeiten zwischen Devānai (Devasenā) und Valli, den zwei Gattinnen von Murugan. In beiden Fällen wird die Eifersucht begleitet von der sozial unterschiedlichen Stellung der Ehefrauen: Die Ranghöhere und Legitime fühlt sich von der Aufsteigerin aus einer niedrigeren Kaste bedrängt. Dies entspricht durchaus der außermythischen Wirklichkeit. Auch die menschlichen Ehefrauen eines Mannes streiten untereinander: Zwischen Rukmiṇī und Satyabhāmā – von den übrigen sechzehntausend Gattinnen des Kṛṣṇa gar nicht zu sprechen – gibt es ständige Reibereien. Wenn sie älter werden, tragen die Frauen ihre Rivalitäten über ihre Söhne aus. So überlistet im *Rāmāyaṇa* die jüngste Gattin des Daśaratha, Kaikeyī, ihren Mann: Sie schickt ihren Stiefsohn Rāma, den legitimen Thronerben, ins Exil, damit ihr Sohn Bharata den Thron besteigen kann. Hiermit irrt sie, wie uns nahegelegt wird, von ihrem eigentlichen Charakter ab; in der vorbildlichen Stadt Ayodhyā sollen Nebenfrauen und ihre Kinder friedlich miteinander leben. Das gleiche gilt für die Beziehung zwischen der Ehefrau und der Familie ihres Mannes; ihr kommt entscheidende Bedeutung zu, da die patrilokale Großfamilie die Norm bildet. Diese wird in den lokalen Volkserzählungen oft thematisiert; in den Epen aber tauchen „Frauenprobleme“ nur beiläufig auf. Im großen und ganzen finden die Gefühle der Frauen keine Berücksichtigung, außer daß sie der männlich dominierten Handlung des Epos Anstöße geben.

Jedoch sind Verwandte oder Nebenfrauen kein Grund für eheliche Streitigkeiten. Die mögliche Gegenwart der Gangā ist keinesfalls eine Ursache für die Streitigkeiten zwischen Pārvatī und Śiva. Ihr Eheverhältnis steht in keinem Bezug zu einer Gruppe oder Großfamilie, und Pārvatī hat nicht die Rolle und den Status einer Ehefrau inne. Im allgemeinen vergegenwärtigt diese Ehe ein eher persönliches Verhältnis zwischen zwei Individuen, wobei die unbestrittene grundsätzliche Treue durch Unvereinbarkeiten noch unterstrichen wird. Hier handelt es sich sicherlich um eine grundlegend männliche Wahrnehmung, wobei Pārvatī als Anstifterin des Streits dargestellt wird. In manchen Fällen wird aber erkennbar, daß sie reichlich provoziert wird. Sie ist zu

Recht oder Unrecht eifersüchtig auf Gangā. Sie wird von Śiva beleidigt, der sie wegen ihrer dunklen Hautfarbe verspottet, und sie versteckt sich hierauf wütend. Sie nimmt ihrem Mann dessen lange Abwesenheit während seiner Askese übel und hat kein Verständnis für sein Desinteresse in Sachen Zeugung. Die ideale Frau sollte all dies ignorieren können. Hiermit werden zwar die Unzulänglichkeiten im Verhalten der Frauen aufgezeigt, aber Śiva und Pārvatī gelten trotzdem als das Musterbeispiel für die eheliche Liebe, in erotischer wie in gefühlsmäßiger Hinsicht. Die klassische indische Ästhetik hält Streitereien, Eifersucht und dergleichen für einen Teil des Gefühls der Liebe und beschreibt diese Ausbrüche unermüdlich. Eine vorläufige Disharmonie zwischen Liebenden führt zu größerer Liebe. Die Streitigkeiten zwischen Śiva und Pārvatī und die zeitweiligen Trennungen haben nicht eine Verminderung ihrer Liebe zur Folge, sie tragen vielmehr zu deren Steigerung und Vervollkommnung bei. Das gleiche gilt für die Beziehung zwischen Rādhā und Kṛṣṇa, worauf wir nun eingehen.

III.5. Außereheliche Liebe: Rādhā, die *gopī* und Kṛṣṇa

Die traditionelle Moral ermutigt weder Männer noch Frauen, außereheliche sexuelle Beziehungen zu pflegen; aber in vielen Gesellschaften sind es insbesondere Frauen, die für derartige Verfehlungen verurteilt werden. Wären Mythen beispielhaft für gesellschaftliche Normen, hätten wir zu erwarten, daß ehebrecherische Frauen exemplarisch verurteilt und nicht gefeiert würden. Der Fall von Rādhā und ihren Gefährtinnen, den *gopī* (Kuhhirtinnen), ist wohl einmalig. In seiner Jugend lebt Kṛṣṇa in einem Dorf unter Bauern und Kuhhirten. Er ist so attraktiv, daß alle Frauen sich in ihn verlieben und sich nach ihm sehnen; manchmal gewinnen sie ihn, obwohl nur kurzfristig, als Liebhaber. Ihre Liebe gipfelt nicht in einer sexuellen Vereinigung, sondern in einem Tanz, in dem Kṛṣṇa sich vervielfältigt, sodaß jede *gopī* glaubt, sie tanze mit ihm allein. Diesem Tanz wird oft eine mystische Bedeutung verliehen. Rādhā ist die wichtigste *gopī* in der Gruppe; sie tritt relativ spät auf, wird aber schnell zu seiner bevorzugten Geliebten. Sie ist die am häufigsten dargestellte Gefährtin Kṛṣṇas nicht nur im Epos, sondern auch in Ritual und Kult. Es gibt Versuche, sie als Kṛṣṇas rechtmäßige Gattin darzustellen, es ist jedoch etwas peinlich für einen Kuhhirten, der in Wirklichkeit ein Prinz ist, eine Kuhhirtin zu heiraten, die tatsächlich Kuhhirtin ist. Daher gilt meist nicht nur, daß sie keine Ehefrau des Kṛṣṇa ist, sondern auch, daß sie einem anderen gehört. Kṛṣṇa übertritt in seiner Eigenschaft als Gott die allgemeinen Moralvorstellungen, während Rādhā, eher menschlich als göttlich, die musterhafte Verehrerin darstellt, die aus Sehnsucht nach ihrem göttlichen Geliebten alles riskiert. Die Metapher, so rührend sie auch ist, weist auf Geschlechterbeziehungen hin, in denen die Frau als unterlegene, selbstverständliche Dienerin des überlegenen Mannes fungiert. Aus dieser Sicht verliert Rādhā ihre Anziehungskraft, und es ist nicht überraschend, daß sie, einst eine äußerst beliebte und wichtige literarische Figur, in unserem Jahrhundert diese Stellung weitgehend verloren hat. Auf der populären kultischen Ebene bleibt sie wie zuvor weiterhin wichtig.

Die Beliebtheit der Rādhā ist nicht ausschließlich auf religiöse Gründe zurückzuführen: Sie, die sich vor Verruf und Gefahren nicht scheute, um ihren Liebhaber zu treffen, war auch für die Hofdichtung und Malerei ein beliebtes Thema. Wenn wir berücksichtigen, wie leicht Rādhā und Kṛṣṇa in einem menschlichen Liebespaar aufgehen – manchmal in der Gestalt eines Auftraggebers des Künstlers und seiner momentanen Favoritin –, so wird deutlich, daß das Thema nicht nur in metaphorischer Hinsicht interessant war. Oft galt ihre Beziehung als Vorbild für menschliche Liebespaare; sie beschreibt alle Aspekte der Liebe (vgl. auch III.4.), Streitigkeiten und Mißverständnisse inbegriffen, denn Rādhā war, obgleich hingebungsvoll, nicht unterwürfig. Zugleich enthält dieser in erster Linie mythologische Korpus auch theologische Elemente. Getrennt von Kṛṣṇa, sehnt sich Rādhā dermaßen nach ihm, daß sie selbst zu ihm wird; und als Kṛṣṇa sehnt sie/er sich nach Rādhā. In einer bekannten Episode tauschen sie ihre Kleidung, was eine ähnliche Bedeutung hat: sie teilen in gewisser Weise ihre Identität miteinander. Dies entspricht der für viele Schulen der Hindu-Philosophie grundlegenden Anschauung, daß die einzelne Seele oder das Selbst *(ātman)* letztendlich mit dem Göttlichen *(brahman)* identisch ist. Mit dieser Sichtweise steht die Unterlegenheit der Rādhā weniger im Mittelpunkt, und viele Episoden stellen sie quasi in einer Rollenumkehr als die Dominante dar: Die Liebe Gottes zur Seele ist nicht weniger selbstaufopfernd als die Liebe der Seele zu Gott. Die Liebenden widersprechen der herkömmlichen Hierarchie, nach der die Frau dem Mann zu dienen hat. Kṛṣṇa säubert beispielsweise die staubigen Füße der Rādhā, oder er bittet sie sogar, ihre Füße auf seinen Kopf zu stellen. Nicht nur die herkömmliche Moral, sondern auch grundlegende gesellschaftliche Normen, wie sie in den Geschlechterbeziehungen zum Ausdruck kommen, werden in dieser alles verzehrenden Liebe übertreten.

Exkurs: Die Frau als Anbetende, Anbetende als Frau

Hier soll kurz innegehalten werden, um einen Aspekt des kultischen Umgangs mit der Mythologie zu untersuchen: die Selbstidentifizierung der/des Anbetenden mit der Gattin bzw. Geliebten des (männlichen) Gottes. Jene Beziehung, die im Mythos die Gefährtin des Gottes mit ihm hat, sucht die/der Anbetende im Alltagsleben nachzuvollziehen. Aber diese Ebenen lassen sich vermengen; die Mythen selbst bewegen sich auf einer persönlichen, einer literarischen sowie auf einer ausdrücklich metaphorischen Ebene und legen somit eine Identifizierung der Gefährtin mit der/dem Anbetenden nahe. Pārvatī übt strenge Askese, um Śiva für sich zu gewinnen. Will sie „nur" einen Ehemann? Oder wünscht sie sich eine Vereinigung mit dem Gott? Die Gefährtin wird so zur Anbeterin, und als Gefährtin gibt sie ein Vorbild für die/den eifrige/n Anbetende/n eines persönlichen Gottes ab. Männer wie Frauen können sich selbst z.B. als Rādhā imaginieren und die eigene Beziehung zu dem transzendentalen Kṛṣṇa dem Vorbild der Beziehung der Rādhā zu einem menschlichen sowie göttlichen Kṛṣṇa nachbilden. Das Modell erfordert von einem Mann, daß er seinen männlichen Stolz und seine Überlegenheit abschüttelt, denn der Gott verhält sich zu Männern und Frauen gleich, ebenso wie in der traditionellen Gesellschaft der Mann zu der Frau. Die Dichter-Heilige Mahādeviyakka spricht von dem „edlen Herrn, / dem Männer, alle Männer, / wie Frauen, Gattinnen sind" (nach der Übers. v. Ramanujan 1973, S. 120).

Die AnbeterInnen greifen auf ein gemeinsames Repertoire von Mythen zurück und schaffen sich darüber hinaus eine eigene Mythologie. Der Mythos von Mahādevī z.B. stützt sich nur wenig auf den Kanon der Śaiva-Mythologie; ihr Gott ist eine persönliche Gestalt, manchmal ein Geliebter, manchmal ein Ehemann, und das Auf und Ab in ihrer Beziehung bringt sie in die Nähe von Rādhā und Kṛṣṇa. Durch die AnbeterInnen entfaltet sich auch eine Mythologie anderer Art: Ihre eigenen Lebensgeschichten werden frühzeitig in den göttlichen Mythos eingearbeitet, der Gott setzt sich ja mit seinen AnbeterInnen auseinander. Im Falle der weiblichen Heiligen ragen zwei Motive unter der Fülle von Varianten bestimmter Regionen und religiöser Gruppierungen heraus: ihre wortwörtliche und wahrnehmbare Verschmelzung mit dem (männlichen) Gott am Lebensende und/oder ihre nachträgliche Identifizierung mit der göttlichen Gefährtin des Gottes. Die HagiographInnen erzählen, wie Mahādevī, Āṇḍal und Mīrā, alle bekannte Dichter-Heilige, jeweils beim Eintritt in den Tempel, wenn sie die innere Sphäre des Heiligtums erreichten und sich ihrer geliebten Gottheit näherten, unsichtbar wurden. Viele Tempel haben ihre eigenen Erzähltraditionen, wonach auch weniger bekannte Frauen in der gleichen Weise unsichtbar wurden. Obwohl die Heirat und die Verschmelzung oft als Alternative gelten, werden sie hier anscheinend gleichgesetzt. Āṇḍal kam im Brautgewand zum Tempel und wird heute in vielen Tamil-Tempeln als die Gefährtin des Viṣṇu verehrt und mehr oder minder mit Śrī-Lakṣmī bzw. Bhūdevī gleichgesetzt.

Eine Variante entbehrt die Tempelumgebung sowie die physische Verschmelzung und präsentiert die Frau einfach als die Braut des Gottes. Eine Śiva-Anbeterin, bezeichnenderweise Gaurī (ein Name der Pārvatī) genannt, wird in eine Vaiṣṇava-Familie verheiratet, wo sie ihres Glaubens wegen schlecht behandelt wird. Eines Tages, als die Familie zu einer Hochzeit geht und Gaurī alleine zurückläßt, erscheint ihr Śiva persönlich, zunächst als alter Brahmane, dann als Junge und, nachdem die Schwiegerfamilie zurückgekehrt ist, als Säugling. Mißtrauisch und empört verweist die Schwiegermutter Gaurī des Hauses, woraufhin der Säugling verschwindet, Śiva in eigener Gestalt erscheint und Gaurī in seinen Himmel mitnimmt. In diesen Geschichten wird die Anbeterin tatsächlich zu dem, wonach sie strebt: die Gefährtin des Gottes, und sie vereinigt sich gewissermaßen mit ihm. Mit dieser Geschichte hat sich der Kreis geschlossen: Während die Purāṇas Pārvatī als die Anbeterin des Śiva darstellen, wird hier die Anbeterin zu Pārvatī.

III.6. Mutterschaft

Im Kult der „Göttin“ wird diese oft als „Mutter“ bezeichnet, aber die Göttinnen des Mythos, wie auch die Götter, fallen nicht durch Elternschaft auf. Eine Nebensächlichkeit im Mythos von der Geburt des Skanda/Kārttikeya/Murugan erklärt diese Unterlassung. Als die Götter, ungeduldig auf die Geburt eines Sohnes wartend, Śiva und Pārvatī in ihrem langen Liebesspiel stören, steht Śiva auf, um sie zu begrüßen und verschüttet dabei seinen Samen. Pārvatī, erbost über den Verlust von Freude und Nachkommen, verdammt die Götter zu Kinderlosigkeit. Daher haben die Götter – abgesehen von wenigen Ausnahmen – nur Kinder, wenn diese als Menschen geboren werden.

Pārvatī ist die einzige Göttin, die sich im Mythos als Mutter verhält. Śiva verschüttet seinen Samen, und Pārvatī kann daraufhin kein Kind gebären. Der Samen wird im Fluß Gaṅgā (Ganges) oder im Siebengestirn *(Kṛttikā)* bzw. in beiden ausgebrütet, woraus der sechsköpfige Kārttikeya hervorgeht. Pārvatī nimmt das Kind als ihr eigenes auf, woraufhin ihre Brüste Milch geben. Gaṇeśa gilt üblicherweise als Pārvatīs leiblicher Sohn; seine Geburt erfolgt ebenfalls auf außergewöhnliche Weise. Während einer langen, durch Askese bedingten Abwesenheit ihres Mannes stellt Pārvatī, vereinsamt und gelangweilt, eine Puppe als Begleitung für sich her. Hierzu bedient sie sich des fettigen Schmutzes ihres eigenen Körpers, den sie während eines Bades abreibt. Die Puppe wird dann lebendig und erkennt sie als Mutter an. Was folgt, macht die Spannung und Eifersucht zwischen Vater und Sohn deutlich, die um die Gunst der Frau ringen: Als Śiva zurückkehrt, erkennt ihn Gaṇeśa natürlich nicht und versucht ihn von der Wohnstätte der Pārvatī fernzuhalten. Śiva ärgert sich über die Anwesenheit eines Fremden in der Nähe seiner Frau und enthauptet ihn. Aber als er die Wahrheit erfährt und Pārvatīs Kummer sieht, versucht er den Jungen wieder zum Leben zu erwecken. Aus irgendeinem Grund paßt auf den Torso nur ein Elefantenkopf. Gaṇeśa ersteht zu neuem Leben, und Śiva wird sein Vater. Spannungen zwischen Vater und Sohn dieser Art kommen immer wieder vor; wenn die Eltern streiten, stellen sich Gaṇeśa oder beide Söhne auf die Seite der Mutter.

Ödipale Probleme werden auch in der mythischen Erklärung für Gaṇeśas Unvermögen zu heiraten ersichtlich. Als Pārvatī ihn fragt, was für eine Braut er sich wünsche, antwortet er: „eine wie dich“, woraufhin sie, verletzt durch die Andeutung, ihn dazu verflucht, nie zu heiraten. Die Streitigkeiten zwischen den zwei Brüdern tragen zu Spannungen innerhalb der Familie bei, die in die göttliche Sphäre verlagert werden. Trotzdem bleibt diese „heilige Familie“ das Vorbild für die Familie an sich, genau wie Śiva und Pārvatī ein Vorbild für die eheliche Liebe abgeben (vgl. III.4.).

Es gibt zahllose Darstellungen auf verschiedenen Stilebenen, wie die Familienmitglieder zusammen ihre Verehrer segnen oder ihrem häuslichen Alltag glücklich und friedlich nachgehen.

Obwohl in Indien die Mutterschaft hoch eingeschätzt wird, erscheinen in den Geschichten menschliche Frauen, ebenso wie die Göttinnen, eher als Ehefrauen und nicht als Mütter. Kuntī, die Mutter der Pāṇḍava-Prinzen, ist eine bekannte Mutterfigur; als solche wird sie im *Mahābhārata* von ihren Söhnen geschätzt und in Ehren gehalten. Ihr Befehl an sie, „teilt, was ihr bekommen habt", führt zu der polyandrischen Heirat mit Draupadī. Von den fünf Pāṇḍava-Brüdern hat sie selbst nur drei geboren; aber wie im Falle von Pārvatī, die als die Mutter des Kārttikeya gilt, kommt auch in der menschlichen Gesellschaft der sozialen Mutterschaft eine größere Bedeutung zu als der biologischen. Auf ähnliche Weise ist in den Kṛṣṇa-Erzählungen die Dorfbewohnerin Yaśodā, die Kṛṣṇa aufzieht, wichtiger und beliebter als seine biologische Mutter, die Prinzessin Devakī. Äußerst beliebt sind Geschichten von Kṛṣṇas Kinderstreichen, von Yaśodās Versuchen, ihren schadenfrohen Sohn zu erziehen, und von ihrem weichherzigen Umgang mit ihm. Wie Rādhā ist gewissermaßen auch Yaśodā Vorbild für einen bestimmten Kṛṣṇa-Kult: Die Verehrerinnen (selten auch die Verehrer) stellen sich Kṛṣṇa als ihren Sohn vor. Diese Beziehung kann so leibhaftig werden, daß es – wie im Falle der Heiligen Kururammā aus Kerala, die keine eigenen Kinder hatte – heißt, Kṛṣṇa habe in Gestalt eines Kindes bei ihr gewohnt und ihr im Haushalt geholfen.

Kuntī und Yaśodā zeichnen sich dadurch aus, daß sie die Mütter von *jemandem* sind, und dieser jemand ist männlich; es geht hier weniger um die Mutterschaft an sich. Pārvatī ist die einzige, deren Erfahrungen mit der Mutterschaft (obgleich diese in biologischer Hinsicht außergewöhnlich ist) eingehend erläutert werden. Dazu kommt, daß sie ausschließlich männliche Kinder (also des bevorzugten Geschlechts) hervorgebracht hat. Die Mutter-Tochter-Beziehung findet kaum Berücksichtigung. Die Mutter der Pārvatī, Menā, erscheint im Mythos vorwiegend aus einem Śaiva-Blickwinkel; ihre Gestalt führt vor allem Śivas Fähigkeit zu schockieren vor, denn sie widersetzt sich der Heirat dermaßen, daß sie Pārvatī sogar schlägt. In ihrem erfolglosen Versuch, die Entscheidung der Tochter rückgängig zu machen, droht sie, sie zu töten – die Beziehung kann also kaum als harmonisch angesehen werden. Eine auffallend abweichende Version ist in der Bengali-Volkstradition zu finden. Beim wichtigsten Fest zu Ehren der Göttin wird die periodische Rückkehr der Durgā/Pārvatī zu ihrem elterlichen Haus gefeiert. Das Ereignis spiegelt das Alltagsleben bzw. dieses das Ereignis wider. Menā sehnt sich nach der Ankunft der Tochter und verwöhnt sie, damit diese ihren Aufenthalt verlängert. Die Bengali-Durgā ist eine bedeutende Ausnahme der mythologischen Regel, daß Mütter ausschließlich Mütter von Söhnen sind, denn sie ist nicht nur die Mutter von Gaṇeśa und Kārttikeya, sondern auch von zwei Töchtern, Lakṣmī und Sarasvatī – Göttinnen, die dem eigentlichen Śaiva-Umfeld nicht zugehören; dies ist übrigens jenes Umfeld, welches die Familie der Pārvatī bestimmt. Es ist kein Zufall, daß in der Bengali-Erzähltradition Śiva oft als ein verantwortungsloser Spaßmacher vorkommt, während Durgā ernst genommen wird und höchste Liebe und Ansehen genießt. Hier haben wir also ein verändertes Bild vor uns: Statt eine aus der „Familie Śivas" zu sein, erscheint sie als Durgā, eine Mutter, deren allumfassende Mutterschaft einen deutlichen Ausdruck darin findet, daß sie sowohl Söhne als auch Töchter hat.

Nur wenige Frauen im Mythos sind Mütter, aber sie zeigen üblicherweise mütterliche Eigenschaften (viel mehr, als die Götter väterliche Eigenschaften aufweisen). Ein zweiter auffälliger Zug vieler Göttinnen ist ihre Grimmigkeit. Wie läßt sich dieser Widerspruch versöhnen? Auch die als Hindu Aufgewachsenen haben damit Schwierigkeiten:

> Sie sah ohnehin wie eine schrecklich verfluchende Devi aus. Die Frauen nannten sie manchmal „Mutter"! Stelle frau sich vor, dachte ich, eine Mutter wie diese zu haben – mit bronzenem Kopf und auch die starrenden Augen erschrekkend bronzen. Kein Wunder, daß alle Frauen sich fürchten, ihr zu mißfallen.
> (Desphande 1990, S. 100)

Die Heldin des Romans *The Dark Holds No Terrors* von Shashi Deshpande ist vielleicht überempfindlich, da ihre eigene Mutter grob und gefühllos ist. Aber eine Untersuchung der Mythen zeigt, daß diese Schwierigkeit weder auf ausschließlich persönliche Gründe zurückzuführen noch auf die moderne Zeit zu beschränken ist. Die sieben Göttinnen, bekannt als *Mātṛkā* oder Mütter, schützen sowie zerstören Kinder, wie dem volkstümlichen Glauben zu entnehmen ist. Die beiden Funktionen kommen getrennt vor: Es wird erzählt, wie sie von Indra geschickt werden, um das Kind Kārttikeya zu töten. Aber als sie es sehen, überkommt sie Mitleid, und ihre Brüste geben Milch (wie im Falle von Pārvatī). Der Widerspruch zwischen Grimm (obwohl nicht gegen Kinder gerichtet) und Mütterlichkeit tritt auch zutage, als Kālī den Dämon Dāruka tötet. Ihre Wut wird auch nach seinem Tod nicht gestillt; erst als sie zwei Säuglingen begegnet, die ihre Brust wollen, beruhigt sie sich. Solche Geschichten erzählen eher „von" der Mutterschaft. Sie thematisieren die doppeldeutigen Gefühle der Mutter zu ihrem Kind, Zärtlichkeit und Aggression; auf das Kind mag dies jedoch destabilisierend wirken. Im *Devīmāhātmya* werden die zwei Motive harmonisch und friedlich kombiniert. Der Grimm der Göttin wird gegen die Manifestationen des Bösen gerichtet, und sie wird angefleht, mit ihren Waffen „uns vor Schaden zu schützen" (11.27) wie eine Mutter ihre Kinder. Gerade *weil* sie eine Mutter ist, muß sie aggressiv sein.

Die modernsten kultischen Anschauungen tendieren dazu, die rauhen Aspekte der Göttin zu mildern und ihre mütterliche Liebe zu betonen. „Mutter" ist eine der gebräuchlichsten Bezeichnungen der individualisierten, differenzierten Göttinnen; eine

Anrufung der „Mutter“ kommt einer an „die Göttin“ gleich. Hiermit mag einfach Hochachtung gemeint sein – so werden auch heilige oder einfach ältere Frauen „Mutter“ genannt. Aber es ist auch üblich, daß die AnbeterInnen ihre Beziehung zu der Göttin als eine zwischen Mutter und Kind ansehen. Einer als männlich begriffenen Göttlichkeit mag eher die Rolle eines Ehemannes oder Liebhabers zukommen, denn die Geschlechterbeziehung wird als zu unausgeglichen gesehen, als daß der göttliche Partner die weibliche Rolle einnehmen könnte. Einige Texte, wie *Saundaryalaharī*, beschreiben in Einzelheiten und mit einem äußerst erotischen Wortschatz die Schönheit der Göttin, jedoch bleibt die Erotik auf ihre Beziehung mit Śiva begrenzt. Andererseits erlebt in der Mutter-Kind-Beziehung jede Person die Überlegenheit einer Frau. Falls die Mutter ab und zu ihr Kind bestraft, wird ihr die Liebe zu diesem keinesfalls abgesprochen: „Ein schlechtes Kind mag geboren werden, aber eine schlechte Mutter gibt es nicht“, sagt ein bekanntes Gebet.

III.7. Aggressive Frauen: Konkurrenz zum Männlichen

Wir haben in dem Mythos von Mīnākṣī gesehen, wie die kriegerische Prinzessin alle Feinde besiegt, als sie aber Śiva begegnet, unterwirft sie sich von selbst und wird zu seiner Ehefrau. Das Zähmen der Göttin durch einen männlichen Gott oder Dämon bzw. ein solcher Versuch ist ein wiederkehrendes Thema mit erotischem Beiklang. Eine weitverbreitete Version ist der Tanzwettbewerb zwischen Śiva und Kālī: Sie fordert seine Macht heraus, und die beiden vereinbaren, den Machtkampf über einen Tanzwettbewerb auszutragen. Diesen gewinnt Śiva entweder durch bloße Gewalt (dem Universum droht Zerstörung, als er tanzt) oder durch eine List (sie muß seinen Bewegungen nachkommen, ist aber zu anständig, um seine Stellungen mit hochgehobenen Beinen nachzumachen). Nach ihrer Niederlage heiratet Kālī üblicherweise Śiva nicht, sie verehrt ihn und verliert ihren Grimm. In ihrer Wildheit beschränkt, kann sie auch einen Platz neben ihm im Tempel finden. Hier ist die Geschichte aber nicht zu Ende, denn im Unterschied zu Mīnākṣī gilt Kālī normalerweise als nicht gänzlich bezähmt. Wie wir gesehen haben, dominiert sie Śiva in einer der populärsten Abbildungen, indem sie seinen leblosen Körper zertrampelt. Der Widerspruch zwischen der Geschichte und der Abbildung ist deutlich.

Die dritte Göttin, die von Śiva besiegt und beruhigt wird, ist Gangā. Nach einer Version will sie den Sohn Śivas gebären, wird aber von Brahmā als dafür unfähig erklärt. Sie verkündet rachsüchtig, sie werde Śiva dazu bringen, vor ihr niederzuknien. In einen Fluß im himmlischen Bereich verwandelt, will sie mit solcher Gewalt auf die Erde niedersteigen, daß Śiva dadurch niedergeschmettert wird. So will sie erreichen, daß sich die Bruchstücke seines Körpers in ihrem Wasser auflösen – eine zerstörerische Erotik. Es erübrigt sich zu sagen, daß Śiva sie mit seinen Haaren auffängt, damit sie sanft und lebenspendend auf die Erde hinabfließen kann.

Bemerkenswert ist auch, daß dieses Modell der Bezähmung der Göttin durch den Gott nicht allgemein gültig ist. Was Pārvatī betrifft, so beruhigt und besänftigt sie Śiva. Das Wort „zähmen" wäre jedoch etwas zu stark, um diese Beziehung zu beschreiben; Pārvatī ist nie offensichtlich dominant.

Im großen und ganzen scheint es, daß die Chancen der Göttinnen gegenüber den Göttern schlecht stehen; es verhält sich anders, wenn die männlichen Gegenspieler Dämonen sind. In beiden Fällen verlaufen die Machtkämpfe ähnlich, nur gehen sie anders aus. In den kultischen Praktiken ist nicht immer eindeutig, ob es sich bei dem männlichen Gegenspieler um einen Widersacher oder einen Ehemann, um einen Dämon oder Gott handelt. Das bekannteste Beispiel finden wir im Kampf der Durgā (oder einfach „Göttin", Devī) mit dem Büffeldämon Mahiṣāsura. Er, den nur eine Frau besiegen kann, stellt eine Bedrohung für die Macht der Gottheiten dar. Die Göttin tobt alleine gegen seine Armee, tötet seine zwei Generäle und schließlich ihn selbst. Sie mag von den männlichen Göttern für diesen Zweck erschaffen worden sein oder bereits existiert haben; ihr wird jedenfalls als der allerhöchsten Vertrauten der göttlichen Macht gehuldigt. In einigen Versionen macht Mahiṣa ihr einen Heiratsantrag. Ihre Androhung von Gewalt versteht er als Andeutung auf einen Liebeskampf. Nicht er unterwirft die Göttin durch Heirat, sie besiegt ihn mittels Gewalt, und die Stellung der Götter bleibt unangetastet.

Im *Devīmāhātmya* (5-10) folgt dieser Episode ein ähnlicher Kampf, in dem sich die Zahl der Göttinnen und Dämonen vervielfacht hat. Die Göttin geht auf Ersuchen der Götter aus dem Körper der Pārvatī in Gestalt von Kauṣikī hervor, um die Dämonen Śumbha und Niśumbha zu bekämpfen. Śumbha hört von der Schönheit der Göttin und schickt seinen Boten mit einem Heiratsantrag zu ihr. Sie habe geschworen, erwidert sie, nur den zu heiraten, der sie im Kampf erobern könne. Ihre Antwort klingt ironisch, als bedauere sie ihr „albernes Gelübde". Als dann ein Bote gesandt wird, um sie mit Gewalt fortzuschleppen, tötet sie ihn, während der Löwe, ihr Reittier, seine Armee vernichtet. In der nächsten Kampfrunde steigt Kālī aus ihrem verärgerten Gesicht hervor und tötet zwei dämonische Gefolgsmänner. Daraufhin erscheint Śumbha persönlich an der Spitze einer riesigen Armee. Zur Unterstützung der Göttin kommen sieben *śakti* (auch Mütter genannt) in Gestalt männlicher Götter, aus denen sie hervorgehen. Die achte *śakti* ist die Göttin selbst; ihre Beziehung zu den männlichen Gottheiten wird deutlich, als sie Śiva als Botschafter in das Feindeslager schickt. Eine stattliche Truppe von Göttinnen sorgt dort für verheerende Verwüstungen, bis Śumbha der Göttin vorwirft, sie handle nur mittelbar. Daraufhin verkündet sie: „Ich bin die Eine ohne eine Zweite." Sie erklärt, Kālī und die Mütter seien ihre eigenen Kräfte, und sie zieht diese in sich zurück. (Dies steht in Widerspruch damit, daß ursprünglich die sieben *śakti* aus männlichen Gottheiten hervorgegangen sind, und weist darauf hin, daß der Text die „wahre" Sicht – die Göttin sei eine Einheit – zu vermitteln beabsichtigt.) Dann tritt sie Śumbha allein gegenüber und tötet ihn.

Diese Geschichten haben unendlich viele volkstümliche und regionale Varianten; nach einer Tamil-Quelle folgt auch Sītā diesem Muster und kämpft mit Rāvaṇa. Sie alle hängen eng mit dem Motiv der „Macht der Jungfräulichkeit" zusammen: Entweder lehnt die Göttin eine Heirat ab und zieht es vor, ihren Werber/Widersacher zu töten, oder sie wird infolge ihrer Niederlage gezwungen zu heiraten (und damit einen untergeordneten Status zu akzeptieren). Obwohl sie unvergleichlich schön ist, setzt sie nicht ihre sexuelle Anziehungskraft als Waffe ein, um den Feind zu unterwerfen, sondern ihre „männliche" Gewalt. In einem damit zusammenhängenden Erzählkreis kommt die umgekehrte Situation vor: Der Mann versucht, eine sexuelle Annäherung zu vermeiden, während die Frau ihre weiblichen Reize und Listen einsetzt, um seine asketische Entschiedenheit ins Wanken zu bringen. Öfters stört eine *apsara* (himmlische Nymphe) einen Weisen in seiner langen Kasteiung, um ihn zu verführen. Sie kommt der „Frau als Versucherin" aus der westlichen Tradition nahe, es besteht jedoch ein wichtiger Unterschied insofern, als sie nicht gänzlich negativ bewertet wird. Manchmal muß der strengen Kasteiung ein Ende gesetzt werden, denn die dadurch gewonnene Kraft kann die Weltordnung gefährden. Von den Dämonen Śumbha und Niśumbha wird erzählt, daß sie viele tausend Jahre Enthaltsamkeit übten, um Kraft zu gewinnen; die Götter schalteten die Gefahr dadurch aus, daß sie zwei *apsaras* schickten, um sie zu verführen. Eine andere verführerische Erobererin der Dämonen ist Mohinī („bezaubernd", „täuschend"), eine weibliche Form von Viṣṇu. Als Götter und Dämonen um den Trank der Unsterblichkeit streiten, lenkt sie die Dämonen mit ihren weiblichen Reizen ab, damit der Trank allein den Göttern vorbehalten bleibt. Mehrere solcher Episoden kommen in ihrer Lebensgeschichte vor. Einmal fordert sie den Dämon Bhasma zum Tanzwettbewerb auf – eine Umkehrung des Motivs des Tanzes zwischen Śiva und Kālī, bei dem Kālī erobert wird. Bhasma verfügt über eine Gabe, auf die auch sein Name hinweist: Alles, was er berührt, wird zu Asche. Die Gefahr ist offensichtlich, und Mohinī wird geschickt, um ihn zu erledigen. Mohinī bezaubert ihn und verspricht, sich ihm zu unterwerfen, aber erst müsse er mit ihr tanzen und ihre Gebärden nachahmen. Als sie dann ihre Hand auf die eigene Stirn legt, macht der Dämon es ihr unüberlegt nach – mit tödlichen Folgen.

Die „Göttin" und die Göttinnen setzen die Verführung nur selten als eine Zerstörungswaffe ein; hingegen ist dies die natürliche Waffe der *apsara*s, sexuell attraktiv zu sein ist im allgemeinen ihre Hauptfunktion. Übt eine göttliche Figur diese Funktion aus, so ist diese Figur normalerweise männlich. Viṣṇu wird von der Demütigung, die diese seine Rolle (in Gestalt von Mohinī) impliziert, freigesprochen, denn wir wissen, daß diese nicht seine „wirkliche" Gestalt, sondern daß er/sie eine Täuschung ist. Diese Rolle ist nur eine von vielen, daher wird er in seiner Größe nicht beeinträchtigt, auch wenn diese mit dem zu fürchtenden oder gewissermaßen verachtenswerten Potential der Verführung assoziiert wird. Im Falle der Göttin wäre es weniger offenkundig, daß sie diese Rolle nur *spielt*. Von solchen Tricks macht sie nur wenig

Abb. 19: Durgā tötet den Büffeldämon (Mahiṣāsura), Hoysala-Periode, aus Karnataka.

Trustees of the Victoria and Albert Museum, London, IS 77-1965

absichtlichen Gebrauch; wenn Dämonen an eine sexuelle Annäherungsmöglichkeit denken, blamieren sie sich damit.

III.8. Zorn und Rache

Der Zorn der Göttin und ihrer Gefährtinnen (die Teile ihres Selbst sein können) gegen verschiedene Feinde steht in Zusammenhang mit ihrer jungfräulichen Kraft und der Ablehnung des Geschlechtslebens. Wie eine tugendhafte Ehefrau zumindest zum Teil eine der Jungfrau analoge Kraft erlangen kann, so kann auch der Zorn der Ehefrau zerstörerische Züge annehmen – ungeachtet dessen, wogegen er gerichtet ist.

Ein Erzähltypus, der überall in Südindien verbreitet ist, kommt in den Mythen vor, die die Kulte regionaler Göttinnen begründen. Ein Unberührbarer gibt sich als Brahmane aus, damit er eine Brahmanenfrau heiraten kann. Die Täuschung ist zunächst erfolgreich, und es werden aus dieser Ehe auch Kinder geboren. Aber schließlich entdeckt die Frau das Geheimnis ihres Mannes, und verärgert über ihre Entwürdigung und Verunreinigung, tötet sie ihn und seine Kinder. Die Kraft ihrer Wut verwandelt sie daraufhin in eine Göttin (oft, obwohl nicht immer, Māriyamman genannt). In der Folge wird sie in einem Tempel verehrt. In anderen Versionen tötet die wütende Frau zunächst sich selbst und dann, in Gestalt der Göttin, ihren Ehemann, oder sie befiehlt dies den DorfbewohnerInnen. Die Art und Weise seines Todes begründet des öfteren ein Büffelopfer, ein Ritual, das zu Ehren der Göttin vollbracht wird. Die Verbindung zur klassischen Geschichte von Devī/Durgā liegt ebenso auf der Hand wie die Auswechselbarkeit von Dämon und Ehemann.

Nicht immer aber ist der Ehemann der Widersacher; der Zorn der Ehefrau kann auch gegen andere gerichtet sein – *zugunsten* des Ehemannes. Satī stellt das klassische Beispiel dafür dar (vgl. III.4.). Sie verbrennt sich aus Wut über ihren Vater, der ihren Mann beleidigt hat. Sie wird unmittelbar gerächt: Als Śiva von ihrem Selbstmord erfährt, stört er vor Kummer und Wut (denn Wut ist nicht ausschließlich eine Fraueneigenschaft) die Zeremonie, an welcher er nicht teilhaben durfte, und vernichtet das Opfer mitsamt dessen Gönner sowie die dort versammelten Menschen und Götter.

In dem Tamil-Epos *Śilappadhikāram* kommt die Rache der Frau unmittelbar zum Ausdruck. Die Heldin Kannagi, eine mustergültige Ehefrau, die mit ihrem ehebrecherischen Mann ohne Murren zusammenlebt, setzt sich gegen dessen ungerechte Verurteilung zum Tode durch den Pāṇḍya-König entgegen. Es ist bereits zu spät, als sie seine Unschuld beweisen kann. Sie reißt sich vor Wut ihre linke Brust aus und wirft sie vor sich hin, wodurch die ganze Stadt Madurai entzündet wird. Nach diesem Zerstörungsakt wird sie, dem Māriyamman-Typus ähnlich, durch die Kraft der Wut in eine Göttin verwandelt. Viele heilige Stätten von Göttinnen in Tamilnadu und Kerala beanspruchen eine Beziehung zu Kannagi.

In der europäischen Tradition verhält es sich umgekehrt: Männliche Wut und Gewalt wirken zugunsten einer bedrohten oder mißhandelten Frau. Auch in Indien sind solche Fälle bekannt. Ein bekanntes Beispiel ist Rāma, der Sītā rettet und ihren Entführer tötet. Im *Mahābhārata* ist dieses Thema in die Haupthandlung eingebettet. Ein in erster Linie aus machtpolitischen Überlegungen entstandener Konflikt führt zwar zur endgültigen Zerstörung des Duryodhana, seiner Brüder und ihrer Verbündeten durch die Pāṇḍavas, aber die Beleidigung der Draupadī, der Ehefrau der Pāṇḍavas, durch deren Feinde verstärkt den Kampf. Bezeichnend ist auch, daß der Zorn der Draupadī genauso heftig ist wie der ihrer Männer; ihre Rachsucht spielt eine bedeutende Rolle bei der Anstachelung der Pāṇḍavas. In vielen volkstümlichen Nacherzählungen kündigt eine Geste Draupadīs die unwiderrufliche Vernichtung des Duryodhana an: Ihre Demütigung bestand darin, daß sie während ihrer Menstruation vor einer Männergesellschaft öffentlich an den Haaren gezogen wurde; sie schwört daher, ihr Haar weder zu waschen noch zu frisieren (was auf das Ende der Menstruation verweisen würde), bevor sie es nicht im Blut des Duryodhana getränkt habe.

Der Zorn der Frauen ist eine bemerkenswerte Thematik angesichts der Tatsache, daß sie frühzeitig dazu erzogen werden, ihre Unzufriedenheiten zu unterdrücken und sich der – elterlichen sowie ehelichen – Autorität zu unterstellen. Das mythische Motiv erkennt offensichtlich an, daß die unterdrückten Gefühle aufbrechen können. Je häufiger die Frauen in einer bestimmten Gesellschaft Ungerechtigkeiten erleiden müssen, heißt es, desto mehr herrschen die Geschichten von zornigen Frauen und grimmigen Göttinnen vor. Diese Mythen liefern aber keine Vorbilder für tagtägliches Verhalten; die zornigen Frauen verwandeln sich in Göttinnen und entfliehen den Einschränkungen der gesellschaftlichen Normen. Neuerdings ist versucht worden, die Tradition der zornigen Göttin als Mittel zur gesellschaftlichen Veränderung einzusetzen; so finden wir feministische Verlage mit emblematischen Namen wie *Kali for Women* (Neu Delhi). Ob dies Schule machen wird, ist abzuwarten. Die meisten indischen Frauen würden sich für ihr Verhalten eher an Sītā oder anderen gehorsamen und (größtenteils) unterwürfigen Ehefrauen ein Beispiel nehmen. Der Zorn der Göttin dient vielleicht der Erinnerung daran, was alles an Schrecklichem geschehen könnte.

IV. Unbedeutendere Gestalten

IV.1. Einzelne Göttinnen

Einerseits nennt der Hinduismus Tausende Göttinnen neben den „großen Namen“, andererseits werden diese oft als Manifestationen der einen „Göttin“ anerkannt. Dazwischen existieren zahlreiche Namen mit einer zumindest regional beschränkten Anerkanntheit. Von den grimmigen Göttinnen aus dem Süden sind wir bereits Māriyamman begegnet. Ihr Mythos thematisiert den Zorn, und sie steht oft in Verbindung mit Krankheit; diese kann von ihr hervorgerufen sowie geheilt werden. Ihr ähnelt auch im Ausmaß der Verbreitung die Göttin Ellamman/Yellamma, oft identifiziert mit Reṇukā (vgl. III.2.). Als die enthauptete Reṇukā, eine Brahmanin, wieder zum Leben erwachte, wurden ihre Körperteile mit denen einer Unberührbaren vertauscht, sodaß die Göttin Ellamman Halb-Brahmanin und halb-unberührbar ist. Kastenvermengung ist auch ein Wesenszug der Geschichte der Māriyamman.

In ihrer Beziehung zu Krankheiten bietet im Norden Śitalā („kühl“) eine Parallele zu diesen Göttinnen; sie wird in großen Teilen Indiens verehrt und steht eindeutig in Zusammenhang mit Fieber und Hautkrankheiten. Insbesondere in Bengalen genießt Manasā eine ähnliche Beliebtheit; sie ist die Göttin der Schlangen, sie verursacht und heilt Schlangenbisse. Manchmal gilt sie als die Tochter des Śiva und einer Menschenfrau (obwohl diese Art Beziehung im Falle einer „nachvedischen“ Gottheit etwas ungewöhnlich ist und daher Elemente der „kleinen Tradition“ enthalten mag), oder als die Schwester der kosmischen Schlange Ādiśeṣa. Ihre bekannteste Mythe erzählt, daß sie einem begüterten Mann und seiner Familie viele Ungelegenheiten bereitet, bis er sie zu verehren beginnt.

Die „neue“ Göttin Santosī Mā(tā) (Mutter Zufriedenheit) ist ganz anderer Art. Heute eine der beliebtesten Gottheiten unter den städtischen Frauen im Norden, war sie vor der indischen Unabhängigkeit kaum bekannt. Sie sei die Tochter des Gaṇeśa, heißt es manchmal. Jung zitiert eine Verehrerin:

> Sie ist ... eine Verkörperung der alten Mutter-Göttin im zwanzigsten Jahrhundert. Ihre Verehrung nehmen vor allem Frauen für sich in Anspruch, junge sowie alte, sie strömen überall in den indischen Städten zu ihren Tempeln und beten für gesellschaftlich anerkannte Ziele, die aus aktuellen Ängsten entspringen. Ich bin eine dieser Frauen.
>
> (Jung 1990, S. 40-41)

Wohlwollend, obwohl älteren Ursprungs, sind Flußgöttinnen; die wichtigste unter ihnen ist Gangā, der Ganges. Wir haben sie bereits als die Ehefrau des Śantanu erwähnt (vgl. III.3.) und auch als die Geliebte des Śiva (vgl.III.4.; III.7.). In dieser zweiten Manifestation gilt sie manchmal als die Schwester der Pārvatī. Ihre wichtigste Mythe erzählt von ihrem Abstieg aus dem Himmel auf die Erde, entweder über den Fuß des Viṣṇu oder die Haare des Śiva – diese wichtige Gestalt muß offenbar irgendwie den Mythen von männlichen Gottheiten einverleibt werden. Der Abstieg ist notwendig, damit ihre reinigenden und lebenspendenden Eigenschaften der Erde Nutzen bringen können. Heute wird Gangā aus beiderlei Gründen verehrt: Sie bringt diesseitige Vorteile wie Fruchtbarkeit der Felder (im allgemeinen keine besondere Funktion der Göttinnen), und ihr Wasser hat reinigende Eigenschaften die Besuche der Wallfahrtsorte an ihrem Ufer, etwa von Hardwar, Prayāga (Allahabad) und besonders von Benares führen zur Erlösung von der irdischen Existenz.

IV.2. Gruppen von Göttinnen

Andere Göttinnen kommen ausschließlich oder vorwiegend in Gruppen vor: so Vedi, in etwa die mütterlichen „Wasser"; oder die etwas doppeldeutigen *Mātṛkā* (vgl. III.6.), die manchmal eine Anführerin namens Ṣaṣṭhī haben. (Häufiger ist Ṣaṣṭhī jedoch eine selbständige, obgleich doppeldeutige Gottheit, die in Verbindung mit Kindern steht.) Solche Gruppen sind nur selten klar definiert. Bei den weitverbreiteten *Vierundsechzig Yoginīs* (weibliche Yogi, Begleiterinnen der Devī) ist die Zahl genau angegeben, aber nicht ihre Funktionen; zum Teil überschneiden sich diese mit denen der *Mātṛkā*. Eher klar abgegrenzt sind die zehn *Mahāvidyā*, sie werden ausdrücklich als furchterregende Manifestationen der Göttin verstanden; obwohl Abweichungen auftreten, hat jede von ihnen einen eigenen Namen und eine eigene Ikonographie.

IV.3. Andere Wesen

Das Geschlecht der Dämonen *(rākṣasas)* hat auch weibliche Mitglieder, die *rākṣasīṣ*, die aber im Vergleich zu den männlichen weniger auffallen. Am bekanntesten ist Śuparṇakhā, die häßliche Schwester des Rāvaṇa. Die verächtliche Ablehnung, die ihr durch Rāma und Lakṣmaṇa widerfährt, trägt zur Entführung der Sītā bei (vgl. I.3.). Freundlicher sind die *yakṣī*, Baumgeister, die auch mit den männlichen *yakṣa*, den Bewachern von Schätzen, in Verbindung stehen. Neben den männlichen *nāga* gibt es auch *nāginī* (weibliche Schlangen mit menschlichem Oberköper). Die mythologisch wichtigste Gruppe von übermenschlichen, aber nicht-göttlichen weiblichen Wesen sind die *apsaras*; ursprünglich mit Wasser verbunden, gelten sie im allgemeinen als Nymphen oder „himmlische Kurtisanen". Sexuell aufreizend zu sein und sich, wenn angebracht, zur Verfügung zu stellen, ist ihre Hauptfunktion Sie sind im Himmel des Indra daheim, wo sie die Götter mit ihrem Tanz erfreuen; sie sind die passenden Gefährtinnen der männlichen *gandharva*, der himmlischen Musiker. Oft steigen sie auf die Erde herab, um die Weisen oder Asketen zu verführen, wobei sie hin und wieder Erfolg haben (vg. III.7.).

Die bekannteste Beziehung zwischen einer *apsara* und einem Sterblichen, jene zwischen Urvaśī und Purūravas, folgt jedoch einem anderen Muster. Es ist kein Asket, sondern ein König, der auf der Jagd Urvaśī, das Begehren, aus den Klauen eines *rākṣasa* rettet. Sie verspricht, mit ihm eine Ehe einzugehen, unter der Bedingung, er dürfe sich vor ihr nie nackt ausziehen. Nach einiger Zeit bringen einige *gandharva*, die Urvaśī zurückholen wollen, Purūravas dazu, sich vor ihr auszuziehen. Sie verläßt ihn. Aber nach langer, beharrlicher Suche findet er Urvaśī wieder; sie können sich jährlich einen Tag treffen, und Kinder werden geboren. Schließlich redet Purūravas den *gandharva* ein, ihn als ihresgleichen aufzunehmen, und das Paar lebt seither glücklich miteinander. Bis Urvaśī Purūravas verläßt, verläuft die Geschichte nach dem bekannten Muster: Ein Mann heiratet eine Fee oder ein übermenschliches Wesen. Das glückliche Ende ist eine indische Eigentümlichkeit, sodaß die Geschichte den vielen anderen entspricht, die nach mehrfachen Proben und Trennungen von der endgültigen Vereinigung des Ehepaares erzählen.

V. Einige aktuelle Fragestellungen

V.1. Die Erforschung der Göttin: Geschichte versus Struktur

Die grundlegende Frage in bezug auf die Untersuchung eines jeglichen menschlichen Phänomens ist, ob in analytischer Hinsicht die Betonung auf der geschichtlichen Entwicklung oder auf der inhärenten Struktur liegen soll. Die Frage ist sehr relevant für die Untersuchung des Hinduismus im allgemeinen und der Göttin im besonderen. Wie bereits festgestellt, spielt in den Veden der Kult der Göttin keine bedeutende Rolle (vgl. I.1.). Diese Anomalie sowie die Analogie mit Griechenland führten die WissenschaftlerInnen aus dem 19. und frühen 20. Jahrhunderts zur folgenden Geschichtskonstruktion: Sie nahmen an, daß die arischen Eindringlinge ihr männliches Pantheon der ursprünglichen Bevölkerung Indiens brachten, die vor allem Göttinnen verehrte. Manchmal wird diese Polarität mit kulturellen Werten schwer befrachtet: Die indoeuropäische Religion sei gesund und eindeutig gewesen, „primitiv“ in positivem Sinne, während die einheimischen Formen vermutlich morbid, voll dunkler Primitivität gewesen seien – von der weiblichen Vorherrschaft ganz zu schweigen. Wenn wir uns möglichst frei von Werturteilen auf eine geschichtliche Vereinfachung einlassen, scheinen die Göttinnen des späteren Hinduismus tatsächlich aus den nichtarischen Zivilisationen abseits des Industales, außerhalb der Religion der Veden entsprungen zu sein.

Ist dies aber eine relevante Fragestellung? Die Hypothese, daß die Göttin des Hinduismus auf das Überleben vorarischer Elemente hinweist, sagt – selbst wenn der

Nachweis gelingt – wenig über die Rolle und Bedeutung der Göttin aus. Daher schlägt der Versuch, diese Theorie ohne weiteres als die „Antwort“ für ein „Problem“ anzubieten, bereits in seinem Ansatz fehl. Gewichtige Einwände gegen diesen historisierenden Ansatz sind dem Anthropologen Louis Dumont (bekannt für seine Arbeit über die Kasten) zu verdanken. Er argumentiert, daß die indische Kultur als eine Mischung von arischen und vorarischen Elementen zu erklären sei, die in einer strukturellen Beziehung zueinander stehen und ein zusammenhängendes Ganzes ausmachen. Dieser Ansatz wurde im Bereich der Mythologie von Madeleine Biardeau am umfassendsten weitergeführt. In ihrem bedeutenden Vorwort zu einer Sammlung von Studien über die Göttin (*Autour de la Déesse hindoue*, Paris 1981) stellt sie fest, daß die Göttin eine unerläßliche Ergänzung zu den männlichen Göttern sei. Erst durch die Göttin kommt ihnen eine Bedeutung zu, wie auch umgekehrt. Ein relativ unbefangener Zugang zu den Mythen bestätigt dies. Ungeachtet des Ursprungs der Göttinnen oder der Göttin sagen die Mythen um sie in ihrer heutigen Bedeutung viel über die Religion und die Gesellschaft als Ganze aus.

Diese Phänomene mögen jedoch weniger starr, sondern vielfältiger sein, als sie einige ihrer strukturalistischen Auslegungen erscheinen lassen. Die Ansicht von Biardeau, daß die Göttin als die Vermittlerin zwischen dem Himmel und der Erde, dem Reinen und dem Unreinen fungiert, ist interessant und folgerichtig, aber, wie sie selbst anerkennt, nicht die alleinige Wahrheit. Genauso begründet ist die Einsicht, daß die Göttin keine Vermittlungsfunktion innehat, sondern eine Seite der *puruṣa-prakṛti*-Polarität darstellt (vgl. II.2.). Die Beziehung der Göttin zu einzelnen Göttinnen und männlichen Göttern, zu Frauen in ihren verschiedenen Lebenslagen, zu Männern und Dämonen verändert sich in ihrer Bedeutung, was verschiedene Strukturen zur Folge hat. Die historischen Entwicklungen liegen den Elementen dieser Struktur zugrunde, diese erklären aber nicht die Ausformung der Struktur.

V.2. Eine Göttin oder mehrere Göttinnen?

David Kinsley, der in den 80er Jahren die Gemeinsamkeiten der Hindu-Göttinnen erstmals ausführlich untersucht hat, setzt sich dafür ein, daß diese Göttinnen als eigenständig anzusehen sind und nicht als verschiedene Aspekte der einen Großen Göttin Mahādevī. Sie sollen seiner Meinung nach in gleicher Weise behandelt werden wie die männlichen Götter, „deren zusammenhängende Mythologien und Theologien mit keinem übergeordneten Gott in Beziehung stehen“ (Kinsley 1986, S. 5). Seine Meinung, die zu Recht nicht ohne Vorbehalt akzeptiert worden ist, stellt aber ein wichtiges Korrektiv zu der Ansicht dar, wonach jede Göttin ohne weiteres mit *der* Göttin assoziiert werden kann, denn diese Annahme reicht keinesfalls für eine Analyse aus. Zugleich müssen wir anerkennen, daß gerade diese Assoziationen seit dem *Devīmāhātmya* bis heute zur Ausformung des Kultes der Göttin geführt haben.

In „authentischer“ mythologischer Hinsicht könnte sich der Ansatz von Kinsley als aufschlußreicher erweisen, aber der Mythos läßt sich, wie wir gesehen haben, von anderen Diskursen über das Göttliche kaum trennen. Es scheint daher angebracht, von zwei simultanen Auffassungsmöglichkeiten zu sprechen: Die Göttinnen sind sowohl voneinander zu unterscheiden als auch eben nicht. Fast alle Hindus würden die Selbständigkeit verschiedener Göttinnen verneinen. Ihr Verhalten könnte dem jedoch widersprechen. So berichtet die Anthropologin Ann Grodzins Gold von ihren Erfahrungen in einem Dorf in Rajasthan: Dieselbe Person, die differenzierte Rituale und Geschichten von Dasa Mātā ausführlich zu erzählen wußte, antwortete, als es um den Unterschied zwischen dieser regionalen Göttin und Lakṣmī ging, dieser sei eine einzige Täuschung *(māyā)* (Grodzins Gold 1988, S. 30).

Ähnliche Äußerungen (wie *Gott ist Einer*) kommen auch im Falle von männlichen Gottheiten vor. Aber das frühzeitig entstandene Schema von „fünf/sechs Pfaden“ (vgl. I.2.), das eine Göttin und mehrere Götter vorsah, deutet darauf hin, daß die Synkretisierung von weiblichen Gottheiten immer einfacher gewesen ist. Seit dem *Devīmāhātmya* erscheinen Göttinnen als Teilaspekte oder Emanationen der einen Großen Göttin. Die Vorstellung von einer Göttin, deren regionale, unterschiedlich benannte Manifestionen Bestandteile eines Ganzen sind, findet ihren vollen mythischen Ausdruck in der folgenden Erzählung. Śiva, bestürzt über den Tod von Satī, nahm ihren Körper und begann seinen das Universum gefährdenden Tanz. Um die Welt zu retten, zerstückelte Viṣṇu den Leichnam. Alle Ortschaften, auf die diese Stücke hinfielen, wurden zu bedeutenden Kultzentren der Göttin.

Wieso ist eher die göttliche Weiblichkeit als die göttliche Männlichkeit einheitlich vorstellbar? Die Antwort dafür mag in einer männlich zentrierten Perspektive liegen, wonach das Frausein allein schon eine Abweichung von der Norm darstellt, sodaß die Unterschiede zwischen persönlichen Eigenarten unberücksichtigt bleiben können. Während Viṣṇu und Śiva durch eine Reihe polarer Gegensätze unterschieden werden, ist das Unterscheidungsmerkmal der Göttin ihr bloßes Frausein. Dies ist sicherlich eine negative Vorstellung, aber wie wir gesehen haben (vgl. II.2.), wird das (scheinbar) Individuelle und Differenzierte selbst negativ bewertet. Solch ein Differenzierungsvermögen gilt paradoxerweise als Funktion der weiblich vorgestellten *śakti*; die Göttin verursacht Vielfältigkeit bzw. deren Vortäuschung, sie bleibt aber in ihrer tiefsten Ebene eine Einheit. Die synkretistischen Tendenzen können im Hindu-Kontext als Bejahung der Realität verstanden werden.

V.3. Weibliche Sexualität

Wie sind sexuelle Aktivität und das Begehren der Frauen zu bewerten? Viele Gesellschaften stellen diese äußerst negativ dar. Wie oft argumentiert wird, deutet darauf der mythische Kontrast zwischen den zerstörerischen Kräften der einsamen oder von männlichen Untergebenen umringten Göttinnen und den gütigen Eigenschaften verheirateter Göttinnen hin: Die bedrohliche Sexualität der Göttin wird durch ihre Unterwerfung unter die männliche Herrschaft gezügelt. Die purāṇischen Diskurse bis hin zu den Teestubengesprächen heutigen Tages stellen Frauen durchwegs als wertlose, wollüstige Wesen dar, die sich nicht beherrschen können. Die Gründe dafür sind offensichtlich wie in anderen Männergesellschaften auch: Angst vor der Vaterschaft, die Verdinglichung der Frau als ein unvermeidliches schädliches Objekt des sexuellen Verlangens der Männer („Frauen und Gold" in der indischen Tradition), die Kluft zwischen der Wirklichkeit und dem unmöglichen Ideal einer keuschen Weiblichkeit. Kommt aber hiermit die Geschichte zu einem Ende? Entsprechen die Mythen von Frauen und Göttinnen dieser Ansicht?

Frédérique Apffel Marglin hat in ihrer Arbeit über die Tempeltänzerinnen von Puri neue Perspektiven zur Weiblichkeit und dem Heiligen erschlossen. Sich auf ihre frühere Arbeit stützend, hat sie unter Heranziehung der durchgängigen Hindu-Polarität von günstigen und ungünstigen Auspizien eine positive Bewertung der männlichen und weiblichen Sexualität nahegelegt. Askese, die selbstverständlich Verzicht auf Sexualität einschließt, ist ein anerkanntes Ziel in einem spirituell ausgerichteten Kontext, im Alltagsleben jedoch eine gefährliche Abweichung: Im Mythos bedroht strenge Enthaltsamkeit die Weltordnung und die Macht der Götter. Andererseits erzeugt sexuelle Aktivität – die gewöhnlich die Asketen von ihrem Ziel abbringt – das Leben und bejaht die alltäglichen Werte. Hier handelt es sich wieder um den Gegensatz zwischen dem Undifferenzierten, dem Zustand der Einheit, der Loslösung und der Welt in all ihren einzelnen Teilen, der Alltagswelt – der Domäne der *māyā*. Die positive oder negative Bewertung der Sexualität hängt vom Standort ab, der innerhalb dieser Polarität eingenommen wird.

Eine teilweise positive Bewertung der weiblichen Sexualität gewährt offensichtlich eine bessere Einsicht in den Unterschied zwischen den verschiedenen Typen weiblicher Gottheiten. Die unverheirateten Göttinnen zeichnen sich nicht durch unersättliche Sexualität aus, ihr Verzicht auf Sexualität gilt als Beweis ihrer Unabhängigkeit von Männern. Durch eine Heirat werden sie in ihrer Sexualität nicht eingeschränkt, aber in ihren Kräften. Eine dominante Frau/Göttin, die ihren Ehemann tötet, bildet gewissermaßen zwar eine Ausnahme von dem Schema, aber auch dieser Typus kommt einer Figur wie Klytämnestra nicht nahe, die aus Leidenschaft tötet. All dies deutet darauf hin, daß verheiratete Göttinnen durchaus zornig sein können, sowie darauf, daß nicht immer sexuelle Aktivität dafür bestimmend ist, ob jungfräuliche Göttinnen ihre wohlwollenden bzw. zerstörerischen Kräfte wirken lassen. (Es sollte hinzugefügt werden, daß eine Jungfrau gerade durch ihre Unabhängigkeit sexuell anziehend wirkt – siehe etwa die Annäherungsversuche des Büffeldämons an Durgā –, aber auch verheiratete Frauen wie Pārvatī sind nicht vor Problemen mit wollüstigen Dämonen gefeit.)

Die weibliche Sexualität kann also einer doppelten Bewertung unterzogen werden. Sind keine Dämonen zu bekämpfen und ist der Aufrechterhaltung der Weltordnung Vorrang vor den Angelegenheiten des Jenseits einzuräumen, so sollen sich Frauen eher sexuell betätigen – im anerkannten Rahmen der Ehe, die eine uneingeschränkte Ergebenheit gegenüber dem Ehemann vorschreibt. Ungeregelte und gesetzeswidrige Sexualität verstößt gegen die normale Weltordnung genauso wie der Verzicht auf Sexualität, was aber im Mythos einen untergeordneten Stellenwert einnimmt. So spielt der Lapsus der Reṇukā, als sie einmal vom Ideal vollkommener Keuschheit abweicht, keine große Rolle (vgl. III.2.), und auch die außereheliche Liebe der Rādhā für Kṛṣṇa (vgl. III.5.) gehört einer Welt an, in der die durchschnittliche Moralität durch das Aufgehen im Göttlichen aufgehoben ist.

Bibliographie

Primärliteratur:

Die Veden:

Macdonell, A. A.: *The Hymns From the Rigveda*, Calcutta/Oxford 1922.

O'Flaherty, W. Doniger: *The Rig Veda*, Harmondsworth 1981.

Der Rig-Veda, aus dem Sanskrit ins Deutsche und mit laufendem Kommentar versehen von K. F. Geldner, Cambridge (Mass.) 1951. *

Panikkar, R.: *The Vedic Experience: Mantramañjarī*, Berkeley/Los Angeles 1977.

Purāṇas und allgemein:

Dimmit, C./van Buitenen, J. A. B.: *Classical Hindu Mythology: A Reader in the Sanskrit Purāṇas*, Philadelphia 1978.

O'Flaherty, W. Doniger: *Hindu Myths*, Harmondsworth 1975 (mit Bibliographie der wichtigsten Sanskrit-Quellen).

Übersetzungen der Epen:

Noch unvollendete Übersetzungen der kritischen Ausgaben der beiden Epen: Buitenen, J. A. B. van: *Mahābhārata*, Chicago 1973-. Goldman, R. P. (Hrsg.): *Rāmāyaṇa*, Princeton 1984-. Eine gekürzte Version des Rāmāyaṇa: *The Concise Rāmāyaṇa of Vālmīki*, übers. v. Swami Venkatesananda, Binghamton 1988; *Ramayana. Die Geschichte vom Prinzen Rama, der schönen Sita und dem großen Affen Hanuman*, übers. v. C. Schmölders, Düsseldorf/Köln 1981. *

Zwei der populärsten Texte, in deren Mittelpunkt die Göttin steht:

Devī-māhātmya: The Glorification of the Great Goddess, übers. v. Vasudeva S. Agrawala, Varanasi 1963.

Saundaryalaharī, übers. u. m. Anm. vers. v. Swami Tapasyananda, Madras 1987.

Volkstümliche Texte:

Sen, Rāmprasād: *Grace and Mercy in Her Wild Hair. Selected Poems to the Mother Goddess*, übers. v. L. Nathan u. C. Seely, Boulder/Colorado 1982.

Thompson, E. J./Spencer, A. M. (Hrsg. u. Übers.): *Bengali Religious Lyrics: Śākta*, Calcutta 1923.

Nacherzählungen der Mythen:

Coomaraswamy, A. K./Sister Nivedita: *Myths of the Hindus and Buddhists*, New York 1967 (1913).

Narayan, R. K.: *Gods, Demons and Others*, London 1964.

Es gibt viele Nacherzählungen der Mythen. Dem Sanskrit-Text am nächsten sind diejenigen von C. Rajagopalachari: *Mahābhārata*, Bombay [4]1955. Ders.: *Rāmāyaṇa*, Bombay 1958. (Vgl auch die Übersetzung des *Rāmāyaṇa* von R. K. Narayan in das Englische. Sie basiert auf der Tamil-Version von Kamban.) Zu den verschiedenen Versionen des Epos s. P. Richman (Hrsg.): *Many Rāmāyaṇas. The Diversity of a Narrative Tradition in South Asia*, Berkeley/Los Angeles 1991 (s. bes. den Beitrag von V. Narayana Rao: *A Rāmāyaṇa of Their Own: Women's Oral Tradition in Telugu*, S. 114-366).

Sekundärliteratur:

Deshpande, Sh.: *The Dark Holds no Terror*, New Dehli 1990.

Deshpande, Sh.: *Das Dunkel birgt keine Schrecken*, übers. v. G. Bandini, Freiburg 1986.*

Dowson, J.: A *Classical Dictionary of Hindu Mythology and Religion*, Calcutta 1982 (1961).

Gonda, Jan: *Die Religionen Indiens*, Bd. I: *Veda und älterer Hinduismus*, Bd. II: *Der jüngere Hinduismus*, Stuttgart 1963. *

Grodzins Gold, A.: *Fruitful Journeys: The Ways of Rajasthani Pilgrims*, Berkeley (Calif.) 1988.

Gupta, S. M.: *From Daityas to Devatas in Hindu Mythology*, Delhi/Calcutta 1973.

Jung, A.: *Unveiling India*, New Dehli 1990.

Zur Diskussion von weiblichen Figuren im Mythos:

Biardeau, M.: *Autour de la Déesse hindoue*, Paris 1981.

Kinsley D.: *Hindu Goddesses: Visions of the Divine Feminine in the Hindu Religious Tradition*, Berkeley/Los Angeles 1986.

Kinsley D.: *Indische Göttinnen: Weibliche Gottheiten im Hinduismus*, übers. v. R. Grafenhorst, Frankfurt a. M. 1990. *

Hawley J. S./Wulff, D. M. (Hrsg.): *The Divine Consort: Rādhā and the Goddesses of India*, Boston 1986 (1982).

Weiterführende Literatur:

Babb, L. A.: *Marriage and Malevolence: The Use of Sexual Opposition in the Hindu Pantheon*. In: Ethnology, 9/2, 1970, S. 137-148.

Beck, B. E. F.: *The Goddess and the Demon: A Local South Indian Festival and its Wider Context*. In: Biardeau, M. (Hrsg.): *Autour de la Déesse hindoue*. = Puruṣārtha, 5, 1981, S. 83-136.

Brown, C. M.: *The Triumph of the Goddess: The Canonical Models and Theological Visions of the Devī-Bhāgavata Purāṇa*, Albany/New York 1990.

Brubaker, R. L.: *Lustful Woman, Chaste Wife, Ambivalent Goddess: A South Indian Myth*. In: Anima 3/2, 1977, S. 59-62.

Coburn, T. B.: *Devī-Māhātmya: The Crystallization of the Goddess Tradition*, Delhi 1984.

Dange, S. A.: *Urvashi the Water Belle*. In: Journal of the Oriental Institute (Baroda), 25, 1975, S. 17-46.

Darian, S. G.: *The Ganges in Myth and History*, Honolulu 1978.

Gupta, A. S.: *The Conception of Sarasvatī in the Purāṇas*. In: Purāṇa, 4/1, 1962, S. 55-95.

Harman, W. P.: *The Sacred Marriage of a Hindu Goddess*, Bloomington/Indiana 1989.

Hiltebeitel, A.: *Draupadī's Hair*. In: Biardeau, M. (Hrsg.): *Autour de la Déesse hindoue*. = Puruṣārtha, 5, 1981, S. 179-214.

Hiltebeitel, A.: *The Cult of Draupadī I. Mythologies: From Gingee to Kurukṣetra*, Chicago 1991.

Hiltebeitel, A.: *The Cult of Draupadī II. On Hindu Ritual and the Goddess*, Chicago 1991.

Kumar, P.: *Śakti Cult in Ancient India*, Varanasi 1974.

Maity, P. K.: *Historical Studies in the Cult of the Goddess Manasā*, Calcutta 1966.

Mallebrein, C.: *Die anderen Götter. Volks- und Stammesbronzen aus Indien*, hrsg. v. G. Vögler, Köln 1993. *

Marglin, F. A.: *Female Sexuality in the Hindu World.* In: Atkinson, C. W./Buchanan, C. H./Miles, M. R. (Hrsg.): *Immaculate and Powerful: The Female in Sacred Image and Social Reality*, Boston 1985, S. 39-59.

Mookerjee, A.: *Kali: The Feminine Force*, London 1988.

O'Flaherty, W. Doniger: *Women, Androgynes and Other Mythical Beasts*, Chicago 1980.

Sivaramamurti, C.: *Śrī Lakshmī in Indian Art and Thought*, New Delhi 1980.

Shulman, D. D.: *Tamil Temple Myths: Sacrifice and Divine Marriage in the South Indian Śaiva Tradition*, Princeton 1980.

Sutherland, S. J.: *Sita and Draupadi: Aggressive Behavior and Female Role-models in the Sanskrit Epics*. In: Journal of the American Oriental Society, 109, 1989, S. 63-79.

Tao Tao Liu

Chinesische Mythen und Legenden

I. Einführung

Am Anfang war das Universum eine schwarze, verworrene Masse, in der anscheinend Kreaturen umherschweiften, und es war Pangu, dem zugeschrieben wird, dieses Chaos in das uns bekannte Universum verwandelt zu haben. Pangu wurde in diesem einem Ei ähnlichen Chaos aufgezogen, er schlief Tausende von Jahren. Als er aus seinem Tiefschlaf erwachte, begann er das Chaos zu ordnen, und zwar indem er es halbierte. Die leichteren Elemente schwebten hinauf und wurden zum Himmel; die schweren sanken hinunter und nahmen die Gestalt der Erde an. Um diese Hälften auseinanderzuhalten, schob er den Himmel mit seinen Händen hoch; als er schob, wuchs auch er selbst und wurde Tausende Kilometer groß, und er hielt den Himmel hoch, bis dieser sich schließlich festigte. Er stützte ihn wie ein Pfeiler, und dies tat er lange Jahre, bis er alt wurde und starb. Da verwandelte sich sein Körper in die Elemente des Universums: Sein Atem wurde der Wind, seine Stimme der Donner; sein linkes Auge wurde die Sonne und das rechte der Mond. Sein Blut wurde zu Flüssen, sein Fleisch die Felder, und die Haare auf seiner Haut verwandelten sich in Bäume und in die Vegetation. So gingen alle Teile seines Körpers in der Schöpfung des Universums auf.

Der wichtigste und mächtigste Gott war der sogenannte Gelbe Kaiser. Der Gelbe Kaiser war stets auf der Seite des Guten und sorgte für das Wohl der Menschheit; er wurde mit den Menschen auf der Erde – d.h. mit den Menschen in China – dermaßen identifiziert, daß die ChinesInnen sich als „Nachkommen des Gelben Kaisers" bezeichneten. Der Gelbe Kaiser wurde oft in Kämpfe mit anderen Göttern verwickelt, etwa mit Yandi, dem Feuergott, der von der gleichen Mutter abstammen, aber einen anderen Vater haben soll. Yandi herrschte zusammen mit seinen Kindern und Enkeln, allesamt Götter des Feuers in der einen oder anderen Weise, über den Süden. Trotz seiner Kämpfe mit dem Gelben Kaiser war Yandi ein großer Wohltäter der Menschheit. Er lehrte die Menschen den Ackerbau und brachte die Sonne dazu, die Felder zu wärmen, sodaß sie Früchte trugen; daher hieß er der „Gott des Ackerbaus". Er brachte den Menschen auch die Heilkunst bei; er erprobte die Kräuter an sich selbst, einige töteten ihn – er soll innerhalb eines Tages siebzigmal gestorben sein. Da er aber ein Gott war, erwachte er wieder zum Leben und gab sein Wissen an die Menschheit weiter, die das Privileg der Unsterblichkeit nicht genoß.

Den grausamsten Kampf führte der Gelbe Kaiser gegen das Ungeheuer Chiyou, das als ein Nachkomme des Yandi galt. Die Furcht ergriff jeden, der Chiyou begegnete, denn dieser hatte den Körper und die Hörner eines Ochsen. Er ernährte sich von Steinen, Sand und Metallen und stellte zum eigenen Gebrauch alle möglichen furchterregenden Waffen her. Er überwältigte Yandi, entriß ihm die Macht und bedrohte den Gelben Kaiser mit einer Armee von metallenen Monstren und unheimlichen Bestien. Der Gelbe Kaiser stellte seine Truppen von Göttern und Monstren auf und gewann schließlich den Kampf mit Hilfe einer Trommel aus dem Fell eines Tieres namens Kui, die so laut wie der Donner dröhnte; der Trommelstock stammte aus dem größten Knochen des Donnergottes selbst.

Die meisten der bekannten Götter altchinesischer Mythen waren männlich – abgesehen von Nüwa, der die Erschaffung der Menschen zugeschrieben wird (vgl. Abschnitt II.). Sie war die nährende Mutter nicht nur der Menschen, sondern auch von deren Umwelt. Es gab unbedeutendere weibliche Gottheiten, meist die Ehefrauen und die Töchter der Götter, deren Eigenschaften und Aktivitäten nicht so klar umrissen sind wie etwa die der griechischen Mythengestalten. Aber die chinesischen Gottheiten waren, wie die griechischen, untereinander verwandt, und die mächtigeren Götter hatten zahlreiche Nachkommen.

Ein Enkel des Gelben Kaisers, Zhuanxü, wurde der Gott, der über den Norden herrschte. Der Gelbe Kaiser, der nach dem Titanenkampf gegen Chiyou müde geworden war, wurde auf die Regierungsfähigkeiten des Zhuanxü aufmerksam und rief ihn zu sich; der Enkel regierte geschickt, bürokratisierte aber viele Aspekte des Lebens. Er sperrte die Pfade zwischen dem Himmel und der Erde, auf denen sich Götter und Menschen bis dahin frei bewegen konnten. Diese Pfade, „Leitern zum Himmel" genannt, waren über hohe Berge und Bäume gelegt. Ab diesem Zeitpunkt nahm die uneingeschränkte Kommunikation zwischen den Gottheiten und Menschen ein Ende, und sie wurden zunehmend voneinander isoliert.

Die Götter interessierten sich jedoch weiterhin für die Menschen und halfen ihnen in Schwierigkeiten oft aus. Die ChinesInnen sind von zwei Arten von Naturkatastrophen bedroht: Dürre und Flut. Die folgende Mythe thematisiert die schlimmste der Dürren, und dieses Unheil wurde von den Göttern angerichtet.

Im Osten gab es einen mächtigen Gott namens Dijun, dessen Frau Xihe im kochenden Wasser lebte, wo sie zehn Söhne großzog; sie waren die Sonnen der Welt. Sie lebten in diesem Meer auf einem Baum namens Fusang. Jeden Morgen setzte Fuxi einen der Söhne in einen Triumphwagen, den sechs Drachen zogen. Sie stiegen aus dem Meer auf und fuhren auf einem vorherbestimmten Weg über den Himmel, sodaß die Strahlen der Sonne die Erde regelmäßig beschienen, und diese lebte davon.

Dieses Leben dauerte Tausende Jahre an, bis die Sonnen dessen müde wurden. Boshafterweise entschieden sie sich, alle auf einmal aufzusteigen; sie erfreuten sich ihrer Gesetzlosigkeit, aber die Folgen für die Erde waren entsetzlich. Die Strahlen der zehn Sonnen dörrten sie aus. Die Menschen baten ihren Kaiser Yao, bei dem Gott Dijun Fürsprache für sie einzulegen. Dijun konnte seine gesetzlosen Kinder nicht im

Zaum halten; schließlich, als das Benehmen der Sonnen sogar die Götter störte, schickte er den himmlischen Schützen Yi auf die Erde hinab, um die Sonnen abzuschießen. Er gab ihm einen magischen roten Bogen und einen Köcher voller weißer Pfeile in der Hoffnung, daß der Anblick dieser Waffen die Kinder zurückdrängen würde. Aber sie waren nicht einzuschüchtern, und Yi mußte sie niederschießen. Jede einzelne Sonne, die zu Boden fiel, nahm die Gestalt eines schwarzen dreifüßigen Raben an (solche Raben wurden in China immer mit der Sonne assoziiert; einige bezogen sie auf die Sonnenflecken, die frühzeitig beobachtet wurden). Die Geschichte des Schützen Yi endet hier jedoch nicht, denn er wurde zusammen mit seiner Frau Chang'o dazu verbannt, unter den Menschen zu leben; ihre Geschichte wird im nächsten Abschnitt erzählt.

Kaiser Yao, der Herrscher der Erde, hatte eine äußerst unglückliche Regierungszeit. Zunächst kam die von den Sonnen heraufbeschworene Dürre; dann kam die große Flut, hervorgerufen von dem Gott des Wassers Gonggong. Dabei hatte er anscheinend freie Hand: Die Götter und Göttinnen schienen diesmal von den Menschen verärgert worden zu sein und sie bestrafen zu wollen. Aber nicht alle Gottheiten waren gegen die Menschen, etwa der Gott namens Gun, ein weißes Roß im Himmel, ein Enkel des Gelben Kaisers. Er stieg auf die Erde herunter, und nach einigen erfolglosen Versuchen gelang es ihm, die Flut mit einem Damm aufzuhalten. Den Damm baute er mit magischer Erde, die er aus dem Himmel gestohlen hatte. Als die Götter seinen Diebstahl entdeckten, töteten sie ihn dafür, aber sein Körper verweste nicht; aus ihm entsprang nach drei Jahren sein Sohn Yü in der Gestalt eines Drachens. Schließlich gelang es Yü nach großen Bemühungen, einschließlich der Unterwerfung von Göttern wie Gonggong und anderer Monstren, die Flut einzudämmen, und dafür ist ihm die Menschheit für immer dankbar.

In der Neuzeit wird die Relevanz dieses Mythos durch die Tatsache bezeugt, daß der Gelbe Fluß für jährliche Überschwemmungen berüchtigt ist, sodaß er im Westen bis vor kurzem als die „Sorge Chinas" bekannt war. Eine Regierung, die den Gelben Fluß nicht kontrollieren konnte, verlor sogleich ihre Macht.

Die Geburt des Yü in der Gestalt eines Drachen gibt Aufschluß über die Stellung der Drachen in der chinesischen Mythologie. Es haben wenige alte Mythen von Drachen überlebt, aber Drachen stehen immer in Verbindung mit Wasser und Regen – im Unterschied zu den feuerspuckenden Drachen des Westens. Der chinesische Drache war ein mächtiges Wesen, er galt nicht unbedingt als entweder böse oder wohlwollende Kraft, obwohl er sich oft gütig verhält, zum Beispiel bringt er im Frühling den Regen, der für den Ackerbau so wichtig ist. Das Drachenbootfest in Südchina, das im Frühling stattfand, mag ursprünglich ein regenbringender Fruchtbarkeitsritus gewesen sein. Die drachenförmigen Boote jagten über die Flüsse dahin in der Hoffnung, die Drachen zu stimulieren und damit auch die sich in ihrem Gewahrsam befindlichen Regenwolken im Himmel.

Der Drache war in China ein Symbol für das Männliche, während der Phönix für das Weibliche stand; der Drache galt als Emblem des chinesischen Kaisers, des in ritueller Hinsicht allerhöchsten Menschen. Er mag auch mit den *nāga*, den indischen Wasserdrachen, die die untere Sphäre der Erde bewohnen, in Verbindung stehen.

Die bisher besprochenen Mythen stammen vorwiegend aus der Periode vor unserer Zeitrechnung. Ab dem 2. Jahrhundert n. Chr. kam aus Indien über die Seidenstraße der Buddhismus nach China und übte großen Einfluß auf die chinesische Vorstellungswelt und Folklore aus. Davor herrschten in China zwei Denktraditionen vor: der Konfuzianismus und der Taoismus. Der Konfuzianismus, der auf der Lehre von Konfuzius (551-479 v. Chr.) und seinen Schülern beruht, galt als die Staatsideologie in China und gab Richtlinien für die gesellschaftliche und politische Organisation vor; es handelte sich um durchaus praktische Methoden, die die gesellschaftlichen Beziehungen zwischen einzelnen Gruppen aufrechterhalten sollten, so die Beziehungen zwischen Herrschern und Beherrschten, zwischen Männern und Frauen oder zwischen Eltern und Kindern. Sie beruhten auf menschlichen Werten im Unterschied zu übermenschlichen. Im Grunde waren es Verhaltensnormen, charakteristisch für eine patriarchale Gesellschaft, in der Männlichkeit und Alter als überlegen galten.

Die Frau hatte an sich weder Stellung noch Rechte. Sie mußte, wie die chinesischen Mythen und Legenden es darstellen, ihr Manipulationsgeschick entwickeln, um eigene Wünsche befriedigen zu können; sie kommt vorwiegend als Mutter und Ehefrau vor.

Da jedoch die patriarchale Gesellschaft den Gehorsam gegenüber den Eltern als eine hohe Tugend ansah, konnte eine Frau als Mutter große Macht ausüben. Insofern ihr Mann lebte, war sie ihm untergeordnet, starb er aber, so konnte sie sich seine Macht aneignen; ihr Sohn war ihr dann vollkommen untergeordnet. Da Männer häufig vor ihren Frauen starben und die meisten Haushalte aus drei Generationen bestanden, hatte die Witwe oft neben ihrer eigenen die Autorität ihres verstorbenen Mannes als Familienoberhaupt inne. Obwohl die Oberherrschaft unbestritten bei dem männlichen Familienoberhaupt lag, gab es nur wenige Haushalte, die nicht von einer matriarchalen Großmutter regiert wurden; sie hielt die Familie zusammen und wurde in Ehrfurcht gehalten. Ähnliches galt auch in der Politik; als Regentenwitwe genoß eine Frau uneingeschränkte Macht; Beispiele für solche Frauen sind die ganze Geschichte hindurch zu finden, manchmal kamen sie ohne eine Verschleierung ihrer Regentschaft aus.

Nach den konfuzianischen Gesellschaftsnormen war die Stellung der Frau niedrig. Jedoch entstand in der chinesischen Weltanschauung als Gegenpol zu dem gesellschaftlich orientierten Konfuzianismus zugleich der Taoismus. Dieser versucht, das Wesen der ganzen Schöpfung und die Stellung der Menschen darin zu erklären. Das Männliche und das Weibliche werden als Ergänzung und Widerspruch gedacht, wobei weder das eine noch das andere überlegen ist, obgleich das Männliche, *yang*, üblicherweise eine dominante Rolle spielt. Neben dem *yang* ist das Weibliche, *yin*, in allem Lebendigen vorhanden; diese zwei Elemente müssen in einem geeigneten und gesunden Gleichgewicht zueinander stehen. Obwohl das Übernatürliche in der Philosophie des Taoismus keinen Platz hat, weist er allem Beseelten und Unbeseelten einen eigenen Platz in der Schöpfung zu und erkennt individuelle Verhaltensweisen an.

Der populäre taoistische Glaube hatte ein mythologisches System, das vermutlich vor den Konfuzianismus zurückreicht. Dieses beinhaltete viele Götter und Göttinnen, die als uralt und der chinesischen Kultur eigen bezeichnet werden können. Der Taoismus räumte jedem lebendigen wie auch jedem leblosen Wesen eine eigenständige Existenz ein; infolgedessen wurde alles und jeder Ort als von einem besonderen Numen durchdrungen angesehen. Diese Vorstellung führte weiter zur Entwicklung eines Glaubens an Geister, die alles bewohnen, sei es einen bestimmten Baum oder den häuslichen Herd – in der Tat war der Gott des Herdes eine wesentliche und bedeutende Gottheit eines jeden Haushaltes.

Der Taoismus glaubte auch daran, daß durchschnittliche Menschen vermittels verschiedener Kultpraktiken unsterblich werden könnten, etwa durch das Einnehmen von Elixieren oder durch Meditieren an unbewohnten Orten, oft unter Zuhilfenahme des Übernatürlichen. Männer und Frauen, die auf diese Weise Unsterblichkeit erlangten, wurden *xian* („Feen“, wie sie manchmal merkwürdigerweise übersetzt werden) genannt; üblicherweise verfügten sie über die gleiche Macht wie Gottheiten. Die *xian* standen den Männern näher und mischten sich – manchmal in Verkleidung – unter sie. Die taoistischen Götter, die Unsterblichen und ihre Kulte verbreiteten sich im Land, und insofern sie nicht gegen die als zweckmäßig angesehenen gesellschaftlichen Beziehungen verstießen, bestanden der Taoismus und der Konfuzianismus nebeneinander.

Die relative Offenheit des Taoismus bahnte dem Buddhismus den Weg. Der Buddhismus bot, anders als die chinesischen Denkmodelle, dem Individuum einen eigenen Weg zur Erlösung. Buddha, sowohl ein Weiser als auch eine Gottheit, entsprach einer Vorstellung, die in China bisher nicht existiert hatte. Sehr beliebt wurde die Mahayana-Schule des Buddhismus. Sie versprach allen die Möglichkeit, zunächst die Stufe des *Bodhisattva* und schließlich die des Buddha selbst zu erlangen. Der Buddhismus bot zwar jedem die Erlösung – in seiner hierarchisch abgestuften Welt galten jedoch Frauen weniger als Männer. Eine Frau konnte – wenn sie ihre religiösen Praktiken vervollkommnete – in ihrem nächsten Leben ihr Geschlecht wechseln: Sie hatte zumindest eine Chance!

Der Buddhismus eroberte das ganze Land im Sturm, und bis heute herrscht er in China vor. Viele *Bodhisattva* wurden in den Tempeln Chinas verehrt, ebenso wie Buddha in seinen verschiedenen Namen. Das beliebteste *Bodhisattva* war Guanyin (Kuan-yin), ursprünglich Bodhisattva Avalokiteśvara; er wurde aus Indien als männliche Gestalt eingeführt, entwickelte sich aber in China zu einer Göttin des Mitleids und stand in Verbindung mit den hier bereits existierenden Göttinnen des Mitleids (vgl. Abschnitt II.). Viele andere *Bodhisattva* änderten ebenfalls ihren Charakter, als sie in die chinesische Kultur aufgenommen wurden: Der Bodhisattva Maitrja, der Zukünftige Buddha, verwandelte sich von einer asketischen Figur in eine derbe und lustige, eine gemütliche, extrovertierte Gestalt mit exponiertem Nabel, bekannt als Mituofo; er stand für Glück und Freude.

Durch die Erschließung der buddhistischen Literatur entstand eine phantasiereiche Dichtung. Ein gutes Beispiel hierfür ist *Jatakamala*, „Geschichten von der Geburt des Buddha", erzählt in einer leicht zugänglichen volkstümlichen Form, bestehend aus Prosa und Lyrik. Dieser Text erwies sich als eine Quelle der Inspiration für die beste chinesische Dichtung. Durch den Einfluß des Buddhismus wurde das Erzählen, das Medium der Mythen und Folklore, neu belebt; mit der Zeit entfaltete es sich mehr und mehr.

Die Ankunft des Buddhismus wirkte auch anregend auf die konkurrierenden taoistischen Kreise. Sie erfanden mehrere Gottheiten, deren Heldentaten in der neuen dichterischen Form verherrlicht wurden. Später konnten sich die Legenden und die Folklore auf eine breite Skala von Gottheiten und Geistern aus vielen Quellen stützen. Hier handelte es sich oft um Vergöttlichungen von Naturphänomenen, etwa von Landschaften, Bergen und Flüssen. Sie wurden als männlich sowie weiblich gedacht und hatten oft bedeutende Kulte in bestimmten Regionen, manchmal erreichten sie eine weite Verbreitung. Abstrakte Tugenden wurden, im Unterschied zu Griechenland, nicht vergöttlicht. Der Reichtum wurde zweckmäßigerweise zu einem Gott erhoben, der noch immer viele AnhängerInnen hat, besonders in Geschäftskreisen. Auch Krankheiten konnten vergöttlicht werden; so wurde die Pockengöttin im Falle einer Infektion angefleht. Jede Zunft und jeder Berufsstand hatte eine eigene Gottheit, ähnlich den Schutzheiligen im christlichen Westen. Beispielsweise hatten die Gelehrten, die bereits viele Prüfungen abgelegt hatten und aufgestiegen waren, ihren eigenen Gott, Zhongkui, der auch böse Geister austrieb.

Alle diese Gottheiten fanden Platz in einer äußerst eklektischen Volksreligion, und Gottheiten aus verschiedenen Traditionen sowie aus regionalen Kulten drängelten sich in der menschlichen Gesellschaft und wetteiferten freundschaftlich miteinander. Männer und Frauen konnten ihren Glauben wählen, je nach ihrer Vorliebe oder nach rituellem Bedarf. Bei rituellen Anlässen, etwa zur Totenfeier, war es üblich, daß sowohl buddhistische als auch taoistische PriesterInnen anwesend waren, um den Toten/die Tote im Jenseits zu schützen. (Viele ChinesInnen wollten zusätzlich dem Christentum beitreten, als dieses im letzten Jahrhundert eingeführt wurde, was aber die Missionare und Missionarinnen nicht akzeptieren konnten.) All dies existierte innerhalb des Rahmens des konfuzianischen Staates, der „dem Kaiser gab, was des Kaisers war", und das Gewissen dem Individuum überließ.

Angesichts dieses Durcheinanders von Gottheiten und Geistern ist es nicht überraschend, daß ein Glaube an „Geister-Geschlechter“ herrschte. Diese waren weder menschlich noch göttlich, sie hatten übernatürliche Kräfte, konnten aber die Menschen – von den Gottheiten ganz zu schweigen – nicht immer überwältigen. Eingehend behandeln Legenden und Folklore die Geister der Tiere und der unbeseelten Dinge; diese hatten, sei es durch ihr hohes Alter oder durch andere Mittel, Kräfte erlangt, die nicht unbedingt schlecht sind. Sie verkehrten oft mit den Menschen; obwohl in dieser Beziehung den Menschen nicht immer Schaden zuteil wurde, mieden sie üblicherweise dennoch diesen Umgang. Die meisten Geschichten über Fuchsgeister oder „Fuchsfeen“ gehören hierher: Die Geister der Füchse erschienen meist, wenn auch nicht immer, in Gestalt von heiratsfähigen Frauen und gingen Beziehungen mit Männern ein. Einige dieser Beziehungen trugen vampirhafte Züge, andere Fuchsfeen waren jedoch eher gutartig. Viele Geschichten von Fuchsgeistern weisen Merkmale männlicher sexueller Phantasien auf.

Mythen, Legenden und Volkserzählungen spiegeln die Gesellschaft wider, die sie produziert hat. Die Frauen waren den Männern untergeordnet, ihr sozialer Status war kein Thema theoretischer Auseinandersetzung. Jedoch behaupteten sie sich durch ihre Einflußnahme auf Männer. Wie sehr sie auch durch das Recht und durch grausame Bräuche – wie etwa den nach dem 14. Jahrhundert aufgekommenen Brauch der Fußbandagierung – unterdrückt wurden, gaben sie den Männern dennoch nicht immer nach. Die wichtigste Sphäre der Frau war das Haus, und als Mutter, besonders als Mutter eines Sohnes, herrschte sie hier in wirtschaftlicher sowie in gefühlsmäßiger Hinsicht. Außerhalb ihrer Türschwelle mochte es schwer für sie gewesen sein, sich behaupten zu können, daher kommen Wunschbilder wie Mulan und Zhu Yingtai (vgl. Abschnitt III.) in den Geschichten vor: Frauen, die sich als Männer verkleideten, um die eigenen Wünsche erfüllen zu können. Jedoch hatten umgekehrt Männer keinen Zugang zum rückwärtigen Bereich des Hauses.

II. Frauen in Mythos und Folklore

Nüwa

Nüwa, die Muttergöttin des alten chinesischen Mythos, erschuf die Menschen. Die ältesten Quellen stellen sie als eine Frau mit schlangenartigem Unterkörper dar. Oft wird sie mit einem Gefährten, Fuxi, der eine ähnliche Gestalt hat, abgebildet. Ihre Schlangenschwänze ineinander verschlungen, halten sie Embleme wie Sonne und Mond oder Zirkel und Quadrat des Tischlers in der Hand. Einige Quellen sprechen von ihnen als Bruder und Schwester. Nüwa erschuf die Menschen aus Flußschlamm und hauchte ihnen Leben ein, daher verehrten sie diese nach ihrer Geburt als Göttin. Den Arbeitsaufwand, einzelne Figuren zu formen, reduzierte sie dadurch, daß sie eine magische Rute hin- und herschwenkte, die sie in den Schlamm getaucht hatte, und der Schlamm, der von der Rute tropfte, verwandelte sich in einzelne Männer und Frauen. Nach der Erschaffung dieser Wesen institutionalisierte sie die Heirat, damit die Menschen sich fortpflanzen konnten und sie, Nüwa, sich darum nicht mehr kümmern mußte. Zu der Zeit, als Nüwa erstmals den Menschen erschuf, lebten alle Wesen miteinander in Harmonie, in einer Art Goldenem Zeitalter. In ihrer Freude über die erschaffenen Menschen brachte sie ihnen bei, eine Flöte aus dreizehn Rohren herzustellen, damit sie sich auch vergnügen konnten.

Als Gonggong, ein Wassergott, im Kampf gegen den Feuergott Zhurong überwältigt wurde, schlug er aus Angst vor der Niederlage einen Berg nieder. Da dieser Berg den Himmel gestützt hatte, entstand dadurch ein riesiges Loch im Himmel. Dies tat Nüwa sehr leid; sie holte viele bunte Kieselsteine aus dem Flußbett, bearbeitete sie mit Zaubersprüchen und flickte damit das Loch im Himmel. Auch die Erde war beschädigt, sie war unter der Last des Berges eingesunken. Dagegen konnte Nüwa nichts unternehmen. Daher ist der östliche Teil Chinas niedriger als der westliche, und die Flüsse fließen ostwärts.

Nüwa ist eine Muttergestalt; gütig gegenüber den Menschen, sorgt sie sich um ihr Wohl.

Chang'o

Chang'o war die Ehefrau des Schützen Yi, den der Gott Dijun zur Züchtigung der zehn Sonnen schickte, die die Erde ausgedörrt hatten (vgl. Abschnitt I.). Dijun hatte gehofft, daß der Anblick des Schützen und seiner Waffen die Sonnen, seine eigenen Söhne, einschüchtern würde, aber Yi blieb keine andere Wahl, als sie zu töten. Nach Vollbringung der Aufgabe wurde Yi von Yao, dem Kaiser von China, und dessen Untertanen große Dankbarkeit entgegengebracht, aber Dijun nahm ihm seine Anwesenheit im Himmel übel, denn er erinnerte ihn an den Tod seiner Kinder. Daher beraubte Dijun ihn und seine Frau der Unsterblichkeit und wies die beiden aus dem Himmel.

Auf der Erde mußte Yi wie alle anderen Menschen sein Leben bestreiten. Chang'o war mit ihrem neuen, minderwertigen Leben unzufrieden, zumal sie selbst für ihre Verbannung nicht verantwortlich war. Dazu kam, daß Yi auf seinen Reisen um die Welt mit anderen Frauen Beziehungen pflegte, etwa mit der Göttin des Flusses Lo, die Mifei hieß. So hatte Chang'o Grund zu klagen.

Yi entschloß sich, die Königin Mutter des Westens (vgl. Abschnitt III.) aufzusuchen. Sie lebte auf dem Berg Kunlun und war bekannt für ihr Unsterblichkeitselixier, hergestellt aus der Frucht eines Baumes, der in tausend Jahren ein einziges Mal blüht.

Abb. 20: Nüwa und Fuxi

Nachdem er viele Gefahren überwunden hatte, kam Yi bei der Königin Mutter des Westens an. Sie konnte ihm das Elixier nur in einer beschränkten Menge zur Verfügung stellen, sodaß entweder beide Ehepartner ewiges Leben erlangten oder aber einer von ihnen die Unsterblichkeit zurückerhalten konnte. Yi brachte das Elixier seiner Frau und sagte zu ihr, daß sie es miteinander teilen und zumindest ewiges Leben genießen sollten. Chang'o war damit nicht zufriedengestellt; als ihr Mann ihr den Rücken kehrte, schluckte sie die ganze Menge, sodaß er zur Sterblichkeit verdammt blieb.

Chang'o war nun wieder eine Göttin, wußte aber nicht, wohin in ihrer Unsterblichkeit. Sie konnte nicht in den Himmel zurückkehren, denn dort lehnten sie die BewohnerInnen wegen ihres Verhaltens gegenüber ihrem Mann ab. Sie beschloß, auf den Mond zu gehen, wo niemand lebte außer einem Hasen unter einem Kassiabaum – Formen, die von der Erde aus zu erkennen waren. Sie lebte dort in leidenschaftsloser Pracht und wurde als die Göttin des Mondes bekannt.

Das Ende ihres Mannes Yi war traurig; als er keine Möglichkeit mehr hatte, Unsterblichkeit oder gar ewiges Leben zu erlangen, wurde er deprimiert, aggressiv und bösartig. Einer seiner Gefolgsmänner, dem er seine Schützentechnik weitergegeben hatte, wurde unzufrieden damit, daß er seinen Meister nicht übertreffen konnte, denn Yi blieb durch seine göttliche Abstammung stets überlegen. Er verschwor sich gegen Yi und tötete ihn.

Die Geschichte von Yi und Chang'o macht die untergeordnete Rolle der Ehefrau deutlich, die diese zu bedenklichen Machenschaften verleitet. Der Charakter der Chang'o wird nicht gerade positiv dargestellt, aber ihre Lage erweckt doch Sympathien. Obwohl ihre Bemühungen, die eigene Lage zu verbessern, zu ihrer Verbannung aus der Gesellschaft führten, erreicht sie zum Teil, wonach sie sich gesehnt hat – die Erhabenheit der Mondgöttin –, dies bedeutet aber auch Vereinsamung.

Das Webende Mädchen

Es lebte auf der Erde ein armer Waisenjunge, der Jüngste von drei Geschwistern. Er wurde von seinen älteren Brüdern und Schwägerinnen schlecht behandelt. Sie planten, ihn aus dem Haus zu treiben, und zwar unter dem Vorwand, ihm bei der Gründung einer eigenen Existenz helfen zu wollen. So gaben sie ihm das unfruchtbarste Stück Land und einen einzigen Ochsen. Der junge Mann arbeitete sehr hart und pflegte seinen Ochsen; er wurde als der Kuhhirte bekannt. Eines Tages öffnete der Ochse sein Maul und sprach die Sprache der Menschen. Er sagte voraus, daß viele unsterbliche Mädchen aus dem Himmel herabsteigen und in einem bestimmten Teich auf der Erde baden würden. Wenn er die Kleider eines Mädchens raube, würde sie nicht in den Himmel zurückkehren können und ihn heiraten. Der Kuhhirte befolgte den Rat und versteckte die Kleider eines Mädchens. Nach dem Bad, als alle anderen sich anzogen und zum Himmel flogen, konnte dieses Mädchen ihnen nicht folgen; sie willigte in eine Ehe mit dem Kuhhirten ein. Sie wurde das Webende Mädchen genannt und war die Tochter des Tiandi, des Gottes des Himmels.

Jahre vergingen, und das Paar lebte glücklich; der Kuhhirte bestellte das Land, das Webende Mädchen kümmerte sich um den Haushalt und um den Sohn und die Tochter, die sie geboren hatte. Einige Versionen erzählen, daß ihr Vater und ihre Mutter sie schließlich ausfindig machten und Vorkehrungen trafen, sie zurückzuholen; so verließ sie das Haus des Kuhhirten. In anderen Versionen heißt es, sie habe ihre Kleider entdeckt, die sie damals zum Baden ausgezogen hatte; als sie diese anzog, schwebte sie zum Himmel zurück. Aus welchem Grund auch immer – eines Tages sah der Kuhhirte seine Frau zum Himmel schweben, und er entschloß sich, ihr zu folgen. Er setzte die Kinder in Körbe, die er mit einer Tragstange auf seine Schulter schwang, und jagte seiner Frau nach. Ohne es zu merken, schwebte auch er hinauf und holte sie fast ein. Aber plötzlich kam die Milchstraße oder – wie sie die ChinesInnen nennen – der Silberne Fluß. Um den Kuhhirten aufzuhalten, hatte Tiandi diesen schnell fließenden Strom erzeugt, indem er die Wolken mit seiner Haarnadel ankratzte.

Abb. 21: Das Webende Mädchen und der Kuhhirte, *Holzschnitt aus dem 19. Jahrhundert*

Der Kuhhirte und seine Kinder versuchten verzweifelt und vergebens, den Fluß mit Schöpfkellen zu leeren, und blieben trostlos an dessen Ufer zurück. Im Laufe der Zeit wurden sie alle in Sterne verwandelt und sind bis heute auf beiden Seiten der Milchstraße sichtbar. Die Götter hatten Mitleid mit ihnen, sodaß an einem Tag im Jahr, am siebten Tag des siebten Monats, alle Elstern bis zum Himmel fliegen und eine Brücke bilden, damit die ganze Familie auf einer Seite zusammensein kann. An diesem Tag nieselt es oft, die Regentropfen sind Tränen, die das Webende Mädchen bei der Begegnung mit ihrem Mann vergießt. (Das Webende Mädchen ist, in westlichen Begriffen ausgedrückt, die Sternenkonstellation der Vega, der Kuhhirte das Sternbild des Adlers, neben dem die beiden Kinder als zwei kleine Sterne sichtbar sind.)

Der siebte Tag des siebten Monats wurde von den Frauen als ihr Fest zu Ehren des Webenden Mädchens gefeiert; diese wurde eine Art Schutzheilige der geschickten Frauen. An diesem Tag spielten die unverheirateten Frauen miteinander, um ihren Hochzeitstag voraussagen zu können; es gab auch Wettspiele, bei denen die Geschicklichkeit der Frauen getestet wurde. Die beiden Sterne, die mit dem Ehepaar identifiziert werden, stehen symbolisch für das Vertrauen zwischen Ehemann und Ehefrau, wenn sie voneinander getrennt sind.

Die Geschichte hat Parallelen in Volkserzählungen aus anderen Ländern: Der jüngste Sohn wird aus der Familie vertrieben und macht daraufhin sein Glück; die Eroberung des Webenden Mädchens ähnelt dem Motiv der Schwanenmädchen (vgl. den Beitrag über Skandinavien).

Mengjiangnü

Diese Legende beruht auf einem historischen Ereignis, dem Bau der Chinesischen Mauer, den der Erste Kaiser der Qin-Dynastie begann, ein Tyrann, der zwischen 221 und 207 v. Chr. herrschte. Die Mauer sollte die plündernden Stämme aus dem Nordwesten aufhalten. Solch ein gigantisches Bauunternehmen mußte große Opfer an menschlichen Leben fordern, besonders weil die Mauer im kalten, unwirtlichen Bergland des Nordens errichtet wurde. Dies ist ebenso eine Geschichte von der Tyrannei eines Herrschers wie von der Treue einer Ehefrau.

Ein Mann namens Qi Liang war einer unter vielen, der während des Mauerbaus starb. Seine Frau Mengjiangnü legte von zu Hause eine weite Strecke mit Winterkleidung und Lebensmitteln für ihren Mann zurück. Als sie ankam und vom Tod ihres Mannes hörte, nahm sie erstaunt wahr, daß niemand wußte, wo er bestattet worden war. Es war also nicht möglich, die geeigneten Riten und Opferzeremonien zu vollziehen und sein Wohl im Jenseits zu sichern. So bat sie die Götter, ihr sein Grab zu zeigen. Die Inbrunst ihres Gebetes bewegte die Götter, sodaß sie die Mauer sprengten und ihr die weißen Knochen vieler Männer offenlegten, die zur gleichen Zeit gestorben waren. Die Knochen ihres Mannes, die sie bestatten wollte, waren kaum zu identifizieren, daher flehte sie die Götter nochmals um Rat an. Daraufhin hatte sie die Eingebung, in ihren Finger zu beißen, bis dieser blutete. Als das Blut auf die weißen Knochen tropfte, wurde es von denen ihres Mannes aufgesogen; von den anderen Knochen perlte das Blut ab. Sie sammelte seine Knochen ein und wollte sich verabschieden.

Der Kaiser verbot ihr die Abreise und lud sie in der Absicht vor, sie zu bestrafen. Als er sie jedoch erblickte, wurde er von ihrer Schönheit bewegt und entschloß sich, sie zu heiraten. Sie willigte unter der Bedingung ein, daß er zu Ehren ihres Mannes eine prachtvolle Grabstätte errichtete, abseits des Flusses und erreichbar über eine hohe Brücke. Der Kaiser sollte persönlich, in der Rolle des Sohnes des Verstorbenen, an dem Ritual teilnehmen. Der Kaiser war damit einverstanden. Als die Bestattung vollzogen war, bestieg sie die Brücke, beschimpfte den Kaiser als Tyrannen und stürzte sich in den Tod.

Guanyin (Kuan-yin)

Dieser Name ist die Abkürzung von Guanshiyin und bedeutet „Die, die die Äußerungen der Welt anhört“, d.h. die Göttin, die das Bitten der Welt anhört, eine Gottheit des Mitleids. Als Bodhisattva Avalokiteśvara, einer der vier wichtigsten *Bodhisattva* aus der Mahayana-Tradition, kam er ursprünglich als eine männliche Gottheit nach China; in einigen frühen Abbildungen wird er mit einem Schnurrbart dargestellt. Die Ursprünge des weiblichen chinesischen Avalokiteśvara lassen sich nicht leicht feststellen, aber die Vermutung liegt nahe, daß für die Verkörperung von Eigenschaften wie Mitleid und Sorge eine weibliche Gottheit besser geeignet schien. Es gab auch andere heimische chinesische Göttinnen, wie die Königin des Himmels, eine taoistische Gottheit, die besonders gegen Gefahren aus dem Meer Schutz bot und viele Schreine am Meer hatte; mit ihr wurde der buddhistische *Bodhisattva* wahrscheinlich identifiziert. Es scheint nicht lange gedauert zu haben, bis diese Umwandlung vollzogen war. Darstellungen des *Bodhisattva* in weiblicher Gestalt sind ca. ab dem 4. Jahrhundert zu finden, und bis zur Ming-Dynastie wurde die – den Sammlern aus dem Westen bekannte – Keramikstatue der Göttin mit wallendem Gewand massenhaft angefertigt. Die Verwandlung ist merkwürdig angesichts des ursprünglichen buddhistischen Gedankens, nach dem die Frau dem Mann unterstellt ist und sich ihr die Möglichkeit der Geschlechtsumwandlung bietet, wenn sie ihre religiösen Praktiken vervollkommnet.

In der volkstümlichen chinesischen Glaubenstradition genoß keine Gottheit höheres Ansehen als Guanyin, ihr Kult stellte selbst den des Buddha in den Schatten. Das Zentrum ihres Kultes befindet sich in Putuo, auf der Insel Zhoushan an der Zhejiang-Küste in Zentralchina. Obwohl alle Belege auf ihren fremdländischen Ursprung hindeuten, glauben viele, sie sei eine chinesische Prinzessin aus alter Zeit mit dem Namen Miaoshan.

Die Prinzessin Miaoshan wurde mit buddhistischen Tugenden wie Güte und Bescheidenheit geboren, sie lebte auch vegetarisch. Als ihr Vater sie zu gegebener Zeit verheiraten wollte, weigerte sie sich. Alle seine Bestrafungen und Einschränkungen überstand sie ungebrochen, da sie ohnehin ein asketisches Leben bevorzugte. Endlich ließ er sie töten, aber die Heiligkeit ihrer Seele verwandelte die Unterwelt in ein Paradies, sodaß die Götter der Unterwelt sie zurückschicken mußten – nach Putuo, wo sie mit ihrem Körper wiedervereinigt wurde. Hier erlangte sie mittels Meditation Erhabenheit und konnte aus ihrem Körper hinaustreten, um anderen zu helfen, die sich in Gefahr befanden.

Der König, ihr Vater, wurde unheilbar krank. Verkleidet besuchte ihn Miaoshan und verschrieb ihm das Auge und die Hand eines lebenden Menschen von der Insel Putuo als einziges Heilmittel. Als die Gefolgsleute des Königs nach Putuo kamen, bot sie ihnen ihr Auge und ihre Hand dar; damit wurde nur die eine Hälfte des Königs geheilt, und so bot sie ihnen das zweite Auge und die zweite Hand an. Nach seiner Heilung pilgerte der König nach Putuo, um sich zu bedanken. Er erkannte seine eigene Tochter wieder; als Antwort auf seinen Kummer über ihren verstümmelten Körper bat sie ihn um ein Schuldgeständnis und um Reue. Nachdem er ihrer Anweisung gefolgt war, erlangte sie ihre Körperteile zurück. Von da an wurde sie als Guanyin und Beschützerin aller Menschen bekannt.

Frau Weiß

Diese Geschichte bezieht sich auf das Gebiet um Hangzhou am Ufer des Westsees, ein sehr schönes Gebiet in Zentralchina. Eine der wichtigsten Versionen stammt von Feng Menglong (gestorben 1645), einem Schriftsteller aus der Ming-Dynastie.

Ein Junge namens Xüxien lebte mit seiner Schwester und seiner Familie in Hangzhou. Im Frühling, während des Festes des Todes, überquerte er den See, um zu einem Tempel am anderen Ufer zu gelangen. Auf der Rückreise fuhr er mit einer schönen Dame in weißem Gewand, die von einem Mädchen in blauem Gewand begleitet wurde, auf der Fähre. Die Fahrt endete damit, daß er ihr einen Schirm borgte, denn es regnete; er bezahlte auch den Fährmann für sie und versprach ihr, sie zu Hause zu besuchen.

Als sie einander am nächsten Tag begegneten, empfing sie ihn liebevoll; sie gestand ihm ihre Liebe und gab ihm fünfzig Silberstücke, sodaß sie heiraten konnten. Xüxien brachte die Silbermünzen nach Hause, wo sein Schwager darauf Markierungen der staatlichen Schatzkammer entdeckte. Dies bedeutete, daß es sich um gestohlenes Geld handelte. Xüxien wurde verhaftet; er erzählte den Beamten, wie er zu dem Silbergeld gekommen war. Sie suchten nach dem bezeichneten Haus und fanden es verlassen vor. Als sie eintraten, erschien eine Frau in weißem Gewand, die in einem Blitz verschwand und dabei einen Haufen Silbermünzen auf dem Boden zurückließ. Dies war der Rest der gestohlenen Beute. Xüxien wurde entlastet, aber verbannt.

Er zog in den nahegelegenen Ort Suzhou und ließ sich dort nieder. Hier begegnete er Frau Weiß wieder, die ihn überzeugte, daß es sich bei der Geschichte mit dem Silbergeld um einen Irrtum gehandelt hatte. Sie heirateten und lebten glücklich. Anläßlich eines Festes besuchte Xüxien eines Tages zusammen mit seinen Freunden einen Tempel gegen den ausdrücklichen Wunsch seiner Frau. Als er ankam, erkannte ihn der Abt Fahai und wollte ihn dringend sprechen. Der Abt folgte Xüxien aus dem Tempel hinaus, wo er Frau Weiß sah; sie kam, begleitet von ihrem Mädchen, mit einem Boot, um ihren Mann abzuholen. Fahai verfluchte die Frauen und nannte sie Dämonen, woraufhin das Boot umkippte und die beiden im Wasser spurlos versanken. Fahai riet dem erschrockenen Jungen, nach Hangzhou zurückzukehren und ihn notfalls aufzusuchen.

Bei seiner Rückkehr zu dem Haus seiner Schwester entdeckte er entsetzt, daß sich Frau Weiß, samt ihrer Begleiterin, hier als seine Ehefrau niedergelassen hatte. Sie war erbost über ihn und behandelte ihn grausam, sie ließ ihn nicht aus den Augen, und die Beziehung zwischen ihnen war äußerst gespannt. Er hatte nun Angst vor ihr, denn er war überzeugt, daß sie kein Mensch sei. Eines Tages, als er allein auf einer Straße ging, begegnete er Fahai, der ihm eine Schüssel gab. Diese solle er in Anwesenheit des Fahai auf den Kopf von Frau Weiß drücken, so kräftig er könne. Als Xüxien dies tat, schrumpfte Frau Weiß; unter dem Druck der Schüssel wurde sie kleiner und kleiner, bis die Schüssel bis zum Rand auf den Boden sank. Dann trat Fahai hervor und fragte sie, wer sie sei. Sie gestand, sie sei eine weiße Pythonschlange aus dem Westsee; in Xüxien habe sie sich auf den ersten Blick verliebt und Menschengestalt angenommen. Sie bat den Mönch um Gnade, aber er war unerbittlich. Mit Zaubersprüchen bannte er sie in Gestalt einer kleinen weißen Schlange in die Schüssel, begleitet von ihrer Magd in der Form eines blauen Fisches. Er vergrub die Schüssel unter einer hohen Pagode, der Leifeng-Pagode, sodaß die Schlange, solange diese stand, gefangen blieb.

Bar der übernatürlichen Elemente erzählt die Geschichte der Frau Weiß und des Xüxien von einer Mann-Frau-Beziehung, die immer und überall vorkommen kann: von der Zeit nach den Flitterwochen, von der Einmischung eines Dritten, von den Spannungen zwischen den beiden und der wachsenden Dominanz der Frau über den Mann, was schließlich zur Trennung führt. Der übermenschliche Ursprung der Frau Weiß ermöglicht ihr, die Initiative zu ergreifen; er mag auch die Inkonsequenz des Xüxien, der sie verläßt, rechtfertigen. Diese Rechtfertigung muß nicht glaubwürdig sein, es wird aber deutlich, daß in der chinesischen Gesellschaft den Frauen eine überlegene Stellung nicht zugestanden wird.

1924 stürzte die Leifeng-Pagode ein, und Lu Xun, ein führender Kritiker der traditionellen chinesischen Gesellschaft, nahm die Gelegenheit wahr zu bemerken, was für ein Wichtigtuer der Mönch Fahai gewesen sei. Ungeachtet ihrer Ursprünge, schrieb er, pflegte Frau Weiß eine gute Beziehung mit Xüxien, und sie wären miteinander glücklich gewesen, wäre nicht Fahai aufgekreuzt. Lu Xun setzte die Erzählung fort: Nach der Trennung wurde Xüxien von Göttern und Menschen dermaßen getadelt, daß er flüchtete und in einem Krabbenpanzer Zuflucht nahm; bis heute ist im Krabbenpanzer, wenn er geöffnet wird, eine männliche Gestalt zu sehen.

III. Unbedeutendere Gestalten in Mythos und Folklore

Baosi

Baosi war eine Konkubine des letzten Königs der Shang-Dynastie (11. Jh. v. Chr.), Zhou, der seine Zeit mit Vergnügungen zubrachte, besonders mit seinen Frauen, anstatt gewissenhaft zu regieren. Baosi war eine Schönheit, die selten lächelte oder lachte, und Zhou sann lange Zeit darüber nach, wie er sie zum Lächeln bringen könnte. Einmal zündete er das Signalfeuer an, das vor einem Angriff auf die Hauptstadt warnen sollte. Alle seine Generäle liefen zu seinem Schutz herbei, um zu entdecken, daß es sich um falschen Alarm handelte. Hierauf brach Baosi in Gelächter aus. Als jedoch der König dann tatsächlich angegriffen wurde, eilte keiner zu seiner Hilfe herbei, denn niemand nahm das Signalfeuer ernst.

Baosi war (vgl. auch Daji) beispielhaft für eine schöne Frau, wegen der Königreiche untergehen können – eine Versucherin, vergleichbar mit der trojanischen Helena.

Daji

Daji, eine schöne Frau, wurde König Yu, der im 8. Jahrhundert v. Chr. herrschte, von seinen Feinden geschenkt. Sie war so bezaubernd, daß der König nichts tat, außer seine ganze Zeit mit ihr zu verbringen. In der Folge verlor er sein Königreich. Sie soll Selbstmord begangen haben oder nach dem Tod des Königs umgebracht worden sein.

Fuchsgeister („Fuchsfeen“)

Füchse sollen mit Klugheit und Weisheit begnadet sein, und mit Hilfe ihrer Fähigkeiten konnten sie Frauengestalt annehmen (vgl. Abschnitt I.). Oft erschienen sie Männern, die allein mit ihrem Studium beschäftigt oder fern von zu Hause waren, und boten sich ihnen an. Die menschengestaltigen Füchse fügten ihnen nicht immer Böses zu, manchmal brachten sie mittels ihrer übernatürlichen Kräfte Vorteile. Jedoch waren sie von Kräften gefährdet, die außerhalb des menschlichen Bereichs lagen, etwa von Zaubersprüchen oder auch von anderen Tieren. In einer Geschichte aus dem 8. Jahrhundert, *Fräulein Ren* von Shen Jiji, begegnet eine Fuchsfrau Jagdhunden; sie nimmt ihre eigentliche Gestalt an und wird von ihnen getötet.

„Fuchsgeist“ ist auch ein Schimpfwort, das eine Frau als Verführerin bloßstellen soll. Es stammt offensichtlich aus der Folklore und drückt den Widerwillen aus, der Frau Sexualität zuzugestehen. Als sexuelles Wesen bildet sie nicht nur den Gegenpol zu „tugendhaften Frauen“ – Ehefrauen und Müttern –, sondern sie wird sogar als nicht-menschlich angesehen.

He Xiangu (Fee Tante He)

He Xiangu ist eine der Acht Unsterblichen *(baxian)*, die einzige Frauengestalt unter ihnen. Es sind exzentrische Charaktere, die durch Zauberkraft Unsterblichkeit erlangt haben (vgl. Abschnitt I.) und zusammen umherziehen. He Xiangu wurde dadurch unsterblich, daß sie von einem anderen Unsterblichen einen Pfirsich erhielt, die Speise der Unsterblichkeit. Die Acht Unsterblichen wurden oft auf Kunstgegenständen abgebildet. He Xiangu wird immer mit einem Obstkorb dargestellt; sie ist die weibliche Vertretung in dieser Gesellschaft.

Die Göttin des Flusses Lo

Der Name der Göttin war Mifei; sie war eine Tochter des Fuxi (vgl. Abschnitt II.), die in den Fluß Lo fiel und ertrank. Die Götter machten sie zur Göttin des Flusses, wo sie weiterhin lebte. Viele Männer begegneten ihr und verliebten sich in sie; Yi, der Schütze, war einer von ihnen (vgl. Abschnitt II.). Ein Dichter aus dem 2. Jahrhundert, Cao Zhi, schrieb ihr zu Ehren ein Gedicht; er verherrlicht darin die schöne Frau, der er begegnet war und die er als die Göttin des Flusses Lo identifizierte.

Mutter des Menzius

Die Mutter des Menzius ist keine mythische Figur, sondern eine aus der Legende; nicht einmal ihr Name ist bekannt. In China wurden die Mütter bekannter Männer hoch geschätzt, denn ihnen hatten diese Männer ihre Anfänge zu verdanken. Im allgemeinen zeichneten sich die Mütter durch einen außergewöhnlich starken Charakter aus, und sie verkörperten moralische Integrität – Eigenschaften, die bei den Männern oft zu kurz kamen und an die sie Frauen erinnern mußten. Menzius (372-299 n. Chr.), ein führender Philosoph der konfuzianischen Schule, wurde von seiner verwitweten Mutter erzogen. Während seiner Jugend übersiedelte sie dreimal, um ihm die beste Umgebung für seine Erziehung und seine moralische Entwicklung zu bieten. Schließlich ließ sie sich neben einer Schule nieder, wo der junge Menzius von den Gelehrten und den Schülern, die den ganzen Tag mit Lesen und Lernen zubrachten, beeinflußt wurde.

Als Student wurde Menzius einmal des Studiums müde und wollte damit aufhören. Seine Mutter führte ihn zu ihrem Webstuhl, zerschlitzte den Stoff, an dem sie gerade webte, und überzeugte ihn, daß das Aufgeben des Studiums dem Aufschlitzen des Stoffes gleichkäme. Er kehrte daraufhin in die Schule zurück.

Menzius gehorchte seiner Mutter ohne Widerrede. Als seine verwitwete Mutter hatte sie das Recht auf seinen bedingungslosen Gehorsam, denn sie vertrat neben ihrer eigenen Autorität auch die ihres verstorbenen Mannes. Da Männer oft vor ihren Frauen starben, unterstand die chinesische Gesellschaft trotz ihres patriarchalen Aufbaus solchen Matriarchinnen – den verwitweten Müttern und Großmüttern.

Mulan

Der Vater der Mulan wurde trotz seines hohen Alters zum Militär eingezogen, da es in der Familie keinen anderen Mann gab. Mulan bot an, sich zu verkleiden und an seine Stelle zu treten. Sie zog Männerkleidung an und rüstete sich für den Krieg. Im Kampf hatte sie großen Erfolg, sodaß sie zum General befördert wurde. Nach Jahren, als die Kämpfe ein Ende nahmen, kehrte sie nach Hause zurück und brachte viele Waffengefährten mit. Als diese mit ihrer Familie feierten, ging sie in den rückwärtigen Teil des Hauses, zu dem nur Frauen Zugang hatten, und erschien in Frauenkleidern wieder, geschminkt und frisiert. Erst da bemerkten ihre Kameraden, daß ihr erfolgreicher General eine Frau gewesen war. Die früheste Quelle dieser Geschichte ist eine Ballade aus dem 7. Jahrhundert, die noch immer beliebt ist und immer wieder mit neuen Illustrationen gedruckt wird. Diese Art von Verkleidung war offensichtlich eine Wunschvorstellung von Frauen, die keine Möglichkeit hatten, sich außerhalb ihres Haushaltes zu verwirklichen (vgl. auch die Geschichte von Zhu Yingtai).

Der Alte unter dem Mond

Ehen galten als vorherbestimmt, jedoch nützte es nichts, die Zukunft im voraus zu kennen. Einst begegnete ein Mann einem Alten, der sonderbare Schriftzeichen in ein Buch schrieb. Als er sich erkundigte, was dies sei, sagte der Alte, es sei ein Buch der Ehen, in dem die Ehen eines jeden Menschen nach seiner Geburt aufgeschrieben würden; die Ehe sei ein unentrinnbares Schicksal. Der Mann befragte den Alten neugierig über sein eigenes Schicksal, worauf dieser nachschlug und sagte, seine Braut sei noch ein Kleinkind. Auf Drängen des Mannes gab ihm der Alte auch bekannt, wo sie zu finden sei. Er fand auf einem Markt einen schmutzig angezogenen Säugling auf dem Rücken einer einäugigen Alten. Entsetzt zog er seinen Dolch, stach auf das Kind ein und floh verwirrt.

Trotz zahlreicher Versuche konnte er erst nach vielen Jahren heiraten; er vermählte sich mit einem jungen Mädchen, Tochter eines Adeligen, und war sehr glücklich. Nach der Heirat bemerkte er, daß seine Frau sich immer so frisierte, daß ihre Stirn bedeckt blieb. Sie versuche eine Narbe zu verbergen, erzählte sie, ein Verrückter habe sie, als sie noch ein Säugling gewesen sei, mit einem Dolch angegriffen. Ihr Mann, in dem die Erinnerung aufstieg, erfuhr dann, daß seine Frau als kleines Kind von Räubern verschleppt worden war. Sie wurde nach viel Mühsal von ihrer einäugigen Amme nach Hause zurückgebracht. Dem Mann wurde gewahr, wie sich die Worte des Alten unter dem Mond bewahrheiteten und daß er versucht hatte, seine eigene Frau zu töten.

Königin Mutter des Westens

Die Königin Mutter des Westens ist eine Göttin aus der alten taoistischen Mythologie. Die *Klassiker der Berge und Meere* (vgl. Abschnitt IV.) erzählen, daß sie eine Frauengestalt mit Leopardenschwanz, Tigerzähnen und zerzaustem Haar war. Ihre Erscheinung nahm zunehmend anthropomorphe Züge an, und in späteren mythischen Berichten erscheint sie als gütige Frau in mittlerem Alter, worauf auch ihr Name hindeuten mag. Sie lebte auf dem Berg Kunlun oder auch im Jade-Gebirge, eine Bergkette im Westen Chinas, und verwahrte das Elixier der Unsterblichkeit; manchmal kommt sie auch als Beschützerin der Pfirsichbäume vor, deren Frucht Unsterblichkeit verlieh. Pfirsiche standen stets für ein langes Leben. Die Göttin wurde von drei blauen Vögeln begleitet, die ihr Nahrung brachten. In späteren Fassungen werden diese Vögel als ihre Boten angesehen und erscheinen in der Literatur oft als Liebesboten.

Schamanismus

China hat seit alten Zeiten eine schamanische Tradition. Die frühesten Schamanen waren Priester und hatten eine hohe Stellung in der Gesellschaft, aber später wurden sie zu hexenartigen Medizinmännern und Medien der Geister. Die Schamanen aus den frühesten Belegen waren üblicherweise – obgleich nicht immer – Männer; Frauen scheinen diese Rolle später eingenommen zu haben. Die weiblichen Schamanen oder Medien waren im Rahmen der volkstümlichen Religion und wundergläubiger Praktiken tätig, und dies setzt sich bis in die heutige Zeit fort.

Die Seidenwurm-Göttin

Einst mußte ein Mann seine Familie verlassen, um in den Krieg zu ziehen. Seine Tochter, die ihn sehr vermißte, sagte, als sie das Pferd weidete, sie werde einen jeden heiraten, der ihren Vater zurückbringe. Das Pferd galoppierte davon, kam zum Vater und wieherte so eindringlich, daß sich der Mann auf das Tier setzte und nach Hause ritt. Die Familie freute sich sehr, und das Pferd wurde besonders freundlich behandelt. Aber es verweigerte die Nahrung und schüttelte sich heftig, sobald die Tochter zu ihm kam. Als der Vater entdeckte, was die Tochter versprochen hatte, ließ er das Pferd töten. Es wurde geschunden und seine Haut vor dem Haus zum Trocknen ausgebreitet. Als die Tochter auf der Haut spielte, rollte sich diese plötzlich mit dem Mädchen darin ein und flog davon. Später tauchte ein neuartiger Wurm, der Seidenwurm, auf einem nahen Maulbeerbaum auf; er hing an einem Zweig und fraß Blätter. Es wurde angenommen, es sei die verwandelte Tochter in der Pferdehaut. Sie wurde als die Göttin des Seidenwurms oder Lozu vergöttlicht.

Dritte Schwester Liu

Dritte Schwester Liu war eine hervorragende Sängerin und Lied-Improvisatorin. Sie lebte im Gebiet von Guangdong (Kanton) und übertraf alle Männer, die mit ihr in Wettstreit traten. Es war Brauch (der in kleineren Stämmen noch heute existiert), daß die Gesangswettbewerbe zwischen Jungen und Mädchen zugleich Vermählungsfeste waren; manchmal zogen sie sich tagelang hin. Die Lieder der Dritten Schwester Liu waren sehr geschätzt, in ihrer Nachbarschaft hieß sie *Das Unsterbliche der Gesänge*. Sie ist dafür bekannt, daß sie ihren Mann selbst aussuchte, anstatt sich in die Ehe mit einem Ortsadeligen drängen zu lassen. Sie ist beispielhaft für jene unabhängigen Frauen mit starkem Willen, denen ihre Geschicklichkeit Achtung verschaffte und das Recht, nach eigenem Gutdünken zu handeln, besonders in Heiratsangelegenheiten.

Die Tushan-Frau

Yü, der Aufseher der Wasser (vgl. Abschnitt I.), war als Dreißigjähriger noch ledig, denn er war zu sehr mit seiner Arbeit beschäftigt. Auf seinen Reisen kam er zum Tushan (Berg Tu), wo ihn ein Fuchs mit neun Schwänzen zu einer Frau führte, die er dann heiratete. Die Tushan-Frau brachte ihrem Ehemann dorthin das Essen, wo er gerade arbeitete, und zwar immer dann, wenn er sie dazu durch Trommeln aufforderte. Ihr war verboten, ihn ohne Aufforderung zu besuchen. Eines Tages berührte er die Trommel unabsichtlich, und als sich ihm seine Frau näherte, war sie entsetzt, ihren Mann in der Gestalt eines Bären zu sichten, der Kanäle grub. Sie floh, verfolgt von ihrem Mann, und verwandelte sich aus Angst in einen Stein. Yü kam zu ihr und verlangte seinen Sohn, mit dem sie gerade schwanger war; der Stein spaltete sich, worauf das Kind hervorkam. Er wurde Qi, „entstehen", genannt.

Die Wushan-Göttin

Yaoji war eine Tochter des Gottes Yandi (vgl. Abschnitt I.). Als sie starb, wurde sie auf dem südlichen Abhang des Wushan (Berg Wu) begraben; sie wurde als die Frau vom Wushan bekannt. König Huai von Chu begegnete ihr auf dem Berg. Als sie ihn in der Morgendämmerung verließ, gab sie ihm ihre eigentliche Identität zu erkennen und sagte ihm, sie manifestiere sich in der Wolke und dem Regen auf dem Berg (so wurde der Hinweis auf Wolke und Regen zu einer Umschreibung für Geschlechtsverkehr).

Xiang-Flußgöttinnen

Die erste dieser Göttinnen hieß E'huang, sie war die Tochter von Kaiser Yao (vgl. Abschnitt I.). Sie heiratete gemeinsam mit ihrer Schwester Nuying den Nachfolger des Yao, Kaiser Shun. Nach dem Tod Shuns wandelten sie in Trauer die Flüsse Yangtze und Xiang entlang, wo sie starben und begraben wurden. Sie wurden als die Göttinnen des Flusses Xiang vergöttlicht.

Zhu Yingtai

Zhu Yingtai war eine begabte junge Dame, die aus einer wohlhabenden Familie aus der Provinz Zhejiang stammte. Als sie ihr Heiratsalter erreichte, verweigerte sie sich der Ehe und überredete ihre Familie, sie studieren zu lassen. Sie besuchte, als Junge verkleidet, drei Jahre lang die Schule und verliebte sich währenddessen in einen Studienkollegen namens Liang Shangbo. Sie verriet ihr Geheimnis jedoch nicht und schloß ihre Studien ab. Bevor sie nach Hause zurückkehrte, sagte sie Liang, daß sie sich freuen würde, wenn er ihre Schwester heirate.

Bis er ihr Haus und ihre Identität ausfindig machen konnte, war sie bereits einer anderen Familie versprochen. Er starb aus Liebeskummer, und als Zhu Yingtai auf dem Weg zu ihrer Hochzeit an seinem Grab vorbeiging, weinte sie und wollte nicht mehr weiter. Daraufhin öffnete sich der Grabhügel, sie trat ein und verschwand.

Es heißt, die beiden nahmen die Form eines Schmetterlingspaares an und fliegen noch immer zusammen. (Ein Schmetterlingspaar steht für die wahre Liebe, genauso wie die Mandarinente, die sich ein Leben lang mit dem selben Partner verbindet, und die Zweige von bestimmten Bäumen, die ineinander verschlungen wachsen.)

V. Mythographie

Die alten chinesischen Mythen aus dem Becken des Gelben Flusses, der Wiege des chinesischen Volkes, haben nur fragmentarisch überlebt, eingebettet in die Dichtung und andere Dokumente, die noch erhalten geblieben sind. Das, was einer Mythensammlung am nächsten kommt, ist ein sehr altes Buch, das bereits im 2. Jahrhundert v. Chr. erwähnt wird: *Klassiker der Berge und Meere*; es ist jedoch nur unvollständig überliefert. Ursprünglich enthielt das Buch Bilder, die mit Legenden versehen waren; im Altertum gingen die Legenden verloren. Die Gelehrten haben das Buch unter

Zuhilfenahme von Zitaten, die in anderen Quellen überliefert wurden, rekonstruiert, aber vieles ist nach wie vor unklar.

Die Dichtung ist eine wertvolle Quelle der Mythologie, aber es gab keinen Homer, der rührende Geschichten verfaßt oder die chinesischen Götter und Göttinnen in einem System zusammengefaßt hätte. Die Hinweise, die zu finden sind, bleiben Andeutungen, wie etwa im *Buch der Lieder* (11. bis 6. Jh. v. Chr.). Die vielversprechendste Quelle ist das Gedicht *Fragen an den Himmel* aus der Gedichtsammlung *Lieder aus dem Süden* aus der Zeit vor der Han-Periode. Es behandelt viele Fragen, zum Beispiel, wie der Himmel und die Erde entstanden sind oder welche Gottheit was gemacht hat; die Fragen werden aber nicht beantwortet. Nichtsdestotrotz beziehen sich die Fragmente und die Andeutungen, verstreut in verschiedenen Texten, auf einen relativ einheitlichen Korpus von Mythen und deren Varianten, die – ähnlich den altgriechischen Mythen – die Naturphänomene oder die Entstehung der Welt erklären.

Einer der Gründe dafür, daß so wenig erhalten ist, mag sein, daß das literarische Establishment seit Konfuzius (6. Jh. v. Chr.) gegenüber dem Übernatürlichen äußerst skeptisch war. Konfuzius selbst wies einen seiner Schüler zurück, als er ihm zu den Gottheiten und Geistern Fragen stellte. Wenn er nicht genug von Menschen verstehe, fragte Konfuzius zurück, wieso mische er sich dann in die Angelegenheiten der Geister ein? Solch eine Antwort lehnte die Existenz des Übernatürlichen zwar nicht ab, klammerte es aber als einen geeigneten Gegenstand des Studiums aus, und eine Beschäftigung damit war nur anhand von Vermittlungsmedien wie etwa Büchern möglich. Die konfuzianische Betonung auf das menschliche Erleben lenkte das Hauptaugenmerk auf die Geschichte, obwohl in früheren Zeiten Geschichte und Mythologie vielleicht miteinander identisch waren.

Die Literatur spielt stets auf legendäre und historische Charaktere an und stellt sie als Vorbilder für menschliches Verhalten dar, eine Rolle, die auch den mythischen oder biblischen Charakteren anderer Kulturen zukommt. Beispielhaft ist ein Lesebuch für Frauen, von denen nicht erwartet wurde, daß sie viel, wenn überhaupt, lasen: *Biographien treuer Frauen* (Lienuzhuan), zusammengestellt von einem Gelehrten aus dem 1. Jahrhundert v. Chr., Liu Xiang. Er sammelte alle Geschichten aus den erhaltenen Texten, vor allem aus den konfuzianischen Klassikern. Seine Absicht war es, nach der konfuzianischen Lehre tugendhafte Frauen wie die Mutter des Menzius (vgl. Abschnitt III.) als Vorbilder darzustellen. Das Buch beinhaltet auch ein Kapitel über „verdorbene Frauen" wie Daji und Baosi (vgl. Abschnitt III.), das zweifellos der Abschreckung dienen sollte. Dieses Buch ist keine besonders fruchtbare Quelle für Mythen, gibt aber einige Geschichten wieder, etwa die von E'huang und Nuying (vgl. Abschnitt III.).

Es waren nicht alle Mythen und die gesamte Folklore aus der schriftlichen Überlieferung ausgeschlossen, denn ab dem 4. Jahrhundert verbreiteten sich besonders phantastische Geschichten, die sich in ihrer Thematik auf diese Quellen stützten. Im 8. und 9. Jahrhundert, während der Tang-Dynastie, entstanden Erzählungen in geschmackvoller Prosa, einige davon schöpften aus der Folklore und dem Legendenschatz. Selbstverständlich existierte trotz des Konfuzianismus auch religiöse Literatur, die jedoch vorwiegend mündlich tradiert wurde. Bis zum Aufkommen der preiswerten Drucktechnik im 15. Jahrhundert, in der Ming-Dynastie, war die Vermittlung der volkstümlichen Tradition äußerst mühsam. Nach der Verbreitung von günstigen Druckmöglichkeiten nahm die Produktion der Texte zu volkstümlicher Religion, Erzählliteratur und Legenden dramatisch zu; diese stehen uns als Quellen zur Verfügung. Gedruckt wurden als erstes die buddhistischen Sutren verbreitet, ihnen folgte andere religiöse Literatur, vor allem Erzählungen zum Thema der Frömmigkeit. Aber die verbreitetsten Quellen zu Legenden und Folklore sind die langen Romane, die sich auf die Erzählzyklen (manchmal „die klassischen Romane" genannt) stützten, die in den mündlich überlieferten Balladen, Dramen und Erzählungen zirkulierten.

Die *Reise nach dem Westen* enthält einen der bekanntesten Erzählzyklen. Hier wird eine Abenteuerreise des Mönchs Tripitaka wiedergegeben. Der buddhistische Mönch aus dem 7. Jahrhundert, eine historische Figur, reiste nach Indien, um Sutren zu sammeln und nach China zu bringen, damit sich der Buddhismus besser verstehen und vermitteln ließe. Er wird von drei mythischen Figuren begleitet: von einem Affen, der wahrscheinlich auf den Affenkönig aus der indischen Mythologie zurückgeht, er steht für die Lebhaftigkeit und den Ehrgeiz eines Menschen; von einem Schwein, Sinnbild für die menschliche Begierde; sowie von einem Sandmann, einem ehemaligen Ungeheuer, vielleicht ein Sinnbild für die Gleichgültigkeit des Menschen. Ihre Abenteuer, die in ihrer Ankunft in Indien den Höhepunkt erreichen, sind eine Mischung aus spannender Erzählung und Symbolik. Viele Episoden aus der Geschichte werden in Theaterstücken und anderen Schriften thematisiert. Es sind – für solche Abenteuerromane charakteristisch – darin wenige Frauen vertreten, und wenn, dann sind sie schlecht, insbesondere erscheinen sie als menschenfressende Dämonen.

Die *Reise nach dem Westen* ist betont folkloristisch, andere Erzählzyklen sind eher historisch. Die gängigen Vorstellungen über die Periode der Drei Königtümer (3. Jahrhundert) stützen sich durchwegs auf den im Roman *Drei Königtümer* wiedergegebenen Erzählzyklus. Der Roman ist so authentisch wie etwa die historischen Dramen von Shakespeare. Er enthält eine breite Skala menschlicher Charaktere und Verhaltensweisen, die seither immer wieder thematisiert wurden.

Mit dem Aufkommen der Drucktechnik starb jedoch die mündliche Überlieferung nicht aus, was selbstverständlich ist in Anbetracht der Größe der Bevölkerung, deren größter Teil AnalphabetInnen waren. Sie entwickelte sich aber auch in den alphabetisierten urbanen Zentren weiter. Besonders beliebt war das Drama, eine Art Oper, und ist es bis heute geblieben. Darin werden Themen aus uralten Legenden und Volkserzählungen bearbeitet, Themen, die, wie wir wissen, seit über eintausend

Jahren tradiert werden. In den 60er Jahren warf die chinesische kommunistische Partei aus einem ideologischen Reinigungsdrang heraus diesen Dramen eine archaische, dekadente und feudale Weltanschauung vor und verbot ihre Aufführung. Nach Maos Tod wurden sie wiederbelebt und erfreuen sich – heute auch in Fernsehversionen – erneuter Beliebtheit.

Noch immer wird aus diesen Legenden und Volkserzählungen geschöpft, und nicht nur zu Unterhaltungszwecken; sie befriedigen auch andere, vor allem politische Zwecke. Die kommunistische Partei legte kurz nach ihrer Machtübernahme eine neue Version der Affenlegende auf, die sich auf die *Reise nach dem Westen* stützte, genannt *Verwüstung im Himmel.* Diese erzählt, daß der Affe übernatürliche Kräfte erlangte; die Legende wurde als die Rebellion der Erniedrigten und Schwachen gegen das Establishment uminterpretiert. 1978, nach der Absetzung der verhaßten Frau von Mao Zedong, Jiang Qing, die durch ihre Ehe mit Mao besonders während dessen späterer Regierungszeit großen Einfluß erlangt hatte, wurde eine neue Version einer Episode aus der *Reise nach dem Westen* sehr erfolgreich auf der Bühne sowie in Buchform präsentiert. In dieser Episode begegnen die Pilger dem Weißknochigen Dämon, einem als Frau verkleideten Vampir, der Tripitaka verschlingen will. Ihre Vernichtung war eine satirische Darstellung des Niedergangs von Frau Mao.

Bibliographie

Birch, C.: *Chinese Myths and Fantasies*, London 1961.

Dudbridge, G.: *Legend of Miaoshan*, London 1978.

Eberhard, W.: *Chinese Fairy Tales and Folktales*, London 1937.

Eberhard, W.: *Folktales of China*, London 1965.

Eberhard, W.: *Studies in Chinese Folklore*, Den Haag 1970.

Hawkes, D.: *The Quest of the Goddess*. In: Asia Major, 13, 1967, S. 71-94.

Jin, S.: *Beijing Legends*, übers. v. G. Yang, Beijing 1982.

Ling, M. C./Feng, M. L.: *The Courtesan's Jewel Box: Chinese Stories of Xth-XVIIIth Centuries*, übers. v. G. Yang u. H. Y. Yang, Peking 1957.

Liu Sanders, T. T.: *The Herdboy and the Ox*, Oxford 1969.

Liu Sanders, T. T./Pau, J.: *Dragons, Gods and Spirits from Chinese Mythology*, London 1980.

Paul, D. Y.: *Women in Buddhism*, Berkeley 1979.

O'Hara, A. R.: *The Position of Woman in Early China*, Taipei 1971.

Qu Yuan: *Songs of the South*, übers. v. D. Hawkes, London 1985.

Thompson, L. G.: *Chinese Religion in Western languages: A Comprehensive and Classified Bibliography of Publications in English, French and German through 1980*, Monograph of the Association for Asian Studies, 41, Tucson 1985, (ergänzte Aufl. von *Studies of Chinese Religion*, 1976).

Werner, E. T. C.: *A Dictionary of Chinese Myths*, Neuaufl. m. einer neuen Einführung, New York 1961.

Werner, E. T. C.: *Myths and Legends of China*, Taipei 1986 (1922).

Yang, H. Y./Yang, G.: *The Dragon King's Daughter: Ten T'ang Dynasty Stories*, Peking 1962.

Zheng, C: *Mythen des alten China*, München 1990. *

Isobel White/Helen Payne

Die Mythen der australischen Aborigines

Isobel White

I. Einführung: Ein Überblick über die Mythologie

Die Mythologie und die Religion der australischen Aborigines lassen sich mit jenen aus anderen Weltgegenden schwer vergleichen, denn es gibt nur wenige Berührungspunkte. Die mythischen Wesen aus dem Glauben der australischen Aborigines unterscheiden sich ganz grundsätzlich von den Göttern und Göttinnen anderswo. Es sind eher Menschen mit übernatürlichen Kräften als übernatürliche Wesen, und sie werden weder verehrt, noch wird versucht, sie günstig zu stimmen. Es gibt keine PriesterInnen, obwohl jede Gemeinschaft eigene BetreuerInnen für jede einzelne Mythe und für deren rituelle Ausführung hat. Es sind ältere Männer und Frauen, die diese führende Position nicht durch Vererbung innehaben, sondern dadurch, daß sie seit ihrer Jugend darauf hingearbeitet haben, das dafür nötige umfassende Wissen zu erlangen. Gleichermaßen wurden in diesen egalitären Gesellschaften auch die Führungspositionen der weltlichen Sphäre durch überdurchschnittliche Leistung, Kompetenz und überragendes Wissen erlangt. In einigen Gebieten kann es sein, daß die weltliche Vormachtstellung mit der religiösen zusammenfällt, denn Religion ist grundlegend für das Verhalten dieser Menschen.

Der gesamte Kontinent ist von den Spuren mythischer Ahnenwesen durchzogen. Die Erde war einst flach, dunkel und ohne bestimmende Merkmale, bis die reisenden Ahnen sie zu dem machten, was sie heute ist. Sie reisten über das ganze Land, schufen Berge, Felsen und Flüsse sowie andere landschaftliche Merkmale; sie schufen Menschen, Pflanzen, Bäume, Tiere und Vögel, sodaß jedes Naturphänomen seine eigene Schöpfungslegende und jedes Stück Land seine eigene Mythe hat. Es scheint zwar, daß dies in ferner Vergangenheit geschehen ist, aber die Ahnenwesen handeln auch hier und heute, sodaß Männer und Frauen zugleich sie selbst und ihre eigenen Ahnen sind. Sie müssen das Leben ihrer Ahnen nachspielen, damit das Land und die Menschen gedeihen können. Der Schöpfungsakt muß stets wiederholt werden. Daher nehmen Rituale, in denen die Handlungen der Ahnen nachgespielt werden, viel Raum im Leben der Aborigines ein.

Nach Vollzug des Schöpfungsaktes gingen einige mythische Wesen in den Himmel hinauf und wurden Sterne, während andere blieben und sich in Felsen, Hügel, Bäume oder andere Bestandteile der Landschaft verwandelten, die noch heute sichtbar sind. In einigen Mythen manifestieren sich die Ahnen als Vögel, Tiere oder andere Kreaturen und benehmen sich zum Teil wie diese, zum Teil wie Menschen. Ihre Nachkommen haben diese Wesen als ihr Totem oder zum „Träumen".

Der Besitz der Mythen oder *„histories"*, wie die Aborigines sie nennen, wird über Generationen weitergereicht und damit auch das Recht und die Verpflichtung, die mit ihnen verbundenen Zeremonien auszuführen. Das kann ein kleiner und einfacher Ritus sein, den einige der BesitzerInnen eines bestimmten Ortes auf diesem ausführen. Es gibt auch lange Zyklen von Zeremonien, die sich über Monate, sogar über Jahre hinziehen, wobei zunächst sorgfältig rituelle Gegenstände hergestellt werden und der Boden für den Ritus vorbereitet wird. In alten Zeiten waren das Wetter und die Jahreszeit maßgeblich dafür, wann solche Riten ausgeführt werden konnten; in Wüstengebieten fanden solche Zeremonien erst statt, nachdem ein guter Regen viele verstreute Gruppen zusammengebracht hatte – dann gab es für eine Weile genug Nahrung auf diesem Gebiet. Männer, die solche Riten organisierten und ausführten, waren auf Frauen angewiesen, die die Lebensmittel sammelten und die Dauer dieser Riten bestimmen konnten (Hamilton 1980, S. 14f.).

Das Regenmachen

Da ein großer Teil Australiens Trockengebiet ist oder zumindest langanhaltende Dürreperioden herrschen, hatten die Aborigines zahlreiche Riten und entsprechende Mythen, die zur geeigneten Jahreszeit einem von Dürre bedrohten Gebiet Regen brachten. Den Regen konnten einzelne Männer oder Frauen herbeizaubern, aber die gemeinschaftlichen Zeremonien wurden von Männern organisiert und geleitet. Die Gesellschaft, die ich besuchte, war im Wüstengebiet; es regnete üblicherweise im Frühling, etwa Mitte September. Ich war in zwei aufeinanderfolgenden Jahren jeweils im September bei der jährlichen regenbringenden Zeremonie anwesend. Diese ist eine jener Zeremonien, an welchen zeitweilig Frauen teilnehmen, obwohl sie von Männern ausgeführt werden. Die Ausführung begann in der Dämmerung, etwas abseits vom Lager. Bald wurden Frauen und Kinder aus dem Lager geholt, um zu singen und dem Tanz der Männer zuzuschauen; dann mußten sie sich und die Kinder in Decken einwickeln, damit sie die darauffolgende Tanzepisode nicht mitansehen konnten. Daraufhin wurden sie zum Lager geschickt und später wieder zurückgeholt. Dies ging bis in die Nacht hinein; in beiden Jahren regnete es am nächsten Tag (White 1979). Anläßlich der jährlichen Regenzeremonie hatten die Männer der Gemeinschaft offensichtlich die Oberhand; die Frauen aus der westlichen Wüste scheinen, worauf im folgenden eingegangen wird, im Vergleich zu Frauen aus anderen Gebieten relativ wenig Macht zu haben.

Abb. 22: Frauen der westlichen Wüste versammeln sich für eine Zeremonie.

Der Glaube an den Mythos

Es taucht vielleicht die Frage auf, wie sehr die Aborigines von der Wahrheit ihrer Mythen überzeugt sind. Die Haltung der MythenerzählerInnen legt ihren bedingungslosen Glauben offen: die Mythen sind „Geschichte" und nicht bloß unterhaltende „Geschichten". „Sie sind ‚lebende Mythen', ... die Menschen, die sie erzählten, glaubten daran, ... sie stellen die ‚Wahrheit' dar und sollen wiedergeben, was vor sich gegangen ist" (Berndt/Berndt 1989, S. 4).

Während der Zeremonie werden die DarstellerInnen mit der Macht der Ahnen erfüllt. Als ich in einem Pitjantjatjara-Lager lebte, verließen frühmorgens alle Männer das Lager und eilten zu ihren „Männergeschäften". Den ganzen Tag saßen die Frauen in ihren eigenen Lagern, die Kinder blieben bei ihnen und spielten ruhig; weder rührten sich die Frauen, noch besuchten sie einander. Sie unterhielten sich nur leise. Als angekündigt wurde, daß die Männer zurückkehrten, saßen alle Frauen mit gesenkten Köpfen da. Mir wurde empfohlen, die Männer nicht anzuschauen, sie seien sehr mächtig und sehr gefährlich. Nach einer Weile wurde ein Zeichen gegeben, und das normale Verhalten kehrte zurück.

Während die DarstellerInnen auf dem zeremoniellen Boden tanzen, verwandeln sie sich in die Ahnen, deren Rolle sie nachspielen. Diese Überzeugung wurde mir richtig bewußt, als ich einer Geheimzeremonie beiwohnte, die Pitjantjatjara-Frauen aus der westlichen Wüste ausführten und bei der keine Männer zugelassen wurden. Es erschienen zwei kleine Schlangen zwischen den Beinen von zwei tanzenden Frauen; dies wurde so ausgelegt, daß diese von zwei weiblichen Ahnen durch Urinieren geschickten worden seien. Es war eine Warnung, daß einige Männer zuschauten, und die Zeremonie mußte unterbrochen werden. Um die heraufbeschworenen Mächte zurückzudrängen, wurde Sand aufgewirbelt; die Tänzerinnen entfernten sofort die auf ihre Körper gemalten Formen und verwischten mit einem Besen ihre Spuren im Sand (White 1975, S. 133).

Zweifellos herrscht auch ein absoluter Glaube an bizarre Berichte von bösen Geistern, denn die getroffenen Gegenmaßnahmen sind sehr sachlich. Wo ich wohnte, brannte die ganze Zeit über ein Feuer, besonders die Nacht hindurch, und viele Hunde wurden gehalten. *Mamu*, die gefährlichen bösen Geister, meiden das Feuer; Hunde können sie sehen, Menschen nicht. Das laute Hundegebell hält sie fern und warnt vor ihrem Herannahen. Die Kinder werden davor gewarnt, in der Dunkelheit das Feuer zu verlassen; nur tapfere Erwachsene trauen sich dies zu und auch das nur in Begleitung von vielen Hunden.

Wer daran gewöhnt ist, Religion als eine ernste Angelegenheit zu verstehen, ist erstaunt, daß die Mythen der Aborigines, obwohl ihnen große Achtung gezollt wird, kein feierliches Verhalten verlangen. Einmal kampierte ich mit meinen Freundinnen einige Nächte fern vom Hauptlager, sodaß sie ihre Zeremonien abseits von den Männern ausführen konnten. Eines Abends, als wir rund um das Feuer saßen, gab die rituelle Anführerin, eine hervorragende Erzählerin, die Mythe von Nyiru theatralisch so wieder, daß wir einen Lachanfall bekamen. Ein anderer äußerst lustiger Moment kommt am Ende der ersten Version (s. unten): Die Darstellerinnen, eine in der Rolle einer frisch vermählten Frau und eine andere in der Rolle eines Mannes, ahmen eine Kopulation (nicht in „Missionarsstellung“) nach und entwickeln dabei großartiges schauspielerisches Geschick.

Eine traditionelle Gesellschaft

Die Gemeinschaft, in der ich meine Feldforschung durchführte, würde ich als eine Übergangsgesellschaft bezeichnen – sie hält noch an allen durchführbaren Traditionen fest. Die alten Mitglieder erzählen, daß sie „im Busch geboren“ wurden und daß sie sich noch daran erinnerten, wie sie erstmals weißen Menschen begegneten. Missionierung und Kolonialisierung hatten ihr gesamtes Wirtschaftssystem zerstört – sie kauften nun die Lebensmittel von Läden und jagten nur nebenbei, aber sie behielten viele traditionelle Praktiken bei, und die Verwandtschaftsverhältnisse spielten eine wichtige Rolle bei der Bestimmung der gesellschaftlichen Beziehungen. Den Zeremonien kam noch immer eine große Bedeutung zu, obwohl die Rituale an den eigentlichen heiligen Orten nicht mehr stattfinden konnten: Die Aborigines waren in den 50er Jahren wegen britisch-australischer Bombenversuche von ihrem eigenen Land vertrieben worden.

Die Zeremonien zur Initiation der Jungen in das Mannesalter wurden weiterhin ausgeführt – Zeremonien wie die Beschneidung und Subinzision (Einschneiden der unteren Seite des Penis vom Meatus ca. 2,5 cm entlang der Harnröhre). Schul- und Berufszwänge ließen es jedoch nicht mehr zu, daß ein Junge zwei bis drei Jahre fern von Frauen in der Wüste verbringen konnte. Zur Zeit der Initiation waren die Jungen nicht mehr in der ersten Phase der Adoleszenz, sondern bereits im fortgeschrittenen Jugendalter oder Anfang Zwanzig. Traditionell versprach der Beschneider dem zu initiierenden Jungen seine (bereits geborene oder noch nicht geborene) Tochter als zukünftige Braut. Solche Versprechen wurden in letzter Zeit nicht mehr eingehalten. Manchmal hatte das Paar bereits vor der Initiation ein Verhältnis; aber es wurde versucht, die alten Formalitäten aufrechtzuerhalten, indem der Vater des Mädchens die Beschneidung ausführte.

Die Frauenzeremonien haben einen traurigen Niedergang erlebt. Einige, die ich beobachten konnte, fanden statt, um mir eine Freude zu machen, danach aber nicht mehr. In einigen Gemeinschaften der West- und Zentralwüsten haben die Frauen ihre alten Bräuche noch länger beibehalten, und die Zeremonien werden regelmäßig durchgeführt. Wo die Gemeinschaften auf ihren traditionellen Territorien leben, ist es den Frauen und Männern möglich, ihre Riten an den heiligen Orten weiterhin zu vollziehen.

Die veröffentlichten Mythen

Es gibt wenige schriftliche Quellen zu den Mythen der Aborigines aus dem ersten Jahrhundert der europäischen Kolonialisierung Australiens. Die Neuankömmlinge waren bemüht, ihre eigene traditionelle Lebensweise in einer fremden Umgebung durchzusetzen, und interessierten sich wenig für eine Lebensweise, die ihnen fremd war. Wenige Mythen wurden aus den südöstlichen und südwestlichen Teilen des Kontinents dokumentiert, wo die Kolonialisierung am vollständigsten stattfand. Einige EuropäerInnen sammelten einzelne Mythenfragmente, ohne Verständnis dafür, daß der ganze Kontinent als von mythischen Wesen bevölkert gedacht wurde. In der zweiten Hälfte des 19. Jahrhunderts, als in allen Teilen der Welt das Interesse für traditionelle Gesellschaften zunahm, beschäftigten sich einige Gelehrte und gebildete KolonisatorInnen mit den australischen Aborigines; aus heutiger Sicht scheinen ihre Fragestellungen jedoch problematisch, und sie genossen kein Vertrauen bei den Aborigines, sodaß sie über die heiligsten Mythen gar nichts erfuhren.

Erst seit dem ausgehenden 19. Jahrhundert und besonders in den letzten 40 Jahren haben die Aborigines selbst und einige andere angefangen, den großen Korpus traditioneller Mythen schriftlich festzuhalten.

Einige frühe Mythensammlungen aus dem ausgehenden 19. und dem frühen 20. Jahrhundert kommen einer Lehrdichtung nahe und erklären die Erscheinungsformen und die Verhaltensweisen der Säugetiere, Reptilien und Vögel. Eine solche Geschichte, die in Variationen in den meisten Sammlungen vorkommt, erzählt, wie ein Prärietruthahn ein Emupaar in betrügerischer Weise dazu überredete, sich die Flügel abzuschneiden, und als Rache überredete die Emu-Mutter die Truthahn-Mutter, ihre Brut auf zwei Küken zu reduzieren (Parker 1896, S. 1-5). (Diese Geschichte klingt für alle falsch, die wissen, daß der männliche Emu die Küken ausbrütet; dies ist den Wüsten-Aborigines selbstverständlich bekannt, ihre heilige Emu-Mythe erzählt von einem Emu-Vater und seiner Brut.) Diese Fabeln haben eher einen moralisch-pädagogischen Zweck, sie erzählen von denen, die durch Dummheit, Stolz oder Gier zu leiden haben.

Nach der Jahrhundertwende entwickelte sich eine ernsthaftere und wissenschaftliche Herangehensweise an die Mythologie der Aborigines. Howitt schrieb insbesondere die Mythen der Lake-Eyre-Gruppen auf; darunter auch die Legenden von den Fossilien der ausgestorbenen Riesenbeuteltiere, für die dieses Gebiet heute bekannt ist. Spencer und Gillen (1899, 1904, 1914, 1927) sammelten die Mythen der Völker aus dem Nordterritorium, die entlang der Telegraphenlinie lebten. C. Strehlow, Pastor der Hermannsburger Lutheranischen Mission, stellte Mythen der Aranda und Loritja zusammen. (Sein Sohn, T. G. H. Strehlow, der Aranda-sprachig aufwuchs, setzte seine Arbeit eine Generation später fort.)

Im tropischen Norden und in den Wüstengebieten im Landesinneren, wo es nur spärliche europäische Besiedelung gibt, finden die alten Zeremonien in einigen Gemeinschaften von Aborigines weiterhin statt. Am Rande der dicht besiedelten Gebiete sind einige alte Menschen zu finden, die die Mythen noch erzählen und die dazu passenden Lieder singen; es sind jedoch zu wenige, um Zeremonien durchführen zu können. Seit einem halben Jahrhundert wird dieses Gebiet von EthnologInnen, SprachwissenschaftlerInnen und HistorikerInnen eingehend untersucht; die Forschung wird vom *Australian Institute of Aboriginal Studies* seit dessen Gründung 1961 gefördert und auch finanziell unterstützt. Folgende beachtenswerte Veröffentlichungen seien genannt: *Myths of the Mungkan* von McConnel (1957; gesammelt in den 30er Jahren); *Songs of Central Australia* von T. G. H. Strehlow (1971), worin er seine lebenslange Erfahrung mit den Aranda und Loritja wiedergibt; *Australian Aboriginal Mythology*, 1975 von L. R. Hiatt herausgegeben; und schließlich 1989 die bemerkenswerte Publikation *The Speaking Land* von R. und C. Berndt, die fast 200 Mythen aus verschiedenen Teilen des Kontinents enthält, die während der letzten fünfzig Jahre gesammelt wurden.

Abb. 23: Pitjantjatjara-Frauen (westliche Wüste) schlagen den Rhythmus auf ihren Oberschenkeln.

II. Mythentypen

Mythen können in vier Typen klassifiziert werden: solche, die von einer Generation an die folgende weitergegeben werden (diese werden im folgenden nicht berücksichtigt); solche, die alle kennen, diese werden von den Erwachsenen an die Kinder weitergegeben, und Kinder sind anwesend, wenn sie nachgespielt werden; solche, die Männern gehören und vor Frauen geheimgehalten werden; und solche, die Frauen gehören und vor Männern geheimgehalten werden.

Die Mehrzahl der Mythen ist Männern und Frauen bekannt und wird auch den Kindern erzählt. Die ganze Gemeinschaft ist bei ihrer Inszenierung anwesend; die Kinder werden in der Regel mitgenommen, da sie nicht allein im Lager zurückbleiben können, wenn ihre Mütter sich bei der Zeremonie befinden. Alle müssen die Lieder kennen und singen; manchmal singen nur die Männer, während die Frauen mit ihren Handflächen auf ihren Oberschenkeln den Rhythmus schlagen. Sowohl Männer als auch Frauen tanzen, die spektakuläreren Tänze werden in den meisten Zeremonien jedoch nur von Männern aufgeführt. (Helen Payne hat aber festgestellt, daß bei den Zeremonien der Frauen, an denen auch die Männer teilnehmen dürfen, die Frauen eine dominierende Stellung innehaben.) Als Beispiele sind folgende Riten anzuführen:

- Die Trauerriten, wobei die Ankunft des Todes in der Welt mythisch dargestellt wird;
- die Tänze, mit denen der Zeremonienzyklus zur Initiation der Jungen beginnt; darin werden die Mythen der Ahnen vorgeführt, die diese Riten eingeführt haben;

- die sogenannten „Wachstumsriten", die genauer als „Erhaltungsriten" bezeichnet werden können; sie finden, wenn möglich, auf den ererbten Stätten statt; einige werden nur von Männern bzw. Frauen unter Ausschluß des anderen Geschlechts ausgeführt;
- weiters die oben beschriebene Regenzeremonie (s. S. 296).

Diese Riten werden öffentlich und mit Ehrfurcht aufgeführt; sie beschwören die Kräfte der Ahnen.

Die Mythen der Männer und ihre Geheimhaltung

Es gibt Mythen, die nur Männern bekannt sind; zumindest sollten Frauen diese nicht kennen, obwohl ältere Frauen auf irgendeine Art und Weise um sie wußten. (Ob sie sie tatsächlich kennen oder nicht, ist weniger wichtig als die Tatsache, daß sie sie nicht kennen *sollen*). Diese Mythen begründen die geheimen Bestandteile der Initiationsriten für die Jungen und einige Bestandteile der „Erhaltungsriten", die den Männern gehören. Mit diesen „Erhaltungsriten" steht eine Reihe von heiligen Stätten in Zusammenhang, die Frauen und nicht initiierte Jungen weder sehen noch besuchen dürfen. Solche Geheimnisse werden von den Männern streng gehütet. Die Geheimhaltung wurde in den Gesprächen mit den Forschern überbetont, sodaß sie in den Schriften über die religiösen Praktiken der Aborigines unangemessen gewichtet wird. Die ersten Gelehrten wie Spencer und Gillen haben diese Geheimnisse ausführlich beschrieben und die rituellen Veranstaltungen photographisch dokumentiert. Zu der Zeit konnte keiner, der an den Ritualen teilnahm, lesen – sie wußten kaum, was ein Buch war; heute aber fühlen sich die Aborigines durch die schriftlichen Berichte zutiefst beleidigt, sodaß die WissenschaftlerInnen die ihnen weitergegebene Geheiminformation nicht veröffentlichen.

Hier handelt es sich um Beschneidungsriten, und besonders in der zentralen und westlichen Wüste halten Männer einige Bestandteile ihrer Zeremonien und der sie begleitenden Mythen geheim. In jüngerer Zeit ist diese übertriebene Geheimhaltung durch die Wanderung der BewohnerInnen aus der westlichen Wüste auch nach Osten hin verlagert worden (Hercus 1989, S. 115f.). Je nach Gebiet waren also die Frauen mehr oder weniger in die Mythen und Zeremonien der Männer eingeweiht. In den Gebieten, wo Männer strengste Geheimhaltung pflegten, hatten Frauen zum Ausgleich ihre eigenen geheimen Mythen und Zeremonien.

Ich werde auf die ambivalente Einstellung zum anderen Geschlecht, wie sie in den Frauenmythen aus den Wüstengebieten zum Ausdruck kommt, später eingehen. Wie ambivalent auch die Einstellung der Männer sein kann, zeigen die Arbeiten männlicher Wissenschaftler. T. G. H. Strehlow schreibt:

> ... die weiblichen Ahnen, denen in den Aranda-Mythen gehuldigt wird, sind üblicherweise würdevoll und manchmal ehrfurchteinflößend ... Oft waren sie

mächtiger als ihre männlichen Gegenspieler; manchmal lebten diese in ständiger Angst vor den mysteriösen übernatürlichen Kräften der weiblichen Ahnen ... Ehrfurchtsvoll und stolz auf die mächtigen weiblichen Charaktere, die in den alten Legenden beschrieben werden, neigen die Aranda-Männer nichtsdestoweniger dazu, auf ihre eigenen Frauen mit einer gewissen mitleidsvollen Geringschätzung herabzusehen.

(Strehlow 1947, S. 94)

Die Mythen der Frauen und ihre Geheimhaltung

Nun kommen wir zu den Mythen und den sie begleitenden Zeremonien, die nur Frauen kennen. (Wie die älteren Frauen die Männergeheimnisse kennen – siehe oben –, so kennen auch ältere Männer einige Geheimnisse der Frauen.) Die Aborigines, drükken sie sich in Englisch aus, sprechen von *„men's business"* und *„women's business"*, Männer- und Frauengeschäften, um die verschiedenen Geheimsphären zu bezeichnen. Dies gibt die in ihrer Gesellschaft herrschende Geschlechtertrennung wieder, die in der (besonders in der von Frauen verfaßten) Literatur oft beschrieben wird (z.B. Berndt 1970; Hamilton 1980; White 1970). Diese Trennung ist besonders deutlich zu spüren im sogenannten *„women's business"*; dieses beinhaltet nicht nur die Geheimzeremonien der Frauen, sondern auch alle Aspekte, die für ein Frauenleben spezifisch sind, besonders Geburt und Menstruation.

Die Mythen, die nur die Erwachsenen kennen, sind besonders wichtig und beinhalten tiefgründige religiöse und philosophische Geheimnisse. Sie legen die Geschlechterbeziehungen offen, jedoch nicht die tatsächlichen Beziehungen, sondern eher die Phantasien und die Träume derer, die erstmals diese Mythen formulierten und die Zeremonien festlegten. (Die Aborigines glauben, daß sich diese heute wie in der Vergangenheit im Traum offenbaren.) Existierten mehr Studien über Frauen, wären unsere Kenntnisse nicht so einseitig – den Wissenschaftlern wurde, wie dies in der Ethnologie insgesamt häufig vorkam, fast die ganze Information von Männern vermittelt, und bis vor kurzem waren die Wissenschaftlerinnen in der Minderzahl. Die bahnbrechende Forschung zu den Mythen und Zeremonien der Frauen haben folgende Wissenschaftlerinnen geleitet: Kaberry in den 30er Jahren unseres Jahrhunderts, Berndt seit den 40er und Ellis seit den 60er Jahren. Ich hatte das Glück, in den 60er Jahren an der von der Ethnomusikologin C. Ellis geleiteten Expedition in die westliche Wüste zur Film-, Ton- und photographischen Dokumentation der Geheimzeremonien der Andagarinja-Frauen teilnehmen zu können. Wir besuchten viele Gemeinschaften; später besuchte ich eine Gruppe allein, wodurch es mir möglich war, zahlreichen Zeremonien beizuwohnen, viele Mythen kennenzulernen und am Frauenleben aktiv teilzuhaben. Ich behaupte jedoch nicht, daß mir die Frauen die tiefsten Bedeutungen ihrer Mythen offenbart haben.

Heute sind Helen Payne und Françoise Dussart mit der Erforschung der Frauenzeremonien beschäftigt – erstere mit denen der Pitjantjatjara-Frauen und letztere mit denen der Warlpiri-Frauen. Ihre Arbeit hat einiges zu unseren Kenntnissen der Frauenmythen und -zeremonien in den Wüstengegenden beigetragen. Payne, eine Ethnomusikologin, betont die Tatsache, daß jede heilige Stätte, die mit einer bestimmten mythischen Ahne in Verbindung steht, von bestimmten Frauen besessen wird, die diese Stätte an ihre Schwestern weitergeben; die Lieder machen das Besitzverhältnis rechtskräftig. Die Ethnologin Dussart beschäftigt sich mit der Ausführung der Zeremonien und auch damit, wer diese ausführen darf und wie bestimmte Frauen neue Zeremonien bzw. Ergänzungen zu den überlieferten Zeremonien träumen können, wobei dies im überlieferten mythischen Rahmen geschieht.

Wir, die Zugang zu den Frauenzeremonien gehabt haben, halten unsere Versprechungen, die Einzelheiten der Mythen und der Zeremonien nicht öffentlich zu machen, und können diese daher nur in groben Zügen schriftlich darstellen. Unsere Freundinnen sind überzeugt, daß Männer, die diese Bilder sehen, die Aufnahmen der Lieder hören oder die Einzelheiten der Geschichten erfahren, vom Unglück heimgesucht werden.

Je mehr ich über die Frauenmythen, über die in der Öffentlichkeit bekannten Bestandteile der Männermythen und sogar über die bekannten Geschichten nachdenke, desto mehr fällt mir auf, wie ambivalent die Einstellungen der Geschlechter zueinander sind. Folgend möchte ich dies am Beispiel von Mythen-Varianten illustrieren, deren Aufführung ich bei den Frauen der westlichen Wüste erlebt habe. (Es folgt ein grober Abriß der Geschichten, die Einzelheiten und die tiefere Bedeutung sind geheim.)

Erste Variante: Die Zahlen entsprechen den Akten der Aufführung. Die Texte, die Melodie und der Rhythmus jedes Aktes sind verschieden.

1. Zwei Schwestern reisen durch die Wüstenlandschaft. Sie finden an bestimmten, bezeichneten Orten Nahrung. (Wahrscheinlich haben sie diese Nahrungsquellen selbst erschaffen, denn sie hinterlassen Zeichen, wo sie sich aufgehalten haben.)
2. Sie leiden Hitze und Durst. Sie finden Wasser und Schatten. (Wahrscheinlich haben sie diese ebenfalls selbst geschaffen: durch Urinieren, womit sie Wasserlöcher schaffen, und durch Anpflanzen ihrer Grabstöcke, daraus können Bäume wachsen.)
3. Die jüngere Schwester hat ihre erste Menstruation, ein Zeichen dafür, daß sie bald heiratsfähig sein wird, daher wird sie von der älteren Schwester in die Freuden des Geschlechtsaktes eingewiesen.
4. Sie suchen einen Mann (dies kann der Ehemann der älteren Schwester sein) und finden seine Spuren. Sie wünschen sich einen Geschlechtsakt. Dies kann mit doppeldeutigen Worten ausgedrückt werden: „Sie suchen nach Fleisch."

Abb. 24: Pitjantjatjara-Frau (westliche Wüste), die mit einem Fadenspiel eine Mythe darstellt.

5. Der Mann seinerseits sucht nach ihnen und findet ihre Spuren.
6. Sie begegnen einander, und er nimmt sie beide zur Frau. (Es ist üblich, daß ein Mann wirkliche oder klassifikatorische Schwestern zur Frau nimmt.)
7. Feierliches Tanzen und Singen.

Zweite Variante: Die ersten drei Akte bleiben gleich.

4. Sie finden die Spuren des Mannes. Sie sind verärgert über ihn, weil er eine ihrer „Schwestern" entführt oder vergewaltigt hat.
5. Sie folgen ihm und schwören Vergeltung.
6. Sie fangen und verstümmeln ihn.
7. Feierliches Tanzen und Singen.

In einer weiteren Variante wird der Mann abgelehnt, weil sein Penis zu groß ist und die Frauen davor Angst haben. Er verfolgt sie, sie laufen weg, steigen in den Himmel hinauf und werden zu Sternen.

Einige Konstellationen sind das Endergebnis eines großen Mythenzyklus, den die Männer ebenso wie die Frauen der Wüste kennen und dessen Variationen auch in anderen Teilen des Kontinents bekannt sind. In der Wüste haben Männer und Frauen ihre eigenen Geheimversionen, die sie als eigenständige Zeremonien aufführen. Obwohl die beiden Versionen in ihren Grundzügen sehr ähnlich sind, wissen wir nicht, ob sie einander auch in Gesang und Tanz ähneln, denn die Wissenschaftler und die

Wissenschaftlerinnen, die sie erlebt haben, sind zur Geheimhaltung verpflichtet und haben ihre Tonaufnahmen bzw. Photographien nicht verglichen.

Die Mythe erzählt von Nyiru, einer Don-Juan-Figur. Er verwandelt sich schließlich in das Sternbild, das wir Orion nennen. Er verbringt seine Zeit mit der Verfolgung der Kunggkarangara (oder vieler Frauen), die zu den Plejaden oder dem Siebengestirn werden (im klaren Wüstenhimmel sind mehr als sieben kleine Sterne sichtbar). Nach der Frauenversion fängt und vergewaltigt Nyiru eine der Schwestern, die gerade ein Kind geboren hat und daher unter Tabu steht. Die Frauen jagen ihm nach, und ihre Hunde verstümmeln ihn. Die Frauen freuen sich und steigen in den Himmel auf, er folgt ihnen nach.

Diese Zeremonie scheint für die Frauen, bei denen ich wohnte, die wichtigste gewesen zu sein; ich konnte sie mehrfach beobachten. Auch wenn alle Einzelheiten peinlichst genau vorgeführt wurden, war es immer eine fröhliche Angelegenheit.

Wenn eine Frau die Rolle eines Mannes übernehmen sollte, wurde eine alte Frau nach ihrer Menopause ausgewählt. Unsere rituelle Anführerin, die an dem Tag die Rolle des Nyiru gespielt hatte, sei „der einzige Mann unter uns", sagte mir eine andere alte Frau. Sie war tatsächlich die älteste Frau dort, wahrscheinlich die einzige, die ihre Wechseljahre hinter sich hatte. Dies zeigt, daß in dieser Gesellschaft einer Frau, die die Zeit des Gebärens hinter sich hatte, gewissermaßen der Status eines Mannes verliehen wurde. Auch die Tatsache, daß ältere Frauen etwas von den Männergeheimnissen wußten, weist darauf hin, daß die Fruchtbarkeit der Frauen der Grund dafür war, Geheimnisse vor ihnen zu bewahren. Im Falle von Männern waren anscheinend Alter und Gebrechlichkeit maßgeblich dafür, ob sie Zugang zu den Frauengeheimnissen bekamen: Ich habe zwei sehr alte Männer (einer von ihnen war blind) gesehen, die mit den geheimen Gegenständen der Frauen hantierten und Teile der Frauenmythen vortrugen.

Zugleich scheint es, daß junge Mädchen, die zu Beginn ihres Lebenszyklus standen, als geschlechtslos galten. Ich kenne ein Beispiel eines neunjährigen Mädchens. Ihre ältere Schwester sollte einem Jungen, der vor der Initiation in Abgeschiedenheit lebte, versprochen werden. Die jüngere Schwester wurde dann mit Nahrungsmitteln und Zigaretten, den Geschenken seiner zukünftigen Schwiegermutter, zu dem Jungen geschickt. Nur wenn eine Frau gebären konnte, galt sie als wirkliche Frau.

Mythos als Geschichte

Mythen können als Erinnerungen an lang vergangene Ereignisse angesehen werden, die über Generationen mündlich überliefert worden sind. In Arnhem Land werden Mythen von weiblichen Ahnen erzählt, die aus dem Meer kamen, reisten, viele menschliche Nachkommen gebaren und verschiedene Sprachen beherrschten. Die Forschung ergab, daß vor 40.000 bis 60.000 Jahren Menschen aus dem Norden oder Nordwesten in das Arnhem Land kamen. Die frühen Ankömmlinge müssen sich vermehrt und überall auf dem Kontinent verbreitet haben, sodaß die „Lieder" und Geschichten möglicherweise die Reisen der tatsächlichen menschlichen VorfahrInnen darstellen. Dies scheint jedoch eine viel zu große Zeitspanne für das Gedächtnis eines Volkes zu sein. Es scheint naheliegend, daß Menschen, die zur Nahrungs- und Wassersuche oder wegen anderer Notwendigkeiten reisen mußten, Mythen von beweglichen anstelle von statischen Wesen entwickelt haben; diese Mythen könnten auch neueren Ursprungs sein, denn sie folgen den Handelswegen über den ganzen Kontinent.

R. und C. Berndt haben gewisse Mythen aus dem Norden und den Zentralgebieten zusammengestellt und untersucht. Sie erzählen von Frauen, die ihre rituellen Kräfte verlieren, weil sie anderen Frauen ihre rituellen Gegenstände geben, oder dadurch, daß diese von Männern gestohlen werden (Berndt/Berndt 1964, S. 214-216). Eine ähnliche Mythe, die uns McConnel übermittelt hat, stammt von der Kap-York-Halbinsel: Zwei Mädchen finden ein Schwirrholz (heute ist dieser Gegenstand den Männern überall heilig); sie geben es den Männern und sagen: „Sie werden das Schwirrholz schwingen. Uns wird es verboten sein!" Wären Mythen eine Wiedergabe der Geschichte, so könnten diese Mythen als Belege für ein vorangegangenes Matriarchat gelten. Folglich wäre auch die folgende Mythe, die McConnel gehört hat, eine historische Tatsache, was jedoch unmöglich ist:

> Zwei Brüder wandern den Strand entlang und fischen auf ihrem Weg. Als sie ein Lager aufschlagen, zündet der jüngere Bruder ein Feuer an, holt Wasser und kocht den Fisch. Nachdem der jüngere Bruder eingeschlafen ist, will der ältere Bruder eine Frau, so schneidet er die Genitalien seines Bruders ab und gibt ihm eine Vagina und Brüste. Am nächsten Morgen nimmt er die Speere des jüngeren Bruders an sich und stellt einen Grabstock für seine Frau her. Sie fertigt eine Tasche an und sammelt Schalentiere, um sie hineinzustecken, und flicht einen Korb für ihre Yamswurzeln. Wenn sie lagern, sammelt sie Holz und macht Feuer.

Viele Mythen über die Entstehung des Landes, der Menschen und der Tiere sind so phantastisch, daß historische Erklärungen des Mythos auszuschließen ist; dies trifft auch für den Mythos vom Matriarchat zu.

Der Mythos vom Matriarchat

1974 erschien Joan Bambergers bahnbrechender Beitrag *The Myth of Matriarchy: Why Men Rule in the Primitive Society*. Zur Zeit seines Erscheinens nahmen einige feministische Schriftstellerinnen die Ansicht Bachofens wieder auf, nach der der klassische, die Frauenherrschaft schildernde Mythos eine historische Tatsache wiedergibt. Bamberger wies auf den Mangel an historischen Grundlagen für solche Thesen hin und argumentierte, daß die für den Machtverlust der mythischen Frauen angegebenen Gründe, wie eine schlechte Regierung, Inkompetenz, sexuelle Abweichung, der Rechtfertigung männlicher Herrschaft dienten. Bamberger untersuchte ethnographische Berichte über südamerikanische Gesellschaften, die Matriarchatsmythen kannten. Diese Gesellschaften haben mit denjenigen der australischen Aborigines einiges gemeinsam. Es herrscht z.B. ein deutlicher Unterschied zwischen den Geschlechtern, was ihr Verhalten in ritueller wie weltlicher Hinsicht betrifft; die Initiationszeremonien der Jungen dauern Monate, während die der Mädchen kurz sind; der Machtverlust der Frauen steht im Zusammenhang mit dem Verlust gewisser heiliger Gegenstände an die Männer. Dort, wie auch in Australien, vollzieht ein Junge mit seiner Initiation einen plötzlichen Übergang von der Frauenwelt in die Welt der Männer; Bamberger folgert, daß die Mythen eher diese Einzelerfahrung anstatt einer historischen Wahrheit darstellen: „Der Mythos von der Frauenherrschaft in seinen vielen Varianten kann als Wiederholung dieser entscheidenden Übergangsphasen im Lebenszyklus eines einzelnen Mannes angesehen werden" (Bamberger 1974, S. 277).

1988 erschien *Myths of Matriarchy Reconsidered*, herausgegeben von D. Gewertz, mit bedeutsamen Beiträgen zu Mythologie und Geschlechterbeziehungen von EthnologInnen, die Gesellschaften in Papua-Neuguinea, Indonesien, Polynesien, Vanuatu und Australien untersucht haben. Einige kritisierten die verallgemeinernde Methode von Bamberger, jedoch gelang es den AutorInnen nicht, Matriarchate aufzufinden oder eine Geschichte der Matriarchate zu rekonstruieren, obwohl fast alle angeführten Mythen von der einstigen Herrschaft von Frauen handeln. Errington und Gewertz meinen, daß „ein Matriarchatsmythos weniger *Vorbild* für bestehende Beziehungen ist als vielmehr eine Art *Schaubild* für vorstellbare Beziehungen" (Errington/Gewertz 1988, S. 195; Hervorhebungen im Original). Im Unterschied dazu schreibt Thomas (1988, S. 177) in bezug auf die Matriarchatsmythen der Marquesasinseln, daß in diesen Gesellschaften keine Vorstellungen von männlicher oder weiblicher Macht, von Matriarchat oder Patriarchat bekannt waren: Weder Männer noch Frauen, sondern Häuptlinge regierten.

Der Beitrag über die Mythen der australischen Aborigines stammt von Hamilton. Sie weist darauf hin, daß Bamberger bestimmte, ihrem Standpunkt entsprechende Episoden aus den südamerikanischen Mythen ausgewählt hat. Auch die Veröffentlichungen über die Mythen der australischen Aborigines stützen sich ihrer Meinung nach auf beliebig ausgewähltes Material, wobei die Umstände, unter denen dieses zusammengetragen wurde, kaum Berücksichtigung finden. Sie schreibt: „Analysieren wir das vorgelegte Material [T. G. H. Strehlows Bericht über die Aranda-Mythen], so fällt auf, daß nirgends von einer ‚Herrschaft' der Frauen die Rede ist. Statt dessen erfahren wir, daß Männer und Frauen im allgemeinen getrennt lebten und beide ihre eigenen Zeremonien und heiligen Gegenstände besaßen" (Hamilton 1988, S. 67). Im gleichen Beitrag warnt Hamilton (1988, S. 61) vor endgültigen Feststellungen bezüglich der Beziehung zwischen Mythos und „Gesellschaftsstruktur“ oder bezüglich der Art und Weise, in der eine Kultur ihre Gesellschaftsordnung rechtfertigt und vermittelt.

Mythos als Erklärung

Alle Gesellschaften haben Erklärungen für den Kosmos, für ihre eigene Existenz und ihren Ursprung. In der westlichen Gesellschaft werden die (von den meisten von uns) als irrational angesehenen Mythen durch wissenschaftliche Erklärungen ersetzt; in der traditionellen Gesellschaft der Aborigines wird weiterhin an die mythische Erklärung für das Universum, die Natur und die Menschen geglaubt. Ich habe bereits die von den europäischen SiedlerInnen gesammelten Mythen angeführt, die das Auftauchen und die Lebensweisen der lebenden Wesen erklären. Es gibt auch Mythen, die eine Erklärung für die Sonne, den Mond, die Erde und ihre Merkmale bieten. In der Tiwi-Mythologie etwa erschuf Pukwi, die Sonne, auch als die Alte Frau bekannt, das Land, die Landschaft, das Meer und die Inseln; das Meersalz entstand aus ihrem Urin. „Nun reist sie von Osten nach Westen und zurück, in der Nacht entlang der Milchstraße. Zu Mittag lagert sie, macht ein großes Feuer, sodaß große Hitze entsteht“ (Tiwi-Mythe, von einem Neunjährigen erzählt, Goodale 1971, S. 3f.).

Der Mond ist ein Mann, Tjapara, der Bima, die Frau des großen Ahnen Purukapali, in den Busch mitnahm, um sie zu lieben. Sie blieb lange weg und ließ ihren Sohn, einen Säugling, allein zurück. Purukapali fand seinen Sohn tot auf. Er kämpfte gegen Tjapara und tötete ihn. Dann nahm er seinen Sohn in die Arme, stieg rückwärts in das Meer und sprach das Urteil: „Wie mein Sohn gestorben ist und nie zurückkommen wird, so sollen alle Menschen sterben.“ Purukapali und sein Sohn kamen nie zurück, aber Tjapara, der Mond, kehrte nach drei Tagen zurück (Goodale 1971, S. 236f.).

R. und C. Berndt erzählen zwei Geschichten aus dem Arnhem Land über den Mond, über seine Beziehung zum Tod der Menschen und über seine Wiedergeburt. In beiden Berichten hat er einen Begleiter; beide sterben, aber der Mond kehrt in drei Tagen zurück. Die Mythen beziehen sich auch auf die Sternenkonstellationen. Wir haben bereits gesehen, wie Nyiru und die Kunggkarangara zum Orion und zu den Plejaden wurden. Meine Bekannten in der westlichen Wüste erzählten, daß zwei Ahnen, die Zwei Männer, das Sternbild der Zwillinge wurden und der Ahnenadler das Kreuz des Südens.

Die Mythen aus Nordaustralien erzählen von allmächtigen weiblichen Ahnen, die für die Erschaffung der Menschen verantwortlich sind. Während im Süden und in den trockenen Gebieten Zentralaustraliens Männer dafür verantwortlich sind – zumindest in den Mythen, die Wissenschaftlern berichtet wurden –, betonen die Frauenmythen der Pitjantjatjara, die den Frauen erzählt wurden, daß es neben den Zwei Männern zwei wichtige höchste Frauenwesen gibt.

Ohne Zweifel sind es Frauen, die gebären, und daher sind sie für das physische Fortleben verantwortlich. Eine wichtige, in ähnlichen Variationen über den ganzen Kontinent verbreitete Gruppe von Mythen bezieht sich auf Empfängnis und Geburt (Montagu 1974). An bestimmten Orten haben die Totem-Ahnen geistige Wesen hinterlassen, und erst wenn ein solches Wesen in eine Frau eintritt, kann sie gebären; auch die Bedeutung des vorangehenden Geschlechtsverkehrs hatten die Frauen ohne Zweifel begriffen. Wenn der Fötus sich im Mutterleib erstmals bewegt, tritt vermutlich der Geist in die Frau ein; die Frau ahnt bereits ihre Schwangerschaft, und die Bewegung bestätigt dies. In einigen Fällen wurde das Totem des Kindes von dem Ort bestimmt, an dem der Geist in die Frau eintrat. Dies konnte in einem Traum dem Vater offenbart werden, der dann den Geist in die Frau führte (vgl. z.B. Bates 1985, S. 133-139). In anderen Gebieten trat der Geist in die Frau ein, wenn sie einen dieser bestimmten Orte besuchte; sie gab dann den Totem-Ort des Kindes bekannt. In beiden Fällen stellten Männer Anspruch darauf, die Geburt hervorgerufen zu haben, denn ihre Zeremonien sorgten für die notwendigen Geistkinder.

Besonders in den uns bekannten Wüstengebieten galten das Erzählen der Mythen und die Durchführung der Zeremonien, wobei die Mythen auf dramatische Weise vorgeführt werden, als notwendig, um die körperliche und geistige Existenz der Gesellschaft aufrechtzuerhalten. Diese Aufgabe wurde von Frauen und Männern geteilt. Die Frauenmythen und -zeremonien beziehen sich auf weibliche Ahnen und auf das *„women's business"* – die Fortpflanzung des Lebens in körperlicher Hinsicht und die Aufrechterhaltung von Gesundheit und Harmonie, wobei Männer eine nebensächliche Rolle spielen. Männermythen und -zeremonien beziehen sich auf männliche Ahnen und auf das *„men's business"* – die Fortpflanzung des geistigen Lebens, wobei Frauen eine nebensächliche Rolle spielen (Hiatt 1971; White 1970).

Eine andere Erklärung für den Eintritt der Geistkinder wurde Luise Hercus und mir von Männern und Frauen der Adjamathanha von den Flinders Ranges in Südaustralien erzählt, wo zwei matrilineare Moieties die wichtigste Einteilung der Gesellschaft ausmachen. Im Himmel hielten, so erzählten sie, zwei weibliche Ahnen viele Geistkinder in den Armen; eine hielt die, die in die Araru-Moiety geboren wurden, die andere jene, die für die Mathari-Stammeshälfte bestimmt waren. Diese alten Frauen suchten Frauen auf der Erde aus, um die Geistkinder der geeigneten Hälfte zuzuschicken. (Die gleiche Mythe ist erschienen in Mountford/Harvey 1941, S. 156f.)

Der Mythos als Vorbild

Nun wenden wir uns der Theorie zu, daß Mythen ein Vorbild für das Verhalten abgeben, wobei die guten Taten der Ahnen als Beispiel für gutes Verhalten dienen und schlechte Taten vor schlechtem Verhalten warnen sollen. Die Theorie wäre stimmig, würde ein jedes Fehlverhalten bestraft; dies trifft jedoch nicht zu, wie den zahlreichen veröffentlichten Mythen zu entnehmen ist: Abweichendes Verhalten konnte bestraft werden oder auch nicht. Es gibt zwar Mythen, die von vorbildhaftem Benehmen erzählen, aber viele schildern Greueltaten, Betrug, Grausamkeit, Inzest, Vergewaltigung, Mord und Kannibalismus. Die ÜbeltäterInnen können männlich oder weiblich sein; viele Verbrechen sind sexueller Natur: Inzest oder Vergewaltigung seitens der Männer oder Verführung und Untreue seitens der Frauen. Bei der Erforschung der Mythen aus den Wüstengebieten entdeckte ich oft Episoden von ehebrecherischem und inzestuösem Verhalten oder gewalttätigen sexuellen Beziehungen, und diese wurden nur selten bestraft. Daher folgerte ich, daß es sich hierbei um sexuelle Phantasien handelte (White 1975, S. 137-139). Mythen, in denen das vorbildhafte Verhalten verherrlicht bzw. das Böse bestraft wird, waren anscheinend Allgemeingut und daher auch den Kindern bekannt, während solche, in denen das Böse nicht gemaßregelt wird, geheimgehalten wurden und nur den Erwachsenen bekannt waren. Wir können eine Analogie zu westlichen Gesellschaften ziehen, in denen z.B. der Zugang zu pornographischen und gewalttätigen Filmen den Erwachsenen vorbehalten bleibt.

Die von McConnel berichtete Mythe (siehe oben) ist ein Beispiel für gutes Verhalten; ein anderes – ebenfalls von McConnel angeführtes – Beispiel ist eine längere Geschichte von einem Nattermann und seiner Taubenfrau:

> Sie kampieren und ziehen weiter, der Ehemann gibt seiner Frau Anweisungen, und sie gehorcht. Er fischt, während sie Pflanzennahrung sammelt. Sie gebiert ein Kind; während der Wehen und nach der Geburt wohnt der Mann in einem eigenen Lager; er sieht weder die Frau noch das Kind. Nachdem der Wochenfluß aufgehört hat, kommt sie zu ihm und zeigt ihm das Kind. Er nimmt es in seine Arme und führt das Aufnahmeritual durch. Sie leben weiterhin in der richtigen Weise und gehen schließlich zu ihren eigenen Totem-Orten und werden zum Totem des Klans.
>
> (McConnel 1957, S. 136-141; zusammengefaßt)

1912 wurde Daisy Bates in Südaustralien, nahe der Großen Australischen Bucht, eine Mythe über ein Fehlverhalten, das bestraft wurde, erzählt:

> Einige Frauen lebten zusammen und gingen jeden Tag auf die Jagd. Die Große Schlange, Hüterin von Recht und Gesetz, sagte ihnen, sie sollten Pflanzennahrung sammeln, eine Arbeit, die für Frauen angemessen sei, und nicht nach Fleisch jagen, denn diese Arbeit stehe Männern zu. Sie setzten aber ihre Jagdtätigkeit fort, daher verwandelte die Große Schlange sie in große, spitz zulaufende Termitenhügel, und das sind sie bis heute geblieben.
>
> (Wilson 1972, S. 84)

Eine ähnliche Warlpiri-Mythe erzählt von einigen Frauen, die darauf bestehen, mit ihren Männern auf die Jagd zu gehen. Sie schrecken das Beutetier durch ihre Ungeduld auf; die Männer schlagen sie und sagen, daß nicht das Jagen, sondern das Tragen von Lasten die Aufgabe der Frauen sei (Meggitt 1966, S. 135). Die Frauen behaupten trotzdem, daß sie gut jagen können, verlassen ihre Männer und jagen mit Erfolg. (Ich weiß persönlich von den Aborigines, daß Frauen nicht jagen, wenn sie mit Männern zusammen sind; aber allein unter sich gehen Frauen auf die Jagd und sind dabei sehr erfolgreich.)

Diese drei Mythen machen die Arbeitsteilung deutlich. Es gibt auch Mythen, die die Entstehung anderer Einrichtungen erklären. Anhand der von Männern erzählten Mythen beschreiben z.B. Spencer und Gillen, wie die Ahnen den Menschen ihre Totems, Totem-Orte und Totemklans, heilige Gegenstände und Intitiationsriten gaben; sie teilten die Menschen in vier Gruppen, um so die Heirat zu regeln (Spencer/Gillen 1927, S. 304-354). Die Warlpiri-Männer erzählten Meggitt, daß die Ahnen die Richtlinien für die Initiation festlegten und die Einteilung in Untergruppen vornahmen (Meggitt 1962, S. 165-167). Solche Mythen untermauern die bestehenden und bekannten Verhaltensnormen, anstatt ein vorbildliches Verhalten vorzuführen.

Hier sind zwei Beispiele für gewalttätiges und verabscheuungswürdiges Verhalten, das auch bestraft wurde:

> Ein Großvater vergewaltigt seine junge Enkelin und verletzt ihre Schenkel. Er wird vom Ehemann des Mädchens mit einer Axt getötet; dieser hat mit dem Mädchen bisher keinen Geschlechtsverkehr gehabt, weil sie noch jung ist.
> (Berndt/Berndt 1989, S. 241-244; zusammengefaßt)

> Ein Vater, der Inzest mit seiner jungen Tochter begeht, wird von der Großen Schlange gegessen, diese ißt auch das Mädchen und ihre ältere Schwester, denn sie haben auch ungerecht gehandelt, indem sie dieses Verbrechen zuließen.
> (Berndt/Berndt 1989, S. 239f.; zusammengefaßt)

Wie steht es nun mit den Mythen, in denen das abweichende, grausame und sadistische Verhalten unbestraft bleibt? In der Männerversion der Geschichte von den Sieben Schwestern (vgl. S. 17) setzt der abgeschnittene Penis des Nyiru sein Treiben ungehindert fort; er verängstigt Frauen, dringt in sie ein und wird schließlich wieder mit Nyiru vereinigt. Dies ist zweifellos keine moralische Fabel mit pädagogischer Absicht, sondern eher eine sexuelle Phantasie der Männer, wie ich in einem anderen Artikel festgestellt habe (White 1975, S. 137-139).

In den Mythen, die McConnel hörte, nehmen die Ahnen die Gestalt von Säugetieren, Vögeln, Eidechsen, Schlangen oder Insekten an. Teils verhalten sie sich wie Insekten, teils wie Menschen. Viele – wie in der Mythe von der Taubenfrau und ihrem Mann, dem Nattermann – folgen den Verhaltensregeln, einige jedoch nicht. Hierzu zählt z.B. das Salzwasserkrokodil, „der Feind von Recht und Ordnung, der alle strengen Tabus bezüglich gesellschaftlicher Beziehungen bricht, jede Frau nimmt, die ihm begegnet – sei es seine eigene Mutter, Schwester, Tochter oder eine andere verbotene Verwandte". In einer Geschichte geht dieses männliche Wesen, nachdem es viele solcher inzestuösen Taten begangen hat, freiwillig zu seinem Totem-Ort im Salzwasser. In einer anderen Geschichte wird das Salzwasserkrokodil, nachdem es zwei junge Mädchen vergewaltigt hat, von deren Vater zerstückelt. In einer anderen Geschichte raubt es die Ehefrau des Süßwasserkrokodils, das mit ihm kämpft und von dem es schließlich ins Salzwasser verjagt wird (McConnel 1957, S. 99-106).

Meggitt erzählt die folgende Mythe ausführlich, die er von den Warlpiri-Männern gehört hat:

> Zwei Warangari-(Mulga-Baum-)Männer befehlen ihren Frauen, im Lager zu bleiben, während sie ihre Söhne zur Beschneidung mitnehmen. Sie schlagen ihre Frauen, als diese sich gegen ihren Ausschluß von der Zeremonie beschweren. Die Ehefrauen ärgern sich noch mehr, als die Männer auf Reisen gehen und sie unter der Obhut der Jungen zurücklassen. Die Jungen seien nach ihrer Beschneidung zu den Männern zu rechnen, behaupten die Männer. Aus Vergeltung töten die Frauen die Jungen und essen sie auf. Währenddessen reisen die zwei Männer, erleben viele Abenteuer, erschaffen Wasserlöcher, sammeln Pflanzennahrung und lernen, diese zu verarbeiten, jagen und machen Feuer. Schließlich kehren sie nach Hause zurück, entdecken die scheußliche Tat der Frauen und verbrennen diese in einer Höhle. Sie reisen nochmals und betrauern den Tod ihrer Söhne; aber mittels komplizierter Rituale erwecken sie die Söhne wieder zum Leben.
>
> (Meggitt 1966, S. 295-300; zusammengefaßt)

Diese Mythe beinhaltet interessante Folgerungen. Erstens sind es Frauen, die böse Kannibalinnen sind, obgleich der Erzähler betont, daß heute die Warlpiri den Kannibalismus verabscheuen. Zweitens erzählt die Mythe, daß die Frauen sich ärgern, als sie aus der Zermonie ausgeschlossen und unter der Obhut der Söhne zurückgelassen werden. Drittens übernehmen hier Männer Frauenarbeiten, was – verglichen mit der Jagdepisode der Frauen – merkwürdig ist. Im Alltagsleben gab es eine strikte geschlechtliche Arbeitsteilung: Männer jagten, während Frauen Pflanzennahrung sammelten und verarbeiteten; ferner waren sie verantwortlich für Feuer und Obdach, für das Tragen der Last und die Versorgung der Kinder, bis die Mädchen verheiratet und die Jungen initiiert wurden. Die Mythe legt nahe, daß notfalls eine Umkehrung dieser Geschlechterrollen möglich war. Und schließlich sagt die Mythe aus, daß es nicht nur Frauen, sondern auch Männern möglich war, Leben zu erzeugen, denn sie bringen die Jungen ins Leben zurück.

III. Mythos und Geschlechterbeziehungen: Neuere Forschung

Inwiefern stimmen die in der Gesellschaft der Aborigines tatsächlich bestehenden Geschlechterbeziehungen mit den Mythen überein? Die frühen Berichte über diese Gesellschaften stellten Frauen als Sklavinnen ihrer Männer dar; dieselben Berichte verkündeten, daß die australischen Aborigines keine Religion hatten, sodaß nach dem rituellen Status der Frau nicht gefragt wurde. Auch die ernsthaften Beiträge aus dem späten 19. und frühen 20. Jahrhundert sahen Frauen als unterdrückt und unterwürfig an. Das von Kaberry 1939 veröffentlichte Buch *Aboriginal Woman: Sacred and Profane* gilt als Wendepunkt in der Einschätzung der Bedeutung der Frau im religiösen sowie weltlichen Leben. Seither ist der Stellung der Frau beachtliche wissenschaftliche Aufmerksamkeit gewidmet worden, u.a. ist der Sammelband *Woman's Role in Aboriginal Society* zu erwähnen, 1970 herausgegeben von F. Gale; der Beitrag von Hiatt (nun Meehan) in diesem Band zeigt, wie wichtig die Frauen für das Fortleben dieser Gesellschaften waren: Ihre Sammeltätigkeit brachte mehr Ertrag als die Jagd der Männer. Annette Hamilton geht auf die Bedeutung der Frauen bei der Heiratsvermittlung ein. Catherine Berndt betont die Geschlechtertrennung in Ritual und Alltagsleben, wobei jedes Geschlecht über seine eigene Domäne waltet; die Domänen sind voneinander abhängig und ergänzen sich gegenseitig. Mein eigener Beitrag beschäftigt sich ebenfalls mit der Geschlechtertrennung; er zeigt jedoch, daß bei gemeinsamen Unternehmungen die Frauen den Männern unterlegen sind.

1971 erschien eine wichtige Arbeit von J. Goodale, *Tiwi Wives.* Goodale widerlegt eine Monographie über die Tiwi von zwei Autoren (Hart/Pilling 1960), die behauptet haben, Frauen seien in Heiratsangelegenheiten bloße Marionetten der Männer. Goodale folgerte anhand eigener Erfahrungen unter den Frauen, daß in Wirklichkeit Frauen in diesen Angelegenheiten viel zu sagen hatten und in vielerlei Hinsicht den Männern gleichgestellt waren.

Einen weiteren Wendepunkt in der Forschung brachte 1985 *Daughters of the Dreaming* von Diane Bell, eine ausführliche Studie über die Frauen einer zentralaustralischen Gemeinschaft. Sie stützt sich auf ihre Beobachtungen (nicht auf die jeweiligen Mythen) und stellt fest, daß Frauen in ihrer eigenen Domäne genauso mächtig sind wie Männer in der ihren und daß nicht von einer Ungleichheit gesprochen werden kann. Die Neigung, Frauen nicht als gleichgestellt anzusehen, führt Bell auf die Voreingenommenheit der FeldforscherInnen zurück, die in einer von Männern dominierten Gesellschaft aufgewachsen sind. Im Gegensatz zu Bell vertrete ich weiterhin meine Theorie von Frauen als unterlegenen Partnerinnen der Männer. Unsere unterschiedlichen Schlußfolgerungen könnten jedoch mit den Unterschieden zwischen den Gesellschaften, in denen wir lebten, zu tun haben. Ebensowenig, wie die Geschlechterbeziehungen überall in Europa gleichartig sind, sind sie es in Australien. Bell lebte bei Warlpiri- und Kaytej-Frauen in Warrabri, während ich bei Pitjantjatjara-Frauen in Yalata war. Ein sehr alter Wangkangurru-Mann aus der Simpson-Wüste (östlich der Western-Desert-Pitjantjatjara) sagte mir: „Wir behandelten unsere Frauen nicht so, wie diese Pitjantjatjara-Männer es taten." Die Aborigines kritisieren demnach selbst, wie ihre Nachbarn Frauen behandeln.

Die meisten KollegInnen sind mit mir einer Meinung, daß Frauen, obwohl in vielerlei Hinsicht mächtig und entscheidungsfähig, in anderen Belangen den Männern unterlegen waren und daß die Männer sich selbst als mächtiger betrachteten. Die erforschten Gesellschaften sind durch Fremdherrschaft und Kolonialisierung in unterschiedlichem Ausmaß verändert worden; es war aber trotzdem möglich, viele traditionelle Verhaltensmuster zu beobachten und von älteren Menschen zu erfahren, wie es vor den Kontakten mit der Außenwelt gewesen war. Zu vermerken ist, daß unsere Folgerungen zur Stellung der Frau in der Gesellschaft der australischen Aborigines, zu den Geschlechterbeziehungen und der Gesellschaftsstruktur im allgemeinen auf unseren Erfahrungen mit den Aborigines und den beobachteten Zeremonien beruhen und weniger auf den Mythen, die in diesen Zeremonien vorgeführt werden.

Schlußfolgerungen

Angesichts der verschiedenen Auslegungsmöglichkeiten und Analysen der Mythen ist es kaum möglich, Verallgemeinerungen in bezug auf die Gesellschaftsstruktur geltend zu machen. Ich habe in meinem 1975 erschienenen Beitrag aufzeigen können, daß Männer und Frauen, wie es die veröffentlichten Mythen aus Zentralaustralien darstellen, in voneinander getrennten Gruppen reisen und unerlaubten Geschlechtsverkehr haben. Im wirklichen Leben reisten sie jedoch in erweiterten Familiengruppen, und der Geschlechtsverkehr unterlag strengen Regeln, deren Verletzung hart bestraft wurde. Ich weiß nicht, ob die Mythen, die ich angeführt habe, eine geeignete Stichprobe aus der Mythologie darstellen oder ob es sich hier um solche Mythen handelt, die die Aborigines den ForscherInnen erzählen wollten, bzw. um solche, die die ForscherInnen weitergeben wollten. Eine jede Verallgemeinerung kann nur für einen Ausschnitt der Mythologie einer bestimmten Sprachgruppe gültig sein – vom gesamten Kontinent ganz zu schweigen.

In den Gebieten, die heute von europäischen und anderen SiedlerInnen dicht bevölkert sind, ist mit dem Aussterben der früheren BewohnerInnen und der Zerstörung ihrer Gesellschaften auch deren Mythologie undokumentiert untergegangen. In anderen Gebieten könnte noch vieles durch beharrliche Forschung gesammelt werden; manches ist noch unveröffentlicht – in Notizbüchern und auf Tonbändern der ForscherInnen. In *Myths of Matriarchy Reconsidered* gibt Annette Hamilton (1988, S. 61) einen Einblick in ihre Forschungstätigkeit:

> Ich habe vor kurzem über Mythenzyklen von Frauen aus Zentralaustralien gearbeitet. Diese haben eine außergewöhnliche Fülle an Einzelheiten offengelegt, welche sich beim Fortbewegen mittels Mythos und Gesang von einem Ort zum nächsten entlang der Spur der mythischen weiblichen Ahnen offenbaren. Zwanzig (oder mehr) verschiedene Episoden können zwischen zwei nebeneinander liegenden Orten gesungen werden, und es sind nur zwei Orte aus fünfzig möglichen Orten entlang einer einzigen Spur in einer Sprachzone.

In ihrer Zusammenfassung stellt Hamilton (1988, S. 69) fest: „Es ist sehr gefährlich, so scheint es mir, aus dem mythischen Material auf die realen Geschlechterbeziehungen zu schließen ... Die in den australischen Mythen zum Ausdruck kommenden Geschlechterbeziehungen sind sehr ambivalent und mehrdeutig."

Diese Zitate geben einen Eindruck, welch verblüffende Anzahl an Mythen ein Gesamtüberblick über die Mythologie der Aborigines beinhalten müßte. Hier wurde nur ein kleiner Teil berücksichtigt, zu wenig, um daraus Schlußfolgerungen ziehen zu können.

Helen Payne

Matriarchinnen des Mythos

IV. Einführung

Im folgenden Beitrag über die Mythologie der australischen Aborigines behandle ich Mythen und Zeremonien, die die Frauen aus dem auf der Landkarte markierten Gebiet Australiens erzählen bzw. ausführen (vgl. Abb. 25). In diesem Gebiet haben Frauen ein blühendes rituelles Leben und eine eigene, zu jener der Männer komplementäre Mythologie. Während die strenge Geschlechtertrennung, die sich sowohl im weltlichen als auch im rituellen Leben der in diesem Gebiet seßhaften Gemeinschaften der Aborigines manifestiert, „oft als ein Anzeichen dafür verstanden wird, daß in der zentralaustralischen Gesellschaft Frauen Bürger zweiter Klasse sind" (Hamilton 1979a, S. 269), sprechen die Aborigines selbst von *„men's business"* und *„women's business"* (damit meinen sie die ihr Leben bestimmenden weltlichen und zeremoniellen Angelegenheiten), wobei jedes Geschlecht den gleichen Anteil an der Aufrechterhaltung der „Gesetze" *(„laws")* hat, die über ihr Leben walten. (Mit *„laws"* meinen sie die Konventionen oder Formeln, die das Wohlergehen der Gruppenangehörigen sowie dasjenige der Naturphänomene, der Flora und Fauna, sichern, worauf ihre jagenden und sammelnden Ahnen einst angewiesen waren.)

Frauenmythen werden in der Erzählform sowie durch dramatische Aufführungen von Zeremonien vermittelt, letztere in einer Abfolge von – wie ich es nenne – *„items"*, kurzen Einheiten oder Sequenzen. Jede Sequenz dauert ungefähr dreißig Sekunden, während denen die Darstellerinnen Gesang, Tanzschritte und bemalte Muster darbieten, und wird mit einer Pause abgeschlossen. Die ganze Vorführung dient den mit den Ritualen bereits vertrauten Zuschauerinnen/Hörerinnen dazu, bestimmte Ahnen und geographische Örtlichkeiten zu identifizieren.

Meiner Ansicht nach betonen die Frauenzeremonien und -mythen die Rolle und den Status der Frauen als eine von den Männern unabhängige, wenngleich zu den Männern in Beziehung stehende Gruppe.

Im folgenden gehe ich auf Mythen und Zeremonien ein, die die Lebensgeschichten oder das Träumen von übernatürlichen Ahnenwesen erzählen. Ahnen, die nun nicht mehr auf der Erde leben, sollen ihre übernatürlichen Kräfte in der Erde an jenen Orten zurückgelassen haben, die sie während ihres vorübergehenden Aufenthaltes besucht und/oder erschaffen haben. Sie sollen Mythen und Zeremonien erschaffen haben, um anderen von ihren Aktivitäten auf der Erde zu berichten, und sie haben diese ihren menschlichen Nachkommen beigebracht, bevor sie die Erde verließen. Seitdem die Ahnen die irdische Sphäre verlassen haben, sollen die Mythen und Zeremonien bewahrt und von einer Generation zur nächsten mündlich überliefert worden sein, bis zu den Angehörigen der heutigen Gesellschaft, die auf sie ein Anrecht haben.

In den Texten der Ahnenzeremonien sind die Namen von jeder der Örtlichkeiten, die bestimmte Ahnen besucht/erschaffen haben, verschlüsselt enthalten. Durch die korrekte Benennung einer Örtlichkeit, so glauben die heutigen DarstellerInnen, beleben sie (wie einst die Ahnen selbst) die übernatürlichen Ahnenkräfte, die in der Erde dieser Örtlichkeit vorhanden sind, und führen so die gewünschten Veränderungen in ihrem Leben und im Leben der anderen Gruppenangehörigen herbei.

Da die Ideologie die Erschaffung der Ahnenzeremonien und -mythen den übernatürlichen Ahnenwesen zuschreibt, ist der eigentliche Überlieferungsvorgang der Öffentlichkeit vorenthalten geblieben. Dies hat einige ForscherInnen (wie z.B. Moyle 1983, S. 92) zu der Annahme geführt, daß sowohl dem Prinzip nach als auch in der Praxis den Überlieferungen aus der mythischen Traumzeit gefolgt wird. Damit bestätigen sie das ideologisch gewichtige Diktum der Aborigines, daß Form und Bedeutung der Mythen und Zeremonien unverändert sind. Im Gegensatz dazu habe ich argumentiert (Payne 1988, S. 217-241), daß die Verschleierung der wahren Geschichte der Überlieferung von Mythen und Zeremonien für die Kontinuität des Träumens entscheidend ist. Da es die öffentliche Anerkennung bei der Aufführung der vorgeführten Einheiten aus den Zeremonien und der erzählten Mythen ist, die der Darstellerin den Status als Anführerin der jeweiligen Gruppe und deren Achtung sichert, ist es entscheidend, daß ihre Darbietung keine öffentliche Kritik hervorruft. Das rituelle Material einer verstorbenen Frau wird eine Zeitlang nach deren Tod der Öffentlichkeit vorenthalten, und bevor ihre Nachfolgerin die Wiedergabe der Mythen und Sequenzen aus den Zeremonien wieder aufnimmt (wobei unvermeidlich Veränderungen auftreten), vergeht eine Zeitspanne, in der die Erinnerung der Betrachterinnen/Hörerinnen an die Vorführungen und Erzählungen der Vorgängerin verblaßt.

Daher behaupte ich, daß die Verdunkelung der eigentlichen Übermittlungsvorgänge es den einzelnen Individuen ermöglicht, Veränderungen bei der Darbietung der Mythen und Zeremonien der Ahnen je nach ihren stilistischen Vorlieben sowie auch entsprechend den erwünschten Folgen der Vorführung oder Erzählung vorzunehmen. Meiner Meinung nach verstärken und untermauern die Veränderungen der Form und Bedeutung der Mythen und Zeremonien durch die einzelne Darstellerin ihr Bedürfnis nach Macht und Status in der eigenen Gruppe.

Da das Anrecht der Frauen auf rituelles Material dadurch öffentlich bestätigt wird, daß sie dieses zeremoniell darbieten, Mythen erzählen und die in diesen beiden Überlieferungsweisen benannten Örtlichkeiten ungehindert besuchen, möchte ich erst den Ablauf der Zeremonien und den Modus des Mythen-Erzählens kurz beschreiben, ehe ich auf Charaktere, Handlungen und Themen der Mythen selbst eingehe. Hierbei beziehe ich mich wieder auf die Praktiken der Frauen aus dem auf der Landkarte markierten Gebiet. Ich bin jedoch rechtlich sowie ethisch jenen verpflichtet, von

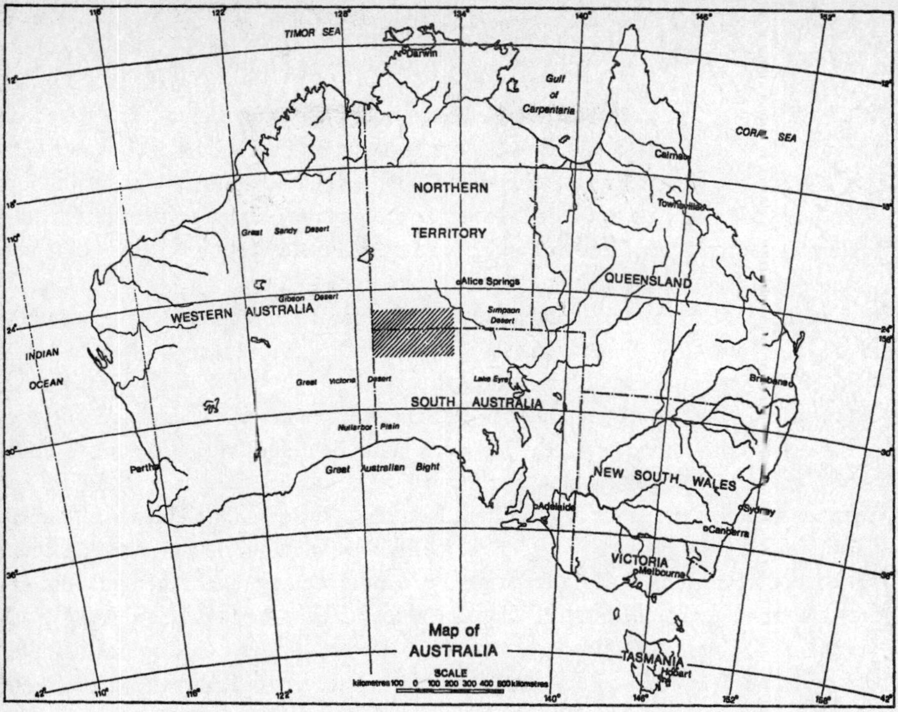

Abb. 25: Karte Australiens.
Der schraffierte Bereich zeigt das Forschungsgebiet der Autorin.

denen ich Informationen erhalten habe, bestimmte Einzelheiten nicht öffentlich zu machen; daher werde ich zwar die Frauenmythen, Frauenzeremonien und Frauenortschaften sowie die Frauen selbst schildern, ohne jedoch Identifizierungsmerkmale und Namen anzugeben. Ich bin aber überzeugt, daß ich trotz der Auslassungen die Daten so darstellen werde, daß die LeserInnen in ihrer Wahrnehmung nicht beeinträchtigt werden. Sollten dennoch meine Behauptungen letzten Endes nicht empirisch begründet erscheinen (Hamilton 1979a, S. 238), so muß ich gestehen, daß dies in Anbetracht der ethischen und rechtsgültigen Vereinbarung, der ich verpflichtet bin, unvermeidlich ist.

Die dramatische Aufführung von Mythen: Der zeremonielle Ablauf

Die Aufführung der zeremoniellen Einheiten oder Sequenzen liegt im Ermessen jener Frau, die die Autorität hat, sowohl über die beschriebene Ahnenmythe (jede Einheit erzählt von einem Ereignis aus dem Leben eines männlichen oder weiblichen Ahnen auf der Erde) zu verfügen als auch über die in den Texten genannten Örtlichkeiten. Es steht ihr frei, diese den anderen zu zeigen (jede Sequenz benennt eine von dem Ahnen/der Ahne besuchte und/oder erschaffene Örtlichkeit).

Zeremonielle Einheiten können entweder an den eigentlichen Orten, deren Namen in den Texten der Sequenzen verschlüsselt sind, oder an anderen Orten dargeboten werden. Im letzteren Fall wird die Örtlichkeit von jener Frau ausgewählt, die die Autorität über die Darbietung innehat. Üblicherweise wird eine Örtlichkeit mit glatter, weicher Oberfläche gewählt, etwa der Sandboden eines ausgetrockneten Flußbettes, auf dem die Tänzerinnen ihre Bewegungen ausführen können. Sind die Sequenzen nicht für Frauen *und* Männer gedacht, liegt die gewählte Örtlichkeit außerhalb der Sicht- und Hörweite von Männern. Eine der Darstellerinnen kann Ausschau halten, daß kein Mann in die Nähe kommt – dadurch würden die Frauengeheimnisse dem anderen Geschlecht enthüllt, wodurch nicht nur die künftige Zeugungsfähigkeit der Männer Schaden erlitte, sondern auch die Darstellerinnen von Unglück heimgesucht würden. (Wer für die Enthüllung des *„secret business"* an das andere Geschlecht verantwortlich ist, so wird geglaubt, zieht den Zorn der Ahnen auf sich.)

An dem ausgewählten Ort unterweist die Frau mit der Autorität über die Aufführung der Zeremonie andere in ihren Rollen. Zunächst bestimmt sie eine Fläche, auf der die Hauptgruppe (diese bezeichne ich nun als Gruppe A, vgl. Abb. 26) sitzt und Feuer für das Kochen und zum Aufwärmen macht (B in der Abb.); dann führt sie einige Gruppenmitglieder weg. Einige (die ich Gruppe E nenne) werden angewiesen, in einiger Entfernung zur Gruppe A eine Abschirmung aus Laub (C in der Abb.) zu bauen; hinter dieser können sie sitzen und sich für die Tänze zurechtmachen, die sie alsbald für alle Anwesenden auszuführen haben. Sollte ein Feuer notwendig sein – um Asche zum Bemalen herzustellen oder um sich zu wärmen –, wird von der Gruppe E eines entfacht. Bevor die Autoritätsperson zur Gruppe A zurückkehrt, überträgt sie einem Mitglied der Gruppe E die Verantwortung, die Vorbereitungen zu treffen, oder sie bleibt selbst zu diesem Zweck bei der Gruppe E.

Die Vorbereitungen, die von den für das Tanzen vorgesehenen Frauen (Gruppe E) (vor dem eigentlichen Tanzen) getroffen werden, führen dazu, daß diese zu den Ahnen *werden*, deren Rollen sie während des Tanzens zu übernehmen haben, denn, wie Strehlow (1971, S. 127) bemerkt: „Die Mitglieder der zentralaustralischen Ethnien wollten keine menschlichen Schauspieler sehen, sondern lebende Manifestationen übernatürlicher Wesen."

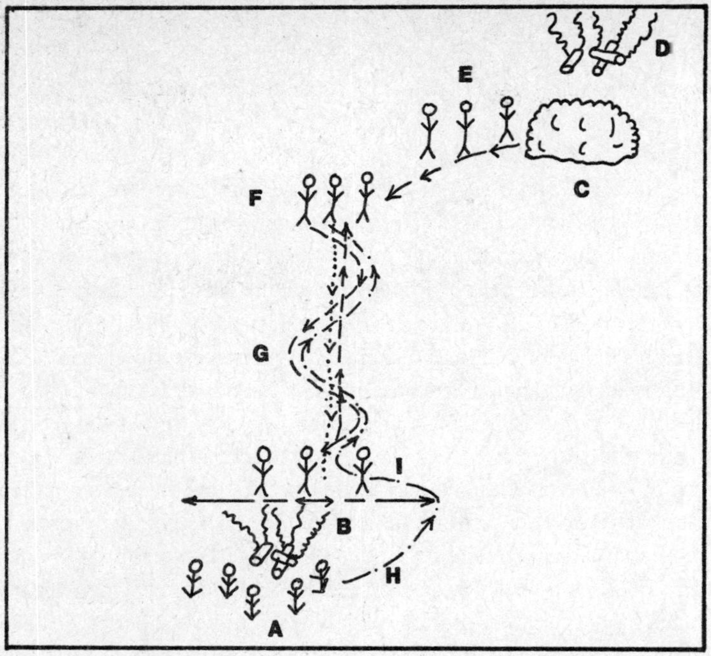

Abb. 26: Die Skizze zeigt die wichtigsten Elemente eines Zeremonialortes und die Plätze der jeweiligen Personen und Aktivitäten.

Erklärung:

A Sängerinnen

B Feuer der Sängerinnen

C Busch, hinter dem sich die vorgesehenen Tänzerinnen vorbereiten und für den Tanz bemalen können.

D Manchmal wird ein zweites Feuer entfacht, um das andere Ende der Tanzfläche zu bezeichnen.

E Die bemalten Frauen begeben sich zur Tanzfläche.

F Die bemalten Frauen nehmen ihre Positionen auf der Tanzfläche ein.

G Die bemalten Frauen überqueren die Tanzfläche und folgen dabei entweder den gepunkteten oder den strichlierten Linien.

H Die Linie aus Punkten und Strichen zeigt die Bewegung einer Sängerin auf der Ritualfläche, die die Spuren der Tänzerinnen verwischt.

I Sobald die bemalten Frauen die Sängerinnen erreichen, beginnen sie mit seitlichen Bewegungen, wobei die Sängerinnen die übernatürlichen Kräfte aus ihren Körpern singen. Die Sängerinnen werfen Sand auf die Tänzerinnen.

Die Vorbereitungen fangen damit an, daß die Frauen der Gruppe E ihre Körper mit Fett einreiben. Dieses Fett fungiert nicht nur als Grundierung für die spätere Körperbemalung, sondern soll auch die Körper der Frauen vor feindseligen Geistern schützen. Fett ist ein Zeichen für Gesundheit und Wohlergehen, während die feindseligen Geister leidende oder verwesende Körper bevorzugen. Ferner sollen die Körper der Frauen vor Gesundheit glänzen, weil das Fett die wohlwollenden Ahnenkräfte anlockt (die wohlwollenden Geister bevorzugen genau das Gegenteil der feindseligen Geister: die gesunden Körper) und als Gleitmittel wirkt, wodurch das Eindringen der Kräfte in die Körper der Frauen erleichtert wird. Nachdem die übernatürlichen Kräfte Eingang in die Körper der Frauen gefunden haben, gelten diese Frauen als die Ahnen selbst, deren übernatürliche Fähigkeiten sie innehaben.

Die Mitglieder der Gruppe E malen sich die Zeichen der Ahnen, deren Kräfte sie anlocken und in sich einziehen lassen wollen, gegenseitig auf die Körper und auf Gegenstände, die sie während des Tanzes gebrauchen, und singen dabei eine Sequenz, um die Ahnenkräfte aus dem Boden heraus und in ihre gemalten Zeichen hineinzulocken. Während die Malerinnen diese Kräfte herbeizitieren, wird der latente Zustand, in dem diese Kräfte im Boden eingelagert sein sollen, in einen aktiven verwandelt. In aktivem Zustand können diese von den Tänzerinnen verwendet werden, um so die gewünschten Veränderungen in ihrem Leben herbeizuführen.

Nachdem die Frauen der Gruppe E die Vorbereitungen für den Tanz getroffen haben, gibt die Anführerin dieser Gruppe ein hörbares Zeichen, um anzuzeigen, daß die Gruppenmitglieder nun für den Tanz bereit sind. Daraufhin weist die Anführerin der Gruppe A alle Mitglieder ihrer Gruppe an, die Köpfe zu neigen und nicht in Richtung der Gruppe E zu schauen. Hiermit sorgt sie dafür, daß die von den Mitgliedern der Gruppe E getragenen Zeichen nicht gesehen werden, bevor diese mit Tanz und gesungenem Text präsentiert werden. Die Darstellerinnen müssen alle diese Elemente, die mit einem Ahnen/einer Ahne identifiziert werden, gleichzeitig präsentieren, um die Ahnenkräfte aufrufen zu können (vgl. auch Ellis/Tur 1975, S. 30; Ellis et al. 1978, S. 71; Hamilton 1979a, S. 238).

Wenn die Mitglieder der Gruppe A ihre Köpfe neigen, treten die Mitglieder der Gruppe E aus ihrer Abschirmung (C in der Abb.) auf die Tanzfläche hervor und nehmen ihre Positionen ein (E in der Abb.). Sie bleiben so stehen, bis die Anführerin der Gruppe A anfängt, den Begleittext zu dem Tanz zu singen; zugleich weist sie ihre Gruppenmitglieder an, die Köpfe zu heben, um die in ihre Richtung herantanzenden Ahnen anzusehen, und gleichzeitig an dem Gesang teilzunehmen.

Wenn die Tänzerinnen (Gruppe E) die sitzenden Sängerinnen (Gruppe A) erreichen (hierbei folgen sie dem in der Abb. zwischen F und G durch Pfeile gekennzeichneten Pfad), wird die Sequenz abgeschlossen. In diesem Moment beginnt die Anführerin der Gruppe einen anderen Text zu singen. Zu diesem Gesang bewegen sich die Tänzerinnen seitwärts (angedeutet mit dem Pfeil I in der Abb.) und schwingen ihre ausgestreckten Arme vor sich hin und her. Während dieser Bewegung verschmieren sie ihre Körperbemalung, und die Sitzenden werfen Sand auf ihre Körper, sodaß die übernatürlichen Kräfte aus ihren Körpern entfernt und sie zu ihrer Alltagsexistenz zurückgebracht werden. Nachdem diese Maßnahmen getroffen worden sind und sichergestellt ist, daß keine das Leben verändernden übernatürlichen Kräfte übriggeblieben sind, können die Tänzerinnen zur Gruppe A zurückkehren. Daraufhin geht eine Frau aus der Gruppe A zur Tanzfläche (sie folgt den in der Abb. bei H beginnenden Pfeilen und bewegt sich über G zu F), um alle sichtbaren Spuren der Tänzerinnen (die Spuren der Ahnen) zu verwischen: Sie läßt ihre Füße schleifen oder kehrt die Spuren der Füße, Knie und/oder der Körper der Tänzerinnen mit einem Pflanzenzweig fort.

Zum Abschluß der gesamten Zeremonie, die Stunden oder auch Tage dauern kann und aus vielen Darbietungen oben geschilderter Art besteht, weist die Anführerin *alle* Anwesenden der Reihe nach an, mit den Händen einen Grabstock zu umfassen, den sie in den rituellen Boden gesteckt hat. Es ist ein zylindrischer Stab, ca. 8 cm im Durchmesser und 100 cm lang, zum Graben auf beiden Seiten spitz zulaufend, hergestellt aus dem in der Umgebung vorhandenen Hartholz – üblicherweise aus *Mulga Scrub (Acacia aneura)*. Während sie dies tun, bewegen sie sich im Uhrzeigersinn um den Stock und singen einen Text, der die während der Darstellung heraufbeschworenen übernatürlichen Kräfte aus den Körpern der Frauen durch die den Stab umklammernden Hände über den Stab weiter in den Boden zurückführen soll. Im Boden ruhen die Kräfte, bis sie wieder mit einer Darstellung aktiviert werden. Mit dem letzten Akt der Darstellung wird sichergestellt, daß keine übernatürlichen Kräfte in den Körpern der Darstellerinnen zurückbleiben; blieben die Kräfte in den Frauen zurück, so würden alle, die mit den Frauen in Verbindung stehen, von großem Schaden heimgesucht.

Die Verantwortung über die Kontrolle der übernatürlichen Kräfte wird ausschließlich jenen wissenden älteren Frauen aus der Gemeinschaft übertragen, die die notwendige Ausbildung im *„women's business"* genossen haben und wissen, wie die übernatürlichen Kräfte aufzurufen, anzuwenden und wieder zur Ruhe zu bringen sind. Einige dieser wissenden Frauen werden von ihrer Gemeinschaft für ihre besonderen Kräfte des Heilens und der Aufrechterhaltung der gesellschaftlichen Beziehungen *(illpintji)* geschätzt und deswegen in Notfällen aufgesucht.

Spezialisierte zeremonielle Vorgänge

Das Heilwissen wird einer Frau erst weitergegeben, nachdem sie in anderen Aspekten des weiblichen Träumens unterwiesen worden ist. Sie erhält es von Frauen, die behaupten, positive Wirkungen zu erkennen, die auf ihre Vorführung bestimmter ritueller Sequenzen zurückgehen; der Frau wird die heilende Wirkung bekanntgegeben. Heilende Sequenzen sind nach Bauch, Kopf und anderen Körperteilen klassifiziert, über die sie heilende Wirkung haben. Wie eine vorgeführte Sequenz wirkt, hängt jedoch immer davon ab, worauf die Darstellerinnen ihre Konzentration richten. Eine Sequenz kann sowohl auf die Fruchtbarkeit einer Frau, die ihre erste Menarche erlebt, als auch auf die Fruchtbarkeit einer großen, wirtschaftlich wichtigen Stelle der Region Auswirkungen haben. Falls die junge Frau in der Menarche „besungen wird", richtet sich die Konzentration der Anwesenden auf das Hineinsingen in den Schoß der jungen Menstruierenden, während die Konzentration sich auf das Hineinsingen in den „Schoß" eines bestimmten geographischen Ortes richtet, wenn ein solcher besungen wird. In beiden Fällen ist die Auswirkung die gleiche, nämlich Fruchtbarkeit; die Richtung und der Fokus der aufgerufenen Fruchtbarkeitskraft werden aber bestimmt durch das Subjekt/Objekt, auf das sich die Darstellerinnen konzentriert haben.

Die Darbietung der Sequenzen, die dazu dienen, die Gesundheit der Mitmenschen aufrechtzuerhalten, gehört zum Aufgabenbereich und der Pflicht der Frauen, die die geeignete rituelle Ausbildung erhalten haben. Gewöhnlich sind es Frauen mit Kindern, aber es gibt auch andere Frauen in der Gemeinschaft, die als *ngankari* anerkannt sind, Frauen, die wegen ihrer erwiesenen Heilkräfte als besonders wirkungsvolle Vollzieherinnen der Heilungsriten angesehen werden.

Ich möchte noch darauf hinweisen, warum ich im Zusammenhang mit den Heilungsriten die Geburt nicht weiter behandle. Die Geburt wird oft als eine gesundheitliche Krise verstanden, sodaß ich begründen muß, warum ich auf rituelle Sequenzen, die die Schmerzen lindern oder die Geburt erleichtern könnten, nicht eingehe.

Ellis berichtet (1979 in einem persönlichen Gespräch), daß die Andagarinja-sprechenden Frauen es ablehnten, mit der Geburt in Verbindung stehende Lieder zu singen; diese seien zu mächtig, um sie außerhalb des Kontextes singen zu können, meinten sie. Meine eigenen wiederholten Fragen in bezug auf besondere Sequenzen zur Schmerzlinderung, gegen das Geburtstrauma oder Komplikation bei der Geburt erbrachten bei den befragten Frauen nur Erstaunen und eine Antwort wie: „Wir haben keine Riten, um Kinder ‚herauszubekommen', aber wir können dir etwas vorsingen!" Auch die ältesten Frauen wußten von keiner Sequenz, die sich auf den Geburtsvorgang beziehen sollte. Falls Schwierigkeiten auftraten, erzählten die Frauen, kam ihnen anstatt der Riten die Geschicklichkeit ihrer Hände zu Hilfe, Handgriffe wie das Umdrehen des Kindes, das Drücken auf den Unterleib oder die Anwendung von heißen Erdwickeln. Geburt war für sie keine Krise, sondern Alltag.

Lange Zeit galt *illpintji* in der Literatur als *„Liebesmagie"*, und es wurde angenommen, diese mache das gesamte *„women's business"* aus (Bell 1983, S. 176). Ich möchte jedoch betonen, daß *illpintji* eine auf das Land bezogene Verbindung zwischen Individuen herbeiführt, wodurch gesellschaftliche Beziehungen geformt, umgeformt oder wiederhergestellt werden, und daß es sich nicht als das Besingen eines begehrten Menschen anderen Geschlechts abtun läßt. Außerdem ist dies nur eine der möglichen Funktionen von *illpintji*, die eine Fachfrau erfüllen kann. In der Literatur ist dieser Funktion und deren Ausführung von Frauen die meiste Beachtung zuteil geworden, was auf das Übergewicht der männlich dominierten Weltsicht in der bisherigen anthropologischen und ethnologischen Erforschung und Auswertung der Kultur der australischen Aborigines zurückzuführen ist (Bell 1982, S. 8). Es gab jedoch bereits zu einem frühen Zeitpunkt Ansätze, Aborigines-Frauen und ihr rituelles Leben aus einer anderen Perspektive zu betrachten, z.B. von Kaberry (1939) und Catherine Berndt (1950).

Illpintji dient zur Regulierung der gesellschaftlichen, insbesondere der zwischengeschlechtlichen Beziehungen und Spannungen in der Gemeinschaft (Payne 1988, S. 87). Ferner wird als Krankheitsursache nicht die physische, sondern die emotionale Störung, eine Folge „der Einwirkung übernatürlicher Kräfte" angesehen (Hamilton 1971, S. 2), sodaß *illpintji* als ein bedeutender Mechanismus in der Aufrechterhaltung des emotionalen Gleichgewichtes zwischen den Menschen anzusehen ist.

Illpintji mag als ein Vorgang angesehen werden, bei dem Macht über ein anderes Individuum gewonnen wird (oft in sexueller Hinsicht). Dieser Macht kann positive oder negative Absicht zugrunde liegen. Z.B. wenden Witwen *illpintji* oft an, um künftige Ehemänner abzuwimmeln, denn eine Frau mit einem Ehemann kann, so glauben sie, nicht unermüdlich an der Vermehrung ihres rituellen Wissens arbeiten. Folglich werden junge Witwen in bezug auf das *„women's business"* sehr geschätzt, gerade weil es ihnen möglich ist, der Verfeinerung ihrer rituellen Kenntnisse mehr Zeit zu widmen. Sie werden aber auch sehr gefürchtet für ihre Möglichkeit, schnell rituelles Wissen und damit Machtpositionen zu erlangen, die den mit Kindern und Ehemännern belasteten Ehefrauen vorenthalten bleiben.

Verheiratete junge Frauen, die sich um ihre Kinder sorgen müssen, zeigen wenig Interesse für *illpintji*; sie werden auch nicht dazu ermutigt. Frauen, die von der Kindererziehung zeitweilig oder für immer Abstand gewonnen haben, bilden sich üblicherweise in *illpintji* aus. Verheiratete Frauen wenden sich manchmal *illpintji* zu, um eine außereheliche Affäre in die Wege zu leiten oder einen unsteten Ehemann zu „halten". Nach ihrer Menopause beteiligen sich Witwen oder Frauen uneingeschränkt an *illpintji*, da sie nichts mehr davon zu befürchten haben.

Es ist bemerkenswert, daß die Durchführung von *illpintji* nicht ohne weiteres für Frauen zugänglich ist. Dafür muß gezahlt werden; erst dann zieht die Frau, die das begehrte Wissen über den wirkungsvollen Vollzug von *illpintji* besitzt, das Anliegen der Interessentin in Erwägung. In *illpintji* unterwiesene Frauen werden davor gewarnt, das Ritual in Abwesenheit ihrer Lehrerinnen auszuführen, denn die gerufenen Kräfte können außer Kontrolle geraten. Es ist selbstverständlich, daß den Hauptverantwortlichen einer erfolgreichen Durchführung von *illpintji* ein außergewöhnlicher Status zukommt, denn hier handelt es sich um ein Ritual, zu dem nicht alle Zugang haben.

Da die Machtgewinnung über eine bestimmte Person oft erst erfolgen kann, wenn der Einfluß anderer Personen ausgeschaltet worden ist, und da diese anderen Personen ebenfalls Zugang zu dem *illpintji*-Ritual haben können, ist es wesentlich, daß die Ausführung des Rituals bereits beim ersten Mal erfolgreich ist. Die Effektivität der Durchführung, so heißt es, spiegelt den Grad des Wissens der Person wider, die dafür bezahlt wird, und auch die Konzentration aller Anwesenden auf die Person(en), auf welche während des Rituals die Kräfte gelenkt werden.

Die Frau, die dem *illpintji*-Ritual vorsteht, ist für dessen korrekte Auswirkung auf die gesellschaftlichen Beziehungen verantwortlich. Wenn z.B. eine verheiratete Bittstellerin sich von der Vorführung des Rituals einen Liebhaber erwartet, so hat die Leiterin des Rituals darauf zu achten, daß künftig sowohl der Ehemann der Bittstellerin als auch ihr Liebhaber zu ihrem Recht kommen.

Eine Frau mit dem Wissen von *illpintji* hat die Macht, Beziehungen zwischen anderen Menschen umzugestalten und die Gesellschaftsordnung, falls sie diese in Gefahr sieht, wiederherzustellen. Daher wird das *illpintji*-Wissen von Männern sowie von Frauen in Ehren gehalten und gleichzeitig gefürchtet.

Folgend stelle ich kurz dar, wie eine Entscheidung, Ordnung mittels *illpintji* wiederherzustellen, zustande kommt. (Die Namen der AkteurInnen sind geändert.) Ich führe dieses Beispiel an, um die vielfältigen Funktionen des Rituals anzudeuten, die in der wissenschaftlichen Literatur viel zu kurz gekommen sind.

Avril stammte aus einem Gebiet, das nördlich von Gebiet M lag. Sie kam zum Gebiet M als Geliebte des Kunmanara, dessen Ehefrau Yala hieß. Die Mutter des Kunmanara, Ilili, war unter den Frauen aus dem Gebiet M für ihr Wissen über das Frauen-*illpintji* bekannt. Nach ihrer Ankunft im Gebiet M ließ sich Avril in Kunmanaras Lager nieder. Infolgedessen zog Yala zum Lager der Ilili und ihrer Schwester Nyaritja. Yala war unglücklich und wollte mit Avril kämpfen – was unter Männern und Frauen im Gebiet M üblich war, um zwischenmenschliche Konflikte zu regeln. Aber Ilili und Nyaritja baten sie um Geduld und rieten ihr zu warten. Sie sagten, daß Avril bald das Gebiet M verlassen würde. Es vergingen einige Wochen; Avril blieb weiterhin im Kunmanaras Lager, ohne die Absicht, wegzuziehen. Nach einigem Überlegen kamen Ilili und Nyaritja zu dem Schluß, daß sich Avril als Nebenehefrau des Kunmanara einnisten werde (nicht unüblich im Gebiet M). Sie entschieden sich für eine Gegenmaßnahme. Sie luden beide, Yala und Avril, auf eine Jagd ein. Auf der Jagd sangen Ilili und Nyaritja *illpintji*.

Der Zweck ihrer Vorführung war Yala bekannt, Avril aber nicht. Das Ritual sollte dazu dienen, daß Avril sich von Kunmanara abwendete, also dazu, daß die Anziehungskraft des Kunmanara auf Avril nachließe. Wie erreichten sie dies? Erstens gebrauchten sie rituelle Sequenzen, die für das Nachlassen unerwünschter Neigungen gedacht waren. Zweitens warfen sie Erde in die Richtung, in der Avrils Heimat lag: Dadurch sollte die Liebe der Avril zu ihrem einstigen Wohnort *zurückgeleitet* werden. Auf diese Weise sangen Illi und Nyaritja mit *illpintji* Avril zu ihrem Heimatland zurück, d.h., *illpintji* ermöglichte es ihnen, eine Mann-Frau-Beziehung mittels einer Person-Ort-Beziehung aufzulösen. Nyaritja beschrieb, wie sich Avrils Augen mit Tränen füllten, als sie sangen, was sie, Nyaritja und Ilili, überraschte. Sie fragten Avril, ob sie mit dem Jagderfolg, der Hasenbeute, nicht zufrieden sei, worauf Avril antwortete, sie habe plötzlich Heimweh. Dies war für Nyaritja und Ilili eine Bestätigung für den Erfolg. Einige Tage danach packte Avril ihre Sachen und verabschiedete sich von Nyaritja und Ilili. Sie fühle sich zu ihrem Land „gezogen", sagte sie.

Als Avril Abschied nahm, beaufsichtigte Kunmanara gerade das Zusammentreiben des Viehs. Als er zurückkehrte, behauptet Nyaritja, war er zunächst überrascht über die Abreise der Avril, aber seine Überraschung verwandelte sich in einen „wissenden Zorn", als er sich der Vorgänge rund um ihre Abreise bewußt wurde. Er kam zum Lager von Ilili und Nyaritja und warf ihnen vor, seine Geliebte mit Gesängen vertrieben zu haben. Er konnte jedoch seine Vorwürfe nicht beweisen und gegen die Frauen wenig unternehmen.

Einige Tage nach Avrils Abreise konnte Kunmanara Yala endlich überreden, in sein Lager zurückzukehren. Mit Yalas Einwilligung wurde die von Ilili und Nyaritja gewünschte Ordnung wiederhergestellt. Im Unterschied zu der in der wissenschaftlichen Literatur verbreiteten Annahme, *illpintji* sei reine „Liebesmagie", zeigt das angeführte Beispiel, wie dieses Ritual die Bindung einer Person an ihr Land verstärkte und wie infolgedessen auch die gesellschaftlichen Beziehungen beeinflußt wurden.

Die Auslegung der Zeremonien: Eine Frage der Schulung

Die Auslegung der Frauenzeremonien hängt vom Grad der Schulung im *„women's business"* ab und diese wiederum davon, ob eine Frau die nötigen Voraussetzungen mitbringt: Zunächst muß sie anfangen und dann ohne Unterbrechung weitermachen. Ebenso wird vorausgesetzt, daß die Frau ihre Fruchtbarkeit durch mindestens eine, noch besser aber durch zwei Geburten unter Beweis gestellt hat. Nach zwei Geburten gilt sie als eine „richtige" Frau. In der Folge wird sie ermutigt, die notwendige Schulung anzufangen und selbst eine Träumerin zu werden, also eine Frau, die fähig ist, die das Leben verändernden übernatürlichen Kräfte aufzurufen, um damit den Verlauf des Alltagsgeschehens zu beeinflussen.

Wenn eine Frau aufgrund der biologischen Vorgänge in ihrem Körper nicht mehr als solche zu identifizieren ist, nach ihrer Menopause also, wird erwartet, daß sie die Vollmacht über die Verwaltung und Vermittlung der Mythen und Zeremonien übernimmt. Ferner wird ihr nun die Rolle des männlichen Darstellers gewährt. Da der Auftritt des männlichen Charakters immer den Höhepunkt der Rituale ausmacht, zu denen nur Frauen Zugang haben (denn dieser Moment ermöglicht es, männliche Werte und Verhaltensweisen lächerlich zu machen), ist es ein Privileg, die männliche Rolle spielen zu dürfen. Diese Rolle im besonderen ermöglicht es, schauspielerisches Talent zu zeigen (ich vergleiche diese Rolle mit jener, die die Kadenz im Concerto des späten 18. und des 19. Jahrhunderts ermöglichte), und eine Frau nach ihrer Menopause hat tatsächlich etwas zur Schau zu stellen: sich selbst als Mann. Im Unterschied zu fruchtbaren jungen Frauen kann sie in ihrer Vorstellung viel mehr riskieren: Auch wenn sie mächtige übernatürliche Kräfte aufrufen sollte und diese sie für jemanden aus dem anderen Geschlecht attraktiv machten, hätte sie von dem Verehrer nichts zu befürchten – sie könnte seine Verfolgung sogar genießen (vgl. auch White 1975), denn diese endete für sie nicht mehr in einer Schwangerschaft! Eine solche Frau konnte nun unbesorgt Männergeheimnisse verraten, Geheimnisse, die sie bereits davor gekannt haben mochte, ohne dies zugeben zu dürfen. („In dieser Frage von Wissen und Nicht-Wissen kam es nicht auf das eigentliche Wissen an, sondern darauf, was erlaubt ist zu wissen" [White 1975, S. 126].) War sie einmal wie ein Mann, wurde von einer Frau erwartet, daß sie wußte, wann, vor wem und unter welchen Umständen Männergeheimnisse enthüllt werden durften. Sie konnte sogar erwarten, in mehr Geheimnisse eingeweiht zu werden. Kaberry (1939, S. 229) zitiert: „*Lubra* [Aboriginal-Frau] kann nicht erzählen; *lubra* kann nicht wissen, kann nicht wissen ... Das ‚*men's business*'. Männer gehen fort; singen es; weiß *lubra*. Alte Frau hat graue Haare, sie sieht es." Auch Strehlow (1971, S. 653) macht darauf aufmerksam, daß im Aranda-Sprachraum ähnliche Verhältnisse herrschten: „Den Aranda-Frauen wurde in fortgeschrittenem Alter Einblick in die streng gehütete, als ‚heilig' angesehene männliche Sphäre erlaubt."

Da die einzelnen Frauen die Zeremonien je nach ihrem Schulungsgrad im „*women's business*" auslegen, können große Abweichungen zwischen den verschiedenen Interpretationen einer jeden zeremoniellen Vorführung vorkommen. Daher ist es schwer, wenn nicht gar gefährlich, aus den Zeremonien auf eine darin festgelegte Gesellschaftsordnung oder auf Verhaltensnormen zu schließen – denn es gibt ihrer so viele, wie es Interpretinnen gibt.

Die Vermittlung zwischen Zeremonien und Mythen

Zeremonielle Darbietungen präsentieren die Mythen in versteckter Form; so haben die Zuschauerinnen/Zuhörerinnen Gelegenheit, sie je nach ihrer eigenen Auffassungsfähigkeit zu interpretieren. Während die Mythe von den Darstellerinnen vorgeführt wird, kann die Leiterin der Vorführung mit einem Lied oder mit Gesten Einzelheiten verdeutlichen, üblicherweise zwischen zwei Sequenzen der Vorführung. Damit wird denen geholfen, die die in der Darstellung verdichtete mythische Information nicht ohne weiteres entziffern können. Auch die Interpretation der Leiterin der Vorführung wird damit offengelegt: die Interpretation der Frau, die die Rechte über die rituellen Sequenzen, den Mythos und die in ihnen benannten Örtlichkeiten innehat.

V. Mythen

Die folgende Darstellung schließt meine Interpretation des Mythos mit ein. Meine Interpretation basiert auf meiner Schulung im „*women's business*", die ich fast durchgängig seit 1971 von den Frauen aus dem in der Landkarte markierten Gebiet (vgl. Abb. 25) erhalten habe.

Da in den Wüstengebieten Wasser große Bedeutung hat, stehen alle in den Frauenmythen genannten Örtlichkeiten damit in Verbindung. In einigen Fällen handelt es sich hier um ständige Wasserquellen (wie sie durch Spalten oder Felsbecken in Granitformationen, Monolithen inbegriffen, zustande kommen), in anderen Fällen um saisonbedingte Quellen wie Lehmmulden und zeitweilig trockene Wasserläufe, wo nur während des Regens und kurz danach Wasser zu finden ist. Erwartungsgemäß werden in den Frauenmythen und -zeremonien die Örtlichkeiten mit (relativ) beständigen Wasserreserven mit mehr Mythen und Zeremonien bedacht als die anderen, wobei die wirtschaftlich wichtigsten Örtlichkeiten von allen Richtungen her „besungen" (Bell 1978, S. 5) werden, denn viele Frauenmythen laufen hier zusammen, und über ihnen verlaufen kreuz und quer die Spuren der Ahnenwesen.

Die Sequenzen der Zeremonien benennen wichtige wirtschaftliche Ressourcen in der Umwelt, und nur diejenigen dürfen sich ihrer bedienen, die öffentlich das Recht erlangt haben, diese Örtlichkeiten zu besingen. Daher lassen sich in einer traditionellen Gesellschaft die Kenntnisse der Rituale mit Reichtum gleichsetzen, und um die Rechte, die wirtschaftlich wertvollen Örtlichkeiten zu besingen, wird immer wieder gestritten; es kommt auch zu Übergriffen (Payne 1988).

Frauenmythen beschreiben die Reisen der weiblichen Ahnen, ihre alltägliche Tätigkeit des Nahrungsammelns, ihre Erschaffung der Felsenteiche und/oder Wasserlöcher und ihre Begegnungen mit anderen Ahnen. In den Mythen, die ich von den Frauen aus dem in der Landkarte markierten Gebiet kennengelernt habe, gab es nur eine einzige männliche Gestalt, und diese jagte einem jeden weiblichen mythischen Wesen nach. In der Regel wird (wie ich allen mir erzählten Frauenmythen entnommen habe) von einem männlichen Ahnen erzählt, der eine oder mehrere weibliche Ahnen, die er verfolgt, erobert. Eine Frauenmythe aber erzählt statt dessen davon, daß die weiblichen Ahnen sich aufmachten, ihren Verfolger zu erobern, wobei sie auch Erfolg hatten. Diese Mythe möchte ich als Beispiel für die vielen anführen, die im rituellen Leben der Frauen dieses Gebietes vorkommen.

Diese Mythe, in der die Niederwerfung eines Mannes durch Frauen dargestellt wird, zeigt einerseits die Unabhängigkeit der Frauen, andererseits macht sie deutlich, daß die Menschen – auch die unabhängigsten unter ihnen – sich den wirtschaftlichen Bedingungen der Umwelt anzupassen haben. Die Unterwerfung des männlichen Verfolgers ist gleichzusetzen damit, daß die Frauen die Oberhoheit über die wichtigsten wirtschaftlichen Ressourcen des Gebietes erlangten – über die reichlich vorhandenen Wasserlöcher und die ausdauernde Fauna und Flora auf dem Monolith, über die ihr männlicher Verfolger bis dahin alleiniges Verfügungsrecht ausgeübt hatte, und zwar dadurch, daß er diesen stets bewachte.

Die Mythe wird nach der älteren der zwei Schwestern benannt, die darin die Hauptrolle spielen. Es wird erzählt, daß die Schwestern zweimal versuchten, den Riesenmonolith (die einzig wirtschaftlich wichtige Quelle des Gebietes) zu erreichen. Beide Male wird ihr Versuch von dem männlichen Wächter des Monoliths vereitelt, der ihnen jedesmal nachläuft und sie von „seinem" Heim vertreibt. Die Schwestern beschließen, ihren Grabstock so zu gestalten, daß sie damit ihren Verfolger verscheuchen können; sie ziehen aus dem Gebiet des Monoliths fort und kehren erst zurück, nachdem sie ihren Grabstock umgestaltet haben.

Nach ihrer Rückkehr besteigen die Schwestern eine Graniterhebung, die ihnen gute Sicht auf den Monolith und den Mann ermöglicht. Sie erschaffen eine rituelle Sequenz, um dieses Ereignis wiederzugeben, und singen diese, als sie auf der Erhebung sitzen. Die Mythe erzählt, wie die auf der Erhebung sitzenden Schwestern ihren Verfolger beobachten, der nach ihnen Ausschau hält. Die Schwestern versuchen, den Verfolger vom Monolith fortzulocken: Sie bemalen und schmücken ihre Körper, denn sie glauben, wenn er merke, wie schön sie sind, werde er, erfüllt von Verlangen nach ihnen, den Monolith verlassen und ihnen nachlaufen. Ihr Plan ist erfolgreich. Der Mann sieht sie und verläßt den Monolith, woraufhin die Schwestern annehmen, daß er auf der Suche nach ihnen ist. Es wird beschrieben, daß das Weggehen des Mannes von dem Monolith für die Schwestern ein Zeichen dafür ist, daß sie ihre Reise unternehmen könnten, ohne seine ständige Überwachung fürchten zu müssen (es gibt keine andere Graniterhebung in dem Gebiet, die ihm einen so guten Ausblick über seine Umgebung ermöglichen könnte).

Auf ihrem Weg zu dem Monolith halten die Schwestern an jedem Ort, an dem Wasser und eßbare Pflanzen und/oder Tiere zu finden sind. An jedem dieser Orte erschaffen sie, um ihre bisherige Reise zu schildern und den Ort zu benennen, eine rituelle Sequenz. Dann führen sie diese aus, während sie an dem Ort rasten, den sie in dem Text der rituellen Sequenz benannt haben.

Ein kleiner Felsenhügel voll Witchetty-Büschen *(acacia kempeana)* bietet den Schwestern die letzte günstige Gelegenheit, den Monolith und die dazwischen liegende weite Ebene überblicken zu können. Als sie auf den Hügel steigen, sehen sie den Verfolger auf einer naheliegenden Bergkette; er scheint sich jedoch in Richtung des Monoliths zu bewegen, woraus sie schließen, daß er ihre Verfolgung aufgegeben hat.

Als die Schwestern die Spitze des Hügels erreichen, rasten sie. Nach einer Weile weist die ältere Schwester die jüngere an, sich in den Witchetty-Büschen zu verstekken, und wagt sich selbst an den Rand der Erhebung hinaus, von wo aus sie den Monolith und den Mann, ihren Verfolger, im Auge behalten kann. Da der Verfolger zurückgekehrt sein und von dem Monolith aus Ausschau halten könnte, kriecht die ältere Schwester bäuchlings aus dem Schutz der Witchetty-Büsche hervor. Als sie endlich die äußerste Spitze erreicht, hat sie uneingeschränkten Blick auf den Monolith. Dort sieht sie ihren Verfolger auf dem Rücken liegen. Seine Beine sind aufgestellt, die Knie ragen in die Luft, als wolle er einschlafen. Vorsichtig kehrt sie zurück, wie sie hergelangt ist, und berichtet ihrer Schwester, was sie gesehen hat.

Die Mythe erzählt, wie die Schwestern auf den Einbruch der Nacht warten, bis die Dunkelheit sie umhüllt, und erst dann zur letzten Strecke ihrer Reise aufbrechen. Bei Tagesanbruch befinden sie sich unmittelbar in der Nähe des Monoliths; sie sitzen in der Mitte einer ausgetrockneten Mulde, versteckt im hohen Gras, während sich ihr Verfolger weiterhin auf der Spitze des Monoliths ausruht.

Die Schwestern verlassen ihr Versteck, wobei sie das umliegende Laubwerk als Tarnung benutzen, um nicht dem Blick des Verfolgers ausgesetzt zu sein. Sie folgen einem sandigen Wasserlauf, bis sie auf viele genießbare Pflanzen stoßen. Zum ersten Mal erblicken die Schwestern den Reichtum an genießbarer Flora und an Tieren, die sich von dem am Monolith herunterlaufenden Wasser ernähren. Sie können der Verlockung, etwas von diesem auf ihrem Weg entdeckten Essen zu kosten, nicht widerstehen, erzählt die Mythe. Aber zuvor müssen sie sich dessen versichern, daß ihr Verfolger tief schläft, um die Gefahr zu mindern, daß er sie während des Essens entdeckt. Sie bewegen sich zu einem Erdfleck neben dem Wasserlauf, erschaffen und singen eine rituelle Sequenz, um den Mann in einen tiefen Schlaf voller Träume zu versetzen. Während des Singens verbrennen sie Schamhaare. Der Geruch soll den Mann tief in einen Traum versenken, in dem er mit ihnen Geschlechtsverkehr hat – ein so glückliches Erlebnis, daß er es immer weiter fortzusetzen wünscht. Während sie singen, heißt es, fliegt ein Vogel zu ihnen herunter und ermutigt sie. Der Vogel sagt ihnen, daß er auf der Spitze des Monoliths einen Zweig plazieren wird, wenn sich der Erfolg ihrer Bemühungen einstellt.

Der Vogel fliegt zu dem Mann zurück, und bald sehen sie das Zeichen. Daraufhin fühlen sie sich sicher, hören mit ihrem Singen und dem Verbrennen auf und wenden sich dem Essen zu.

Nachdem sie ihren Hunger gestillt haben, kreiert die ältere Schwester einen Tanz und führt ihn auf der letzten Strecke zum Monolith aus, während die jüngere Schwester einen Text singt, den sie geschaffen hat, um den Tanz zu begleiten.

Nun bleiben nur noch der Aufstieg und der letzte Schritt, den Mann zu überwältigen und von dem Monolith Besitz zu ergreifen, damit die selbst auferlegte Mission der Schwestern vollendet wird. Während der Mann weiterhin schläft, besteigen die Schwestern den Monolith. Der Mann rührt sich jedoch immer wieder im Schlaf, sodaß sie nicht damit rechnen können, daß er im Traum von ihnen länger gefesselt bleiben wird. Als sie auf der Spitze des Monoliths ankommen, ist der Mann fast dabei aufzuwachen, aber die ältere Schwester hebt ihren Grabstock, den sie mitgenommen hat, und schlägt damit auf die Braue des erwachenden Mannes. Auf ihren Schlag hin bricht der Schädel des Mannes, und er wird bewußtlos. Dann binden sie ihn zu einem Bündel, und eine Schwester trägt ihn auf ihrem Haupt. So beginnt ihr Abstieg vom Monolith.

Die Schwestern tragen abwechselnd das schwere Bündel, was aber sehr anstrengend ist; sie müssen pausieren und den Abhang hinunter urinieren. Sie müssen auch anhalten, um das Bündel immer wieder neu zu binden. Jedesmal erleichtern sie ihre Last – sie zerstückeln den Körper des Gefangenen und werfen die Stücke weg –, sodaß es ihm nie mehr möglich sein wird, Frauen zu begehren oder zu verfolgen.

Während die Schwestern hinuntersteigen, nehmen sie wahr, daß eine Gruppe von Frauen singend vorüberzieht. Das bewegt sie, ihre Last schnellstens abzulegen und sich zu ihnen zu gesellen. Als sie auf der Ebene ankommen, bemerken sie eine Höhle in der Nähe, in die sie ihr Bündel legen. Sie lassen eine Krähe zurück, die das Bündel – wie meine Lehrerin erklärte – im Auge zu behalten hatte als *tucka*, als möglichen Leckerbissen (in der australischen Umgangssprache heißt *tucka* Nahrung, insbesondere Busch-Nahrung).

Die Schwestern lassen den Mann und den Monolith, die sie besiegt haben, hinter sich und gehen zu den Frauen, die sie gesehen und gehört haben, erzählten mir meine Lehrerinnen. Nachdem die zwei Gruppen von Frauen einander treffen, beginnt ein neues *Träumen*, das heißt eine neue Mythe, die einen anderen Namen trägt.

Die Landschaft: Der sichtbare Nachweis des Mythos

Meine Lehrerinnen verwiesen auf die Merkmale der Landschaft als Beweis für das Träumen der zwei Schwestern: Die gebeugten Knie des schlafenden Mannes, der wallende Bart und der gespaltene Schädel waren für sie auf dem bloßen Stein auf der Spitze des Monoliths sichtbar; eine Spalte, die vom Schlag der Schwester herrühren soll, verlief auf dem Teil des Felsens, der als der Schädel galt. Neben dem Schädel stand ein gekrümmter Baum; von hier aus, sagten sie, signalisierte der Vogel, daß der Mann sich in tiefem Schlaf befand. Eine tiefe Rinne, die den Monolith hinunterlief, war sichtbar; diese wurde durch das Urinieren der Schwestern verursacht, glaubten die Lehrerinnen. Drei Steinbecken in der Nähe dieser Rinne sollen die Teile des zerstückelten Körpers des Mannes sein, die die Schwestern wegwarfen.

Überall in der Landschaft, die die Schwestern durchquerten, sahen die Lehrerinnen Zeichen für die Anwesenheit und die Taten der Schwestern. Und wirklich erinnerten sich die in die Mythen Eingeweihten beim Anblick der topographischen Merkmale, die die Ahnenschwestern geschaffen und/oder besucht haben, sofort an die der rituellen Sequenz zugehörigen Texte, Tanzschritte und Körperbemalungen; diese dienten als Gedächtnisstütze, um andere Sequenzen in Erinnerung zu rufen und umgekehrt (Payne 1984).

Schaffen oder Neu-Erschaffen: Das Träumen

Die enge Verbindung zwischen Landschaft, Mythos und Zeremonie, von der die mit ihren Mythen und Ritualen vertrauten Aborigines ausgehen, ist weder eine naive noch eine statische Angelegenheit, wie Moyle (1983, S. 66) es nahelegt. Statt dessen handelt es sich hier um ein ständig wechselndes Bild, wobei Frauen ihr Erbe – ihr Träumen – schaffen und wiedererschaffen, um es an ihre gegenwärtigen Bedürfnisse anzupassen und sich gewisse Rechte, Privilegien und die Erfüllung von Wünschen zu sichern, und die Folgen davon wirken bis in die Zukunft hinein.

Im folgenden benenne ich einige Neuerungen, die ich im Träumen der Frauen beobachtet habe. (Ich habe sie zwischen 1975 und heute beobachtet, als ich unter den obengenannten Frauen gelebt habe.)

> 1975 erzählten meine Lehrerinnen, daß ein gewisser Felsen die ältere Schwester war, die saß und in die Richtung des Monoliths blickte. Um 1978 war der Felsen so abgetragen, daß er an der Stelle, an der ich ihn vor drei Jahren gesehen hatte, kaum mehr sichtbar war. Dieselben Lehrerinnen übersprangen diese Passage der Mythe einfach, als sie sie 1978 wiedergaben.
>
> Die Mutter der Frau, die mir den Mythos der zwei Ahnenschwestern erstmals erzählt hatte, war davor von einer Kollegin aufgenommen worden. Sie bemerkte, daß er für sehr geheim gehalten und also nur unter Frauen erzählt wurde. Zu dem Zeitpunkt, als mir dieser Mythos von der ältesten Tochter erzählt wurde, die ihn ihrerseits von ihrer Mutter kennengelernt hatte – die Frauenmythen werden idealerweise von der Mutter an die Tochter weitergegeben (Hamilton 1979b, S. 14) –, wurde er nicht mehr als Geheimnis gehütet, sondern oft in großen öffentlichen Versammlungen wiedergegeben.

Statt weitere Beispiele anzuführen, verweise ich auf Payne (1989, S. 49-52) und Wild, die weitere Ausführungen zum Prozeß der Veränderung von Mythen liefern. Jedesmal, wenn ich die Frauen über Wandlungen in ihrem Träumen befragte, lehnten sie die Verantwortung dafür ab, indem sie sagten: „Dies ist unser Träumen." Damit wurde dem Träumen Unwandelbarkeit zugesprochen.

Die Ideologie des Träumens schreibt die ganze Schöpfung der Mythen und Zeremonien den übernatürlichen Ahnenwesen zu und verhüllt dadurch die Identität der einzelnen SchöpferInnen des Träumens; ihre eigenen Innovationen werden nicht anerkannt. Jedoch ziehen die SchöpferInnen der Mythen und der Zeremonien, so behaupte ich, ihre Anerkennung aus den Auswirkungen, die sich aus ihren Neuerungen für sie und die anderen Gruppenmitglieder ergeben (dies ist meßbar an ihrer Macht und ihrem Status in der Gemeinschaft). Sie können auch mit schlauen PolitikerInnen verglichen werden, die sich dessen bewußt sind, daß ihr Reichtum und daher ihre relative Macht und ihr Status in der Gruppe von der öffentlichen Anerkennung ihrer

Mythenerzählungen, dem Ausführen von Zeremonien und/oder Vorweisen von Orten abhängt. Die SchöpferInnen der Mythen und Zeremonien betrachten alle jene Personen, die ihr Träumen hören, sehen und/oder vorgetragen haben möchten, als mögliche Ressourcen, insofern sie politische Bedeutung haben für die Gewinnung, den Verlust oder das Aufrechterhalten von Rechten über bestimmte Werte in einer traditionellen Gesellschaft. Dementsprechend kann die mir erzählte Mythe von den zwei Ahnenschwestern anders ausfallen, wenn dieselbe Erzählerin sie einer anderen Frau erzählt. Dieser Unterschied macht deutlich, daß unser Wert als Ressource mit politischer Bedeutung für die Frauen, die die Mythe erzählen, relativ ist, ebenso wie unsere Einübung in das *„women's business"*, das allerdings wiederum größtenteils von der Erzählerin bestimmt wird.

Das Dilemma der Träumerin

Die Ton-, Film- bzw. Video-Aufnahmen der Mythen und Zeremonien sollten diese nicht weniger vergänglich machen als ihre Bewahrung im Gedächtnis jener, denen sie offenbart werden. Jedoch in einer Kultur, die an die empirische Beweisführung glaubt, werden die Ton-, Film- und Videoaufnahmen zu unabänderlichen, verifizierbaren Beweisen für die Wiedergabe der Mythen und/oder Zeremonien durch die Ahnen. Einerseits wird das aufgenommene Material zum Mittel politischer Einflußnahme, um die öffentliche Anerkennung für die Innovationen des Träumens der Frauen weiter zu vergrößern und damit auch ihre Rechte auf Eigentum, Macht und Status in der traditionellen Gesellschaft. Andererseits haben Frauen neue Verhandlungsstrategien entwickelt, um ihr Recht darauf zu sichern, ob und wann sie ihre Identität als Träumerin verbergen und ob und wann sie diese offenbaren (möglicherweise durch „‚Heraustreten' in einer anderen [nichtmenschlichen] Form" vor den „sich verändernden phantasmagorischen Vorhang" [Berndt 1987, S. 188], der sie vor dem unmittelbaren Blick und der Kritik der Öffentlichkeit schützt). Offenbaren sie ihre Identität als Träumerinnen, so können sie die Macht und den Status jener Wesen weiblichen Geschlechts beanspruchen, deren Macht über die das Leben verändernden Kräfte durch ihren hohen Rang im *„women's business"* anerkannt wird: der wirklichen Matriarchinnen des Mythos.

Bibliographie

Bamberger, J.: *The Myth of Matriarchy: Why Men Rule in Primitive Society.* In: Rosaldo, M. Z./Lamphere, L. (Hrsg.): *Woman, Culture and Society*, Stanford (Calif.) 1974, S. 263-238.

Barwick, D. E.: *„And the lubras are ladies now"*. In: Gale, F. (Hrsg.): *Woman's Role in Aboriginal Society*, Canberra 1970, S. 31-38.

Bates, D. M.: *The Native Tribes of Western Australia*, hrsg. v. I. M. White, Manuskript, National Library of Australia, Canberra 1985 (1912).

Bell, D.: *The Alyawarra and Kaititj Land Claim of the Central Land Council: A Statement by Diane Bell*, 6. Oktober 1978, Typoskript.

Bell, D.: *Aboriginal Women and the Religious Experience*. In: The Young Australian Scholar Lecture Series, Nr. 3, Adelaide 1982.

Bell, D.: *Daughters of The Dreaming*, Sydney 1983.

Berndt, C. H.: *Women's Changing Ceremonies in Northern Australia*. In: L'Homme: Cahiers d'Ethnologie, de Géographie et de Linguistique, Paris 1950, S. 1-87.

Berndt, C. H.: *Women and the „Secret Life"*. In: Berndt, R. M. (Hrsg.): *Aboriginal Man in Australia*, Sydney 1965, S. 238-282.

Berndt, C. H.: *Digging Sticks and Spears, or the Two-sex Model*. In: Gale, F. (Hrsg.): *Woman's Role in Aboriginal Society*, Canberra 1970, S. 39-48.

Berndt, C. H.: *Mythical Women, Past and Present*. In: Gale, F. (Hrsg.): *We are Bosses Ourselves: The Status and Role of Aboriginal Women Today*, Canberra 1983, S. 13-21.

Berndt, C. H.: *Retrospect and Prospect: Looking Back After 50 Years*. In Brock, P. (Hrsg.): *Women's Rites and Sites: Aboriginal Women's Cultural Knowledge*, Sydney 1989, S. 1-20.

Berndt, R. M.: *Other Creatures in Human Guise and Vice Versa: A Dilemma in Understanding*. In: Ross, M. C./Donaldson, T./Wild, S. A. (Hrsg.): *Songs of Aboriginal Australia*, Oceania Monograph, 32, Sydney 1987, S. 68-91.

Berndt, R. M./Berndt, C. H.: *A Selection of Children's Songs from Ooldea, Western South Australia*. In: Mankind, Vol. 4, 1952-1954, S. 364-376, S. 423-434, S. 501-508.

Berndt, R. M./Berndt, C. H.: *The World of The First Australians*, Sydney 1964.

Berndt, R. M./Berndt, C. H.: *The Speaking Land: Myth and Story in Aboriginal Australia*, Ringwood 1989.

Brock, P. (Hrsg.): *Women's Rites and Sites: Aboriginal Women's Cultural Knowledge*, Sydney 1989.

Coe, M.: *Windradyne*, Canberra 1989.

Dussart, F.: *Warlpiri Women's Yawuylu Ceremonies*, Phil.Diss., Australian National University 1988.

Ellis, C. J./Barwick, L.: *Antikirinja Women's Song Knowledge 1963-1972: Its Significance in Antakarinja Culture*. In: Brock, P. (Hrsg.): *Women's Rites and Sites: Aboriginal Women's Cultural Knowledge*, Sydney 1989, S. 21-40.

Ellis, C. J./Ellis, A. M./Tur, M./McCardell, A.: *Classification of Songs in Pitjantjatjara-speaking Areas*. In: Hiatt, L. R. (Hrsg.): *Australian Aboriginal Concepts*, Canberra 1978, S. 68-80.

Ellis C. J./Tur, M.: *The Song Is the Message*. In: Pilowsky, I. (Hrsg.): *Cultures in Collision*, Adelaide 1975.

Errington, F./Gewertz, D.: *Myths of Matriarchy Reexamined: Indigenous Images of Alternative Gender Relationships*. In: Gewertz, D. (Hrsg.): *Myths of Matriarchy Reconsidered*, Sydney 1988, S. 195-211.

Gaffney, E.: *Somebody Now: The Autobiography of Ellie Gaffney, A Woman of Torres Strait,* Canberra 1989.

Gale, F. (Hrsg.): *Woman's Role in Aboriginal Society*, Canberra 1970.

Gale, F.: *Roles Revisited: The Women of Southern South Australia*. In: Brock, P. (Hrsg.): *Women's Rights and Sites: Aboriginal Women's Cultural Knowledge*, Sydney 1989, S. 120-135.

Gewertz, D. (Hrsg.): *Myths of Matriarchy Reconsidered*, Sydney 1988, Introduction S. VI-XI.

Gibson, J.: *Digging Deep: Aboriginal Women in the Oodnadatta Region of South Australia in the 1980s*. In: Brock, P. (Hrsg.): *Women's Rites and Sites: Aboriginal Women's Cultural Knowledge*, Sydney 1989, S. 60-75.

Glowczewski, B.: *Träumer der Wüste: Leben mit den Ureinwohnern Australiens*, Wien 1991. *

Goodale, J. C.: *Tiwi Wives: A Study of the Women of Melville Island, North Australia*, Seattle 1971.

Hamilton, A.: *The Role of Women in Aboriginal Marriage Arrangements*. In: Gale, F. (Hrsg.): *Woman's Role in Aboriginal Society*, Canberra 1970, S. 17-29.

Hamilton, A.: *Socio-Cultural Factors in Health Among the Pitjantjatjara: A Preliminary Report*, unveröffentl. Ms., 1971.

Hamilton, A.: *Timeless Transformation: Women, Men and History in the Australian Western Desert*, Phil.Diss., Sidney 1979 (= 1979a).

Hamilton, A.: *Women and Land*, uneröffentl. Ms., 1979 (= 1979b).

Hamilton, A.: *Dual Social Systems*. In: Oceania, Vol. 51, 1980, S. 419.

Hamilton, A.: *A Complex Strategical Situation: Gender and Power in Aboriginal Australia*. In: Grieve, N./Grimshaw, P. (Hrsg.): *Australian Women: Feminist Perspectives*, Melbourne 1981, S. 69-85.

Hamilton, A.: *Daughters of the Imaginary*. In: Canberra Anthropology, 9/2, 1986, S. 1-25.

Hamilton, A.: *Knowledge and Misrecognition: Mythology and Gender in Aboriginal Australia*. In: Gewertz, D. (Hrsg.): *Myths of Matriarchy Reconsidered*, Sydney 1988, S. 57-73.

Hart, C. W. M./Pilling, A. R.: *The Tiwi of North Australia*, New York 1964.

Hercus, L.: *The Status of Women's Cultural Knowledge*. In: Brock, P. (Hrsg.): *Women's Rites and Sites: Aboriginal Women's Cultural Knowledge*, Sydney 1989, S. 99-119.

Hiatt, L. R.: *Secret Pseudo-procreation Rites among the Australian Aborigines*. In: Hiatt, L. R./Jayawardena, C. (Hrsg.): *Anthropology in Oceania*, Sydney 1971.

Hiatt, L. R.: *Australian Aboriginal Mythology*, Canberra 1975.

Howitt, A. W.: *The Native Tribes of South-east Australia*, London 1904.

Huffer, V./Roughsey, E. et al.: *The Sweetness of the Fig: Aboriginal Women in Transition*, Sydney/Seattle 1980.

Hyllus, M./Borg, S.: *Women of the Sun*, Melbourne 1985.

Jacobs, J. M.: *„Women Talking up Big": Aboriginal Women as Cultural Custodians, a South Australian Example*. In: Brock, P. (Hrsg.): *Women's Rites and Sites: Aboriginal Women's Cultural Knowledge*, Sydney 1989, S. 76-98.

Kaberry, P.: *Aboriginal Woman: Sacred and Profane*, London 1939.

Kennedy, M: *Born a Half-Caste*, Canberra 1985.

Labumore, E. R.: *An Aboriginal Mother Tells of the Old and New*, hrsg. v. P. Memmott u. R. Horsman, Melbourne 1984.

Langford, R.: *Don't Take Your Love to Town*, Melbourne 1988.

McConnell, U.: *Myths of the Mungkan*, Melbourne 1957.

Märchen aus Australien: Traumzeitmythen der Aborigines, hrsg. v. A. Löffler, München 1992. *

Meggitt, M. J.: *Desert People: A Study of the Walbiri Aborigines of Central Australia*, Sydney 1962.

Meggitt, M. J.: *Gadjari among the Walbiri Aborigines of Central Australia*. In: Oceania, 36, 1966, S. 174-213, S. 283-315.

Montagu, A.: *Coming into Being Among the Australian Aborigines*, London 1974 (1937).

Morgan, S.: *My Place*, Fremantle 1987.

Morgan, S.: *Wananurrganya*, Melbourne 1989.

Mountford, C. P./Harvey, A.: *Women of the Adnjamatana Tribe of the Northern Flinders Ranges, South Australia*. In: Oceania, 12, 1941, S. 155-162.

Moyle, R. M.: *Songs, Ceremonies and Sites: The Agharringa Case*. In: Peterson, N./Langton, M. (Hrsg.): *Aborigines, Land and Land Rights*, Canberra 1983.

Mum, Shirl/Sykes, Bobbi: *Mum Shirl: An Autobiography with the Assistance of Bobbi Sykes*, Melbourne 1989.

O'Brien, M.: *The Legend of the Seven Sisters*, Canberra 1990.

Parker, K. L.: *Australian Legendary Tales*, Sydney 1952 (1896-1898).

Payne, H.: *Residency and Ritual Rights*. In: Kassler, J. C./Stubington, J. (Hrsg.): *Problems and Solutions: Occasional Essays in Musicology presented to Alice M. Moyle*, Sydney 1984, S. 264-278.

Payne, H.: *The Contrasting Claims of Pitjantjatjara Women's Ceremonies on Sacred and Secular Occasions*. In: Honegger, M./Meyer, C. (Hrsg.): *La Musique et le Rite: Sacré et Profane. Actes du XIIIe Congrés de la Société Internationale de Musicologie Strasbourg, 29 août-3 septembre 1982*, Strasbourg 1986, I, S. 464-69.

Payne, H.: *Singing a Sister's Site*, Phil.Diss., University of Queensland 1988.

Payne, H.: *Rites for Sites or Sites for Rites? The Dynamics of Women's Cultural Life in the Musgraves*. In: P. Brock (Hrsg.): *Women's Rites and Sites: Aboriginal Women's Cultural Knowledge*, Sydney 1989, S. 41-59.

Peterson, N./Langton, M. (Hrsg.): *Aborigines, Land and Land Rights*, Canberra 1983.

Rowell, M: *Women and Land Claims in the Northern Territory*. In: Peterson, N./Langton, M. (Hrsg.): *Aborigines, Land and Land Rights*, Canberra 1983.

Simon, E.: *Through My Eyes*, Adelaide 1978.

Spencer, W. B.: *The Native Tribes of the Northern Territory of Australia*, London 1914.

Spencer, W. B./Gillen, F. J.: *The Native Tribes of Central Australia*, London 1899.

Spencer, W. B./Gillen, F. J.: *The Northern Tribes of Central Australia*, London 1904.

Spencer, W. B./Gillen, F. J.: *The Arunta: A Study of a Stone Age People*, London 1927.

Strehlow, C./Leonhardi, M. von: *Die Aranda- und Lortja-Stämme in Zentral-Australien*, Frankfurt 1907-1920.

Strehlow, T. G. H.: *Aranda Traditions*, Melbourne 1947.

Strehlow, T. G. H.: *Songs of Central Australia*, Sydney 1971.

Thomas, N.: *The Contradictions of Hierarchy: Myths, Women and Power in Eastern Polynesia*. In: Gewertz, D. (Hrsg.): *Myths of Matriarchy Reconsidered*, Sydney 1988, S. 170-184.

Tucker, M.: *If Everyone Cared: An Autobiography of Margaret Tucker M. B. E.*, London 1977.

Walker, D.: *Me and You: The Life Story of Della Walker as Told to Tina Coutts*, Canberra 1989.

Ward, G.: *Wandering Girl*, Broome 1987.

West, I.: *Pride against Prejudice: Reminiscences of a Tasmanian Aborigine*, Canberra 1984.

Western Regional Aboriginal Land Council: *The Story of the Falling Star*, Canberra 1989.

White, I. M.: *Aboriginal Women's Status: A Paradox Resolved*. In: Gale, F. (Hrsg.): *Women's Role in Aboriginal Society*, Canberra 1970, S. 21-29.

White, I. M.: *Sexual Conquest and Submission in the Myths of Central Australia*. In: Hiatt, L. R. (Hrsg.): *Australian Aboriginal Mythology*, Canberra 1975, S. 123-142.

White, I. M.: *Rain Ceremony at Yalata*. In: Canberra Anthropology, 2/2, 1979, S. 94-103.

White, I. M./Barwick, D./Meehan, B. (Hrsg.): *Fighters and Singers: The Lives of Some Aboriginal Women*, Sydney 1985.

White, J. P./Lampert, R.: *Creation and Discovery*. In: White, J. P./Mulvaney, D. J. (Hrsg.): *Australians to 1788* (= Australians: A Historical Library, Bd. 1), Sydney 1987, S. 3-23.

Wild, S. A.: *Recreating the Jukurrpa: Adaption and Innovation of Songs and Ceremonies in Warlpiri Society*. In: Ross, M. C./Donaldson, T./Wild, S. A. (Hrsg.): *Songs of Aboriginal Australia*, Oceania Monograph, 32, Sydney 1987, S. 97-120.

Wilson, B. K.: *Tales Told to Kabbarli (Daisy Bates)*, New York 1972.

Margaret Orbell

Die Mythologie der Māori

I. Einführung

Neuseeland (oder Aotearoa, wie die Māori es nennen) liegt sehr abgeschieden und wurde daher erst spät von Menschen besiedelt. Etwa 1000 n. Chr. entdeckten die Māori aus Zentralpolynesien die bewaldeten Inseln voller Vögel, auf denen es aber keine Säugetiere gab. In dem gemäßigten Klima entwickelten sie einen Lebensstil, der auf Fischfang, Sammeln und der Vogeljagd basierte, und wo es möglich war, bauten sie unter großem Aufwand tropische Pflanzen an – insbesondere die Süßkartoffel, die sie mitgebracht hatten. Obwohl ihnen Standesbewußtsein nicht fremd war, existierten keine durchdachten Hierarchien, wie sie in einigen polynesischen Gesellschaften zu finden sind. Das Stammessystem war eher locker und sehr flexibel, wobei sich die Bündnisse zwischen kleineren Stämmen, die ihren Ursprung auf gemeinsame Ahnen zurückführten, ständig änderten. Die Häuptlinge mußten mit ihren Kriegern Vereinbarungen treffen, anstatt ihnen Befehle zu erteilen, und die Redekunst war hoch entwickelt.

Obwohl Frauen als den Männern unterlegen betrachtet wurden, übten besonders ranghöhere Frauen in vielen Fällen beträchtlichen Einfluß aus. Gewöhnlich beteiligten sie sich nicht an Stammesdiskussionen über politische Angelegenheiten, aber unter anderen Umständen drückten sie ihre Meinung zu Angelegenheiten, die sie betrafen, öffentlich und nachdrücklich aus. In Heiratsangelegenheiten waren sie benachteiligt. Hochrangige Männer hatten meist viele Ehefrauen, denn die Fertigkeiten und der Arbeitsfleiß dieser Frauen, besonders was den Gartenbau und das Weben anbelangte, waren notwendig für die Aufrechterhaltung ihres Status und für die großzügige Gastfreundschaft, die von ihnen erwartet wurde. Gewöhnlich gab es eine „Hauptfrau", die anderen waren „kleine Ehefrauen", einige unter ihnen Sklavinnen. Einige Frauen waren glücklich, daß ihnen die Nebenfrauen ihre Arbeit erleichterten, aber viele waren es nicht.

Im allgemeinen galten Männer als *tapu* oder heilig, ihre Taten wurden durch gesellschaftliche und religiöse Bräuche bestimmt und eingeschränkt, während Frauen als *noa* galten und mit den profanen, alltäglichen Angelegenheiten in Verbindung standen. Ein Mann von Rang konnte derart *tapu* sein, daß ihm die sein Verhalten einschränkenden Regeln lästig werden konnten; dieser Status war aber auch vorteilhaft für ihn: Da solche Männer keine Last auf ihren heiligen Rücken tragen konnten, waren es Frauen, die den alltäglichen Verpflichtungen nachgingen (während Männer andere, angesehenere Aufgaben übernahmen). Andererseits war Frauen durch den angeborenen Mangel an *tapu* sexuelle Initiative erlaubt. Die meisten Frauen konnten vor der Heirat Liebhaber nehmen, und es war üblich, daß sie dabei die Initiative ergriffen.

Das Leben und das Denken der Māori waren größtenteils durch das gegensätzliche Begriffspaar *tapu* und *noa* strukturiert und geordnet. Es scheint, daß diese in ihrer religiösen, gesellschaftlichen und politischen Bedeutung so weitreichenden Konzepte sich primär auf die Erfahrung der Māori mit männlichen und weiblichen Körpern und Rollen stützten. Ihre gesellschaftliche Organisation und die Denkgewohnheiten basierten letztendlich auf der Vorstellung von der gegensätzlichen, jedoch voneinander abhängigen Natur von Männern und Frauen, was in ihrer Mythologie Ausdruck findet.

Wegen seiner Abgeschiedenheit war Neuseeland eines der letzten Stammesgebiete, das von EuropäerInnen kolonisiert wurde. Neben anderen Faktoren trug diese Tatsache dazu bei, daß ein Großteil des Mythos, der Dichtung und der Tradition der Māori erhalten geblieben ist. 1840, als Aotearoa in britischen Besitz kam, war man in Europa auf die Ähnlichkeiten zwischen biblischen, klassisch-hellenistischen und „Volks"-Traditionen bereits aufmerksam geworden, und einige der Kolonialherren begeisterten sich bald nach ihrer Ankunft für die Geschichte und Mythologie des Landes, das sie besetzt hatten. Zugleich eigneten sich Māori-Männer und -Frauen von den MissionarInnen Lesen und Schreiben an. Um 1850 war unter den Māori die Alphabetisierung fortgeschrittener als unter den im Land lebenden EuropäerInnen.

In dieser Hinsicht kam es zu einer äußerst ungewöhnlichen Zusammenarbeit zwischen den KolonisatorInnen und den Kolonisierten. Viele Māori-Autoritäten schrieben nun die mündlich überlieferte Tradition nieder oder diktierten ihren jüngeren Verwandten Mythen, Legenden und rituelle Stammesgesänge, vor allem, um zu vermeiden, daß ihnen diese in den sich schnell verändernden Zeiten verlorengingen. Die europäischen Sammler (erst vorwiegend Verwaltungsbeamte und Missionare, dann kamen die Kinder der KolonisatorInnen dazu) sorgten für die Aufbewahrung der Schriften. Diese noch nicht vollständig redigierten und übersetzten Manuskripte befinden sich heute in den öffentlichen Bibliotheken von Neuseeland. Daneben gibt es aus derselben Periode Tausende von Māori verfaßte Schriften, die sich auf die mündliche Tradition beziehen. In der zweiten Hälfte des 19. Jahrhunderts erschienen auch zahlreiche Zeitschriften in der Māori-Sprache, in denen Menschen aus verschiedenen Teilen des Landes über Politik und Überlieferung diskutierten.

Es geschah so plötzlich, daß Mythen, Gesänge und Glauben aufgezeichnet wurden, daß sie kaum, wenn überhaupt, verändert worden waren. Die Verhältnisse lagen ganz anders als z.B. in europäischen Ländern, wo die mündlichen Überlieferungen zu einem viel späteren Zeitpunkt nach der Erlernung der Schrift aufgezeichnet wurden, als nämlich die Beherrschung der Schrift bereits auf die eine oder andere Art mit wesentlichen Veränderungen der Denkgewohnheiten, des Glaubens und der Gesellschaftsstruktur gekoppelt war. In den frühen Aufzeichnungen der Māori ist eine verwickelte Beziehung zwischen der Mythologie und dem Ritual sichtbar. Die Bedeutung der Mythen offenbart sich, wenn sie mit den ihnen zugehörigen rituellen Gesängen und Sprichwörtern gelesen werden.

Viele dieser Geschichten der Māori sind uralten Ursprungs. Einige der wichtigsten Mythen lassen sich bis zu zweitausend Jahre lang zurückverfolgen, bis in die Zeit, als die ersten Menschen von Samoa, Westpolynesien, fortsegelten, um den ausgedehnten östlichen Ozean zu erforschen und seine kleinen, verstreuten Atolle und Vulkaninseln zu besiedeln. Andere Glaubensinhalte der Māori haben sich anscheinend auf den tropischen Inseln in den östlichen Gebieten entwickelt. Sie stehen in einer engen Beziehung mit den Traditionen der Völker auf Hawaii und Tahiti, von denen sich die Ahnen der Māori vor tausend Jahren oder noch früher verabschiedet hatten. Während Mythologien in gewisser Hinsicht erstaunlich konservativ zu sein pflegen, sind sie gleichzeitig unendlich veränderbar und werden bis zu einer bestimmten Grenze ständig manipuliert, ausgeschmückt und neu interpretiert. Die meisten wichtigen Gestalten aus der Mythologie der Māori waren im ganzen Land bekannt, die Grundzüge blieben überall nahezu gleich, jedoch traten große Abweichungen auf, sofern es um die Beziehungen zwischen den einzelnen Gestalten und um ihre Abenteuer ging. Darüber hinaus besaß jeder der Hauptstämme eine Mythensammlung, die einmalig war und die die genauen Ursprünge seiner Gründerahnen erklärte. Der tribale Kontext ist also immer zu beachten.

Leider wurden diese Mythen allein von Männern aufgezeichnet. Im großen und ganzen scheint es, daß viele der vollendetsten Erzählungen und Rituale auf Männer beschränkt blieben, sie wurden in den „Lernschulen" unter strikter Geheimhaltung an die ranghöheren Jungen oder innerhalb der Priesterfamilien vom Vater an den Sohn weitergegeben. Die kunstvollen rhetorischen, auf Mythen bezogenen Gesänge wurden jedoch nicht nur von Männern, sondern auch von Frauen komponiert, wenn auch nicht so oft; weiters gibt es zahlreiche Beweise dafür, daß den Frauen die Mythologie vertraut war. Ohne Zweifel liegt die Schuld dafür größtenteils bei den europäischen Sammlern; selbst Männer, ignorierten sie vermutlich die Erfahrungen der Frauen. Hinzu kommt, daß die Māori-Männer, die mit ihnen arbeiteten, ihre eigenen Berichte sicherlich für bedeutsam genug hielten und ihre europäischen Freunde nicht weiter an die Frauen verwiesen, die ihre eigenen Versionen hätten vorlegen können. Nichtsdestoweniger haben diese Māori-Männer in ihren Aufzeichnungen viel über Frauen geschrieben, die Frauengestalten ihrer Überlieferungen waren offensichtlich sehr wichtig für sie. Es ist zwar äußerst bedauerlich, daß Berichte von Frauen fehlen, auch mag das Wissen über mythische Episoden und Rituale, die primär Frauen betrafen, verlorengegangen sein (im besonderen gibt es vermutlich Lücken in den Berichten über Menstruation und Geburt), dennoch läßt sich vieles über die Rolle der Frauen und über die Erfahrungen, die sie in ihrem Leben machten, zusammentragen.

II. Mythen über Frauen

Diese frühen Manuskriptsammlungen erzählen die Geschichte der Welt. Sie fangen gewöhnlich mit den Uranfängen an, mit den ersten Eltern, Rangi und Papa, die einander umarmend daliegen. Rangi ist beides, der erste Mann und der Himmel, den er verkörpert. Papa, die erste Frau, ist die Erde. Sie ist auch eine Versinnbildlichung: Das Wort *papa* bezeichnet alles, was breit und hart ist, wie der flache Felsen oder der Boden des Hauses, und *papa* kann auch „Fundament" bedeuten, wortwörtlich oder sinnbildlich.

Diese ersten Eltern umarmten einander so fest, daß alles rundherum dunkel war und ihre Kinder zusammengedrückt zwischen ihnen lagen. In der bekanntesten Version der Geschichte sind sechs Söhne genannt; obwohl eine andere Stammesgruppe darauf besteht, daß es drei Kinder waren und eines von ihnen, Wai-nui oder das Große Wasser, weiblich war. Gewöhnlich kämpfen diese Kinder untereinander und schaffen Präzedenzfälle und Verhaltensmuster für ihre Nachkommen. Insbesondere tötet und ißt der Krieger Tu, der die Menschenwesen vertritt, seine Brüder, die die Vögel und genießbaren Pflanzen repräsentieren. Obwohl die Menschen mit allen anderen Lebewesen in der Welt verwandt sind, führt ihr Leben sie unvermeidlich in Konflikt mit ihren Verwandten.

Die Kinder wollen ihre Eltern Rangi und Papa voneinander trennen, damit Platz geschaffen wird, um sich bewegen zu können, und damit das Licht in die Welt eintreten kann. Nach einem Kampf werden der Himmel und die Erde trotz ihrer Proteste durch Tāne (eine weitere Versinnbildlichung – das Wort *tāne* bedeutet männlich, Ehemann, Liebhaber) voneinander losgerissen. Tāne ist die wichtigste Schöpfergestalt in der Māori-Mythologie. Mit dieser entscheidenden Tat schafft er Ordnung im Chaos und trennt gleichzeitig das Männliche vom Weiblichen.

Danach erwirbt er die Sonne, den Mond und die Sterne und befestigt sie an seinem Vater, dem Himmel; somit gibt es Licht in der Welt, und der Verlauf von Tag und Nacht ist geregelt. Dann sucht er nach einer Ehefrau. Zunächst findet er Frauen, die nicht menschlich sind, und er zeugt mit ihnen verschiedene Arten von Bäumen und Vögeln und andere Lebewesen. Zum Beispiel trifft er Punga, die immer häßliche Kinder hervorbringt; ihre Nachkommen sind die Insekten. Aber Tāne ist nicht zufrieden. An einem Ort namens Hawaiki stellt er schließlich eine Menschenfrau aus Erde her, bedeckt sie mit seinen Kleidern und beatmet sie; sie erwacht zum Leben, und er nimmt sie zur Frau. (Hawaiki ist das paradiesische Heimatland, die Quelle des Lebens und der Fruchtbarkeit. Trotz der Ähnlichkeit zwischen diesem Mythos und dem biblischen besteht hier keine Möglichkeit eines christlichen Einflusses.)

Die Frau des Tāne wird üblicherweise Hine-ahu-one oder Frau-aufgehäuft-aus-der-Erde genannt. Sie gebiert Tāne eine Tochter, Hine-titama, die zur schönsten Frau heranwächst (einige Stämme kennen sie als Hine-ata-uira oder Hine-i-tauira, Musterfrau). Nun nimmt die Fruchtbarkeitsgestalt Tāne selbstverständlich auch seine Tochter zur Frau. Aber in diesem Moment entdeckt diese ihre Abstammung, und beschämt eilt sie in die Nacht, die unter der Erde liegt. Hier ändert sich ihr Name: Nun heißt sie Hine-nui-te-pō, Große-Frau-die-Nacht. In einigen Versionen folgt Tāne ihr bis zum Eingang in die Unterwelt und bittet sie zurückzukehren. Sie lehnt dies aber ab und sagt ihrem Vater, seine Aufgabe sei es, in die Welt zu gehen und Kinder aufzuziehen, während sie unten bleiben müsse, um diese willkommen zu heißen, sobald sie gestorben sind.

Dieses Ereignis, die Trennung von Tāne und Hine-nui-te-pō und deren Identifikation mit den jeweiligen Sphären, bringt den Tod in die Welt; vor dieser Zeit starben die Menschen nicht. Der tricksterhafte* Heros Māui versucht später, Hine-nui-te-pō und so auch den Tod zu besiegen. Er tut dies in den meisten Versionen, indem er sich ihr nähert, als sie schlafend daliegt, und durch ihre bedrohliche Vagina in ihren Körper eintritt; manchmal heißt es, er sei einer mit Feuersteinen bestückten, aufblitzenden Vulva begegnet. Trotz seiner beachtlichen Macht gelingt ihm dieses Unternehmen nicht: Hine-nui-te-pō erwacht und zerdrückt ihn zwischen ihren Beinen. Māuis Tod stellt ein Modell für alle Menschen dar, und auf diese Weise wird Hine-nui-te-pō verantwortlich für die Einführung des Todes in die Welt.

Vor dieser Begegnung hat Māui in seiner unbekümmerten und rücksichtslosen Art viel für die Menschen getan. Er ist ein Heros, der seine Ziele auf dem „falschen" Weg erreicht, nämlich indem er die Regeln des *tapu* bricht. Sein Name bedeutet links und setzt ihn in Verbindung mit der linken Seite des Körpers, der *noa-* oder weltlichen Seite. Seine Geburt ist „falsch": Er ist eine Fehlgeburt, die seine Mutter ins Meer wirft; er überlebt, versorgt von den Geistern, und kehrt schließlich zu seiner Familie zurück. Bald erwirbt er hier den Ruf eines Unruhestifters, obwohl manches, was er anstellt, für seine Leute vorteilhaft ist. Da die Tage zu kurz sind, überredet er seine Brüder, ihm dabei zu helfen, der Sonne bei Sonnenaufgang eine Falle zu stellen; die Brüder verprügeln sie, und die Sonne geht nun langsamer unter. Wenn Feuer benötigt wird, besucht Māui seine Ahne, Mahuika, denn sie bewahrt es in ihren Fingernägeln auf. Sie zieht einen für ihn heraus, aber er ist nicht zufrieden. Er löscht sein Feuer stets aus, kehrt zurück und verlangt mehr zurück, bis alle Nägel verbraucht sind. Die wütende Mahuika erschafft eine große Glut, die ihn fast zerstört.

Ein anderes Mal geht Māui mit seinen Brüdern fischen, obwohl sie versuchen, ihn daran zu hindern. Er verwendet eine magische Angel aus dem Kiefer einer Ahne, Muri-ranga-whenua. Tatsächlich wurden manchmal Menschenknochen in die Angeln eingearbeitet, aber nur, wenn ein selbst getöteter Feind erniedrigt werden sollte, denn die Verbindung mit Nahrung zerstört das Heilige *(tapu)*. Aber Māui bricht Regeln in großem Stil und fährt gut damit. Das *Mana*, die Kraft und der Status seiner Ahne, wohnt auch ihrem Kieferknochen inne; mit dessen Hilfe fängt er schließlich einen außergewöhnlichen Fisch, der zur Nordinsel von Neuseeland wird, wo seine Nachkommen jetzt leben (sein Kanu ist übrigens die Südinsel). Das einzige Problem war, daß seine dummen Brüder seine Anweisungen nicht befolgten: Māui hatte ihnen befohlen, den Fisch nicht zu berühren, bis er zurückgekehrt war, nachdem er den Göttern ein geeignetes Opfer dargebracht hatte; sobald er ihnen aber den Rücken kehrte, fingen sie an, den Fisch zu zerteilen. Unglücklicherweise war er noch nicht tot. Er krümmte sich und zappelte, sodaß das Land durch Berge und Täler zerklüftet ist.

Da Māui keine *tapu*-Gestalt war, wurden seine Taten offen erzählt. Es ist ohne Zweifel amüsant, daß ein Trickster durch offene Mißachtung aller Regeln seine Ziele erreicht, daher waren die Erzählungen über ihn sehr beliebt, bis zum Höhepunkt des Erzählzyklus, seinen Angriff auf Hine-nui-te-pō, der ihn schließlich zu Fall bringt. Die Mythen über Māui sind praktisch überall in Polynesien bekannt.

Ein weiterer sehr bekannter Erzählzyklus kreist um einen Helden ganz anderer Art, um Tāwhaki; er ist der Inbegriff der Tugenden des Häuptlings, eine hochrangige und großartige Erscheinung, daher *tapu* oder heilig. In Neuseeland wird Tāwhaki manchmal von seinem eifersüchtigen Schwager getötet, er erwacht aber wieder zum Leben. Als sein Vater getötet wird, rächt er seinen Tod – die klassische heilige Aufgabe eines Kriegers in der polynesischen Mythologie. Seine wichtigste Heldentat ist jedoch sein Aufstieg in den Himmel, manchmal tat er dies, indem er seiner Frau Tangotango nachfolgte.

Diese Frau war aus dem Himmel herabgestiegen, um mit Tāwhaki zu leben. Sie hatte gehört, welch tapferer und schöner Krieger er war, aber nach einem Streit mit ihm kehrte sie zu ihrem Heimatort zurück. Sie nahm ihre Tochter, die die Schwierigkeiten verursacht hatte, mit. Dies lag daran, daß Tangotango versucht hatte, die normale Ordnung umzukehren. Es war bei den Māori üblich, daß sich Männer von Rang einen Großteil der Zeit um die männlichen Säuglinge kümmerten, die sie nur zum Stillen zu ihren Müttern brachten, während die Frauen die weiblichen Kleinkinder betreuten. Ein früher europäischer Reisender bemerkte amüsiert, daß Māori-Männer „alle zärtlichen Aufgaben einer Kinderfrau ausführen"; sie hatten nichts dagegen, meint er, die Polster aus weichen Pflanzenfasern zu wechseln, in die die Babies gewickelt waren (oft in Körben, in denen sie getragen wurden). Daß die Männer sich solchen praktischen Aufgaben widmeten, ist offensichtlich auf ihren Mannesstolz und auf die Freude über männliche Nachkommen zurückzuführen. Die heranwachsenden Jungen wurden größtenteils von ihren Vätern und anderen männlichen Verwandten erzogen.

Vielleicht, weil sie aus dem Himmel stammt, wo andere Bräuche herrschen, versucht Tangotango, die Regeln zu ändern. Als sie schwanger wird, sagt sie zu Tāwhaki: „Falls unser Kind ein Junge ist, werde ich es waschen. Falls es ein Mädchen ist, wirst Du es tun."

Was daraufhin geschieht, muß äußerst sonderbar gewirkt haben.[1] Das Kind wird ein Mädchen, und dieser würdevolle, hochrangige Häuptling wäscht es. Aber nach einer Weile hält er den Geruch des Mädchens nicht mehr aus: „Was für ein Gestank!" sagt er.

Äußerst verletzt reißt Tangotango das Kind an sich und steht weinend auf dem Dach ihres Hauses. Dann verschwindet sie in den Himmel und kehrt nicht mehr zurück. In einigen Stammestraditionen sucht Tāwhaki seine Frau und seine Tochter, wobei er in den Himmel hinaufsteigt.

In anderen Traditionen sucht Tāwhaki seine Großmutter – eine grimmige Frau namens Whaitiri oder Donner, die nach einem zeitweiligen Aufenthalt auf der Erde in den Himmel zurückgekehrt ist. Gewöhnlich steigt er auf einer Kletterpflanze hinauf, manchmal ist es ein Spinnennetz oder ein Drache, und meist erhält er Hilfe von einer alten Frau, die den Eingang zu dieser heiligen Sphäre bewacht (einer ihrer Namen ist Ruahine-mata-morari, Alte-blinde-Frau). Im Himmel findet er seine verschollene Frau samt Tochter, oder er entdeckt die Großmutter, Whaitiri, die ihm eine ihrer Enkelinnen zur Ehefrau schenkt.

Diese Reise in den Himmel, in die mit Licht, Erhabenheit und ewigem Leben verbundene Sphäre, offenbart den hohen Status und die Macht des Tāwhaki. Er soll, heißt es, als einziger Mann diese schwierige Leistung vollbracht haben (und wurde daher in den frühen Jahren der Christianisierung manchmal mit Jesus verglichen). In der Dichtung wurde sein Aufstieg oft erwähnt, wenn ein lebender Mann durch einen Vergleich mit ihm gelobt werden sollte. Auch in den Totengesängen wurde den Verstorbenen mitgeteilt, sie sollten mit Tāwhaki hinaufsteigen: Denn es existierte nicht nur die Vorstellung, daß die meisten Seelen nach dem Tod zu Hine-nui-te-pō hinuntergingen, sondern auch jene, daß die Seelen mancher hochrangiger Personen, besonders der Krieger, in den Himmel hinaufstiegen, wo ihr linkes Auge zu einem Stern wurde.

Die Großmutter des Tāwhaki, Whaitiri oder Donner, ist eine mächtige und rätselhafte Gestalt. Es ist nicht verwunderlich, daß Tāwhaki mit ihr verwandt war, denn er selbst steht mit Donner und Blitz in Verbindung. Ihre Anwesenheit im Himmel liefert einen Grund für seinen Aufstieg, manchmal hilft sie ihm dabei, wie so viele weibliche Verwandte in den Māori-Mythen. Aber Whaitiri ist auch eine eigenständige Gestalt, eine Person mit hohem Status, worauf ihre himmlische Geburt hinweist. Sie waltet unter anderem über Nahrungsbestände (insbesondere über Vögel und Fische), die sie vergrößern oder verringern kann. An der Westküste der Nordinsel, wo sie besonders wichtig war, wurde sie von einer Quelle als „die erste alte Göttin der Zeiten der Dunkelheit", der Zeiten zu Beginn der Welt, beschrieben; diese Quelle besagt weiter, es sei Whaitiri (und nicht, wie üblich, Tāne), die verantwortlich sei für die Trennung von Erde und Himmel und daher für die Erschaffung der Welt. Leider wissen wir wenig über diese Tradition einer Minderheit.

Im übrigen tropischen Polynesien ist eine mythische Frau namens Hina oder Sina die archetypische Figur einer Ehefrau, die Aspekte der Lebenssituation von Frauen aufzeigt und gewissermaßen ein Muster für das Alltagsleben der Frauen schafft. In einer Episode wird ihre gefährliche Sexualität dargestellt, die gezähmt werden muß: Sie nimmt einen Aal zum Liebhaber; ihr Mann Māui und andere töten die Kreatur und begraben deren Haupt. Ende gut, alles gut: Aus dem Haupt wächst die erste Kokospalme; die drei Löcher auf der Kokosnuß sind die Augen und das Maul des Aals. Als die Vorfahren der Māori diesen alten Mythos nach Neuseeland mitbrachten, durchlief er einige Veränderungen. Māui zerhackt den Aal in Stücke, und da in diesem Land keine Kokospalme wächst, schwimmt der Kopf des Aals in die Flüsse, wo daraus Flußaale hervorgehen. Sein Schwanz verschwindet im Ozean und wird zum ersten Meeraal; sein Blut ist noch sichtbar im rötlichen Holz bestimmter Bäume.

In den Erzählungen von Hina und dem Aal ist Hina immer die Ehefrau von Māui. In einer anderen Erzählung ist Hina die Schwester des Māui und nicht seine Ehefrau; sie ist mit einem Mann namens Irawaru verheiratet. Māui verwandelt seinen Schwager in den ersten Hund, was einen wertvollen Erwerb für die Menschheit und zugleich einen etwas boshaften, aber höchst unterhaltsamen Streich darstellt, denn die Beziehungen zwischen Schwagern waren häufig gespannt. Die Verwandlung ihres Mannes bringt Hina (oder Hina-uri), so heißt es in einigen Versionen, dermaßen aus der Fassung, daß sie sich ins Meer stürzt. Sie schwimmt viele Tage, manchmal mit Hilfe der Meerestiere, und findet schließlich einen Mann namens Tinirau, den sie heiratet. Jedoch bezieht sich die letzte Episode öfter auf eine andere Frau, Hine-te-iwaiwa. Und obwohl Hina gewissermaßen Frauen im allgemeinen vertritt, ist es eher Hine-te-iwaiwa, die in den rituellen Gesängen als die archetypische Ehefrau und Mutter angesehen wird.

Die Abstammung der Hine-te-iwaiwa wird unterschiedlich angegeben. Manchmal ist sie eine Tochter des Tāne; immer ist sie eine sehr frühe Ahne. Sie unternimmt eine lange Reise, erzählt eine Mythe, um den Mann zu finden, den sie heiraten will. Als sie von dem schönen Tinirau hört, dem Herrscher aller Fische im Ozean, schwimmt sie tagelang durch das Meer bis zu seinem Heim auf Motu-tapu, der Heiligen Insel. Sie wird seine Ehefrau und gebiert einen Sohn. Als die zwei eifersüchtigen Nebenfrauen ein Komplott schmieden und Hine-te-iwaiwa töten wollen, zerstört sie jene mittels eines mächtigen Gesanges (dieser wurde wahrscheinlich von jenen angewendet, die schwarze Magie betrieben). Die Kraft des Gesanges tötet die Nebenfrauen und verwandelt sie gleichzeitig in Jade, sodaß dieser Schatz nun zum ersten Mal in der Welt zu finden ist.

In der Māori-Gesellschaft hatte der Bruder einer Frau eine besondere Beziehung zu deren Söhnen, denn manchmal erbten sie den Rang und das Eigentum von ihm anstatt von ihrem Vater. Aus diesem Grunde geht Rupe, der Bruder der Hine-te-iwaiwa, auf die Suche nach ihr. Er findet sie genau an dem Tag, als sie ihren Sohn

Tuhuruhuru geboren hat. Manchmal bringt er sie und ihren Sohn zurück, weil Tinirau sie vernachlässigt hat. Später versöhnen sich jedoch Mann und Frau.

Die häusliche Macht und die Verpflichtungen der Frauen wurden, so hieß es im allgemeinen, anfänglich von Hine-te-iwaiwa begründet. Einige hochrangige Mädchen sollen von ihr abstammen; wenn Genealogien eine aristokratische weibliche Abstammung, *aho tapairu*, zurückverfolgten, endete diese oft bei Hine-te-iwaiwa. Viele wichtige Ereignisse im Leben der Mädchen und Frauen wurden durch Rituale und Gesänge gekennzeichnet, die zu diesen feierlichen Gelegenheiten vorgetragen wurden, und oft wurde darin Hine-te-iwaiwa erwähnt. Zu dem *tohi*-Ritual, einer Zeremonie, die der Taufe ähnlich ist und am fließenden Wasser stattfand, wurden alle Säuglinge weiblichen Geschlechts der Hine-te-iwaiwa gewidmet, damit ihr Leben wie ihres sein würde. Frauen wurde während der Geburt durch einen rituellen Gesang geholfen, der von Hine-te-iwaiwa erzählte; das erste Mal soll er vorgetragen worden sein, als sie ihren Sohn gebar, worauf die spätere Wirksamkeit des Gesanges *(Mana)* beruhte; eine Frau in den Wehen wurde daran erinnert, daß sie wie Hine-te-iwaiwa ihre Pflicht erfülle und die Ahne daher die Macht habe, ihr zu helfen.

Das Tätowieren der Lippen war ein anderes bedeutsames Ereignis im Leben einer jungen Frau. Es fand vor der Hochzeit statt und war eine Mutprobe, denn das Tätowiergerät stach nicht nur in die Oberfläche, sondern drang tief ein. Während dieser Zeremonie nannte der rituelle Gesang neben Hine-te-iwaiwa zwei weitere für diesen Anlaß besonders zuständige Ahnen, Hine-rau-wharangi und Rukutia. Diese Frauen werden als die Vorgängerinnen des Mädchens angesehen: Einst haben sie selbst diese Verpflichtung bewältigt, daher können sie nun dem Mädchen die nötige Kraft verleihen, das Tätowieren mit Würde zu überstehen.

Hine-te-iwaiwa soll als erste Frau die Rolle einer *ruahine* übernommen haben, d.h. einer hochrangigen Frau, die im religiösen Ritual notfalls den Überschuß an *tapu*, an Heiligem, aufheben konnte. Frauen hatten die Macht, *tapu* zu beheben, wenn dies notwendig war, da sie im Wesen *noa* (alltäglich/profan) waren; aus diesem Grunde nahmen sie an vielen Ritualen teil. Ein solches Ritual wird bis zum heutigen Tag ausgeführt. In einer zu Sonnenaufgang stattfindenden Zeremonie wird der Überschuß an *tapu* aus dem Versammlungshaus des Stammes geleitet, einem großen Haus für Zusammenkünfte, geschmückt mit Schnitzereien der Ahnen. Während dieses Haus gebaut und geschnitzt wird, ist es so voll von *tapu*, daß Frauen sich ihm nicht nähern dürfen; das *noa*-Element, das die Frauen vertreten, würde den Bau entweihen und den Erfolg des ganzen Unternehmens gefährden. Aber nachdem das Haus vollendet ist, muß etwas von dieser Heiligkeit entfernt werden.

Früher beinhaltete das Ritual manchmal, daß eine Frau das Dach des Hauses betrat (s. Abb. 27). Als Teil der Eröffnungszeremonie betritt heutzutage eine Frau von hohem Rang das Gebäude in Begleitung des *tohunga*, des Priesters, um den Überschuß an *tapu* aufzuheben und das Haus für den Aufenthalt der Menschen sicher zu

Abb. 27: „Eine Frau führt Beschwörungen durch“, um im Rahmen einer Zeremonie den Überschuß an *tapu* von einem neuen Haus zu beseitigen.
Zeichnung von George Gray aus dem Jahr 1853

machen. In einem der rituellen Gesänge, die diese Zeremonie begleiten, wird die Frau, die diese Rolle übernommen hat, mit Hine-te-iwaiwa identifiziert.

Da Hine-te-iwaiwa die archetypische Gestalt einer Ehefrau und Mutter darstellt, steht sie in Verbindung mit dem Weben, einer Frauentätigkeit; zugleich gelten auch spezialisiertere Gestalten wie Rukutia, Niwareka und Hine-rauamoa als verantwortlich für dessen Einführung in die Welt.

In einer anderen Geschichte betrauert Hine-te-iwaiwa einen Toten und übt Rache. Als ihr Sohn Tuhuruhuru als junger Mann getötet wird und Vergeltung geübt werden muß, wird sie von ihrem Gatten Tinirau zu einem Mann namens Whakatau geschickt, um ihn um Hilfe zu bitten. Er ist nämlich Fachmann auf diesem Gebiet, die archetypische Figur eines Kriegers, der Rache nimmt. Indem Hine-te-iwaiwa die Männer aufruft, den Tod eines Verwandten zu rächen, etabliert sie ein Muster, dem Frauen seither folgen.

In der Māori-Gesellschaft hatte Vergeltung eine derart entscheidende Bedeutung, daß die Rolle der rachsüchtigen Mutter einer speziellen Gestalt zukam. Diese Frau ist Apakura. In einigen Überlieferungen heiratet sie Tuhuruhuru und hat einen Sohn, Tuwhakararo, der von einem anderen Stamm heimtückisch getötet wird. Apakura betrauert seinen Tod unaufhörlich, zum Teil, um den eigenen Gefühlen freien Lauf zu lassen, aber auch, um ihren Stamm zur Rache zu bewegen. Und der große Rächer Whakatau – er wird hier entweder als der jüngere Bruder des Tuwhakararo, als sein Cousin oder sein Sohn beschrieben – tötet in der Tat den Feind. Die Ahne Apakura soll den Menschen, insbesondere den Frauen, beigebracht haben, die Toten zu betrauern, und wird daher oft in Trauerliedern erwähnt.

Bisher wurden einige der wichtigsten mythischen Gestalten angeführt, die im ganzen Land bekannt waren. Je nach Gebiet variierten die Berichte über ihre Heldentaten und Abenteuer in beträchtlichem Ausmaß, aber ihre grundsätzliche Bedeutung, ihre archetypischen Rollen, blieben im großen und ganzen überall gleich. Diese männlichen und weiblichen, zu Beginn der Welt lebenden Ahnen gaben ihren Nachkommen die gesellschaftlichen Verhaltensmuster vor. Sie sind nicht *atua*, Geister oder Götter, sondern *tāngata*, Menschen, die auf den frühesten Stufen der Genealogien erscheinen. Sie bewerten weder das Verhalten der Menschen noch beurteilen sie es; sie verweisen lediglich auf dessen Reichweite. Einige unter ihnen sind zugleich auch Naturphänomene, wie Rangi, der Himmel, und Papa, die Erde.

Andere Mythen sind regional begrenzt und erzählen nichts über die Anfänge der Menschheit, sondern über die der einzelnen Stämme. Während einige Stämme beanspruchten, von den Ahnen abzustammen, die immer dort gelebt hatten (wie z.B. Māui, der sich vom dem Fisch ernährte, nachdem er ihn hochgezogen hatte), glaubten die meisten, daß ihre StammesgründerInnen aus dem paradiesischen Land Hawaiki stammten, das in Richtung der aufgehenden Sonne lag.

Dieses mythische Land, die Quelle des Lebens und der Fruchtbarkeit, war der Schauplatz vieler früherer Ereignisse (es wurde bereits erwähnt, daß Tāne hier die erste Frau erschuf). Die meisten größeren und einige kleinere Stämme besaßen eine Mythe darüber, warum und wie die ersten Ahnen ihres Stammes das Heimatland Hawaiki verließen; weiters Mythen über wertvolle Besitztümer – Pflanzen und Vögel, Querbeile und andere Schätze, die sie mitbrachten; über die außergewöhnlichen Hindernisse, die ihre Führer zu überwinden hatten; über rituelle Gesänge; über die übernatürlichen Wächter, die ihre Kanus begleiteten; über Antagonismen zwischen Rivalen; über die Grenzmarkierungen, die die Führer nach ihrer Landung setzten, und über ihre Entdeckungsreisen, auf denen sie Gebiete benannten, besetzten und Grenzen festlegten.

Die meisten Hauptfiguren in diesen beliebten Erzählungen über den Stammesursprung sind Männer; über die sie begleitenden Ehefrauen wird wenig erzählt. Allerdings gibt es eine bemerkenswerte Ausnahme. In zahlreichen Traditionen ist es eine

Frau, die für die Einführung der äußerst geschätzten Süßkartoffel, *kumara*, verantwortlich ist. Die Süßkartoffel machte die Hauptnahrung aus, und Frauen spielten eine wichtige Rolle bei ihrem Anbau. Üblicherweise ist es die Hauptgattin des Kapitäns eines Kanus, die die Süßkartoffel mitbringt. Eine Frau, Whakaoti-rangi, war in diesem Zusammenhang so berühmt, daß fünf verschiedene Stammesgruppen sie als ihre Ahne beanspruchten; ihre Klugheit und ihr Fleiß waren sprichwörtlich geworden. Während alle anderen die Saatknollen auf der Reise verzehrten, heißt es in einer Geschichte, bewahrte sie die ihren festgebunden in einer Ecke ihres Korbes auf. Sie pflanzte sie in dem neuen Land an, und sie gediehen prächtig.

Analyse

So viel über die Mythen der Māori und die überlieferten Erzählungen, die die Welt erklären. Solche Denksysteme waren in tribalen Gesellschaften allgemein verbreitet; diese Gesellschaften waren klein und verhältnismäßig isoliert, sie lebten mit „einfacher" Technik und ohne Schrift, und sie ergingen sich nicht in endlosen wissenschaftlichen Untersuchungen. Selbstverständlich waren die Menschen in diesen Gesellschaften äußerst vertraut mit ihrer physischen Umwelt und gingen sehr geschickt mit den schwierigen Bedingungen um, die ihnen ihre Technologie und die Mittel auferlegten, die ihren Lebensunterhalt sicherten. Die Mythen der Māori standen einem solchen Verständnis nicht im Wege. Sie hielten so lange stand, weil darin grundlegende Verpflichtungen ihren Ausdruck fanden und weil sie gleichzeitig einen Spielraum für unendliche Verfeinerungen und Möglichkeiten der Interpretation, Anwendung und Aufarbeitung ließen. Und sie ermöglichten auch eine große poetische Tradition.

Das wichtigste Moment der Mythologie der Māori ist meiner Meinung nach ihre Beschäftigung mit der Natur sowie mit der Rolle des Männlichen und des Weiblichen. Unsere körperliche Erfahrung ist unausweichlich, sie ist von Anfang an gleichzeitig physisch und gesellschaftlich geprägt. Dazu kommt, daß das Denken der Menschen – insbesondere jener der Stammesgesellschaften – größtenteils dualistisch, in Gegensatzpaaren, strukturiert ist. Männlich und weiblich machen solch eine Dualität aus. Im Denken der Māori stand die grundlegende Dualität von männlich/weiblich mit zahlreichen anderen Dualitäten in Verbindung, Dualitäten, die die wahrnehmbare Welt strukturierten – wie Licht/Dunkelheit, Ost/West, oben/unten, rechts/links, roh/gekocht, *tapu*/*noa*, Leben/Tod. In jedem Fall standen Männer in Verbindung mit dem jeweils angeseheneren Begriff (Licht, Ost, oben, rechts, roh, *tapu*, Leben), Frauen hingegen mit dessen Gegensatz.

Warum wurden Frauen jene Bereiche zugeschrieben, die mit der Dunkelheit, der untergehenden Sonne, einer unterlegenen Stellung, der (verdächtigen) linken Hand, gekochtem Essen, dem Alltäglichen und dem Profanen in Verbindung stehen? Warum galten in den meisten – wenn nicht in allen – traditionellen Gesellschaften Frauen in dieser Hinsicht als den Männern deutlich unterlegen? Diese schwierige Frage ist viel diskutiert worden. Im folgenden kann ich nur auf einige Aspekte der Vorstellungen der Māori über die Geschlechter eingehen, wie sie sich in der Mythologie widerspiegeln. Die Auseinandersetzung mit den die Geschlechter betreffenden Fragen stellt zwar eine grundlegende Organisationsstruktur aller Mythologien dar; es ist jedoch bemerkenswert, daß im Falle der Mythologie der Māori dieses Denken besonders deutlich hervortritt; vielleicht auch bedingt durch die Tatsache, daß in ihrem Land faktisch keine Landsäugetiere existierten – nur einige unbedeutende Fledermäuse sowie die Hunde und Ratten, die ihre Vorfahren mitgebracht hatten. Verglichen mit den meisten anderen Mythologien spielen in den Erzählungen der Māori Tiere eine geringere Rolle, obwohl es an Vögeln, Walen u.a. nicht mangelt. Statt dessen begegnen Männer und Frauen einander in ihrem eigentlichen Wesen.

Wie wir berichtet haben, ist die Erde die erste Frau, Papa, oder – umgekehrt – die erste Frau ist die Erde. Die *zweite* Frau, Hine-ahu-one, besteht ebenfalls aus Erde. Sie wird aus der Erde des paradiesischen Landes Hawaiki geformt, das die Quelle des Lebens und der Fruchtbarkeit ist. Nachdem Hine-titama, die schöne Tochter der Hine-ahu-one, erfährt, daß ihr Ehemann auch ihr Vater ist, begibt sie sich in die dunkle Sphäre unter der Erde. (Hierbei ändert sich ihr Name in Hine-nui-te-pō, Große-Frau-die-Nacht.) Sie ist die *dritte* Frau, die mit der Erde in Verbindung steht – in diesem Falle mit ihrem negativen Aspekt, dem Tod. Die Verknüpfung der Fruchtbarkeit der Frau mit jener der Erde ist in der Mythologie ebenso üblich wie der Glaube, daß Frauen für die Einführung des Todes in die Welt verantwortlich sind. Wenn es keine Frauen gegeben hätte, behaupteten die Māori-Männer, hätten Männer für immer wie die Sterne im Himmel gelebt.

Warum galten Frauen, deren lebenspendende Kraft so hoch geschätzt wurde, gleichzeitig als diejenigen, die den Tod in die Welt gebracht hatten? Einer der Gründe, wenn auch nicht der einzige, könnte der folgende sein: Da Frauen den Prozeß eingeleitet hatten, mußten sie – einer zwingenden Logik folgend – auch das verantworten, was folgte. Eine Geschichte über die männliche mythische Gestalt Tiki liefert hierfür eine Parallele. Manchmal ist es Tiki anstatt Tāne, der die erste Frau erschafft und mit ihr Geschlechtsverkehr hat; ansonsten spielt Tāne diese Rolle, und Tiki wird mit dessen Penis identifiziert. Die Besonderheit des Tiki ist, daß er den Geschlechtsverkehr eingeführt hat; in dieser Rolle wird er in Liedern und Sprichwörtern erwähnt, daher wird er manchmal Tiki-rau-hanga, Tiki-der-Trickreiche, genannt. Aber dieser sorgfältig gewählte Name bezieht sich nicht nur auf seine Rolle als Liebhaber, denn es gibt auch Trauerlieder, in denen Tiki-rau-hanga für die Existenz des Todes verantwortlich gemacht wird. Seine List besteht in diesem Zusammenhang darin, daß er, indem er die Menschen zum Leben erweckt, sie gleichzeitig dem Tod aussetzt: Dies ist eine unerwartete Folge. Tiki kann also, wie sonst meist die Frauen, für den Tod der Menschen verantwortlich gemacht werden, denn unser Ende ist bereits in unserem Anfang enthalten.

Die Mythen vermitteln sowohl Anerkennung der Macht der Frauen als auch Furcht vor ihnen: Die bedrohlichen weiblichen Gestalten, die oft den Helden begegnen, sind hierfür ein Beispiel (manchmal, aber nicht immer, lassen sie sich erweichen und verwandeln sich in helfende Großmütter). Die Gründe für diese Furcht sind komplex. Die Fähigkeit der Frauen, Kinder zu gebären und sie zu ernähren, hatte eine derart gewaltige Bedeutung, daß eine gewisse männliche Angst davor verständlich erscheint. Anscheinend löste auch die weibliche Sexualität Furcht aus: Der Aal der Hina sowie der Tod des Māui zwischen den Beinen der Hine-nui-te-pō liefern Beispiele dafür. Die *noa*-Eigenschaft, die Frauen von Natur aus innewohnte, muß in gewissen Situationen als gefährdend für die *tapu*-Männer erlebt worden sein, denn sie hatten ihre Sakralität vor einer zu engen Berührung mit dem Alltäglichen und Profanen zu schützen. Mann und Frau mußten voneinander getrennt gehalten werden – in der Tat entstand die Welt, als sie erstmals voneinander getrennt wurden; zugleich war ihre wechselseitige Beeinflussung sowohl im Alltag als auch im Ritual notwendig, in dem Frauen eine wesentliche Rolle zu spielen hatten. Diese Bedingungen müssen für Spannung gesorgt haben. Die Risiken waren hoch und Unglücksfälle immer möglich. Wenn zum Beispiel eine Frau über die Beine eines liegenden Mannes stieg, wurde sein *tapu* verletzt. Handelte es sich hier um die Beine eines Jungen, der noch verletzlicher war, hinderte dies sein Wachstum.

Mythische Frauen unternehmen nicht so oft Abenteuer wie mythische Männer. Allerdings bringen sie die Süßkartoffel von dem paradiesischen Land Hawaiki mit und bauen sie nach ihrer Ankunft erfolgreich an. Abgesehen davon unternehmen sie auf der Suche nach einem Ehemann bedeutsame Reisen: Hine-te-iwaiwa (oder Hina) sucht nach Tinirau; Whaitiri steigt vom Himmel hernieder, um einen Mann namens Kai-tangata zu heiraten; und Tangotango kommt herunter und heiratet Tāwhaki. Auch in den Legenden der Māori begibt sich eine Frau von hoher Geburt auf eine heimliche, mühsame Reise – alleine oder mit einem einzigen Diener, um einen Häuptling zu finden, den sie trotz des Widerstands ihrer Familie zu heiraten beabsichtigt; endlich gelangt sie zu ihm, und sie heiraten. Solche Bemühungen um Ehemänner mögen den westlichen LeserInnen von heute kaum wagemutig erscheinen. Aber indem diese Frauen sich ihre Ehemänner aussuchen, suchen sie zugleich auch die Familie und den Stamm aus, wo sie ihr zukünftiges Leben zu verbringen haben; hier werden sie nicht nur Kinder gebären, sondern auch ihre Fertigkeiten im Gartenbau, Weben, Sammeln und vieles mehr ausüben. Tatsächlich wurde die Ehe einer Frau, besonders wenn sie hochrangig war, von ihren Brüdern und ihrem Stamm geplant; es war im wesentlichen eine politische Entscheidung. Es ist bekannt, daß Frauen manchmal ihre Wünsche gegen den Widerstand der Familie durchsetzen konnten. Zumindest scheint die Idee, daß eine Frau ihre Unabhängigkeit bewahrt und ihre Zukunft selbst bestimmt, verlockend gewesen zu sein: klarerweise für Frauen, aber auch für Männer, was sich an der Beliebtheit dieser Erzählungen ablesen läßt.

In den Mythen sind zwar die Männer meistens die Hauptpersonen, aber ihr Erfolg hängt gewöhnlich von der Hilfe der Frauen ab. So bemerkt die Volkskundlerin Katharine Luomala: „Kaum ein polynesischer Heros kommt fünf Minuten der Erzählzeit ohne Hilfe seiner treuen und magisch begabten Schwester, Mutter oder blinden alten Großmutter aus, die ihm in seinem Abenteuer beisteht, ihn vor einer Niederlage bewahrt oder ins Leben zurückbringt ... es ist natürlich seiner Heldennatur zu verdanken, ... daß er sie zur Mitarbeit gewinnen kann, während die anderen männlichen Verwandten keine Hilfe erhalten" (Luomala 1955, S. 148). In den meisten Fällen leisten weibliche Verwandte Hilfestellung, denn Blutsverwandtschaft wurde sehr hoch geschätzt. Manchmal erfüllen auch Ehefrauen diese Funktion. Die Bereitschaft der Frauen, zu unterstützen und zu nähren, wurde für so selbstverständlich, ja für natürlich gehalten, daß einige Männer unter Umständen Schutz und Hilfe sogar von Frauen bekommen, die sie bisher nicht gekannt haben. Als Rua-te-pupuke sich dem Haus des Tangaroa nähert, der seinen Sohn gestohlen hat, ist Tangaroa im Moment abwesend, und Rua-te-pupuke erhält die äußerst notwendige Hilfe von einer Frau, der er dort begegnet. Dies ist keinesfalls eine überraschende Begebenheit, es entspricht einem üblichen, vielleicht sogar universellen Schema.

III. Einige unbedeutendere Gestalten

Eine alte Mythe, die heute nur noch in einer Region erhalten geblieben ist, erzählt von einer „verschlingenden Mutter" – eine Alptraumgestalt, die allen MythenforscherInnen bekannt ist. Diese Frau namens Houmea war mit Tangaroa verheiratet. Zunächst hatte er nicht gewußt, daß sie böse war. Als er wie üblich vom Fischen zurückkehrte, kam sie, um den Fisch zu holen; sie verschlang ihn und gab vor, die Meeresfeen hätten ihn gestohlen. Eines Tages verschlang sie ihre zwei Söhne. Ihr Mann erweckte diese mit Hilfe eines rituellen Gesanges wieder zum Leben und floh mit ihnen in seinem Kanu. Houmea verwandelte sich in einen Kormoran und jagte ihnen auf dem Ozean nach. Sie holte das Kanu ein und sperrte das Maul auf, um sie zu verschlingen, aber sie fütterten sie mit glühenden Steinen, woraufhin sie starb. Heute, fügt der Erzähler hinzu, sei Houmea noch immer in der Gestalt des Kormorans zu sehen, und böse und unehrliche Frauen werden Houmea genannt.

Der Kormoran mit seiner außergewöhnlichen Fähigkeit, Fisch zu verschlingen, ist die passende Tiergestalt für Houmea. Im traditionellen Māori-Denken überwiegt die Tendenz, Frauen in verschiedenen Situationen in Verbindung mit Wasser zu sehen; dieses erscheint als ihr natürliches Element. Wir haben bereits von Hine-te-iwaiwa

Abb. 28: Kurangai-tuku, die Fee mit Vogelhaupt, mit ihren Tieren, den Vögeln und Eidechsen. Es handelt sich um die Schnitzerei auf einer Tür eines Versammlungshauses, das 1905 eröffnet wurde.

Foto: Theo Schoon

berichtet, daß sie viele Tage schwamm, um die Insel zu finden, auf der Tinirau lebte. Eine weitere mythische Figur ist Hine-poupou, die von ihrem Mann im Stich gelassen wurde, als sie an der Küste von Raukawa (Cook-Straße) lebten, dem turbulenten Gebiet, das die zwei Hauptinseln trennt. Als ihr Mann und seine Leute auf die andere, etwa 80 Kilometer entfernt liegende Seite der Cook-Straße hinübergesegelt waren, schwamm sie ihnen nach und entdeckte auf dieser Strecke einen wertvollen Fischfelsen. Sie verzieh ihrem Mann und lebte nochmals mit ihm zusammen. Als er sie aber ein zweites Mal beleidigte, rächte sie sich: Sie lockte ihn ins Meer und bat die Drachen *taniwha*, denen sie während ihres langen Schwimmens begegnet war, einen Sturm zu schicken, um sein Kanu zu zerstören.

Eine andere gefährliche Frau ist Kurangai-tuku, eine Fee, die allein im Wald von der Vogeljagd lebt. Sie selbst hat ein Vogelhaupt und Federn. Sie entführt Hatupatu, der im Wald umherwandert, und hält ihn in ihrer Höhle gefangen. Als er flieht, verfolgt sie ihn mit Riesenschritten; sie steigt von einem Hügel auf den nächsten, und er überlebt nur dadurch, daß er über eine siedende Quelle springt, während sie, dicht hinter ihm, diese zu durchwaten versucht.

Es wurde erwähnt, daß besondere weibliche Gestalten verschiedene Fertigkeiten und Aktivitäten wie das Weben, den Anbau der Süßkartoffel und die Trauer um die Toten repräsentieren. Nach einer alten Tradition sind die Schwestern Raukata-uri (Dunkle Raukata) und Raukata-mea (Rote Raukata) für die Einführung von Spiel, Musik und Tanz in die Welt verantwortlich; ihre Anwesenheit ist heutzutage im Wald spürbar: Ein feiner, hängender Farn soll ihr Haar sein, und die unaufhörlich singende Zikade ist die Stimme der Raukata-uri. Die zwei Schwestern Te Pupu und Te Hoata sind der Ursprung und die Verkörperung des übernatürlichen Feuers, das sich am Grund von Vulkanen und heißen Quellen befindet. Als ihr Bruder Ngātoro-i-rangi einen Berg bestieg und vor Kälte fast starb, schickten sie ein Feuer, das dort noch zu sehen ist, um ihn zu wärmen. Zahlreiche andere Frauen verkörpern Naturphänomene, wie z.B. Hine-moana, Ozean-Frau; Hine-pukohu-rangi, Nebel-Frau; Hine-kirikiri, Kies-Frau; und Hine-tua-hōanga, Sandstein-Frau.

Sandstein wurde zur Bearbeitung der hochgeschätzten Jade (Grünstein) verwendet, daher gilt Hine-tua-hōanga als Feindin, da sie zuerst der Jade nachspürte, bis in die Täler, wo der Stein heute zu finden ist. Manchmal ist sie auch die Mutter oder die Schwester des Rata, der ein Kanu baut und damit loszieht, um den Tod seines Vaters zu rächen. Als er Holz für sein Kanu braucht und einen Baum fällt, rät Hine-tua-hōanga ihm, sein Querbeil auf ihrem Sandsteinrücken zu schärfen, und sein Unternehmen verläuft erfolgreich. Es mag eigenartig klingen, daß die Mutter eines Kriegers einen Sandsteinrücken hat, aber, wohlgemerkt, es handelt sich hier um Übertragungen. Hine-tua-hōanga ist ein wunderbares, Macht verleihendes Wesen; zugleich ist sie „Helferin“, durch deren Wissen und Macht ein Mann dieses Wesen auf seiner Seite haben kann.

IV. Mythographie

Zur Mitte des 19. Jahrhunderts, als die Mythen der Māori erstmals dokumentiert wurden, galten sie im allgemeinen als historische Berichte. Die Māori hielten die Menschen in diesen Erzählungen für ihre Urahnen. Die EuropäerInnen glaubten nicht, daß alle diese Gestalten historisch belegbar waren, aber sie nahmen meist an, daß Māui, Tāwhaki, Rata, Whakatau und zahlreiche andere Gestalten Personen waren, die einst existiert hatten. Das überrascht nicht, denn die Māori-Gewährsleute behaupteten das gleiche. Auch erzählen viele Legenden von den Taten der tatsächlichen, historischen Ahnen aus verhältnismäßig junger Zeit, sodaß es verständlich ist, daß die Mythen mit diesen Legenden vermischt wurden. Die religiösen Bedeutungen der Mythen – das Archetypische der einzelnen Gestalten, die Aufführung dieser Erzählungen im rituellen Kontext – verstanden die ersten europäischen Gelehrten kaum, obwohl sie in den von ihnen gesammelten Texten enthalten waren. Die Übernahme des Christentums durch die Māori führte bald zur Preisgabe der meisten überlieferten Rituale. Obwohl viele alte Glaubensvorstellungen und Praktiken lange Zeit überlebten, verloren die meisten Mythen ihre ursprüngliche Bedeutung.

In den sich schnell wandelnden Verhältnissen wurden die Mythen durch die Māori und die europäischen Gelehrten neu geformt und wieder wirksam. Episoden, in denen die Charaktere außergewöhnliche und „übernatürliche" Kräfte vorführen, wurden von den EuropäerInnen oft ignoriert oder rationalisiert; und mit der Zeit ging auch in den Erzählungen der Māori dieser Aspekt zurück. Beide Seiten suchten dann die unterschiedlichen Berichte miteinander abzustimmen. In dem Ausmaß, in dem sich der Kontakt zwischen den Stammesgebieten intensivierte, schufen die Vortragenden neue Synthesen aus den Schöpfungsmythen der einzelnen Stämme – oder sie lehnten die Ansprüche der anderen Stämme verächtlich ab. Als die EuropäerInnen verwandte Erzählungen aus anderen Teilen Polynesiens kennenlernten, wagten sie sich an irreführende historische Rekonstruktionen heran, die im Laufe der Zeit auch das Denken der Māori-ErzählerInnen beeinflußten.

Die frühe Literatur über die Tradition der Māori (wie in *The Journal of the Polynesian Society* und die Arbeiten von George Grey, John White, Percy Smith, Elsdon Best, Apirana Ngata, Te Rangi Hiroa, Pei Te Hurinui u.v.a.) enthält viele historische und linguistische Informationen, bietet aber kaum Einsichten in das Wesen der Mythen. Die geschichtlich bedingten Fehlinterpretationen dieser Erzählungen wurden so verworren und unbefriedigend, daß das Interesse an ihnen schließlich abnahm. Der Bereich blieb europäischen SchriftstellerInnen überlassen, die sentimentale und im allgemeinen schlecht geschriebene Nacherzählungen für Kinder produzierten (und dadurch den Anschein förderten, die Überlieferungen der Māori bestünden lediglich aus Kindergeschichten).

In den 50er Jahren, als sich nur noch sehr wenige mit den Überlieferungen der Māori beschäftigten, veröffentlichte der dänische Religionshistoriker J. Prytz Johansen zwei Arbeiten über Mythologie, die mit eindrucksvollen Interpretationen von Māori-Texten zum ersten Mal zu einem differenzierten Verständnis von Mythos und Ritual beitrugen. Johansen geht auf die archetypische Bedeutung vieler mythischer Gestalten ein und untersucht ausführlich die vielschichtigen Beziehungen zwischen Mythos und Ritual. Auch wenn sein erstes Buch etwas überholt ist, schenkt er den weiblichen Gestalten dieser Erzählungen beträchtliche Beachtung. Während vorangegangene Versuche einer historisierenden Interpretation dazu geführt haben, alle mythischen Gestalten – abgesehen von Kriegern und Seefahrern – außer acht zu lassen, zeigt seine Betrachtungsweise auf, wie groß die Bedeutung der weiblichen Gestalten ist.

Johansen hat verdeutlicht, wie erfolgreich die religionsgeschichtlichen und literaturwissenschaftlichen Methoden auf die Schriften traditioneller Gesellschaften angewendet werden können. Seine bahnbrechende Arbeit wird von ReligionshistorikerInnen und EthnologInnen leider noch immer zu wenig beachtet.

Das neue Bewußtsein für die Bedeutung der Mythen und das Anliegen, die in Manuskripten überlieferten Schriften der Māori-Autoren aus dem 19. Jahrhundert allgemein zugänglich zu machen, sind größtenteils auf das Wiederaufleben der Kultur der Māori in den letzten Jahren sowie auf die veränderte Einstellung der Menschen europäischer Herkunft zurückzuführen. Die nacherzählten Geschichten sind heute besser geschrieben und von einer größeren Vorstellungskraft geprägt, und viele wurden von Māori verfaßt. In der bemerkenswerten und maßgeblichen Arbeit *Wahine Toa: Women of Māori Myth* liefern die Künstlerin Robyn Kahukiwa und die Autorin Patricia Grace Interpretationen von einigen „Frauen, die Hauptrollen in den mythischen Dramen“ spielen. Der Ausdruck *wahine toa* bedeutet „Frauen mit Kraft“. Māori-Frauen fordern heute ihr Erbe ein, sie entdecken die Wahrheit, die die Mythen vermitteln, und die vielfältigen Kräfte und Rollen, von denen die ErzählerInnen sprechen.

Anmerkungen

* Zum Begriff *Trickster* vgl. die Fußnote im Kapitel Nordamerika (Anm. d. Herausgeberin).

1 Dies wurde uns nicht erzählt, kann aber durchaus angenommen werden. Bei einem anderen Vorfall verkleidet sich der Schönling Tāwhaki als häßlicher alter Mann und wird Sklave seines Schwagers. Der Verfasser dieses Berichtes bemerkt: „Der europäische Leser kann sich unmöglich darin einfühlen, welche Komik solch ein Abenteuer für einen Māori bedeutet haben mag; die Vorstellung, daß ein hochrangiger heiliger Häuptling irrtümlicherweise für einen gemeinen Sklaven gehalten wird, vermittelt ihnen etwas, was wir keinesfalls begreifen können" (Grey 1961, S. 56).

Bibliographie

Alpers, A.: *Maori Myths and Tribal Legends*, Auckland 1964.

Binder-Fritz, C.: *Schwangerschaft und Geburt bei den neuseeländischen Maori. Eine historisch-ethnografische Analyse unter bes. Berücksichtigung von Feldforschungsdaten*, Phil.Diss., Wien 1991. *

Greschat, H.-J.: *Mana und Tapu. Die Religion der Maori auf Neuseeland*, Berlin 1980. *

Grey, G.: *Polynesian Mythology*, Christchurch 1961 (1855).

Kahukiwa, R./Grace, P.: *Wahine Toa: Women of Maori Myth*, Auckland 1984.

Luomala, K.: *Voices on the Wind*, Hawaii 1955.

Makereti: *The Old-time Maori*, London 1938.

Orbell, M.: *The Natural World of the Maori*, London 1985.

Orbell, M.: *Hawaiki: A New Approach to Maori Tradition*, Christchurch 1985.

Prytz Johanson, J.: *The Maori and His Religion in its Non-ritualistic Aspects*, Kopenhagen 1954.

Prytz Johanson, J.: *Studies in Maori Rites and Myths*, Kopenhagen 1958.

Elisabeth Diab

Hawaii

Einleitung

Am Montag, den 30. April 1990, brachte die hawaiianische Zeitung *Tribune-Herald* auf der ersten Seite einen Bericht über den Lavastrom, der die *Star of the Sea Painted Church*, das Zentrum des Wohngebietes Kalapana auf der großen Insel von Hawaii, bedrohte. Es entbrannte eine Debatte in der Gemeinde, ob die historische, 1930 errichtete Kirche an einen anderen Ort außerhalb der durch die Lava gefährdeten Zone verfrachtet oder ob sie zusammen mit all den anderen Häusern, die dort noch standen, ihrem Schicksal überlassen werden sollte. Der Berichterstatter des *Tribune-Herald*, D. Hunter Bishop, schrieb:

> Einige wollten offensichtlich, daß die Kirche dort blieb. Sie sagten, sie hätten Vertrauen zu dem Herrn und der hawaiianischen Vulkangöttin Pele und würden das Risiko mit der aus dem Kilauea-Vulkan herausströmenden Lava eingehen.

Viele, die sonntags regelmäßig in die *Star of the Sea Painted Church* zur Messe gingen, stellten ihre Opfergaben an den Rand des Halema'uma'u-Kraters, der als das Haus der Göttin Pele gilt.

Die Taten der Pele erschienen in den hawaiianisch-sprachigen Zeitungen erstmals in den 60er Jahren des letzten Jahrhunderts in Druck, etwa 40 Jahre, nachdem die MissionarInnen gelandet waren, zu einer Zeit, als die alte hawaiianische Kultur und sogar die Sprache selbst von der Ausrottung gefährdet schienen. 1820, bevor die MissionarInnen gekommen waren, lernte das hawaiianische Kind von den geachteten älteren Familienmitgliedern die Geheimnisse der Götter und Göttinnen, die Abenteuer der Ahnen und die traditionelle Lebensweise der HawaiianerInnen. Das hawaiianische Kind kannte keine Schrift, ihm waren aber die rhythmischen Gesänge vertraut, durch die solche Information vermittelt wurde; dieses Wissen war seit Generationen in diesen Gesängen bewahrt und weitergegeben worden. Nun lernten die HawaiianerInnen von Männern und Frauen aus dem fernen Europa und Amerika eine andere Art, ihre Geschichte zu vermitteln, und machten sich dadurch für Veränderungen anfällig.

I. Die Götter

Das hawaiianische Wort für Gott ist *akua*, ein Begriff mit vielen Anwendungsmöglichkeiten. William Hyde Rice definiert *akua* als „eine Bezeichnung für jedes übernatürliche Wesen, für ein Objekt der Furcht oder der Verehrung – ein Gott, ein Gespenst, ein Halbgott oder ein Geist" (Rice 1926, S. 133). Es können damit natürliche Phänomene, Leichname oder Bilder, die die VerehrerInnen herstellen, bezeichnet werden. Die *aumakua* sind Gottheiten, die mit bestimmten Familien oder Berufen in Verbindung stehen und als Schutzgottheiten verehrt werden. Ein *kupua* ist das Kind eines Gottes oder einer Göttin, das in der Familie seiner oder ihrer VerehrerInnen in menschlicher Gestalt geboren wird, jedoch besondere Eigenschaften hat. Diese dreiteilige Klassifikation des Übernatürlichen ist nicht starr: Ein *akua* kann für eine gewisse Gruppe auch ein *aumakua* sein, und ein *kupua* kann nach seinem Tod zu einem *aumakua* werden, wenn er/sie/es von einer bestimmten Familie als heilig erklärt wird. Die Beziehung zwischen einem Verehrer oder einer Verehrerin und seinem oder ihrer *aumakua* ist sehr intim; oft wird Blutsverwandtschaft beansprucht, indem Familien behaupten, von ihren *aumakua* abzustammen. Das *kupua* gilt als das Kind eines *akua* und hat die Fähigkeit, die Form eines mit dem *akua* in Verbindung stehenden Naturphänomens anzunehmen, oder es kann Macht über dieses Phänomen ausüben. Unterhalb der Stufe der *akua* gibt es eine große Anzahl von unbedeutenderen Gottheiten; sie stellen bestimmte Eigenschaften oder Manifestationen der größeren Gottheiten dar, denen sie zu Diensten stehen. Sie selbst gebieten über unzählige Gottheiten, die in der Hierarchie unter ihnen stehen, bis zu den Geistern, den *akuali'i*, die allen Formen der Natur innewohnen. Ku, Kane, Lono und Kanaloa sind vier große Götter, verehrt in Hawaii sowie in einem Großteil des östlichen Polynesien; ihnen ist eine große Anzahl kleinerer Gottheiten untergeordnet. Sie waren den ersten MissionarInnen, die im frühen 19. Jahrhundert in Hawaii ankamen, bekannt. Diese Götter sind, heißt es oft, von einem entfernten Land, einem mythischen Heimatland, nach Hawaii gereist.

In bezug auf das Heimatland der Götter wird von zwölf Inseln erzählt, die nahe der hawaiianischen Küste schwimmen. Sie sind unsichtbar, nur zu den Sonnenauf- und -untergängen sind sie als eine rötliche Tönung am Horizont zu sehen. Die Inseln sind, heißt es manchmal, in drei Ebenen oder Flächen unterteilt; das oberste aller mythischen Länder der Gottheiten ist Nuu-mea-lani (das Oberste Podium des Himmels). Meistens heißt es, daß alle Gottheiten aus dem mythischen Land Kahiki stammen.

Beckwith zitiert David Malo Kupihea, einen hawaiianischen Ältesten, der sagte, daß Ku einer der ältesten Götter der HawaiianerInnen war, daß Kane und Kanaloa später ankamen und Lono als letzter (Beckwith 1970, S. 10f.); als die MissionarInnen ankamen, wurde offenbar Kane am meisten verehrt. Im *Kumulipo*, einem hawaiianischen Schöpfungsgesang, entstanden um 1700 und vorgetragen zur Ankunft von Kapitän Cook im Jahre 1779, erscheint Kane zusammen mit Kanaloa, dem großen Kraken, im achten Zeitalter, dem *ao*, dem Zeitalter der Menschen, das sich von dem vorangegangenen Zeitalter der Dunkelheit, genannt *pa*, unterscheidet. Im *Kumulipo* kommen weder Ku noch Lono vor. Im Unterschied zum *Kumulipo* zeigen einige hawaiianische Schöpfungsgeschichten erstaunliche Ähnlichkeiten mit den biblischen Schöpfungsberichten: Die Triade Ku, Kane und Lono erschafft Licht aus der Dunkelheit, dann den Himmel und die Erde mit der Sonne, dem Mond und den Sternen, um das Himmelsgewölbe auszufüllen. Dann wird der Mann erschaffen (oft aus der Erde, oder er wird auf die Erde gezeichnet), ihm wird ein Garten gegeben, um darin zu leben, und auch eine Ehefrau, manchmal aus seiner rechten Seite. In einigen Versionen widersetzt sich Kanaloa, dem Luzifer ähnlich, der Göttertriade.

Der Schöpfergott Kane (Tāne im übrigen Polynesien) ist in Hawaii als ein großer Ahnengott und als der Gott der Fortpflanzung bekannt. Sein Name wird oft mit Kanaloa verknüpft; zusammen stehen sie in Verbindung mit der Schaffung und Aufrechterhaltung der Wasserquellen auf den Inseln.

Es gibt sehr viele dem Kane unterstehende Gottheiten, die für ihre VerehrerInnen *aumakua* sind. Familienoberhäupter, die eine direkte Abstammung von Kane beanspruchen konnten, waren die höchstrangigen Häuptlinge. Sie verfügten über einen fast gottähnlichen Status und konnten dementsprechend strenge *kapu* oder Tabus auferlegen. Ihre Anwesenheit wurde als genauso heilig betrachtet wie die der Gottheiten.

Der Gott Lono, anderswo in Polynesien bekannt als Rongo oder Ro'o, soll nach der Ankunft von Kane und Kanaloa in Hawaii angekommen sein. Als Gott der Fruchtbarkeit steht er in Verbindung mit den Makahiki-Spielen, die während der Regenzeit stattfanden; es war dies die Zeit des Feierns, in der die gesamte Arbeit ruhte. Der Ursprung dieser Spiele wird auf eine Legende zurückgeführt, in der ein Häuptling der Frau des Lono, Ka-iki-lani, den Hof macht; Lono erschlägt sie in seiner Eifersucht, obwohl sie ihre Unschuld beteuert. Später, vermutlich aus Reue, gründet er im Gedenken an sie die Spiele. Danach baut sich Lono ein herrliches Kanu, segelt allein los und verspricht, auf einer schwimmenden Insel zurückzukehren. Zum Makahiki-Fest wurde der Gott in Holz und mit Federn dargestellt und als Lono-makua (Vater Lono) sowie als der Lange-Gott-der-Spiele bezeichnet. Die Statue wurde feierlich durch alle Gebiete getragen, Essen und Kleidung wurden ihr als Opfergaben dargeboten. Als Kapitän Cook 1779 auf der Insel landete, wurde er als Gott Lono verehrt und sein Schiff für die schwimmende Insel gehalten, auf der der Gott zurückkehren wollte.

Als Gott des Bodenbaus verlangte Lono Rituale, die im Speisehaus der Männer, dem *mua*, ausgeführt wurden. Hier wurde der Kürbis, der Ipu-O-Lono, aufbewahrt;

er stellte den Gott dar, und die Männer mußten davon zeremoniell essen, bevor sie ihr Mahl einnahmen. Frauen war es verboten, mit Männern zusammen zu essen, denn während der Menstruation galten sie als unrein. Es war ihnen auch verboten, gewisse im Opferritual verwendete Speisen einzunehmen, etwa Schweinefleisch, die gelbe Kokosnuß, die meisten Sorten von Bananen und bestimmte Fischarten. Die Richtersprüche, veröffentlicht vom *Culture Committee of the Queen Lili'uokalani Children's Centre*, bestätigen, daß bis in das 20. Jahrhundert hinein das Menstruationsblut als *kapu* galt; sobald jedoch der Monatsfluß aufgehört und die Frau ein reinigendes Bad genommen hatte, wurde sie von dem Mann, der sich ein Kind wünschte, sehr geschätzt, denn diese Zeit galt als die fruchtbarste (Pukui/Haertig/Lee 1972, Bd. 1, S. 7).

Der große Gott Ku, vielleicht der älteste unter den hawaiianischen Göttern, wurde als der Gott der Fruchtbarkeit verehrt. Er wurde um langes Leben und Wohlbefinden angefleht, um gute Erträge von Land und Meer und auch um Erfolg im Krieg. Seinen Schutz als *aumakua* genossen alle, die in irgendeiner Weise mit dem Wald sowie mit dem Kanubau in Verbindung standen.

II. Wie steht es mit den Göttinnen?

> O weibliche aumakua und Ahnenführerinnen,
> Weibliche aumakua an den Orten der Sonnenauf- und -untergänge,
> Weibliche Geister im Himmels- und Wolkengewölbe ...
> An alle weiblichen aumakua,
> Ihr habt die Macht, das Mana, alle Dunkelheit, Tod und Trübsal fortzuwischen.
> (Kamauka 1866-71, S. 31f.)

Zwischen den zwei Abschnitten dieses Gesanges, der die weiblichen *aumakua* anruft, sind vierundzwanzig Gottheiten aufgelistet. Einer der Grundzüge des hawaiianischen religiösen Gesangs ist die Anerkennung einer grundlegenden männlich-weiblichen Dualität des Universums, die sich in der Welt wahrnehmen läßt. Die Welt wird so begriffen, daß diese Dualität allen Aspekten des Universums innewohnt. Die alten HawaiianerInnen verehrten Paare von Felsengebilden, die männlichen und weiblichen Körperorganen ähnelten, als Ahnengottheiten (*Kumulipo*, S. 56). Im *Kumulipo* werden sowohl männliche als auch weibliche Vorfahren benannt, um die 800 Paare insgesamt. Wie die männlichen und weiblichen Vorfahren als natürliche, jedoch einander widersetzende PartnerInnen der Paare angesehen werden, so werden auch die Naturformen in miteinander verbundenen, aber entgegengesetzten Polen angeordnet:

Der Mann für den schmalen Fluß, die Frau für den breiten Fluß,
Geboren war der haarige Tang, der im Meer wächst,
Beschützt von der haarigen Pandanus-Palme, die an Land wächst.
Dunkelheit verwandelt sich in Licht,
Erde und Wasser sind die Nahrung der Pflanzen.
Die Gottheit tritt ein, der Mensch kann nicht eintreten.

(*Kumulipo*, S. 60)

Ku und Hina, das Männliche und das Weibliche, das sich Aufrecht-Erhebende und das sich Neigende, sind zusammen die Gottheiten der gesamten Menschheit, sowohl jener, die bereits existiert hat und existiert, als auch jener, die noch entstehen wird. Ku steht in Verbindung mit dem nach oben gerichteten spitzen Stein, Hina hingegen mit dem flachen, abgerundeten Stein; Ku ist die aufgehende Sonne und Hina die untergehende; Ku ist die rechte Hand, Hina die linke. Ku ist die männliche Quelle der Zeugung, und Hina ist die weibliche Quelle des Wachstums und des Schutzes.

Hina

Die Göttin Hina hat viele Gestalten, und die auf sie bezogenen Themen übten auf viele GeschichtenerzählerInnen in ganz Polynesien ihre Anziehungskraft aus. Im folgenden sind einige in Hawaii bekannte Erzählungen angeführt.

Hina, die Frau des Lalo-Hana, verließ ihr Heim am Meeresgrund und lebte mit dem Häuptling Koni-Konia, der einen Taucher schickte, um ihre Habseligkeiten vom Meeresboden heraufzuholen. Hina öffnete den ihre Habseligkeiten beinhaltenden Flaschenkürbis. Daraus flog der Mond heraus und nahm seinen Platz in den Wolken ein; dabei ließ er aber sein Spiegelbild auf dem Wasser zurück. Geleitet durch das Spiegelbild, suchten die Brüder der Hina sie in der Gestalt von *pa-o'o*-Fischen. Das Meer trug sie auf einer großen Flutwelle mit sich, und die Gemeinschaft konnte sich nur dadurch retten, daß alle auf die Spitze des höchsten Berges stiegen. Nachdem die Wasser gewichen waren, machte die Sonne die Erde wieder fruchtbar, und der Häuptling und sein Volk konnten zurückkehren (Colum 1937). Nach einer anderen Variante lebte Hina-hanai-a-ka-malama (Hina ernährt vom Mond) mit ihrer Familie unter dem Meer; ein einziger aus der Familie hatte eine menschliche Form. Dieser Bruder sollte sich um sie kümmern, aber er vernachlässigte seine Pflicht und zog zurück ans Land, wobei er seiner Schwester einen Kürbis zurückließ. In dem Kürbis waren der Mond und die Sterne, wovon sie sich ernähren sollte. Nachdem er bei dem Häuptling Koni-Konia gearbeitet hatte, kehrte er zu Hina zurück. Sie heiratete den Häuptling und gebar zehn Kinder (Beckwith 1970, S. 214f.).

Im *Kumulipo* gebiert Hina-ke-ka (Schöpfeimer) Korallen, Aale und Seeigel sowie schwarze und Vulkansteine, daher wird sie Hinahalakoa (Frau, aus deren Schoß viele

Formen kommen) genannt *(Kumulipo)*. Sie heißt Schöpfeimer, weil sie zu Wakea in der Form eines Kürbisses, womit Wasser geschöpft wurde, schwamm; als sie auf das Boot geholt wird, verwandelt sie sich in eine schöne Frau. Aus der Verbindung von Hina und Wakea gehen Meeresgeschöpfe hervor.

Als Hina-hanaia-i-ka-malama (Hina, die auf dem Mond arbeitete) oder Hina-i-kapa'i-kua (Hina, die Tapa-Klopferin) ist sie eine Frau, die des *Tapa*-Klopfens müde wird und sich vor den Nörgeleien des Mannes auf den Mond zurückzieht, wo sie noch sichtbar ist. *Tapa (kapa)* wird durch mühsames und zeitraubendes Klopfen der Rinde des Papiermaulbeerbaumes gewonnen und dient zur Herstellung von Bekleidung und Decken. In einer Version versucht ihr Ehemann die Flucht zu verhindern: Er hängt sich an ihren Fuß, der dadurch bricht. Daher erhielt sie den Namen Lono-moku, lahme Lono, und durch die Verbindung mit dem Gott Lono bekommt sie eine männliche Zuschreibung.

Hina-a-ke-ahi (Hina des Feuers) steht in Verbindung mit Māui, dem polynesischen Heros, der die polynesischen Inseln vom Meeresgrund herauffischte. Hina galt als die Mutter des Māui. In einer hawaiianischen Version verlangsamt Māui den Tageslauf der Sonne über dem Himmel – er bindet sie mit einem Lasso an den Rand des Haleakala-Kraters, damit seine Mutter über mehr Tageszeit verfügt, um ihre *Tapa* fertigzustellen.

Haumea

> Haumea der mysteriösen Formen, Haumea der achtfachen Formen
> Haumea der vierhunderttausendfachen Formen, Haumea der viertausendfachen Formen,
> Mit Tausenden, Abertausenden Formen.
>
> (*Kumulipo*, S. 114)

Haumea nimmt, bezogen auf die Ursprünge und das Fortleben der Menschen, eine verwirrende, aber zentrale Position in den hawaiianischen Mythen ein. Sie ist die Schutzgöttin der Geburt und steht in Verbindung mit der Stiftung der Nahrungsvorräte; sie gilt daher als Fruchtbarkeitsgöttin. Im Schöpfungsgesang *Kumulipo* sind drei Mythen zum Ursprung der Menschheit ineinander verwoben, und jede stellt Haumea in einer anderen Form dar.

In der achten *wa* (Zeitperiode) wird im *Kumulipo* Haumea mit La'ila'i identifiziert, mit der ersten Frau, die mit Ki'i dem Mann, Kane dem Gott und Kanaloa dem Kraken geboren wird. Der Schoß der La'ila'i trägt Frucht in Form Der-weiten-Fläche-des-feuchten-Waldes und der ersten Häuptlinge der düsteren vergangenen Behausung in dem kalten Hochland (Beckwith 1970, S. 277). Sie gebiert sowohl Ki'i dem Mann als auch Kane dem Gott Nachkommen. Die darauffolgende Kontroverse um die Erbfolge begründet das Recht des erstgeborenen Kindes einer Mutter, den Vorrang vor den anderen Kindern zu genießen.

Kane war verärgert und eifersüchtig, weil er mit ihr schlief.
Seine Nachkommen werden daher der jüngeren Linie angehören.
Die Kinder der Älteren werden die Gebieter sein.

(*Kumulipo*, S. 106)

Aus ihrer Beziehung mit dem Mann Ki'i geht die Menschheit hervor; das *Kumulipo* zählt 800 Paare auf und benennt sowohl Männer als auch Frauen. Auf diese zwei Zweige von Kindern der La'ila'i führten hawaiianische Häuptlinge ihre Abstammung zurück, um ihren ererbten Rang festzustellen.

Haumea ist auch eine Göttin aus Nu'umealani, einer der mythischen Heimatinseln der Gottheiten. Sie lebte mit Kanaloa und erzeugte Kinder durch die Fontanelle. In Gestalt dieser Göttin kehrt Haumea zurück, um sich mit ihren Kindern und den Kindern ihrer Kinder zu vereinigen. Diese im Übermaß vorhandene Fruchtbarkeit nimmt schließlich nach der Geburt des Ki'io ein Ende, als ihr Betrug aufgedeckt wird.

Ki'io wurde geboren, Haumea wurde erkannt.
Haumea begann zu schrumpfen
Kalt und unerwünscht.
Die Frau wurde tatsächlich verbittert,
schwer umgänglich und griesgrämig.
Krankhaft, ein Betrug, halb blind, eine Frau Generationen alt,
Runzelig hinten, runzelig vorne,
Gebogen und die Brüste grau.

(*Kumulipo*, S. 116)

Als Papa ist Haumea die Gestalt der Mutter Erde, die Frau des Wakea, des Himmelsvaters, die von ihrem Gefährten betrogen wird, indem er mit seiner Tochter schläft, die ihr Kind ist. Das Verlangen des Wakea nach seiner Tochter hatte zur Folge, heißt es, daß auf Geschlechtsverkehr während der Menstruation das *kapu* (Tabu) verhängt wurde. Sein *kahuna* (Priester) rät Wakea, Papa einige Nächte allein schlafen zu lassen, damit sein Zusammenkommen mit der Tochter hinter ihrem Rücken geschehen kann. In der zweiten Nacht wacht er jedoch von dem Gesang des *kahuna* nicht rechtzeitig auf und wird von Papa entdeckt. Das *Kumulipo* weist auf diese Episode folgendermaßen hin:

Papa lebte mit Wakea, geboren war die Frau Ha'alabo,
Geboren war die Eifersucht, der Zorn.
Papa wurde getäuscht von Wakea.
Er schickte die Sonne, den Mond,
Die Nacht zu Kane dem jüngeren,

Die Nacht zu Hilo dem Erstgeborenen.
Tabu war die Veranda, der Platz zum Sitzen,
Tabu war das Haus, wo Wakea lebt,
Tabu der Geschlechtsverkehr mit dem göttlichen Elternteil.

(*Kumulipo*, S. 125)

Die Widmung der *kapu*-Nächte an die Götter erforderte die Aufstellung eines Mondkalenders und Berechnungen, wofür die PriesterInnen verantwortlich waren; dadurch vergrößerte sich ihre Autorität beträchtlich. Während der *kapu*-Nächte schliefen Frauen in einem abgetrennten Gebäude, dem *pe'a*, und ihr Essen wurde in einem getrennten Ofen gekocht (Beckwith 1970, S. 299).

In einer Version des Papa/Wakea-Mythos wird das erste Kind ohne Arme und Beine geboren und in der östlichen Ecke des Hauses begraben. An dieser Stelle wächst über Nacht eine Taropflanze, und Wakea benennt sein erstes Kind nach ihr Haloa, langer Wurzelstock. Dieser Haloa scheint die vormals getrennten Funktionen eines Gottes, Priesters und Häuptlings angenommen zu haben. Durch die Kombination dieser Funktionen in einer Galionsfigur vergrößerte sich die Kluft zwischen den herrschenden Häuptlingen und dem Volk, die durch die Auferlegung von religiösen *kapus* untermauert wurde.

In allen Variationen kreist der Haumea-Mythos um die Geburt der zukünftigen Generationen. Im wesentlichen ist Haumea eine Figur mit fruchtbarem Schoß, aus dem das Leben in allen seinen Formen entsteht; letztendlich werden aus der Vereinigung von Papa und Wakea die HawaiianerInnen geboren. Es überrascht daher nicht, daß Haumea die Göttin der Geburt ist. Ihr wird zugeschrieben, daß sie auf der Insel Oahu einer Häuptlingstochter bei der Geburt zu Hilfe kam: Als ein Kaiserschnitt notwendig wurde, ermöglichte sie durch den Einsatz von Kräutern eine natürliche Geburt. In *Look at the Source* (Pukui/Haertig/Lee 1972, S. 14) wird der Einsatz der Kräuter bei der Geburt sowie die Fähigkeit einer *kahuna pale keiki* (priesterlichen Hebamme) erwähnt, die Geburtswehen von der gebärenden Frau auf jemand anderen ihrer Wahl – Mann oder Frau – zu übertragen. Davor wurde Haumea angebetet.

Im *Kumulipo* heißt es, sie habe durch die Fontanelle geboren, aber als die Mutter der Familie von Pele, der Göttin des Vulkans, gebiert Haumea Kinder aus verschiedenen Teilen ihres Körpers. Eine Tochter, Na-maka-o-ka-ha'i, geht aus ihren Brüsten hervor; ihr Sohn Ka-moho-ali'i geht aus dem Oberteil ihres Kopfes hervor, ein anderer, Kane-hekili (Kane des Donners), aus ihrem Mund. Verschiedene andere Kinder, in einigen Versionen bis zu vierzig, sollen aus unterschiedlichen Teilen ihres Körpers geboren worden sein (Westervelt 1916; Beckwith 1970).

Nur Pele, bekannt als Pele-honua-mea (Pele der heiligen Erde) und auch als Pele-'ai-honua (Pele, die Verzehrerin der Erde), die Bewohnerin des noch aktiven Vulkans Kilauea, wurde aus ihren Oberschenkeln geboren (Westervelt 1916, S. 68).

Pele

Die Sage der Pele, der Göttin des Vulkans, wurde von Nathaniel B. Emerson, dem hawaiianisch-sprachigen Sohn von Reverend John Emerson, ins Englische übersetzt und erstmals 1915 veröffentlicht. Die Erzählungen von der Göttin und ihrer Familie waren für Emerson ein Symbol für das alte Hawaii, das durch verschiedene kulturelle und religiöse Einflüsse fast vernichtet worden war. Jedoch kehrt er in seinem Versuch, das schwer faßbare Wesen einer sterbenden Kultur zu begreifen, immer wieder auf die christliche Ebene zurück, die sich in der hawaiianischen Kultur ausgebreitet hat – sie wurde während der letzten 150 Jahre der Geschichte von Hawaii durchwegs in die gesellschaftliche Struktur verwoben (Pukui/Korn 1973, S. xii). Seine Sicht von Pele, unvermeidlich beeinflußt durch die Wertvorstellungen seiner Zeit und durch seinen Bestimmungsort, sind allgemein verbreitet; sie wird gesehen als

> eine runzelige Alte, eingeschlafen in einer Höhle auf einem rohen Lavabett mit eingedämmtem Feuer und nur gelegentlich aufleuchtenden blauen Flammen als den Symbolen ihrer Macht; dann ein Wesen des Schreckens, das einen Wagen aus Flammen reitet und Zerstörung mit sich bringt; dann als junge Frau von verführerischer Schönheit, die mit dem schönen Prinzen Lohiau eine leidenschaftliche Beziehung suchte; aber immer eifersüchtig, launisch und rachsüchtig veranlagt.
>
> (Emerson 1915b, S. 231)

Der Mythos von Pele weist drei Erzählstränge auf, die ursprünglich in den heiligen *Hula*-Gesängen und -Tänzen erzählt wurden.

Der erste Erzählstrang thematisiert die Übersiedlung der Feuerfamilie der Pele aus ihrer Heimat auf die Insel Hawaii; der zweite berichtet von der Reise der jüngsten Schwester der Pele, Hi'iaka, zur Insel Kaua'i, die sie unternimmt, um den Häuptling Lohiau als Liebhaber für die Göttin zu gewinnen; und der dritte erzählt von der Beziehung zwischen Pele und Kamapua'a, einem Halbgott mit schweineähnlichen Eigenschaften, um den ein eigenständiger Erzählkreis existiert. Diese Erzählstränge werden im folgenden erläutert.

Der Großteil des Materials, das in Gesangsform existiert, ist äußerst heilig; die *Hula*-Gesänge sollen von der Göttin Pele unmittelbar an die auserwählten *kumuhula* (*Hula*-LehrerInnen und die TeilnehmerInnen des *Hula*) weitergegeben worden sein. Das Leben der *Hula*-Tänzer und -Tänzerinnen stand im Dienste ihrer Kunst. Das *halau* oder der Saal, wo das *Hula* stattfand, wurde unter Beachtung des strengsten *kapu* mit sorgsam wiederholten rituellen Gebeten und Opfern errichtet. Geschlechtsverkehr war den *Hula*-SchülerInnen während der Vorbereitung und Einweihung/Weihe untersagt; sie mußten diese Keuschheit und Einschränkung bis zu ihrem *ailolo*, der Abschlußprüfung, einhalten, danach wurden sie davon entbunden.

Laka und Kapo

Laka wird angebetet als *aumakua* des *Hula*, „ein weibliches Symbol sexueller Macht und Aufklärung“ (Pukui/Korn 1988, S. 186). Zu ihr bildet Kapo ein Gegenstück, eine Göttin, die ebenfalls mit dem *Hula* und der Zauberei in Verbindung steht. Kapo und Laka sind manchmal Schwestern, manchmal Mutter und Tochter; Kapo erscheint dann als die Schwester der Pele, denn auch ihre Mutter ist Haumea. Kapo und Laka mögen auch als zwei Aspekte einer einzigen Gottheit gelten, denn Emerson berichtet: „Kapo und Laka sind eins im Geist, obwohl sie verschiedene Namen haben“ (Emerson 1915b, S. 47). Emerson schreibt – mit deutlichen evangelischen Untertönen –, die dunkle Seite der Kapo neige zu „Taten, die nur einem wollüstigen Dämon gemäß seien“, sodaß sie „manchmal als ein Engel voll Anmut und Schönheit, manchmal als ein Dämon der Dunkelheit und Wollust“ vorkomme. Er zieht eine Parallele zwischen den zwei gegensätzlichen Aspekten der Gestalt Kapo/Laka und der Dualität der Natur, die zugleich wohlwollend und zerstörerisch ist. Er behauptet, vielleicht etwas ironisch, die Wollust der Kapo sei „jedoch nur die Hysterie eines Moments, nicht ihre feststehende Lebensgewohnheit“ (Emerson 1915b, S. 25). Emerson berichtet auch von einem Vorfall, als Kapo den Halbgott Kamapua'a von Pele weglockt, indem sie in einem entscheidenden Moment seine Unanständigkeit anspricht. Wie sie dies genau bewerkstelligt, wird jedoch nicht deutlich ausgedrückt. Herb Kawainui Kane ist weniger zurückhaltend; er erzählt von ihrer lösbaren Vagina, die als Köder benutzt werden kann und deren Abdruck in Koholeplepe am Koko Head auf der Insel Oahu noch zu sehen ist (Kane 1987, S. 28).

III. Der Pele-Mythos

> Tritt nicht ungeladen ins Haus der Pele ein. Komme nicht ohne Gesang, Opfer oder Gebet.
> Denn Pele lebt, ich schwöre als Fischer, und Pele ist meine Gottheit!
> O schwebende Mächte, ergreift von mir Besitz, helft mir beim Erzählen!
> (Pukui/Korn 1988, S. 183)

Die kompletteste und am häufigsten zitierte Übersetzung des Pele/Hi'iaka-Erzählkreises stammt aus *Pele and Hi'iaka: A Myth From Hawaii* von Nathaniel Emerson, 1915; im großen und ganzen stützt sich die folgende Version darauf.

Die Frau Pele, bekannt auch als Pele-honua-mea (Pele der heiligen Erde) und als Pele-'ai-honua (Pele, die Verzehrerin der Erde), wurde auf der Insel Kuai-he-lani im Gebiet von Kahiki geboren. Die Göttin Haumea war ihre Mutter und der Gott Kanehoa-lani ihr Vater. Pele mußte nach einem Streit mit ihrer älteren Schwester, Na-maka-o-ka-ha'i, einer Göttin des Meeres, ihr Heimatland verlassen. Einige sagen, Peles Ehrgeiz, das Feuer zu besitzen, habe zu dem Streit geführt; andere meinen, es habe daran gelegen, daß Na-maka-o-ka-ha'i wegen der Beziehung der Pele zu ihrem Mann, Lono-makua, dem Bewahrer der Feuerstäbe, mißtrauisch wurde. Dem Rat ihres älteren Bruders, Ka-moho-ali'i, einer mächtigen Gottheit, die sich in einem großen Hai manifestierte, folgend, segelte Pele in einem extra für sie gebauten Kanu ins Unbekannte. Sie nahm viele Mitglieder ihrer Familie mit, darunter ihre Brüder Ka-moho-ali'i, Kane-apua und Kane-milo-hai sowie ihre jüngste Schwester Hi'iaka. Einige sagen, diese Schwester wurde aus der hinteren Fontanelle ihrer Mutter Haumea geboren, und zwar in Form eines Blutklumpens; andere meinen, daß sie in Form eines Eies geboren und von Pele in der Wärme und dem Schutz ihrer Achselhöhle getragen wurde.

> Aus Kahiki kam die Frau Pele,
> aus dem Land der Polapola,
> aus dem aufgehenden rötlichen Nebel des Kane,
> aus den im Himmel glühenden Wolken am Horizont.
>
> Rastloses Verlangen nach Hawai'i ergriff die Frau Pele.
> Das Kanu wurde fertig geschnitzt, Honua-i-Akea,
> dein eigenes Kanu, O Ka-moho-ali'i,
> um in die fernen Länder zu segeln.
>
> (Pukui/Korn 1988, S. 54).

Pele und ihre Begleitung erreichen den hawaiianischen Archipel von Nordwesten her, und sie beginnt ihre Suche nach einer geeigneten Heimat. Mit ihrem *pa-oa* (einer Art Spaten mit magischen Kräften) grub sie in die Erde, um die Feuerquelle aufzudecken. Auf den Inseln Kaua'i, Oahu und Maui hatte sie wenig Erfolg. Wo sie grub, wurden Wasser sichtbar, die mit Dampf- und Sandausbrüchen drohten, das Feuer auszulöschen. Auch der Krater von Hale-a-ka-la auf der Insel Maui, der eindrucksvoll und vielversprechend erschien, erwies sich letztendlich als ungeeignet.

Pele wußte nicht, daß sie während ihrer ganzen Reise über den Ozean ihre älteste Schwester, Na-maka-o-ka-ha'i, ihre Todfeindin, mit sich geschleppt hatte; und am Hale-a-ka-la kam es zum Kampf zwischen den beiden Erzrivalinnen, die eine ein Sinnbild für das Feuer und die andere für das Wasser. Mit Hilfe von Ha-ui (einem Meeresreptil, das die auf den Hawaii-Inseln übliche Zauberkraft besaß) warf Na-maka-o-ka-ha'i Pele nieder, und ihre Körperteile wurden nach Kahiki-nui gespült, wo sie Ka-iwi-o-Pele (die Knochen der Pele), einen Hügel in der Nähe von Kahiki, bildeten. Während die Familie noch den Tod der Pele betrauert haben mag, stieg ihr Geist über die höchsten Gipfel von Mauna Kea und Mauna Loa, und Na-maka-o-ka-ha'i mußte hinnehmen, daß Pele nun unbesiegbar – eine Göttin – geworden war. In der Geist-Form zog Pele auf die Hawaii-Inseln und ließ sich auf dem Kilauea nieder, dem jüngsten Berg auf der Insel und dem noch immer aktivsten Vulkan der Welt. Der Krater Halema'uma'u, der innerhalb des großen Kessels auf dem Gipfel liegt, gilt heute als ihr Heim.

Nachdem Pele sich niedergelassen hat, kann sie das Leben mit ihren Schwestern, den Hi'iaka (Schattenträgerinnen) genießen. Insgesamt waren es acht, aber die jüngste stand Pele am nächsten: jene, die sie die ganze Strecke von der Heimat in Form eines Eies mitgetragen hatte. Sie hieß Hi'iaka-i-ka-poli-o-Pele (Hiaka im Busen der Pele), ein schönes Mädchen, dessen Gemüt mit seinem Äußeren in Einklang stand und das die Fähigkeit besaß, die Zukunft vorauszusagen. Es war diese Hi'iaka, die die heilige Kunst des *Hula* von ihrer Freundin Hopoe lernte; mit ihr tanzte sie in den heiligen Hainen der *lehua*-Bäume.

Aufgrund dieser Eigenschaften wurde sie von Pele ausgewählt, ihren Körper zu bewachen, wenn sie schlief, mit der strengen Anweisung, sie neun Tage und acht Nächte nicht zu wecken. Nach dieser Periode hatte Hi'iaka den Geist der Pele von seinen traumartigen Wanderungen mit einem Gesang zurückzuholen, damit er mit ihrem schlafenden Körper wiedervereinigt werden konnte. Als einst der Geist der Pele ihren schlafenden Körper, den einer alten Frau, verließ, lockten ihn die aus einer großen Entfernung klingenden Stimmen des *Hula* über das Meer an, bis er die nördliche Spitze der Insel Kaua'i erreichte. Hier verklangen die Stimmen, und Pele, in der Gestalt einer jungen und schönen Frau, näherte sich Haena, dem Haus des Lohiau, eines jungen Häuptlings der Insel. Lohiau lud die schöne Fremde ein, am Fest teilzunehmen und mit ihm zu speisen. Sie aber lehnte sein Angebot hartnäckig ab, indem sie sagte, sie sei nicht hungrig.

Nachdem Lohiau unter den Verlockungen der Leidenschaftlichkeit und Schönheit der Pele drei Tage und drei Nächte lang gelitten hatte, beglückte sie ihn, sagen einige, mit nichts als Küssen. Andere sagen, sie habe ihn zum Mann genommen. Wie es auch sein mag – als Pele zurückgerufen wurde und ihn verlassen mußte, war der junge Häuptling so bestürzt, daß er sich erhängte. Als sein Freund Paoa seinen Körper entdeckte, schwor er Rache und drohte, Pele zu erniedrigen und zu beleidigen, bevor er sie vernichtete.

Zurück in Hawaii, erweckte Hi'iaka Pele mit dem folgenden Gesang:
Erwache nun, erwache, erwache!
Erwache, Göttin der vielfältigen Göttermacht!
Erwache, Göttin des göttlichsten Wesen!
Erwache, Königin des leuchtenden Strahls,
des durchdringenden vierten Himmelsauges!
Erwache, ich flehe Dich an, erwache!

(Emerson 1915a, S. 12)

Am nächsten Morgen fragte Pele ihre Schwestern eine nach der anderen, ob sie die lange, mühsame Reise nach Haena unternehmen würden, um ihren Liebhaber, Lohiau, nach Hawaii zurückzubringen. Zunächst fragte sie Hi'iaka-i-ka-ale (Hi'iaka der unruhigen Meere); sie sagte, sie, Pele, würde den Häuptling fünf Tage und Nächte für sich haben wollen, wonach er der Schwester als Liebhaber dienen sollte. Diese Schwester lehnte aber ab, wie auch alle anderen. Nur die jüngste, Hi'iaka-i-ka-poli-o-Pele, stimmte aus Liebe und Verehrung für die Göttin zu. Bevor sie zur Reise nach Kaua'i aufbrach, stellte sie die Bedingung, daß Pele während ihrer Abwesenheit die heiligen Haine und ihre Freundin Hopoe zu schützen habe.

Hi'iaka war sich dessen bewußt, daß sie auf der vorgesehenen Reise einsam sein würde; sie bat um eine Gefährtin, und so sollte Pau-o-pala'e, eine Frau, die die Macht über den Farn der Wälder besaß, sie begleiten. Da ihre Forderungen nun erfüllt waren, wollte Hi'iaka aufbrechen, wurde aber von ihren Familienmitgliedern beraten, daß sie zusätzliche Macht von Pele beanspruchen sollte, um die bevorstehenden Gefahren überwinden zu können. Nachdem Ka-moho-ali'i selbst ihre Bitte unterstützte, übergab ihr Pele die mit den Naturelementen verbundenen Mächte. Als sie der Schwester dieses *Mana* (von den Gottheiten stammende übernatürliche Kraft) verlieh, sagte sie zu ihr: „Nichts kann dir den Weg versperren. Du hast die Macht einer Frau; die Macht eines Mannes ist nichts dagegen" (Emerson 1915a, S. 23). Daraufhin verließ Hi'iaka – bekleidet mit ihrem *pa'u*, dem magischen Frauenrock, und begleitet von Pau-o-pala'e – ihr Haus im Puna-Bezirk von Hawaii.

Auf dem Weg begegneten sie einer Frau in grüner Kleidung, die ein Schwein als Opfer für Pele mit sich trug; sie hieß Wahine-oma'o. Sie hielt Hi'iaka für Pele und wollte mit ihr reisen; sie wurde aber angewiesen, weiterzuwandern und der in der Grube liegenden alten Frau Opfer darzubieten und, falls Pele es erlaubte, den beiden nachzukommen. Wahine-oma'o kam zu der alten Frau, und obwohl sie nicht glaubte, daß diese tatsächlich Pele war, wurde ihr erlaubt, die zwei Reisenden zu begleiten.

Die Reise der Hi'iaka durch den hawaiianischen Archipel zu der nördlichsten Insel Kaua'i dauerte länger als die von Pele bewilligten vierzig Tage. Dabei wurde die junge Schwester in viele Abenteuer verwickelt, die ihren Mut und ihre Treue unter Beweis stellten. Da es nicht möglich ist, alle ihre Erlebnisse zu erzählen, soll die sehr bekannte und für ihre Abenteuer typische Geschichte von Pana-ewa dargestellt werden.

Das Gebiet der *mo'o*-Frau Pana-ewa war der Wald oberhalb von Hilo, heute die wichtigste Stadt auf der Windseite der Insel Hawaii. Pana-ewa herrschte über alle bösen Geister, die den Wald bewohnten und in Form von wirbelndem Nebel, fallenden Bäumen oder unebenen Wurzeln die unbedachten Reisenden vernichteten. Hi'iaka entschloß sich, den Wald von der Tyrannei der Pana-ewa zu befreien. Sie verspottete die *mo'o*-Frau so lange – indem sie sie an die Verwüstungen des Waldes durch die Lavafluten erinnerte –, daß Pana-ewa drohte, sie zu töten. Die *mo'o* schickte wirbelnden Nebel und kalten Dunst, schneidende Winde und eisigen, alles durchdringenden Regen; all dies trieb Hi'iaka durch das Schwenken ihres magischen Rockes immer wieder zurück. Dann stand der Wald gegen sie auf; sie verfing sich in Kletterpflanzen und wurde von fallenden Baumästen geschlagen. Sie war gezwungen, noch härter zu kämpfen, bis ihre Arme ermüdeten, woraufhin sie Pele zu Hilfe rief. Die flehentlichen Bitten von Kilioe-i-ka-pua und Olu-walei-malo, die Peles Söhne gewesen sein sollen (und unter der Führung des Ka-moho-ali'i handelten), bewegten die gleichgültige Pele, und sie ließ die Kriegsgötter, angeführt von Ku-lili-ai-kaua, los. In dem darauffolgenden großen Kampf schützte Hi'iaka ihre Begleiterinnen, bis das schlimmste vorbei war, und Hawaii wurde für Reisende sicher.

Die Reise über die Inseln besteht jedoch nicht nur aus Aggression und Kampf. Hi'iaka findet auch Gelegenheit, ihre Heilkunst auszuüben, ebenso ihre Dichtkunst, und die Schönheit der Länder und der Meere, die sie überquert, zu loben.

Auf dem Felsen, der sich über dem windgepeitschten Strand von Hono-lua auf der Insel Maui erhebt, sieht Hi'iaka den Geist einer seit ihrer Geburt behinderten Frau. Dieser Geist, Mana-mana-iaka-luea, hat keine Hände, sammelt aber trotzdem Schalentiere am Rande des Meeres und spielt in den Wellen. Hi'iaka wirft einige Blüten aus ihrem Kranz hernieder, woraufhin die Gestalt sofort verschwindet und wieder erscheint. Hi'iaka überwindet ihren Widerwillen, etwas zu unternehmen, wickelt den Geist in das Lendentuch von Wahine-oma'o, und sie gehen fort. Als sie Wailuku erreichen, wird der Geist unruhig und weist so darauf hin, daß sie sich dem Körper nähern. Hi'iaka zwingt den Geist, in den Körper durch dessen Zehen einzutreten, und das Mädchen erwacht zum Leben. Mit ihren neuen Händen bereitet sie pflichtgemäß und fehlerfrei ein Fest vor; und bei dieser Gelegenheit verspeist Hi'ika die ihr dargebrachten Speisen.

Als sie in Kaua'i ankommen, hält Hi'iaka, bevor sie zum Hause des Lohiau weitergeht, am Hause des als Seher bekannten lahmen Fischers Malae-ha'a-koa. Hi'iaka fleht den Himmel an, dem Fischer zu helfen, und er kann wieder gehen. In Dankbarkeit erzählt der Fischer die ganze Pele-Sage eingehend in einem langen Gesang, *mele*, einschließlich ihrer Begegnung mit dem Schweinegott Kamapua'a.

Hi'iaka verweilt oft, um die Schöheiten der Landschaft zu beobachten und in Gesänge zu übertragen. In ihren Beobachtungen klingen immer ihre Gefühle nach; es besteht Einklang zwischen den ihr begegnenden Naturformen und ihrer eigenen Stimmung, sodaß ihre Formulierungen eine tiefere Bedeutung – im Hawaiianischen als *kaona* bezeichnet – gewinnen.

Nachdem sie ihren Durst in den vier Bächen von Ka'ena gestillt hat, möchte Hi'iaka die Unterstützung, die ihr von dem Land gewährt wurde, erwidern:

Mit dem aufkommenden Wind kam mir plötzlich ein Gedanke.
Was kann ich, beschämt, den vier Badenden anbieten?
Meine einzige Gabe ist ein Gesang.

(Pukui/Korn 1973, S. 67)

Die Gesänge der Hi'iaka sind eine Gabe, die bis heute anläßlich des *Hula* gefeiert wird.

Hi'iaka erfährt von dem lahmen Fischer, daß Lohiau gestorben ist, aber sie besucht ihn trotzdem. Der Körper wurde von seiner Schwester in ein Grab gebracht, ist aber inzwischen verschwunden. Als Hi'iaka zu den Bergen hinüberschaut, sieht sie den Geist des verstorbenen Häuptlings am Eingang einer Höhle schweben. Sie führt einen leidenschaftlichen Gesang vor, um ihn zum Verweilen zu bewegen. Dann zwingt sie den Geist, durch eine der Augenhöhlen in seinen Körper einzutreten; sie schiebt ihn hinunter in die Brust und durch die Lenden in die Glieder. Nach einer Periode beharrlicher Gebete, deren fehlerfreie Durchführung Wahine-oma'o begutachtet, kann Lohiau genesen. Sie benutzen drei Regenbogen als Leitern, und so steigen Hi'iaka, Wahine-oma'o und Lohiau in das Dorf hernieder; es werden Reinigungsrituale vorgenommen, um die Entweihung durch die Berührung mit dem, was eine Leiche war, zu beheben.

Ein großes Fest findet statt, um die Genesung des Lohiau zu feiern; die Hälfte des Saales wird mit einem Vorhang abgetrennt, damit die Gottheiten unter sich speisen können. Diese geben Hi'iaka mit dem Geräusch vieler flatternder Flügel ein Zeichen, daß sie ihrem Ruf gefolgt sind und an der Versammlung teilnehmen. Als aufgeräumt wird, scheint es, als sei das Essen unberührt geblieben. Tatsächlich ist aber nur das Äußere übrig; die innere Essenz ist auf geheimnisvolle Weise verschwunden, die Hülle jedoch heil geblieben.

Lohiau überredet seinen Freund Paoa, während seiner Abwesenheit als sein Vertreter zurückzubleiben, und segelt mit den zwei Frauen nach Hawaii zurück. Auf der Rückreise bemerkt Hi'iaka die Zeichen am Himmel und die blutroten Wolken und folgert, daß Pele auf der Insel Hawaii verärgert ist und die beiden heiligen Haine sowie die geliebte Hopoe zerstört hat. In diesem Moment erwacht die Rache der Hi'iaka gegen ihre Schwester Pele, die Göttin des Vulkans.

Vor dem Ende der Reise besucht Hi'iaka Pele-ula, eine hochrangige Beschützerin des *Hula* und ehemalige Geliebte des Lohiau. Der Ehrgeiz und die Leidenschaft der Pele-ula treiben Hi'iaka dazu, während des *kilu*-Spiels um die Aufmerksamkeit des Lohiau zu werben. In diesem Spiel wird ein scheibenförmiger Gegenstand auf ein Ziel geschleudert, das umfällt, wenn es genau getroffen wurde. Wer Erfolg hat, kann die Liebesdienste jener Person beanspruchen, deren Ziel umgeworfen wurde. Lohiau, hin- und hergerissen zwischen seinen Gefühlen gegenüber Pele-ula und seiner zunehmenden Bewunderung für Hi'iaka, verfehlt das richtige Ziel. Er muß, um seine

Niederlage zu büßen, einen Tanz vorführen – sein Tanz macht seine neu erwachte Leidenschaft für Hi'iaka deutlich; diese aber ist vorsichtig, denn sie möchte ihr Keuschheitsgelübde, das sie Pele gegeben hat, nicht brechen.

Schließlich kommen die Reisenden in Hawaii an. Wahine-oma'o und Pau-o-pala'e werden vorgeschickt, um Pele zu grüßen, während Hi'iaka und Lohiau mit Blick auf Hilo und auf Puna, das Land dahinter, warten. Das Land vor ihnen ist durch das Feuer der Pele verwüstet und verkohlt; wie zu ahnen war, sind die heiligen Haine sowie Hopoe in einem eifersüchtigen Wutanfall vernichtet worden. Aber nun ist der Moment gekommen, da Hi'iaka von ihrer Vereinbarung entbunden werden kann, weil sie ihren Auftrag pflichtgemäß erfüllt hat. Am Rande des Kraters, in Sichtweite der Göttin und ihrer Familie, hängt Hi'iaka ein *lei*, eine Blumengirlande, um den Hals des Lohiau und umarmt ihn, Nase an Nase. Pele versucht, dies als eine gewöhnliche Begrüßung abzutun, aber als sie in leidenschaftlicher Umarmung auf den Boden sinken, befiehlt Pele ihren Schwestern, Lohiau mit Flammen zu überwältigen. Die Schwestern sind jedoch unwillig und müssen ein zweites Mal losgeschickt werden. Mit der Hilfe des Lono-makua, des Bewahrers der Feuerstäbe, wird Lohiau in der Lava gefangen, und sein Körper wird aufgezehrt.

Nach dem Tod des Lohiau wird Hi'iaka von einer schrecklichen Macht erfüllt, und sie beschließt, ihm in die Unterwelt zu folgen. Sie reißt die Felsschichten der Welt, unter denen die Unterwelt liegt, nieder. Auf der dritten Schicht begegnet sie dem Gott des Selbstmordes, der mit seinem Hals in einer Seilschlinge hängt; auf der vierten trifft sie Wahine-oma'o und Pau-o-pala'e, die nach der Rückkehr von ihrer Reise von Pele getötet worden sind, und sie erweckt sie wieder zum Leben. Sie reist weiter, bis zur zehnten Schicht, und beabsichtigt, die Schleusentore zu öffnen und das Haus der Pele verschlingen zu lassen. Aber Wahine-oma'o, beeinflußt von dem Gott Kane, überzeugt sie, daß dies das Universum in Unordnung stürzen werde, und sie unterbricht ihre Reise.

Inzwischen führt der Geist des Lohiau seinen Freund Paoa von Kaua'i nach Hawaii, wo er, auf dem Rand des Halema'uma'u stehend, nur vier schöne Frauen sieht. Pele nimmt die Gestalt einer verwelkten Alten an, bis die Reize des Paoa sie verlokken, sich wieder in eine schöne Frau zu verwandeln. Einige sagen, daß sie dann Liebende werden.

Hi'iaka sieht nun ein, daß es für sie beide, sie und Pele, auf Hawaii nicht genug Platz gibt, und so segelt sie mit ihren zwei treuen Freundinnen und einigen ihrer Schwestern nach Kaua'i los. Zur Genesung ihres Geistes sucht sie Zuflucht im *halau* (dem Langhaus der *Hula*-Schule) von Kou auf der Insel Oahu. Es war im *halau* der Pele-ula, wo Hi'iaka einst Lohiau vor den Gefahren des *kilu*-Spieles geschützt hatte. Als sie in dem *halau* singt, hört sie das Echo ihres eigenen Gesangs. Lohiau wird das zweite Mal von Kane-milo-hai, einem älteren Bruder der Pele, zum Leben erweckt; und so finden Hi'iaka und Lohiau wieder zusammen.

Pele und Kamapua'a

Die Beziehung der Pele zu Kamapua'a, dem Halbgott, der sich üblicherweise in der Gestalt eines Schweines manifestiert, macht eines der großen Themen der Pele-Legende aus. Es gibt viele Versionen; einige betonen die Kämpfe zwischen den entgegengesetzten Elementen, versinnbildlicht durch die Göttin des Vulkanfeuers und den Gott, der mit seinem Gewühle die Erde weich und fruchtbar macht; andere behaupten, daß es zu verschiedenartigen Vereinigungen zwischen diesen Widersprüchen kam, und die Insel Hawaii ist geformt durch deren Vereinbarung, getrennte Leben zu führen. Ungeachtet der Erzählvarianten sind die Begegnungen zwischen Pele und Kamapua'a unbestreitbar sexueller Natur.

Kamapua'a wurde Hina, der Frau des Olapana, geboren; es wird auch gesagt, daß nicht er, sondern sein Onkel Kahikiula, des Bruders des Olapana, der Vater des Kindes gewesen sei. Das Kind wurde von Olapana abgelehnt und schließlich der Großmutter mütterlicherseits übergeben. Sie wußte sofort, daß das Kind ein *kapua* – von den Göttern – war, und nannte es *Kama* (Kind) und *pua'a* (Schwein). Der Knabe wuchs mit allen Merkmalen eines Schweins auf; er hatte eine runzelige Schnauze und eine Reihe Schweinsborsten auf dem Rücken. Er wuchs auf mit vielen Fähigkeiten. Er konnte sich vergrößern, er konnte so groß werden, daß er mit dem Körper Täler überspannte oder Flüsse staute. Auch war er fähig, so klein zu werden, daß er sich leicht im Unterholz verstecken konnte. Jedoch konnte er in seiner menschlichen Gestalt seine Borsten, die weiterhin auf seinem Rücken wuchsen, nicht wirklich verstecken, und so konnte er als Kamapua'a, der Schweinegott, erkannt werden.

Nach der Abreise von seinem Heim in Oahu steht Kamapua'a am Rand des Kraters von Halem'aum'au, Peles Zuhause, und beobachtet Pele und ihre Schwestern, die im Feuer in der Tiefe tanzen. Erst bleibt er unbemerkt, dann sehen die Schwestern der Pele seine Silhoutte am Himmel: eine schöne Gestalt, zum Rhythmus einer Handtrommel tanzend; und sie wünschen ihn sich als Gefährten. Nur Pele erkennt Kamapua'a als das Schwein, das er tatsächlich ist, und verschmäht ihn mit all seinen für ein Schwein typischen Eigenschaften, die er nicht vollständig verstecken kann:

> Du bist Kamapua'a
> Das Hinterteil, das sich von sich aus mühelos senkt,
> Die Nase, die von einer Schnur durchbohrt ist,
> Das Intime, das sich am Bauch trifft,
> Der Schwanz wedelt hinten.

Kamapua'a antwortet:

> Die Schweine essende Gottheit hat eine Leine in der Nase.
> Pele ist die Göttin, die Schweine ißt.

Abb. 29: Pele und Kamapua'a. Moderner Holzschnitt von Dietrich Varez, einem Künstler, der in Hawaii lebt und arbeitet.

Pele grunzt und stöhnt.
Sprich, Pele, schilt weiter!
Sprich, Pele, schilt weiter!
(Elbert 1959, S. 222)

Ein großes Wortgefecht folgt, eine Schmähung jagt die andere, bis sich die beiden gegenseitig zum Kampf provozieren und ihre jeweils gegensätzlichen Gottheiten zu Hilfe rufen. Die Brüder der Pele werden geschickt, um Kamapua'a zu überwinden; sie werden aber von seinem Gott des Geschlechtsverkehrs, Lono-ikiaweawealoha, verlockt. Pele befiehlt Lono-makua, dem Bewahrer der Feuerstäbe, den Schweinegott zu verzehren. Kamapua'a wiederum ruft daraufhin seine Schwester Keliiomahanaloa, die die Gestalt einer regenschweren Wolke annimmt und das Feuer in der Grube fast auslöscht.

Nur die Feuerstäbe werden gerettet. Kamapua'a verwandelt sich in ein Riesenschwein und verschlingt das gesamte Halem mit all dessen BewohnerInnen; Pele wird von Lono-ikiaweawealoha gerettet, der das Mitleid des Kamapua'a erweckt, woraufhin dieser Pele gehen läßt.

Einige berichten, daß der Kampf zum Stillstand kam, als Pele und Kamapua'a Mann und Frau wurden. Aber sie konnten nicht friedlich zusammenleben, daher trennten sie die Hawaii-Insel in zwei Teile: Pele übernahm das Gebiet von Puna, Kau und Kona, wo es vorwiegend Lava gab, und Kamapua'a übernahm Kohala, Hamakua und Hilo, wo es regnete und die Erde feucht war (Fornander 1917-1919).

Andere sagen, daß Pele und Kamapua'a einige Zeit zusammenlebten und einen Sohn namens Opelu-haa-lii hatten; aber das stürmische Leben seiner Mutter führte zu seinem frühen Tod, und er wurde zum Fisch Opelu. Die Vereinigung war kurzlebig, und nach vielen grimmigen Streitigkeiten wurde Kamapua'a von der Lava der Pele ins Meer getrieben; er gab den Kampf auf, sprang ins kochende Meer und verwandelte sich in einen Fisch, der wie ein Schwein grunzt und dessen Haut heißem Wasser widerstehen kann. Dieser Fisch heißt *humu-humu-nuku-nuku-apua'a*. Später heiratete Kamapua'a einen weiblichen Häuptling in einem fremden Land, und als er zurückkehrte, versuchte Pele ihn zurückzugewinnen; er aber lehnte ab und bestand darauf, daß sie getrennt blieben. Aus diesem Grunde sind Schwein und Fisch die beliebtesten Opfer an Pele (Westervelt 1916).

Wiederum andere sagen, daß der Zusammenstoß von Pele und Kamapua'a in einem sexuellen Übergriff des Schweinegottes bestand; dies fand auf einem Bett aus rauher Lava, genannt *a'a*, statt:

> Die Götter waren entsetzt über den Skandal.
> Das erste Mal, daß Pele betrogen wurde;
> Das erste Mal, daß Pele sich im Bett bewegte;
> Das erste Mal, daß Pele alles bis zum letzten Tropfen trank –
> Der Becher war das Gebräu ihres Gefährten
> und ihr Bett die Spitzen des *a'a*.
> Steingepanzerte Leidenschaft wurde gestillt.
> Wo war denn ihr eigener Panzer aus Stein?
> Die Propheten versammelten sich,
> um über die Vergewaltigung der Göttin zu beratschlagen.

(Emerson 1915a, S. 128)

IV. Andere Legenden – Pele lebt

Der *Hula*-Meister Kahawali hatte lange Wochen damit verbracht, seine SchülerInnen auf ihren Abschluß vorzubereiten, und schließlich war der Tag gekommen, als sie dem Häuptling von Puna vorgestellt wurden. Der Häuptling war mit der Vorstellung zufrieden, der Meister wurde gelobt, und die Stunde des Feierns kam. Kahawalis Lieblingssport war *holua* (Schlittenfahren). Er nahm seinen Schlitten auf die Spitze eines Berges hinauf und bereitete die Abfahrt vor der wartenden Menge kunstvoll vor. Seine erste Talfahrt wurde mit großem Beifall und großer Aufregung begrüßt. Er stieg nochmals zu seinem Begleiter hinauf, der noch immer auf der Bergspitze stand. Da stand nun eine alte Frau neben ihm. Der Begleiter sagte, daß sich die Frau mit ihm messen wolle; deshalb habe sie den Schlitten des Begleiters ausgeliehen. Trotz der Zweifel des Kahawali fuhren sie zusammen los; auf einer rauhen Strecke fiel die alte Frau vom Schlitten, und Kahawali überholte sie, ohne ihr Schaden zuzufügen. Ihr Schlitten rutschte allein hinunter. Kahawali wurde nochmals von der Menge gelobt – die alte Frau wurde ausgelacht und verspottet. Kahawali schleppte ihren Schlitten zu ihr hinauf und riet ihr von einem weiteren Versuch ab. Sie behauptete, der Schlitten sei fehlerhaft, und sie werde mit dem Schlitten des Meisters besser daran sein. Kahawali lehnte ab und meinte, es liege nicht am Schlitten, sondern an der Fertigkeit des Fahrers; er sprang mit einem Anlauf auf seinen *holua* und stürzte talwärts.

Diesmal vernahm er statt der Bewunderung die Schreckensrufe der Menge, als ob sich ihm eine Gefahr näherte. Als er sich umsah, erblickte er die alte Frau, wie sie ihn auf einem *holua* aus Feuer verfolgte, und er wußte, daß er Pele selbst seinen Schlitten verwehrt hatte. Am Fuße des Berges lief er zum Meer, um dem ihn verfolgenden Lavastrom zu entgehen. Die Menge löste sich in Verwirrung auf. Kahawali konnte im Kanu seines Bruders entkommen, aber die Menge, die die alte Frau ausgelacht hatte, verwandelte sich in Steine. Sie sind noch immer, über die Ebenen von Puna fliehend, zu sehen (vgl. Pukui/Curtis 1943).

Herb Kane berichtet davon, wie er ein Fresko für das Geschichtsmuseum in Punalu'u an der südlichen Küste von Hawaii malte: Es sollte ein hawaiianisches Dorf darstellen, wie diese vor zwei Jahrhunderten ausgesehen haben mögen. Als er arbeitete, hatte er oft Besuch, Arbeiter von der Baustelle und andere, die unerwartet kamen, um „Geschichten zu erzählen", wie die HawaiianerInnen sagen. Als sich das Projekt seiner Vollendung näherte, wurden die Sicherheitsmaßnahmen strenger, damit die Arbeit vorangehen konnte. Ein Wächter sperrte Herb Kane den Teil des Gebäudes, in dem er arbeitete, auf. Eines Tages sah er, nachdem er etwa eine Stunde gearbeitet hatte, eine alte Hawaiianerin, die hinter ihm stand und das Gebilde betrachtete. Er grüßte sie und setzte seine Arbeit fort; nach einigen Minuten verschwand sie, ihn neugierig zurücklassend, denn sie hatte wie eine echte Hawaiianerin ausgesehen. Er fragte den Wächter, ob er sie gekannt habe. Der Wächter hatte von ihr nichts bemerkt und glaubte nicht, daß jemand an ihm vorbeigegangen sein konnte, ohne von ihm gesehen worden zu sein. Dies ereignete sich 1973.

1975 befand sich Kane auf der anderen Seite der Insel, in Kona, als die Insel von mehreren Erdbeben heimgesucht wurde und die Wellen einige Küstengebiete zerstörten. In Sorge um das Geschichtszentrum rief er an, um sich zu erkundigen, wie es um das Gebiet von Punalu'u stand und ob sein Fresko zerstört worden war. Er erfuhr, daß eine sechs Meter hohe Welle das Zentrum verschlungen hatte; sie zerstörte alle Exponate, schleuderte sie aus dem rückwärtigen Teil des Baus, und der Schlamm hinterließ bis zu einem Meter hoch eine Markierung an der Wand.

Das Fresko, das bis zum Boden reichte, blieb jedoch unberührt und ganz trocken (vgl. Kane 1987).

Ein Großteil des Gebietes der Pele liegt heute innerhalb des *Volcanoes National Park* auf der großen Insel von Hawaii. Die BesucherInnen kommen zu Tausenden, um über das eindrucksvolle, aber wüste Gelände zwischen der Straße und dem Rand des Kraters von Halema'uma'u zu spazieren. Stehen wir knapp einige Meter vom Rand entfernt und atmen das schwefelige Gas ein, das aus dem Boden aufsteigt, erleben wir ein Gefühl äußerster Verlassenheit, und zugleich werden wir uns einer latenten Macht bewußt – da wir wissen, daß irgendwo in der Nähe, unterirdisch sowie über der Erde, die Lava fließt (Erfahrung der Autorin, 1990). Da stehen oft Opfergaben, meist Ginflaschen, die die TouristInnen zurückgelassen haben, oder aufeinandergehäufte Steine. Im Park sind Ranger angestellt, um darauf zu achten, daß die BesucherInnen nichts mitnehmen, denn dies ist streng verboten. Aber die TouristInnen, die bereits im Besucherzentrum des Parks gewesen sind, wissen, daß diejenigen, die Stücke der Lavasteine oder kleine glatte Kieselsteine aus Lava (Peles Tränen genannt) als Souvenirs oder Mitbringsel für FreundInnen mitgenommen haben, nicht nur den Ärger der Ranger des Parks zu fürchten haben. Das Besucherzentrum rühmt sich einer großen Briefsammlung von TouristInnen, die ihre Steine zurückgeschickt haben, nachdem ihnen Unglück widerfahren ist – manchmal ist es sogar zu Katastrophen gekommen:

> Fünf Jahren danach, nach zehn Autounfällen, zwei erfolglosen Geschäftsspekulationen, nach zweifachem gebrochenem Herzen, gebe ich zu, daß der richtige Platz für den beigelegten Stein dort ist, wo er hingehört.
>
> (Zit. in Kane 1987, S. 51)

V. Die Zähmung der Göttin

> Wir müssen alle Frauengestalten, die die bisherigen Generationen männlicher Wissenschaftler verachtet haben, neu bewerten. Hinter jeder Hexe, jedem weiblichen Drachen und jeder Verführerin steht eine Vision weiblicher Macht; und die Gesellschaft ist nun bereit, diese Macht zu verstehen, ja in sich aufzunehmen. Verglichen mit den RebellInnen haben die guten Mädchen aus der biblischen Tradition wenig anzubieten.
>
> (Goldenburg 1979, S. 74)

Nach Emersons Auslegung des Pele-Mythos steht Hi'iaka-i-ka-poli-o-Pele für eine neue Ordnung, die aus den vorherigen Verhältnissen hervorgeht. In der alten Ordnung herrschte der oberste Wille der Pele, während die jüngere, herannahende Ordnung den Menschen gehört, die nun das von Pele geschaffene Land bevölkern. Mit Hi'iaka wird diese jüngere, menschlichere Stufe trotz ihrer Verwandtschaft mit der Feuergöttin bezeichnet. Die Vereinigung von Hi'iaka und Lohiau, ein traditionelles, glückliches Ende der Geschichte und gleichzeitig die endgültige Stufe einer langen Reise, wird als Zusammenkommen der zwei gegensätzlichen Elemente des Männlichen und des Weiblichen angesehen, während Pele die Kräfte vertritt, die diese Elemente auseinanderhielten. Abschließend schreibt Emerson:

> Sieh da, ein neuer Geist hat die ganze Masse geebnet, ein Geist, der von der obersten Selbstsucht der Vulkangöttin abweicht, und die erste Dissidentin unter allen ist die gehorsame kleine Schwester, die zunächst in ihrer Hingabe an Pele das warmherzige kleine Mädchen war, das wir noch gern Hi'iaka-i-hapoli-o-Pele nennen.
>
> (Emerson 1915a)

Im allgemeinen wird Pele wenig schmeichelhaft beurteilt. In bezug auf die Göttin wird von Irrationalität und Verantwortungslosigkeit gesprochen; ihre Handlungen, die nur durch ihre Laune veranlaßt werden, gelten als zerstörerisch. Nach Westervelt (1916, S. 12) wurde Pele „insbesondere von jenen verehrt, deren Leben mit brennendem Zorn gegen ihre Mitmenschen erfüllt war", während der Häuptling Lohiau „die Tapferkeit, die Selbstlosigkeit und das gänzlich wohlwollende Wesen der Hi'iaka" (Westervelt 1916, S. 135) zu schätzen weiß. Diese Meinungen klingen auch in späteren Kommentaren nach: „Pele verhält sich so, weil sie eifersüchtig, undiszipliniert und zerstörerisch veranlagt ist" (Luomala 1955, S. 38). Unlängst schrieb Rita Knipe (1989, S. 119): „Die Feuergöttin begehrt, anstatt zu lieben. Sie ist leidenschaftlich, nicht einfühlsam. Sie ist keinem Prinzip treu, außer ihren eigenen Bedürfnissen, Feuer, Eifersüchten und Wutausbrüchen."

Diese Einstellungen kommen zwar durchgehend, aber nicht ausschließlich vor. In einer eher milden und sachlichen Version von Peles Wanderung und Hi'iakas Reise verzichtet William Hyde Rice darauf, aus bestimmten Handlungen verallgemeinernde Schlüsse über ihr Verhalten zu ziehen. In dieser Version ist Pele verärgert über die Angeberei der Schwester; indem Hi'iaka Lohiau öffentlich umarmt, demütigt sie Pele vor allen Anwesenden (Rice 1923). Kalakaua führt sogar ein Element der Schadenfreude in ihr Wesen ein: Sie verwandelt die Surfbretter von zwei Fischern „schadenfroh" in Stein, sodaß sie erschrecken; etwas später hängt sie unter Wasser einen menschlichen Kopf an die Angel eines Fischers und beobachtet ihn, wie er vor Schreck erstarrt, bevor sie wegpaddelt. All dies geschieht „zur großen Belustigung der Hi'iaka und ihrer Begleiterinnen" (Kalakaua 1888, S. 148). In *Myths and Legends of Our New Possessions and Protectorates*, worin die HawaiianerInnen etwas herablassend als „unsere neuen Untertanen – unsere Brüder, sagen wir eher" (Skinner 1900, S. 9), angesprochen werden, fährt Skinner in gleichem Ton wie Kalakaua fort; er erzählt über die gleichen Ereignisse, wobei er folgert, daß es unklug von Pele war, Hi'iaka als Botin zu schicken, denn „die Schwester war kein ernstes Wesen" (Skinner 1900, S. 238).

Die Hervorhebung solcher Unterschiede in der Einstellung zu den großen Frauenfiguren aus der Geschichte hat weder das Ziel, Pele oder Hi'iaka den relativen Grad an moralischer Schuldhaftigkeit zuzuweisen, noch geht es darum, ihre jeweiligen ApologetInnen anzuführen, sondern es soll darauf hingewiesen werden, daß solche Beurteilungen, die während des Erzählvorgangs als das moralisch Absolute hingestellt werden, in der Tat provisorisch und Variationen unterworfen sind.

Hi'iaka wird für ihren Mut und ihre Entschlossenheit gelobt, für ihre Weisheit, Beständigkeit und Unbescholtenheit. Lohiau ist schließlich die Belohnung für diese Tugenden. Pele wird auf der anderen Seite als eine „Alte (Hexe)" *(„hag")* abgetan:

Ach, der Rauch kommt nicht zur Rast;
Ich muß sterben mitten in der unauslöschlichen Flamme.
Eine Tat der Alten, die schnarchend liegt
Auf dem Lavabett, heiß wie der Herd.

(Emerson, 1915b, S. 195)

Im Hawaiianischen lautet die dritte Zeile wortwörtlich: „die Frau, die knurrend liegt"; in der Übersetzung verliert Pele die Macht des Knurrens und nimmt eine Bedeutung an, die der hawaiianischen Vorstellung von Pele fremd ist. Das englische Wort *„hag"* wird gewöhnlich definiert als weiblich, oft eine Hexe oder ein weiblicher Dämon, im allgemeinen abstoßend und traditionell sündhaft, lasterhaft und böswillig. Aber während Pele gefürchtet wird und immer gefürchtet wurde, wird sie auch geliebt und geachtet. Ihre Attribute sind Pele-honua-mea, Pele der heiligen Erde, sowie Pele-'aihonua, Pele, die Verzehrerin der Erde. Zwar zerstört Pele in ihren Anfällen des Jähzorns Land, doch sie erschafft auch neues Land. Die Insel Hawaii existiert als Folge der vulkanischen Aktivitäten; in zwei Jahren voller Vulkantätigkeit, zwischen 1987 und 1989, kamen über einhundert Hektar neues Land zur Insel Hawaii hinzu. In ca. zehntausend Jahren kann eine neue Insel zum Hawaii-Archipel hinzukommen. Dieser neue Vulkan, genannt Loihi, befindet sich an der Küste von Kilauea unter Wasser; er kann im Laufe der Zeit aus den Wellen auftauchen und seinen Platz in der heute existierenden Inselkette einnehmen. Die Ausbrüche der hawaiianischen Vulkane sind gewöhnlich nicht explosiv und verhältnismäßig mild, weil die Lava vergleichsweise dünn und flüssig ist; daher stellt sie sich den Menschen kaum als Gefahr dar, obwohl sie in dicht bevölkerten Gebieten zerstörerisch wirkt. Wo es stark regnet, beginnt der Pflanzenwuchs in den unter der Lava begrabenen Gebieten überraschend schnell wieder, manchmal innerhalb eines Jahres:

> Pele, die Erdverzehrerin, gibt dem Feuer, das ihren Zorn und ihre Leidenschaft ausdrückt, ihren Namen (,ahi'ena, pele), dann segnet sie die neuen Fluten mit der Schönheit ihrer Beere, der *ohelo*.
>
> (Wight 1990)

In der Liebe ihrer VerehrerInnen zu der Göttin hat die Neigung, Pele zu verurteilen, keinen Platz. Die heutigen HawaiianerInnen nennen Pele oft „Tutu Pele" (Kane 1987, S. 7) – *tutu* ist eine neue Wortschöpfung und bezeichnet die Großeltern beiderlei Geschlechts oder irgendeine/n Verwandte/n oder engere/n FreundIn der Generation der Großeltern (Pukui/Elbert 1986, S. 177). Den älteren Mitgliedern einer hawaiianischen Familie kam immer eine wichtige Stellung in der Familie und im Gemeinschaftsleben zu. Es war üblich, die Kinder, vor allem die Erstgeborenen, an eine/n ältere/n Verwandte/n, gewöhlich einen Großelternteil, zur Erziehung zu übergeben *(„hanai'd")*.

Am ehesten waren es die Großeltern, die in die Träume zurückkehrten, um zu führen und zu unterstützen; sie stellten das Gewissen dar, das verurteilt oder billigt. Diese Rolle kommt Pele uneingeschränkt zu; in den Geschichten aus der jüngeren Vergangenheit erscheint sie, um vor herannahenden Katastrophen zu warnen, während sie in den traditionellen Erzählungen über die moralische Autorität einer respektierten Älteren verfügt. In einer Geschichte, die Mary Kawena Pukui von ihrer Kusine erzählt wurde, ist Pele eine wohlwollende, aber strenge Göttin die einen Mann namens Kalapana dazu verurteilt, fern von seiner Heimat zu leben und zu sterben, weil er – obgleich unverschuldet – ein Versprechen an sie nicht hält. Jedoch überlebt Kalapana sein Exil in Zufriedenheit, da er die wohlwollenden Augen der Pele gesehen hat (Pukui/Curtis 1983). In diesem Fall vereinigt sich die Schönheit des jugendlichen Charakters der Pele mit Reife und Herrschaft oder der gebieterischen älteren Person, wobei die Sexualität fehlt, die gewöhnlich mit der jüngeren Pele in Verbindung steht.

Mary Daly hat die verschiedenen Bedeutungen des englischen Wortes *„hag"*, mit dem Pele bezeichnet wird, hervorgehoben und darauf hingewiesen, daß dieses im allgemeinen mit *„haggard"*, „abgezehrt oder abgemergelt", in Verbindung steht, was aber nicht dessen ursprüngliche Bedeutung wiedergibt (Daly 1987). Das *Webster's Dictionary*, zitiert von Daly, listet widersprüchliche veraltete Bedeutungen auf: „haggard" sei „eine eigensinnige Person, besonders eine Frau, die sich widerwillig umwerben läßt", und *„haggard"* zu sein, heiße, „unkeusch" zu sein. Daly legt nahe, daß eine Neudefinition von *„hag"* diese Widersprüche umfassen kann und soll.

Der Begriff *„hag"* im Zusammenhang mit der Göttin des Vulkans entsteht aus der unglücklichen Verknüpfung des Weiblichen, des Sexuellen und des Mächtigen mit dem Alten – was dem landläufigen Bild der Pele eigenartigerweise entspricht. Dies scheint problematisch für diejenigen, die das christliche Ideal der Weiblichkeit, das die ernährenden und bescheidenen Züge der Weiblichkeit betont, aufrechterhalten wollen. Mit diesen scheinbaren Widersprüchen hatte die alte hawaiianische Kultur wenig Schwierigkeiten. Beiderlei Geschlechter wurden – unter Berücksichtigung bestimmter Rahmenbedingungen – zur Sexualität ermutigt; es wird auch behauptet, daß sexuelle Befriedigung bis ins Alter möglich war und die Probleme von Impotenz und Frigidität „offenbar unbekannt" waren (Pukui/Haertig/Lee 1972, Bd. 2, S. 84).

Die HawaiianerInnen erkannten die sexuellen Erlebnisse sowohl als Vergnügen als auch als festere Beziehung zwischen Mann und Frau an, obwohl es sich nicht immer um monogame Beziehungen handelte. Pele schlägt Lohiau als ihren eigenen Liebhaber sowie als den der Hi'iaka vor: Oft teilten zwei Schwestern oder zwei Brüder einen Gefährten bzw. eine Gefährtin; und insofern diese Beziehungen in gegenseitigem Einverständnis zustande kamen, verliefen sie ohne Probleme, heißt es. Ohne eine derartige Zustimmung jedoch hatten außereheliche Beziehungen traumatische Folgen (Pukui/Haertig/Lee 1972, Bd. 2, S. 91). Eifersucht und Wut der Pele sind darauf zurückzuführen, daß das von ihr über Lohiau verhängte *kapu*, das nur fünf Tage nach seiner Rückkehr nach Halema'uma'u zu gelten hatte, öffentlich verletzt wurde. Diese Vorstellung von einem zeitweiligen Verbot sexueller Beziehungen steht im Einklang mit der einer zeitweiligen Keuschheit, die, wie oben erwähnt, in bestimmten Fällen in der hawaiianischen Gesellschaft vorgeschrieben wird.

Die Widerspenstigkeit der Pele fällt besonders in ihrer Beziehung zu Kamapua'a auf; und es ist verlockend, den heftigen Kampf um die Oberherrschaft als einen Widerstreit zwischen den Geschlechtern anzusehen, wobei Kamapua'a der Rolle des äußersten Chauvinisten, vervollständigt durch die Merkmale des Schweins, gerecht wird. Die entgegengesetzten Kräfte sind sowohl elementar als auch sexuell bestimmt, und die darauffolgende Atempause, bei der die Insel Hawaii zwischen ihnen geteilt wird, ist die natürliche Folge des Glaubens, daß die Natur nicht durch Herrschaft geregelt werden kann. In einigen Versionen der Geschichte wird Pele von Kamapua'a vergewaltigt, während sie in einigen anderen Versionen ein zeitweiliges sexuelles

Verhältnis mit ihm hat. Emerson verknüpft die beiden Versionen und spricht von „dem wollüstigen Angriff des Kamapua'a auf Pele, einem Angriff, dem sie sich anscheinend fügt“ (Emerson 1915a, S. 113). Diese Auslegung beraubt Pele sowohl ihrer Wahlmöglichkeit als auch ihrer Sexualität.

Es ist nicht einfach, eine Verbindung zwischen der mythischen Gestalt und der Macht der hawaiianischen Frauen herzustellen. Solche politisch mächtigen Frauen kamen nur in der Aristokratie, den *ali'i*, vor oder blieben auf den Kult der Pele selbst beschränkt, in dem den weiblichen *kahuna* (Priesterinnen) der höchste Rang zukam (Westervelt 1916, S. 115). Einige Fälle kämpfender Frauen sind dokumentiert:

> ... denn in jenen Tagen und später folgten Frauen ihren Vätern und Brüdern nicht selten in den Kampf; üblicherweise blieben Frauen im Hintergrund und versorgten sie mit Nahrung und Wasser. Aber manchmal, im Nah- oder ausweglosen Kampf, beteiligten sie sich mit Tapferkeit. In solchen Fällen schlugen sie zu und erhielten Schläge und erwarteten bzw. erhielten keine Rücksichtnahme auf ihr Geschlecht.
>
> (Kalakaua 1888, S. 299)

Prophetinnen waren die einzigen Frauen, die gesellschaftlich wie Männer lebten und alle Privilegien der männlichen Priester genossen. Anscheinend waren sie auch von dem *kapu* der Menstruation nicht berührt – ein Tatbestand, der Frauen bei den Gottheiten unbeliebt machte und sie daher in eine untergeordnete Position rückte (Pukui/Haertig/Lee 1972, S. 211). Größe und Kraft waren jedoch Bestandteile des hawaiianischen Schönheitsideals, und wie Männer waren Frauen sehr gut im Schwimmen, Wellenreiten und Bergsteigen. Das athletische Geschick der Hi'iaka, ihre Zurschaustellung von Kraft und Ausdauer, gefährden ihre Weiblichkeit aus der Sicht der HawaiianerInnen keinesfalls.

Trotz dieser physischen Merkmale bleibt Hi'iaka eindeutig im Bereich des Märchenhaften verhaftet. Während sie von ihrem reizenden Prinzen ferngehalten wird, bis gewisse Hindernisse überwunden sind, bedrohen die Mächte des offensichtlich Bösen ihre moralische Reinheit und Schönheit. Obwohl es Hi'iaka ist, die sich um ihres Prinzen willen heftig anstrengt und nicht umgekehrt, bleibt die Geschichte ironischerweise im traditionellen Rahmen des moralisch Guten und Schönen, in dem eine passive Heldin üblicherweise die Machenschaften der bösen Stiefmutter oder Schwester überlebt und durch Vereinigung mit dem Helden beglückt wird, um daraufhin aus der Phantasie aller Kinder zu schwinden; es gibt keine Erwähnung von schmutzigem Sex, schmerzvollen Wehen oder von den Krisen der Wechseljahre, womit sich die Kinder später, wenn sie erwachsen sind, identifizieren können.

Nur in den Erinnerungen der HawaiianerInnen aus der Zeit, als sie mit der westlich-europäischen Welt noch nicht in Berührung gekommen waren, und in dem noch heute wahrnehmbaren Widerhall aus den hawaiianischen Schriften, die einer Minderheit der heutigen InselbewohnerInnen zur Verfügung stehen, hat Hi'iaka eine bedeutsame Stimme. Sie ist es, die als eine Beobachterin und Darstellerin der menschlichen Verhältnisse Anregung für Gesänge und Tänze des heiligen *Hula* gibt:

> Hi'iaka ist aufgrund dessen, was zahllose unbekannte DichterInnen in ihrem Namen erschaffen haben, die größte aller KünstlerInnen in der mündlich überlieferten Literatur Polynesiens.
>
> (Luomala 1986, S. 35)

Es ist aber selbstverständlich, daß die Macht des Pele-Mythos auf die andauernde Macht des hervorbrechenden Vulkans zurückzuführen ist. Als die Personifikation der Gewalt und des Spektakels von *Kilauea: The Newest Land on Earth* (Heliker/Weisel 1990) wird Pele beliebige BesucherInnen von Hawaii weiterhin faszinieren und ihre Vorstellungskraft fesseln, während die Taten der Hi'iaka an Bedeutung verlieren. In größerem Zusammenhang klingt jedoch im Mythos der Pele eine eher beunruhigende Note nach, was die Lage der Frauen betrifft: Die Kämpfe und die Verwirrungen, die hier offenliegen, vollziehen sich auf einer Ebene, die besonders für die moderne Frau grundlegend ist, die in einer Welt zu bestehen versucht, in der Bewertungen nach wie vor vom Geschlecht abhängig sind. Das gute Ende der Geschichte von Hi'iaka klingt etwas hohl, es betrügt in seiner Einfachheit und ist verlockend in seiner Erfüllung. Diese „Einladung zur Hohlheit" wird den Frauen noch immer ständig angeboten, und „geben sie dem nach, hören sie auf, Frauen-identifiziert zu sein und werden rein feminin: bewunderns- und bedauernswert, doch niemals wirklich fürchterlich, niemals Furcht-bar" (Daly 1991, S. 72f.). Die Anziehungskraft der Pele liegt in ihrem Mut, manchmal alt, manchmal häßlich, manchmal betont sexuell und manchmal wirklich schrecklich zu sein. Pele wagt es, ehrwürdig zu sein.

Bibliographie

Bank, O: *Faces of Feminism*, Oxford 1986.

Barrere, D. B./Pukui, M. K./Kelly M.: *Hula – Historical Perspectives*, Honolulu 1980.

Beckwith, M.: *Hawaiian Mythology*, Honolulu 1970 (Reprint 1989).

Beckwith, M.: *The Kumulipo*, Honolulu 1951 (Reprint 1981).

Charlot, J.: *The Kamapua's Literature*, Hawaii 1987.

Colum, P.: *Legends of Hawaii*, New Haven 1937 (Reprint 1960).

Daly, M.: *Gyn/Ecology: The Metaphysics of Radical Feminism*, London 1987.

Daly, M.. *Gyn/Ökologie. Eine Metaethik des radikalen Feminismus*. Aus dem amerikan. Englisch v. E. Wisselinck, 5. erweiterte Aufl., München 1991. *

Daws, G.: *Shoal of Time*, Honolulu 1974.

Elbert, S. H. (Hrsg.): *Selections from Fornanders's Antiquities and Folklore*, Honolulu 1959 (Reprint 1982).

Elbert, S. H./Mahoe, N.: *Na Mele O Hawai'i Nei: 101 Hawaiian Songs*, Honolulu 1970.

Emerson, N. B.: *Pele and Hi'iaka: A Myth from Hawaii*, New York 1915 (Reprint 1978).

Emerson, N. B.: *Unwritten Literature of Hawaii: The Sacred Song of the Hula*, Rutland/Vermont/Tokio 1915 (= 1915a, Reprint 1986).

Fornander, A.: *Hawaiian Antiquities and Folklore*, Bd. 4 u. 5, Honolulu 1917-1919.

Goldenburg, N. R.: *Changing of the Gods*, Boston 1979.

Gowen, H. H.. *Hawaiian Idylls of Love and Death*, New York 1908.

Green, L.: *Folk Tales from Hawaii*, New York 1926.

Harding, E. M.: *Women's Mysteries*, New York 1973.

Heliker, C./Weisel, D.: *Kilauea: The Newest Land on Earth*, Honolulu 1990.

Johnson, R. K.: *Kumulipo: The Hawaiian Hymn of Creation*, Honolulu 1981.

Kalakaua, His Hawaiian Majesty David: *The Legends and Myths of Hawaii*, Rutland/Vermont/Tokio 1888 (Reprint 1988).

Kamakau, S. M.: *Ka Po'e Kahiko: The People of Old Hawaii*, Honolulu 1866-1871 (Reprint 1987).

Kane, H. K.: *Pele: Goddess of Hawaii's Volcanoes*, Honolulu 1987.

Knipe, R.: *The Water of Life: A Jungian Journey Through Hawaiian Myth*, Honolulu 1989.

Luomala, K.: *Voices on the Wind. Polynesian Myths and Chants*, Honolulu 1955 (Reprint 1986).

Melville, L.: *Children of the Rainbow*, Illinois 1969.

Mrantz, M.: *Women of Old Hawaii*, Honolulu 1975 (Reprint 1987).

Pukui, M. K./Curtis C.: *Pikoi*, Honolulu 1943 (Reprint 1983).

Pukui, M. K./Haertig, E. W./Lee, C. A.: *Nana I Ke KUMU: Look to the Source*, Bd. 1 u. 2, Honolulu 1972 (Reprint 1983).

Pukui, M. K./Korn, A. L.: *The Echo of Our Song: Chants and Poems of the Hawaiians*, Honolulu 1973 (Reprint 1988).

Pukui, M. K./Elbert, S. H.: *Hawaiian Dictionary*, Honolulu 1986.

Rice, W. H.: *Hawaiian Legends*, New York 1926 (Reprint 1987).

Sahlins, M.: *Islands of History*, London/New York 1987.

Skinner, C. M.: *Myths and Legends of Our New Possessions and Protectorate*, Philadelphia/London 1900.

Stone, M.: *When God Was a Woman*, San Diego 1976.

Strachan, E. u. G.: *Freeing the Feminine*, Dunbar 1985.

Westervelt, W. D.: *Hawaiian Historical Legends*, Rutland/Vermont/Tokio 1923 (Reprint 1985).

Westervelt, W. D.: *Hawaiian Legends of Ghosts and Ghost-gods*, Rutland/Vermont/Tokio 1915 (Reprint 1987).

Westervelt, W. D.: *Hawaiian Legends of Old Honolulu*, Rutland/Vermont/Tokio 1915 (Reprint 1988).

Westervelt, W. D.: *Hawaiian Legends of Volcanoes*, Rutland/Vermont/Tokio 1916 (Reprint 1989).

Unveröffentlichte Texte:

Sutton, T.: *A Bibliographic Essay on Items Concerning Pele Published since 1970*, Hawaii 1988 (School of Library and Information Studies, University of Hawaii at Manoa, Honolulu).

Wight, K.: *Kilauea: In Memory and Spirit*, 1990 (Publikation vorgesehen).

Marta Weigle

Die Mythologie des nordamerikanischen Südwestens

I. Einleitung

Der indigene Südwesten ist das einzige Kulturareal Nordamerikas, dem im 25bändigen *Handbook of North American Indians* (Ortiz 1979; 1983) zwei Bände gewidmet wurden. Der Südwesten umfaßt ein ausgedehntes, abwechslungsreiches Gebiet der südwestlichen Vereinigten Staaten (vorwiegend Arizona und New Mexico) und Nordmexikos. In den weit besser erforschten nördlichen Regionen bildeten sich seit der frühchristlichen Ära vier prähistorische Kulturen heraus, die ausgeprägte Bezüge zu Mesoamerika aufweisen (Hohokam, Hakataya, Anasazi, Mogollon). Ihre gemeinsamen Charakteristika sind dauerhafte Dörfer in dicht besiedelten Niederlassungen, eine regional differenzierte Architektur im Rahmen spezialisierter religiöser Strukturen und der hauptsächliche Anbau von Mais, Bohnen, Kürbis, Baumwolle und Tabak. Lokale Raubzüge ersetzten organisierte Kriegszüge, und zeremonielle Vereinbarungen, die eher auf religiöser als auf politischer Kontrolle beruhten, standen im Vordergrund.

Die Hohokam-Gruppen der Wüstengebiete Südarizonas und die Hakataya-Gruppen des unteren Colorado südlich des Grand Canyon sind die VorfahrInnen der Yuma und vermutlich auch der Pima-IndianerInnen. Die gegenwärtigen Pueblo-IndianerInnen führen ihre Ursprünge auf die westlichen Anasazi (*Four Corners Area* in Utah, Colorado, New Mexico und Arizona) sowie auf die östlichen Anasazi (ungefähr ein Drittel des nördlichen Gebietes von New Mexico) und auf die Mogollon (vom nördlichen Zentralarizona bis nach Südwest-Mexiko) zurück. Die südlichen Athapasken, deren Nachkommen die heutigen Navajo und Apache sind, erreichten den Nordosten von New Mexico wohl im 16. Jahrhundert und drangen dann nach Westen und nach Süden – in frühere Anasazi- und Mogollon-Regionen – vor (Woodbury 1979). Ursprünglich nomadische Sammlerinnen und Jäger, übernahmen sie zahlreiche kulturelle Elemente der Bodenbau treibenden Pueblo.

Da die Pueblo, die Apache und Navajo in vieler Hinsicht Territorium, Geschichte, Mythen und Rituale teilen und bereits intensiv erforscht worden sind, konzentriert sich der vorliegende Beitrag auf den nordöstlichen Teil des indigenen nordamerikanischen Südwestens. Die Eroberung und Kolonisierung dieser Region durch die Spanier geht auf eine Expedition von Francisco Vasquez de Coronado 1540/41 sowie auf Juan de Oñate und seine Kolonisten zurück, die sich 1598 zunächst bei den Tewa von San Juan Pueblo niederließen und 1610 die Provinzhauptstadt Santa Fe gründeten. Für die Eroberten brachte das Pferd unmittelbarere Folgen mit sich als das Christentum. Wurden die Pferde zunächst für Menschenfresser gehalten, so nahm ihre Zucht und Ernährung sowie der Pferdetausch innerhalb von nur wenig mehr als einer Dekade einen zentralen Stellenwert in den Mythen und in der Kultur der östlichen Pueblo ein, in der Folge auch bei den westlichen Pueblo, den Apache (ca. 1638) und den Navajo (ca. 1680).

Die Pueblo-Frauen wurden von den spanischen Chronisten im allgemeinen wegen ihrer (auch für die Europäer) beachtlichen Fertigkeit in „Frauenarbeiten" wie Kochen, Kindererziehung, Töpferei und Herstellung von Bekleidung lobend erwähnt. Jene Frauen, „die in den Dienst der Spanier gezwungen wurden, bezogen spanische Speisen, Geräte und spanisches Nutzvieh in ihren traditionellen Aufgabenbereich ein", während jene Frauen „die, um der spanischen Herrschaft zu entgehen, zu den Navajo und Apache flüchteten, ihre Vorstellungen von weiblichen Aufgaben und Arbeiten mitbrachten und die Frauen in den Gesellschaften der Apache und Navajo beeinflußten" (Foote/Schackel 1986, S. 18).

Die Inbesitznahme des Südwestens durch die Vereinigten Staaten setzte 1846 ein: New Mexico wurde 1850, das davon abgetrennte Arizona 1863 ein Territorium der Vereinigten Staaten. Beide Territorien erhielten 1912 den Status von US-Bundesstaaten. Verschiedene Strategien im Rahmen der Reservatspolitik und der Umsiedlungen änderten das Leben der indianischen Gesellschaften des Südwestens und anderer Regionen in drastischer Weise.

Die zeitgenössischen Pueblo setzen sich – vom Westen nach Osten – aus vier Sprachfamilien zusammen, die keine Verwandtschaft aufweisen: Hopi (bei den Hopi); Zuni (bei den Zuni), Keresan (in Laguna, Acoma, Santo Domingo, San Felipe, Cochiti, Zia, Santa Ana) und Tano. Tano besteht aus drei Dialekten, deren SprecherInnen sich einander nicht verständlich machen können: Tewa (in San Juan, Santa Clara, San Ildefonso, Nambe, Tesuque, Pojoaque), Tiwa (bei den nördlichen Untergruppen in Taos und Picuris und bei den südlichen in Sandia und Isleta) und Towa (in Jemez, früher Pecos). Die Hopi-Tewa, die eine Variante des Tewa sprechen, das von den Rio Grande-Tewa mit einer gewissen Mühe verstanden wird, wanderten aus New Mexico ein und ließen sich gegen 1700 in der Nähe der Hopi der ersten Mesa in Arizona nieder. Die als „circum-pueblo" bezeichneten Apachesprachen und -kulturen schließen – von Westen nach Osten – die Navajo, die Westlichen Apache, die Chiricahua-Apache, Mescalero-Apache und Jicarilla-Apache ein.

Alle Gesellschaften des Südwestens teilten den Glauben an ein mäßig (Apache) bzw. stark (alle anderen Gruppen) gegliedertes und begrenztes, geschichtetes Universum sowie an eine natürliche Welt, die von übernatürlicher Bedeutung durchdrungen ist. Sie alle besitzen Schöpfungsmythen (die historisch die Athapasken von den Pueblo-IndianerInnen übernommen haben), die darüber berichten, wie die ersten Wesen aus der Unterwelt/den Unterwelten oder der Gebärmutter/den Gebärmüttern der Mutter Erde aufstiegen. Vom heiligen Ort ihres Erscheinens aus wanderten sie zu ihren gegenwärtigen Aufenthaltsorten, wobei vorhandene Wahlmöglichkeiten oder Unstimmigkeiten dazu führten, daß verschiedene Gruppen unterschiedliche Wege einschlugen. Vor oder während des Aufsteigens und der Wanderung mußten Ungeheuer getötet werden, wobei kulturelle Riten, Institutionen und Objekte begründet wurden. Zwillings-Kulturheroen oder -Kriegerheroen übernahmen beim Aufsteigen und bei der Tötung der Ungeheuer oft eine führende Rolle. Hexerei, die meist mit Männern und Frauen gleichermaßen assoziiert wird, gibt es seit dem Anbeginn der Welt, und in allen Kulturen treten hochentwickelte Systeme des Hexenglaubens auf. Die Kosmologien und die Mythologien von Aufsteigen/Ursprung/Wanderung werden in den meisten Ritualen symbolhaft immer wieder dargestellt.

Die Zeremonien der Apache konzentrieren sich vor allem auf das Heilen und nur in zweiter Linie auf die Kriegführung. Frauen und Männer erhalten ihre Macht aus Träumen oder Visionen von Tieren, Pflanzen oder Naturphänomenen, die außerhalb der sozialen Welt angesiedelt sind. Frauen konnten Schamaninnen werden; sie kamen als solche „häufig vor und standen bei den Chiricahua und Mescalero mit ihren männlichen Gegenstücken auf gleicher Stufe" (Opler 1983, S. 371). Während der Heilungszeremonien, die meist die Entfernung des Übels betonen, ist der Schamane/die Schamanin nicht besessen, sondern lockt mit Gesängen und rituellen Gegenständen übernatürliche Wesen an. *Sich-Wandelnde-Frau (Changing Woman)* bzw. *Perlmutter-Frau* (vgl. Abschnitt II.) gewährt insbesondere während der Pubertätsriten der Mädchen bedeutende Wohltaten. Ihre Zwillingssöhne, die unter verschiedenen Namen die Ungeheuer töteten, sind die wichtigsten Kulturheroen.

Kosmologie, Mythen und Rituale der Navajo sind wesentlich stärker strukturiert. Ritualspezialisten, die – obwohl seltener auch Frauen diese Rollen ergreifen und erlernen können (vgl. Reichard 1973, S. XLIVf.) – als Sänger *(singers, chanters)* oder Medizinmänner bezeichnet werden, fungieren als Priester, die ihr Können im Rahmen einer Lehre erwerben, nicht durch schamanistische oder visionäre Begabung. Navajo-Gesänge zielen auf die „Wiederherstellung von ‚angenehmen Verhältnissen' für das Individuum und werden in zwei, fünf oder neun Nächten jeweils von Sonnenuntergang bis Sonnenuntergang abgehalten. Viele Gesänge umfassen ein Bad, das Ritual des Sandbild-Zeichnens, eine Schwitz- und Erbrechzeremonie und einen die ganze Nacht andauernden Gesang in der letzten Nacht der Zeremonie. Jede Teilzeremonie besteht aus rituellen Handlungen, die sich gegen jenen Faktor (zum Beispiel Bären, Schlangen, Blitz) richten, der die Krankheit hervorgerufen hat" (Lamphere 1983, S. 752). Auch wenn eine Frau die Rolle der Sängerin übernimmt und die Herstellung der Sandbilder überwacht, müssen diese grundsätzlich von Männern gezeichnet werden (vgl. Witherspoon 1977, S. 160).

Einige Gesänge haben weibliche und männliche Zweige, die nicht durch das Geschlecht der PatientInnen, sondern – wahrscheinlich – durch das Geschlecht der mythischen ProtagonistInnen bestimmt sind. Mythen über den Ursprung eines Gesangs „erzählen gewöhnlich vom Mißgeschick eines Helden oder einer Heldin [letzteres seltener, vgl. aber *Ältere und Jüngere Schwester*, Abschnitt II.], die durch absichtliches oder unabsichtliches Fehlverhalten in eine Reihe von mißlichen Situationen geraten. Um zu überleben, wird übernatürliche Hilfe notwendig, da Verletzungen und Krankheiten nach einer rituellen Wiederherstellung verlangen, im Zuge deren er/sie das rituelle Wissen und die Kraft für einen Gesang erlangt", der später an die eigenen Leute weitergegeben wird. Die SängerInnen müssen diese Mythen nicht kennen, obwohl dies bei den „besten" von ihnen der Fall ist. Im Idealfall können sie diese Mythen vom Anbeginn der Schöpfung an erzählen, bis „sich der Mythos des Gesangs davon abzweigt" (Wyman 1983, S 547, 556).

Gottheiten, die als *Heilige Leute (Diyin Dine'é)* bezeichnet werden, leben in einer übernatürlichen Welt, die parallel zur sozialen Welt der Navajo (*Dine'é*, Menschen) existiert. Wie die der Navajo ist sie „nicht hierarchisch strukturiert ... [und] vergleichsweise wenig gegliedert ..., und auch die Unterscheidungen nach Alter und Geschlecht, besonders hinsichtlich der Arbeitsteilung, sind äußerst gering" (Lamphere 1983, S. 752). Dennoch bilden *Sich-Wandelnde-Frau*, ihre Zwillingssöhne *Ungeheuertöter (Monster Slayer)* und *Wasserkind (Born for Water)* – die die Macht des Krieges repräsentieren – gemeinsam mit der Sonne „eine Art ‚heilige Familie', die in Mythen und Ritualen in den Vordergrund tritt". Bald nach der Schöpfung der Welt tritt in den frühen Ereignissen auf der Erde, die damals für die Menschen erst bewohnbar gemacht wurde, eine „erste Familie" hervor, die aus *Erstem Mann, Erster Frau, Erstem Knaben, Erstem Mädchen* und „ihren Gefährten Kojote (‚Erster zänkischer Mensch'), einem Vertreter der Trickster*, und *Begochídí* (dem transvestitischen Sohn der Sonne) besteht" (Wyman 1983, S. 339).

Der grundlegend landwirtschaftlich orientierte Zeremonialismus der Pueblo kreist um Getreide/Mais und Wasser/Regen, obwohl auch Jagd- und Heilungszeremonien wichtig sind. Männliche Priester leiten komplexe Rituale, deren gewissenhafte Ausführung der wirksamen Kontrolle eines bekannten, begrenzten und interdependenten Universums dient. Die Orientierung richtet sich stets auf einen Mittelpunkt, denn es existiert eine „komplexe Vorstellungs- und Symbolwelt mit einer kosmischen Mitte oder einem kosmischen Zentrum, das durch *sipapu*, den Nabel der Erde, oder durch das ganze Dorf dargestellt wird. Gewöhnlich gibt es viele verschiedene Mittelpunkte, weil immer wieder ein heiliger Bereich geschaffen werden kann, ohne daß sich die Realität erschöpft" (Ortiz 1972a, S. 142f.). *Kivas* sind runde oder rechteckige geheiligte Bauwerke, die über, unter oder nur teilweise unter der Erde liegen und für geheime, vorwiegend männliche religiöse Aktivitäten eingerichtet sind. Sie verkörpern einen Symbolismus, der sich auf die Unterwelt und den Ort des Ursprungs bezieht, und „obwohl es zahlreiche heilige Zentren geben kann, ist die *kiva* selbst das Zentrum der Zentren, der Nabel aller Nabel" (Nabokov/Easton 1989, S. 378).

Zahlreiche Dualitäten, besonders aber die Dualität von männlich und weiblich, „spiegeln sich im Leben der Pueblo wider. Die Sonne wird überall als Vater und befruchtende Kraft im Kosmos betrachtet, während die Erde die Mutter ist. Im Mythos sind sie zwar seit langer Zeit getrennt, doch alle Pueblo widmen ihnen endlose mythische Zyklen, um sie wieder zu vereinen ... So sehen wir die Zwillingssöhne der Sonne in die obere kosmische Ebene hinaufsteigen, um ihren Vater aufzusuchen oder um mit ihm zu kämpfen, ... [und] heilige Clowns, die als Kinder der Sonne betrachtet werden, scheinen – wo auch immer sie in dauerhaften Bünden vereinigt sind –, stets zur Tagundnachtgleiche initiiert zu werden". Ab und zu sind Kulturheroen- oder Kriegerzwillinge auch weiblich, wie zum Beispiel bei den Keresan (vgl. S. 404). Die Winterzeremonien, die Medizin, Krieg und Fruchtbarkeit in den Mittelpunkt stellen, vervollständigen die Sommerzeremonien, deren Betonung auf Regen und Bodenbau liegt. Andere Dualitäten umfassen das Rohe und das Gekochte, das Reife und das Unreife, das Heiße und das Kalte, den Priester und die Hexe, die Lebenden und jene, die zu den Ahnen gegangen sind. Alle Zeremonien sind tendenziell komplementär und in Mythos, Ritual und im religiösen Glauben ausgewogen (vgl. Ortiz 1972, S. 143-145).

Kachinas, die mächtigen und wohlwollenden anthropomorphen Ahnengeister, die die Wohltaten des Regens, der Ernte und der Heilung bringen, und die *kachina*-Gesellschaften, die entweder nur Männer oder Männer und Frauen als Mitglieder aufnehmen, finden sich bei allen Pueblo. Öffentliche und/oder private, maskierte oder unmaskierte Tänze zur Verkörperung der Gottheiten/*kachinas* spielen im Glauben und im Ritual eine bedeutende Rolle, und bei den Zuni und Hopi erreichen sie die höchste Vollendung (vgl. Griffith 1983; Lamphere 1983, S. 757f.). Solche Personifikationen und rituelle Dramen sind im allgemeinen eine Angelegenheit der Männer, die sowohl als männliche als auch als weibliche *kachinas* auftreten (vgl. auch die Kapitel *Ton*, *Mais* und *Kriegerinnen*, Abschnitt II., *Schmetterling* und *Oger*, Abschnitt III.).

II. Die wichtigsten Mythen über Frauen

Stammutter (Ancestral Woman)

Stammutter und *Stammvater* der Jicarilla haben menschliche Form, sind aber nicht materiell. *Stammvater*, vom *Schwarzen Gott* der Unterwelt aus Ton geformt, träumte von einer Frau. Als er erwachte, fand er *Stammutter* an seiner Seite. Während ihres Aufsteigens stützten sich beide auf einen Stock; *Stammvater* erschien als erster von allen, seine Frau, die ihm Einfluß verlieh, entstand als erste unter den Frauen. Die Apache sind Nachfahren dieses Paares (vgl. Opler 1936, S. 203; 1946, S. 112f.).

Sich-Wandelndes-Bärenmädchen (Changing Bear Maiden)

Sich-Wandelndes-Bärenmädchen (Tingling Maiden), die weibliche Verkörperung des Bösen bei den Navajo, wird mit dem lasterhaften Kojoten in Verbindung gebracht. Beide stehen ihren zwölf guten Brüdern und der wohlwollenden *Sich-Wandelnden-Frau* gegenüber. Zunächst ist *Sich-Wandelndes-Bärenmädchen* Jungfrau und vorbildliche Haushälterin ihrer Brüder, sie wird aber von *Kojote* verführt. Sie stellt ihn erst auf die Probe, um sich ihm dann hinzugeben und im Zuge sexueller Ausschweifungen verwandelt zu werden. Als *Kojote* getötet wird, beschuldigt die erzürnte Schwester ihre Brüder. Sie tauscht ihre Zähne gegen Dornen aus, verwandelt sich in eine Bärin und verfolgt und tötet elf ihrer Brüder. Der jüngste Bruder entkommt und vernichtet schließlich seine Schwester. Ihre Vagina verwandelt sich in ein Stachelschwein oder eine Yuccafrucht; ihre Zunge in einen Kaktus; ihre Brüste werden zu Piniennüssen; ihre Eingeweide zu Schlangen oder Kräutern; ihre Gliedmaßen zu den Bären aller vier Himmelsrichtungen. Unter Anleitung der *Heiligen Leute* kann der jüngste Bruder dann seine elf Brüder wieder zum Leben erwecken (vgl. Wyman 1970, S. 337f.; 1973, S. 100f.; Reichard 1974, S. 414-417; Haile 1981, S. 207-216; 1984, S. 22-24).

Sich-Wandelnde-Frau (Changing Woman)

Weil bei den Apache *Sich-Wandelnde-Frau* (auch: *Weiß-Bemalte-Frau, Perlmutter-Frau*) altert, dann aber wieder jung wird, wird angenommen, daß sie ein langes Leben schenkt. Nachdem sie eine sexuelle Beziehung mit Sonne oder einer anderen Schöpfergottheit eingegangen ist, gebiert sie die *Ungeheuertöter*. „Gemeinsam mit ihren Söhnen wird *Sich-Wandelnde-Frau* als eine der BegründerInnen der Apache-Kultur verstanden (wie einige InformantInnen meinten, als die *einzige* Begründerin) und als solche mit großem Wohlwollen und Bewunderung betrachtet. Die Mythen, die von ihren Lehren und Heldentaten handeln, werden immer noch erzählt, und ein Teil dieser Mythen – der Geschlechtsverkehr mit Sonne – wird von den geschlechtsreifen Mädchen im *na ih es* [Pubertätsritus] dargestellt" (Basso 1966, S. 151).

Während der Pubertätsriten der Mädchen wird die Initiandin rituell in die mythologische Figur verwandelt. „Auf Bitte des Vorsitz führenden Medizinmannes hin und ‚auf seinen Gesängen reisend' ergreift *Sich-Wandelnde-Frau* von den Körpern der Mädchen Besitz und verweilt dort vier Tage lang. Dadurch erhält das Mädchen all die wünschenswerten Eigenschaften von *Sich-Wandelnder-Frau* und ist somit für ein nützliches und lohnendes Leben als Erwachsene vorbereitet." Ihre Weiblichkeit wird gewürdigt, und sie bringt ihren Verwandten Überfluß und Bestätigung (vgl. Basso 1966, S.169f.; 1970, S. 64; Parrer 1980). Die Chiricahua-Zeremonie betont „die Werte der Liebe, Gastfreundschaft, Großzügigkeit und Gewaltlosigkeit" und stellt die Frau als „Quelle" der Nahrung, der häuslichen Tugend und der Harmonie in den Mittelpunkt (Cole 1988, S. 23).

Für die Navajo läßt der Name von *Sich-Wandelnder-Frau* verschiedene Auslegungen zu: Sie ist „jene, die mit der Macht des Alterns und der Verjüngung geboren wurde", sie stellt die Erde und die wechselnden Jahreszeiten dar oder ist jene, die ihre Kleider während ihrer Pubertätszeremonie vier Mal wechselt oder aus jedem der vier Räume ihrer westlichen Behausung gleichzeitig hervortritt; deshalb kann sie als Perlmutter-, Türkis-, Abalon- und Jettfrau erscheinen (Wyman 1970, S. 32). *Sich-Wandelnde-Frau*, die auch als *Erdfrau* bezeichnet wird, ist „die erste Mutter" – „das Wesen, das den Navajo das Leben schenkte, als sie die Häupter der vier ursprünglichen Klans erschuf; [das Wesen], das heute das Leben ihrer Nachkommen durch die Bereitstellung von Nahrungsmitteln und anderen lebenswichtigen Dingen erhält ... In Ritualen gewährt sie den Ihren Wohltaten und gewährleistet deren Immunität gegenüber verschiedenen Gefahren sowie Schutz vor übelwollenden Wesen" (Witherspoon 1977, S. 91). Ihre Belehrungen über den Bau, die Instandhaltung, den Schutz und die Benützung von *hogans* (Behausungen) werden auch heute noch angeführt. *Sich-Wandelnde-Frau*, Wasserfrau, Bergfrau, Waldfrau und Sonne werden symbolisch mit den *hogans* in Beziehung gesetzt und in Mythen, Gesängen, Gebeten und „in gewöhnlichen Unterhaltungen personifiziert – [*hogans*] sind lebendig; sie müssen gefüttert, versorgt, unterhalten und vor Einsamkeit bewahrt werden" (Frisbie 1980, S. 165f.). *Sich-Wandelnde-Frau* ist auch mit dem bedeutsamen multifunktionalen Segnungsritual *(Blessingway)* eng verknüpft (Wyman 1970).

Auf wunderbare Weise geboren, als die *Heiligen Leute* in der gegenwärtigen Welt erschienen und von Ungeheuern bedroht wurden, wurde *Sich-Wandelnde-Frau* von *Erstem Mann* auf dem Gipfel eines Berges gefunden und in kurzer Zeit von ihm und *Erster Frau* großgezogen. Anläßlich ihrer Menarche wurde erstmals die Pubertätszeremonie, *kinaaldá*, ausgeführt, der alle *Heiligen Leute* am Ort des Ursprungs beiwohnten. *Sich-Wandelnde-Frau* wurde dann die Mutter der Zwillings-Ungeheuertöter, die sie von Sonne, vielleicht auch von einer anderen Gottheit empfangen hatte. Heute lebt sie in einer großartigen Behausung im Westen.

Kinaaldá-Riten werden nach dem Vorbild der Initiation von *Sich-Wandelnder-Frau* ausgeführt. „Als Teil des Segnungs-Komplexes ist *kinaaldá* eher vorbeugend als heilend; es führt die Mädchen in die Gesellschaft ein, erbittet positive Gaben für sie, sichert ihre Gesundheit, ihren Reichtum und ihr Wohlbefinden und schützt sie vor möglichen Unglücksfällen" (Frisbie 1967, S. 9). Die Initiandin wird zu *Sich-Wandelnder-Frau*, „der Verkörperung der Bewegung nach oben, des Wachstums von der Erde hinauf in den Himmel ... sie verleiht gleichzeitig der Vegetation und der Menschheit Kraft; dies kommt in zwei Momenten des *kinaaldá*-Rituals besonders deutlich zum Ausdruck: [Die Initiandin] hebt andere auf, um sie wachsen zu lassen, und ihr Gesicht wird mit einem aufwärtsgewandten Strich bemalt, wodurch das Wachstum der Pflanzen unterstützt werden soll" (Lincoln 1981, S. 30). Wie die Göttin selbst nützt die Initiandin ihren Leuten und deren Universum.

Ton

Bei vielen Pueblo werden Mythen über den Ursprung der Töpferei erzählt, wie zum Beispiel bei den Cochiti, wo die *kachinas* der Eltern von *Spinnenfrau*, *Alte Tonfrau* und *Alter Tonmann*, von Masken mit weißen Gesichtern und roten Augen dargestellt werden: „Während sie arbeitete, tanzte *Alter Mann* eine Zeitlang für sie, und als der Topf fast fertig war, gab er ihm einen Tritt und zerbrach ihn. Sie packte daraufhin seinen Stock (Teil der regulären *kachina*-Ausstattung) und rannte ihm nach (eine Pantomime, die im Rahmen der Erscheinung der *kachinas* ausgeführt wird). Dann gab *Alter Mann* allen Frauen des Dorfes etwas von ihrem Ton und schrieb die Töpferei vor" (vgl. Benedict 1931, S. 12, 208; Parsons 1939, Tab. 2).

Die Töpferei ist eng mit der Fortpflanzung verbunden; Tongefäße sind nicht leblos, sondern werden im Zuge ihrer Herstellung mit Leben erfüllt: „Jeder bekannte Ursprungsmythos der Pueblo beschreibt die Entstehung des Lebens teilweise auch als Ergebnis der Herstellung von Tongefäßen ... besonders in der Schöpfungsgeschichte der Keresan, in der *Iyatiku* (‚ins Leben bringen') und ihre Schwester *Nautsiti* (‚mehr von allem im Korb') von *Itc'tinaku (Denkende Frau, Spinnenfrau)* mit Körben voll Samen und Tonbildern, aus denen sie alle Formen des Lebens erschaffen, hinauf ins Licht – in diese Welt – geschickt werden." Die *caciques* (religiösen Anführer) der Keresan sorgen für ihre AnhängerInnen, indem sie weibliche und männliche Tonfiguren hüten, die diese verkörpern. „Wie [Elsie Clews] Parsons für viele Pueblo festgestellt hat, sind kleine Figürchen, die oft aus ungebranntem und unbemaltem Ton oder Getreide geformt sind, von zentraler Bedeutung in den Ritualen und Gebeten der Vermehrung, insbesondere in jenen, die mit der Wintersonnenwende und mit Weihnachten verbunden sind. Nachbildungen von Haustieren werden in den *kivas* oder in den Kirchen auf Altären aufgestellt und danach in den Viehpferchen verbrannt, ‚damit sie mehr werden'. In ähnlicher Weise formt eine Frau, die sich Kinder wünscht, einen ‚Säugling' aus Ton. Sie bringt ihn zum Altar und stellt ihn danach auf ein kleines Wiegenbrett an einem besonderen Platz in ihrem Heim; oder die *kachinas* können ihr einen Ton- oder Holzsäugling in einer Miniaturwiege übergeben, die sie dann bei sich trägt und als ‚das Herz des Kindes' betrachtet. Solche Tonfiguren gelten als ‚die Saat, aus der die wirklichen Dinge wachsen'" (Babcock/Monthan 1986, S. 9f.; vgl. auch Babcock 1991).

Mais

Mais, gemahlener Mais und Maispollen sind für die Subsistenz, die Metaphorik, die Mythen und Rituale der Pueblo, Apache und Navajo von grundlegender Bedeutung. *Blaue Maisfrau (Blue Corn Woman)* der Tewa, Mutter der Sommer-Moiety, und *Weißes Maismädchen (White Corn Maiden),* Mutter der Winter-Moiety, sind „die ursprünglichen Mütter, die bei den Menschen vor ihrem Aufsteigen weilten und die, wie angenommen wird, jedem Kind bei seiner Geburt eine Seele schenken".

Zwei Hebammen sind bei der Geburt eines Kindes anwesend; nachdem es vier Tage lang abgesondert worden ist, tragen zwei namengebende Mütter das Kind mit zwei vollkommenen Maiskolben – einem weißen und einem blauen – hinaus in den Sonnenaufgang, um die Namengebungszeremonie abzuhalten. *Blaue Maisfrau,* die direkt mit Weiblichkeit assoziiert wird, tritt in den Mythen nur selten auf; *Weißes Maismädchen,* das das „männliche Prinzip" symbolisiert und das auf magische Weise von der Sonne oder einer anderen transzendenten Figur befruchtet worden ist, erscheint häufig und „ist die Gottheit, mit der die Tewa der weitverbreiteten Vorstellung einer androgynen Schöpfergottheit am nächsten kommen" (Ortiz 1969, S. 32, 89f., 265f.).

Maismütter existieren auch in Taos, Isleta und Jemez. Die Maismädchen der Zuni züchten Pflanzen mit Quastenköpfen, „deren Kinder die reifenden Maiskolben sind, die sie in ihren Armen halten"; „in den Lagerräumen der Häuser ... befinden sich ‚Maismütter' – die abgeernteten Maiskolben in den Farben der sechs Richtungen des Himmels" (Parsons 1939, Tab. 2; Tyler 1964, S. 245-248; Tedlock 1979, S. 501). Sieben Maismädchen, die die erste Saat erschufen, „indem sie Stückchen ihrer eigenen Haut abrieben, ... werden in Zuni-Ritualen durch Maiskolben in den Farben der sechs Richtungen des Himmels bzw. des Zentrums dargestellt. Entsprechend einer Legende der Zuni, die in der Zeit des Ursprungs spielt, erhoben sich die Maismädchen von der Erde und wurden die sieben Sterne des Großen Wagens, nachdem sie den Menschen die Maissaat gegeben hatten ... Die Zuni setzen die erste Maispflanze im Frühling im Glanz der sieben Sterne, die zu dieser Zeit hell über ihren Köpfen stehen" (Young 1987, S. 440).

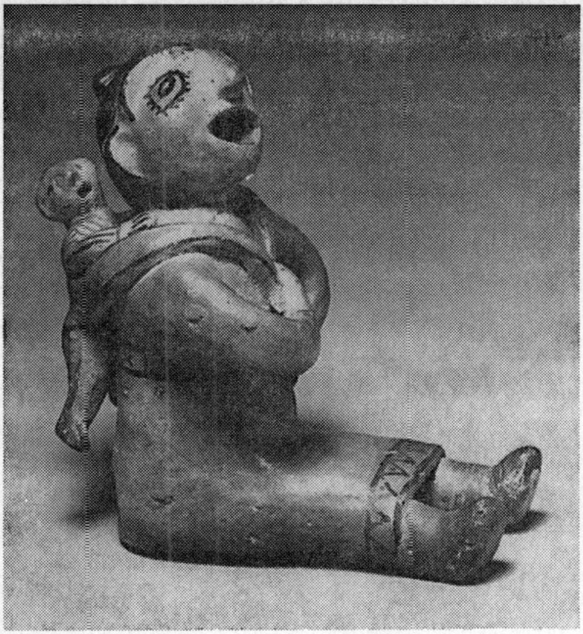

Abb. 30: Cochiti-Pueblo-Keramik – Singende Mutter (vor 1930, 30 cm hoch). „Die polychrome Frauenfigur, die ein ziemlich großes Kind auf ihrem Rücken trägt, ist repräsentativ für zahlreiche ‚singende Frauen', die bei den Cochiti im frühen 20. Jahrhundert hergestellt wurden. In den modellierten und bemalten Details ähnelt sie früher und später gefertigten menschlichen Figuren der Cochiti" (Babcock/Monthan 1986, S. 16).

Museum of Indian Arts and Culture/Laboratory of Anthropology, Museum of New Mexico, Santa Fe; Foto: Blair Clark

Maismutter, die bei den Keresan (in Laguna und Acoma) *Iyatiku*, bei den Zia *Utset* und bei den Cochiti *Uretsete* heißt, kommt während der Schöpfung kurze Zeit herauf, um den Mais zu bringen, oder sie bleibt in der Unterwelt, von wo aus sie andere zum Pflanzen anleitet, während sie selbst den Tod findet. *Utset,* die den Namen des Maises immer schon kannte, pflanzte die ersten Felder auf der Erde mit den Worten: „Dieser Mais ist mein Herz, und für meine Leute soll er die Milch meiner Brüste sein" (Parsons 1939, Tab. 2; vgl. auch Tyler 1964, S. 121-124). Paula Gunn Allen (1986, S. 17f., 22) nennt *Irriaku* (Maismutter) eine mächtige Kraft, die die Menschen mit der Muttergottheit *Iyatiku* (Maisfrau) verbindet, die jene aus der Unterwelt entläßt und sie beim Tod wiederaufnimmt. In Form eines vollkommenen

Maiskolbens ist *Irriaku*, daher auch *Iyatiku*, in jeder Zeremonie zugegen. „Ohne die Gegenwart ihrer Macht kann keine Zeremonie die Kraft entfalten, die durch sie hervorgerufen und freigesetzt werden soll ... diese primäre Kraft – die Kraft, etwas herzustellen und in Zusammenhänge zu bringen – gehört zu den überwiegend weiblichen Machtpotentialen des Universums."

Die Maismädchen *(Sa'lakwmana)* der Hopi erscheinen in den verschiedensten Zeremonien als *kachina*-Tänzer oder als Puppen und Marionetten. Wenn ein Altar errichtet wird, muß zuerst ein *tiiponi* (Mutter und Herz des Klans) eingerichtet werden: „Es besteht aus einem vollkommenen Maiskolben, der mit Federn und Baumwollfäden umwickelt wird. Seine Basis ist hohl und wird mit untadeliger Saat gefüllt und mit Wolkensymbolen bemalt. Daher symbolisiert das *tiiponi* die Welt der Hopi: Mais ist die Mutter von allem, die eingefüllte Saat schließt alle eßbaren Pflanzen ein ... Es ist das zentrale Ritualobjekt in jedem Zeremoniell und auch ein Symbol für die Autorität der Klanältesten, die es aufbewahren. Ohne *tiiponi* wären Klan und Gesellschaft schwach und hinfällig" (Geertz/Lomatuway'ma 1987, S. 54). Die vorherrschende Hopi-Metaphorik, daß „Menschen Mais sind" und „Maispflanzen weibliche Wesen sind", schließt auch ein, daß „junge Maispflanzen Mädchen sind" und „Mais unsere Mutter ist". Mais und Menschen sind symbiotisch und komplementär: „Für junge Maispflanzen müssen die Menschen sorgen wie für Kinder; wenn gut für sie gesorgt wird, wenn sie ermuntert werden und wenn für sie gebetet wird, können sie vom Mädchen zur erwachsenen Frau werden. Wenn sie ‚Kinder geboren haben' und abgeerntet sind, werden aus den Pflanzen Leichen *(qatungwu)*. Ihre Lebenslinien sind in den Maiskolben aufgehoben, von denen einige im nächsten Vegetationszyklus *poshumi* [Saatmais und junge gebärfähige Frauen] werden. Die übrigen werden ‚Mütter' für jene Menschen, die für sie gesorgt haben – nicht nur im eigentlichen Sinn der Ernährung, sondern auch im übertragenen Sinn als *tsotsmingwu*, vollkommene Maiskolben, die die ‚Mütter' der Initiandinnen und der Kinder sind" (Black 1984, S. 279, 282, 286).

Die Jicarilla behandeln Maispollen als eine ihrer wichtigsten Substanzen. Mais wurde in „alle Bereiche der Kultur einbezogen und im Glauben, in der Medizin und in der sozialen Praxis repräsentiert. Beispielsweise war es Sitte, daß die Mutter eines jungverheirateten Mannes dessen Braut etwas Mais zum Mahlen gab, um eine formelle, symbolische ‚Überprüfung' durchzuführen, ob sie eine gute Hausfrau war ... doppelt gewachsene Maiskolben wurden von jenen gegessen, die sich viele Kinder wünschten, oder an die Pferde verfüttert, damit sich diese rasch vermehrten" (Opler 1971, S. 324f.).

Die Navajo verwenden für die Segnung von Frauen gelbes, für die Segnung von Männern weißes Maismehl. Mais, der in fast allen Mythen und Ritualen vorkommt, wird metaphorisch als Mutter angesprochen, „die zu den Navajo seit urdenklichen Zeiten gehört": „Mais ist mehr als menschlich, er ist göttlich; er wurde mit den höch-

Abb. 31: Hopi-*kachina* von Maismädchen *(Sa'lakwmana)*, gezeichnet von einem Hopi. „Das Bild zeigt stufenförmige Regenwolken ..., zwei horizontal und zwei vertikal, die jeweils an einer der beiden Seiten angeordnet sind. Das Objekt mit der zweigeteilten Spitze an beiden Seiten stellt eine Kürbisblüte dar und symbolisiert die Haartracht der Jungfrau. Quer über der Stirn ist das Symbol eines Maiskolbens dargestellt, an dessen Enden je zwei Federn festgebunden sind. Der Ring, der in die Stirn fällt, stellt ein Stück Haliotis-Muschel dar. Im Haar trägt sie Blumen aus Holz. Das linke Auge ist gelb, das rechte blau ... Der Künstler stellt ein Kleid aus weißen Federn dar, darüber einen Überwurf aus einer weißen Zeremonialdecke mit besticktem Rand. Die Bäume an den beiden Seiten sind Pinien" (Fewkes 1903, S. 177).

Museum of Indian Arts and Culture/Laboratory of Anthropology,
Museum of New Mexico, Santa Fe; Foto: Blair Clark

sten sittlichen Prinzipien in Beziehung gesetzt". *Maiskornmädchen (Corn Beetle Girl)* und *Maispollenknabe (Corn Pollen Boy)* spielten im Mythos und in den Zeremonien eine wichtige Rolle „Während der Mädcheninitiation der Navajo besteht die wichtigste Aktivität im Maismahlen und in der Zubereitung des Teigs für einen großen Maisfladen, ... der in der letzten Nacht des Gesangs in der Erde gebacken wird. [Dieser] stellt Mutter Erde dar, und er soll – gebacken als Geschenk für die Sonne – dem Mädchen besondere Gesundheit und ein langes Leben zuteil werden lassen" (Reichard 1974, S. 540f.; vgl. auch Witherspoon 1977, S. 92f.; Lamphere 1983, S. 752).

Mutter Erde

Die Mythologien der Navajo, Apache und aller Pueblo sprechen *Mutter Erde* als Mutter sowohl im wörtlichen als auch im symbolischen Sinne an. Der Navajo-Begriff „*shimá* hat eine breites Bedeutungsfeld ... einschließlich der Mutter, die geboren hat, der Erde, der Schafherde, des Maisfeldes und des Bergerde-Bündels** ... Würden Navajo gefragt werden, ob die Erde nicht eher eine Mutter ist als eine wirkliche Mutter, würden sie mit Überraschung und Verwunderung reagieren ... und versichern, daß die Erde als äußere Form von Mutter Erde oder von *Sich-Wandelnder-Frau* nicht nur eine wirkliche Mutter, sondern die größte aller Mütter ist" (Witherspoon 1977, S. 91).

Bei den Jicarilla „existierten am Anfang allein" *Mutter Erde* und *Schwarzer Himmel* und brachten als Nachkommen „übernatürliche Wesen" hervor, „die in der Dunkelheit des Erdinneren – im Inneren des Körpers ihrer Mutter – lebten ... Die Erde erhielt dadurch weibliche Eigenschaften, und daher glauben die Jicarilla, daß die Menschen aus der Unterwelt auftauchten, so wie heute jeder Mensch von einer Frau geboren wird" (Tiller 1983, S. 444f.).

Die Erd- bzw. Fruchtbarkeitsgottheiten der Hopi werden nicht immer voneinander unterschieden: *Sandaltar-Frau (Sand Altar Woman, Tuwapongtsumi)*, die Tochter von *Frau der festen Wesen (Hard Beings Woman),* ist die „Vegetation, die Mutter Erde ernährt", und die Mutter der Menschheit; *Frau des Geburtswassers (Childbirth Water Woman; Child Sliding-Out Woman/Tiikuywuuti)* ist Schutzpatronin der Jagd und Herrin der wilden Tiere; *Frau der Morgenröte* (*Dawn Woman/Taalawtumsi*) ist Eigentümerin der Saat und Göttin der Geburt. Auf der dritten Mesa hat *Frau der Morgenröte* „alle Kinder in Form kleiner Abbilder in ihrer Gebärmutter und schickt sie den Frauen des Dorfes. Unfruchtbare Frauen machen ihr Geschenke oder reiben ihren Körper mit ihrem Bildnis ab, ‚damit sie ein Kind in sie setzt'; fortgesetzte Unfruchtbarkeit bedeutet, daß das Bildnis nicht in ihren Körper gelangt ist, weil sie ‚schlechte Herzen' haben" (Tyler 1964, S. 82, 94, 133; vgl. auch Geertz/Lomatuway'ma 1987, S. 73, 128). Die *Mutter Erde* der Zuni hat „Bäume und Büsche als

Arme und Hände ... und sie trägt im Sommer ein Kleid aus gelben Blumen (Pollenkörnern) und aus weißen Blumen (Schnee) im Winter“ (Tedlock 1979, S. 499).

Das höchst komplexe Tewa-Wort für „Mutter“, *gia,* macht deutlich, wie jede rituelle, spirituelle und soziale Fähigkeit innerhalb der, über die und in reziproker Beziehung zu *Mutter Erde* entsteht. Biologische *gias* sind die Familienmütter, von denen einige Kern-*gias* werden, die „besonderes Ansehen im Raten und Heilen“ genießen. Gemeinde-*gias* können sowohl weiblich als auch männlich sein, und „sie dienen der Gemeinschaft und sichern die Harmonie im sozialen/politischen/religiösen Bereich. Fast jede ältere Frau wird *gia* genannt, aber auch ein anerkannter männlicher Anführer und die *caciques* ... Auf dieser Ebene erweist sich der Besitz wünschenswerter Eigenschaften als wichtiger als die Verschiedenheit der Geschlechter oder die Unterscheidung der Geschlechterrollen“. *Gias* sind auch bestimmte weibliche und männliche Gottheiten, „die, ausgerüstet mit *gia*-Eigenschaften wie Stärke, Mut, Nächstenliebe und Freigebigkeit, den Menschen am nächsten stehen“. Idealerweise bedeutet „zu leben zu nähren“, die Erde aber ist das traditionelle Paradigma für das Leben: „Die Erde ist die grundlegende Ernährerin. Sie ist unsere Mutter oder *nung be gia.* Wir Menschen gehen in ihrem Bauch ein und aus, wie in den Ursprungsmythen der Pueblo erzählt wird. Sie ist ausdauernd, verläßlich und stets freigebig und vergebend. Sie schützt und schenkt Heilung“ (Swentzell/Naranjo 1986, S. 36f.).

Erste Frau

Erste Frau und *Erster Mann* entstehen im Mythos der Navajo in der untersten Welt des Maises – in der Welt der Vereinigung (des Geschlechtsakts) der farbigen Wolken (der Himmelsrichtungen): gelb und blau für sie, schwarz und weiß für ihn. Durch ihren Verstand und ihr Denken, durch die innere Form ihrer Rede erschaffen die beiden „die inneren Formen der Naturphänomene, die im Aufbau und im Wirken der Welt von Bedeutung sein sollten“. Ihr Inzest in der Unterwelt setzt aber auch verschiedene Arten der Hexerei frei (vgl. Reichard 1974, S. 433-438; Witherspoon 1977, S. 29, S. 39, S. 43, S. 55-57, S. 141).

In einigen Versionen der Geschichte von der Trennung der Geschlechter, die eine Zeitlang in der dritten Unterwelt herrschte, wird diese durch die sexuellen Exzesse und den Ehebruch von *Erster Frau* herbeigeführt. Die Männer kommen mit dieser Trennung besser zurecht als die Frauen, und der sexuelle Mißbrauch durch die Frauen und ihre Exzesse führen zur Entstehung von verschiedenen Ungeheuern. Als die Geschlechter wieder vereinigt werden, wird abgemacht, daß die Männer die Führung in sexuellen Angelegenheiten übernehmen sollen. Nach der Schaffung der Menschen hatte *Erste Frau* festgelegt, „daß Frauen fortan sexuelle Beziehungen begrüßen und billigen sollten. Sie richtete männliche und weibliche Genitalien so ein, daß das eine Geschlecht das andere anziehen sollte – den Penis machte sie aus Türkis und die weiblichen Genitalien aus Perlmutter. Nachdem sie sie rituell behandelt hatte, legte sie beide Seite an Seite und blies Medizin über sie, um die Schwangerschaft hervorzurufen. Sie ging noch weiter und bestimmte das Ausmaß des sexuellen Verlangens: stark bei den Männern und schwächer bei den Frauen. Der Geschlechtsverkehr sollte den Penis schwach, die Vagina aber stark machen" (Reichard 1974, S. 30f.; vgl. auch Haile 1981a, S. 31-122; 1981b).

Erste Frau und *Erster Mann* spiegeln in vieler Hinsicht ihre Ziehtochter *Sich-Wandelnde-Frau* und Sonne wider. Als sich *Sich-Wandelnde-Frau* in den Westen zurückzieht, schlagen sie ihren dauerhaften Aufenthaltsort im Norden (Nordosten) auf, wo das Böse und die Gefahren ihren Ausgang nehmen. Sie müssen „Maismehl erhalten, das ihnen nachts aufgestreut wird; es darf nicht vergessen werden, ihnen Geschenke zu machen, nicht, weil diese Gottheiten den Menschen Gutes bringen, sondern weil sie das Gute, das den Weg eines Menschen kreuzt, aufheben könnten" (Reichard 1974, S. 76f., 105, 306).

Frau der festen Wesen (Hard Beings Woman)

Huru'ingwwuuti, eine mit Muscheln, Perlen, Türkisen und der Festigkeit der Erde verbundene Schöpfergöttin der Hopi, und Sonne schufen „lebendige Wesen aus ihren Haaren, ihren Nägeln, dem Schmutz ihres Körpers und ihrem Schleim". Als Ergänzung zu der im Osten aufgehenden Sonne lebt *Frau der festen Wesen* in einer Ozean-*kiva* im Westen, sie ist Eigentümerin des Mondes und der Sterne und erscheint bei Nacht als schönes Mädchen, bei Tag aber als verwelkte alte Frau. Als Schöpfergottheit, die mit der Sonne gleichgestellt ist, erschafft sie Sandaltar-Frau und den Fruchtbarkeitsgott Muy'ingwa aus Teilen ihrer Haut, die sie zu einem Ball zusammenrollt und unter einer Decke versteckt (vgl. Tyler 1964, S. 82-85; Geertz/Lomatuway'mu 1987, S. 134).

Mondmutter

Bei den Zuni, bei den Keresan (außer in Zia) und in Isleta ist der Mond weiblich, jedoch männlich bei den Navajo und bei den Hopi, in Jemez, Tewa und Taos (Parsons 1939, Tab. 2; Reichard 1974, S. 176). *Mondlicht-Spendende-Mutter* und *Vater Sonne* sind ein Ehepaar, leben aber ständig getrennt. Beide sind elementare SpenderInnen von Licht und Leben, vor allem unter jenen mächtigen „übernatürlichen Wesen, die ‚jene, die unsere Pfade behüten' – also unser Leben –, genannt werden" (Tedlock 1979, S. 499).

Ältere und Jüngere Schwester

Die Kulturheroinnen in den miteinander verknüpften Navajo-Mythen vom *Mountainway* und vom *Beautyway,* die zu den wenigen Mythen mit weiblichen Hauptfiguren gehören, sind Schwestern. Sie werden jenen Kriegern als Belohnung versprochen, die im Krieg gegen die Pueblo einen Sieg erringen. Zwei alte Männer, Bärenmann und Schlangenmann, führen die Schwestern heim und können sie zunächst mit magischem Tabak verführen; dann entfliehen die beiden aber den Ehemännern, die sie nicht wollten. In jeweils eigenen Abenteuern werden sie gerettet und von den Familien der Bären und der Schlangen sowie von anderen *Heiligen Leuten* über die geeigneten Zeremonien belehrt. Die Schwestern werden neuerlich vereinigt und kehren zurück, um die Gesänge weiterzugeben, bevor sie wieder fortgehen, um mit den *Heiligen Leuten* zu leben. (Im *Holiness*-Ritual der Jicarilla, das diesem Zyklus verwandt ist, werden die von Bär und Schlange entführten Mädchen nicht getrennt, die auslösenden Faktoren und die Zeremonien sind aber ähnlich [Wyman 1957; S. 145-151]).

Mountain(top)way heilt Krankheiten, die das Resultat des falschen Umgangs mit Tieren sind, die in den Bergen leben. Die Reisen und Abenteuer von *Älterer Schwester*, die von Bärenmann verfolgt wird, werden im weiblichen Zweig in den Mittelpunkt gestellt (Wyman 1975, S. 14-21).

Beautyway steht in enger Beziehung mit allen Arten von Schlangen und mit den Übeln, die diese verursachen. Der weibliche Zweig ist weiter verbreitet; *Jüngere Schwester*, die Protagonistin, gleicht den aktiven Helden anderer Gesänge. „Unter Mißachtung der Instruktionen entfacht sie in der Nacht ein Feuer, um sich zu ihrem Entsetzen von Schlangen umgeben zu finden; aus Neugierde öffnet sie verbotene Wasserkrüge und entfesselt so eine Reihe von Stürmen; schließlich geht sie in ihrer Einsamkeit in verbotene Richtungen, wo ihr jedesmal ein Mißgeschick widerfährt (sie wird von Kürbispflanzen gefangen, von der Kröte erschossen und spaßeshalber mit den Zaunkönigen begraben)." Die Klagen ihrer beiden Beschützer über ihr Verhalten und ihre eigene Motivation treten jedoch deutlicher hervor als in den meisten anderen (männlichen) Gesangsmythen (Spencer 1957, S. 150f.).

Ausgehend von einer Definition von Ritual als „fortgesetzter Dialog" – „ein Mittel, durch das Menschen, Geister, Tiere und andere Wesen miteinander ins Gespräch kommen" – betonen Patricia Clark Smith und Paula Gunn Allen (1987, S. 177, 181), daß „die Schwestern nicht zwei passive Prinzessinnen sind, die durch ihre Ehemänner und deren Familien zu einem unterwürfigen Verhalten angehalten werden, ... sondern sie sind stark miteinander verbunden". *Jüngere Schwester* wird im Rahmen ihrer erotischen Erfahrung „sozialisiert, nicht unterdrückt", anders als „die meisten Heldinnen europäischer Märchen, die vor ihren Familien in die Wälder fliehen. Ihr Zusammentreffen mit dem Geist des Landes lehrt sie, was sie wissen muß, um eine erwachsene Frau zu werden: in einer Familie zu leben, die Kräfte der Natur zu verstehen und zu respektieren und eine rituelle Beziehung mit ihnen aufrechtzuerhalten".

Salzfrau

Salzfrau, die bei allen Pueblo bekannt ist, wird beleidigt, als sie bei den Menschen lebt, und sie begibt sich in der Folge – allein oder in Begleitung – an einen fernen Ort, meist an den Zuni-Salzsee südlich der Pueblo. Bei Annäherung in angemessener Form, wie dies in den rituellen Salz-Pilgerfahrten der Fall ist, ist sie eine mächtige, wohlwollende Mutter, die ständig etwas von sich selbst gibt. Manchmal wird sie auch als regenbringend betrachtet. Heute sind die Rituale des Salzsammelns, die Teil des Segnungsrituals sind, hinfällig. *Salzfrau*, die Schwester von *Sich-Wandelnder-Frau*, die ihren Ursprung in der Unterwelt hat, hilft den *Ungeheuertötern*; Salz soll große Kraft verleihen, und manchmal wird es auch als Waffe eingesetzt (vgl. Parsons 1939, S. 202, 205, Tab. 2; Tyler 1964, S. 186f.; Reichard 1974, S. 463; 595).

Spinnenfrau (Spider Woman)

(Alte) Spinnenfrau, *Großmutter Spinne* oder *Denkende Frau* (am besten zu übersetzen als *Erschaffen-durch-Denken-Frau*) ist bei den Keresan das höchste Wesen, das alles durch Denken, Träumen, Benennen und durch rituelles Singen erschafft (vgl. Tyler 1964, S. 82, 89-92, 116-118; Allen 1986, S. 98f.). Bei den Laguna ist *Tse che nako* so mächtig, daß ihr Name nicht ausgesprochen werden darf; sie wird daher in gewöhnlichen Unterhaltungen als *Spinnenfrau* bezeichnet (Purley 1974). Bei den Acoma ist *Tsichtinako* die höchste Schöpferin und ein Schutzgeist, der die Menschen besonders während des Aufsteigens geleitet; bei den Zia heißt *Tsityostinako Prophetische Frau*, weil „sie eher weiß (als entscheidet oder bestimmt), was geschehen wird" (Stirling 1942, S. 1-4; White 1962, S.113).

Bei den Hopi ist *Spinnenfrau (Kookyangwso'wuuti)* die Mutter von allen, die während der Schöpfung Hilfe leistet und als wohlwollende, unnachgiebige Beschützerin mit eigenen Schreinen wirkt (Parsons 1939, S. 192f.). In Old Oraibi gilt *Großmutter Spinne* wegen der verschiedenen Arten von Menschen, die sie geschaffen hat, sowohl als hilfreich als auch als lächerlich (Voth 1905, S. 3f.).

Die Jicarilla-Apache töten keine Spinnen, weil diese während der Schöpfung den ersten Wesen das Erreichen höherer Ebenen ermöglicht haben. „Die Verbindung ... zwischen Spinnweben und Sonnenstrahlen wird im Geburtsritual deutlich, wenn ein Band aus makellosem Rehleder, im Ritual als ‚Spinnenfaden' bezeichnet, vom Nabel des Kindes in Richtung der Sonne gespannt wird." *Alte Spinnenfrau* und andere Spinnenleute helfen dem *Ungeheuertöter*, den rollenden Felsen zu entkommen. *Alte*

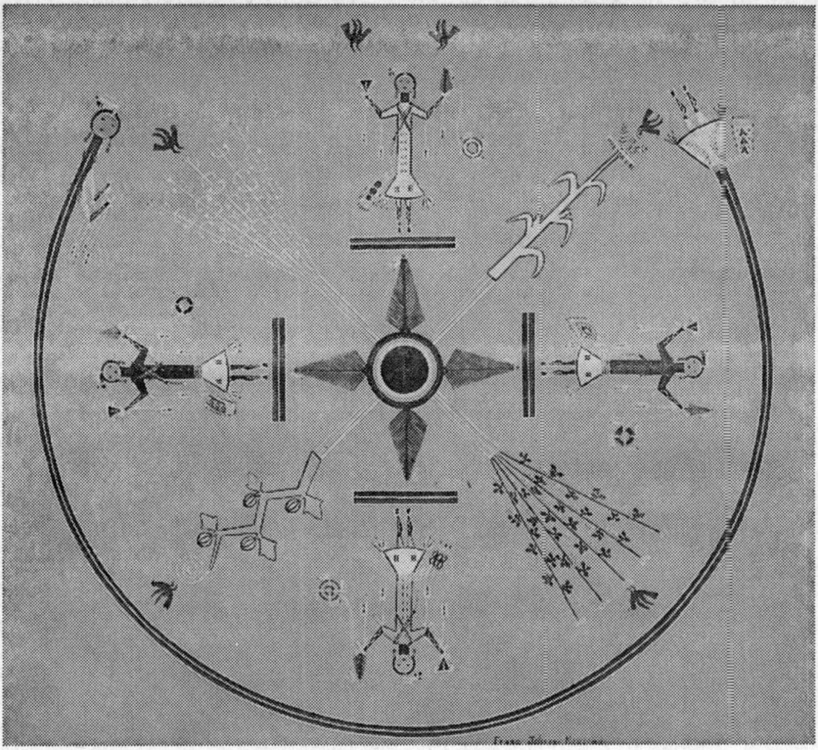

Abb. 32: „Rad mythischer Menschen" im *Mountainway* der Navajo: Sandmalerei, die „die Gestalten der Heldin [*Ältere Schwester*] im Mythos des weiblichen *Mountainway* zeigt. Maskiert mit einem Wieselfell (rosa) ... gruppieren sich diese um ein schwarzes Zentrum mit einem Feuer in der Mitte [das Kreuz], ... [das] den Pferch bzw. den Dunklen Kreis dieses Zyklus darstellt. Der weiße Umriß im Inneren ‚kennzeichnet den Ort, an dem die Eingeweihten sind; bis zum äußeren schwarzen Kreis – die Bäume, die den Pferch umgeben – markiert jeder weitere Kreis den Ort, an dem sich jeweils die ZuschauerInnen befinden. Vier Tannen ragen aus dem Zentrum hervor', und die Gestalten tragen eine kleine Tanne oder Fichte in der linken Hand [so wie auch] die letzte Gruppe der Tänzer, die den Pferch im Morgengrauen betritt, ... um [die Kraft der Tannen/Fichten] auf den Körper des Patienten/der Patientin zu übertragen, ‚um ihn/sie zu reinigen' ... Die Tänzer vom Hügel der jungen Fichten rufen jene Episode des Mythos ins Gedächtnis, als *Frau-mit-einem-weißen-Zähnekranz* die Heldin vor Bärenmann rettet, indem sie sie in ein Gewand aus Fichtenreisig (Tannenreisig) hüllt; dies ist es, ‚was er [Bärenmann] wirklich fürchtet'." Eine seltene, gerundete (nicht rechteckige) Regenbogengottheit schützt das Bild, das von einer Sängerin (Estsan Hatrali) aus Canyon de Chelly, Arizona, gezeichnet und von Franc Johnson Newcomb 1935 in Newcomb aufgenommen wurde (Wyman 1975, S. 63, 83-85).

Weelwright Museum of the American Indian, Santa Fe, New Mexico; Foto: Barney McCullock

Schwarze Spinnenfrau und die zunächst nackten, später bekleideten Spinnenmädchen der White-Mountain-IndianerInnen helfen dem *Ungeheuertöter* dabei, die Kälte zu überleben, indem sie Kleider für ihn weben; *Alte Spinnenfrau* gibt ihm für seine Reise zur Sonne heilige Kraft (Opler 1938, S. 19, 71-74; 1939, S. 4f.).

Bei den Navajo stellen *Spinnenfrau* und *Spinnenmann* Spinnweben her, um während der Schöpfung das Wasser einzudämmen. *Spinnenfrau* lehrt das Weben und die Fadenspiele. Die Selbstdisziplin und das Denken/Atmen, die für Handwerk und Spiel gleichermaßen erforderlich sind, dienen der fortdauernden rituellen Wiederherstellung der kosmischen und der menschlichen Harmonie. In den Mythen über die *Ungeheuertöter* und in anderen Gesangsmythen ist *Spinnenfrau* den HeldInnen meistens behilflich, manchmal bedroht sie sie aber auch. Die Navajo beschützen Spinnen und reiben ihre Netze auf die Hände weiblicher Säuglinge, damit sie lernen, zu weben, ohne zu ermüden (Reichard 1974, S. 467-469; Weigle 1982, S. 4-6; 1989a, S. 27-32).

Die beiden Schwestern (Two Sisters)

Bei den Keresan wirken *die beiden Schwestern* (*Uretsete* oder *Iyatiku* und *Naotsete* oder *Nautsiti*) – Kulturheroinnen und Mütter, die durch rituelles Singen erschaffen – als Mittlerinnen zwischen der diesseitigen und der jenseitigen Welt. Manchmal sind sie es, die während des Aufsteigens die Menschen geleiten. Eine der Schwestern, die Mutter der IndianerInnen, wird mit der Maismutter identifiziert und wirkt als ihr irdisches Gegenstück. Die zweite ist „fremd“ und wird als die Mutter der Weißen oder der Nicht-Pueblo-IndianerInnen dargestellt. Die beiden geraten in Streit, als sie ihre Einflußbereiche abstecken. Hamilton A. Tyler (1964, S. 116-124) betrachtet sie als im Geschlecht gewandelte Zwillings-Ungeheuertöter oder Kriegsgottheiten, Paula Gunn Allen (1986, S. 16, 98f., 122f.) bezeichnet sie als Schwesterngöttinnen von *Spinnenfrau*, deren magische Kraft jener der „drei großen Hexen-Schöpferinnen“ entspricht.

Kriegerinnen (Warrior Women)

Kriegs- oder Feind-*kachinas*, die *Chakwena*, treten in verschiedenen Pueblos auf. Die *Chakwena Mana* der Hopi, die ältere Schwester der *Chakwena-kachinas*, wird als bärtige Kriegerin dargestellt, die nur eine Haarsträhne aufgesteckt hat, weil das Pueblo angegriffen wurde, als sie gerade ihr Haar kämmte. Die Männer befanden sich gerade auswärts, und daher griffen die noch nicht fertig frisierten Frauen zu den Waffen, um das Dorf zu verteidigen. Andere bärtige Frauen sind die drei Oger und *Hee'e'wuutí*, „das mythische Mädchen, das die Feinde entdeckte, die sich dem Dorf näherten, als ihr ihre Mutter gerade die Haare aufsteckte ... Sofort griff sie zu Pfeil und Bogen, und mit einer auf der einen Seite herabhängenden Haarsträhne ... führte sie einen Angriff an, der die Feinde zurückschlug" (Fewkes 1903, S. 68, 82, 86; Geertz/Lomatuway'ma 1987, S. 36).

Bei den Zuni kommen die weibliche Chakwena *Tcakwena Oka* und ihre Gefolgschaft im frühen Januar ins Dorf. Sie gehen zu jeder Tür; eine Frau wirft glühende Kohlen vor das Haus und verstreut dann Mehl im Rahmen von „Hausreinigungsritualen", die Glück im Kindbett bringen sollen. *Tcakwena Oka* nimmt auch an der traditionellen Hasenjagd der *kachinas* teil, die der Initiation folgt; das Blut des ersten getöteten Hasen wird auf ihre Beine gestrichen, um das Eintreten der Pubertät und zahlreiche Geburten zu fördern und auch, „daß die Zuni-Frauen ihre Kinder so leicht bekommen wie Hasen". Danach liegt sie vier Tage lang „zur Vermehrung des Viehs und der Kinder" auf einem Sandbett in der *kiva*, „versorgt von den Frauen, die sich eine glückliche Geburt wünschen, [während] die Männer, die sich die Segnung ihrer Herden wünschen, ihr Miniaturtiere aus Ton bringen" (Bunzel 1932, S. 935). In den Mythen *Ku'yapalitsa* genannt, ist sie die Hüterin des Wildes und die Anführerin der Kriegerinnen der Kia'nakwe-Armee gegen die Zuni. Dabei fängt sie vier Götter der Zuni; sie läßt diese und das Wild solange nicht frei, bis Sonne dem Helden erzählt, daß sich das Herz der *Chakwena* in der Rassel befindet, die sie bei sich trägt, sodaß sein Pfeil es durchbohren kann (Stevenson 1904, S. 36-38; Parsons 1939).

Gelbe Frau

In Laguna und Acoma ist *Gelbe Frau (Kochinnenako)* die Anführerin der Maismädchen, Jägerin, die Mutter von Zwillingen und die Heldin vieler Erzählungen (Tyler 1964, S. 166, 168f., 213). Allen (1986, S. 226f.) nennt sie den „Geist der Frau", ein „Rollenmodell". Geschichten über sie schließen „Entführung, das Zusammentreffen mit glückbringenden, mächtigen Geistern, die Geburt von Zwillingen, den Erhalt von Macht aus der Geisterwelt und deren Weitergabe an ihr Volk, die Verweigerung der Ehe, das Weben, Maismahlen, Wasserholen, das Überlisten von Hexen, das Ausweichen und die Flucht vor übelwollenden Geistern und anderes mehr" ein. Allen behauptet, ihr Name „bedeutet Frau-Frau, weil bei den Keres gelb die Farbe der Frauen ist ... und zugleich die Farbe, die dem Nordwesten zugeordnet wird. Zu bestimmten zeremoniellen Anlässen bemalen die Keres-Frauen ihre Gesichter gelb; sie werden auch gelb bemalt, wenn sie gestorben sind, sodaß die Wächterin an der Pforte zur Geisterwelt, *Naiya Iyatiku* (Mutter Maisfrau), erkennen kann, daß die neu angekommene Person eine Frau ist. Es ist auch der Name einer bestimmten *Irriaku*, Maismutter (geheiligtes Maiskolben-Bündel), und die Geschichten über *Gelbe Frau* weisen in ihrer ursprünglichen Form auf Rituale hin, in denen *Irriaku* ein bedeutende Rolle spielt".

III. Unbedeutendere weibliche Gestalten

Fledermaus-Frau

Die *Fledermaus-Frau* der Navajo und Apache ist eine Helferin der *Ungeheuertöter*, indem sie diese in ihrem Lastkorb von den höchsten Höhen herabträgt. Als Lohn erhält sie Federn, die sie – manchmal – in verschiedene Vögel verwandelt. In einigen Mythen der Navajo „hat sie einen Hakenflügel oder einen ‚Vagina-Flügel', mit dem sie auf die Felsen klettern kann, wobei sie einen unerträglichen Lärm macht", und sie versucht dabei, die Kulturheroen in die Irre zu führen (Reichard 1974, S. 383f.). Die Apache bringen Fledermäuse und ihre Kraft generell mit dem Zureiten von Pferden und mit Pferderennen in Verbindung; obwohl ihre Flügel als Medizin verwendet werden können, sind Fledermäuse unbeliebt (Clark 1966, S. 70f., 133-144, 154; Boyer 1972).

Schmetterling

Bei den Hopi erscheint das *Kachina*-Mädchen *Schmetterling (Palhikwama)*, das mit Fruchtbarkeit assoziiert wird, in („geselligen") Schmetterlingstänzen, die von den Rio-Grande-Pueblo übernommen wurden. Dort hat bei den Tewa-IndianerInnen der Schmetterling die Konnotationen „Frühling, Krieg und Frieden sowie das Weibliche" (Fewkes 1910; Sweet 1985, S. 85; Geertz/Lomutuway'ma 1987, S. 61f.). Bei den Zuni haben die *Koyemshi*, die gefährlichsten unter den *kachinas*, „den heiligen Schmetterling *lahacoma* in ihrer Trommel, um die Menschen dazu zu bringen, ihnen zu folgen ... jede/r freilich, der/die *lahacoma* folgt, wird verrückt", während nach der Überlieferung der Pueblo Frauen/Mädchen generell „den Schmetterlingen nachlaufen" (Bunzel 1932, S. 947; Parsons 1939, S. 382).

Bei den Navajo symbolisieren Schmetterlinge Verführung und Verrücktheit; und Schmetterlingsmenschen stehen im Mittelpunkt der Mythen vom *Prostitutionway* (der früher dazu diente, „Liebesmagie" auszusenden oder zu bekämpfen oder mit sexueller Unausgeglichenheit zurechtzukommen). Darin verführt der Kulturheros eine Frau, indem er sie in einen Schmetterling verwandelt (Haile 1978). Bei den Apache sind Schmetterlinge mit Liebe und Liebesmacht verbunden. Im Zuge der Erschaffung der Jicarilla verwendet *Heiliger Knabe* Schmetterlinge, um zwei „verrückte Mädchen", die in der Unterwelt zurückgeblieben sind, herauszulocken; da „der Schmetterling ein Symbol der Flatterhaftigkeit und Treulosigkeit der Frauen ist, wird er auch auf jene Flöten geritzt oder gemalt, die die jungen Männer spielen, um ihren Geliebten zu gefallen" (Opler 1938, S. 27).

Kojote-Frau (Coyote Woman)

Bei den Hopi-Tewa sind sowohl weibliche als auch männliche *Kojote*-Trickster bekannt; die ersteren sind zwar seltener, sie werden aber nicht als ungewöhnlich betrachtet (Parsons 1926, S. 285-293, 295-299). *Kojote-Frau* ist aber nicht mit *Altem Mann Kojote* austauschbar. Während er „anscheinend wirklich ‚tragische Schwächen' ... einschließlich einer enormen Schlauheit, eines aufgeblasenen Stolzes und einer großen Leichtgläubigkeit besitzt, ... wird [sie hingegen] charakteristischerweise als betrügerisches und unmittelbares Übel dargestellt – ohne Hinweise auf [seine] rührenden Eigenschaften, die ihn mildern" (Kroskrity/Healing 1980, S. 120).

Hornkröte

Die Navajo setzen *Hornkröte* mit „Kraft, Langlebigkeit, heilenden Eigenschaften und der inneren Ausgeglichenheit des Magens" gleich. Hornkröten, die oft auf Sandbildern dargestellt werden, werden gesammelt und als Einreibung für den Körper verwendet, um sich gegen übelwollende Kräfte zu schützen. *Alte-Dame-Hornkröte (Old Lady Horned Toad)* wird von *Kojote* verschluckt, als er durch ihr Maisfeld trampelt. Sie reißt sein Inneres systematisch in Fetzen und erscheint in seinem Rachen, um ihn – als er stirbt – über unangebrachte Eßgewohnheiten aufzuklären. Da sie „dem Tod nahe gekommen ist und wiederkehrt, kann ihre Geschichte eine Anspielung auf jedes Ritual enthalten, das hauptsächlich mit der Wiederherstellung der inneren Gesundheit zu tun hat" (Toelken 1987, S. 393f.).

Die letzten Ungeheuer (Last Remaining Monsters)

Wie die männlichen Ungeheuer *Armut*, *Läuse*, *Hunger* und *Tod* überzeugen bei den Navajo *Kalte Frau* und *Uralte Frau (Old Age Woman)* die *Ungeheuertöter* davon, ihr Leben zu schonen. *Kalte Frau*, die – umgeben von Schneeammern, die den Winter ankündigen – nackt und zitternd auf einem Berggipfel sitzt, überzeugt sie folgendermaßen: „Wenn ihr mich tötet, wird immer heißes Wetter sein; das Land wird austrocknen; die Quellen werden aufhören zu fließen; die Menschen werden zugrunde gehen." *Uralte Frau* geht an einem Stock und verkündet: „Wisset, daß es die alten Leute sein werden, die den jungen Leuten erzählen, was in der Vergangenheit geschehen ist. Es wäre nicht gut, wenn es nur junge Menschen auf der Erde gäbe" (Matthews 1897, S. 130; O'Bryan 1956, S. 99; Reichard 1974, S. 421, 454).

Mumifizierende Frau

In Navajo-Gesängen treffen Helden manchmal auf die gefährliche *Mumifizierende Frau (Magere alte Frau, Frau Hunger),* ein schönes junges Mädchen, das den Helden in einem Wettbewerb im Maismahlen gewinnt und ihn dann in ihr reich ausgestattetes Heim auf einem Hügel mitnimmt. Wenn der Held erwacht, sieht er das Mädchen in eine häßliche alte Frau verwandelt; er selbst ist auf einem riesigen nackten Felsen in einem Gebilde gefangen, das mit Lumpen und Menschenfleisch geschmückt ist. Er hungert, bis ihm Vogel-Mädchen, die ihn zuvor verhöhnt haben, Essen bringen und ihm vom Felsen helfen (Wyman 1962, S. 65-69, 111-119).

Oger

Bei den Zuni, Hopi und Hopi-Tewa kommen Schreckgespenst-*kachinas* beiderlei Geschlechts in regelmäßigen Abständen, um Kinder und manchmal auch Erwachsene zu erschrecken und zu bestrafen. *Atocle-kachina* (*Suyuki-kachina*; bei den Hopi *Atosle-kachina*) ist eine Menschenfresserin, die in der Zuni-Mythologie eine wichtige Rolle spielt (vgl. auch *Vagina-Frauen*); sie droht damit, Kinder zu entführen und sie zu fressen (Bunzel 1932, S. 936-941). Oger-Familien, die außerhalb der Welt der Hopi und Hopi-Tewa in Höhlen leben, bestehen aus Großmutter (*So'owuhti* oder *Suyuku*), Mutter (*Hahaiwuhti*; bei den Hopi-Tewa, die keine Großmutter-Oger kennen, *So'oyok*) und Schwester (Mutters Tochter *Soyokmana*, *Natas*; bei den Hopi-Tewa *Siwa*). Sie statten periodische Besuche ab, die Kealiinohomoku (1980) nicht als strafend, sondern als positive, sehr mächtige Medizin interpretiert, die Kindern dabei hilft, zu reifen und ein immer komplexer werdendes verantwortliches Verhalten zu erlernen.

Vagina-Frauen

Bei den Apache und Navajo gibt es unter den Ungeheuern, die von den Kulturheroen getötet oder gezähmt werden, Frauen, die Männer mit ihrer Scheide, die mit Zähnen ausgestattet ist, töten. Der *Ungeheuertöter* der Jicarilla trifft auf vier Vagina-Mädchen bzw. „umherwandernde Scheiden", die Beine und Körperteile haben, an denen außen Scheiden hängen. Er „verdirbt" ihre Zähne, indem er sie mit sauren Beeren füttert, und verhandelt dann mit ihnen, um Menstruation, Geburt und Geschlechtskrankheiten zu regeln. Er gibt seiner Mutter zwei dieser Außenscheiden; sie plaziert diese auf zwei Mädchen und lehrt sie deren richtigen Gebrauch, „sodaß ihr sechs Arten [weiblicher] Verwandter haben könnt". Bei den White-Mountain-IndianerInnen bricht *Ungeheuertöter Vulva-Frau (Vulva-die-tötet)* alle Zähne bis auf einen einzigen aus (Opler, 1938, S. 66-70; 1939, S. 21f., 38f., 71).

Bei den Navajo verursacht die gezähnte Vagina von *Schnappvagina (Snapping Vagina)* die Blitze; ihre unnatürlichen ehebrecherischen Paarungen bringen viele tödliche Ungeheuer hervor, etwa die aus dem Beischlaf mit einem Kaktus entstandene *Erdrückende Vagina (Heaped Vagina, Overwhelming Vagina)*, „die ihre Opfer einlädt, sich zu ihr zu setzen, dann ihre Vagina über sie stülpt und sie tötet". *Ungeheuertöter* befördert *Erdrückende Vagina* rasch ins Jenseits, verschont aber ihre Kinder Kaktus, Yucca und die dornigen Pflanzen. Er bringt *Schnappvagina* außer Atem, indem er für sie bunte Sternschnuppen in den Himmel wirft, die sie über den Himmel jagt; dann schleudert er ihr seine Keule in den offenen Mund, wie „die Navajo heute ihre Finger in den Mund und unter die Lippe eines Gegners stecken", und zerschmettert sie dann mit den Sternschnuppen. Im Sterben ordnet sie flüsternd an, daß ihr oft Gebetsstäbe geopfert werden müssen (Haile 1981a, S. 176f., 201f., 204f.).

Die präkolumbianischen *vagina-dentata*-Motive der Pueblo, die an jene Mythen der Zuni erinnern, die von Ruth Benedict in den 30er Jahren aufgezeichnet wurden, finden sich auf der Mimbres-Keramik. In einigen davon treffen die *Ahaiyute* bzw. Kriegerzwillinge entweder auf eine böse alte Frau oder auf *Atocle Woman*, die sie in den Hals beißt, um sie zu töten; die Zwillinge bezwingen sie jedoch, indem sie sie an der Innenseite ihrer Nasenlöcher kratzen; in anderen Mythen brechen die Zwillinge die Zähne der gezähnten Vaginen mit falschen hölzernen Penissen aus (Carr/Gingerich 1983). Die Stechapfelmädchen der Hopi *(Tsimonmamant)*, die mit der gefürchteten dornigen, stechenden Stechapfelpflanze – bekannt als Heilige Datura – in Verbindung gebracht werden, „stellen die sexuell überaktiven unverheirateten Mädchen und Frauen dar". Der „Begriff *tsimona*, der mit der Bedeutung einer narkotischen, den Verstand verwirrenden und meist tödlichen Macht durchtränkt ist, wird mit sexuellen Verirrungen gleichgesetzt oder vermengt, die als ebenso gefährlich wie zerstörerisch gelten" (Malokti 1983, S. 207f.).

IV. Aktuelle Fragestellungen

Der indigene Südwesten Nordamerikas kann als „Spiegel der amerikanischen Ethnologie" betrachtet werden. Über ein Jahrhundert lang übten „aufeinanderfolgende Generationen von EthnologInnen, die über den Südwesten arbeiteten", großen Einfluß auf „die Entwicklung des anthropologischen Denkens" aus. Es entstand „eine große Menge an Literatur über die ursprüngliche Bevölkerung dieser Region, die – was Umfang und Vielfalt betrifft – vermutlich die Literatur über jede andere ethnographische Region der Neuen Welt in den Schatten stellt" (Basso 1979, S. 14). Obwohl eine nennenswerte Anzahl jener, die in dieser Region ethnologisch forschten, Frauen waren (Babcock/Parezo 1988) und obwohl Studien über die Pubertätsriten der Mädchen von Allen (1986), Young (1987) und Babcock (1991) vorliegen, muß immer noch festgestellt werden, „daß die Rolle der Frauen im rituellen Drama [und in der Mythologie] der IndianerInnen des Südwestens relativ wenig erforscht ist" (Frisbie 1980, S. 319). Natürlich wäre es möglich, sich damit abzufinden, daß über die indigenen Frauen des Südwestens in (der weitgehend männlich bestimmten) Mythologie/Religion nur wenig mit absoluter Gewißheit gesagt werden kann, und noch weniger über deren eigene Mythologie/Religion. Was den grundlegenden Mangel an Quellen betrifft, spielt zwar sicherlich auch die Geheimhaltung eine Rolle, entscheidend aber ist der Androzentrismus in der Feldforschung und in der Interpretation/Publikation, der sich insbesondere in der immanent patriarchalen, westlichen Einstellung zur Erde, zur Schöpfung, zur Zeugung (zum Zeugungsakt), zum „göttlichen Uhrmacher" sowie zum biologischen und sozialen Geschlecht äußert.

Unter Hinweis auf Edward B. Tylor, der in *Primitive Culture (Die Anfänge der Cultur)* versichert, daß „bei den eingeborenen Stämmen von Amerika die Mutter Erde eine der größten Persönlichkeiten der Mythologie ist" (Tylor 1873/I, S. 326), und auf den 1983 erschienenen Essay von Ake Hultkrantz *The Religion of the Goddess in North America* als zwei entgegengesetzte Positionen stellt Sam D. Gill (1987, S. 122) fest: „Es gibt keine Möglichkeit, nordamerikanische Quellen heranzuziehen und zu jenem Schluß zu gelangen, ... der so oft gezogen worden ist ..., daß Mutter Erde eine der wichtigsten amerikanischen Gottheiten ist, oder, noch deutlicher ausgedrückt, daß sie die Göttin der amerikanischen indigenen Völker ist." Frank Hamilton Cushings Beitrag *Outlines of Zuni Creation Myths* (1896; Weigle 1989a, S. 205-211) gehört zu den mageren Quellen, die von Gelehrten wie Mircea Eliade ständig zitiert werden. Gill (1987, S. 121) freilich beschrieb dieses Werk als „Abriß über die Vorstellungen der Zuni von der Schöpfung, die von einem romantischen Ethnologen in eine Geschichte verwandelt wurden". Diese gelehrten Ausführungen seien vorzugsweise nicht als Analyse des „Wesens von Kultur und Religion" zu betrachten, sondern als „eine mächtige Geschichte ..., die die indigenen AmerikanerInnen im Vergleich zu den Euro-AmerikanerInnen zu Primitiven macht ... [und] die zur Aufrechterhaltung einer Reihe von sozialen, ökonomischen und politischen Beziehungen zu den Völkern Amerikas dient, die vorwiegend unterdrückerisch sind" (Gill 1987, S. 128). Diese Hegemonie erstreckt sich auch auf patriarchale Vorstellungen von Schöpfung und Zeugung.

Obwohl die Schöpfung (Wheeler-Voegelin/Moore 1957) für die Mythologien der Pueblo, Apache und Navajo grundlegend ist, wurden diese Mythen niemals als echte Kosmogonien betrachtet (also als „höhere" Schöpfung *ex nihilo* durch den Geist, Atem, Traum, die Rede, die Gedanken wie in Genesis 1, Johannes 1 und in der griechischen metaphysischen Tradition). Da den immer schon geordneten Welten kein ungeordnetes Chaos vorausgeht, wurden sie auch nie einer hermeneutischen Untersuchung für wert befunden. Außerdem gelten diese Schöpfungsmythen allgemein als weiblich, animistisch und als allzusehr mit biologischer Schwangerschaft und Geburt verknüpft (also mit „niedrigerer", physischer oder elementarer Schöpfung durch Wachsen, Ausscheiden, Parthenogenese, Geschlechtsverkehr, Teilung, Zerstückelung), und sie können daher keine Anerkennung als wahrhaft symbolisch und kulturell erlangen (Matthews 1902; Callaway 1978). Obwohl das Ereignis der Geburt nicht bloß ein unbewußter, physiologischer Akt ist, weil Zeugung und Schöpfung keineswegs gleichgesetzt werden, haben die komplexe Sprache und die Rituale der gebärenden Mütter, der Hebammen und Patinnen (das englische Wort *godsibs,* von dem der Begriff *gossip* – Klatschbase – abgeleitet ist, bedeutet: jene, die bei der Geburt anwesend sind und diese ermöglichen) die Erforschung dieser Schöpfungsmythen nicht in der Weise angeregt und in den Vordergrund gerückt, wie andere „öffentlichere" und priesterliche, maskuline, sogenannte spirituelle Mythologien erforscht und überhöht wurden (Weigle 1989a).

Paula Gunn Allen (1986, S. 27f.) beschreibt Schwangerschaft und Geburt der indigenen Frauen Nordamerikas „vor der Eroberung" als einen mächtigen rituellen Prozeß der Vitalisierung. „Als Denkende Frau (Spinnenfrau) [der Keresan] die Zwillingsschwestern ins Leben rief, gebar sie sie nicht im biologischen Sinne. Sie sang über Medizinbündeln, die ihre Potentiale enthielten, ... [und] füllte sie mit Lebenskraft, ... und so wurden sie ‚geboren'." Dies ist auf keinen Fall das biologische Gegenstück zum kompensatorischen, symbolischen Prozeß des Ausscheidens, der von psychoanalytischen Interpreten wie Alan Dundes (1962, S. 1.038, 1.046) hervorgehoben wird. Er betrachtet Mythen über das Hinabsteigen in die Unterwelt als „Ursprung des Mythen hervorbringenden Männlichen". Dundes stellt die Erschaffung der Welt aus ein wenig Erde, die von einem hinabtauchenden Tier heraufgebracht wird, in den Mittelpunkt, wobei er zwei Annahmen trifft: „(1) Die Existenz einer ‚Kloakentheorie' der Geburt; und (2) das Vorhandensein eines männlichen Gebärneids." Er behauptet auch, daß die psychologische Motivation immer mehr oder weniger dieselbe sei, „wenn ein männlicher Schöpfer Werkstoffe spinnt, Ton formt, ein Ei legt, etwas aus Schleim oder Haut schafft oder nach fäkalischem Schmutz gräbt". Noch immer aber werden Frauen für unfähig gehalten, „Projekte" zu haben, so wie Männer „Kinder" haben, und die Schöpfungen der „Mythen hervorbringenden" Frau werden als bloßes Handwerk und nicht als künstlerische/intellektuelle Konzeptionen und Schöpfungen betrachtet – es sei denn, eine Frau kompensiert ihre Unfruchtbarkeit.

In der traditionellen Kultur der Navajo ist nach James Kale McNeley (1981, S. 1) „Nilch'i, mit der Bedeutung Wind, Luft oder Atmosphäre, von fundamentaler Bedeutung für die schöpferische Kraft: Die gesamte Natur durchdringend, gibt der Heilige Wind allen lebendigen Dingen Leben, Gedanken, Sprache und die Kraft zur Bewegung ein und dient als Mittel der Verständigung zwischen allen Elementen der belebten Welt". Wenn daher *Spinnenfrau* und *Spinnenmann* Spinnweben erzeugen, um die Wasser während des Aufsteigens (der Geburt) einzudämmen, so handelt es sich dabei ebenso um „einen Versuch der kreativen Umgestaltung“ wie bei einer Navajo-Frau, die webt: „Die verwickelten und oft komplexen Muster, die von den Navajo-Weberinnen ersonnen und während des gesamten Prozesses des Färbens und Webens im Gedächtnis behalten werden, ... erfordern die Vereinigung und das Zusammenwirken von planenden und handwerklichen Fähigkeiten. Eine gewobene Decke ist das Produkt von Geist und Körper. Die innere Form der Decke ist geistig; die äußere Form der Decke ist auf den Webstuhl gespannt“, so wie sich jede positive (kosmogonische) Schöpfung und jede negative Schöpfung (Hexerei) vollzieht (Witherspoon 1977, S. 17, 161).

In einem Schöpfungsmythos der Zia-Pueblo (White 1962, S.113, 115) sitzen *Tsityostinako (Prophetische Frau* bzw. *Spinnenfrau, Denkende Frau)* und ihre beiden Töchter *(Utctsiti* und *Naotsiti)* „wie *tcaíyanyi* (Medizinmänner) in einem Zeremonialhaus“ mitten in den Wolken und dem Nebel der Gelben Welt, der untersten Unterwelt. Sie haben eine *manta* (Decke) auf dem Boden ausgebreitet, darauf liegt ein Stück Rohr: „Dann erschufen sie mit Hilfe von Magie und Gesängen Dinge unter der *manta*. Dann hoben sie die *manta* auf, um nachzusehen, was sie geschaffen hatten. Tsityostinako war nicht sichtbar, aber ... sie war es, die Utctsiti und Naotsiti die Ideen eingab. Nachdem sie etwas geschaffen hatten, erklärte Tsityostinako, warum es geschaffen worden war.“ Daher ist in den Schöpfungen der beiden Schwestern ein Element der Überraschung, und *Tsityostinako* erscheint als eine Art Trickster-Gottheit.

Die Trickster-Gestalten der indigenen Kulturen Nordamerikas fanden besonders im Anschluß an die einflußreiche Publikation Paul Radins über die Winnebago-Trickster große Beachtung. Die Gestalt des Tricksters erfuhr später durch Barbara Babcock Abrahams (1975) eine neue Interpretation als eine „Möglichkeit, die ihre Negation anbietet“, weil die Trickster durch ihre abwechslungsreichen Darbietungen die Gesellschaft in einer Weise kommentieren, die ein transzendentes, schöpferisches Licht auf die willkürliche Ordnung der Dinge wirft. Obwohl Trickster die Kategorien von biologischem und sozialem Geschlecht verwischen, gehen die meisten Studien über Trickster davon aus, daß sie grundsätzlich bzw. „zuerst“ männlich/ein Mann sind. Zumindest in den gegenwärtig verfügbaren Quellen (vgl. Kojote-Frau, Abschnitt III.) wird weiblichen Wesen/Frauen nicht jene Vielfalt an Ausdrucksmöglichkeiten zugestanden, die William Bright (1987; vgl. auch Haile 1984; Toelken 1987) in seiner „Naturgeschichte“ von *Altem Mann Kojote* für diesen auflistet: Dieser erscheint als ruheloser Wanderer, Improvisateur, Vielfraß, Wüstling, Dieb, Schwindler, Geächteter, Zerstörer, Verlierer, Clown, Pragmatiker, alter Mensch und Überlebenskünstler. Wenn auch Studien über die Trickster des nordamerikanischen Südwestens, die den weiblichen Aspekt in den Mittelpunkt stellen, dringend notwendig wären, so müssen dennoch erst einfühlsame feministische (Feld-)Forschungen über die möglichen Ausdrucksformen des verbalen und nonverbalen Humors von Frauen abgewartet werden. Diese müßten auch die Arten und Weisen berücksichtigen, wie Frauen sich über die Realität lustig machen, sowie die Beziehungen von Frauen zu den heiligen Clowns und den Clownbünden.

Auch die vorhandenen Materialien über das biologische und soziale Geschlecht sind voreingenommen und lassen keine Schlüsse zu. Die mythischen Konstrukte, wenn sie überhaupt aufgezeichnet worden sind, können nicht mit den gesellschaftlichen Konstrukten verglichen werden, weil es nur wenige Daten über Zölibat, Homosexualität, Heterosexualität, Bisexualität, Transvestismus, Hermaphroditismus und Transsexualität gibt, die den Indigenen gerecht werden und den weiblichen Aspekt ausreichend berücksichtigen. Ebensowenig gibt es Daten über jene Frauen, die Paula Gunn Allen (1981, S. 81; Grahn 1984, S. 49-72) als Lesben oder „zeremonielle Lesben" bezeichnet hat. Diese „gehen Verbindungen mit Frauen ein, um einem bestimmten Geist oder einer übernatürlichen Weisung zu folgen", sind aber nicht notwendigerweise ausschließlich „Lesben", sondern Frauen, „die emotional und physisch mit anderen Frauen intim sind". So konzentrieren sich beispielsweise die meisten Studien zum gegengeschlechtlichen Rollenverhalten auf die männlichen Transvestiten (Whitehead 1981); sogar die allgemeine Bezeichnung „Berdache", die vom arabischen Wort *bardaj*, „Lustknabe", abgeleitet ist, bezieht sich „allgemein auf eine – meist männliche – Person, die anatomisch normal ist, aber die Kleidung, die Beschäftigung und das Verhalten des jeweils anderen Geschlechts annimmt, um einen [unvollständigen] Wechsel des geschlechtlichen Status zu erreichen" (Callender/ Kochem 1983, S. 443). Die Beziehungen zwischen und innerhalb von verschiedenen ethnischen Gruppen nehmen auf diese kulturellen Konstrukte ebenfalls Einfluß, und somit „ist es unerläßlich, eine Analyse der wechselnden Geschlechterrollen auf Grundlage der historischen Bedingungen zu entwickeln, denen bestimmte Ethnien ausgesetzt waren; denn Geschlechtersysteme sind in verschiedenen Kulturen unterschiedlich, und sie verändern sich, so wie sich Produktionsweisen [und deren Vorherrschaft] wandeln" (Blackwood 1984, S. 42).

Eine wahrhaft feministische Mythologie ist längst überfällig. Im nordamerikanischen Südwesten könnte sie, wie auch anderswo, reproduktive Systeme erklären und somit das machtvolle Schöpfungsritual von Geburt, Geburtshilfe und Patenschaft feiern. Weibliche Trickster und ihr schöpferischer Humor, der sich besonders auch auf das biologische und soziale Geschlecht erstreckt, würden die Aufmerksamkeit in eindringlicher Weise auf die Vielzahl der Möglichkeiten lenken, wie tyrannische, androzentrische und eurozentrische Ordnungen transparent gemacht und in Frage gestellt werden können. Um den Mythologien von Frauen Macht zu verleihen, wird eine Überprüfung der vorhandenen Forschungen ebenso notwendig sein wie neue Feldforschungen von indigenen und nicht-indigenen Frauen sowie eine gemeinsame quellenkritische und interpretative Arbeit von Feministinnen aus allen Kulturen und Gesellschaften.

V. Mythographie

Die Erfindung und die Vermarktung der Kulturen der Pueblo, Navajo und Apache begann im späten 19. Jahrhundert; sie setzt sich in der heutigen Tourismusindustrie und im damit eng verbundenen Kunsthandel fort. Die *Atchinson, Topeka & Santa Fe Railway* stellte im Dezember 1878 eine Verbindung zur Bahnlinie in New Mexico her und war seit August 1883 mit Kalifornien verbunden. Sie und die 1876 gegründete *Fred Harvey Company*, mit der sie sich zusammenschloß, waren verantwortlich für die Schaffung und erfolgreiche Vermarktung einer „verlockenden regionalen Identität für ‚The Great South West', der das nördliche New Mexico und Arizona von den ‚Hot Springs' in Las Vegas [New Mexico] bis zum Grand Canyon umfaßte; das Gebiet wurde als Tourismusattraktion voller unvergleichlicher Naturwunder, voller prähistorischer und kolonialgeschichtlicher Bedeutung und farbenfroher, zahmer Eingeborener, besonders Indianer, dargestellt". Während des Ersten Weltkriegs standen „Fred Harveys Mahlzeiten" nicht nur für „garantiert gutes Essen, Service und gute Unterkunft", sondern auch für die Möglichkeit, „die Kulturen des indianischen Amerika und in einem geringeren Maße auch des spanisch-kolonialen und des angelsächsischen Südwestens (vor allem der Jäger/Pelztierjäger/Goldsucher) angeeignet, ausgestellt und vermarktet" zu sehen (Weigle 1989b, S. 115; McLuhan 1985). 1926 institutionalisierten die *Santa Fe Railway* und die *Fred Harvey Company* die *„Indian Detours"* – Busausflüge mit Chauffeur und Reiseleiter „weitab der ausgetretenen Pfade" der Eisenbahn durch den indianischen und spanischen Südwesten, „der jenseits des beengten Horizonts der Eisenbahnfenster liegt" (Thoman 1978, S. 65).

Die Betreiber der *Santa Fe Railway* errichteten ihre Eisenbahn als Verbindung zu einer geplanten, doch nie verwirklichten Dampfschiffahrtslinie in den Orient; der Orientalismus (Said 1978) spielte für die Schaffung eines gemeinsamen kulturellen Images der Region eine bedeutende Rolle. „Reisende, die in den 1880er Jahren die Dörfer der Pueblo bereisten, wurden eher dazu angehalten, sich die Dörfer des antiken Ägypten und von Nubien, Ninive und Babylon ins Gedächtnis zu rufen, als die Überreste des indianischen Lebens zu studieren; die Menschen aber wären ‚wie die Nachkommen der biblischen Rebecca'" (Pomeroy 1957, S. 39). 1920 fragte Harriet Munroe, Herausgeberin des Literaturmagazins *Poetry*: „Wozu nach Griechenland oder China reisen, oh Ihr Ungläubigen? Der Südwesten ... ist unser ureigenes Wunderland – ein Schatzkästchen romantischer Mythen –, das in tiefgründiger Weise bedeutungsvoll und schön ist, bewacht von uralten Rassen, die ihre uralten Riten ausüben" (Weigle 1989b, S. 135). Die Touristen der *Indian Detours* wurden mit Versprechungen gelockt: „Autofahrer, die die südwestlichen Staaten durchqueren, sind dem Primitiven näher als an jedem anderen Ort dieses Kontinents. Sie durchqueren ein Land, in dem fremde Menschen mit einer fremden Sprache und fremden

Sitten ihnen ein Schauspiel bieten, das nur in wenigen orientalischen Ländern einen Vergleich findet" (Thomas 1978, S. 196). Sylvia Rodriguez (1989, S. 93) analysiert diesen „Mystifizierungsprozeß" der „symbolischen Verdinglichung, Verleugnung, Einverleibung und Umwandlung" anhand der sogenannten amerikanischen Pyramiden im Pueblo Taos, wo Angehörige einer Künstlerkolonie im 20. Jahrhundert die IndianerInnen „als mystische ‚andere' verdinglicht und vermarktet haben, anstatt sie als normale Menschen zu betrachten". Im Zweiten Weltkrieg waren die Angestellten der Tourismusindustrie, die KünstlerInnen und schließlich auch die Gelehrten zu KulturmaklerInnen in einem Land geworden, das scheinbar wie kein anderes von exotischen „anderen" bevölkert war.

Besonders die indigenen Frauen Nordamerikas wurden zugleich als „andere" (Minh-ha 1989) und als Kunsthandwerkerinnen porträtiert: „... der andere [war] gewissermaßen auf den Status eines Objekts reduziert ... die Indianer sind auch nicht Subjekte im vollen Sinne des Wortes geworden, das heißt Subjekte, die dem sie wahrnehmenden Ich vergleichbar wären. In seinem Denken [sic] nehmen sie wohl eher eine Mittelstellung ein: Sie sind zwar Subjekte, aber Subjekte, die auf ihre Rolle als Hersteller von Objekten, als Kunsthandwerker ... reduziert sind, deren Leistung man zwar bewundert, jedoch mit einer Bewunderung, die die Distanz zwischen Ihm und ihnen eher unterstreicht als aufhebt ... " (Todorov 1985, S. 159). Indianische Handwerkerinnen des amerikanischen Südwestens wurden als überwiegend häusliche und in angemessener Weise gezähmte Weberinnen, Töpferinnen und Korbflechterinnen dargestellt; sie und ihre Waren wurden von *Santa Fe/Harvey* und anderen kommerziellen Einrichtungen oder auch in ihren eigenen Pueblos, Hogans und Gemeinschaften ausgestellt und vermarktet.

Handwerkliche Arbeit war traditionell mit einer strikten Arbeitsteilung zwischen Frauen, Männern und Transvestiten (meistens männlich) verknüpft, und sie schloß auch die rituelle Beziehung mit den Rohmaterialien und eine Form der Produktion ein, die in den Mythen und Glaubensvorstellungen eine Wiederholung findet – diese Muster werden freilich durch die Umwandlung in die Warenform unterbrochen (Parezo/Hays/Slivac 1987). So bezieht sich das Weben von Spinnenfrau nicht mehr auf das individuelle Heilen (das Spinnen des Fadens in Richtung der Sonne, um im Ritual das „Ausfasern" zu vermeiden, das im metaphorischen Sinn eine Bedrohung für die Gesundheit darstellen würde) und die kosmische Harmonie, sondern auf einen Marktplatz, der außerhalb liegt: „Die Navajo erklären die Verhältnisse [am Markt] nicht in den Begriffen der Decken, des Endprodukts, was natürlich das ist, wofür sich unsere Kultur interessiert – sondern in Begriffen ihrer Beziehung zum Garn und zu den Schafen und zur Herstellung das Garns, das in eine bestimmte Richtung gesponnen werden muß ... [sodaß] das Garn selbst ein weiteres Symbol des menschlichen Austausches mit dem Tier auf der einen, mit dem gesamten Kosmos auf der anderen Seite wird" (Toelken 1976a; 1976b, S. 19).

Durch ihre Verbindung mit Helen Cordero, einer Töpferin der Cochiti-Pueblo, „die 1964 die [männliche] Geschichtenerzähler-Puppe erfand ... [und] seither die Pueblo-Töpferei, ihr eigenes Leben und jenes unzähliger anderer Pueblo-Frauen in neue Bahnen lenkte“, trat Barbara A. Babcock (1987, S. 391f.) der „vom Männlichen geprägten eurozentrischen Konstruktion“ ebenso entgegen wie dem „Warenfetischismus, der nicht nur in unser Leben eindringt, sondern auch in unsere Forschung, die die materielle Kultur, die Ökonomie, die Quantifizierung und die Produkte der Kreativität betont“. Als sie gefragt wurde, wie viele Geschichtenerzähler-Puppen sie schon angefertigt habe, antwortete Helen Cordero verbittert: „Sie sind wie Brot, wir zählen sie nicht.“ Für sie sei „ein Vorgehen ... ‚nach dem richtigen, dem alten Weg‘ weit wichtiger als das fertige Produkt“. Das Produkt stelle in keiner Beziehung eine „singuläre künstlerische [oder kosmogonische] Urheberschaft und Macht dar: ‚Ich stehe am Morgen nicht einfach auf und mache Keramik. Zuerst spreche ich mit Großmutter Ton, und sie wird mir sagen, was zu tun ist.‘ ‚Nicht ich, sondern das Feuer ist es, das über das Ergebnis entscheidet.‘ ‚Mein Großvater hat mir das beigebracht. Er war ein weiser Mann, der viele Geschichten kannte und viele Enkelkinder hatte, und wir alle sind dort im Ton.‘“

Die Herstellung von Keramik war bei den Pueblo traditionell ein weiblicher Bereich funktioneller und symbolischer Reproduktion und Regeneration, „die Ursprungsmythen und Legenden ebenso einschloß wie Gesänge und Trommeln und *kachinas* und *kivas* und alle anderen Aspekte des geheiligten Diskurses einschließlich des zeremoniellen Keresan, in dem dieser ... von Männern kontrolliert ... stattfindet“ (Babcock 1988, S. 373). In einem Zeitraum von mehr als 25 Jahren haben Helen Cordero und zahlreiche andere Töpferinnen der Pueblo das Recht erworben, in der Öffentlichkeit zumindest einige Aspekte eines Diskurses, dem sie ausgesetzt waren, darzustellen und zu interpretieren, „denn sie haben nicht nur Geschichtenerzähler, sondern auch *Nightcriers*, Trommler, Schildkröten und andere zeremonielle und mythische Figuren kreiert und ihre Handwerkskunst ausgestellt und gezeigt ... *Zu Hause sind Frauen keine Geschichtenerzählerinnen*, aber Frauen sind Töpferinnen, und mit der umwandelnden Kraft ihrer Hände haben sie Geschichten über das Geschichtenerzählen ermöglicht, die männliche Kontrolle über den Diskurs unterwandert und so das Kräfteverhältnis grundlegend verändert ... Sie reproduzieren ‚mit einem Unterschied‘, und sie spielen sowohl im übertragenen als auch im wörtlichen Sinn mit dem Feuer“ (Babcock 1988, S. 381). Damit wirken sie, wie viele andere indigene Künstlerinnen und Schriftstellerinnen Nordamerikas auch, als machtvolle weibliche Trickster.

Im Laufe des 20. Jahrhunderts hat nicht nur die indigene Bevölkerung im Südwesten Nordamerikas als Antwort auf die zunehmenden Eingriffe und den Akkulturationsdruck eine mehr oder weniger pan-indianische „Geschichte“ der Mutter Erde entwickelt, wie Sam D. Gill sich ausdrückt. Er (1987, S. 149) führt als Beispiel an, daß Navajo-Sandbilder, die Himmel und Erde darstellen, und bestimmte Muster auf den Hochzeitskörben der Navajo nun „unter dem englischen Begriff ‚Vater Himmel' und ‚Mutter Erde'" bekannt sind, während letztere früher mit *Sich-Wandelnder-Frau* und „einem Aspekt des Navajo-Prinzips ... ‚Langes Leben und Glück'" in Verbindung gebracht wurde. Auch Ökologinnen des 20. Jahrhunderts haben die bedrohte Erde in feministischen Begriffen interpretiert (King 1989). Für Donna Haraway (1995, S. 94) haben „Ökofeministinnen ... vielleicht am stärksten auf der Vorstellung bestanden, daß die Welt ein aktives Subjekt ... und keine Ressource [ist], die in bürgerlichen, marxistischen oder männlichen Projekten kartiert und angeeignet" werden kann. Sie weist darauf hin, daß wir – im Sinne der Anerkennung der „Handlungsfähigkeit der Welt" und um ihrer Verwandlung in eine Ressource zu widerstehen – nicht auf „die Anrufung der Urmutter" zurückkommen müssen. Vielmehr braucht es „ein Gespür für den unabhängigen Sinn für Humor der Welt" und eine „Vielzahl evokativer Figuren, ... die eine feministische Visualisierung der Welt als gewitzte Agentin fördern". Wie in den Erzählungen von IndianerInnen des Südwestens vermitteln darin die „Figuren des Kojote oder Tricksters eine Vorstellung von unserer Situation, wenn wir die Herrschaft aufgeben, aber weiter nach Genauigkeit suchen, wohl wissend, daß wir hereingelegt werden." Donna Haraway unterscheidet nicht zwischen weiblichen und männlichen Trickstern; jedoch vertritt sie die These, „daß feministische Objektivität Raum für Überraschungen und Ironien im Herzen jeglicher Produktion von Wissen" schafft, und sie ruft dazu auf, „die feministische Theorie als einen neu erfundenen Kojote-Diskurs" zu betrachteten, „der den Quellen, die ihn ermöglichen, in einer heterogenen Vielfalt von Darstellungen der Welt verpflichtet ist". Dies kann als Aufforderung betrachtet werden, einer wahrhaft weiblichen Mythologie in Form eines weiblichen Kojote-Diskurses Gehör zu verschaffen, für den jeglicher „Frauenklatsch" über Alte-Frau-Kojote-Mutter-Erde die Patenschaft übernimmt.

Übersetzung: Brigitte Fuchs und Gabriele Habinger

Anmerkungen

* „Trickster"-Gestalten sind in vielen Mythologien weltweit verbreitet; im Deutschen ist diese Figur am ehesten als Schelm, Schalk, aber auch als Betrüger oder Tölpel zu bezeichnen. Laut Hirschberg (Neues Wörterbuch der Völkerkunde, Berlin 1988) ist der „Trickster" der indigenen Bevölkerung Nordamerikas „gleichzeitig Schöpfer und Zerstörer, Geber und Verweigerer, einer, der täuscht und getäuscht wird. Er kennt weder gut noch böse und ist dennoch für beides verantwortlich". Anm. d. Übersetzerinnen.

** Bei den IndianerInnen Nordamerikas finden zu kleinen „Bündeln" geschnürte magische Objekte als „Medizin" Verwendung. Anm. d. Übersetzerinnen.

Bibliographie

Allen, P. G.: *Lesbians in American Indian Cultures*. In: Conditions: Seven, 1981, S. 67-87.

Allen, P. G.: *The Sacred Hoop: Recovering the Feminine in American Indian Traditions*, Boston (Mass.) 1986.

Babcock, B. A.: *Taking Liberties, Writing from the Margins, and Doing It with a Difference*. In: Journal of American Folklore, Vol. 100/398, 1987, S. 390-411.

Babcock, B. A.: *At Home, No Womens Are Storytellers: Potteries, Stories, and Politics in Cochiti Pueblo*. In: Journal of the Southwest, Vol. 30/3, 1988, S. 356-389.

Babcock, B. A./Monthan, G./Monthan, D.: *The Pueblo Storytellers: Development of a Figurative Ceramic Tradition*, Tucson (Ariz.) 1986.

Babcock, B. A./Parenzo, N. J.: *Daughters of the Desert: Women Anthropologists and the Native American Southwest, 1880-1980*, Albuquerque (New Mexico) 1988.

Babcock, B. A. (Hrsg.): *Pueblo Mothers and Children: Essays by Elsie Clews Parsons, 1915-1924*, Santa Fe (New Mexico) 1991.

Babcock-Abrahams, B.: *„A Tolerated Margin of Mess": The Trickster and His Tales Reconsidered.* In: Journal of the Folklore Institute, Vol. 11/3 1975, S. 147-866.

Basso, K. H.: *The Gift of Changing Woman.* In: Bulletin of the Bureau of American Ethnology, No. 196, 1966.

Basso, K. H.: *The Cibecue Apache*, New York 1970.

Basso, K. H.: *History of Ethnological Research.* In: Ortitz, A. (Hrsg.): *Handbook of North American Indians*, Bd. 9: *Southwest*, Washington DC 1979, S. 14-21.

Benedict, R.: *Tales of the Cochiti Indians*. In: Bulletin of the Bureau of American Ethnology, No. 98, 1931.

Bierhorst, J.: *Die Mythologie der Indianer Nord-Amerikas*, aus dem Amerik. v. F. Hetmann, Augsburg 1993. *

Black, M. E.: *Maidens and Mothers: An Analysis of Hopi Corn Metaphors*. In: Ethnology, Vol. 23/4, 1984, S. 279-288.

Blackwood, E.: *Sexuality and Gender in Certain Native American Tribes: The Case of Cross-Gender Females*. In: Signs, Vol. 10/1, 1984, S. 27-42.

Boyer, R. M.: *A Mescalero Apache Tale: The Bat and the Flood*. In: Western Folklore, Vol. 31/3, 1972, S. 189-197.

Bright, W.: *The Natural History of Old Man Coyote*. In: Swann, B./Krupat, A. (Hrsg.): *Recovering the Word: Essays on Native American Literature*, Berkeley (Calif.) 1987, S. 339-387.

Bruggmann, M./Acatos, S.: *Die Pueblos. Prähistorische Indianerkulturen des Südwestens*, Zürich 1989. *

Bunzel, R. L.: *Zuni Katcinas*. In: 47th Annual Report of the Bureau of American Ethnology for the Years 1929-1930, Washington DC 1932, S. 837-1.108.

Callaway, H.: *„The Most Essentially Female Function of All": Giving Birth.* In: Ardener, S. (Hrsg.): *Defining Females: The Nature of Women in Society*, New York 1978, S. 163-185.

Callender, C./Kochems, L. M.: *The Native American Berdache*. In: Current Anthropology, Vol. 24/4, 1983, S. 443-470.

Carr, P./Gingerich, W.: *The Vagina Dentata Motif in Nahuatl and Pueblo Mythic Narratives: A Comparative Study*. In: Swann, B. (Hrsg.): *Smoothing the Ground: Essays on Native American Oral Literature*, Berkeley (Calif.) 1983, S. 187-203.

Clark, L. H.: *They Sang for Horses: The Impact of the Horse on Navajo and Apache Folklore*, Tucson (Ariz.) 1966.

Cole, D. C.: *The Chiricahua Apache, 1846-1876: From War to Reservation*, Albuquerque (New Mexico) 1988.

Cushing, F. H.: *Outlines of Zuni Creation Myths*. In: 13th Annual Report of the Bureau of American Ethnology for the Years 1891-1892, Washington DC 1896, S. 321-447.

Dundes, D.: *Earth-Diver: Creation of the Mythopoeic Male*. In: American Anthropologist, Vol. 64/5, 1962, S. 1.032-1.051.

Farrer, C. R.: *Singing for Life: The Mescalero Apache Girls' Ceremony*. In: Frisbie, C. J. (Hrsg.): *Southwestern Indian Ritual Drama*, Albuquerque (New Mexico) 1980, S. 125-159.

Fewkes, J. W.: *Hopi Katcinas Drawn by Native Artists*. In: 21st Annual Report of the Bureau of American Ethnology for the Years 1899-1900, Washington DC 1903, S. 13-126.

Fewkes, J. W.: *The Butterfly in Hopi Myth and Ritual*. In: American Anthropologist, Vol. 12/4, 1910, S. 576-594.

Foote, C. J./Schackel, S. K.: *Indian Women of New Mexico, 1535-1680*. In: Jensen, J. M./Miller, D. A. (Hrsg.): *New Mexico Women: Intercultural Perspectives*, Albuquerque (New Mexico) 1986, S. 17-40.

Frisbie, C. J.: *Kinaalda: A Study of the Navaho Girls' Puberty Ceremony*, Middletown (Conn.) 1967.

Frisbie, C. J. (Hrsg.): *Southwestern Indian Ritual Drama*, Albuquerque (New Mexico) 1980.

Geertz, A. W./Lomatuway'ma, M.: *Children of Cottonwood: Piety and Ceremonialism in Hopi Indian Puppetry*, American Tribal Religions, Vol. 12, Lincoln (Nebr.) 1987.

Gill, S. D.: *Native American Religions: An Introduction*, Belmont (Calif.) 1982.

Gill, S. D.: *Native American Traditions: Sources and Interpretations*, Belmont (Calif.) 1983.

Gill, S. D.: *Mother Earth: An American Story*, Chicago 1987.

Grahn, J.: *Another Mother Tongue: Gay Words. Gay Worlds*, Boston 1984.

Green, R.: *Native American Women: A Contextual Bibliography*, Bloomington (Ind.) 1983.

Griffith, J. S.: *Kachinas and Masking*. In: Ortiz, A. (Hrsg.): *Handbook of North American Indians*, Bd. 10: *Southwest*, Washington DC 1983, S. 764-777.

Haile, P. B./Haile, O. F. M.: *Love-Magic and Butterfly People: The Slim Curly Version of the Ajilee and Mothway Myths*, American Tribal Religions, Bd. 2, Flagstaff (Ariz.) 1978.

Haile, P. B./Haile, O. F. M.: *The Upward Moving and Emergence Way: The Gishin Biye Version*, American Tribal Religions, Bd. 7, Lincoln (Nebr.) 1981 (= 1981a).

Haile, P. B./Haile, O. F. M.: *Women versus Men: A Conflict of Navajo Emergence. The Curly Tó Aheedlíinnii Version*, American Tribal Religions, Bd. 6, Lincoln (Nebr.) 1981 (= 1981b).

Haile, P. B./Haile, O. F. M.: *Navajo Coyote Tales: The Curly Tó Aheedlíinnii Version*, American Tribal Religions, Bd. 8, Lincoln (Nebr.) 1984.

Haraway, D.: *Situated Knowledges: The Science Question in Feminism and the Privilege of Partial Perspective*. In: Feminist Studies, 14/3, 1988, S. 575-599.

Haraway, D.: *Situiertes Wissen. Die Wissenschaftsfrage im Feminismus und das Privileg einer partialen Perspektive*. In: Haraway, D.: *Die Neuerfindung der Natur: Primaten, Cyborgs und Frauen*, Frankfurt/New York 1995, S. 73-97. *

Hultkrantz, A.: *The Religion of the Goddess in North America*. In: Olson, C. (Hrsg.): *The Book of the Goddess Past and Present: An Introduction to Her Religion*, New York 1983, S. 202-216.

Kealiinohomoku, J. W.: *The Drama of the Hopi Ogres*. In: Frisbie, C. J. (Hrsg.): *Southwestern Indian Ritual Drama*, Albuquerque (New Mexico) 1980, S. 37-69.

Kealiinohomoku, J. W.: *The Ecology of Feminism and the Feminism of Ecology*. In: Pratt, J. (Hrsg.): *Healing the Wound: The Promise of Ecofeminism*, Philadelphia (Pa)/Santa Cruz (Calif.) 1989, S. 18-28.

Kroskrity, P. V./Healing, D.: *Coyote-Woman and the Deer Children.* In: Kendall, M. B. (Hrsg.): *Coyote Stories II*, International Journal of American Linguistics Native American Texts Series, No. 6, 1980, S. 119-128.

Lamphere, L.: *Southwestern Ceremonialism.* In: Ortiz, A. (Hrsg.): *Handbook of North American Indians*, Bd. 10: *Southwest*, Washington DC 1983, S. 743-763.

Lincoln, B.: *Emerging from the Chrysalis: Studies in Rituals of Women's Initiation*, Cambridge (Mass.) 1981.

Malokti, E.: *The Story of the „Tsimonmamant" or Jimson Weed Girls: A Hopi Narrative Featuring the Motif of the Vagina Dentata.* In: Swann, B.: *Smoothing the Ground: Essays on Native American Oral Literature*, Berkeley (Calif.) 1983, S. 204-220.

Matthews, W.: *Navaho Legends*, Memoirs of the American Folklore Society, Bd. 5, New York 1897.

Matthews, W.: *Myths of Gestation and Parturition.* In: American Anthropologist, Vol. 4/4, 1902, S. 737-742.

McLuhan: T. C.: *Dream Tracks: The Railroad and the American Indian. 1890-1930*, New York 1985.

McNeley, J. K.: *Holy Wind in Navajo Philosophy*, Tuscon (Ariz.) 1981.

Minh-ha, T. T.: *Woman. Native. Other: Writing Postcolonialism and Feminism*, Bloomington (Ind.) 1989.

Moon, S.: *Changing Woman and Her Sisters: Feminine Aspects of Selves and Deities*, San Francisco 1984.

Nabokov, P./Easton, R.: *Native American Architecture*, New York 1989.

Niethammer, C.: *Daughters of the Earth: The Lives and Legends of American Indian Women*, New York 1977.

Niethammer, C.: *Töchter der Erde: Legende und Wirklichkeit der Indianerinnen*, aus dem Amerik. v. V. Bracke, 4. Aufl., Göttingen 1986. *

Norwood, V./Monk, J. (Hrsg.): *The Desert Is No Lady: Southwestern Landscapes in Women's Writing and Art*, New Haven (Conn.) 1987.

O'Bryan, A.: *The Dîné: Origin Myths of the Navajo Indians.* In: Bulletin of the Bureau of American Ethnology, No. 163, 1956.

Opler, M. E.: *A Summary of Jicarilla Apache Culture.* In: American Anthropologist, Vol. 38/2, 1936, S. 202-223.

Opler, M. E.: *Myths and Tales of the Jicarilla Apache Indians*, Memoirs of the American Folklore Society, Vol. 31, 1938.

Opler, M. E.: *Myths and Tales of the White Mountain Apache*, Memoirs of the American Folklore Society, Vol. 33, 1939.

Opler, M. E.: *Childhood and Youth in Jicarilla Apache Society*, Los Angeles 1946.

Opler, M. E.: *Jicarilla Apache Territory, Economy, and Society in 1850.* In: Southwestern Journal of Anthropology, Vol. 27/4, 1971, S. 309-329.

Opler, M. E.: *The Apachean Culture Pattern and its Origins.* In: Ortiz, A. (Hrsg.): *Handbook of North American Indians*, Bd. 10: *Southwest*, Washington DC 1983, S. 368-392.

Ortiz, A.: *The Tewa World: Space, Time, Being and Becoming in a Pueblo Society*, Chicago 1969.

Ortiz, A. (Hrsg.): *New Perspectives on the Pueblos*, Albuquerque (New Mexico) 1972.

Ortiz, A.: *Ritual Drama and the Pueblo World View.* In: Ortiz, A. (Hrsg.): *New Perspectives on the Pueblos*, Washington DC 1972 (= 1972a), S. 135-161.

Ortiz, A. (Hrsg.): *Handbook of North American Indians*, Bd. 9: *Southwest*, Washington DC 1979.

Ortiz, A. (Hrsg.): *Handbook of North American Indians*, Bd. 10: *Southwest*, Washington DC 1983.

Parezo, N./Hays, K. A./Slivac, B. P.: *The Mind's Road: Southwestern Indian Women's Art*. In: Norwood, V./Monk, J. (Hrsg.): *The Desert is No Lady: Southwestern Landscapes in Women's Writing and Art*, New Haven (Conn.) 1987, S. 146-173.

Parsons, E. C.: *Tewa Tales*, Memoirs of the American Folklore Society, Vol. 19, New York 1926.

Parsons, E. C.: *Pueblo Indian Religion*, 2 Bde., Chicago 1939.

Pomeroy, E.: *In Search of the Golden West: The Tourist in Western America*, New York 1957.

Purley, A. P.: *Keres Pueblo Concepts of Deity*. In: American Indian Culture and Research Journal, Vol. 1/1, 1974, S. 29-32.

Radin, P.: *The Trickster*, New York 1956.

Reichard, G. A.: *Navajo Religion: A Study of Symbolism*, 2. Aufl., Princeton (NJ) 1974

Rodríguez, S.: *Art, Tourism, and Race Relations in Taos: Toward a Sociology of the Art Colony*. In: Journal of Anthropological Research, Vol. 45/1, 1989, S. 77-99.

Smith, P. C./Allen, P. G.: *Earthy Relations, Carnal Knowledge: Southwestern American Indian Women Writers and Landscape*. In: Norwood, V./Monk, J. (Hrsg.): *The Desert is No Lady: Southwestern Landscapes in Women's Writing and Art*, New Haven (Conn.) 1987, S. 174-196.

Spencer, K.: *Mythology and Values: An Analysis of Navaho Chantway Myths*. In: Memoirs of the American Folklore Society, Vol. 48, Philadelphia (Pa) 1957.

Stevenson, M. C.: *The Zuni Indians: Their Mythology, Esoteric Fraternities, and Ceremonies*. In: 23rd Annual Report of the Bureau of American Ethnology for the Years 1901-1902, Washington DC 1904, S. 3-634.

Stirling, M. W.: *Origin Myth of Acoma and Other Records*. In: Bulletin of the Bureau of American Ethnology, No. 135, Washington DC 1942.

Swann, B. (Hrsg.): *Smoothing The Ground: Essays on Native American Oral Literature*, Berkeley (Calif.) 1983.

Swann, B./Krupat, A. (Hrsg.): *Recovering the Word: Essays on Native American Literature*, Berkeley 1987.

Sweet, J. D.: *Dances of the Tewa Pueblo Indians: Expressions of New Life*, Santa Fe (New Mexico) 1985.

Swentzell, R./Naranjo, T.: *Nurturing: The Gia at Santa Clara Pueblo*. In: El Palacio, Vol. 92/1, 1986, S. 35-39.

Tedlock, D.: *Zuni Religion and World View*. In: Ortiz, A. (Hrsg.): *Handbook of North American Indians*, Bd. 9: *Southwest*, Washington, DC 1979, S. 499-508.

Tedlock, D.: *The Spoken Word and the Work of Interpretation*, Philadelphia (Pa) 1983.

Teiwes, H./Lindig, W.: *Navajo*, Zürich 1991. *

Thomas, D. H.: *The Southwestern Indian Detours: The Story of the Fred Harvey/Santa Fe Railway Experiment in „Detourism"*, Phoenix (Ariz.) 1978.

Tiller, V.: *Jicarilla Apache*. In: Ortiz, A. (Hrsg.): *Handbook of North American Indians*, Bd. 10: *Southwest*, Washington DC 1983, S. 440-461.

Todorov, T.: *The Conquest of America: The Question of the Other*, übers. v. R. Howard, New York 1984.

Todorov, T.: *Die Eroberung Amerikas. Das Problem des anderen*, aus dem Franz. v. W. Böhringer, Frankfurt a. M. 1985. *

Toelken, B.: *A Circular World: The Vision of Navajo Crafts*. In: Parabola, Vol. 1/1, 1976 (= 1976a), S. 30-37.

Toelken, B.: *Seeing with a Native Eye How Many Sheep Will It Hold?*. In: Capps, W. H/Tonsing, B. P. (Hrsg.): *Seeing with a Native Eye: Essays on American Indian Religion*, New York 1976 (= 1976b), S. 9-24.

Toelken, B.: *Life and Death in the Navajo Coyote Tales*. In: Swann, B./Krupat, A. (Hrsg.): *Recovering the Word: Essays on Native American Literature*, Berkeley 1987, S. 388-401.

Tyler, H. A.: *Pueblo Gods and Myths*, Norman (Ok.) 1964.

Tylor, E. B.: *Primitive Culture: Researches into the Development of Mythology, Philosophy, Religion, Language, Art and Custom*, 2 Bde., London 1873.

Tylor, E. B.: *Die Anfänge der Cultur*. Übertragung von Sprengel und Poske, Leipzig 1873. *

Voth, H. R.: *Traditions of the Hopi*, Field Museum of Natural History, Pub. 96, Anthropological Series 8, Chicago 1905.

Weigle, M.: *Spiders & Spinsters: Women and Mythology*, Albuquerque (New Mexico) 1982.

Weigle, M.: *Creation and Procreation: Feminist Reflections on Mythologies of Cosmogony and Parturition*, Philiadelphia (Pa) 1989 (= 1989a).

Weigle, M.: *From Desert to Disney World: The Santa Fe Railway and the Fred Harvey Company Display the Indian Southwest*. In: Journal of Anthroplogical Research, Vol. 45/1, 1989 (= 1989b), S. 115-137.

Wheeler-Voegelin, B./Moore, R. W.: *The Emergence Myth in Native North America*. In: Richmond, W. E. (Hrsg.): Studies in Folklore, Indiana University Publications in Foklore, No. 9, 1957, Bloomington (Ind.), S. 66-91.

White, L. A.: *The Pueblo of Sia, New Mexico*. In: Bulletin of the Bureau of American Ethnology, No. 184, 1962.

Whitehead, H.: *The Bow and the Burden Strap: A New Look at Institutionalized Homosexuality in Native North America*. In: Ortner, S. B./Whitehead, H. (Hrsg.): *Sexual Meanings: The Cultural Construction of Gender and Sexuality*, Cambridge 1981, S. 80-115.

Wiget, A. (Hrsg.): *Critical Essays on Native American Literature*, Boston 1985.

Witherspoon, G.: *Language and Art in the Navajo Universe*, Ann Arbor (Mich.) 1977.

Woodbury, R. B.: *Prehistory: Introduction*. In: Ortiz, A. (Hrsg.): *Handbook of North American Indians*, Bd. 9: *Southwest*, Washington DC 1979.

Wyman, L. C.: *Beautyway: A Navaho Ceremonial*, Bollingen Series 53, New York 1957.

Wyman, L. C.: *The Windways of the Navaho*, Colorado Springs 1962.

Wyman, L. C.: *Blessingway: With Three Versions of the Myth Recorded and Translated from the Navaho by Father Berard Haile*, Tucson (Ariz.) 1970.

Wyman, L. C.: *The Red Antway of the Navaho*, Navajo Religion Series, Vol. 5, Santa Fe (New Mexico) 1973.

Wyman, L. C.: *The Mountainway of the Navajo*, Tucson (Ariz.) 1975.

Wyman, L. C.: *Navajo Ceremonial System*. In: Ortiz, A. (Hrsg.): *Handbook of North American Indians*, Bd. 9: *Southwest*, Washington DC 1983.

Young, M. J.: *Women, Reproduction, and Religion in Western Puebloan Society*. In: Journal of American Folklore, Vol. 100/398, 1987, S. 436-445.

Susanna Rostas

Die mexikanische Mythologie

Göttliche Androgynie – männliche Geschichte

Das Weibliche in der aztekischen Mythologie

In Mexiko gibt es nicht eine, sondern viele Mythologien. Zur Zeit der spanischen Eroberung im Jahr 1519 waren viele männlich orientierte Hochkulturen zur Blüte gelangt und in der Folge wieder zerstört worden oder in einer neuen Hochkultur aufgegangen. Heute gibt es noch immer etwa siebzig indigene Gruppen, die ihre eigenen Sprachen sprechen und spezifische kulturelle Traditionen und lebendige Mythologien besitzen. So stellt Mexiko in vielerlei Hinsicht auch in der Gegenwart nicht eine, sondern viele Nationen dar.

In historischer Hinsicht ist es jedoch möglich, von einer mexikanischen Mythologie zu sprechen, und zwar im Hinblick auf den Korpus von Mythologien der verschiedenen Nahuatl-sprechenden Gruppen, die etwa ein Jahrhundert vor der spanischen Eroberung im Tal von Mexiko lebten. Diese bildeten die Basis der Mythologie der imperialistischen AztekInnen, die bewußt die Geschichte umformulierten, um sich selbst als eigentliche Nachkommen der Gottheiten darzustellen. Es ist weitgehend ihre Version der Mythologien, die heute bekannt ist.

Dieser Artikel beschäftigt sich mit dem Weiblichen in der aztekischen Mythologie, wenngleich wir wenig über weibliche Gestalten und noch weniger über ihre Vorgeschichte wissen. Ich werde dennoch versuchen, die Art der Veränderungen aufzuzeigen, denen die Göttinnen unterlagen, als die vielen Mythologien der zahlreichen kleinen Gruppen – die einander eher ähnlichen Nachbarn lebten mehr oder weniger friedlich nebeneinander – von der Mythologie eines expansionistischen Imperiums einverleibt wurden, das sich vom Golf von Mexiko bis zum Pazifischen Ozean, im Süden sogar bis nach Guatemala erstreckte. Ich werde auch kurz auf die Veränderungen eingehen, die die spanische Eroberung mit sich brachte, und ich werde das Beispiel einer Gemeinschaft aufzeigen, in deren Mythologie noch heute vorspanische Elemente erkennbar sind.

I.1. Männliche Geschichte* – Die Mythologie

Vor der Ankunft der Spanier gab es keine Aufzeichnungen in schriftlicher Form, die Mythen wurden – entweder im täglichen Gespräch oder in Ritualen und Zeremonien – mündlich weitergegeben. Jedoch wurden die Gottheiten in Form von Skulpturen und in der Bilderschrift der Codices dargestellt. Dabei handelt es sich um Faltbücher mit szenischen Darstellungen auf Leder oder auf der Rinde von Feigenbäumen *(amate)*. In den Codices wurden in einer Abfolge von Piktogrammen vor allem Informationen über die Aktivitäten von Herrschern und Gottheiten gesammelt. Oftmals wird in einer einzigen Darstellung ein ganzer Mythos erfaßt. Bei den schriftlichen Quellen, die kurz nach der spanischen Eroberung aufgezeichnet wurden, handelt es sich um Sammlungen von Gedichten, um ethnographische Berichte über das Alltagsleben oder um mythisch-religiöse Praktiken und Glaubensvorstellungen. Aber in beiden Arten von Quellen tauchen vor allem die mythologischen Figuren auf und nicht die ihnen zugeschriebenen Mythen. Für die Mönche, die diese Berichte häufig aufzeichneten, war es oftmals schwierig, die christliche Weltsicht beiseite zu schieben; darüber hinaus erzählten ihnen ihre männlichen Informanten bis zu einem gewissen Ausmaß genau das, was sie hören wollten. So glaubte etwa der Franziskaner Durán große Ähnlichkeit zwischen gewissen Praktiken der AztekInnen und der christlichen Taufe erkennen zu können (vgl. Chalchiuhtlicue, II.8.). Er entdeckte sogar eine Dreifaltigkeit, stellte er doch die Behauptung auf, die AztekInnen verehrten den Vater, den Sohn und den Heiligen Geist, die sie Tota, Topiltzin und Yolometl nannten („Unser Vater", „Unser Sohn" und das „Herz von Beiden"). Es wurden auch Bezüge zur griechisch-römischen Mythologie hergestellt: Sahagún, ebenfalls ein Franziskaner und ein erstklassiger Ethnograph, setzte die Göttin Chicomecóatl (vgl. II.7.) mit Ceres in Beziehung, Cihuacóatl (vgl. II.1.) mit Venus und Chalchiuhtlicue (vgl. II.8.) mit Juno. Die heute verfügbaren Informationen wurden nicht nur von der Tatsache beeinflußt, daß jene, die nach Neu-Spanien aufbrachen, Männer waren, sondern auch dadurch, daß ihre Informanten meist dem Adel angehörten. Deshalb wissen wir relativ wenig über die religiösen Vorstellungen der breiten Masse der Bevölkerung, besonders wenig aber über jene der Frauen.

I.2.

Das wenige, was wir über weibliche mythische Gestalten wissen, muß im Licht einer langen Geschichte betrachtet werden. In der klassischen Periode (150 bis 900 n. Chr.) erfolgte der Aufstieg der Stadt Teotihuacán im Tal von Mexiko sowie der Maya in Yukatan und Chiapas. Als diese Periode etwa zur Hälfte verstrichen war, hatte bereits ein Großteil der mexikanischen Völker die Gottheiten von Teotihuacán übernommen: den Regengott Tláloc und seine Gemahlin Chalchiuhtlicue (vgl. II.8.), den Sonnengott Tonatiuh und die Mondgöttin Metzli (vgl. II.3.) sowie Quetzalcóatl, die Gefiederte Schlange. All diese Gottheiten sollten später die Basis des aztekischen Pantheons bilden, obwohl die Bedeutung von Quetzalcóatl stark zurückging.

Teotihuacán und das spätere Tula, das Zentrum der westlich gelegenen Kultur der ToltekInnen, sind die beiden kulturellen Einflüsse, die am stärksten auf die AztekInnen wirkten. Die Blütezeit Teotihuacáns wurde etwa 650 n. Chr. mit der Zerstörung der Stadt beendet. Jedoch blieb ihre Bedeutung als religiöses Zentrum bestehen, vor allem im Hinblick auf den Gott Quetzalcóatl. Er war der Gott der Kunst und der Gelehrsamkeit; deshalb kam diesen beiden Aspekten besondere Bedeutung zu, was sich auch in der Kultiviertheit und im Kunstsinn der Gesellschaft widerspiegelte. Denn Quetzalcóatl hatte sowohl männliche als auch weibliche Qualitäten (vgl. II.2.). Zur Zeit ihrer Hochblüte soll Teotihuacán eine Stadt mit einer Viertelmillion EinwohnerInnen und einem hochentwickelten Götterpantheon gewesen sein.

Etwa 900 n. Chr. begann der Aufstieg der ToltekInnen, wobei vorerst Quetzalcóatl ihre Kultur symbolisierte; ein Mann namens Topiltzin-Quetzalcóatl war der große Priesterkönig von Tula. Der Gott Quetzalcóatl hatte jedoch einen Rivalen in Tezcatlipoca, einer weniger wohlwollenden Gottheit. Er, der Gott der Nacht und des Nordens, wollte einen kriegerischen, auf Menschenopfern basierenden Kult aufbauen. Topiltzin-Quetzalcóatl mußte fliehen, und als er die Küste erreichte, wurde er als Morgenstern wiedergeboren. In einer anderen Version des Mythos reist er in einem Floß aus Schlangen Richtung Westen, verspricht jedoch, eines Tages zurückzukehren. Als die Spanier auftauchten, glaubte Moctezuma II., der damalige aztekische Herrscher, Quetzalcóatl sei zurückgekehrt.

Nach dem Fall Tulas (ca. 1150) wurden im Tal von Mexiko von jenen, die entkommen waren, einige toltekische Traditionen bewahrt. Es gab ständig Einfälle von „barbarischen" Völkern, allgemein als ChichimekInnen bekannt, und es bildeten sich einige kleine Stammeskönigtümer, die jedoch nicht sehr mächtig waren. Die eingewanderten ChichimekInnen gründeten Tenochtitlán („Der Ort der Kaktusfrucht"), das heutige Mexiko-Stadt. Sie sollen aus dem Norden, von Aztlan her gekommen sein und wurden in der Folge als AztekInnen bekannt. Sie verließen die sieben Höhlen ihres Heimatlandes mit einem Abbild ihres Stammesgottes Huitzilopochtli („Kolibri links"). Ihre nomadisierende Reise von Aztlan, die vermutlich zwei Jahrhunderte dauerte, muß von Schwierigkeiten geprägt gewesen sein. Schließlich ließen sie sich enttäuscht und geschlagen an einem Ort voller Schlangen und Ungeziefer nieder, den sie jedoch bewohnbar machen konnten. Ihre Fähigkeiten als Krieger wurden von ihren Lehnsherren bewundert. Von diesen forderten sie eine ihrer Prinzessinnen als Ehefrau für Huitzilopochtli, die sie jedoch töteten und häuteten. So wurden sie wieder verstoßen und mußten ihre Wanderung fortsetzen. Endlich entdeckten sie den Ort, an dem ihnen Huitzilopochtli ein Zeichen versprochen hatte und an dem sie sich niederlassen sollten: einen auf einem Kaktus sitzenden Adler mit einer Schlange im Schnabel. Heute ist dieses Motiv auf der mexikanischen Flagge zu finden.

Die AztekInnen waren also Nachkommen eines nomadisierenden Volkes, sie waren kriegerisch und mehr an militärischer Expansion als an kultureller Gestaltung interessiert. Ihr Aufstieg zur Macht ging sehr rasch vor sich, aber außerhalb des Tales von Mexiko dauerte ihre Eroberungspolitik nur achtzig Jahre an, ehe ihr von den

Spaniern Einhalt geboten wurde. Die Eroberer bewunderten jedoch die Stadt Tenochtitlán, die zum Großteil aus Stein erbaut war, und verglichen sie mit Sevilla. Das kulturelle Erbe einer langen Vergangenheit und der vielen Gesellschaften, die nach und nach erobert worden waren, war in die aztekische Mythologie eingeflossen. Huitzilopochtli, zuvor in Zentralmexiko unbekannt, erlangte bald die Position des Hauptgottes, und zwar auf Kosten der älteren Gottheiten Tláloc, Chalchiuhtlicue, Quetzalcóatl und sogar des jüngeren Tezcatlipoca.

Der Großteil derjenigen, die in diesem rasch wachsenden Imperium lebten oder ihm einverleibt wurden, waren Bauern und Bäuerinnen, deren Lebensweise sich in materieller Hinsicht nicht stark veränderte. Sie ähnelt sogar in erstaunlichem Ausmaß jener der indigenen Bevölkerung, die heute in entlegeneren Gebieten Mexikos lebt. Obwohl die gesellschaftlichen Lebensbereiche von Männern und Frauen relativ stark getrennt waren, traten die geschlechtsspezifischen Unterschiede in physischer Hinsicht viel weniger hervor, als dies in den Städten der Fall war. Die Männer hatten vermutlich mehr Kontakte nach außen als die Frauen, die im großen und ganzen für die tägliche Abwicklung der Nahrungsvorbereitung und für das Kochen zu Hause verantwortlich waren. Zu den Aufgaben der Frauen gehörten außerdem das Weben und das Töpfern. Der Mann war zwar das Familienoberhaupt, im Haus jedoch trugen die Frauen die Verantwortung. Es gab aber eine Komplementarität der Geschlechter, wobei sich die jeweiligen Rollen meist überschnitten, das Alltagsleben beider konzentrierte sich jedoch auf die Aktivitäten auf den Feldern. Die Menschen, die vom Bodenbau lebten, glaubten daran, daß ihr Leben durch zahlreiche Gottheiten bestimmt wurde, die die verschiedenen Kräfte der Natur, die Elemente und die Himmelskörper repräsentierten. Die Geister waren zwar göttlich, konnten jedoch auch die Gestalt von Ungeheuern annehmen. Gewöhnlich wurde diesen Menschen die Verehrung von Huitzilopochtli aufgezwungen, aber sie blieben oft auch ihren ursprünglichen lokalen Gottheiten treu; deshalb waren die Glaubensvorstellungen und die religiösen Praktiken unter den AztekInnen sehr unterschiedlich.

Das städtische Leben von Tenochtitlán war ganz anders. Die aztekische Gesellschaft war stark stratifiziert, und jede soziale Klasse, jeder Berufsstand hatte eigene Gottheiten; es gab dreißig unterschiedliche Klassen von Priestern und Priesterinnen. Der Adel (Angehörige jener Familien, die Tenochtitlán zum Sieg geführt hatten) war sehr gebildet. Adelige Frauen waren ebenso bedeutend wie ihre Brüder; Frauen konnten hohe Ämter einnehmen, Vermögen erben und SklavInnen besitzen. Sowohl Knaben als auch Mädchen besuchten die *Calmécac*, wo ihnen Priester und Priesterinnen ihr Wissen mündlich weitergaben. Eine derartige Ausbildung war die Voraussetzung für ein religiöses Leben. Die Kinder der Klasse der Kaufleute besuchten eine andere Schule, die für die Mädchen *Ichpocacalli* hieß. Hier wurden sie in Haushaltsführung und Landwirtschaft unterrichtet und erlernten auch die Grundregeln der aztekischen Gesellschaft. Es handelte sich dabei um Teilzeitinternate, während die *Calmécac*

Ganztagsinternate waren, beide jedoch unterrichteten Kinder bis kurz vor dem 20. Lebensjahr. In anderen Schulen, die *Cuicacalli* hießen, wurde Singen, Tanzen und das Spielen von Musikinstrumenten unterrichtet.

Frauen erhielten also die gleiche Ausbildung wie die Männer; dennoch wurde den Spaniern erzählt, daß die Heirat für eine Frau die beste Möglichkeit darstellte, vorwärtszukommen. Sahagún spricht von der Robustheit der einfachen Frauen, und er zeigt sie nicht nur bei ihrer Beschäftigung im Haushalt, sondern auch als Verkäuferinnen von Nahrungsmitteln, Farbstoffen, Federn und Kräutern auf den Märkten. Er äußert überdies seine Meinung zu ihrer Rolle als Heilerinnen, Hebammen und Knocheneinrichterinnen (Sahagún 1961). Alle EinwohnerInnen mußten Steuern zahlen, die Männer mußten Militärdienst leisten. Alle außer den SklavInnen konnten Land entweder in Tenochtitlán selbst oder an nahegelegenen Küsten beanspruchen, um anzubauen, was für den eigenen Lebensunterhalt notwendig war. Obwohl die Vorstellung existierte, das Land gehöre den Erdgottheiten, besaß jedes Stadtviertel *(calpulli)* Land, das an seine BewohnerInnen verpachtet wurde.

I.3.

Während die breite Masse der aztekischen Bevölkerung die Mythologie bedingungslos als gültige Erklärung der Schöpfung akzeptierte, begannen die Philosophen zur Zeit der spanischen Eroberung, analytischere Herangehensweisen zu entwickeln. Die Nahua unterschieden zwischen Vorstellungen, die auf Beobachtung und Erfahrung, und solchen, die auf Aberglauben und Magie beruhten. So kannten sie hochentwikkelte Heiltechniken, bei denen pflanzliche Heilmittel verwendet wurden, und ihr Kalendersystem ermöglichte komplizierte astronomische Berechnungen. Sie hatten zwei Kalender: den Sonnenkalender von 365 Tagen, der in 18 mit Namen versehene Monate zu jeweils 20 Tagen eingeteilt war, denen fünf „Unglückstage" hinzugefügt wurden; daneben gab es den älteren *tonalpohualli*, einen Wahrsagekalender von 260 Tagen zur Berechnung von Horoskopen; er bestand aus einer Abfolge von 20 durch Symbole gekennzeichneten Tagen, die mit 13 Zahlen kombiniert wurden. Die Verknüpfung der beiden Kalendersysteme, die genauer waren als die Zeitrechnung der Spanier, ergab einen Kalenderzyklus von 52 Jahren; in Teilen Mesoamerikas sind diese Kalendersysteme manchmal heute noch in Gebrauch. Die zwanzig Tagessymbole trugen die Bezeichnungen von Objekten, Tieren und Pflanzen, die oft den Namen von Gottheiten einverleibt wurden; sowohl diese Tageszeichen als auch die 18 Monate wurden mit Gottheiten in Verbindung gebracht (vgl. Tabelle 1 und 2).

Außerdem existierte die Vorstellung, die Gottheiten könnten sich als lebende Menschen manifestieren. Deshalb war Topiltzin-Quetzalcóatl aus Tula sowohl ein Mensch als auch ein Gott. Dies ist keineswegs das einzige Beispiel: Verschiedene aztekische Herrscher beanspruchten für sich einen göttlichen Status. Ebenso wie es in der mündlichen Überlieferung oft schwierig ist, zwischen historischen Tatsachen und Mythen zu unterscheiden, so kann in den verfügbaren Quellen oft nicht eindeutig festgestellt werden, ob es sich bei einer Frau um eine historische Person oder um eine Göttin handelt. Wie in der griechischen Mythologie verkörpern die Gottheiten bestimmte physische Merkmale oder spezifische Charaktereigenschaften; da aber die Quellen nicht ausreichen, gibt es darüber nur wenige Informationen, besonders was die weiblichen Gottheiten betrifft. Und schließlich war die Bevölkerung von Tenochtitlán, besonders jedoch der Adel, stark individualisiert, und es gab in sozialer, physischer und psychologischer Hinsicht ausgeprägte geschlechtsspezifische Unterschiede, ähnlich wie noch bis vor kurzem in der westlichen Welt. Für die breite Masse der Bevölkerung – meist Angehörige egalitärer Gesellschaften, in denen die Grenzen zwischen den Geschlechtern weniger strikt gezogen wurden – waren jedoch die geschlechtsspezifischen Unterschiede von geringerer Bedeutung. Dies spiegelt sich auch in der aztekischen Kosmologie wider, denn es ist manchmal schwer festzustellen, ob eine Gottheit männlich oder weiblich ist (vgl. Abb. 33).

I.4. Kosmologie – Mythologie

Die aztekischen Vorstellungen vom Universum kreisten um den großen Sonnenmythos. Bereits in der Standardversion gab es vier historische Zeitalter, die als „Sonnen" bekannt waren. Eines nach dem anderen wurde zerstört, und die AztekInnen glaubten, daß sie sich selbst im fünften Zeitalter befänden, dem der „Sonne der Bewegung" *(Ollin Tonatiuh)*, dessen Ende ebenfalls vorausgesagt war. Während dieser „Sonne" sollte es Erdbeben und Hungersnöte geben, und die Menschen würden schließlich für immer verschwinden.

Die AztekInnen stellten sich die Erde als von Wasser umgebene Scheibe vor *(Cemanáhuac)*, darüber die metaphysische oder transzendentale Sphäre Topan, darunter Mictlan. Die sichtbare Welt galt als äußerst vergänglich:

> Nicht für immer auf Erden, sondern nur für kurze Zeit. Sogar Jade zerspringt. Gold zerbricht. Ach! Federn verschleißen. Nicht für immer auf Erden, sondern nur für kurze Zeit.
>
> (Bierhorst 1985a, S. 185)

Die AztekInnen richteten ihre Aufmerksamkeit auf Topan, denn dies war der Schlüssel zum Ursprung des Universums. Das komplexe System symbolischer Erklärungen, aus denen sich ihre Kosmologie zusammensetzte, spiegelt ihre fortgeschrittenen Kenntnisse astronomischer Berechnungen wider.

Ometéotl, die universelle kosmische Energie und der Ursprung aller Naturkräfte, verlieh der Welt Ordnung. Ometéotl war die höchste Gottheit, als Gottheit der Dualität sowohl männlich als auch weiblich. Ometéotl erscheint in vielen Aspekten der

Tabelle 1: *Die 18 Monate zu zwanzig Tagen und die ihnen zugeordneten Gottheiten*
(* = weiblich)

1	Cuahuitlehua oder Atlcahualo	Tlaloques & *Chalchiuhtlicue
2	Tlacaxipehualiztli	Xipe Totec (Unser Herr der Geschundene)
3	Tozoztontli	Tláloc & *Coatlicue
4	Hueitozoztli	Cintéotl & *Chicomecóatl
5	Toxcatl	Titlacauan & Tezcatlipoca
6	Etzalcualiztli	Tláloc
7	Tecuilhuitontli	*Huixtocíhuatl (Göttin des Salzes)
8	Huey Tecuilhuitl	Xilonen & *Cihuacóatl
9	Tlaxochimaco o. Micailhuitontli	Huitzilopochtli
10	Xocotlhuetzi	Otomí-Form von Xiuhtecuhtli (Gott des Feuers)
11	Ochpaniztli	*Toci oder *Teteoinnan
12	Teotleco oder Pachtontli	Ankunft der Götter
13	Tepeilhuitl oder Huey Pachtli	*Xochiquetzal
14	Quecholli	Mixcóatl & Camaxtli
15	Panquetzaliztli	Huitzilopochtli
16	Atemoztli	Tláloc & *Chalchiuhtlicue
17	Tititl	Ilamatecuhtli & *Tonan
18	Izcalli	Xiuhtecuhtli (Herr des Jahres)
	Nemontemi (die 5 Unglückstage)	Berggötter

Quelle: Durán und Sahagún
Brundage (1979) führt *Chicomecóatl zum zweiten Monat gehörig an; Xochipilli verbunden mit dem siebenten; *Chicomecóatl mit dem elften und *Cihuacóatl verbunden mit dem siebzehnten Monat. Nicholson (1971) gibt *Chalchiuhtlicue zusätzlich verbunden mit dem dritten und sechsten Monat an; *Chicomecóatl verbunden mit dem dritten und *Coatlicue verbunden mit dem vierzehnten Monat; sowie Tlazoltéotl und *Atlatonan mit dem elften Monat.

Tabelle 2: *Die zwanzig Tageszeichen und die ihnen zugeordneten Gottheiten*

Cipactli (Krokodil)	Tonacatecuhtli
Ehécatl (Wind)	Quetzalcóatl
Calli (Haus)	Tepeyollotli
Cuetzpallin (Eidechse)	Huehuecóyotl
Cóatl (Schlange)	*Chalchiuhtlicue
Miquiztli (Tod)	*Metzli, *Coyolxauhqui
Mazatl (Wild)	Tláloc
Tochtli (Kaninchen)	*Mayáhuel
Atl (Wasser)	Xiuhtecuhtli
Itzcuintli (Hund)	Mictlantecuhtli
Ozomahtli (Affe)	Xochipilli, Cintéotl
Malinalli (Präriegras)	Patécatl
Acatl (Schilfrohr)	Tezcatlipoca
Océlotl (Ozelot)	*Tlazoltéotl
Cuauhtli (Adler)	Xipe Totec, Tezcatlipoca
Cocacuauhtli (Geier)	*Itzpapálotl
Ollin (Bewegung)	Xólotl
Tecpatl (Feuersteinklinge)	Tezcatlipoca
Quiahuitl	Tonatiuh
Xochitl	*Xochiquetzal

Quelle: Codex Borgia und Codex Vaticanus, zit. nach Van Zantwijk (1977, S. 236)

Zweiheit, obwohl das Männliche und das Weibliche nicht notwendigerweise ausschließlich anthropomorph sind. Ometéotl brachte außerdem Nachkommen hervor, die selbständige Gottheiten sind, aber auch die Mütter und Väter aller anderen Gottheiten. „Téotl" wird oft mit Gottheit übersetzt, es wurde jedoch in Liedern auch als Bezeichnung für die Sterne, die Sonne, den Mond, die Vögel, Säugetiere, Schlangen und auch das Feuer verwendet – tatsächlich also für zahlreiche Aspekte der Natur. Es wäre also eine Reduktion, „Téotl" mit dem Begriff „Gott" zu übersetzen; am ehesten kann es als „Geist" gedacht werden (Bierhorst 1985b).

Ometéotl lebte in Omeyocan und brachte hier als das göttliche Schöpferpaar Ometecuhtli und Omecíhuatl („Herr und Dame der Zweiheit") Kinder hervor. Ometéotl wird oft auch mit Tonacatecuhtli und Tonacacíhuatl („Herr und Dame unseres Fleisches oder unserer Lebensmittel") gleichgesetzt, später auch mit Tonan oder Tonantzin, „Unsere Mutter", und Tota, „Unser Vater".

Die AztekInnen stellten sich den Himmel als aus dreizehn Ebenen bestehend vor, wobei die Erdoberfläche die erste Ebene darstellte. Der Mond (Metzli), der mit einem Kaninchen verglichen wurde, reiste durch die zweite Ebene; diese wurde auch mit Tláloc assoziiert, denn der Regen entstand an diesem Ort, und die Wolken wurden von hier ausgeschickt. Der dritte Himmel, genannt Citlalco, war der Ort der Sterne, von Citlalinicue („Ihr Rock ist aus Sternen"; vgl. II.13.) und von Citlaltónac („Sternenglanz"). Der vierte Himmel gehörte der Sonne (Tonatiuh), der fünfte dem Planeten Venus, der mit Quetzalcóatl in Verbindung gebracht wurde. Im sechsten Himmel befanden sich die Kometen, die „rauchenden Sterne"; im siebenten und achten gab es nur Farben zu sehen, nämlich Schwarz bzw. Blau, während der neunte die Heimat der Stürme war. Die zehnte, elfte und zwölfte Ebene, die Wohnorte der Gottheiten, wurden mit Weiß, Gelb und Rot assoziiert, die dreizehnte schließlich stellte Omeyocan dar. Außerdem gab es neun Unterwelten; die neunte war der Bereich von Mictlan, wo sich Ometéotl als Mictlantecuhtli und Mictecacíhuatl („Fürst und Fürstin der Unterwelt") manifestierte.

Aber obwohl Ometéotl in Omeyocan lebte und sowohl die Himmel als auch die Unterwelten „bevölkerte", war Ometéotl auch auf der Erde zu finden, auf ihrer Oberfläche, in ihrem Zentrum und an den vier Mittelpunkten der Kardinalrichtungen des Himmels. Außerdem war Ometéotl sowohl Tag als auch Nacht und als „Herr/in des Wassers" sowohl Chalchiuhtlicue („Die mit dem Jaderock"; vgl. II.8.) als auch Chalchiuhtlatonac („Der scheint wie die Jadesonne"). Auf diese Weise schuf Ometéotl nicht nur Dualitäten auf fast allen Ebenen des Himmels und der Unterwelt, sondern manifestierte sich auf der Erdoberfläche in vier- und fünffacher Weise. Obwohl man sich auf die Gottheiten gewöhnlich im Singular bezieht, erscheinen sie oftmals als Zweiheit, Vierheit (die Tezcatlipocas) oder Fünfheit (vgl. die Cihuateteo, II.14.).

Ometéotl schuf als Tonacatecuhtli und Tonacacíhuatl vier Söhne, die jeweils mit einer der vier Himmelsrichtungen verknüpft waren. Alle vier hießen Tezcatlipoca

(„Der Schwarzglänzende“ oder häufiger „Rauchender Spiegel“), manchmal jedoch wurde der dritte Sohn Quetzalcóatl genannt und der vierte Huitzilopochtli. Der erste Sohn, bekannt als der Rote (oder Weiße) Tezcatlipoca, wurde mit dem Osten gleichgesetzt, der zweite mit der Farbe Schwarz und dem Norden; Quetzalcóatl, der dritte, der mit Weiß und dem Westen assoziiert wurde, galt manchmal auch als Cihuatlampa und damit als Land der Frauen und als das Paradies derjenigen, die im Kindbett gestorben waren. Huitzilopochtli, der vierte und kleinste, wurde der Hauptgott der AztekInnen; er repräsentierte die Farbe Blau und den Süden, ein Gebiet, das links von der Sonne lokalisiert wurde.

Nach ihrer Geburt schufen die vier Söhne das Feuer, die halbe Sonne und den halben Mond, das Totenreich, den Ort des Wassers und die Regionen jenseits der Himmel. Gemäß einer Version *(Historia de Los Mexicanos, 1891)* schufen die Söhne Quetzalcóatl und Huitzilopochtli den ersten Mann und die erste Frau, genannt Oxomoco und Cipactónal (vgl. II.15.). Aus diesem Paar wiederum ging die Menschheit hervor: die Macehualtin, „das auserwählte Volk“, ein Begriff, der später das gemeine Volk bezeichnete.

Im Gedankengut der AztekInnen verschmolzen Vorstellungen der Kosmologie mit dem Mythisch-Historischen. Jeder Sohn hatte während einer Epoche, bekannt als eine „Sonne“, die Vormachtstellung, die er in einem Kampf gegen die anderen erringen konnte. Während dieser Perioden herrschte Gleichgewicht, die Zeiten dazwischen waren jedoch turbulent. Jedes Zeitalter war mit einem der Elemente verknüpft, das erste mit der Erde, das zweite mit dem Wind, das dritte mit dem Feuer und das letzte mit dem Wasser. Jede „Sonne“ oder jedes Zeitalter wurde schließlich durch jenes Element zerstört, das es beherrscht hatte.

In der Anfangsphase wurde der Schöpfungsmythos zwar von männlichen Wesen dominiert, die vierte „Sonne“ wurde jedoch von einer Frau regiert, nämlich der Göttin Chalchiuhtlicue, der Gemahlin des Tláloc (vgl. II.8.). Sie herrschte 676 Jahre, am Ende ihrer Ära regnete es jedoch 52 Jahre lang, und da alle Lebewesen vom Wasser verschlungen und zu Fischen wurden, hörte das Leben auf der Erde auf.

Nach dem katastrophalen Ende der vierten „Sonne“ begann ein neuer Kreislauf: Quetzalcóatl reiste nach Mictlan, wo er menschliche Knochen besorgte, um die neue Schöpfung zu ermöglichen, die schließlich in Teotihuacán stattfand. Die wichtigsten Gottheiten versammelten sich, so besagt eine Version, und ein Gott opferte sich, indem er sich in ein Kohlenbecken warf, um als „Sonne“ wiedergeboren zu werden. Es handelt sich hier um das erste Opfer an Huitzilopochtli. In einer etwas modifizierten und christianisierten Version ist dieser Mythos noch heute in Yaonáhuac, einer Gemeinde in den Bergen von Puebla, zu finden (Taggart 1983, S. 88).

Die fünfte „Sonne“ war anders als die vier vorangegangenen. Zu Beginn war sie wie die anderen unveränderlich, aber schließlich entstand eine „Sonne“ der Bewegung, die durch ihren Aufstieg und Untergang einen Weg zurücklegte; es entstanden

Raum und Zeit, wie wir sie heute kennen. Es ist dies die „Sonne" unseres Zeitalters. Die AztekInnen glaubten, daß sie über einen kosmischen Kampf bestimmten: Es war notwendig, die „Sonne" zu füttern, damit sie ihren Lauf fortsetzen konnte und damit eine Katastrophe verhindert wurde, die auch das Ende dieser „Sonne" bedeuten würde. Als das „Volk der Sonne" mußten die AztekInnen die heilige Flüssigkeit zur Verfügung stellen, die die Gottheit verlangte – das Blut von Geopferten. Um genügend Opfer zur Verfügung zu haben, zettelte Tezcatlipoca – der 400 Männer (vermutlich „Die Vierhundert Südlichen") und fünf Frauen schuf, eine davon war Coatlicue (vgl. II.2.) –, einen Krieg an.

In früheren Kulturen, etwa jener der Maya, waren die Verlierer eines zeremoniellen, zwischen Feinden ausgetragenen Ballspiels geopfert worden. Während der aztekischen Herrschaft wurden Gefangene geopfert, die entweder aus Kriegen oder den sogenannten *guerras floridas*, den Blumenkriegen, stammten. Diese zeremoniellen Schlachten zwischen benachbarten Staaten dienten ausschließlich dem Zweck, Gefangene zu machen, die gegen Ende des Imperiums in immer größerer Zahl geopfert wurden. Die Maya hatten individuelles Blutvergießen praktiziert, um einen transzendentalen Geisteszustand zu erreichen und den Gottheiten näher zu sein. Diese Praxis wurde von den AztekInnen übernommen, und die Opferung eines Gefangenen, der in einer Feier wie eine Gottheit verehrt wurde, stellte eine extreme Ausformung dar. Zu Beginn des 16. Jahrhunderts wurde die „Sonne" in zunehmendem Maße durch die Figur der Cihuacóatl (vgl. II.1.) und des Huitzilopochtli repräsentiert.

Die fünfte „Sonne" verläßt fast die mythologische Zeit und bewegt sich in die historische Zeit. Diese Ära wird, zumindest in den letzten beiden Jahrzehnten vor der spanischen Eroberung, zunehmend von militärischen Interessen dominiert. Der Gott Huitzilopochtli mit seinen äußerst chauvinistischen Eigenschaften hat fast nichts mehr mit den Dualitäten von Ometéotl, den dualen Qualitäten von Quetzalcóatl und Chalchiuhtlicue, der Herrscherin der vierten „Sonne", gemein. Aber Huitzilopochtli, dessen Wesen so gut zur fünften „Sonne" paßte, war, obwohl übermenschlich, auch „ein gewöhnlicher Mensch und ein Herrscher [für das Volk], [nichtsdestoweniger] ein faszinierendes, verwirrendes Phänomen", das die Azteken selbst verkörperten – das Ideal des Kriegers (zit. nach Van Zantwijk 1977, S. 129)

In dem Maße, in dem während des aztekischen Zeitalters die Philosophie an Bedeutung gewann, stieg die Anzahl und die Komplexität der dualen metaphysischen Formen von Ometéotl, wie etwa Moyucoyatzin, der/die sich selbst erdenken oder geistig erschaffen kann. Die gebildete Elite wurde unterrichtet, daß alle Gottheiten nichts anderes als verschiedene Aspekte der einen höchsten, übernatürlichen Kraft seien, auch bekannt als Tloque Nahuaque („Immer Gegenwärtig Immer Nahe"). Von Kaufleuten wurde erwartet, daß sie während ihrer Reisen von Ehebruch Abstand nahmen, da sie davor gewarnt worden waren, daß „in jedem Stein, in jedem Baum dich der/die Allgegenwärtige (Ometéotl) beobachtet". Für die Menschen von Tenochtitlán jedoch waren die Gottheiten, mit denen sie tagtäglich zu tun hatten, weit entfernt von dieser nicht-anthropomorphen dualen Beschaffenheit von Ometéotl. Huitzilopochtli war fast ein Mensch, und er war ein Jäger und Krieger. Auch die Göttinnen wurden manchmal nahezu menschlich dargestellt, jedoch behielten sie, vor allem auf dem Land, mehr von ihren früheren zoomorphen und androgynen Eigenheiten. Da die älteren Gottheiten der Kosmologie und des volkstümlichen Brauchtums von den neueren Gottheiten der sozialen Kontrolle überlagert wurden, war die aztekische Mythologie äußerst vielschichtig. Zum Zeitpunkt der spanischen Eroberung gab es einige Tausend Gottheiten, die aus den verschiedenen eroberten Gesellschaften stammten, aus denen sich das Imperium zusammensetzte. Jedoch nur wenige davon waren Göttinnen.

II. Die Göttinnen

II.1. Cihuacóatl

Cihuacóatl oder „Schlangenfrau", die wichtigste weibliche Gottheit der AztekInnen, war die gefürchtetste und mächtigste aller Göttinnen. Cihuacóatl soll die Mutter oder die Gefährtin von Huitzilopochtli gewesen sein, und die beiden teilten die Priesterschaft. Cihuacóatls Gier nach Opfern war unermeßlich, und sie war es, die Huitzilopochtli zum Krieg anstachelte. Cihuacóatl wurden sogar noch mehr Menschen geopfert als Huitzilopochtli: In Tenochtitlán wurde sie alle acht Tage mit Gefangenen „gefüttert".

Nachdem die AztekInnen die Xochimilca besiegt hatten, deren höchste Göttin Cihuacóatl gewesen war, übernahmen sie diese und setzten sie in Tenochtitlán ein. Ihr steinernes Abbild stand in ihrem „schwarzen Haus", einem niedrigen Schrein nahe des Hauptplatzes, wo sich die Pyramiden von Tláloc, Huitzilopochtli und Tezcatlipoca befanden. Das Innere war dunkel und der Eingang mit einem Pflock verschlossen, was dem Heiligtum einen erdigen, höhlenartigen Charakter verlieh. Cihuacóatls Bildnis wurde, im Gegensatz zu jenen anderer Gottheiten, niemals weggebracht, denn die PriesterInnen wagten nicht, es zu berühren. Beim Eingang stand der Herd des Feuergottes, in dem ein ewiges Feuer brannte; außerdem beherbergte der Tempel die Steinbildnisse zahlreicher anderer Gottheiten. Diese stammten ursprünglich aus den Bergen und Wäldern und aus Höhlen, wohin sie an den Tagen, an denen sie verehrt wurden, oder wenn ihre Hilfe vonnöten war, zurückgebracht wurden. Indem sie die ländlichen Kulte jenem der Cihuacóatl unterordneten, gelang es den AztekInnen, Gebiete zu kontrollieren, die mehr als hundertfünfzig Kilometer von Tenochtitlán entfernt lagen.

Cihuacóatl wurde mit weit aufgerissenen Kiefern dargestellt, die auf Opfer warteten; der untere Teil ihres Gesichtes bestand nur aus Knochen. Ihr Haar war lang und strähnig, und auf der Stirn trug sie ein Diadem aus zwei Messern. Böse Omen wurden mit ihr in Verbindung gebracht; sie war wild und brachte Unglück über die Menschen, denn sie hatte ihnen den Grabstock und den Tragriemen gegeben. Sie zog in der Nacht herum, ständig schreiend und heulend, aber sie war auch eine Kriegerin; auf ihrem Rücken trug sie, wie einen Säugling gewickelt, das Opfermesser.

Die AztekInnen hatten weitgehend vergessen, daß sie ursprünglich die Schutzpatronin der ungezähmten Natur war – ein Bindeglied zu ihrer chichimekischen Vergangenheit –, aber als Quilaztli wurde sie bei schwierigen Geburten angerufen.

Cihuacóatl personifizierte für die AztekInnen das kollektive Verlangen aller Gottheiten nach menschlichen Opfern; während des Jahresablaufes gab es für sie mehr Festlichkeiten als für jede andere Gottheit. Der Staat benutzte sie jedoch, um seinen Regierungsapparat aufrechtzuerhalten: Der oberste Verwalter der inneren Angelegenheiten wurde *cihuacóatl* genannt. Sie stellte auch nicht so sehr eine Frau dar als die Verkörperung der negativen Aspekte der weiblichen Psyche.

II.2. Coatlicue

Coatlicue, „Die mit dem Schlangenrock", die die AztekInnen halb als Mensch und halb als Tier darstellten (vgl. Abb. 33), war eine Erdgöttin. Sie war ebenfalls blutrünstig, und sie war abstoßend: Ihre Hände waren Schlangenköpfe mit Giftzähnen, und ihre Füße waren riesige Klauen; ihren Kopf stellen zwei sich windende Schlangenköpfe dar, oder ihr Kopf ist abgetrennt, sodaß aus den Schlangen Blut spritzt. Wie auch immer, ihre Brüste sind deutlich zu sehen unter einer Halskette aus menschlichen Händen und Herzen mit einem Anhänger aus einem menschlichen Schädel, während ihr Rock aus einer sich windenden Masse von Schlangen besteht.

„Cóatl" bedeutet Schlange, und diese repräsentiert für die MexikanerInnen die Fruchtbarkeit der Erde und die weibliche Psyche; so konnte sich Cihuacóatl in eine Schlange verwandeln. Aber es bedeutet auch „Zwillinge", wodurch Reziprozität angedeutet wird. Einer der wenigen Götter, in dessen Name „cóatl" auftaucht, ist Quetzalcóatl; er war ein alter Gott, der eindeutig sowohl das Männliche, den Quetzalvogel, als auch das Weibliche, die Schlange, in sich trug. Manchmal wird Quetzalcóatl auch als „Göttlicher Zwilling" umschrieben. In ähnlicher Weise vereint Coatlicue den aggressiveren männlichen Adler und die weibliche Schlange – die beiden Symbole, die auch auf der mexikanischen Flagge auftauchen.

Im Mythos ist Coatlicue die verwitwete Mutter des Huitzilopochtli. Sie hatte bereits 400 Söhne, die Centzon Huitznahua („Die Vierhundert Südlichen"), und eine Tochter, die Göttin Coyolxauhqui (vgl. II.3.). Eines Tages, als sie gerade Kehricht zusammenfegte, fiel ein Federknäuel vom Himmel, das sie auf wundersame Weise schwängerte. Coyolxauhqui, empört über die offensichtliche sexuelle Überschreitung ihrer Mutter, wiegelte ihre Brüder zum Muttermord auf. Während des geplanten Anschlags auf dem Ursprungsberg warnte einer der Halbbrüder Huitzilopochtli, der sich noch im Mutterleib befand, und er wurde vollständig bewaffnet geboren. Er erschlug einige seiner Halbbrüder, vertrieb die anderen und enthauptete Coyolxauhqui. Ihr Körper zerbrach in viele Stücke, nur ihr Kopf blieb ganz.

Coatlicue war die Beschützerin der BlumenzüchterInnen; in Tenochtitlán wurde sie als „Unsere Mutter von Cóatlan" verehrt; Cóatlan war auch der Name eines Stadtbezirks.

II.3. Coyolxauhqui

Coyolxauhqui ist wahrscheinlich eine aztekische Inkarnation der älteren Mondgottheit Metzli, die oft männlich vorgestellt wurde. Oft wird Coyolxauhqui als Kriegerin mit nackten Brüsten dargestellt, aber sie hat einen Helm auf dem Kopf, und Schlangen winden sich um ihre Arme und Hüften. Oder sie wird als riesiger abgeschnittener Kopf dargestellt, vermutlich ein Symbol für den Mond. Der Mond, der in Teotihuacán so wichtig war, hatte jedoch für die AztekInnen, die ihren Kult um die Sonne aufbauten, viel weniger Bedeutung. Coyolxauhquis Halbbruder Huitzilopochtli wurde geboren, um sie und ihre Brüder, die Sterne, zu bekämpfen. So erhebt er sich jeden Morgen mit der Sonne, um den Kampf mit den Elementen der Nacht zu beginnen.

II.4. Itzpapálotl

Die Göttin Itzpapálotl, „Obsidianschmetterling", ist vermutlich chichimekischen Ursprungs. Im Mythos, der von ihr erzählt, tauchen auch die Vierhundert Mimixcoa auf, die den Vierhundert Südlichen ähneln. Sie lebten in den sieben Ursprungshöhlen von Aztlan und waren eine aufrührerische Gruppe, Kinder der Erdgöttin und der Sonne, die sich ihren Eltern widersetzten. Diese wurden von fünf anderen ihrer Kinder gerächt, von denen eines als Gott Mixcóatl bekannt war (die Einzahl der Pluralform Mimixcoa; vgl. II.8. und II.10.).

Zwei der Mimixcoa waren gerade auf der Jagd, als ein Paar zweiköpfiges Wild vom Himmel herabstieg; die beiden Jäger, Xiuhnel („Echter Türkis") und Mimich („Pfeil-Fisch"), verfolgten das Wild, hatten jedoch kein Jagdglück. Als sie müde wurden, gaben sie auf und richteten sich ein Nachtlager ein. Daraufhin verwandelten sich die beiden Tiere in Frauen, von denen eine Xiuhnel überredete, Blut zu trinken; danach schlief er mit ihr und verschlang sie schließlich. Die andere, Itzpapálotl, versuchte Mimich zum Essen zu verleiten, dieser entfachte jedoch statt dessen ein Feuer und warf sich hinein. Rasch folgte ihm Itzpapálotl in die Welt des Feuers, doch da ein riesiger Kaktus vom Himmel gefallen war, konnte sie die Verfolgung nicht fortsetzen. Einer der Dämonen, die sich im Himmel aufhalten, hatte all dies beobachtet; er versuchte, einen Pfeil nach ihr zu werfen, doch sie entkam. Ihrem Schmerz überlassen, wanderte sie umher, „ihr Haar kämmend und ihr Gesicht bemalend“, und beklagte den Verlust von Mimich. Als dies die Feuergötter vernahmen, warfen sie Itzpapálotl gemeinsam mit Mimich noch einmal ins Feuer, woraufhin sie in fünf verschiedenfarbige Steinsplitter zerbarst. Mixcóatl hob das weiße Stück, das Opfermesser aus Obsidian, auf und wickelte es in ein Bündel, das er von nun an als Gott bei all seinen Feldzügen auf dem Rücken trug.

Itzpapálotl wurde als Erdgöttin dargestellt, ihr Begleitgeist war das Wild; dennoch tritt sie, als sie Mimich Nahrung anbietet, nicht als ernährende Mutter auf, sondern sie stellt eine Herausforderung dar. So wie Coyolxauhqui hat sie kämpferische Qualitäten; vielleicht war sie früher auch eine Göttin des Todes und des Krieges, eine Vorgängerin von Cihuacóatl.

II.5. Tonantzin

Es gibt eine Reihe von Göttinnen, die – viel unmittelbarer als Coatlicue – die Kraft der Erde repräsentierten. Ihr kollektiver Name war Tonan oder Tonantzin („Unsere Heilige Mutter“), und diesen Namen erhielten auch viele Berge. Auch jener Hügel, auf dem nach der spanischen Eroberung die Jungfrau von Guadalupe (vgl. IV.1.) erschienen sein soll, hieß so.

II.6. Toci oder Teteoinnan

Toci, „Unsere Großmutter“, oder Teteoinnan, „Mutter der Götter“, hatte sowohl weibliche als auch chthonische Eigenschaften. HeilerInnen und ÄrztInnen baten Toci um Anleitung. Sie war die Schutzgöttin der Hebammen, von „jenen, die bei Geburten schmerzstillende Mittel verabreichten, und von jenen, die Abtreibungen durchführten. All jene, die die Zukunft voraussagten, sei es, indem sie Maiskörner warfen, ins Wasser blickten oder geknotete Schnüre deuteten, riefen sie an“. Auch die Badehäuser *(temazcal)*, in denen Männer und Frauen gemeinsam reinigende Schwitzbäder nahmen, waren Teteoinnan geweiht; ihr Bild wurde vor dem Haus aufgestellt oder darunter vergraben.

Das Heiligtum von Toci, genannt *Cihuateocalli* („Haus der Frauen“), befand sich an den Zugängen zur Stadt und war einfach gebaut – es bestand aus einer erhöhten Holzplattform. Hier stand eine Strohfigur mit weißem Gesicht und schwarzem Körper und hielt jene Gegenstände in den Händen, die zum Spinnen und Weben notwendig waren. Ihr hölzernes Hauptbildnis jedoch war, wie all die anderen Götter, im

Abb. 33: Skulptur von Coatlicue
Werner Forman Archive, Museo Nacional de Antropología, Mexiko

Tempel des Huitzilopochtli untergebracht. Toci lieh dem dritten Fest im Monat Ochpaniztli ihren Namen; ein Sklavenmädchen, genannt *ixiptla*, wurde auserwählt, das die Göttin während dieser Feierlichkeit repräsentierte. Nachdem es geopfert worden war, wurden die von ihm gewobenen Kleidungsstücke über ihre abgezogene Haut gebreitet und in der Folge für alle sichtbar auf der Strohfigur auf der Spitze von Tocis Heiligtum zur Schau gestellt.

Toci hatte zwei göttliche Söhne, den Mais und dessen Gegenspieler, den Frost (vgl. II.7.).

Als Schutzpatronin des Webens ist Toci weniger tellurisch, aber viel menschlicher als Coatlicue oder Itzpapálotl. Die nächste Gruppe von Göttinnen, Chicomecóatl,

Chalchiuhtlicue und Huixtocíhuatl, kann als Fruchtbarkeitsgöttinnen gesehen werden; sie sind verantwortlich für die drei lebensnotwendigen Dinge des täglichen Lebens – Mais, Wasser und Salz –, und alle drei sind Gefährtinnen der Tlaloques, des Regengottes und seiner Gefolgschaft.

II.7 Chicomecóatl

Chicomecóatl war die Göttin des Maises, aber auch allgemein der Getreide- und Obsternte. Das Maiskorn galt als weiblich, obwohl eine ihrer Manifestationen ein Sohn, Cintéotl, war, der Xilonen entsprach. Xilonen repräsentierte den jungen, grünen Mais, *xilotl*, bei Durán (1971, S. 437) beschrieben als „die, die immer ging und frisch und zart blieb wie ein junger Maiskolben", während Chicomecóatl die Göttin des reifen Maises war und zur Erntezeit verehrt wurde. Manchmal wurde sie auch als Schlange mit sieben Köpfen dargestellt – ihr Name bedeutet „Sieben Schlangen" –, wegen des Unglücks, das sie in kargen Jahren verursachte, wenn die Saat erfror oder wenn eine Hungersnot herrschte. In Zeiten des Überflusses jedoch wurde sie Chalchiuhcíhuatl genannt, was so viel bedeutete wie „Edelsteindame".

Für alle mexikanischen Zivilisationen war der Mais – und deshalb auch dessen Gottheiten – von großer Bedeutung. In dem bereits erwähnten Schöpfungsmythos der Nahua aßen die Menschen der ersten „Sonne" Eicheln, die der zweiten in Wasser gezogenen Mais, und während der dritten aßen sie Mais, der dem heutzutage wachsenden sehr ähnlich war. Was die vierte „Sonne" betrifft, die von Chalchiuhtlicue (vgl. II.8.) regiert wurde, finden Nahrungsmittel keine Erwähnung, aber in der fünften taucht der echte Mais auf, den Quetzalcóatl von der Ameise als Geschenk erhält. In abgewandelter Form ist dieser Mythos in den Regionen, in denen Nahuatl gesprochen wird, noch heute zu finden (Taggart 1983, S. 89).

Das Fest der Chicomecóatl wurde im September (dem Monat Ochpaniztli) gefeiert, ebenso wie die Feierlichkeiten zu Ehren von zwei anderen Göttinnen, Atlatonan und Toci. Atlatonan war zuerst an der Reihe, sie war die Gottheit der Aussätzigen und all jener, die an Verletzungen oder körperlichen Gebrechen litten. Im Anschluß an dieses Fest folgte eine Fastenperiode, danach wurde Chicomecóatl verehrt: Eine junge Sklavin verkörperte als *ixiptla* die Göttin, sie trug schöne Kleider, sollte tanzen und wurde in die Häuser der Adeligen eingeladen. Während einer nächtlichen Zeremonie, bei der sie in einer Sänfte saß, wurde ihr für die Früchte des Jahres gedankt. Schließlich wurde sie in den Tempel des Huitzilopochtli gebracht, und hier, vor dem Bild der Chicomecóatl, das sich in einer Seitenkammer befand, huldigten ihr die Adeligen, die nun ihr Fasten brachen. Ein letztes Mal wurde nun für die Sklavin Räucherwerk verbrannt, dann wurde sie enthauptet. Ihr Blut wurde über dem Bild von Chicomecóatl verteilt, ebenso wie Mais, Chili, Kürbisse und all das Gemüse und die Samen, auf denen sie gestanden war. Danach wurde ihr die Haut abgezogen, die

Abb. 34: Chicomecóatl
Gabriel von Max-Kollektion, Völkerkundliche Sammlungen im Reiss-Museum der Stadt Mannheim

sich ein Priester umlegte. Die abgezogene Haut der Geopferten wurde oft mit den Blättern verglichen, die vom reifen Maiskolben abfallen. Später wurden Kriegsgefangenen und anderen Opfern die Herzen aus dem Leib gerissen und gemeinsam mit der Leiche des Mädchens den Adeligen bei einem Fest dargeboten.

II.8. Chalchiuhtlicue

Chalchiuhtlicue, „Die mit dem Jaderock", war eine Manifestation von Ometéotl und die Gefährtin des Chalchiuhtlatonac („Der scheint wie die Jadesonne"). Der Jaderock der Chalchiuhtlicue symbolisiert Wasser; in ihrer eher menschlichen Form ist sie deshalb die Göttin des Wassers und die Ehefrau, Schwester, Mutter oder Gefährtin von Tláloc, dem Regengott. Beide wohnten im dritten Himmel, aber während Tláloc über ungebändigtes Wasser und über Stürme regierte, stand Chalchiuhtlicue für die Eindämmung des Wassers auf Erden: Sie hatte die Macht über das Trinkwasser und sorgte für Flüsse und Seen. Sie wurde respektiert, aber auch gefürchtet, denn sie konnte, wenn sie in schlechter Stimmung war, einen nassen Tod herbeiführen; manchmal wurde sie auch „die Schäumende“ oder „die Aufgebrachte“ genannt. Da sie oft auch mit einem Berg, der Wasser einschloß, gleichgesetzt wurde, galt sie auch als Iztaccíhuatl (Weiße Frau), wie einer der großen Berge genannt wurde, die das Tal von Mexiko begrenzen. Im Mythos von Mixcóatl gebiert sie als „Weiße Chalchiuhtlicue“ die „Vierhundert Mimixcoa“ (vgl. II.4.).

Chalchiuhtlicue, eine alte Göttin von Teotihuacán, war sehr populär; oft wurde sie wie eine typische indianische Frau gekleidet dargestellt. Während ein männlicher Säugling nach seiner Geburt gebadet wurde, wurden Chalchiuhtlatonac und Chalchiuhtlicue angerufen, ihn von der „Verunreinigung“ zu befreien, die von seiner Mutter und seinem Vater stammte (Sahagún 1969); bei einem weiblichen Kind wird nur Chalchiuhtlicue erwähnt. Es hieß deshalb auch, daß Kinder in „Wasser geboren wurden“, und sie wurden an den vier der Geburt folgenden Tagen von eigenen Priestern und Priesterinnen zeremoniell gewaschen; die Kinder von Bauern wurden in Flüssen gewaschen, jene von Stand jedoch in Steinbecken.

II.9. Huixtocíhuatl

Über Huixtocíhuatl, die Göttin des Salzes, ist kaum mehr bekannt, als daß sie mit Wasser in Verbindung gebracht wurde und daß der Gott Opochtli, ihr Gefährte, mit der Fischerei verbunden und einer der Tlaloques war.

II.10. Mayáhuel

Mayáhuel war die Personifikation von *maguey*, einer Pflanze, aus der Fasern gewonnen wurden und die zur Herstellung eines *octli* genannten Getränkes diente. Wegen ihrer Fruchtbarkeit wurde sie mit vielen Brüsten dargestellt; als Erdgöttin Mecitli (Großmutter Maguey) säugte sie die fünf weiblichen Mimixcoa. Die Blätter der *maguey*-Pflanze wurden mit Brüsten verglichen, ihre Spitzen mit Brustwarzen. Eine Geschichte erzählt, daß Mayáhuel von ihrer dämonenhaften Anstandsdame Tzitzimitl in einem entfernten Winkel des Himmels verborgen und von Quetzalcóatl in seiner Gestalt als Wind heimlich fortgetragen wurde, damit die Menschheit ihr Geheimnis erfahren, die Traurigkeit überwinden und durch den Genuß von *octli* lernen könne, zu singen und zu tanzen. Als Tzitzimitl sie verfolgte, verwandelte Quetzalcóatl in seiner Verzweiflung sich und seinen weiblichen Schützling in Bäume, aber die Dämonen rissen Mayáhuel in Stücke. Später pflanzte Quetzalcóatl die abgerissenen Äste wieder ein, und aus ihnen wuchs die *maguey*-Pflanze. Diese ist immer noch von Bedeutung, und *octli* ist heute bekannt als Pulque. Mayáhuel hatte ein Gefolge von fünfzehn *octli*-Göttern („Die Vierhundert Kaninchen"), die Schutzpatrone der Trunkenheit, die alle männlich sind.

II.11. Xochiquetzal

Xochiquetzal ist die Göttin der Liebe, sie wird jedoch mit der Erde identifiziert; ihr Name bedeutet „Kostbare Blume", wörtlich „Blumenfeder" oder „Blumiges Gefieder". In einem ihrer Aspekte stellt sie jugendliche Schönheit und Überfluß dar, und sie trachtet nach Vergnügungen; eine andere Erscheinungsform ist die verantwortungsbewußte Frau, eine dritte die eher negative Tlazoltéotl (vgl. II.12.). Als jugendliches Mädchen gilt ihr Interesse vor allem sexuellen Freuden. Für die Tlalhuica, deren Hauptstadt Cuernavaca ein fast paradiesischer Ort war, war das Fest der Xochiquetzal vielleicht eine Möglichkeit, die Jugend auf zeremonielle Weise in das Trinken und die Sexualität einzuführen (Brundage 1979, S. 610).

Für Xochiquetzal als reife Frau werden verschiedene Gemahle genannt, unter anderem Tláloc und Cintéotl, der Gott des Maises. Manchmal gilt sie als weibliches Gegenstück zu Tonacatecuhtli, dem „Herrn unserer Lebensmittel", und – da sie allgemein mit Fruchtbarkeit verbunden wird – als Mutter des Maises. Manchmal ist sie auch mit dem Sohn des himmlischen Paares Cipactónal und Oxomoco verheiratet. Als Mädchen gilt sie zwar als Göttin der Liebe und ist von einer Schar von UnterhalterInnen umgeben, während sie und ihre BegleiterInnen spinnen und weben, doch als Mutter ist sie für Mensch und Tier die Quelle ihrer Nahrung.

Blumen, ihr Geschenk an die Menschheit, symbolisieren ihre Jungfräulichkeit. Eines Tages masturbierte Quetzalcóatl auf einen Felsen, aus dem eine Fledermaus flog. Die Fledermaus kam zurück und brachte ein Stück von Xochiquetzals Vulva, aus der wunderschöne Blumen wuchsen, die jedoch geruchlos waren. Dann flog die Fledermaus mit einem anderen Teil ihrer Vulva in die Unterwelt, und daraus entstanden wunderbar duftende Blumen.

Xochiquetzal stand auch mit den Früchten in Verbindung: Sie lebte im „Paradies" Tamoanchan, das zur Zeit der spanischen Eroberung mit einem Ort, der Xochicalco genannt wurde, oder auch mit Omeyocan gleichgesetzt wurde. In Tamoanchan wuchs ein Baum, der alle Arten von Blüten und Früchten trug. Seine Zweige konnten jedoch nicht abgebrochen und die Früchte nicht gepflückt werden; aber wer immer etwas von diesem Baum nahm, würde erfolgreich in der Liebe sein. Xochiquetzal konnte der Versuchung nicht widerstehen und aß von den Früchten; daraufhin erbebte der Baum und brach entzwei; er blutete, als wäre er verwundet. Er eröffnete auch allen anderen Gottheiten, daß Xochiquetzal das Tabu gebrochen habe und nun schwanger sei: Denn die oberste Spitze des Weltenbaums, der durch alle Ebenen des Himmels wuchs, war in Tamoanchan sichtbar. Xochiquetzal war also die erste Frau, die „sündigte", indem sie von dem Baum aß. So übernahm sie als Frau, weniger jedoch als junges Mädchen, die Schirmherrschaft über die verbotene Liebe. Als Ixnextli, „Asche in den Augen“, ist sie unfähig, während des Tages direkt den Himmel zu betrachten, ebenso wie die Menschen niemals direkt in die Sonne sehen können. Als Tlálocs Ehefrau wurde sie von Tezcatlipoca verführt, der sie in der Folge in der Unterwelt einsetzte. In anderen Versionen wird sie mit dem vergrabenen Samenkorn verglichen, das den Frühling erwartet; dies könnte jedoch auch auf den Einfluß der Spanier und auf deren Kenntnisse der griechischen Mythologie zurückzuführen sein.

Xochiquetzal war die Schutzpatronin der MalerInnen, StickerInnen, WeberInnen, Silberschmiede und Bildhauer. Während des Blumenfestes *(Xochilhuitl)* wurden Straßen und Häuser mit Blumengaben geschmückt, und auch die Menschen schmückten sich mit Blüten. Ein Mädchen saß unter dem „Weltenbaum“ und webte; sie wurde schließlich geopfert, danach wurde ein Tanz abgehalten, in dem die verschiedenen HandwerkerInnen als „Affen, Ozelote, Hunde, Kojoten, Berglöwen und Jaguare“ gekleidet auftraten. Gleichzeitig brachten Frauen der Xochiquetzal und Männer Chicome Xóchitl Opfergaben dar.

Xochiquetzal ist die weiblichste aller aztekischen Göttinnen. Ihre Mythologie ist vermutlich am meisten mit europäischen Konzepten von Weiblichkeit versetzt worden – mit Vorstellungen von Jungfräulichkeit, Tabu, Sünde und Bestrafung. Sie scheint die Vorstellungen der AztekInnen von Weiblichkeit und ihre Liebe zu Blumen zu personifizieren, gleichzeitig wird ihre Bedeutung durch die große Zahl von Ehemännern unterstrichen, die ihr in den verschiedenen Versionen der Mythen zugeschrieben werden. Sie war aber eine relativ junge Göttin, vermutlich toltekischen Ursprungs.

II.12. Tlazoltéotl

Von größerer Bedeutung für das tägliche Leben war die Göttin Tlazoltéotl, eine Erscheinungsform von Xochiquetzal. Ihr Name bedeutet wörtlich „Göttin des Unrats“, kann aber als „Göttin des Geschlechtsverkehrs“ verstanden werden. An der Golfküste, wo sie eine Muttergottheit darstellte, war sie als Tzintéotl, „Göttin des Unterleibs“, bekannt, ein Name, der ebenfalls Sexualität und Schmutz andeutet. „Tzintl“ bedeutet zwar After, aber auch „Basis“ oder „Anfang“. Gewöhnlich wurde sie in rohe Baumwolle gekleidet dargestellt, mit entblößten Brüsten und einer Korallenkette um den Hals, vermutlich symbolisierte dies sinnliche Begierde. Sie war die Schutzgöttin des Ehebruchs und der sexuellen Leidenschaft, aber auch der Fruchtbarkeit. Sowohl Prostituierte als auch Nymphomaninnen galten als „Frauen der Tlazoltéotl“. Sie konnte Leidenschaft entfachen, diese aber auch vergeben. Ihre Priesterschaft konnte Geständnisse hören und jene reinigen, die damit in Zusammenhang standen, denn sie war bekannt als Tlaelcuani („Esserin des Unrats“). Tlazoltéotl personifizierte also die Besessenheit der AztekInnen von Unrat. Ursprünglich hieß sie Hauxtec, und in Tenochtitlán wurden ihre männlichen Verehrer Hauxtecs genannt.

Abb. 35: Xochiquetzal

Zeichnung aus dem Codex Borgia 9

II.13. Citlalinicue

Citlalinicue, „Ihr Rock ist aus Sternen“ oder „Sternenrock“, die Gefährtin von Citlaltónac („Sternenglanz“), war eine Erscheinungsform von Ometéotl. Sie war es, die die Sterne des Nachts hell erstrahlen ließ, aber als Frau hatte sie sehr wenig Substanz. Ihre Geschichte ist eine intellektuelle aztekische Schöpfungsmythe, eine alternative Version des bereits erzählten Mythos, der eher die Standardversion darstellt, hier jedoch ist sie alleine für die Schöpfung verantwortlich. Citlaltónac existiert bloß als Wesenheit. Citlalinicue ist hier gewissermaßen die große Mutter, aus deren Schoß die Sonne, der Mond und alle Sterne hervorgehen, und sie ist auch die Quelle allen Wissens. Sogar Quetzalcóatl und Tezcatlipoca sind ihre Söhne. Aber den AztekInnen erschien ihre Macht ausschließlich astral, sie ist in der Milchstraße personifiziert, die die AztekInnen nach ihr benannten. In Tenochtitlán gab es für sie keinen Kult.

Sie war die mythische Schöpferin des Obsidianmessers, *tecpatl*, das vom Himmel auf die Erde fiel. Daraus gingen die 1.600 Sterne oder Gottheiten hervor (viermal soviel wie die Zahl der Mimixcoa oder der Huitznahua), angeführt von Xólotl. Aber es gab keine Geschöpfe, die ihnen dienen konnten, und so schickten sie einen Falken zur Himmelsmutter, der sie um Menschen als DienerInnen, SklavInnen und Nahrung bitten sollte. Sie riet ihnen, den Herrn des Todes um Knochen früherer Menschen zu bitten, und so wurde Xólotl in die Unterwelt geschickt, wo er seine Mission mit Müh und Not erfolgreich abschließen konnte. Indem sie an sich selbst Opfer vollzogen, schufen die Gottheiten aus ihrem Blut den ersten Mann und die erste Frau, die Xólotl mit der Milch der *maguey*-Pflanze aufzog. Mit dem *tecpatl* führten die AztekInnen ihre Opferungen durch.

II.14. Die Cihuateteo

Die Cihuateteo oder Cihuapipiltin waren die „Göttlichen“ oder „Adeligen Frauen“, in die die Seelen jener Frauen verwandelt wurden, die im Kindbett gestorben waren; sie lebten im Westen, der Region der Frauen (Cihuatlampa). Fünf an der Zahl, verkörperten diese Frauen die fünf Weltrichtungen, und sie galten als weibliche Gegenstücke zu Kriegern, die auf dem Schlachtfeld oder dem Opferstein getötet wurden. Diese Männer begleiteten die Sonne jeden Morgen bei ihrem Aufstieg, während die Frauen ihr beim Untergang halfen. Sie waren wie Kriegerinnen gekleidet, hielten Schilde in Händen, die sie von Cihuacóatl erhalten hatten, und während sie die Sonne in einer Sänfte aus Quetzalfedern hinabtrugen, erfreuten sie sie mit Kriegsgeschrei. Schließlich übergaben sie sie an die Micteca, die Leute von Mictlan, der Totenwelt. Im Kindbett zu sterben war für eine Frau eine Ehre, und die jungen aztekischen Krieger versuchten, vor oder nach dem Begräbnis etwas vom Leichnam einer solchen Frau zu stehlen, denn dies verlieh Kraft für die Schlacht. Es existierte die Vorstellung, daß die Cihuateteo während der fünf Tage, die jeweils zwischen dem 360-Tage-Zyklus des Sonnenkalenders lagen, herabstiegen und an bestimmten Orten, etwa an Wegkreuzungen, umgingen; hier wurden häufig Schreine für sie errichtet, die sie günstig stimmen sollten. Da ihnen selbst die Möglichkeit der Mutterschaft genommen war, hofften die Geister, hier Kinder entführen zu können, die deshalb zu solchen Zeiten von den Schreinen ferngehalten wurden. Die Gesichter der Cihuateteo werden oft als Totenschädel dargestellt.

II.15. Cipactónal und Tlaltéotl

Cipactónal, eine betagte Göttin, war die Großmutter von Quetzalcóatl. Cipactónal und ihr Ehemann Oxomoco hatten einstmals zu den himmlischen Regionen gehört, aber sie waren so uralt, daß sie in aztekischer Zeit fast schon als Menschen galten. Manchmal wurden sie auch als erstes Menschenpaar beschrieben (vgl. Abb. 36).

Da es auf der Welt keine festgelegte Ordnung und auch keinen Kalender gab, wonach die Menschen ihr Leben ausrichten konnten, wurde Cipactónal, die in einer Höhle wohnte, mit der Lösung dieses Problems beauftragt. Gemeinsam mit Quetzalcóatl erdachte sie den *tonalpohualli*, und nachdem der Name des ersten Tages, Cipactli, festgesetzt war, wurden die restlichen Tage des 260-Tage-Kalenders eingeteilt (vgl. Tabelle 2). Cipactli repräsentierte das Chaos, die formlose Materie; es war das erste aller Geschöpfe und wurde als riesiges Krokodil gedacht, das im Meer lebte. Es

Abb. 36: Oxomoco und Cipactónal weissagen mit Hilfe von Maiskörnern.
Zeichnung aus dem Codex Borbonicus 21

war die Erde, ehe sie eine Form annahm, alleine und bisexuell. Nachdem es als das erste Wesen Form angenommen hatte, wurde das Monster Tlaltecuhtli oder Tlaltéotl („Herr oder Herrin der Erde" oder „Geist der Erde") genannt, „und jedes Gelenk war mit Augen und Zähnen gefüllt, und sie biß wie ein wildes Tier". Manchmal wurde sie auch als fette, nach Blut geifernde Kröte dargestellt. Sie schloß alles Leben ein, das erst befreit werden konnte, als Quetzalcóatl und Tezcatlipoca sie in Schlangengestalt in zwei Stücke zerrissen; aus einer Hälfte formten sie die Erde, und die andere brachten sie in die himmlischen Regionen zurück. Die Götter und Göttinnen waren darüber sehr erzürnt, und um Tlaltéotl zu besänftigen, beschlossen sie, daß alle Pflanzen und Früchte, die für das Überleben der Menschen unentbehrlich waren, aus ihr hervorgehen sollten. Manchmal schrie sie des Nachts, denn sie wollte Menschenherzen essen, und sie konnte weder beruhigt werden, ehe sie nicht welche bekommen hatte, noch trug sie Früchte, solange sie nicht mit Menschenblut getränkt worden war.

Eine andere Version erzählt, daß Tezcatlipoca und Quetzalcóatl die Welt neu schufen, nachdem die Erde von einer Flut zerstört und der Himmel eingestürzt war. Sie betraten den Körper Tlaltéotls, einer durch den Mund, der andere durch den Nabel, und als sie sich beim Herzen der Göttin, dem Mittelpunkt der Erde, trafen, hoben sie den Himmel wieder in die Höhe; andere Gottheiten, die an den vier Ecken (als Bäume) standen, um sie zu stützen, halfen ihnen dabei. Dann wurden die Nacht und die Sterne geschaffen, Tláloc schuf Wasser und Regen, Mictlantéotl die Unterwelt und Ehécatl die Menschen. Eine andere Fassung spricht von Tlaltecuhtli; aus ihrem Haar wuchsen Bäume, Blumen und Gras, aus ihren Augen entsprangen die Quellen, aus ihrem Mund entstanden Flüsse und Höhlen, aus ihrer Nase Täler und aus ihren Schultern die Berge. Die höchste Ehre wurde Tlaltecuhtli erwiesen, indem man einen Finger in die Erde steckte und ihn dann ableckte, denn dieses Element war „die Mutter der Götter und das Herz der Erde".

III. Weibliche Geschichte

Als sie sich etablierten und ihre Macht ausdehnten, gingen die AztekInnen daran, ihre Mythologie umzugestalten, um so ihre chauvinistische und expansionistische Ideologie zu unterstützen. Auf diese Weise wurde der Wert des Weiblichen herabgesetzt und seine Bedeutung beträchtlich reduziert. Der kosmologische Hintergrund, dominiert vom höchsten androgynen Wesen Ometéotl, änderte sich nicht, ebensowenig die verschiedenen Zweiheiten, Vierheiten und Fünfheiten, die Ometéotl hervorbrachte. Jedoch war der weibliche Aspekt dieser grundlegenden Dualität in den Jahrhunderten vor dem aztekischen Aufstieg sukzessive in den Hintergrund gedrängt worden. Ursprünglich war Quetzalcóatl eher androgyn und numinos als Tezcatlipoca, und dieser wiederum war göttlicher als Huitzilopochtli; weder er noch Cihuacóatl, die Hauptgöttin, hatten einen Platz in der Kosmologie von Ometéotl. Denn die aztekische Öffentlichkeit konzentrierte sich auf die eher negativen Eigenschaften jener Gottheiten – so wurden bei Cihuacóatl ausschließlich die dämonischen Aspekte des Weiblichen entwickelt.

Dennoch konnte eine Göttin aus dem Bereich Ometéotls ihre Bedeutung bewahren, nämlich Citlalinicue; sie ist keine Frau im irdischen Sinn, und sie ist bedeutender als ihr Gefährte. Ihr Mythos ist der einzige, in dem eine Frau alleine für die Schöpfung verantwortlich ist, und einer der wenigen, in denen Kinder bemuttert werden, wenn auch in einer distanzierten, aristokratischen Art und Weise. Sie versorgt ihre Kinder von hohem Stand mit Dienern und Nahrung, während die weltliche Mayáhuel sie selbst stillt. Für die Gebildeten war die alles umfassende Kosmologie von Ometéotl klarerweise nach wie vor von Bedeutung, wie sich an zahlreichen Quellen ablesen läßt. Obwohl sich die aztekische Mythologie um diese komplizierte Ideologie gruppiert, ist sie dennoch in der Realität eine sehr volkstümliche; sie stellte einen wichtigen Bestandteil des täglichen Lebens und der politisch-religiösen Praktiken dar, die vom Kalender und den damit zusammenhängenden Festlichkeiten bestimmt wurden – und hier dominierten die Erdgottheiten, die wenig mit ihren eher astralen Gegenstücken gemein hatten.

Nur wenige Mythen haben in all ihren Einzelheiten überlebt. Deshalb ist es für uns heute schwierig, das Weibliche in der aztekischen Mythologie in all seinen Facetten zu erfassen, obwohl eine Reihe seiner Aspekte klar zutage tritt: die Mutter, das Mädchen (der Begriff „Jungfrau“ erzeugt viel zu sehr christliche Assoziationen, für die es in Nahuatl keine Entsprechung gibt), die Tochter, die Hure und die böswillige Frau. Im großen und ganzen werden die Göttinnen jedoch nur mangelhaft als umfassende Persönlichkeiten dargestellt. Oberflächlich betrachtet haben alle von ihnen unterschiedlichste Rollen: Mayáhuel ist die Göttin des Pulque und der Trunkenheit, Chicomecóatl die des Maises, Xochiquetzal die Göttin der Liebe. Bei genauerem Hinsehen wird jedoch deutlich, daß sie in psychischer Hinsicht eindeutig „Frauen mit vielen Gesichtern“ waren. Für männliche Gottheiten traf dies weniger zu: Sie wurden eher als handelnde Individuen betrachtet und weniger als Vertreter einer kollektiven männlichen Psyche (falls derartiges überhaupt existiert!).

Die Wesensmerkmale zahlreicher früherer Göttinnen waren im Sinne sozialer Kontrolle in Cihuacóatl vereinigt, aber keines dieser Charakteristika ist besonders ausgeprägt; es gibt auch keinen Mythos über sie. Sie war zwar die Gefährtin oder Mutter des Huitzilopochtli, es war jedoch klar, daß sie einen anderen oder geringeren Status als ihr Sohn/Ehemann hatte. Sein Tempel war eine hohe Pyramide, ihrer eine dunkle, tellurische, unterirdische Kammer, die vielleicht für eine Erdgöttin angemessen gewesen wäre, doch Cihuacóatl war eher eine Göttin des Todes. Ihr „schwarzes Haus“ war weniger ein Schoß als ein Grab, im übertragenen Sinne auch ein Grab für die Gottheiten, die aus der Umgebung der Stadt stammten: Sie wurden hier als Untergebene des aztekischen Imperiums untergebracht. Sie war so konstruiert, daß die „Ehre“ – oder eher Verantwortung – für die riesige Zahl von Opfertoten, die eigentlich Huitzilopochtli zukam, dem hinausstrebenden, siegreichen Krieger, der fast ein Mensch war, auf ihr abgeladen werden konnte. Somit ist Cihuacóatl das todbringende Gegenstück zu Huitzilopochtlis Lebenskraft, das Zentrum eines Totenkultes, der für die AztekInnen von größter Bedeutung war. Es gibt daneben eine Reihe weiterer Göttinnen, die damit in Zusammenhang stehen: Itzpapálotl als Opfermesser aus Obsidian und die Cihuateteo, die verwandelten Seelen jener Frauen, die im Kindbett gestorben waren. Aber wenn auch Itzpapálotl die alte Totengöttin war, so war Cihuacóatl doch die neue. Sie alle hatten Gesichter, die teilweise als Totenschädel dargestellt wurden, und die kleinen Totenschädel aus Zucker, die heute für den Tag der Toten (zu Allerseelen) hergestellt werden, sind Überreste dieses Kultes.

Cihuacóatl erscheint eher als dämonische Frau und weniger als Mutter, sie ist eine Göttin, die die Männer lieber verschlingt, als sie zu versorgen – somit ist sie eine

Versinnbildlichung der Angst der Männer vor dem Weiblichen. Weil sie mit der Unterwelt (die nicht mit unserer Hölle verwechselt werden darf) in Verbindung steht, wandert Cihuacóatl nächtens in zerzaustem Zustand ständig heulend umher. Auch Tlaltéotl verkörpert – mit ihrem Verlangen nach Menschenherzen und Blut – diesen Hang zum Verschlingen, und auch sie steht mit der Nacht in Beziehung. In dieser Mythologie ist also das Weibliche grundsätzlich mit Dunkelheit und Nacht verbunden, mit der Erde – was weniger verwundert – und sehr eng auch mit der Unterwelt als Quelle des Lebens (von dort kam die wesentliche Eigenschaft der Blumen, die aus der Vulva von Xochiquetzal hergestellt wurden, nämlich ihr Geruch). Denn obwohl die Unterwelt der Ort des Todes ist, ist sie auch jener Ort, an dem die Knochen aufbewahrt werden, das Rohmaterial, aus dem das Leben geschaffen werden kann.

Cihuacóatl stand an der Spitze eines sehr mächtigen volkstümlichen Kultes. Wenn auch im Mythos die Männer Angst vor den Frauen hatten, so wurde doch einem Großteil der einfachen Bevölkerung von Cihuacóatl Furcht und Gehorsam eingeflößt. Für die Frauen von höherem Rang stellte sie jedoch vermutlich in keiner Weise ein Rollenmodell dar; es hat überhaupt den Anschein, daß die Mythen als solche für jene Frauen, die eine größere Individualität entwickeln konnten, von geringerer Bedeutung waren. Für die ärmeren Frauen und die Frauen vom Land jedoch, die viel geringere Möglichkeiten der Selbstbestimmung kannten, waren die Göttinnen für zahlreiche Prozesse verantwortlich: wie etwa Cihuacóatl, die in besonderem Ausmaß den Vorgang der Geburt und des Wachstums symbolisierte, denn Blut stand mit der Fruchtbarkeit der Erde in Verbindung.

Wenn irgendeine Göttin ein Modell für Weiblichkeit lieferte, so war dies Xochiquetzal: Sie ist viel eher eine Frau als alle anderen mythologischen Figuren, denn sie hatte ein breiteres Spektrum von Attributen. Die Tatsache, daß aus ihrer Vulva Blumen hervorgingen, kann unterschiedlich interpretiert werden: Graulich (1983, S. 134) sieht darin einen möglichen Hinweis auf den Ursprung der Menstruation, aber viel wahrscheinlicher stellt dies ihre Zartheit und Schönheit dar – dieses eine Mal wird das Weibliche vollkommen positiv gezeigt.

Aber wir erfahren auch, daß Xochiquetzal das vollkommene Glück verlor, als sie in Tamoanchan die Frucht aß – ein Mythos, der sehr an die Geschichte der Eva erinnert. Die Frage, ob die verschiedenen Versionen dieses Mythos vom Christentum beeinflußt wurden, hat eine rege Diskussion ausgelöst; gleichzeitig wird dadurch auch aufgezeigt, wie schwierig es ist, Mythen von unterworfenen Gesellschaften zu sammeln, die auf mündlicher Überlieferung beruhten (vgl. Graulich 1984 und Repliken). Der Baum könnte auch Kontinuität symbolisieren, und zwar in dem Sinne, daß er für die Struktur der Welt in ihrer ursprünglichen Zeitlosigkeit eine dauerhafte Stütze darstellte. Tatsächlich taucht der Baum häufig auf: Mayáhuel wird im Mythos gemeinsam mit Quetzalcóatl zum Baum, und im Mythos von Tlaltéotl werden sowohl Quetzalcóatl als auch Tezcatlipoca in Bäume verwandelt. Aber der Baum bedeutet auch Veränderung, das Vorhandensein der Zeit, und als Xochiquetzal vom Baum ißt, wird sie schwanger. Es gibt auch einen Bezug zur Fruchtbarkeit – der Baum bricht und blutet – oder, um dem Gedankengang von Graulich zu folgen, zur Menstruation, möglicherweise zur Zerstörung des Hymens (dies scheint jedoch eher unwahrscheinlich, da die Jungfräulichkeit für die AztekInnen keine Bedeutung hatte). Vielleicht ist es auch als symbolischer Protest gegen den Übergang von einem Zustand der Vollkommenheit in die Welt des Vergänglichen zu verstehen – nämlich den Eintritt vom Dasein als Mädchen ins Erwachsenenalter. Nur in Omeyocan/Tamoanchan kann es die Vollkommenheit geben, und ihr Verlust wird in verschiedenen Mythen thematisiert. Sowohl Götter als auch Göttinnen konnten für diesen Verlust verantwortlich sein, denn sie alle befanden sich in einem Übergangsstadium zwischen Ometéotl und dem Menschsein. Manchmal ermöglicht der zerbrochene Baum, ähnlich wie die Knochen aus Mictlan, die zukünftige Schöpfung. In einer Mythe verwendet Quetzalcóatl die Teile, um die fünfte „Sonne" zu schaffen, in einer anderen formt Xólotl – auf Betreiben von Citlalinicue – daraus Menschen, die den Gottheiten dienen sollten. Und im Mythos von Mayáhuel wächst aus den abgebrochenen Zweigen, die Quetzalcóatl in die Erde steckt, der *maguey*.

Xochiquetzal verkörpert zweifellos die weibliche Sexualität, und mit Hilfe ihrer unterschiedlichen Erscheinungsformen wurde auch versucht, deren negative soziale Aspekte zu veranschaulichen – als Ixnextli und besonders als Tlazoltéotl, die die Besessenheit der AztekInnen von Unrat personifiziert.

Über keine andere Göttin gibt es so viele Mythen wie über Xochiquetzal, jedoch sind die Mythen von Mayáhuel und Itzpapálotl sowie die von Citlalinicue viel eindeutiger voraztekisch und darüber hinaus die vollständigsten, die erhalten geblieben sind. Sie ähneln den Mythen jener Kulturen, in deren animistischen Vorstellungen kein Unterschied zwischen den Menschen und dem Rest der Natur gemacht wird. Damit schaffen sie genau jene mythische Realität, die nur innerhalb der jeweiligen Kultur vollständig verstanden werden kann. In diesen Mythen werden Frauen in Pflanzen, Tiere und Objekte von kultureller Bedeutung verwandelt; und der Körper, der hier den Rohstoff für die Schöpfung liefert, ist eindeutig weiblich – die Welt wird aus dem zerrissenen Körper von Tlaltéotl geschaffen, aus ihrer unteren Hälfte entsteht die Erde, aus der oberen entstehen die verschiedenen Ebenen des Himmels. Mayáhuel ist die *maguey*-Pflanze, deren vielbrüstige Gestalt mit dem weiblichen Körper in Verbindung gebracht wird, während Itzpapálotl als Wild erscheint und immer mehr zu einer Frau wird, während sie Mimich verfolgt; schließlich wird sie zum ersten Opfermesser aus Obsidian.

Xochiquetzal war zwar eindeutig von menschlicher Gestalt, doch der ländlichen Bevölkerung war dennoch eine Göttin wie Coatlicue mit ihrer teils menschlichen, teils tierischen Gestalt viel vertrauter. Diese war ihrer Form nach eindeutig weiblich, dennoch repräsentierte sie auch die Dualität; der Adler war die männliche Seite, die

Schlange die weibliche. In vielerlei Hinsicht stellte sie eine Entsprechung von Quetzalcóatl dar. Ihre Form verbindet sie also mit den mythischen Szenarios von Mayáhuel und Itzpapálotl, wenn auch ihr Mythos, in dem sie Huitzilopochtli zur Welt bringt, aus späterer Zeit stammt. Es mag erstaunlich erscheinen, daß sie, trotz ihres „abstoßenden" Äußeren, derartig große Bedeutung hatte, aber vermutlich konnte eine Göttin, die die Beschützerin der Blumen war und wie Xochiquetzal eine derart enge Beziehung zu Blumen hatte, auf die AztekInnen kaum „abstoßend" wirken. Dabei handelt es sich eher um die verständnislose Reaktion der ChristInnen, die ihre symbolischen Qualitäten nicht begreifen konnten.

Die AztekInnen nutzten eindeutig die Macht des Weiblichen strategisch aus. Aber kann uns die aztekische Mythologie irgend etwas über das Weibliche an sich erzählen? Coatlicue legt nahe, daß das Weibliche vorwiegend in Begriffen verstanden wurde, die der Erde nahestanden; Cihuacóatl ist vermutlich nur aus politischen Gründen etwas menschlicher. Die Göttinnen waren vielleicht nicht schön, aber sie waren stark: Coatlicue muß gegen all ihre Kinder kämpfen, und ihre Tochter Coyolxauhqui wird als behelmte Kriegerin dargestellt; beide waren fast androgyn.

Da Blut ein Symbol für Fruchtbarkeit darstellt, liegt es nahe, daß es auch im Zusammenhang mit den erdbezogenen Fruchtbarkeitsgöttinnen auftaucht. Wie bereits dargelegt wurde, waren Chicomecóatl und Chalchiuhtlicue im Vergleich zu Cihuacóatl sehr menschlich; dies trifft vor allem auf Chicomecóatl zu, die die verschiedenen Facetten des Frauseins, aber auch einen eher negativen Aspekt verkörpert, denn die siebenköpfige Schlange wird mit den Jahren einer schlechten Ernte in Verbindung gebracht. Grundsätzlich sind die Mythen über ältere Göttinnen umfassender; deshalb ist es eher erstaunlich, daß sie bezüglich Chalchiuhtlicue und Wasser nicht umfangreicher sind. Dasselbe gilt – in Anbetracht der Bedeutung des Maises für die mexikanische Kultur – für Chicomecóatl. Es wurde die These aufgestellt, daß ihre Mythen vielleicht deshalb unterdrückt wurden, weil sie die aztekische Elite zu unmittelbar an ihre nicht allzu weit zurückliegenden ländlichen Wurzeln erinnerten (Brundage 1979, S. 79). Ein weiterer Grund könnte sein, daß für die Stadtbevölkerung von Tenochtitlán andere Dinge im Vordergrund standen: Landwirtschaft und Wasser betrafen sie nicht so sehr, denn sie waren ständig damit beschäftigt, die Bewegung der Sterne mit Krieg und Menschenopfern in Einklang zu bringen. Dennoch waren selbst diese eher menschlichen Göttinnen in den Vorstellungen der Menschen immer noch eng mit dem eher androgynen und abstrakten Konzept von Ometéotl verknüpft, was sich auch an der Erscheinungsform der Chalchiuhtlicue ablesen läßt, die eher als Geist und weniger als Göttin auftritt, wenn sie nach der Geburt beschworen wurde, das Neugeborene zu reinigen. Das Weibliche war eindeutig mit dem Heilen verbunden, und jeden Aspekt vertrat eine eigene Göttin: So war Atlatonan die Göttin der Aussätzigen und jener mit körperlichen Gebrechen, Teteoinnan war die Wohltäterin der Schwitzbäder. Vielleicht gab es auch in den ländlichen Gebieten Mythen über Chicomecóatl, die einfach nicht aufgezeichnet wurden, denn sie war im Tal von Mexiko eine Kalendergottheit; in Tenochtitlán gab es für sie einen hochentwickelten Kult (mit *ixiptla* als ihre Repräsentantin), bei dem eine Menge fruchtbringenden Blutes über die Ernte des Jahres verteilt wurde.

Manchmal wird auch die Meinung vertreten, daß Frauen in dieser Mythologie fast zur Gänze mit der Natur und der Erde identifiziert werden. In den umfassenderen älteren Mythen gibt es jedoch Ausnahmen davon. Aus dem Körper der Itzpapálotl geht das Obsidianmesser hervor, das für die aztekische Kultur nicht nur als Opfergerät von zentraler Bedeutung ist. Citlalinicue, die einzige astrale Göttin von Bedeutung, gebiert in den Regionen der Himmel ebenfalls das Obsidianmesser, von wo es auf die Erde fällt. Damit wird vermutlich darauf hingewiesen, daß das Weibliche nicht nur vollständig am Übergang der Gottheiten von Omeyocan zur Erde beteiligt ist, sondern auch an der Erschaffung der Kultur. Weiters verkörperte Tláloc ungebändigtes Wasser, während Chalchiuhtlicue gebändigtes Wasser repräsentierte, obgleich eingeschlossen von Erde. Und schließlich ist da Cipactónal, die gemeinsam mit ihrem Enkel Quetzalcóatl den Kalender ersinnt. Hier taucht jedoch die Schwierigkeit auf, daß Cipactónal nur manchmal der weibliche Teil des Urpaares ist. Aber Cipactli, wie das erste Zeichen im Kalender benannt wird, ist nicht nur das erste aller Geschöpfe, sondern auch bisexuell – dies könnte der Schlüssel zum Verständnis sein. Sind wir damit nicht zurückgekehrt zur Androgynie oder zum undifferenzierten Geist, aus dem diese Mythologie hervorgegangen ist und mit dessen Hilfe die AztekInnen versuchten, die positiven Aspekte des Weiblichen zu unterdrücken? Für uns ist es schwierig, die Realität der AztekInnen zu verdauen, denn die Praktiken, die sie tagtäglich anwandten, geben für uns nur allzu oft den Stoff der Mythologie ab.

IV. Mythographie

Die Grenze zwischen der Mythologie, also der Vergangenheit der Göttinnen, und der Gegenwart war für die AztekInnen fließend. Denn die Geschichten blieben nicht nur in Erinnerung, weil sie erzählt wurden, sie fanden auch jedes Jahr durch die Darstellung während der Feste für die Göttinnen neu statt. Während der Rituale verkörperten SklavInnen oder Gefangene als *ixiptla* die Gottheit, deren Anwesenheit notwendig war. Für einige Stunden oder Tage erstand so die Gottheit im Menschen, der auf diese Weise erhöht und geehrt wurde, zu neuem Leben. So saß die *ixiptla* der Xochiquetzal unter einem Baum und webte – sodaß der Mythos in Szene gesetzt wurde –, ehe sie schließlich geopfert wurde.

Die Grenzlinie zwischen Menschen und Gottheiten wurde somit sehr vage. Topiltzin-Quetzalcóatl war sowohl Gott als auch Priesterkönig von Tula – und er war nicht der erste: Xochiquetzal wird als lebendige Frau erwähnt, die vor dem Beginn der fünften „Sonne“ in einem Krieg starb. Auch einige der späteren Tlatoani (Herrscher) beanspruchten für sich einen göttlichen Status, und es gab – beträchtliche Zeit nach der spanischen Eroberung – eine Reihe von Revitalisierungsbewegungen, in denen relativ unbekannte Männer wie etwa Andres Mixcóatl im Jahr 1537 oder Juan Cóatl 1665 einen Status als Menschengötter beanspruchten (Gruzinski 1989).

IV.1.

Nach der Etablierung des Christentums tauchte das Weibliche viel stärker wieder als Gottheiten auf als das Männliche. Für die Jungfrau von Guadalupe oder für La Malinche gab es nach der Eroberung in der indigenen Bevölkerung kein männliches Gegenstück. Die Jungfrau von Guadalupe erschien 1541 einem zum Christentum konvertierten Indianer namens Juan Diego als dunkelhäutige Frau. Sie sprach ihn auf Nahuatl an und verlangte, er solle ihr auf dem Hügel von Tepeyac, wo früher Tonantzin ihr Heiligtum hatte, eine Kirche bauen lassen. Von Anfang an verbarg sich der Synkretismus nur knapp unter der Oberfläche, und es war klar, daß der Kult mehr Tonantzin als der christlichen Jungfrau galt. Diese Erscheinung der Jungfrau als Göttin mit dunkler Hautfarbe gab dem, was von der Nahua-Kultur noch übrig war, den weiblichen Teil der unauflöslichen Dualität von Ometéotl in einer christianisierten und deshalb annehmbaren Form zurück. Denn obschon die Jungfrau von Guadalupe in vielerlei Hinsicht die Mutter darstellt, wird sie dennoch eher als Frau der Apokalypse dargestellt, die die Schlange vernichtet und im Besitz des Himmelreichs ist, von dem aus sie ihr auserwähltes Volk beschützt.

Um sich eine Gefolgschaft zu sichern, waren die ersten Mönche mehr oder weniger gezwungen, die christlichen Vorstellungen mit der aztekischen Kosmologie in Einklang zu bringen; so wurde Toci, „Unsere Großmutter“, besonders in Tlaxcala mit der hl. Anna gleichgesetzt, und im Tal von Puebla fand Johannes der Täufer eine Entsprechung in Tezcatlipoca (Nutini 1988, S. 109). In den Jahrhunderten nach der Eroberung ermöglichten „Götzenbilder“, die sich hinter den Altären befanden, vor allem in eher isolierten ländlichen Gemeinden das Weiterleben der vorchristlichen Kosmologie.

Noch immer ist die Kirche der Jungfrau von Guadalupe für den mexikanischen Katholizismus von zentraler Bedeutung; Tepeyac (heute eher bekannt als La Villa) ist eines der größten Wallfahrtszentren in Mexiko. Die Revitalisierungsbewegungen sind heute so aktiv wie eh und je: Die Concheros, die sich in aztekischem Stil kleiden und einen rituellen Rundtanz aufführen, an dem sowohl Männer als auch Frauen teilnehmen, beschwören vor allem vorspanische Gottheiten. Sie sind kaum daran interessiert, den christlichen Heiligen ihre Ergebenheit zu beweisen; genau aus diesem Grund ist Tepeyac, die Heimat der Tonantzin, für sie von großer Bedeutung.

IV.2.

Dann gibt es da noch Malintzin, eine Nahuatl-sprechende Indianerin, die Cortés während seines Eroberungszuges übergeben wurde. Sie wurde seine Geliebte und die Mutter eines seiner Kinder. Bekannt als La Malinche, war sie auch seine Dolmetscherin und Übersetzerin – Franco (1989, S. 131) hat darauf hingewiesen, daß das englische Wort „*translator*" eng mit der lateinischen Wurzel für „Verrat" verwandt ist. Es wurde immer wieder behauptet, daß den Spaniern ohne La Malinche die Eroberung Mexikos nicht geglückt wäre. Sie hatte sowohl für die Spanier, die in ihr die vorbildliche Bekehrte sahen, als auch für die indigene Bevölkerung, die ihr außergewöhnliche Kräfte zuschrieb, symbolische Bedeutung (es muß hier daran erinnert werden, daß Cortés als der zurückgekehrte Quetzalcóatl galt). Jedoch hat sich ihr mythologischer Status als Verräterin an Mexiko tatsächlich erst etwa in den letzten beiden Jahrhunderten herausgebildet, seit Mexiko seine Unabhängigkeit von Spanien errang. Im Laufe der Zeit wurde sie außerdem ein Symbol für die Demütigung der indigenen Bevölkerung, aber auch für das Bedürfnis der mexikanischen Männer, das Weibliche in sich selbst abzuwerten, denn La Malinche war *la chingada*, „die gefickte Frau", die ihrem Land Gewalt antat und zugleich als Mittel der Eroberung diente.

Ebenso wie Cihuacóatl während des aztekischen Aufstiegs oder Tlaltéotl in ihrem Schöpfungsmythos – in ihrem Fall wortwörtlich – wird wieder einmal eine Frau zum Territorium, über das die Frage der Identität ausgefochten wird. Aber schon immer war das Weibliche von offensichtlicher Bedeutung, denn sogar in der männlich ausgerichteten Kosmologie des Schöpfungsmythos war es nicht ein männliches, sondern ein weibliches Wesen, das die letzte „Sonne" regierte, kurz bevor die Erde in ihrer heutigen Form geschaffen wurde.

Quellenlage und weitere Literatur

Die mexikanische Mythologie ist nicht leicht zugänglich. Ein Großteil des nicht allzu umfangreichen Materials ist noch immer nur in weitgehend unzugänglichen Primärquellen vorhanden, von denen nur wenige veröffentlicht wurden. Nicholson (1971) ist noch immer in vielerlei Hinsicht die Standardquelle, während in einem neuen Buch von Brundage (1979) ein Kapitel über die Göttinnen enthalten ist. Michel Graulich hat die Mythologie mit einer vergleichenden und strukturalistischen Perspektive untersucht, wurde aber aufgrund der Verwendung christlicher Konzepte und auch deswegen kritisiert, weil er den Kontext in seiner Analyse nicht berücksichtigte. Doris Heyden hat einige Zeit auf diesem Gebiet gearbeitet (vgl. Durán 1971) und über Itzpapálotl in Spanisch veröffentlicht (1976); in jüngster Zeit veröffentlichte sie allerdings wenig. Jacqueline de Durand-Forest publiziert vorwiegend in Französisch (1982).

Für den Abschnitt Kosmologie-Mythologie habe ich Sekundärquellen herangezogen (z.B. Leon-Portilla 1963), in denen Primärquellen verwendet wurden wie *La Historia de Los Mexicanos por Sus Pinturas* (1891, Nueva Colección de documentos para la historia de México, Bd. 3, hrsg. v. Garcia Icazbalceta) und *Mexico and the Leyenda de Soles*, verfaßt 1558 unter Verwendung älterer Dokumente und in Deutschland 1938 als *Die Geschichte der Königreiche von Colhuacan und Mexiko* von Walter Lehmann übersetzt und herausgegeben.

Für den Abschnitt über die Göttinnen verwendete ich Durán und Sahagún, und als Sekundärquelle fand ich Brundage unschätzbar wertvoll.

Übersetzung: Brigitte Fuchs und Gabriele Habinger

Anmerkung

* Da das Wortspiel *‚His' Story* nicht ins Deutsche übersetzt werden kann, wird es als *männliche Geschichte* umschrieben; ebenso wurde *Her Story* mit *weibliche Geschichte* übersetzt (Anm. d. Übersetzerinnen).

Bibliographie

Baquedano, E.: *Aztec Sculpture*, London 1984.

Bierhorst, J.: *Cantares Mexicanos: Songs of the Aztecs*, Stanford (Calif.) 1985 (= 1985a).

Bierhorst, J.: *A Nahuatl-English Dictionary and Concordance to the Cantares Mexicanas*, Stanford (Calif.) 1985 (= 1985b).

Bray, W.: *Eyeryday Life of the Aztecs*, London 1968.

Brundage, B. C.: *The Fifth Sun*, Austin/London 1979.

Caso, A.: *The Aztecs: People of the Sun*, Norman (Ok.) 1958.

Coe, M.: *Mexico*, London 1984.

Durán, Fray D.: *Book of the Gods and Rites & The Ancient Calendar*, hrsg. u. übers. v. F. Horcasitas u. D. Heydon, Norman (Ok.) 1971.

Durand-Forest, J. de: *Les neuf Seigneurs de la nuit*. In: *Indiana: Volume en hommage à Walter Lehmann*, Berlin 1982, S. 103-129.

Eggebrecht, A.: *Glanz und Untergang des alten Mexiko*, Bd. 1, Hildesheim/Mainz 1986. *

Franco, J.: *Plotting Women*, London 1989.

Garibay, A. M.: *La literatura de los aztecas*, Mexiko 1970.

Geschichte der Azteken. Codex Aubin und verwandte Dokumente, übers. u. erl. v. W. Lehmann und G. Vollmer, Berlin 1981. *

Gruzinski, S.: *Man-Gods in the Mexican Highlands: Indian Power and Colonial Society, 1520-1800*, Stanford (Calif.) 1989.

Graulich, M.: *The Metaphor of the Day in Ancient Mexican Myths and Ritual*. In: Current Anthropology, 22, 1981, S. 45-60.

Graulich, M.: *Myths of Paradise Lost in Pre-Hispanic Central Mexico*. In: Current Anthropology, 24/5, 1983, S. 575-588.

Graulich, M.: *On Paradise Lost in Central Mexico*. In: Current Anthropology, 25/1, 134-135.

Historia de los Mexicanos por sus pinturas. Nueva Colección de Documentos para la Historia de México III, hrsg. v. G. Icazbalceta, Mexico D.F. 1891.

Heyden, D.: *La diosa madre: Itzpapolotl*. In: Boletin INAH, epoca II, 11, 1976.

Karttunen, F.: *An Analytical Dictionary of Nahuatl*, Austin (Texas) 1985.

Krickeberg, W.: *Altmexikanische Kulturen*, Berlin 1956. *

Lehmann, W. (Hrsg. u. Übers.): *Die Geschichte der Königreiche von Colhuacan una Mexiko, Quellenwerke z. alt. Geschichte Amerikas*, Bd. 1: *Aztekisch-Deutsch*, Berlin/Stuttgart 1938. *

Leon-Portillo, M.: *Aztec Thought and Culture: A Study of the Ancient Nahuatl Mind*, Norman (Ok.) 1963.

Leon-Portillo, M. (Hrsg.): *Native MesoAmerican Spirituality*, London 1980.

Nicholson, H. B.: *Religion in Pre-Hispanic Central Mexico*. In: Wauchope, R. (Hrsg.): *Handbook of Middle American Indians*, Vol. 10, Austin (Texas) 1971, S. 395-446.

Nicholson, H. B.: *The Art of Aztec Mexico*, Washington DC 1983.

Nutini, H. G.: *Todos Santos in Rural Tlaxcala: A Syncretic, Expressive and Symbolic Analysis of the Cult of the Dead*, Princeton 1988.

Sahagún, Fray B. de: *Florentine Codex: General History of the Things of New Spain*, 13 Vols., übers. v. A. Anderson u. C. Dibble: Buch 1 – *The Gods*, 1950; Buch 2 – *The Ceremonies*, 1951; Buch 7 – *The Sun, Moon, and Stars, and the Binding of the Years*, 1953; Buch 10 – *The People*, 1961; Buch 6 – *Rhetoric and Moral Philosophy*, 1969; Buch 3 – *The Origin of the Gods*, 1978; Buch 4 – *The Soothsayers*, 1979, Buch 5 – *The Omens*, Buch 8 – *Kings and Lords*. Santa Fe 1950-1979.

Sahagún, Fray B. de: *Einige Kapitel aus dem Geschichtswerk des Fray Bernardino de Sahagún*, übers. v. E. Seler, Stuttgart 1927. *

Sahagún, B. de: *Das Herz auf dem Opferstein. Aztekentexte*. Aus der Ursprache übertragen von E. Seler, Köln 1962. *

Sahagún, Fray B. de: *Wahrsagerei, Himmelskunde und Kalender der alten Azteken (Historia general de las Cosas de Nueva España, Ausz.)*. Aus d. aztek. Urtext übers. u. erl. v. L. Schultze, Stuttgart 1950. *

Sahagún, Fray B. de: *Sie suchen nach dem Gold wie Schweine (Historia general de las Cosas de Nueva España, Ausz.)*, Tübingen 1982. *

Sahagún, Fray B. de: *Aus der Welt der Azteken: Die Chronik des Fray Bernardino de Sahagún*, übers. v. L. Schultze Jena, ausgew. u. mit einem Nachw. vers. v. C. Litterschied, Frankfurt a. M. 1989. *

Seler-Sachs, C.: *Frauenleben im Reiche der Azteken. Ein Blatt aus der Kulturgeschichte Alt-Mexikos*, Berlin 1984 (1919). *

Soustelle, J.: *The Daily Life of The Aztecs*, Stanford (Calif.) 1970.

Soustelle, J.: *So lebten die Azteken am Vorabend der spanischen Eroberung*, Stuttgart 1956. *

Taggart, J.: *Nahuatl Myth of The Aztecs*, Austin (Texas) 1983.

Van Zantwijk: *The Aztec Arrangement*, Norman (Ok.) 1977.

Virgillo, C./Lindstrom, N.: *Women as Myth and Metaphor*, St. Louis (Missouri) 1985.

Penelope Harvey

Südamerika: Anmerkungen zur Interpretation des Mythos

I. Einleitung

Südamerika nahm seit dem 15. Jahrhundert einen besonderen Platz in der europäischen Vorstellungswelt ein. Obwohl Kolumbus zunächst davon überzeugt war, daß er eine Route in den Osten entdeckt hatte, sollte sich bald zeigen, daß er eine Neue Welt gefunden hatte – eine Welt, die so unbekannt war, daß sie ohne weiteres den Stoff für Europas extravaganteste Phantasien liefern konnte (O'Gorman 1961; Mason 1990). Dieser ausgedehnte Kontinent wurde mit einem utopischen Raum, einem irdischen Paradies in Verbindung gebracht, wo vielleicht der Garten Eden lag und die auserwählten Völker der Erde in christlicher Unschuld leben könnten – umgeben von jenen legendären Schätzen, die man später an Orten wie El Dorado glaubte finden zu können. Die frühen Reisenden formulierten für diese Neue Welt auch eine dunkle Seite, eine Seite, die sich auf Geheimnisse und magisches Wissen, auf Kannibalen und kriegerische Amazonen gründete – auf monströse Gestalten, die die europäischen Ängste vor dem Unbekannten und die europäischen Alpträume verkörperten (Bucher 1981; Mason 1990; Silverblatt 1987; Taussig 1987).

In diesem Kapitel möchte ich einen Blick auf die Geschichten werfen, die die indigenen Völker Südamerikas über sich selbst erzählten. Allerdings behaupten selbst in diesen Darstellungen unsere Mythen über sie eine schattenhafte Präsenz, und es erfordert große Anstrengung, wenn wir ihre Worte und Motivationen durch die verwirrende Geschichte von Stereotypen hindurch verstehen wollen, die oft die stärkste Verbindung zwischen uns, den LeserInnen, und ihnen, den ErzählerInnen, bilden.[1] Es ist auch – besonders bei der stillen Lektüre – wichtig, sich ins Gedächtnis zu rufen, daß das Erzählen eines Mythos kein einsames Tun ist. Mythen werden anderen erzählt, in der Anwesenheit von anderen werden sie zu wechselseitigen Ereignissen, die Erinnerungen aus der Vergangenheit und künftige Vorhaben verbinden.

Mein Interesse am Mythos als soziale Praxis führt mich auf einen Weg, der stark von jenem abweicht, den der berühmteste Interpret der südamerikanischen Mythologie, Claude Lévi-Strauss, beschritt. In seinem vierbändigen Werk *Mythologica* (1964, 1966, 1968, 1971) enthüllt er die strukturalen Beziehungen zwischen den vielfältigen Varianten zahlreicher Erzählungen, um die Rationalität symbolischer Transformationen aufzuzeigen und um letztlich etwas über die Natur des mythischen Denkens selbst herauszufinden. Diese Art der Analyse schafft aus einer großen Bandbreite narrativer Momente ein einheitliches System, doch gerade weil solche Systeme von der sozialen Praxis abstrahieren, schränken sie unvermeidlich die vielfältigen und widersprüchlichen Möglichkeiten ein, die jede einzelne Geschichte wachruft, und heben sie letztendlich auf. Zugleich werden wir davon abgehalten zu fragen, unter welchen Umständen diese Geschichten erzählt, wie sie aufgezeichnet und im Gedächtnis behalten wurden und wie jene, denen sie erzählt wurden, sie deuteten und auffaßten.

In diesem Zusammenhang ist es auch wichtig, das Verhältnis zwischen geographischen Regionen und jenen Vorstellungen von kultureller Kontinuität zu betrachten, die in einem mythologischen System angedeutet sind. In der Ethnologie und Kulturforschung Südamerikas werden gewöhnlich die Andenregion und der Amazonasraum voneinander getrennt und gegenüberstellend betrachtet. In kultureller Hinsicht gelten die Anden im allgemeinen als jene Region, die von den Inka kolonialisiert und zu einer politischen Einheit zusammengefaßt wurde und die durch die politischen, ökonomischen und religiösen Institutionen des spanischen Kolonialregimes weiterhin vereinigt blieb. Im Zuge ihrer Geschichte tauchten Praktiken und Institutionen auf, durch die sich die beiden Regionen in der Tat voneinander unterscheiden, obwohl beide durch die gegenwärtigen Erfahrungen der Migration, der Urbanisierung, des zentralisierten Erziehungswesens, der Lohnarbeit und anderer Manifestationen der politischen Ökonomie des internationalen Kapitals auf mehr Arten verbunden sind, als es zunächst den Anschein hat.

Dieser Gegensatz kann jedoch nur zu leicht die Tatsache verbergen, daß kulturelle Praktiken und Vorstellungen in jeder dieser beiden Regionen extrem heterogen sind. Wenn wir berücksichtigen, in welchem Ausmaß Klasse, Ethnizität, Geschlecht und regionale Identitäten die Wahrnehmungsweisen jedes einzelnen historischen Moments beeinflussen, sind wir dazu angehalten, ein weit komplexeres und widersprüchlicheres Bild von „Kultur" zu entwerfen als jenes, das durch einen statischen Systembegriff angedeutet wird.

Im Kontext des vorliegenden Bandes ist es wichtig, die Leistungen feministischer Forschung für die heute bereits alltäglich gewordene Kritik am Strukturalismus hervorzuheben. Im Rahmen dieser Arbeit wurde ausdrücklich versucht, die vielfältigen Bedeutungen, Deutungsmöglichkeiten und Subjektivitäten zurückzuerobern, die von einem globalisierenden Diskurs verleugnet werden (Haraway 1989; de Lauretis 1987; Scott 1988; Strathern 1988). Die Kritik erfolgte auf Basis historisch orientierter Darstellungen, die die sozialen Bedingungen von Wahrheit und Wissen einer genauen Untersuchung unterzogen; dadurch konnte gezeigt werden, in welcher Weise die Herrschenden versuchten, ihre eigenen Vorstellungen von Wahrheit durchzusetzen.[2] Gemeinsam mit vielen anderen Stimmen der postkolonialen Welt haben sie aufgedeckt, daß Forderungen, deren universelle Gültigkeit behauptet wird, oft nur für die Männer einer bestimmten Kultur, Klasse und „Rasse" zutreffen (Asad 1973; Said 1978; Clifford 1988).

In einem umfassenderen Kontext theoretischer Erwägungen wird sich meine Darstellung südamerikanischer Mythen rund um jene Erzählthemen ranken, die sich unsere wissenschaftlichen und literarischen Publikationen zu eigen gemacht haben, um im Rahmen ihrer Neudarstellung nicht nur die Bedeutung des Weiblichen zu enthüllen, sondern um auch die politische Dimension der Interpretation von Kultur zu betonen, zu deren Erhellung die feministische Wissenschaft in den letzten Jahren so viel beigetragen hat.

Im Hauptteil meines Beitrages werde ich Erzählungen aus der Andenregion in den Mittelpunkt meiner Betrachtungen stellen. Zuerst will ich aber auf die Ursprungsmythen der Inka eingehen, wobei ich mich mit dem Verhältnis zwischen den Versionen, die von den frühen spanischen Chronisten aufgezeichnet wurden, und jenen, die heute erzählt werden, auseinandersetze. Es folgt eine Diskussion über die politische Funktion dieser Erzählungen und über die unterschiedlichen Arten der Darstellung einer „weiblichen Handlungsfähigkeit" *(female agency)*. Die Auseinandersetzung damit wird im Abschnitt über die übernatürlichen Wesen der Anden – besonders „Erd-Kraft" (Pachamama) und Mond – fortgesetzt. Im Abschnitt über die Anden werden zuletzt jene Erzählungen behandelt, die die zeitgenössischen Darstellungen von mächtigen und unersättlichen weiblichen Teufeln betreffen. Meine Abhandlung des umfassenden Themenbereichs der Mythologie des Amazonasraums ist unglücklicherweise extrem kurz geraten und konzentriert sich auf eine Auseinandersetzung mit den Ursprüngen der Sexualität im Gebiet des Alto Xingú in Zentralbrasilien. Obwohl dieses Material nur kursorisch behandelt wird, wirft es bedeutende Fragen hinsichtlich des Verhältnisses zwischen Mythos und gesellschaftlichen Beziehungen auf und zwingt uns, neu zu überlegen, was uns Mythen über Frauen von Geschlechterbeziehungen erzählen können.

II.

II.1. Der Ursprung der Inka, der ethnischen Gruppen, der Landwirtschaft und der Zivilisation

Das ausgedehnte gebirgige Territorium, das sich von Kolumbien über Ecuador, Peru und Bolivien bis Nordchile erstreckt, wurde einst von den Inka regiert. Diese entwickelten sich nicht vor dem 15. Jahrhundert unter den ethnischen Gruppen der zentra-

Abb. 37: Frauen in den Anden, die zusammensitzen und reden, während sie Strohschnüre zum Dachdecken vorbereiten.

len Südanden zur Regionalmacht. Nicht einmal hundert Jahre später hatten sie jedoch bereits jenes Reich errichtet, auf das die Spanier 1532 stießen – ein Reich, das nicht nur die europäische Phantasie gefangennahm, sondern mit seinem materiellen Reichtum, seiner politischen Integrationsfähigkeit und seinen technischen Errungenschaften die Phantasien gleichermaßen verkörperte.

Das Reich war in vier administrative Regionen unterteilt und hatte sein Zentrum in der Reichshauptstadt Cuzco, wo der Inka, der Sohn der Sonne, mit seiner Schwester, der Königin Qoya, der Tochter des Mondes, residierte. Alle königlichen Inka-Lineages (oder *Ayllus*) besaßen in dieser Stadt Land- und Bewässerungsrechte im Rahmen eines Systems sozialer Organisationen, das in Verwandtschaftsbegriffen ausgedrückt wurde. Jede Lineage war in zwei Moieties* unterteilt – eine obere und eine untere; dies gilt auch für die Stadt Cuzco, für jede Provinz, für jede Region und schließlich – im Rahmen dieses immer umfassender werdenden Systems – für das Reich selbst. Somit wurde die Sprache der Verwandtschaft, die die herrschende Klasse einigte, auf die beherrschten Populationen ausgedehnt.

Die Inka verwendeten ein komplexes System von Knotenschnüren (die *Khipu*), um historische und administrative Daten festzuhalten. Die ältesten schriftlich aufgezeichneten Geschichten der Inka waren daher Übersetzungen der *Khipu* oder Transkriptionen mündlicher Darstellungen, die von jenen stammten, mit denen die Spanier am ehesten kommunizieren konnten – den gebildeten männlichen Inka-Adeligen, die Cuzco als Zentrum der präkolumbianischen Welt betrachteten. Diese Männer berichteten über die Ursprünge und die Geschichte der Inka in einer Situation starker politischer Spannungen und nutzten häufig die Gelegenheit, möglichst große Kontrolle über ihre prekäre Situation zu erlangen, denn sie strebten danach, im Rahmen der neuen kolonialen Hierarchie ihren Autoritätsanspruch als legitim zu etablieren. Zahlreiche Forschungen über die Ethnohistorie Perus haben gezeigt, daß diese Inka-Geschichten vorwiegend Darstellungen der politischen und sozialen Beziehungen zwischen den unterschiedlichen Lineages und ethnischen Gruppen der Epoche der spanischen Eroberung sind, nicht eine Chronologie europäischen Stils, die Verbindungen zwischen den Generationen herstellt (Zuidema 1964; 1982).

Es existieren zwei Hauptzyklen von Ursprungsmythen der Inka, die von spanischen Chronisten aufgezeichnet wurden. Der eine stellt ihr Aufsteigen aus einer Höhle am Ort Pacariqtambo (Haus der Dämmerung oder des Ursprungs) im Süden Cuzcos in den Mittelpunkt und erzählt von den Abenteuern, die sie erlebten, als sie nordwärts zogen, um die Reichshauptstadt Cuzco zu gründen (Urton 1990). Der zweite Zyklus konzentriert sich auf Tiwanaku und auf das Aufsteigen des Gottes Wiraqocha aus dem Titicacasee und wie er Sonne, Mond, Sterne und Menschen erschuf (Urbano 1981). Es gibt sogar Versionen, die beide Zyklen miteinander verbinden und die darüber berichten, wie Manqo Qhapaq, der Gründervorfahr der Inka, vom Titicacasee unterirdisch nach Pacariqtambo reiste, bevor er seine Bemühungen zur Gründung der Stadt Cuzco fortsetzte (Urton 1990, S. 3).

Der Mythos von Pacariqtambo, der hier wiedergegeben ist, wurde 1572 von Sarmiento de Gamboa aufgezeichnet. Es handelt sich um eine der ältesten schriftlichen Versionen dieses Mythos, die deshalb so bedeutend ist, weil uns einige Details des politischen und sozialen Zusammenhangs, in dem sie verfaßt wurde, bekannt sind. Sarmiento de Gamboa stützte sich auf die Zeugnisse von über hundert offiziellen Inka-Historikern, den *khipukamayoq* (Knotenknüpfern), und bezog so die Sichtweise eines bedeutenden Querschnitts des Adels von Cuzco ein. Urton (1990) liefert einen Abriß des zentralen Abschnitts der Erzählung:

> An einem Ort im Süden von Cuzco, der Pacariqtambo heißt, steht ein Berg mit dem Namen Tampu T'oqo (Haus der Fenster), in dem sich drei Fenster oder Höhlen befinden. Am Anfang der Zeiten entstieg eine Gruppe von vier Brüdern mit ihren vier Schwestern – die Vorfahren der Inka – dem zentralen Fenster. Die Hauptperson dieser Gruppe war Manqo Qhapaq, der Mann, dem es bestimmt war, der Gründerkönig des Reiches zu werden. Eine der ersten Taten der acht Vorfahren war, die in der Gegend von Tampu T'oqo lebenden Leute in

zehn Gruppen einzuteilen, die *Ayllus* genannt wurden. Die Gesamtheit der Vorfahren-Geschwister und *Ayllus* brach von Tampu T'oqo in Richtung Norden auf, um fruchtbares Land zu suchen, auf dem ihre Reichshauptstadt Cuzco erbaut werden sollte. Auf dieser Wanderung hielten sie an mehreren Orten an, um den Boden zu prüfen. An einem dieser Aufenthaltsorte zeugten Manqo Qhapaq und eine seiner Schwestern, Mama Oqllu, ein Kind, dem sie den Namen Sinchi Ruq'a gaben. Nach einer Periode der Wanderungen, die mit wunderbaren Begebenheiten erfüllt war, erreichte die Gruppe einen Hügel, von dem aus sie das Tal von Cuzco überblicken konnten. Sofort erkannten die Inka an übernatürlichen Zeichen, daß das die Heimstatt war, nach der sie so lange gesucht hatten, und sie stiegen den Berg hinab und nahmen das Tal in Besitz.

(Urton 1990, S. 13f.)

Urton stellt fest, daß der Inka-Adel durch das Erzählen dieser Mythe eine Reihe von Feststellungen über seine soziale und politische Identität trifft und so einen Rahmen für die Interpretation der Sozialorganisation der Inka schafft. Die Beziehungen zwischen den acht VorfahrInnen, den vier Bruder/Schwester- bzw. Ehemann/Ehefrau-Paaren, werden in den Begriffen des hierarchischen Moiety-Systems ausgedrückt, das das Inkareich strukturierte, wobei die entsprechenden Prinzipien von Hierarchie und Unterschiedlichkeit zur Anwendung kommen – Alter, Geschlecht und Verwandtschaftsgrad. Die VorfahrInnen werden als Gruppe auch in einen hierarchischen Gegensatz zu den zwei Außenseitern gebracht, die den Seitenfenstern oder -höhlen entstiegen. Schließlich faßten die acht ursprünglichen VorfahrInnen die lokale Bevölkerung in zehn ethnische Gruppen zusammen, die ebenfalls in zwei Moieties unterteilt wurden. Der Mythos postuliert somit drei miteinander verknüpfte, aber hierarchisch geordnete soziale Einheiten: erstens die königlichen Linien, direkte Nachkommen des ursprünglichen Inka-VorfahrInnenpaares; zweitens die nichtköniglichen Lineages, Nachkommen der ethnischen Gruppen, die von den VorfahrInnen ins Leben gerufen wurden; und drittens die AußenseiterInnen, die Nachkommen jener Wesen, die aus den Seitenhöhlen/Seitenfenstern hervorkamen.

Die Bezugnahme auf spezifische Örtlichkeiten im Raum ist in dieser Darstellung ebenfalls von großer symbolischer Bedeutung und bezeichnet das Verhältnis des Reichszentrums zu den eroberten Territorien.

Auf der Reise der VorfahrInnen von Pacariqtambo bis zu dem Ort, an dem sie Cuzco gründen, vollzieht sich eine Reihe von dramatischen Ereignissen. Der Mythos erzählt, wie nach dem Aufbruch einer der männlichen Vorfahren, Ayar Kachi (Großvater Salz), Schwierigkeiten bereitet und die anderen stört. Um ihn loszuwerden, schicken sie ihn unter dem Vorwand, daß er einige zurückgelassene Dinge holen soll, zur Höhle zurück, und als er sich in ihrem Inneren befindet, rollen sie einen riesigen Felsblock vor den Eingang. Die Reise wird fortgesetzt, und als sie auf die Spitze des

Hügels steigen, der das Tal von Cuzco überragt, verwandelt sich ein zweiter Vorfahre, Ayar Uchu (Großvater Pfeffer), in einen Stein. Zuletzt erreichen sie den Punkt, der das Zentrum der Stadt werden soll, und Ayar Awka (Großvater der Krieger) wird ebenfalls in eine Steinsäule verwandelt. Somit bleiben nur Manqo Qhapaq, seine vier Schwestern und sein Sohn, die damit fortfahren, die Stadt Cuzco zu gründen und zu erbauen.

Die Geschichte liefert eine Darstellung der konkreten und sichtbaren Verbindungen zwischen Cuzco, dem Zentrum des Reiches, und Pacariqtambo, einem Ort außerhalb des Zentrums, der nun für die unterworfene Peripherie stehen kann.

Der Mythos stellt auch ein dauerhaftes Band zwischen den königlichen Linien und den lokalen ethnischen Gruppen her, das sich in der Person des am Platz des Ursprungs zurückgebliebenen ersten Vorfahren vergegenständlicht. Der Punkt, an dem sich der zweite Vorfahre in Stein verwandelte, kennzeichnet die Grenze zwischen den beiden Regionen der niedrigeren Moieties des Reiches und stellt eine konkrete, sichtbare und geheiligte Verbindung zwischen dem Zentrum und der Peripherie dar. Im Zentrum von Cuzco selbst schließlich kennzeichnet die Anwesenheit des dritten Vorfahren ein weiteres geheiligtes und physisches Verbindungsglied zwischen den beiden Moieties von Cuzco und den vier Teilen des Reiches.

Mein Hauptaugenmerk liegt – in Anlehnung an Urton – darauf, in welcher Weise dieser imperiale Ursprungsmythos einer Reihe ideologischer Zwecke dient. Er liefert eine Darstellung des Ursprungs der hierarchischen Verbindungen zwischen den königlichen Linien und den eroberten ethnischen Gruppen und setzt diese Verbindungen zugleich mit konkreten Merkmalen der Landschaft in Beziehung. Dennoch entsprechen diese Bedeutungskonstruktionen in vielerlei Hinsicht in spezifischer Weise jener Periode im 16. Jahrhundert, als Sarmiento de Gamboa seinen Bericht verfaßte.

Heute wird der Mythos von Pacariqtambo von Menschen erzählt, deren Geschichte und deren Interessen von jenen der entmachteten Adeligen des 16. Jahrhunderts abweichen. Urton selbst zeichnete die folgende Version in Pacariqtambo auf:

> Wir wollen nun sprechen. Dort, in Pacariqtambo, erschienen nahe dieser Stadt gleichzeitig die drei Inkabrüder, die „Hermanos Ayares"; dieser Ort wird Tampu T'oqo genannt. Seit der alten Zeit, als die Hermanos Ayares aus Pacariqtambo auftauchten, lebten die Inka in den Ruinen, die dort in Maukallaqta und Pumaurqu errichtet worden waren. Dort befinden sich die schönen Ruinen, die von den Inka aus einem Stein erbaut wurden, der von Murunpampawayqo (Tal der gefleckten Ebene) dorthin gebracht worden war; aus diesem Steinbruch trugen sie die Steine nach Maukallaqta und bauten schöne Gebäude daraus. In jener Zeit, wie lieblich war da der Hügel von Pumaurqu nahe Mollebamba; wie schön war da der große Hügel. Dort schliefen die Inka am späteren Nachmittag beim Eingang, (bewacht von) ... den anmutigen kleinen Pumas; die schönen,

labyrinthischen kleinen Dinge, die am Talgrund lagen. In dieser Öffnung war der Eingang zum Haus des Inka. Dort hörten wir auf zu sprechen.

(Urton 1990, S. 128)

Der Erzähler ist darum bemüht, seine Beziehung zu den Ereignissen herzustellen, von denen er berichtet, und so finden wir extrem detallierte Hinweise auf Orte der näheren Umgebung – was eher für die lokalen als für die zentralen Versionen dieses Mythos typisch ist. Die Details der Reise, die für die Inka-Adeligen so bedeutend waren, werden hier der Feststellung untergeordnet, woher genau die Inka kamen und wie bestimmte heute lebende Bevölkerungsgruppen mit diesen prestigeträchtigen VorfahrInnen in Verbindung stehen.

Bezeichnend ist auch, daß in dieser zeitgenössischen Version des Inka-Ursprungs die weiblichen Vorfahren verschwunden sind – eine Abwesenheit, die auf ihre symbolische Bedeutung in der ursprünglichen Version deutet. Der imperiale Mythos, der politische und verwandtschaftliche Hierarchien festzulegen trachtete, verwendete Geschlecht als eine Metapher des sozialen Ranges. Während die Inka-Lineages von männlichen und weiblichen Vorfahren abstammten, wurde jede der neu gebildeten Lineages entweder mit einem männlichen oder einem weiblichen Vorfahren in Verbindung gebracht und entsprechend eingestuft, wobei den weiblichen Status der des Mannes bestimmte, mit dem die Frau assoziiert wurde.

Silverblatt (1987) hebt in ihrer Studie über die Geschlechterideologie der Inka hervor, daß der Geschlechterparallelismus ein wichtiges Prinzip der sozialen Organisation der Inka war. Die Qoya, die Tochter des Mondes, trug demgemäß die Verantwortung für alle weiblichen Aspekte des Reiches einschließlich des Kultes für die weiblichen Gottheiten. So besaßen einige Frauen im Inkastaat beträchtliche Macht, die höchste Autorität war jedoch der männliche Inka. Der Geschlechterparallelismus deutet zwar die Gleichwertigkeit der Geschlechter an, brachte diese aber keineswegs notwendigerweise hervor. Als sich das Reich konsolidierte, wurde der Geschlechterparallelismus zunehmend zur Festlegung von Hierarchien benutzt, indem die unterworfenen ethnischen Gruppen im Verhältnis zu den herrschenden, männlich vorgestellten Inka-Linien feminisiert wurden. Diese geschlechtlich geprägte Sprache war insofern machtvoll, als eine Metapher von Komplementarität und gegenseitiger Abhängigkeit dazu diente, hierarchische Beziehungen zu bezeichnen.

Stärker ausgeprägt ist der Geschlechterparallelismus im Mythos von Tiwanaku, der vom Ursprung der wichtigsten heiligen Pflanzen der Anden und von der Einführung der Zivilisation durch die Inka-VorfahrInnen erzählt:

„Während die Stadt bevölkert wurde, lehrte der Inka die männlichen Indios die Aufgaben, die die ihren sein sollten, wie die Auswahl der Saaten und die Bestellung des Ackers. Er lehrte sie, wie man eine Hacke macht, wie man die Felder mit Kanälen, die die natürlichen Wasserströme verbinden, bewässert, und sogar, wie genau diese Schuhe gemacht werden, die wir heute noch tragen. Die Königin lehrte mittlerweile die Frauen, wie man Wolle und Baumwolle spinnt und webt, wie Kleidung gemacht wird, und andere häusliche Arbeiten. Kurz gesagt, unser Souverän, der Inkakönig, der der Herr der Männer war, und Königin Coya, die die Herrin der Frauen war, lehrten ihre UntertanInnen alles, was mit dem menschlichen Leben zu tun hat.

(Garcilaso de la Vega, 1976 [1609], Vol. I, S. 42-44)

Die Tatsache, daß die Ursprünge der kulturellen Produktion den Inka-VorfahrInnen zugeschrieben werden, charakterisiert die imperialen Legenden und hebt sie von den Legenden der eroberten ethnischen Gruppen ab. Gottheiten und VorfahrInnen der beherrschten Andenvölker wurden von den Inka untergeordnet und entmachtet, indem sie diese in ihre Kosmologie integrierten; dabei veränderten sie deren Funktionen und Status auf subtile Weise, um ihre schöpferische Autonomie zu untergraben. Im Rahmen dieser Neuordnung göttlicher Macht war die höchste männliche Gottheit die Sonne und die höchste weibliche Gottheit der Mond; es waren die Kulte des Mondes, denen letztlich alle Frauen des Reiches ihre Ergebenheit schuldeten (Silverblatt 1987, S. 47-50). Dennoch zeigen koloniale Dokumente, daß die Inka-Kosmologie, die gewaltsam verbreitet wurde, keineswegs allgemeine Akzeptanz fand.

Die folgende Erzählung zeigt, daß sich die ortsansässigen Menschen *Coca*, eine heilige Pflanze der Anden, dank der List ihrer Gottheiten und dank der Schönheit einer India, die sie vor dem Zorn des Inka beschützte, aneignen konnten. Jene, die in dieser Geschichte schöpferisch handeln, sind sowohl männlich als auch weiblich, und sie arbeiten in einer Beziehung hierarchischer Komplementarität zusammen:

Sie erzählen auch, daß in der alten Zeit nur Sonne *Coca* kaute ... und daß die *huacas* [lokale Gottheiten, Gründervorfahren] sehr eifersüchtig waren und versuchten, Sonne die Samen des Busches zu stehlen; sie warteten auf eine Gelegenheit, da er (Sonne) betrunken sei, und schickten mit dem Lama Urau zu Mond, der Frau von Sonne, eine Botschaft, in der sie sie um den Beutel baten, in der er die Blätter aufbewahrte. Mond lehnte es beim ersten und beim zweiten Mal ab, den Beutel herauszugeben, beim dritten Mal aber konnten sie ihn ihr mit einem Trick entwenden. Als Sonne erwachte, sah er, was geschehen war, und beschloß, Urau zu töten; er hätte dies auch getan, wenn nicht eine wunderschöne India Fürsprache für Urau eingelegt hätte; obwohl Sonne ihr gar nicht nachgeben wollte, war Urau geflohen, während sie ihn anflehte, und er kam nach Canta – einem Ort, drei Tagesreisen von Lima entfernt –, wo die Indios ihn mit großem Beifall empfingen und begannen, ihn als Gott zu verehren.

(Duviols 1973)

II.2. Übernatürliche Wesen – Weibliche Kräfte der Erneuerung

Während der Feldzüge zur Ausrottung des „Götzendienstes", die im 16. und 17. Jahrhundert im Vizekönigreich Peru durchgeführt wurden, zeichneten die kirchlichen Autoritäten umfassende Berichte auf, die die ungebrochene Loyalität gegenüber lokalen Fruchtbarkeitsgottheiten wie auch gegenüber allgemeineren schöpferischen Kräften wie Pachamama (Erd-Kraft), Mamaqocha (Meer-Kraft) und Saramama (Mais-Kraft) dokumentierten (Arriaga [1621] 1968; Duviols 1971; Sallnow 1987; Silverblatt 1987):

> „Es war bei den Indios allgemein üblich, die fruchtbare Erde ..., die sie Pachamama nannten, anzubeten, indem sie ihr *Chicha* [Maisbier], das sie auf den Boden schütteten, opferten, ebenso wie *Coca* und andere Dinge, sodaß sie für sie sorgen würde; um dies zu tun, stellten sie einen langen Stein inmitten ihrer Felder auf, um von diesem Punkt aus die Tugenden der Erde zu beschwören, damit diese ihre Felder beschützte; und wenn die Indios in der Erntezeit Kartoffeln sahen, deren Form sich von den übrigen unterschied, oder Maiskolben oder andere Feldfrüchte, deren Form von jener der anderen abwich, so befolgten sie den Brauch, diese anzubeten und viele Zeremonien zu deren Verehrung abzuhalten, zu tanzen und zu trinken, da sie dies als Zeichen eines günstigen Schicksals betrachteten ... Wenn es in der Folge Zeit wurde zu pflügen, die Erde umzuwenden, Mais, Kartoffeln, *quinoa* und andere Gemüse und Früchte zu säen oder zu ernten, würden sie ihr – zum selben Zweck – in ähnlicher Weise Fett, *Coca*, *cuy* [Meerschweinchen] und andere Dinge darbringen und die ganze Zeit über trinken und tanzen.
>
> (Murua 1946, S. 278, zit. nach Silverblatt 1987, S. 24f.)

Pachamama ist ein übernatürliches Wesen, das auch heute noch beträchtliche Bedeutung im Leben der Andenvölker hat:

> Im Zuge der Erschaffung der Welt sprach Pachamama: „Ich bin die *Santa Tierra*. Ich bin die, die erschafft und ernährt. Für mich werdet ihr *soplar la coca* [über das Coca hauchen]."[3]
>
> Seit Anbeginn der Schöpfung wird sie geachtet. Hier lebt sie unter der *Santa Tierra*, im Inneren der Erde. Die Erde lebt. Wir alle leben auf ihr, in Gemeinschaft mit der gesamten Christenheit. Ganz Peru lobpreist sie. Wir leben, indem wir auf ihr arbeiten. Wie unsere Mutter erschafft und ernährt sie uns. Aber unsere Mutter ist sterblich, während die Erde niemals stirbt. Wenn wir sterben, verschwinden wir im Inneren der Erde, sie nimmt uns auf. Aus ihr wächst Haar hervor: Es ist die Weide und die Wolle der Tiere. Die Tiere ernähren sich von dieser Weide.

Sie behütet uns: alle Tiere und die gesamte Menschheit. Sie behütet uns wie unsere Mutter. Sie hat all ihre Kinder einschließlich der Inka erschaffen. Sie sorgt für die *apus* [die Berggeister], für jede/n.

Die Leute bieten *Pachamama* für ihre Feldfrüchte und ihre Tiere ein Opfer an, damit die Tiere nicht krank werden und damit wir gute Ernten haben.

„Zum Wohlergehen der Tiere werdet ihr mir im Karneval und am Tag des Heiligen Jakob opfern. Für eine gute Ernte werdet ihr mir zu Mariä Lichtmeß und am *Jueves de Comadres* [Donnerstag vor dem Aschermittwoch] opfern. An diesen Tagen sollt ihr mir etwas gönnen."

(Gow 1976, S. 209)

Trotz der Assoziation zwischen Pachamama und der Gestalt der „Mutter Erde", die diese Darstellung heraufbeschwört, stellt die Beziehung zwischen Pachamama und der Erde, der Mutterschaft und selbst der Weiblichkeit nicht selten unsere Vorstellungen von einer gütigen, nährenden Mutter Erde in Frage.

Der Begriff Pachamama kombiniert zwei komplexe semantische Elemente. Während „mama" Mutter bedeuten kann, besitzt es auch die allgemeinere Bedeutung einer Quelle der Fruchtbarkeit:

Im präkolumbianischen Kult hatte *mama* eine präzise Bedeutung und bezeichnete ungewöhnlich geformte Maiskolben oder Knollen oder auch deren in Stein, Gold oder Silber nachgebildete Abbilder, die man „mamasara", „mamapapa" etc. (Mama Mais, Mama Kartoffel) nannte. In ähnlicher Weise wurden die schönsten Rohmetallklumpen als *mamas* der Minen bezeichnet. In diesem Sinn konnte *mama* sowohl eine männliche als auch eine weibliche Bedeutung haben. In jedem Fall aber bezieht sich der Begriff eher auf eine Quelle der Fruchtbarkeit als auf eine biologische Mutter.

(Harris 1988, S. 67)

Diese männlichen und weiblichen Aspekte der Gottheit oder *mama* werden im folgenden Zeugnis deutlich, das sich auf die Verehrung von Mamayuta, der Mutter Mais, bezieht:

Catalina Marmita erzählte, ... wie sie auf der Anhöhe dieses Dorfes einige irdene Krüge aufbewahrt und versorgt hat, die Mamayutas genannt wurden, wobei der eine Brüste hatte und der andere ein Mann war; sie bewahrte sie im Inneren eines uah auf, und zu diesem Zweck legte sie Coca, Vogelfedern, Maiskolben und Knäuel bunter Wolle [in den Trog]; die Mamayutas wurden in diesem Trog aufbewahrt als Mutter des Maises ihrer Felder und anderer Dinge, von denen angenommen wird, daß sie im Namen der Mamayutas sind, ... und in ähnlicher Weise haben sie gleich neben diesem Trog einen weiteren, in den die Frauen ihre neugeborenen Kinder legen, die gestorben sind und die sie dorthin bringen, um sie den Mamayutas zu opfern, sodaß diese sie verzehren können; auch tote, in Stoff gewickelte Meerschweinchen liegen in dem Trog – alles als Opfer für die Mamayutas.

(Biblioteca Nacional del Peru, B1715, F 21V,
zit. nach Silverblatt 1987, S. 34f.)

So wie der Begriff „mama" wesentlich mehr als unser Begriff „Mutter" bedeutet, so reicht „Pacha" über das Konzept „Erde" hinaus und bezieht sich auf besondere Bereiche von Zeit und Raum, auf unbegrenzte Perioden, auf mythologische Zeitalter und auf spezifische Territorien (Harris 1988). Es überrascht daher nicht, daß Pachamama eine übernatürliche Kraft ist, die weit mehr umfaßt als die landwirtschaftliche Produktion. Pachamama ist, wie die vorwiegend männlichen Geister der Berge, in der lokalen Geographie verwurzelt und wird für alle Arten lokaler Produktion – wie Bergbau, Viehzucht, Weberei und Töpferei – angerufen (Bastien 1979; Isbell 1978; Mariscotti de Gorlitz 1978; Nash 1979; Silverblatt 1987; Sallnow 1987; Allen 1988; Harris 1988). Sogar Lohnarbeiter wenden sich an Pachamama, die Lebenskraft der größeren Straßen, die sie entlangfahren, um zu ihrem Arbeitsplatz zu gelangen (Harvey 1987).

Pachamama wird häufig als Ehefrau oder Partnerin von Quellen männlicher Fruchtbarkeit – besonders von Regen- oder Donnergöttern oder auch von Berggeistern – dargestellt. In diesem Fall verkörpert sie die schöpferische Kraft im Rahmen des bereits dargestellten Geschlechterparallelismus. Diese Darstellung der Pachamama legt also nahe, daß ihre Bedeutung als weibliche Gottheit keineswegs in einer weiblichen Essenz begründet liegt, sondern in einem dialektischen Gegensatz zwischen männlichen und weiblichen Kraftpotentialen, denen übernatürliche Wirkung zugeschrieben wird.

Pachamama teilt die gefährliche, manchmal launische Natur aller übernatürlichen Mächte der Anden. All diesen Mächten ist ein wichtiges Merkmal gemeinsam: Ihre Beziehung zur menschlichen Gemeinschaft ist durch gegenseitiges Aufbrauchen charakterisiert. Die Sicherung des menschlichen Überlebens führt zum Verbrauch der Substanz der Geister, die in der Folge durch Opfer ersetzt werden muß. Diese Opfer können verschiedenste Formen annehmen, darunter kleine, verbrannte Ballen, die hauptsächlich aus pflanzlichen Substanzen bestehen *(despacho)*, Tiere und sogar Menschenleben. Weil sich die Menschen andauernd von der Erde und der Umgebung, in der sie leben, etwas aneignen, müssen sie diese Quellen der Reproduktion auch wieder auffüllen. Dieses Wiederauffüllen erfolgt auf einer täglichen Basis, indem kleine Coca-Opfer oder alkoholische Trankopfer dargebracht werden. Wenn der Auslaugungsprozeß zu intensiv ist oder nicht völlig ausgeglichen werden kann, nehmen diese Erdkräfte ihren gefährlichsten Aspekt an, wie er sich in den männlichen und weiblichen Teufeln der Zinnminen Boliviens manifestiert. Hier wohnen der

Besitzer der Mine, der *Tío* oder *Supay* (Onkel oder Teufel), und seine Partnerin, die *China Supay* (der weibliche Teufel), im Untergrund. Sie sind die Quelle des Reichtums der Mine, aber ihre diabolische Natur steht im Vordergrund, und die Bergleute müssen ihnen im Versuch, einen bestimmten Grad an Sicherheit herzustellen, andauernd Opfer bringen. Diese Gestalten sind von den schützenden, nährenden Erdkräften zu unterscheiden, deren mildtätige Eigenschaften – in diesem Fall – auf die Jungfrau der Knappenschaft übertragen werden (Nash 1979). In Übereinstimmung mit der christlichen Dichotomisierung von Gut und Böse verkörpern somit die christlichen Gestalten die gute, die „heidnischen" Gestalten die böse Macht.

Seit der Einführung des Katholizismus im 16. Jahrhundert wurden die gütigen Aspekte von Pachamama mit der Jungfrau Maria assoziiert. Schreine der Jungfrau tauchten an jenen Orten auf, die zuvor Pachamama geweiht waren (Sallnow 1987), und die Menschen der Anden sprechen Pachamama oft an, wie sie eine christliche Heilige ansprechen: Sie nennen sie Santa Tierra Pachamama (Heilige Erde Pachamama). Trotz dieser Identifikation unterscheiden sich Pachamamas Macht sowie ihr Charakter dennoch beträchtlich von der katholischen jungfräulichen Mutter – und stehen zeitweise zu dieser sogar im Gegensatz.

Während Pachamama von indigenistisch gesinnten AutorInnen**, nationalen Regierungen und romantischen Reisenden oft als eine essentiell weibliche Gottheit, als eine großzügige, ernährende, fürsorgliche Mutter dargestellt wurde, betonen die indigenen Völker sowohl ihre kreative Fruchtbarkeit als auch ihre Gefährlichkeit. Sie ist boshafter Angriffe und unersättlicher Gier fähig, aber sie gewährleistet auch Fruchtbarkeit, Produktivität und Sicherheit. Gose berichtet, in welcher Weise die Leute von Huaquirca, einer kleinen Stadt im Bezirk Apurimac in den Südanden, seine Fragen über Pachamama beantworteten; Pachamamas komplexer Natur wird dabei sehr deutlich Ausdruck verliehen:

> Während der t'inkas [Trankopfer] war es das einzige Mal, daß ich in Huaquirca eine detalliertere Diskussion über die *pachamamas* hörte.[4] Als ich während einer dieser Riten eine Frau danach fragte, was eine *pachamama* sei, antwortete sie, indem sie zwischen Daumen und Zeigefinger ein bißchen Erde hochhob und „das da" sagte. Eine ähnliche Identifizierung mit dem Boden wurde auch anderswo berichtet (Platt 1980, S. 153), aber dies kann die Eigentümlichkeit der Geste keineswegs erschöpfend erklären. Als ich in die *puna* oberhalb von Huaquirca reiste, wurde ich zweimal davor gewarnt, außerhalb des Hauses in Viehpferchen mit „Altären" zu schlafen, weil von den *pachamamas* anzunehmen sei, daß sie in Träumen erschienen, um Unvorsichtige zu verführen. Ich wurde angewiesen, ihnen um jeden Preis zu widerstehen, da „sie immer etwas nehmen" (d.h. kastrieren oder das Herz und die Lungen herausreißen). Sollte ich dennoch gezwungen sein, in einem solchen Pferch zu schlafen, hatte ich die

> Weisung, mich zu bekreuzigen, die Heilige Dreifaltigkeit anzurufen und ein bißchen Erde vom Boden des Hauses, mit dem der Pferch verbunden war, zu essen, aber vor allem sollte ich – ohne Ausnahme, immer und überall, wo ich etwas trank – Trankopfer für *pachamama* ausgießen. Von anderen Orten wurde berichtet, daß das Küssen des Schmutzes am Boden des Hauses ein Mittel zur Beruhigung eines Hausgeistes sei, der als *condor mamani* bekannt ist (Buechler 1980, S. 56); auch wurde die Einnahme von ein wenig Erde als Mittel zur Vermeidung übernatürlicher Angriffe angeführt (Manya 1969, S. 137; Oblitas Poblete 1978, S. 38, 95).Deshalb gehe ich davon aus, daß das Quentchen Erde nicht die Erde im allgemeinen repräsentiert, sondern den Geist eines spezifischen Wohnortes oder eines Weideterritoriums.
>
> (Gose 1986a, S. 286)

Wie Pachamama eine vollkommen gütige Manifestation in der Gestalt der Jungfrau hat, so gibt es in den Anden auch Mächte, die gefährliche, übelwollende Kräfte verkörpern. Diese haben üblicherweise ein Geschlecht, oft sind sie weiblich, wobei sie in übertriebener Form Gefräßigkeit und Sexualität, die für einen Aspekt von Pachamama charakteristisch sind, an den Tag legen.

III.

III.1. Verdammte Seelen und fliegende Köpfe

Diese übernatürlichen Gestalten tauchten in der Region scheinbar als Antwort auf die koloniale Vorstellung auf, daß sich das Böse im Universum der Anden manifestiert, sowie auf deren eindeutige Assoziation der einheimischen Gottheiten mit dem europäischen Teufel (Silverblatt 1987; Taussig 1987). Solche „Teufel“ sind heute allgegenwärtig, und in den Erzählungen, die sich auf sie beziehen, werden sie eher mit Begriffen gegenwärtigen Erlebens als mit Bezügen zur mythischen Zeit besetzt.

Einer der bekanntesten dieser Geister ist der *condenado*, die verdammte Seele, die durch die Anden wandelt. Diesen Seelen wurde der Eintritt in den Himmel oder in das Land der Toten verwehrt, weil sie im Laufe ihres Lebens abscheuliche Sünden wie Inzest oder Mord begingen. Ihre Sisyphusstrafe besteht im ununterbrochenen Bemühen, die eisigen Gletscher zu erklimmen; doch sie rutschen immer wieder ab, bevor sie ihr Ziel erreicht haben.

Sowohl Pachamama als auch die Berggeister stellen gefährliche Mächte der Anden dar, die *condenados* aber verkörpern deren negative Aspekte als Antithese der produktiven Macht. Sie nehmen sowohl männliche als auch weibliche Gestalt an, aber vor allem der weibliche *condenado* verstrickt Männer in sexuelle Beziehungen mit fatalem Ausgang. Viele dieser Geschichten folgen einem ähnlichen Erzählmuster: Ein Ehepartner geht auf Reisen und kehrt anscheinend vor dem verabredeten Zeitpunkt zurück. Tatsächlich ist der/die heimgekehrte Reisende der *condenado* in der Verkleidung des Ehemanns/der Ehefrau oder des/der Geliebten. Die Verkleidung, ja sogar die Stimme ist immer perfekt. Das arglose Gegenüber ißt und schläft mit dem *condenado* und bemerkt den Fehler erst am folgenden Tag, wenn der/die wirkliche Reisende zurückkehrt. Die Konsequenzen sind oft tödlich. In einer anderen Variante trifft ein alleinreisender Mann unterwegs einen *condenado* – ebenfalls in Verkleidung einer schönen Frau. Wenn er schwach wird und mit ihr ißt und schläft, wird auch er sterben müssen.

Im Gegensatz zu den reziproken Beziehungen zwischen Menschen und Berggeistern bzw. Pachamama, die die irdische Fruchtbarkeit begründen, können die Menschen von den *condenados* gar nichts bekommen. Das Teilen des Essens und der körperlichen Substanzen wirkt auszehrend, wobei der *condenado* die menschliche Kraft – oft in Form von eindeutig kannibalistischen Akten – gierig aussaugt:

> Der Eigentümer einer großen Alpakaherde lebte hoch oben am Berg Ausangate. Er hatte ein einziges Kind. Eines Tages ging er in das Dorf hinunter, um einige Dinge zu kaufen, während seine Frau mit dem Säugling zurückblieb. Das Kind war erst zwei Jahre alt. Nach ihrem Mann immer wieder Ausschau haltend, sprach die Frau: „Er wird bald kommen, er wird bald kommen, er wird jede Minute zurückkommen." Sie fuhr fort, Ausschau zu halten, aber ihr Ehemann erschien nicht. Die Sonne ging gerade hinter dem Hügel unter, sie wurde schon gelb. Dann kam eine Frau, die eine weiße Jacke trug, aus der Richtung, wo Chiliq liegt. Sie war in Eile und lief die Böschung hinauf. Da rief ihr die Frau zu: „Komm her, Mama." Sie winkte ihr mit der Hand. Dann blieb die andere Frau stehen. Sie wollte nicht tun, was die andere sagte, aber diese fuhr fort, sie zu rufen: „Komm, Mama." Und so kam diese Frau in der weißen Jacke zurück zum Haus. „Wir wollen gemeinsam schlafen. Mein Mann ist ins Dorf gegangen, ist aber noch nicht zurück. Wir können hier gemeinsam schlafen." Sie nahm sie mit ins Haus und begann zu kochen. Sie warf Holz ins Feuer. Das Kind begann zu schreien. Als es schrie, sagte die Frau in der weißen Jacke: „Bring es mir. Ich werde dein Kind halten." „Halt ihn für mich, Mama," sagte die Frau und gab ihr das Kind. Das Feuer wollte nicht brennen. Das Kind heulte. Da es immer weiter heulte und weil sie das Feuer nicht anzünden konnte, wandte sich die Frau um und sagte: „Gib ihn mir, Mama. Ich werde ihm die Brust geben." Aber er wollte nicht saugen. „Laß es, Mama. Ich werde ihn für dich halten", sagte die Frau in der weißen Jacke. Die Stimme des Kindes erstarb. „Schläft er, Mama?" fragte seine Mutter. Als sie sich umwandte, war der

Mund der Frau blutverschmiert. Das Kind war bis zur Taille aufgefressen. Diese Frau war ein *condenado*. „Ich will nur die Kühe anbinden", sagte die Frau und verließ das Haus. Als sie hinausgegangen war, versteckte sie sich bei den Kühen. Die Kühe waren schon angebunden. Im selben Augenblick, als sie sich zwischen die Kühe begab, rief die Frau in der weißen Jacke nach ihr: „Mama, komm, komm!" Aber sie kam nicht zwischen den Kühen hervor. Dies verärgerte den *condenado*. „Ich konnte nicht herauskommen", sagte die Frau. Der *condenado* kam zu ihr hinauf. Als er hinaufkam, machten die Rinder „huuuj". Das erschreckte ihn. Als es schon dunkel war, war er keine Frau mehr, sondern hatte sich in einen *condenado* verwandelt. Sie blieben oben zusammen bis zum Morgengrauen und aßen das Kind auf. Im Morgengrauen ging diese Frau. Als sie weit weg war, nahm der *condenado* die Form einer Frau an. (Diese verdammte Frau, warum war sie gekommen?) Sie hatte einen Bruder. Diese Frau und der Mann, ihr Bruder, hatten eine sexuelle Beziehung. Dann starb der Mann. Die Frau starb auch. Deswegen schickte der Herr sie auf die Höhen des Berges Ausangate. Der Mann wurde an einen anderen Ort geschickt. Gott erlaubte ihr, die Leute in diesem Gebiet aufzufressen. So begann sie Leute aufzufressen, obwohl sie noch nicht sehr viele gefressen hatte.

(Aufgezeichnet in Ocongate 1985)

Auch die fliegenden Köpfe *(uma/cabezas voladoras)* weisen einige Charakteristika der *condenados* auf:

Einmal hatte ein junger Mann mit einer jungen Frau etwas angefangen. Aber die junge Frau sagte dem jungen Mann, daß er sie an Freitagen und Dienstagen nicht besuchen sollte, weil sie Verpflichtungen habe; als jedoch die Monate verstrichen, begann er sich zu wundern: „Warum will sie nicht, daß ich sie freitags und dienstags besuche?" Der junge Mann wurde immer ungeduldiger und beschloß, sie am Dienstag aufzusuchen. Der Dienstag kam, und der junge Mann brach zum Haus seiner Geliebten auf, die eine Hexe war und an diesen Tagen ihren Kopf abnahm und durch die Straßen streifte, während ihr Körper auf dem Bett ausgestreckt zurückblieb und dabei ein schreckliches Kreischen (qar-qar-qar) ausstieß. Dies sah der junge Mann durch eines der Löcher in der Tür und begriff, was los war; er nahm all seinen Mut zusammen und ging hinein, häufte Asche beim Hals des Mädchens auf und kletterte dann unter das Bett, um sie zu erwarten; schließlich kam der Kopf herein, der in seinen normalen Zustand zurückkehren wollte, aber er konnte sich nicht festmachen, weil Asche am Hals war; der junge Mann konnte nicht länger an sich halten und begann zu lachen, und die Hexe, die ihren Kopf nicht an ihrem Körper anbringen konnte, stürzte sich sofort auf die Schulter des jungen Mannes und hielt sich dort fest. Erschrocken begann der junge Mann in das Land zu laufen, wo viele Feigenkakteen wuchsen. Der junge Mann sprach zu ihr: „Ich will Kaktusfeigen essen; ich werde einige pflücken, daß du sie essen kannst.“ Aber die Hexe wollte nicht. Nach einigem Drängen sagte die Hexe schließlich, daß er einige Kaktusfeigen pflücken könne; der junge Mann breitete seinen Poncho aus, daß sie auf ihn warten konnte, während er beim Pflücken war; der junge Mann nahm die Gelegenheit wahr und begann zu laufen, in seinem Schrecken wußte er nicht, wohin er lief. Ein Reh kam dort vorbei, wo die Hexe war, die Hexe warf sich auf den Rücken des Tieres, das durch die Pflanzen zu laufen begann, durch die Feigenkakteen, wo es eine Menge Dornen gibt; die Haare der Hexe verfingen sich in den Feigenkakteen, und sie starb. Das Reh lief aufgeschreckt weiter durch die Pflanzen.

(Ansion 1987, S. 146f.)

Während mitunter angenommen wird, daß es sich bei den fliegenden Köpfen um präkolumbianische Gestalten handelt, erscheint es ebenso wahrscheinlich, daß deren Identifikation mit Frauen, mit Hexerei und mit unmäßiger weiblicher Sexualität ein Merkmal der europäischen phantasievollen Interpretation von andinen Glaubensinhalten ist, das wiederum in die andine „Tradition“ zurückfloß. Diese Position wird dadurch erhärtet, daß die Verwandlung in einen fliegenden Kopf mit dem Freitag und Dienstag assoziiert wird, denn diese Tage galten im volkstümlichen Kalender des mittelalterlichen Europa als unheilvoll. Diese Hexen mit fliegenden Köpfen sind den *condenados* insofern vergleichbar, als sie von Menschen im Rahmen einer parasitären Beziehung Besitz ergreifen und ihnen die Lebenskraft entziehen.

Solche parasitären Gestalten sind nicht ausschließlich weiblich. Der *naqaq*, der andine Schlächter, der seine Opfer hypnotisiert, ihnen den Rachen aufschlitzt und ihren Körpern das Fett entzieht, das die menschliche Vitalität sichert, ist eine der aktiveren männlichen Manifestationen dieser Art (Gose 1986b). Auch können Frauen von männlichen *condenados* getäuscht werden, und von totgeborenen Kindern wird angenommen, daß sie einer sexuellen Beziehung mit Berggeistern entstammen. Das Böse dieser Geister konzentriert sich keineswegs auf ihre Weiblichkeit, im Zentrum scheint vielmehr die Verweigerung der Reziprozität zu stehen, wie sie die Beziehungen mit Menschen erfordern; sie essen (und essen ist in der Andenregion eine verbreitete Metapher für sexuelle Beziehungen), aber sie nähren nicht.

Im Rahmen dieses Abschnitts über die Mythen und Erzählungen der Anden wurde deutlich, daß das Nebeneinander europäischer Auffassungen von der manichäischen Spaltung zwischen Gut und Böse und indigener Beschreibungen einer übernatürlichen Macht eigentlich mehrdeutig ist. Ideale soziale Beziehungen – ob zwischen Menschen und übernatürlichen Mächten oder zwischen Männern und Frauen – sind im wesentlichen komplementär, reziprok und selbstregenerierend. Diese Wechselseitigkeit kann eine Hierarchie implizieren, wie dies zwischen Gottheiten und Menschen, Herrschenden und Beherrschten, Männern und Frauen der Fall ist, ohne daß sie dadurch auf eine destruktive negative Beschaffenheit hinausläuft, wie sie sich im Verhältnis zu den Teufelsgeistern manifestiert. Im folgenden, letzten Teil werde ich mich nun mit der Beziehung zwischen Geistern und Menschen noch ausführlicher befassen.

IV.

IV.1. Der Amazonasraum: Sexualität und Gewalt

Dieses letzte Beispiel, eine allzu kurze Bezugnahme auf die Mythologie des Amazonasraums, wurde als Warnung ausgewählt, Mythen als Abbilder oder als Modelle realer sozialer Beziehungen zu betrachten. Mythen, die den weiter unten zusammengefaßten gleichen, finden sich in vielen Gebieten des südamerikanischen Tieflands. Es handelt sich dabei um Geschichten, die davon erzählen, wie es den Männern, die den Frauen untergeordnet waren, gelang, den Frauen die Quelle der Macht zu entreißen. Die folgende Geschichte der Mehinaku handelt von monströsen Geistern von Frauen, bekannt als Yamurikuma. Sie beschreibt den Ursprung bestimmter zeitgenössischer Praktiken und Einrichtungen der Mehinaku, vor allem den Geheimkult der Männer, die heiligen Flöten und die Androhung von Tod bzw. Vergewaltigung durch die Männergruppe, die die Frauen davon abhält, diese magischen Objekte zu betrachten:

> In alten Zeiten lebten die Männer alleine und weit entfernt, sie lebten schlecht, nackt, ohne eigene Besitztümer, ohne Waffen, ohne Feuer, ohne Hängematten. Sie waren zur Masturbation gezwungen, anstatt richtigen Geschlechtsverkehr zu haben. Die Frauen jedoch lebten in einem Dorf mit einem weiblichen Häuptling. Sie besaßen alles, was für ein zivilisiertes Leben notwendig ist, wie Häuser, Baumwolle, Federhaarschmuck und die Kauka-Flöten, die sie angefertigt hatten. Sie trugen männlichen Schmuck und männliche Körperbemalung. Sie hatten ein eigenes Haus für die Kauka-Flöten. Die Männer sahen die Frauen dort die Flöten spielen. Sie sagten: „Das ist schlecht, die Frauen haben uns unser Leben geraubt“, und sie entschieden, etwas zu unternehmen. Sie fertigten Schwirrhölzer an. Sie dachten, daß sie mit ihren Frauen bald Geschlechtsverkehr haben könnten. Sie liefen in das Dorf und ließen dabei ihre Schwirrhölzer surren: Sie schafften es, alle Frauen einzufangen und ihnen ihre männlichen Verzierungen vom Leib zu reißen. Sie erteilten ihnen eine Lektion, indem sie ihnen mitteilten, daß sie nur weibliche Ornamente tragen durften und das Flötenspielen den Männern überlassen sollten. Die Frauen liefen weg, um sich in

ihren Häusern zu verstecken. In der Nacht kamen die Männer und vergewaltigten die Frauen in der Dunkelheit. Am Morgen gingen die Männer fischen. Danach konnten die Frauen nicht mehr in das Flötenhaus gehen.

(McCallum 1992, nach Gregor 1985, S. 112)

Früher haben EthnologInnen angenommen, daß Mythen wie diese uns dabei helfen könnten, die Geschlechterbeziehungen jener Gruppen, die sie erzählen, zu interpretieren. Bamberger etwa zieht den Schluß, daß diese „Matriarchatsmythen" die gegenwärtige männliche Dominanz erklären und legitimieren sollen und zugleich „die richtigen Verhaltensmuster, die zwischen den Geschlechtern erwartet werden," festlegen (Bamberger 1974, S. 274). In jüngerer Zeit hat Gregor (1985) ausgeführt, daß die Beziehungen zwischen Männern und Frauen bei den Mehinaku, einer autochthonen Bevölkerungsgruppe im Gebiet des Alto Xingú in Zentralbrasilien, von Aggressionen und männlichen Unsicherheitsgefühlen gegenüber der sexuellen und reproduktiven Macht der Frauen geprägt sind, wobei der Mythos auch hier als symbolische Repräsentation der tatsächlichen Geschlechterbeziehungen bei den Mehinaku betrachtet wird.

McCallum (1992) zweifelt diese Lesart des Mythos – als Vorbild oder Modell sozialer Beziehungen – an und merkt an, daß zwar bei vielen Gruppen im Amazonasraum die Beziehungen zwischen Männern und Frauen stark auf Gegensätzlichkeit beruhen, daß dies aber auf die Mehinaku nicht zutrifft. Diese gründen ihre sozialen Beziehungen auf die Bedeutung der Blutsverwandtschaft und auf die Komplementarität männlicher und weiblicher Rollen im Rahmen der Herstellung dieser positiven, moralischen, sozialen Beziehungen. Die Geschlechterdifferenz ist zwar ausgeprägt, dennoch trifft es nicht zu, daß männliche Aktivitäten höher bewertet werden als weibliche. Wie aber sollen wir nun diesen Mythos interpretieren?

McCallum grenzt zwei Schlüsselprobleme bezüglich der Interpretation von Gregor ein. Zum ersten behandelt McCallum die Erzählung als Darstellung realer menschlicher Geschlechterbeziehungen, die Tatsache ignorierend, daß die Charaktere in den Mythen keine Menschen sind, sondern in einer mythischen Zeit lebende Geister. Das zweite Problem besteht darin, daß der Mythos so, wie Gregor ihn behandelt, vom allgemeinen sozialen Kontext, auf den er sich bezieht, isoliert wird. Die Mehinaku hören und verstehen diesen Mythos vom Standpunkt ihres Wissens über Verwandtschaft, Geister und Rituale. Dieses Wissen ist nicht aus dem Mythos selbst herauszulesen, sondern kann nur im umfassenderen Kontext der sozialen Praxis der Mehinaku erfaßt werden.

Gregor behandelt Mythen wie Träume, die die unterbewußten Ängste und Begierden der Mehinaku-Männer zeigen – als ein Medium, das die grundlegende Feindseligkeit zwischen Männern und Frauen aufdeckt. Ähnlich behandelt er die damit verbundenen Rituale. Der Hauptteil seines Buches ist eine Analyse der Pequifrucht-

Rituale, die er als Ausdruck eines rein sexuellen Antagonismus auffaßt und in der Tat als „Krieg der Geschlechter" bezeichnet. Während er davon ausgeht, daß die Männer aus diesem „Krieg" als Sieger hervorgehen, erscheint es freilich als wahrscheinlicher, daß das zentrale Anliegen dieses Rituals keineswegs in sexueller Hegemonie, sondern in der schöpferischen Wechselwirkung von Männlichem und Weiblichem liegt. Die Pequi-Rituale bestehen nämlich aus einer Reihe von Spielen, in denen Witz, Erfindungsreichtum und Stärke der Männer gegen die Frauen ausgespielt werden und umgekehrt. Alle Rituale befassen sich mit der menschlichen Sexualität, vor allem mit Fruchtbarkeit und Produktivität. Im Gegensatz dazu handeln die rituellen Zyklen von der Flöte und den Yamurikuma von der ursprünglichen Erschaffung der Sexualität, keineswegs aber von der Sexualität als solcher (McCallum 1992).

Die Inszenierung des Flötenrituals, mit seinen gewalttätigen Sanktionen der Vergewaltigung der Frauen durch die Männergruppe, erfolgt gemeinsam mit den Pequi-Ritualen, in denen makellose sexuelle Beziehungen vorgeführt und angemessene männliche und weibliche Sexualitäten in aufregenden, lustigen und reziproken Spielen zusammengeführt werden. Männer und Frauen nehmen an diesen Spielen als gleichwertige, einander ergänzende PartnerInnen teil. Im Gegensatz dazu handelt das Flötenritual von den Ursprüngen der Sexualität, von der Erschaffung der Unterschiede zwischen Männern und Frauen. Wenn dieses Ritual in Szene gesetzt wird, ergreifen die weiblichen Geister der Flöten Besitz von den Körpern der Männer und verleihen ihnen so eine verrückte Geistersexualität, die gleichzeitig männlich und weiblich ist. Diese Sexualität hat kein Ziel, sie ist unproduktiv und somit der angemessenen und wünschenswerten Sexualität der Pequi-Rituale entgegengesetzt. Tatsächlich kann die Geistersexualität nur deshalb, weil sie verrückt ist, den Frauen Schaden zufügen. Die Vergewaltigung einer Frau, die die Flöten sieht, durch die Männergruppe wird nicht als Strafe für diese Überschreitung betrachtet, sondern sie steht für das unkontrollierte, asoziale, zornige sexuelle Begehren des Geistes. Weit entfernt von der Darstellung realer menschlicher Geschlechterbeziehungen, befähigt dieser Mythos in Verbindung mit den Ritualen, auf die er sich bezieht, die Mehinaku dazu, eine vormenschliche Sexualität in Szene zu setzen und diese von einer angemessenen geschlechtsspezifischen Sexualität, wie sie in den Pequi-Ritualen zelebriert wird, zu unterscheiden.

IV.2. Zusammenfassung

Das Material, das hier präsentiert wurde, hat einige Fragen aufgeworfen, die das Verhältnis zwischen feministischer Wissenschaft und der Erforschung der Mythologie betreffen. Ein wichtiges Charakteristikum mythischer Erzählungen, das diese von anderen Darstellungen menschlicher Erfahrungen unterscheidet, besteht darin, daß Mythen Orte, Epochen und Charaktere in den Mittelpunkt stellen, die in gewisser

Hinsicht jenseits der Sphäre normaler menschlicher Sozialbeziehungen angesiedelt sind. Das Verhältnis zwischen den Geschlechterbeziehungen des Mythos und jenen des alltäglichen Lebens ist somit ein komplexes und – wie ich meinen würde – eines, zu dem wir nur mit beträchtlich mehr kulturellem Wissen Zugang finden, als die Mythen selbst zur Verfügung stellen. Inka-Mythen, in denen die Komplementarität im Mittelpunkt steht, erzählen uns wenig über die imperiale Indienstnahme solcher Erzählungen im Kampf um die Errichtung und Aufrechterhaltung politischer Hierarchien, während die Mythen der Mehinaku, die scheinbar die Errichtung einer männlichen Dominanz darstellen, von Menschen erzählt werden, die egalitäre Geschlechterbeziehungen schätzen und in die Realität umsetzen.

Nach meinem Verständnis ist der Feminismus – im weitesten Sinne – ein politisches Projekt, das sich auf die (verschiedenen) westlichen Auffassungen von Geschlechterhierarchie bezieht und bestrebt ist, diese Hierarchie zu unterwandern oder zumindest aufzuzeigen, daß die Geschlechterdifferenz, auf der diese Hierarchie beruht, zufällig und historisch einmalig ist. Der Feminismus ist somit mit ganz spezifischen Konzeptionen von Geschlecht und Persönlichkeit, von Macht- und Wertvorstellungen verknüpft, und deshalb ergeben sich Probleme, sobald wir eine feministische Analyse der sozialen Praxis von Menschen in Angriff nehmen, die nicht aus dem Westen stammen (Strathern 1988). Können wir unsere eigenen Vorstellungen von Geschlecht hinter uns lassen und uns dennoch weiterhin als politische Personen zum feministischen Projekt äußern? Wenn also, wie ich zu zeigen versucht habe, von den Mythen keineswegs auf die Natur der Geschlechterbeziehungen der Erzählenden geschlossen werden kann – werden sie dann von uns als Spiegel verwendet, um uns etwas über unser eigenes Verständnis von Geschlechterdifferenzen zu erzählen?

Die sorgfältige Durchsicht einer beliebigen Sammlung von Mythen wird zweifellos viele machtvolle weibliche Gestalten und Modelle weiblicher Handlungsfähigkeit enthüllen; durch deren Entschleierung können sicherlich Aufschlüsse gewonnen werden, die einer essentialistischen Vorstellung von weiblicher Passivität entgegenwirken. Dennoch bedeutet die Existenz von eindeutig geschlechtlich gekennzeichneten AkteurInnen nicht notwendigerweise, daß Mythen als Darstellungen realer Geschlechterbeziehungen gelesen werden können. Die Erzählungen über die gefräßige Sexualität weiblicher Teufel in den Anden handeln in erster Linie von den Folgen des Zusammenbruchs der Reziprozität, keineswegs aber von einem spezifischen weiblichen Merkmal oder von einem bestimmten Verständnis von Weiblichkeit; ebenso beziehen sich die Mehinaku-Männer, die als Gruppe die Frauen mit Vergewaltigung bedrohen, auf die Ursprünge der Sexualität und auf die Herausbildung menschlicher Beziehungen, die ihnen erlaubten, dem schrecklichen Phantom endemischer geschlechtlicher Gegensätze zu entkommen.

Deshalb müssen wir, wenn wir weibliche Gestalten für unsere Geschichte der Mythologie wiederentdecken, die Bedingungen, unter denen bestimmte Erzählungen entstanden sind, so umfassend wie möglich berücksichtigen und ebenso die zahlreichen Möglichkeiten, wie sie verstanden werden können. Wenn wir danach fragen, was Mythen bedeuten und wovon sie handeln, dürfen wir nicht vergessen, daß Bedeutungen im Rahmen sozialer Beziehungen entstehen, und deshalb müssen wir auch danach fragen, für wen die Mythen von Bedeutung sind und wie solche Bedeutungen festgeschrieben werden. Die Beantwortung dieser Fragen wird über die Mythen selbst und über den Bereich hinausführen, der in diesem kurzen Beitrag behandelt wurde. Der Relativismus der Ethnologie macht es uns schwer, die Kategorie „Frau" einzugrenzen und zu verallgemeinern. Unsere politische Verpflichtung im Rahmen des feministischen Projekts – das die Ausblendung von Frauen und die Differenz betont – sollte uns jedoch dazu anregen, in den Texten jene Stimmen zu erkennen, die allzu oft zum Schweigen verurteilt sind – sei es durch ihre Abstrahierung in einer schriftlichen Fassung, sei es durch unsere Macht als LeserInnen, die sozialen Verhältnisse außer acht zu lassen, unter denen sie entstanden sind.

Übersetzung: Brigitte Fuchs und Gabriele Habinger

Anmerkung

1 Eine kurz gefaßte Überlegung, in welcher Weise das indigene Lateinamerika in neueren Filmen dargestellt wird, soll dies illustrieren. *The Mission* zeigt ein unschuldiges Volk, das der Barbarei der europäischen „Zivilisation" unterworfen wird. Die autochthone Bevölkerung, die in *Der Smaragdwald* gezeigt wird, repräsentiert den Gegensatz zwischen dem edlen und dem brutalen Wilden; dasselbe gilt für den mit viel Beifall bedachten Streifen *Der mit dem Wolf tanzt*, der sich freilich auf die autochthonen Bevölkerungen Nordamerikas bezieht. In jüngster Zeit weist das Auftauchen der Kayapo im Fernsehen und ein BBC-Streifen über die Kogi in Kolumbien auf eine Neuformulierung unserer moralischen Erlösung durch die autochthonen AmerikanerInnen hin, und zwar in bezug auf zeitgenössische ökologische Anliegen.

2 Die Zusammenhänge zwischen dieser Sparte feministischer Forschung und der postmodernen Kritik der Struktur werden ausführlich in L. Nicholson (1990) diskutiert.

* Eine Lineage stellt eine Verwandtschaftsgruppe dar, deren Mitglieder in direkter männlicher oder weiblicher Linie von einem/einer gemeinsamen Ahne/n abstammen, wobei die Mitglieder der Lineage ihre genealogische Verbindung mit dem/der Gründervorfahr/in angeben können. Als Moieties werden zwei gegensätzliche Hälften einer sozialen oder ethnischen Gruppe bezeichnet, die in Form eines Dualsystems organisiert ist (Anm. der Übersetzerinnen).

3 Die Menschen kauen Coca, um Kraft und günstige Bedingungen für das Wachstum zu erhalten. Jene, die Coca kauen, hauchen ununterbrochen auf die sorgfältig ausgewählten Blätter, bevor sie sie in den Mund stecken; so halten sie die Verbindung zwischen sich selbst und Pachamama und/oder den Berggeistern aufrecht.

** Der Indigenismo ist seit der mexikanischen Revolution (1910-1919) eine politische und kulturelle Strömung in jenen Staaten Lateinamerikas mit einer bedeutenden indigenen Population. Besonders mexikanische und peruanische SchriftstellerInnen und PolitikerInnen beriefen sich im Prozeß der Nationswerdung auf das präkolumbianische Erbe und den entscheidenden Beitrag der indigenen

Bevölkerung zur „nationalen Identität". Politisch verbindet sich der Indigenismo einerseits mit der Forderung nach „Landreform" und sozialer Besserstellung der Indios, andererseits aber mit dem oft gewalttätigen Versuch von Regierungen, jene in den Modernisierungsprozeß einzubeziehen (Anm. der Übersetzerinnen).

4 Diese Opfer können aus Alkohol, Coca, verbrannten Gaben oder auch Blutopfern bestehen. Sie sind in der Andenregion unter verschiedenen Bezeichnungen als *herranza* (Brandmarken), *despacho* (Erledigung), *haywarisqa* (Übergeben) und *ch'alla* (Trankopfer) bekannt (Gose 1986a).

Bibliographie

Allen, C.: *The Hold Life Has: Coca and Cultural Identity in an Andean Community*, Washington DC 1988.

Ansion, J.: *Desde el Rincón de los Muertos: El Pensamiento Mítico en Ayacucho*, Lima 1987.

Arriaga, P. J. de: *The Extirpation of Idolatry in Peru*, übers. v. L. Clark Keating, Lexington (Kentucky) 1968 (1621).

Asad, T. (Hrsg.): *Anthropology and the Colonial Encounter*, London 1973.

Bamberger, J.: *The Myth of Matriarchy: Why Men Rule in Primitive Society*. In: Rosaldo, M./Lamphere, L. (Hrsg.): *Women, Culture and Society*, Stanford (Calif.) 1974, S. 263-280.

Bastien, J.: *Mountain of the Condor: Metaphor and Ritual in an Andean Ayllu*, St. Paul (Minnesota) 1978.

Bucher, B.: *Icon and Conquest: A Structural Analysis of the Illustrations of de Bry's Great Voyages*, übers. v. B. Miller Gulati, Chicago 1981.

Buechler, H. C.: *The Masked Media: Aymara Fiestas and Social Interaction in the Bolivian Highlands*, The Hague 1980.

Clifford, J.: *The Predicament of Culture: Twentieth-Century Ethnography Literature and Art*, London 1988.

Duviols, P.: *La Lutte contre les Religions Autochtones dans le Perou Colonial*, Paris/Lima 1971.

Duviols, P.: *Un Mythe de l'origine de la coca (Cajatambo)*. In: Bulletin del Institut Francais d'Etudes Andines, Bd. II, 1973 (1619).

Garcilaso de la Vega: *The Incas: The Royal Commentaries of the Inca*, übers. v. M. Jolas, hrsg. v. A. Gheerbrant, New York 1976.

Gose, P.: *Work, Class and Culture in Huaquirca: A Village in the Southern Peruvian Andes*, Phil.Diss., London 1986 (= 1986a).

Gose, P.: *Sacrifice and the Commodity Form in the Andes*. In: Man, Vol. 21/2, 1986 (= 1986b), S. 296-310.

Gow, D.: *The Gods and Social Change in the High Andes*, Phil.Diss., Madison 1976.

Gregor, T.: *Anxious Pleasures: The Sexual Lives of an Amazonian People*, Chicago 1985.

Haraway, D.: *Primate Visions: Gender, Race and Nature in the World of Modern Science*, London 1989.

Harris, O.: *La Pachamama: Significados de la Madre en el Discurso Boliviano*. In: *Mujeres Latinoamericanas: Diez Ensayos y Una Historia Colectiva*, Lima 1988, S. 57-79.

Harvey, P.: *Language and the Power of History: The Discourse of Bilinguals in Oconqate (Southern Peru)*, Phil.Diss., London 1987.

Isbell, B. J.: *To Defend Ourselves: Ecology and Ritual in an Andean Village*, Austin (Texas) 1978.

Lauretis, T. de: *Technologies of Gender: Essays on Theory, Film and Fiction*, Bloomington (Indiana) 1987.

Lévi-Strauss, C.: *Le Cru et le Cuit*, Paris 1964.

Lévi-Strauss, C.: *Du Miel aux Cendres*, Paris 1966.

Lévi-Strauss, C.: *L'Origine de Manières de Table*, Paris 1968.

Lévi-Strauss, C.: *L'Homme Nu*, Paris 1971.

Lévi-Strauss, C.: *Mythologica*, übers. v. E. Moldenhauer, 4 Bde., Reinbek bei Hamburg 1976. *

McCallum, C.: *Ritual and the Origin of Sexuality in the Alto Xingu*. In: Gow, P./Harvey, P. (Hrsg.): *Violence, Sexuality and Cultural Difference*, London 1993.

Manya, J.: *Temible Nakaq?* In: Allpanchis 1, 1969, Cusco, S. 135-138.

Mariscotti de Görlitz, A.-M.: *Pachamama Santa Tierra: Contribución al estudio de la religión autóctona en los Andes centro-meridionales*, Berlin 1978.

Mason, P.: *Deconstructing America: Representations of the Other*, London 1990.

Murúa, M. de: *Historia del origen y geneología real de los Incas*, Hrsg. C. Bayle, Madrid 1946 (1590).

Nash, J.: *We Eat the Mines and the Mines Eat Us: Dependency and Exploitation in Bolivian Tin Mines*, New York 1979.

Nicholson, L. (Hrsg.): *Feminism/Postmodernism*, London 1990.

Oblitas Poblete, E.: *Cultura Callawaya*, La Paz 1978.

O'Gorman, E: *The Invention of America: An Inquiry into the Historical Nature of the New World and the Meaning of its History*, Bloomigton (Indiana) 1961.

Platt, T.: *Espejos y Maíz: El Concepto de Yanantin entre los Machas de Bolivia*. In: Mayer, E./Bolton, R. (Hrsg.): *Parentesco y Matrimonio en los Andes,* Lima 1980.

Said, E.: *Orientalism*, London 1978.

Said, E.: *Orientalismus*, übers. v. L. Weissberg, Frankfurt a. M. 1981.*

Sallnow, M.: *Pilgrims of the Andes: Regional Cults in Cusco*, Washington 1987.

Sarmiento de Gamboa, P.: *Historia de los Incas*, Buenos Aires 1942 (1572).

Sarmiento de Gamboa, P.: *Geschichte des Inkareiches*, hrsg. v. R. Pietschmann. Abhandlungen der Kgl. Gesellschaft der Wissenschaften zu Göttingen. Philologisch-historische Klasse, Bd. VI, Nr. 4, Berlin 1906. *

Scott, J. W.: *Gender and the Politics of History*, New York, 1988.

Silverblatt, I.: *Moon, Sun and Witches: Gender Ideologies and Class in Inca and Colonial Peru*, Princeton 1987.

Strathern, M.: *The Gender of the Gift: Problems with Women and Problems with Society in Melanesia,* Berkeley 1988.

Taussig, M.: *Shamanism, Colonialism and the Wild Man: A Study in Terror and Healing*, Chicago 1987.

Urbano, H. O.: *Wiracocha y Ayar: Héroes y Funciones en las Sociedades Andinas*, Cusco 1981.

Urton, G.: *The History of a Myth: Pacariqtambo and the Origin of the Inkas*, Austin 1990.

Zuidema, R. T.: *The Ceque System of Cuzco: The Social Organization of the Empire of the Inca*, Leiden 1964.

Zuidema, R. T.: *Myth and History in Ancient Peru*. In: Rossi, I. (Hrsg.): *The Logic of Culture*, South Hadley (Mass.) 1982.

Weitere lesenswerte Literatur:

Basso, E.: *A Musical View of the Universe: Kalapalo Myth and Ritual Performances*, Philadelphia (Pa) 1985.

Brown, M.: *Tsewa's Gift: Magic and Meaning in an Amazonian Society*, Washington DC 1985.

Disselhoff, H. D.: *Leben im alten Peru*, München 1981. *

Disselhoff, H. D./Zerries, O.: *Die Erben des Inkareiches und die Indianer der Wälder*, Berlin 1974. *

Gow, P.: *Of Mixed Blood: Kinship and History in Peruvian Amazonia*, Oxford 1991.

Guss, D.: *To Weave and Sing: Art, Symbol and Narrative in the South American Rain Forest*, Berkeley 1989.

Harrison, R.: *Sings, Songs and Memory in the Andes: Translating Quechua Language and Culture*, Austin 1989.

Hartmann, G.: *Xingú. Unter Indianern in Zentral-Brasilien*, Berlin 1986. *

Hill, J. D. (Hrsg.): *Rethinking History and Myth: Indigenous South American Perspectives on the Past*, Urbana (Illinois) 1988.

Howard-Malverde, R.: *The Speaking of History: „Willapaakushayki" or Quechua Ways of Telling the Past*, London 1990.

Hugh-Jones, C.: *From the Milk River: Spatial and Temporal Processes in Northwest Amazonia*, Cambridge 1979.

Hugh-Jones, S.: *The Palm and the Pleiades: Initiation and Cosmology in Northwest Amazonia*, Cambridge 1979.

Lizot, J.: *Tales of the Yanomami: Daily Life in the Venezuelan Forest*, Cambridge 1985.

Overing Kaplan, J.: *The Piaroa: a People of the Orinoco Basin: A Study in Kinship and Marriage*, Oxford 1975.

Perrin, M.: *The Way of the Dead Indians: Guajiro Myths and Symbols*, übers. v. M. Fineberg, Austin (Texas) 1987.

Ptak-Wiesauer, E.: *Wer die Flöten hat, hat die Macht. Matriarchatsmythen südamerikanischer Indianer*. In: Kossek, B./Langer, D./Seiser, G. (Hrsg.): *Verkehren der Geschlechter. Reflexionen und Analysen von Ethnologinnen*, Wien 1989, S. 127-158. *

Rappaport, J.: *The Politics of Memory: Native Historical Interpretation in the Columbian Andes*, Cambridge 1988.

Rasnake, R.: *Domination and Cultural Resistance: Authority and Power among an Andean People*, Durham (NC) 1988.

Salomon, F./Urioste, G.: *The Huarochiri Manuscript*, Austin (Texas) 1991.

Steward, J. H. (Hrsg.): *Handbook of South American Indians*, Washington DC 1946-1950.

Steward, J. H./Faron, L. C.: *Native Peoples of South America*, New York 1959.

Urton, G. (Hrsg.): *Animal Myths and Metaphors in South America*, Salt Lake City (Utah) 1985.

Wachtel, N.: *The Vision of the Vanquished: The Spanish Conquest through Indian Eyes 1530-1570*, New York 1977.

Siehe auch Artikel in: *Journal of Latin American Lore* und *Latin American Indian Literatures*.

Index

Bemerkung zur alphabetischen Einordnung der Zeichen: Umlaute gelten als aufgelöst, folglich wird ä als ae eingereiht – ebenso wie æ –, ö als oe usw. Ā gilt als A, ð gilt als d, ṣ und ś gelten als s usw. þ steht als eigener Buchstabe nach T (Þ innerhalb eines Wortes gilt als t).

– A –

– B –

– C –

– D –

– E –

– F –

– G –

– H –

– I –

– J –

– K –

– L –

– M –

– N –

– Q –

– R –

- S -

– T –

– þ –

– U –

– X –

– Y –

– Z –

Die Autorinnen, ÜbersetzerInnen, Herausgeberinnen

Athalya Brenner studierte an der Universität von Haifa, an der Hebrew University in Jerusalem und an der Universität von Manchester. Sie ist Lektorin am Oranim College of Education, Israel, und am Technion-Israel Institute of Technology.

Elisabeth Diab wurde in Bombay geboren. Während ihrer Jugend zog sie nach England. Sie war ursprünglich Schauspielerin und wandte sich später der Arbeit für das Fernsehen und der Schriftstellerei zu. Ihre Faszination für hawaiianische Mythologie begann mit einer ausgedehnten Reise durch Hawaii.

Brigitte Fuchs studierte Geschichte und Ethnologie in Wien; sie arbeitet derzeit an ihrer Dissertation zum Thema Rassismus und Sexismus in der anthropologischen Forschung.

Iris Furlong war ursprünglich freischaffende Journalistin und Fernseh-Produzentin. Sie studierte Archäologie an der University of London sowie Alte Geschichte und Archäologie an der Universität von Birmingham.

Gabriele Habinger ist Verlagslektorin und Herausgeberin der „Edition Frauenfahrten" im Wiener Promedia-Verlag; sie studiert Ethnologie und Publizistik und arbeitet derzeit an ihrer Dissertation.

Niteen Gupte studierte Germanistik in Bombay und Wien. Er ist Übersetzer und lebt in Köln.

Penelope Harvey ist Lektorin für Social Anthropology an der Universität von Manchester. Sie studierte an der London School of Economics und führte Feldforschungen in den südlichen peruanischen Anden durch.

Emiliy Kearns ist Lektorin am St. Hilda's College, Oxford. Sie publizierte bisher vor allem zu alten mediterranen Religionen, unternahm jedoch ausgedehnte Reisen durch Indien; sie beschäftigt sich auch mit Vergleichen zwischen indoeuropäischen und anderen Mythologien.

Carolyne Larrington studierte mittelalterliche englische Sprache und Literatur am St. Catherine's College, Oxford. Sie lehrte in Japan, kehrte dann nach Oxford zurück und ist derzeit Supernumerary Fellow für mittelalterliches Englisch am St. John's College, Oxford.

Tao Tao Liu (Sanders) wurde in China geboren und studierte Englisch in Lady Margaret Hall, Oxford. Sie übersetzte chinesische Gedichte und schrieb über chinesische Prosa und Belletristik. Sie ist Universitätslektorin für modernes Chinesisch in Oxford und Fellow am Wadham College.

Margaret Orbell lehrt Māori an der University of Canterbury, Christchurch, Neuseeland. Sie beschäftigt sich hauptsächlich mit dem Studium der Mythologie und traditionellen Dichtung der neuseeländischen Māori und anderer polynesischer Ethnien.

Helen Payne ist Ethnomusikologin; seit 1971 studiert sie das Ritualleben der australischen Aborigine-Frauen der westlichen Wüste. Sie lehrt zu australischen Aborigines und Ethnomusikologie und engangiert sich daneben in nationalen und internationalen Organisationen für die Rechte der Frauen.

Susanna Rostas studierte Social Anthropology und arbeitete zu diesem Zweck in einer indigenen Gemeinde im südlichen Mexiko. Sie erforschte in Mexiko Übertritte zu protestanischen Sekten und zuletzt in Mexico City die Concheros und ihre heiligen Kreistänze. Derzeit lebt sie in Cambridge und lehrt Anthropologie am Goldsmith's College, London.

Veronica Seton-Williams studierte an der Universität von Melbourne, am University College, London, und am Institute of Archaeology, London. Als Ägyptologin und Archäologin hat sie sich auf die Ausgrabung von städtischen Anlagen spezialisiert. Sie ist Honorary Research Fellow am University College, London.

Birgitte Sonne studierte an der Universität von Kopenhagen und lehrte am Institut für Religionssoziologie an der Aarhus-Universität, Kopenhagen, und am Institut für Eskimologie der Universität Kopenhagen. Sie war Redakteurin des interaktiven Videoprojekts *Siulleq* über Grönland für das dänische Radio.

Barbara Smith studierte am Goldsmith's College, University of London, die Beziehung zwischen Mythos und Ritual im antiken Griechenland. Sie ist jedoch besser bekannt als Autorin lesbischer erotischer Literatur.

Julia Vytkovskaya ist ausgebildete Psychiaterin; sie produziert derzeit Schallplatten mit Volkserzählungen für Kinder. Sie lebt in Moskau.

Marta Weigle studierte Folklore und Folklife an der University of Pennsylvania und ist derzeit University Regent's Professor für American Studies and Anthropology und Vorsitzende des Department of American Studies an der University of New Mexico.

Isobel White studierte am Girton College, Cambridge, und war Senior Tutor und Lektorin für Anthropologie an der Monash University, Victoria, Australien; ihr Spezialgebiet sind australische Aborigine-Frauen, besonders ihre Geheimzeremonien. Sie lebt seit 1953 in Australien und ist hauptsächlich Autorin und Herausgeberin.

Juliette Wood studierte Philosophie und Folklore an der University of Pennsylvania sowie Keltisch am University College of Wales, Aberystwyht, und an der Oxford

University. Sie ist derzeit Honorary Lecturer am Department of Welsh am University of Wales College, Cardiff.

Charlotte Zwiauer studierte Religionswissenschaften und Philosophie in Wien und Berlin; eines ihrer Spezialgebiete ist die Geschichte der Antikenrezeption.